杜威晚期著作

1925—1953

复旦大学杜威与美国哲学研究中心　组译

杜威全集

逻辑：探究的理论

第十二卷

1938

[美] 约翰·杜威　著

邵强进　张留华　高来源　等译

华东师范大学出版社

The Later Works of John Dewey, 1925 – 1953
Volume Twelve: 1938, *Logic: The Theory of Inquiry*
By John Dewey
Edited by Jo Ann Boydston

Published by agreement with Southern Illinois University Press, 1915 University Press Drive, SIUC Mail Code 6806, Carbondale, IL 62901, USA

上海市版权局著作权合同登记　图字:09－2004－377 号

《杜威全集·晚期著作》(1925—1953)
第十二卷(1925—1953)

主　　编　乔·安·博伊兹顿(Jo Ann Boydston)
文本编辑　凯瑟琳·E·普洛斯(Kathleen E. Poulos)

目　录

中文版序

《杜威全集》中文版终于由华东师范大学出版社出版了。作为这一项目的发起人，我当然为此高兴，但更关心它能否得到我国学界和广大读者的认可，并在相关的学术研究中起到预期作用。后者直接关涉到对杜威思想及其重要性的合理认识，这有赖专家们的研究。我愿借此机会，对杜威其人、其思想的基本倾向和影响，以及研究杜威哲学的意义等问题谈些看法，以期抛砖引玉。考虑到中国学界以往对杜威思想的消极方面谈论得很多，大家已非常熟悉，我在此就主要谈其积极方面，但这并非认为可以忽视其消极方面。

一、杜威其人

约翰·杜威(John Dewey，1859—1952)是美国哲学发展中最有代表性的人物。他不仅进一步阐释并发展了由皮尔士创立、由詹姆斯系统化的实用主义哲学的基本理论，而且将其运用于社会、政治、文化、教育、伦理、心理、逻辑、科学技术、艺术、宗教等众多人文和社会科学领域的研究，并在这些领域提出了重要创见。他在这些领域的不少论著，被西方各该领域的专家视为经典之作。这些论著不仅对促进这些领域的理论研究起到过重要的作用，在这些领域的实践中也产生过深刻的影响。杜威由此被认为是美国思想史上最具影响的学者，甚至被认为是美国的精神象征；在整个西方世界，他也被公认是20世纪少数几个最伟大的思想家之一。

杜威出生于佛蒙特州伯灵顿市一个杂货店商人家庭。他于1875年进佛蒙特大学，开始受到进化论的影响。1879年，他毕业后先后在一所中学和一所乡村学校教书。在这期间，他阅读了大量的哲学著作，深受当时美国圣路易黑格尔学派刊物《思辨哲学杂志》的影响。1882年，他在该刊发表了《唯物主义的形而上学假定》和《斯宾诺莎的泛神论》两文，很受鼓舞，从此决定以哲学为业。同年，他成了约翰·霍普金斯大学的哲学研究生，在此听了皮尔士的逻辑讲座，不过当时对他影响最大的是黑格尔派哲学家莫里斯(George Sylvester Morris)和实验心理学家霍尔(G. Stanley Hall)。两年后，他以《康德的心理学》论文取得哲学博士学位。

1884年，杜威到密歇根大学教哲学，在该校任职10年(其间，1888年在明尼苏达大学)。初期，他的哲学观点大体上接近黑格尔主义。他对心理学研究很感兴趣，并使之融化于其哲学研究中。这种研究，促使他由黑格尔主义转向实用主义。在这方面，当时已出版并享有盛誉的詹姆斯的《心理学原理》对他产生了强烈的影响。杜威对心理学的研究，又促使他进一步去研究教育学。他主张用心理学观点去进行教学，并认为应当把教育实验当作哲学在实际生活中的运用的重要内容。

1894年，杜威应聘到芝加哥大学，后曾任该校哲学系主任。他在此任教也是10年。1896年，他在此创办了有名的实验学校。这个学校抛弃传统的教学法，不片面注重书本，而更为强调接触实际生活；不片面注重理论知识的传授，而更为强调实际技能的训练。杜威后来所一再倡导的"教育就是生活，而不是生活的准备"、"从做中学"等口号，就是对这种教学法的概括。杜威在芝加哥时期，已是美国思想界一位引人注目的人物。他团聚了一批志同道合者(包括在密歇根大学就与他共事的塔夫茨、米德)，形成了美国实用主义运动中著名的芝加哥学派。杜威称他们共同撰写的《逻辑理论研究》(1903年)一书是工具主义学派的"第一个宣言"。此书标志着杜威已从整体上由黑格尔主义转向了实用主义。

从1905年起，杜威转到纽约哥伦比亚大学任教，直到1930年以荣誉教授退休。他以后的活动也仍以该校为中心。这一时期不仅是他的学术活动的鼎盛期(他的大部分有代表性的论著都是在这一时期问世的)，也是他参与各种社会和政治活动最频繁且声望最卓著的时期。他把两者有机地结合在一起。他对各种社会现实问题的评论和讲演，往往成为他的学术活动的重要组成部分。从1919年起，杜威开始了一系列国外讲学旅行，到过日本、墨西哥、俄罗斯、土耳其等国。"五四"前夕，他到了中国，在北京、南京、上海、广州等十多个城市作过系列讲演，于1921年7月返美。

杜威一生出版了40种著作，发表了700多篇论文，内容涉及哲学、社会、政治、教育、伦理、心理、逻辑、文化、艺术、宗教等多个方面。其主要论著有：《学校与社会》(1899年)、《伦理学》(1908年与塔夫茨合著，1932年修订)、《达尔文主义对哲学的影响》(1910年)、《我们如何思维》(1910年)、《实验逻辑论文集》(1910年)、《哲学的改造》(1920年)、《人性与行为》(1922年)、《经验与自然》(1925年)、《公众及其问题》(1927年)、《确定性的寻求》(1929年)、《新旧个人主义》(1930年)、《作为经验的艺术》(1934年)、《共同的信仰》(1934年)、《逻辑：探究的理论》(1938年)、《经验与教育》(1938年)、《自由与文化》(1939年)、《评价理论》(1939年)、《人的问题》(1946年)、《认知与所知》(1949年与本特雷合著)等等。

二、杜威哲学的基本倾向

杜威在各个领域的思想都与他的哲学密切相关，这不只是他的哲学的具体运用，有时甚至就是他的哲学的直接体现。我们在此不拟具体介绍他的思想的各个方面和他的哲学的各个部分，仅概略地揭示他的哲学的基本倾向。杜威哲学的各个部分，以及他的思想的各个方面，大体上都可从他的哲学的基本倾向中得到解释。这种基本倾向从其积极意义上说，主要表现为如下三点。

第一，杜威把对现实生活和实践的关注当作哲学的根本意义所在。

在现代西方各派哲学中，杜威哲学最为反对以抽象、独断、脱离实际等为特征的传统形而上学，最为肯定哲学应当面向人的现实生活和实践。如何通过人本身的行为、行动、实践(即他所谓的以生活和历史为双重内容的经验)来妥善处理人与其所面对的现实世界(自然和社会环境)，以及人与人之间的关系，是杜威哲学最为关注的根本问题。杜威哲学从不同的角度来说有着不同的名称，例如，当他强调实验和探究的方法在其哲学中的重要意义时，称其哲学为实验主义(experimentalism)；当他谈到思想、观念的真理性在于它们能充当引起人们的行动的工具时，称其哲学为工具主义(Instrumentalism)；当他谈到经验的存在论意义，而经验就是作为有机体的人与其自然环境的相互作用时，称其哲学为经验自然主义(empirical naturalism)。贯彻于所有这些称呼的概念是行动、行为、实践。杜威哲学的各个方面，都在于从实践出发并引向实践。这并不意味着实践就是一切。实践的目的是改善经验，即改善人与其自然和社会环境的关系，一句话，改善人的生活和生存条件。

杜威对实践的解释当然有片面性。例如，他没有看到人类的物质生产活动在人的实践中的基础作用，更没有科学地说明实践的社会性；但他把实践看作是全部哲学研究的核心，认为存在论、认识论、方法论等问题的研究都不能脱离实践，都具有实践的意义，且在一定意义上是合理的。

值得一提的是：与胡塞尔、海德格尔等人通过曲折的道路返回生活世界不同，与只关注逻辑和语言意义分析的分析哲学家也不同，杜威的哲学直接面向现实生活和实践。杜威一生在哲学上所关注的，不是去建构庞大的体系，而是满腔热情地从哲学上探究人在现实生活和实践各个领域所面临的各种问题及其解决办法。在杜威的全部论著中，关于政治、社会、文化、教育、心理、道德、价值、科学技术、审美和宗教等多个领域的具体问题的论述占了绝大部分。他的哲学的精粹和生命力，大多是在这些论述中表现出来的。

第二，杜威的哲学改造适应和引领了西方哲学由近代到现代转向的潮流。

19 世纪中期以来，西方哲学发展出现了根本性的变更，以建构无所不包的体系为特征的近代哲学受到了广泛的批判，以超越传统的实体性形而上学和二元论为特征的现代哲学开始出现，并越来越占主导地位。多数哲学流派各以特有的方式，力图使哲学研究在不同程度上从抽象化的自在的自然界或绝对化的观念世界返回到人的现实生活世界，企图以此摆脱近代哲学所陷入的种种困境，为哲学的发展开辟新道路。西方哲学由近代到现代的这种转折，不能简单归结为由唯物主义转向唯心主义、由进步转向反动，而是包含了哲学思维方式上一次具有划时代意义的转型。它标志着西方哲学发展到了一个新的、更高的阶段。杜威在哲学上的改造，不仅适应了而且在一定意义上引领了这一转型的潮流。

杜威曾像康德那样，把他在哲学上的改造称为“哥白尼革命”（Copernican revolution）。但他认为康德对人的理智的能动性过分强调，以致使它脱离了作为其存在背景的自然。而在他看来，人只有在其与自然的相互作用中才有能动作用，甚至才能存在。哲学上的真正的哥白尼革命，正在于肯定这种交互作用。如果说康德的中心是心灵，那么杜威的新的中心是自然进程中所发生的人与自然的交互作用。正如地球或太阳并不是绝对的中心一样，自我或世界、心灵或自然都不是这样的中心。一切中心都存在于交互作用之中，都只具有相对的意义。可见，杜威所谓哲学中的哥白尼革命，就是以他所主张的心物、主客、经验自然等的交互作用，或者说人的现实生活和实践来既取代客体中心论，也取代主体中心论。他也是在这种意义上，既反对忽视主体的能动性的旧的唯物主义，又反对忽视自然作为存在的根据和作用的旧的唯心主义。

不是把先验的主体或自在的客体，而是把主客的相互作用当作哲学的出发点；不是局限于建构实体性的、无所不包的体系，而是通过行动、实践来超越这样的体系；不是转向纯粹的意识世界或脱离了人的纯粹的自然界，而是转向与人和自然界、精神和物质、理性和非理性等等都有着无限牵涉的生活世界，这大体上就是杜威哲学改造的主要意义；而这在一定程度上，也正是多数西方哲学由近代到现代转向的主要意义。杜威由此体现和引领了这种转向。

第三，杜威的哲学改造与马克思在哲学上的革命变更存在某些相通之处。

西方哲学从近代到现代的转向与马克思在哲学上的革命变更的政治背景大不相同，二者必然存在原则性区别；但二者发生于大致相同的历史时代，具有共同的历史和文化背景，因而又必然存在相通之处。如果我们能够肯定杜威的哲学改造适应并引领了西方哲学从近代到现代转向的潮流，那就必须肯定杜威的哲学改造与马克思在哲学上的革命变更必然同样既有原则区别，又有相通之处。后者突出地表现在，二者都把实践当作哲学的根本意义而加以强调。马克思正是通过这种强调而得以超越旧唯物主义和唯心主义辩证法的界限，把唯物主义和辩证法有机地统一起来，建立了唯物辩证法。杜威在这些方面与马克思相距甚远。但是，他毕竟用实践来解释经验而使他的经验自然主义超越了纯粹自然主义和思辨唯心主义的界限，并由此提出了一系列超越近代哲学范围的思想。

杜威的经验自然主义并不否定自然界在人类经验以外自在地存在，不否定在人类出现以前地球和宇宙早已存在，而只是认为人的对象世界只能是人所遭遇到(经验到)的世界，这在一定程度上类似于马克思所指的与纯粹自然主义的自在世界不同的人化世界，即现实生活世界。杜威否定唯物主义，但他只是在把唯物主义归结为纯粹自然主义的唯物主义的意义上去否定唯物主义。杜威强调经验的能动性，但他不把经验看作可以离开自然(环境)而独立存在的精神实体或精神力量，而强调经验总是处于与自然、环境的统一之中，并与自然、环境发生相互作用。这与传统的唯心主义经验论也是不同的，倒是与马克思关于主客观的统一和相互作用的观点虽有原则区别，却又有相通之处。

杜威是在黑格尔影响下开始哲学活动的。他在转向实用主义以后，虽然抛弃了黑格尔的绝对唯心主义，甚至也拒绝了黑格尔的辩证法，但是在他的理论中又保留着某些辩证法的要素。例如，他把经验、自然和社会等都看作是统一整体，其间都存在着多种多样的联系；他在达尔文进化论的影响下，明确肯定世界（人类社会和自然界）处于不断进化和发展的过程之中。他所强调的连续性（如经验与自然的连续、人与世界的连续、身心的连续、个人与社会的连续等等）概念，在一定程度上就是统一整体的概念、进化和发展的概念。这种概念虽与马克思的辩证法不能相提并论，但毕竟也有相通之处。

三、杜威哲学的积极影响

杜威实用主义哲学对现实生活和实践的强调，对西方哲学从近代到现代转向的潮流的适应和引领，特别是它在一些重要方面与马克思哲学的相通，说明它在一定程度上体现了时代精神发展的要求。正因为如此，它必然是一种在一定范围内能发生积极影响的哲学。

实用主义在美国的积极影响，可以用美国人民在不长的历史时期里几乎从空地上把美国建设成为世界的超级大国来说明。实用主义当然不是美国唯一的哲学，但它却是美国最有代表性的哲学。实用主义产生以前的许多美国思想家（特别是富兰克林、杰斐逊等启蒙思想家），大多已具有实用主义的某些特征，这在一定意义上为实用主义的正式形成作了思想准备。实用主义产生以后，传入美国的欧洲各国哲学虽然能在美国哲学中占有一席之地，其中分析哲学在较长时期甚至能在哲学讲坛上占有支配地位；但是，它们几乎都毫无例外地迟早被实用主义同化，成为整个实用主义运动的组成部分。当代美国实用主义者莫利斯说：逻辑经验主义、英国语言分析哲学、现象学、存在主义同实用主义“在性质上是协同一致的”，它们“每一种所强调的，实际上是实用主义运动作为一个整体范围之内的中心问题之一”。[①] 就实际影响来说，实用主义在美国哲学中始终占有优势地位。桑塔亚那等一些美国思想家也承认，美国人不管其口头上拥护的是什么样的哲学，但是从他们的内心和生活来说都是实用主义者。只有实用主义，才是美国建国以来长期形成的一种民族精神的象征。而实用主义的最大特色，就是把哲学从玄虚的抽象王国转向人所面对的现实生活世界。实用主义的主旨

---

① Morris, Charles W. *The Pragmatic Movement in American Philosophy*. New York: George Braziller, 1970, p. 148.

就在指引人们如何去面对现实生活世界，解决他们所面临的各种疑虑和困扰。实用主义当然具有各种局限性，人们也可以而且应当从各种角度去批判它，马克思主义者更应当划清与实用主义的界限；但从思想理论根源上说，正是实用主义促使美国能够在许多方面取得成功，这大概是一个不争的事实。

在美国以外，实用主义同样能发生重要的影响。与杜威等人的哲学同时代的欧洲哲学尽管不称为实用主义，但正如莫利斯说的那样，它们同实用主义"在性质上是协同一致的"。如果说它们各自在某些特定方面、在一定程度上体现了现代西方社会的时代特征，实用主义则较为综合地体现了这些特征。换言之，就体现时代特征来说，被欧洲各个哲学流派特殊地体现的，为实用主义所一般地体现了。正因为如此，实用主义能较其他现代西方哲学流派发生更为广泛的影响。

杜威的实用主义在中国也发生过重要的影响。早在"五四"时期，杜威就成了在中国最具影响的西方思想家。从外在原因上说，这是由于胡适、蒋梦麟、陶行知等他在中国的著名弟子对他作了广泛的宣扬；杜威本人在"五四"时期也来华讲学，遍访了中国东西南北十多个城市。这使他的思想为中国广大知识界所熟知。然而，更重要的原因是：他在理论中所包含的科学和民主精神，正好与"五四"时期中国先进知识分子倡导科学和民主的潮流相一致。另外，他的讲演不局限于纯哲学的思辨而尤其关注现实问题，这也与中国先进分子的社会改革的现实要求相一致。正是这种一致，使杜威的理论受到了投入"五四"新文化运动和社会改革的各阶层人士的普遍欢迎，从而使他在中国各地的讲演往往引起某种程度的轰动效应。杜威本人也由此受到很大鼓舞，原本只是一次短期的顺道访华也因此被延长到两年多。胡适在杜威起程回国时写的《杜威先生与中国》一文中曾谈到："我们可以说，自从中国与西方文化接触以来，没有一个外国学者在中国思想界的影响有杜威先生这样大的。我们还可以说，在最近的将来几十年中，也未必有别个西洋学者在中国的影响可以比杜威先生还大的。"[①]作为杜威的信徒，胡适所作的评价可能偏高。但就其对中国社会的现实层面的影响来说，除了马克思主义者以外，也许的确没有其他现代西方思想家可以与杜威相比。

尽管杜威的实用主义与马克思主义有原则区别，但"五四"时期中国马克思主义者对杜威及其实用主义并未简单否定。陈独秀那时就肯定了实用主义的某

---

① 引自《胡适哲学思想资料选》(上)，上海：华东师范大学出版社，1981 年，第 181 页。

些观点，甚至还成为杜威在广州讲学活动的主持人。1919 年，李大钊和胡适关于“问题与主义”的著名论战，固然表现了马克思主义与实用主义的原则分歧，但李大钊既批评了胡适的片面性，又指出自己的观点有的和胡适“完全相同”，有的“稍有差异”。他们当时的争论并未越出新文化运动统一战线这个总的范围，在倡导科学和民主精神上毋宁说大体一致。毛泽东在其青年时代也推崇胡适和杜威。

“五四”以后，随着国内形势的重大变化，上述统一战线趋向分裂。20 世纪 30 年代后期，由于受到苏联对杜威态度骤变的影响，中国马克思主义者对杜威也近乎于全盘否定了。20 世纪 50 年代中期，为了确立马克思主义在思想文化领域的主导地位，从上而下发动了一场对实用主义全盘否定的大规模批判运动。它在一定程度上达到了预期的政治目的，但在理论上却存在着很大的片面性。当时多数批判论著脱离了杜威等人的理论实际，形成了一种对西方思潮“左”的批判模式，并在中国学术界起着支配作用。从此以后，人们在对杜威等现代西方思想家、对实用主义等现代西方思潮的评判中，往往是政治标准取代了学术标准，简单否定取代了具体分析。杜威等西方学者及其理论的真实面貌就因此而被扭曲了。

对杜威等西方思想家及其理论的简单否定，势必造成多方面的消极后果。其中最突出的有两点：一是使马克思主义及其指导下的思想理论领域在一定程度上与当代世界及其思想文化的发展脱节，使前者处于封闭状态，从而妨碍其得到更大的丰富和发展；二是由于扭曲了马克思主义哲学和现代西方哲学的关系，忽视了二者在某些方面存在的共通之处，在批判杜威哲学等现代西方哲学的名义下扭曲了马克思主义哲学一些最重要的学说，例如关于真理的实践检验、关于主客观统一、关于个人与社会的关系等学说都存在这种情况。这种理论上的混乱导致实践方向上的混乱，甚至在一定程度上导致实践上的挫折。

需要说明的是：肯定杜威实用主义的积极作用并不意味着否定其消极作用，也不意味着简单否定中国学界以往对实用主义的批判。以往被作为市侩哲学、庸人哲学、极端个人主义哲学的实用主义不仅是存在的，而且在一些人群中一直发生着重要的影响。资产阶级庸人、投机商、政客以及各种形式的机会主义者所奉行的哲学，正是这样的实用主义。对这样的实用主义进行坚定的批判，是完全正当的。但是，如果对杜威的哲学作具体研究，就会发觉他的理论与这样的实用主义毕竟有着重大的区别。杜威自己就一再批判了这类庸俗习气和极端个人主义。如果简单地把杜威哲学归结为这样的实用主义，那在很大程度上就是把杜威所批判的哲学当作是他自己的哲学。

四、杜威哲学研究在当代中国的积极意义

改革开放以来，中国政治和思想文化上的"左"的路线得到纠正，哲学研究出现了求真务实的新气象，包括杜威实用主义在内的现代西方哲学研究得到了恢复和发展。以 1988 年全国实用主义学术讨论会为转折点，对杜威等人的实用主义的全盘否定倾向得到了克服，如何重新评价其在中国思想文化建设中的作用的问题也越来越受到学界的关注，对杜威等人的实用主义的研究由此进入了一个新阶段。"五四"时期，由于杜威的学说正好与当时中国的新文化运动相契合，起过重要的积极作用；今天的中国学界，由于对马克思主义哲学和现代西方哲学都已有了更为全面和深刻的理解，对杜威的思想的研究也会更加深入和具体，更能区别其中的精华和糟粕，这对促进中国的思想文化建设会产生更为积极的作用。

对杜威哲学的重新研究在当代中国的积极意义，至少包括如下三个方面：

第一，有利于对马克思主义哲学有更为全面和深刻的理解。

这是因为，杜威哲学和马克思的哲学虽有原则性区别，但二者在一些重要方面有相通之处。这主要表现在二者都批判和超越了以抽象、思辨、脱离实际等为特征的传统形而上学；都强调对现实生活和实践的关注在哲学中的决定性作用；都肯定任何观念和理论的真理性的标准是它们是否经得起实践的检验；都认为科学真理的获得是一个不断提出假设、又不断进行实验的发展过程；都认为社会历史同样是一个不断发展的过程，社会应当不断地进行改造，使之越来越能符合满足人的需要和人的全面发展的目标；都认为每一个人的自由是一切人取得自由的条件，同时个人又应当对社会负责，私利应当服从公益；都提出了使所有人共同幸福的社会理想，等等。在这些方面将马克思主义与杜威的实用主义作比较研究，既能更好地揭示它们作为不同阶级的哲学的差异，又能更好地发现二者作为同时代的哲学的共性，从而使人们既能更好地划清马克思主义和实用主义的界限，又能通过批判地借鉴后者可能包含的积极成果来丰富和发展马克思主义。

第二，有利于对中国传统文化的批判继承。

杜威哲学和中国传统文化有着两种不同的联系。以儒家为代表的中国传统文化是一种前资本主义文化，没有西方资本主义文化的理性主义特质，不会具有因把理性绝对化而导致的绝对理性主义和思辨形而上学等弊端；但未充分经理性思维的熏陶又是中国传统文化的缺陷，不利于自然科学的发展，更不利于人的个性的发展和自由民主等意识的形成。正因为如此，以儒家为代表的中国传统文化往往被历代封建统治阶级神圣化和神秘化，成为他们的意识形态，后者阻碍了中国科学技术的发展、人民的觉醒和社会历史的进步。"五四"新文化运动的主要矛头就是针对儒家文化作为封建意识形态的方面，以此来为以民主和科学精神为特征的新文化开辟道路。杜威哲学正是以倡导民主和科学为重要特征的。杜威来到中国时，正好碰上"五四"新文化运动，他成了这一运动的支持者。他的学说对于批判作为封建意识形态的儒学，自然也起了促进作用。

但是，儒家文化并不等于封建文化；孔子提出的以"仁"为核心的儒学本身并不是统治阶级的意识形态。直到汉武帝实行"罢黜百家，独尊儒术"的政策以后，儒学才取得了独特的官方地位，由此被历代封建帝王当作维护其统治的精神工具。即使如此，也不能否定儒学在学理上的意义。它既可以被封建统治阶级所利用，又能为广大民众所接受，成为他们的生活信念和道德准则。历代学者对儒学的发挥，也都具有这种二重性。正因为如此，儒学除了被封建统治阶级利用外，还能不断发扬光大，成为中华民族宝贵的思想文化遗产。儒学所强调的"以人为本"、"经世致用"、"公而忘私"、"以和为贵"、"己所不欲，勿施于人"等观念，具有超越时代和阶级的普世意义。新文化运动的代表人物并不反对这些观念，而这些观念与杜威哲学的某些观念在一定程度上是相通的。杜威哲学在"五四"时期之所以能为中国广大知识分子接受，在一定程度上正是因为中国文化传统中已有与杜威哲学相通的成分。正因为如此，研究杜威的实用主义思想，对于更清晰地理解儒家思想，特别是分清其中具有普世价值的成分与被神圣化和神秘化的成分，发扬前者，拒斥后者，能起到促进作用。

第三，有利于促进对各门社会人文学科的研究。

杜威的哲学活动的一个突出特点，是他非常自觉地超越纯粹哲学思辨的范围而扩及各门社会人文学科。我们上面曾谈到，在杜威的全部论著中，关于政治、社会、文化、教育、道德、心理、逻辑、科学技术、审美和宗教等各个领域的具体问题的论述占了绝大部分。他不只是把他的哲学观点运用于这些学科的研究，而且是通过对这些学科的研究更明确和更透彻地把他的哲学观点阐释出来。反过来说，他对这些学科的研究都不是孤立地进行的，而是通过其基本哲学观点的具体运用而与其他相关学科联系起来，从而把对这些学科的研究形成为一个有机整体，并由此使他对这些学科的研究可能具有某些独创意义。

例如，杜威极其关注教育问题并在这方面作了大量论述，除了贯彻他对现实生活和实践的重视这个基本哲学倾向、由此强调在实践中学习在整个教学过程中的决定作用以外，他还把教育与心理、道德、社会、政治等因素紧密地结合在一起，从而使教育的内容更加丰富、全面。他的教育思想也由此得到了更为广泛的认同，被公认为是当代西方最具影响的教育学家。值得一提的是：无论在中国还是在苏联，杜威在教育上的影响几乎经久不衰。即使是在政治和意识形态影响极为深刻的年代，杜威提出的许多教育思想依然能不同程度地被人肯定。陶行知的教育思想在中国就一直得到肯定，而陶行知的教育思想被公认为主要来源于杜威。

我们这样说，并不是全盘肯定杜威。无论是在哲学和教育或其他方面，杜威都有很大的局限性，需要我们通过具体研究加以识别。但与其他现代西方哲学家相比，杜威是最善于把哲学的一般理论与其他人文社会学科密切结合起来、使之相互渗透和相互促进的哲学家，这大概是不可否认的事实。在这方面，很是值得我们借鉴。

五、关于《杜威全集》中文版的翻译和出版

要在中国开展对杜威思想的研究，一个重要的条件是有完备的和翻译准确的杜威论著。中国学者早在"五四"时期就开始从事这方面的工作。当时杜威在华的讲演，为许多报刊广泛译载并汇集成册出版。"五四"以后，杜威的新著的翻译出版仍在继续。即使是杜威在中国受到严厉批判的年代，他的一些主要论著也作为供批判的材料公开或内部出版。杜威部分重要著作的英文原版，在中国一些大的图书馆里也可以找到。从对杜威哲学的一般性研究来说，材料问题不是主要障碍。但是，如果想要对杜威作全面研究或某些专题研究，特别是对他所涉及的人文和社会广泛领域的研究，这些材料就显得不足了。加上杜威论著的原有中译本出现于不同的历史年代，标准不一，有的译本存在不准确或疏漏之

处，难以为据。更为重要的是，在杜威的论著中，论文(包括书评、杂录、教学大纲等)占大部分，它们极少译成中文，原文也很难找到。为了进一步开展对杜威的研究，就需要进一步解决材料问题。

2003年，在复旦大学举行的一次大型实用主义国际学术讨论会上，我建议在复旦大学建立杜威研究中心并由该中心来主持翻译《杜威全集》，得到与会专家的赞许，复旦大学的有关领导也明确表示支持。2004年初，复旦大学正式批准以哲学学院外国哲学学科为基础，建立杜威与美国哲学研究中心，挂靠哲学学院。研究中心立即策划《杜威全集》的翻译。华东师范大学出版社朱杰人社长对出版《杜威全集》中文版表示了极大的兴趣，希望由该社出版。经过多次协商，我们与华东师范大学出版社达成了翻译出版协议，由此开始了我们后来的合作。

《杜威全集》(*Collected works of John Dewey*)由美国杜威研究中心(设在南伊利诺伊大学)组织全美研究杜威最著名的专家，经30年(1961—1991)的努力，集体编辑而成，乔·安·博伊兹顿(Jo Ann Boydston)任主编。全集分早、中、晚三期，共37卷。早期5卷，为1882—1898年的论著；中期15卷，为1899—1924年的论著；晚期17卷，为1925—1953年的论著。各卷前面都有一篇导言，分别由在这方面最有声望的美国学者撰写。另外，还出了一卷索引。这样共为38卷。尽管杜威的思想清晰明确，但文字表达相当晦涩古奥，又涉及人文、社会等众多学科；要将其准确流畅地翻译出来，是一项极其庞大和困难的任务，必须争取国内同行专家来共同完成。我们旋即与中国社会科学院哲学研究所、北京大学、清华大学、中国人民大学、北京师范大学、南京大学、浙江大学、武汉大学、北京外国语大学，以及华东师范大学和上海社会科学院哲学研究所等兄弟单位的专家联系，得到了他们参与翻译的承诺，这给了我们很大的鼓舞。

《杜威全集》英文版分精装和平装两种版本，两者的正文(包括页码)完全相同。平装本略去了精装本中的"文本的校勘原则和程序"等部分编辑技术性内容。为了力求全面，我们按照精装本翻译。由于《杜威全集》篇幅浩繁，有一千多万字，参加翻译的专家有几十人。尽管我们向大家提出在译名等各方面尽可能统一，但各人见解不一，很难做到完全统一。为了便于读者查阅，我们在索引卷中把同一词不同的译名都列出，读者通过查阅边码即原文页码不难找到原词。为了确保译文质量，特别是不出明显的差错，我们一般要求每一卷都由两人以上参与，互校译文。译者译完以后，由复旦大学杜威与美国哲学研究中心初审。如无明显的差错，交由出版社聘请译校人员逐字逐句校对，并请较有经验的专家抽查，提出意见，退回译者复核。经出版社按照编辑流程加工处理后，再由研究中心终审定稿。尽管采取了一系列较为严密的措施，但很难完全避免缺点和错误，我们衷心地希望专家和读者提出意见。

复旦大学杜威与美国哲学研究中心的工作是在哲学学院和国外马克思主义与国外思潮创新基地的支持下进行的，学院和基地的不少成员参与了《杜威全集》的翻译。为了使研究中心更好地开展工作，校领导还确定研究中心与美国研究创新基地挂钩，由该基地给予必要的支持。《杜威全集》中文版编委会由参与翻译的复旦大学和各个兄弟单位的专家共同组成，他们都一直关心着研究中心的工作。俞吾金教授和童世骏教授作为编委会副主编，对《杜威全集》的翻译工作作出了重要的贡献。汪堂家教授作为常务副主编，更是为《杜威全集》的翻译工作尽心尽力，承担了大量具体的组织和审校工作。华东师范大学出版社与我们有着良好的合作，编辑们怀着高度的责任心在组织与审校等方面做了大量的工作，在此一并表示衷心的感谢。

刘放桐

2010 年 6 月 11 日

导 言

恩斯特·内格尔(Enrst Nagel)

约翰·杜威的《逻辑:探究的理论》(*Logic: The Theory of Inquiry*)是其晚 ix
年作品——1938年,当本书出版时,他已年近80岁高龄。然而,至少自本世纪之交以来,近代自然科学中所应用的探究的本质,一直是他主要关注的对象。[①]那时,他已经把科学的思考通常在处理道德问题上扮演微不足道的角色视为学术丑事。就像19世纪的约翰·斯图尔特·穆勒(John Stuart Mill)一样,他相信,近代自然科学的突出成就是其探究方法的结果。此外,和穆勒一样,他也确信,人类事务的研究进展缓慢这一现状,以及他在当前被接纳的道德与政治理念中发现的严重错误,都可以归因于在社会科学中持续应用了传统而过时的逻辑原则,以及普遍持有的对于近代实验方法的错误概念。因此,杜威呼吁进行一次逻辑理论上的根本性重建,作出那种重建,必须借助于在分析那些成功的方法时自明的东西。在《逻辑》完成之前的三十多年里,他发表了大量的文章与著作,提出了此种重建过程中将会产生的一些重要问题。

相应地,《逻辑》也是杜威长期努力的成果。他分析并整理了一些一般原则, x
并认为它们被应用于他确信是最为成功的尝试中——即在自然科学中——获得

① 《逻辑》的核心原则在杜威《对道德进行科学研究的逻辑条件》(Logical Conditions of a Scientific Treatment of Morality)一文中得到预示,该文首次发表于《代表院系的研究》(*Investigations Representing the Departments*),《芝加哥大学十周年专刊》,芝加哥:芝加哥大学出版社,1903年;重印于《人的问题》(*Problems of Men*),纽约:哲学文库,1946年[在1946年重印时,对1903年那篇文章作了一系列实质性改动,并收录于J·A·博伊兹顿(Jo Ann Boydston)编辑的《杜威中期著作》,卡本代尔与爱德华兹维尔:南伊利诺伊大学出版社,1977年,第3卷,第3—39、448—449页]。

的可靠知识。该书以系统而连贯的风格，展现了他在科学探究的模式与组成上的成熟观点。然而，他对自己完成的东西并不完全满意，认为《逻辑》在某种程度上只是设计了某个分析与重建的计划；他希望比自己更熟悉实验科学方法的其他人士能够最终为此作出贡献。

《逻辑》还表明，杜威并未止步于将其逻辑理论视为某种假设，其具体证实有待于将来其他人的支持。他的注意力仍然主要聚焦于更大的语境，逻辑原则在其中适用，在其中获得某种意义，超越于作为某个自恰数学系统的元素；甚至在这个对其理论最为完整的表述中，形式逻辑原则作为探究工具所具有的各种功能被详略适度地描述，用以支持进一步探索的建设性计划。由此得出，该书提供了关于逻辑的一般的基本概念，许多学者会对此给予热情的认同；与此同时，他们会对其中大量特别的分析困扰不已。杜威明确地承认他的逻辑理论之重建的计划性，和他所尊崇的皮尔士(Pierce)一样，他认为，终极断言是探究之路的阻碍；相应地，他对探究的探究必须被视为：仅仅标志着某个更大的持续研究工程的开始。

杜威在哲学上是一位自然主义者，在该词人们熟悉的生物学意义上，他像自然主义者那样描绘逻辑形式与原则。他的论述是对探究的形态学研究，其目的在于展示逻辑形式出现并发展的条件、特殊功能、对自身环境的依赖和变革，以及其自身基于对客体成就的贡献所产生的内在关联，就像一个生物学家可能把各种形式与生命有机体相关联一样。

但是，杜威并不仅仅是一位分类学自然主义者。他对逻辑原则的考察借助
xi 一种包容性理论而展开，根据这一理论，主题要求逻辑特性必须对附属于探究的各种不同的物质转化；因此，逻辑原则被用于形成经验上确知的条件，如果探究要有一个成功的结果，就必须设立这些条件。仅当探究的方法与结论被孤立于他们所运用的语境，且其形成仅仅是通过对其完成形式的基础的考察时，这种基本理论才具有某种悖论的力量。如果注意到杜威的用词："逻辑形式"代表引发探究的某个情境的特定特征在其中起作用(*function*)的方式(*way*)，而"逻辑原则"指示某种操作模式(*a mode of operation*)——而不是类似语法的形式与规则，就像关注形式有效性的学生所认为的那样，那么，该论题可以得到进一步的澄清。正如研究植物与动物的最佳方式是在其生长的自然环境中，以便确定其突出特质及其不同器官的作用，因此在杜威看来，逻辑的特别技巧与原则只有通

过展示其在探究过程中的作用，才能获得充分的理论解释。

这种语境分析的一般原则的变型，影响着杜威所有的作品：它要求过程与结果被视为相关性差异，这样二者都不能被理解或指派为某种相互独立存在的角色。因此，在杜威对伦理问题的讨论中，该原则被有效地使用：他坚持所用手段的特征构造性地进入所得结果的特征。其对于逻辑理论的特别应用，设定了探究的结论必须借助用于建立它们的程序来解释；知识的对象被理解为探究的产物，而不能被指派为先在于它的存在。

杜威当然不是第一个把逻辑解释为一种探究理论的人。类似的概念暗含于亚里士多德的几部著作中，他是第一个将逻辑问题系统化的作者；在他之后漫长的思想史中，出现了大量赞成这种观点的思想家——法国人勒内·笛卡尔(René Descartes)与安托万·阿尔诺(Antoine Arnauld)、英国人J·S·穆勒与伯 *xii*
纳德·鲍桑奎(Bernard Bosanquet)、德国哲学家赫尔曼·洛采(Hermann Lotze)与克里斯托弗·西格沃特(Christoph Sigwart)以及美国人查尔斯·S·皮尔士(Charles S. Peirce)，还有其他很多人。然而，尽管杜威从这些作者中学习了很多，并采纳了一些他们在其相关逻辑著作中的优秀内容，但他与他们绝大多数人截然不同——主要是因为他相信，他们或者对近代实验科学的方法不熟悉，或者对那些方法作了零散的、不可靠的应用。结果，他从前人所传承来的对逻辑原则(例如矛盾原则)与逻辑术语(例如术语“普遍”)的解释，经常与其传统意义有显著的差异。

倘若逻辑被视为一种探究的理论，那么显然，它所包含的必须远远超出形式条件的分析；在此条件下，命题(或陈述)被从其他命题有效地演绎——就像三段论推理那样。例如，在其他一些主题之外，杜威讨论了感觉观察在探究中的地位、假说与前设原理的理论作用，以及后者的实验检测——这些主题处于形式逻辑范围之外。[1] 还有进一步的问题——即非形式的问题——他给予了相当多的关注，例如探究开始与终结的环境、增加陈述精确性的各种技术(例如测量)、实验科学陈述与常识陈述之间的差异、因果性与因果陈述的本性，以及总体上各种

---

[1] 约翰·杜威：《哲学的改造》(*Reconstruction in Philosophy*)，波士顿：灯塔出版社，1948年，第4页(《杜威中期著作》，第12卷，第258页)。改造的工作可以这样说：完全就是开发、构造和生产(在这个词的字面意义上)理智工具，它将逐渐地把探究引导到深刻的属人的(也就是道德)当前的人类现状，第27页(《杜威中期著作》，第12卷，第269页)。

类型的命题与逻辑演算在探究中的突出功能（*functions*）。他没有忽略——确实，他强调了——形式逻辑在发展与检验理论过程中不可或缺的作用；但他对于演绎推理的规则或它们的证明的关注相对不那么细致。然而，在多数人——并
xiii 非该主题的所有专业学者看来，在过去数百年间，逻辑学真正突出的进展在于根本上解释了形式与准数学的问题。杜威对此进展没有贡献，因此，在那些主要对形式问题感兴趣的人中有一种倾向，即否认杜威是一个逻辑学家，而可能把他归类为描述心理学家或人类学家。杜威被归属于哪个标签之下，没有多少意义。严肃的问题是：逻辑作为一种探究理论的概念，是否重要而富有成果，以及杜威对于构建这样一种理论是否作出了重要贡献——若答案是肯定的，那么他作出了什么贡献。一方面，在那些有资格作出判断者之中，大部分人一致同意对此问题的第一部分给予肯定的答案；无论如何，我将假定此回答正确所带来的后果。另一方面，由于在杜威所建议的逻辑重建中存在一些困难与断裂，所以对此问题第二部分的回答继续存在争议。因此，本导言余下部分将致力于考察这种争议某些更为重要的理由。

1.

杜威深受达尔文进化论的影响，它承诺所有有机系统的行为——包括人类——与它们内部的变异，都能得到理解而无需设定非物质的或超自然的主体（agencies）。因此，他提出一项任何可靠的探究理论都必须满足的要求，即必须是"自然主义者的"理论——他用这项要求意指人类行为（包括逻辑演算）必须被展示为与更低级有机体的生物属性"保持连续"（continuous with）。杜威当然知道这种"连续性"观念不能自我解释，但他没有认真地分析该观念，除了对它进行说明，没有说出更多。他指出，该术语的含义——"一方的完全排除割裂，而只是
xiv 重复与他者的一致；它排除了从'较高级'到'较低级'的减损。任何生命有机体从种子到成熟的生长发育过程，都说明了连续性的含义"（第 30 页[①]）。他继续补充说，这种连续性预设所排除的东西是"覆以一个全新的外在力量作为变化发生之原因的情景之上的现象"。也许从由放射性的某种形式引起的突变中会显

① 约翰·杜威：《逻辑：探究的理论》，纽约：亨利·霍尔特出版公司，1938 年（括号中的页码指的是本卷边码，下同。——译者）。

现一种崭新的形式,但放射性不是临时(*ad hoc*)被发明的……它首先被认为存在于自然之中,进而……实际地发生于……以可观察和描述的方式运作着(第31页)。

然而(如杜威所说),那些拒绝把超自然力量当作某种解释的人有"理智上的责任"(intellectual responsibility)。这一点表明,逻辑的东西如何通过一种连续发展的过程与生物的东西相联系(第31—32页)。例如,人类引入并应用诸符号——它们在科学探究中当然是不可或缺的组成部分——的能力以何种方式与更低级的有机体的行为保持连续。要建立实际上存在这样一种连续性的假定不那么容易,因为这一任务通常超出了那些哲学家和逻辑学家的能力,他们一般很少受到生物学方面的训练;而且,甚至有可能该假定是错误的。此外,放射性的观念——就像(物理学中的)中微子与(遗传学中的)变异概念——曾经是应用于物理学研究中的假设性构造,尽管当时还没有建立那种自然中存在那种东西的假设。正是后续的研究表明,情况确实如此。如果仅从表面上看待杜威对引入临时性假设的警告,各种探究将受到严重的阻碍。

然而,杜威对自己用"连续性"来理解生物的解释过于含混,不能作为重大研究的基础。实际上,在某些方面,每一过程都是连续的。例如,诸过程通常在时间上,或在前后相继的发展时期内,其组成部分的物质变化是连续的;他的说明不排除那种连续性的要求,总是可以凑巧得到满足的可能性。但对该要求最为严厉的批评在于:探究的理论可能是近代实验科学方法的可靠解释,即使该要求 xvi
未得到满足。简言之,在逻辑与生物体之间那种被设定的连续性,对于近代科学方法那种可靠的解释而言,是必要条件,还是充分条件,这一点尚不明确。

在对探究的社会结构的讨论中,杜威说,一种令人满意的探究理论实际上需要另一种必要条件。他坚持认为,如果探究所得到的结论是有效的,那么在它们之中所应用的逻辑演算,对于任何一个有理性的人而言,都将导致同一结论。"如果同样的证据使不同人得出不同的结论",他指出,"则要么证据只是似是而非地相同,要么一方(或两者)的结论是错误的"(第50页)。这无疑是一项高度令人满意的要求。然而,它形成了数学与自然科学共同认可的理想状态,只是在处理人类事务的探究中很少得到认可。因为在后一种情况下(例如,在经济学中),对于所研究的问题通常没有一个正确的答案,其原因是:所得出的结论一般不仅依赖于调查者的社会价值,还依赖于他们对给定情形下的可能结果的估计

(这难免是不确定的)。相应地,除非对于有关不稳定主题的问题探究被一劳永逸地排除在外——杜威当然曾经拒绝过该建议——他对于探究的第二个条件可以说是理想的,但需要极为小心地应用。

2.

杜威同意查尔斯·皮尔士的观点,认为探究是人类在他们以前无困扰的行为中对某些暂停或中断的回应。在杜威看来,探究的模式由一系列显著的阶段组成:第一,确定、形成并发展这种中断所包含的问题;第二,引入并考察解决该问题的假说(或建议),通过推理判定它们所蕴涵的东西,可能对于该问题有所意
xvi 义;第三,通过合适的试验对假说进行检验,确证或否证该假说的逻辑推论。探究终结于某个判断,即是否所提出的假说确实已经(或确实没有)解决探究之初的问题。这种模式显然包含但远远超出科学调查所谓的"假说-演绎方法"。

杜威论述的一个重要目的是要表明,在达到这些阶段目标时,不同种类的命题与逻辑演算以何种方式起作用。例如,在单称(*singular*)命题中,有一种熟悉的区分(distinction)形成了感觉观察的发现;而一般(*general*)命题针对所有事物断言或否认某些东西,拥有某种既定特性。根据杜威的观点,这种单称命题的突出功能是确定并辨别探究之初的问题。但其理论核心的技术创新,是把判断解释为某一事项的处理,以便某一判断能涉及感觉材料与观念材料的功能性关联;并且详细地分析他所引入的观念的一系列对比区分,其中最重要的是类属(*generic*)与全称(*universal*)命题的区分。对术语作对比的意图,是界定感觉与观念材料在探究中的作用;在逻辑方面,杜威对其他作者进行明确的批评,通常采取的方式是说他们混淆了二者。一方面,类属命题被认为是关于事物的种类,具有存在内含(existential import),因为它们指向存在物之间的空间-时间联系;它们在探究中的功能是组织感觉材料,使其能被用作证据,以判定为该问题所建议的方案在考察中是否令人满意。另一方面,全称命题并不具有存在内含。它们在抽象特性(或可能性)之间形成"必然联系",并且即使不存在任何拥有后者特性的事物,这种联系也可能是有效的;它们在探究中的功能是提出可能的演算,如果实施它们,有可能解决探究中的问题(第267—274页)。杜威解释说,"所有人是会死的"这个陈述是类属的,如果它意味着所有人已经死了或将要死;它是全称的,如果它意味着在是人(*being human*)与是有死的(*being mortal*)特性

之间存在某种必然联系(第254页以下)。因此很显然,命题中所表达的语言形式并不决定它是普遍的或全称的,这只能由该命题在探究中的功能或作用来判定。他相信这种区分具有最高的重要性,并确实宣称"科学探究的准确核心从而对命题的这两种逻辑类型保持区分与功能关系(符合)"(第438—439页)。 *xvii*

考察这种区分的第一视角是:它不能单单从陈述的语言形式被读取,它指向探究中的功能区分。类属命题因此被用于辨别并分离感觉材料,并使感觉材料适合作为证据来支持或反对当前所讨论的问题的解决方案;全称命题的功能是用作关于可能的演算及其推论的陈述,被设置在解决该问题的兴趣中。因此,令人困惑的是:杜威自己提出了某些命题,把它们当成是在性质上解释了这些命题形式中的一两个,例如把牛顿的重力公式当作全称命题。如果命题的形式在于其功能,在引证这种从特定语境中抽取的公式作为其区分的例子时,他是否忠实于自己的一般立场?一方面,是否使用公式来准备存在性材料,并为了其他操作的实施而鉴别材料的过程并不存在探究者;但另一方面,把全称命题解释为包含在特性(character)之间的*必然关系*,读者只能困惑于其中的"必然"力量究竟是什么。如果其否定是自我矛盾的,那么,命题有时被称为是必然的;任何情况下,一般认为,预言事物间必然联系的命题能够被*先天地*(*a priori*)建立起来——即无需求助于经验证据。但如果这或和它相似的某物就是杜威对该词使用的理解,如果(如他所说)牛顿关于重力引力的定律是全称命题的一种例示,那么,该"定律"不能视为某种偶然的经验假定。因此,并不奇怪,有些读者得出结论说:关于自然的公开定律,在他那里可以*先天地*知道,并且——尽管他作为近代实验科学方法的倡导者声名远扬——他实际上是一个老式的理性主义者。这有点像 *xviii*
是悖论性的指责,因为当代某些哲学家拒绝偶然与必然真理之间的区分,将其当作一种没有根据的"教条";并认为杜威是反对一切形式的"二元论"的批评家。

杜威关于该区分的陈述以及对其偶然性的解释,引起了对当前所说的带有综合性的类属命题和带有分析性的一般命题的区别;他的一些读者已经努力尝试以这样一种无歧义的方式来解释其差异,尽管杜威偶然把自然中的定义性命题作为全称命题的引证(第270—271页)。因为他明确宣称,全称命题形成了行动的可能模式,以至于执行由该命题所规定的运算,也可检验它对解决当前问题的力量与相关性。但是,在当代技术性的意义上,没有任何分析命题会像杜威那样,以如此频繁的方式为其类属命题提供检验。此外,他区分了两种全称命题:

一种以数学物理命题为例(例如牛顿的重力定律),另一种是纯数学命题(例如二加二等于四);他承认前一种并未穷尽所有可能性,因此它们可能在强调实际需求时被拒绝,而后者显然没有这样的限制。这种附属的差异只会加剧如下困惑:我们具体该如何理解全称断定了特性的必然联系,需要理解的是什么?继而,他对它们与一般命题进行区分的整个基础依然模糊不清;与此同时,他对那些自称为“形式主义者”的逻辑学家的批评,其理由显然并不贴切。

杜威并不总是记得,一般命题在其中得以表达的语言形式并不能解决它是类属的还是全称的这一问题。例如,他引证牛顿的运动定律作为全称命题的例子,根本没有指出它们在探究的既定语境下如何被使用——即使他自己的解释(陈述“人是有死的”)表明,相同的语句可以有不同的意义,可应用于不同的语境。

xix 但不管有多少可能,杜威关于必然性由全称命题所谓述的讨论有待分析。有一种理解他的方式(他曾建议但没有明确地陈述)是这样的:在某个既定时间,能够以有担保的断定为数无限的类属命题大类。它们并不整体性地进入某门科学或其主要分支的基础理论框架;修正它们,甚至完全拒斥它们,并不需要对该框架进行某种激进的变更。这些是杜威的类属命题。但也有另一类类属命题,它们在该学科有担保的断言中并不占据这样的中心地位,在很大程度上,可归因于它们综合的涵盖范围与演绎的力量。这些命题被广泛应用为领导性原则,在它们所属的科学中指导研究。它们不易受到经验发现的挑战,这不是因为它们没有重要的替代,而是因为拒斥或纠正它们需要对科学的某些分支作出重大的修改。它们的功能是程序性规则,不受绝大多数实验结果的影响,这主要是因为处理它们与实验发现之间明显的冲突时,有比剔除那些理论基础更为方便的方式。这一类命题是杜威的第一种全称命题。另外,纯数学的命题完全不同于那些仅仅描述的命题——在任何程度上都是如此,如果接受当前对纯数学广泛认同的解释的话。在那种解释下,纯数学命题没有存在内含;它们是逻辑蕴涵的复杂关系的紧缩形式(compact formulations),可以先天地建立。它们在探究中有某种工具性功能,尽管其功能不同于其他命题。它们的功能在讨论中规范地传递,简化各种演算,把科学知识的全体导向系统有序。无论这种对杜威关于类属命题三重分类的解释是不是他实际的想法,我希望它与其目标一致。

3.

在杜威对于其逻辑理论的解释中，其困难产生的一种根源是：他反复宣称， *xx*
探究的组成部分拥有一些属性，这些属性在它们成为探究的部分之前并不拥有。从表面看，如果仅从其某些组成部分考虑，这似乎是可靠的探究；但从其他部分考虑，则又好像是悖论性的。我将考察这种宣称的两个例子。

(a) 传统逻辑理论承认命题可能拥有一些逻辑形式，通常假定这些形式是命题的“固有”(inherent)特性，无论后者是否为某些探究的部分，当它们进入探究时并不由命题所获得。例如，根据那种理论，陈述“当今美国总统是有死的”，形成一个逻辑形式上的单称命题；陈述“所有人是有死的”，形成一个逻辑形式上的全称命题；陈述“有些熊有白毛”，形成一个逻辑形式上的特称命题，在探究中不论它们是否为组成部分，都称诸命题拥有那些形式。与此对照，杜威坚持“所有逻辑形式……产生于探究的操作之中，与探究的控制相关，以便它可以形成有担保的断言”(第10—12页)。确实，在他看来，逻辑形式可以改变，不仅是命题的特征，也是“情境”(或主题内容)的组成部分，它们服从于探究的操作(第106—107页)。

显然，如果像传统逻辑那样，“逻辑形式”一词被理解为陈述句法结构的表示，那么，杜威对逻辑形式的解释就没有意义。然而实际上，他否认命题的逻辑形式可以从其文字表达的语言结构来解读；他对该词的用法与其传统意义不一致，甚至不重叠。根据他对该词的用法，它表示在探究中的某一项目，不论文字的或其他的，被用作尝试解释引发探究的问题。带着这种想法，如杜威那样，说命题没有确定的逻辑形式，这确实是明智的——因为它没有明确的功能——当
它并未在某些探究中得到使用，并且仅仅当它以某种确定的方式被用于获取某 *xxi*
一探究的目标，逻辑形式才“附加到”(accrue to)命题上。类似地，观察与料(data of observation)并不天生地具有成为证据(*being evidence*)的逻辑属性；但当它们被用作检验某些假说的材料时，它们便获得(acquire)这一地位。否认这一点，就犯了杜威所认定的最高哲学谬误：把可能性的功能转化为前提性的存在。

(b) 根据杜威的观点，如果假定探究的结论所指示的东西通常被称为“知识的对象”，先于探究而存在，那么也就犯了上述谬误。他坚持知识自身，不论它是什么，都只能通过从事探究而获得。他十分反对那种存在“直接”或“直觉”知识

的观点，例如曾被广泛接受的"直接捕捉"(direct grasp)数学与算术公理之真。此外，根据他的分析，探究的过程自身是各种情境的"受控变形"(controlled transformation)，在其中，某些未解决的问题产生了，并最终得到了解决。但这种变形是"存在的"，而不仅是精神的或心理的。因为只有该问题可能被消解的假说得到检验(tested)，一项探究才算完成；这种检验所涉及的操作是改变最初未解决情境成份的物理(*physical*)操作(第121—122页)。由此得出，不仅作为有机体状态的知识，而且知识的对象，都被称为探究过程中有意作出物理改变的产物。①

在《确定性的寻求》(*The Quest for Certainty*)中，杜威也许比在他的其他任何作品中都更为清晰地提出这种声称。在该书中，他论证构成探究的受指导活动的结果是：构成了一个新的情境，对象在其中以不同的方式相互联系，以至于
xxii 直接操作的"结果"形成了具有"已知"属性的对象。② 他还立刻宣布："知识的对象是事后形成的，这就是说，它是有指导的实验操作所产生的后果而不是早就存在于认知以前东西。"③因此，假设知识的对象先在于创造它们的探究是一种错误。

这种声称与通常被相信为知识对象的地位不相容(即它们是在探究中被发现而不是被生产)，或者不相容于杜威自己所说的经验科学的某些目标。例如，他宣称："物理学研究的唯一的方法，就是有意引进一种变化窥测它产生什么其他的变化；这些变化之间的相互关系，经过一系列的测量运算，构成了明确的和合意的知识对象。"④他还断言："[近代实验科学的]目的在于发现变化之间的恒常关系。"⑤但这种恒常关系并不是由实验者的操作所创造。例如，科学家可以改变既定体积的气体所产生的压强；如果他发现气体的温度在压力之下等比例地变化，那么，这种压强与温度改变之间的恒常关系是该实验中的知识对象——

① 约翰·杜威：《实验逻辑论文集》(*Essays in Experimental Logic*)，芝加哥：芝加哥大学出版社，1916年，第31—32、65页(《杜威中期著作》第10卷，第338—339、360页)。

② 约翰·杜威：《确定性的寻求》，纽约：明顿-鲍尔奇出版公司，1929年，第86—87页(《杜威晚期著作》，J·A·博伊兹顿编辑，卡本代尔和爱德华兹维尔：南伊利诺伊大学出版社，1984年，第4卷，第70页)。

③ 同上书，第17页(《杜威晚期著作》，第4卷，第136—137页)。

④ 同上书，第84页(《杜威晚期著作》，第4卷，第68页)。

⑤ 同上书，第102页(《杜威晚期著作》，第4卷，第82页)。

该科学家不曾生产的一种知识对象。杜威不可能否认这一点，即使它显然与他关于知识对象并不先在于探究的意图相矛盾。那么，他会如何为该论题辩护呢？

一种可能的辩护是：考察被指示为知识对象的东西，并不作为某种知识对象而先在于——它并不具有已知的属性——发现它的探究。然而，这一辩护将使该论题微不足道。有时会有不同的辩护，即尽管检验某假设确实改变了探究所关注的问题性情境（或主题内容），但它并未改变任何最终被指定为知识对象的东西。然而，这一辩护忽略了我们已经引用过的杜威的公开声明——知识对象 *xxiii*
确实由探究的操作产生，因此它回避了问题。

如果我们记住，就像他自己提到的，"知识"一词可以应用于不同类别的事物，从而短语"知识的对象"类似地有歧义，那么至少可能对杜威论题提供部分的辩护。他曾以一段雄辩的文字对此进行论述：

> 知识这个词具有各种不同的意义。从词源上来讲，"科学"是指经过试验证实的知识。但是，知识也有着更自由和更人文的意义。它的意思是指被理解的事情，这些事情为思想所渗透，因而实际上，心灵在它们中就像在家里一样……于是有时被称为"实用的"科学，也许比起那种在习惯上称为"纯粹的"科学来，是更真正的科学。因为它所直接涉及的不仅仅是有工具性的东西，而且包含为了达到在反省中所择定的结果，使用这些有工具性的东西去改变存在……按照这样的理解，在工程学、医学和社会技艺中的知识较之在数学和物理学中的知识更为充分。按照这样的理解，如果历史学与人种学不是停留在用一般的公式来概括大堆的信息的话，历史学和人种学也是科学的。①

但是，如果"知识的对象"一词的应用范围限制于个体事件或事物，那么，杜威的论题就显得正确了。我们考虑一下他频繁使用的那个例子：某人造访医生，想发现使自己遭受疼痛的原因。医生将可能使病人接受许多物理检查（例如获

---

① 约翰·杜威：《经验与自然》（*Experience and Nature*），纽约：W·W·诺顿出版公司，第161页（《杜威晚期著作》，第1卷，第128页）。在《确定性的寻求》中，他以如下方式表达自己的观点："知识最后的和充实的实在性是包含在个别事例之中的，而不是包含在那种不用来说明个别事例之意义的一般法则之中的。"（《杜威晚期著作》，第4卷，第166页）

得血样或X-光照片)，这些对病人身体有明确的影响。如若医生的检查是称职的，它可能产生有担保的结论或知识的对象，即该病人患上了某种消化道疾病。
xxiv 很清楚，在这个案例中，知识的对象确实是诊断性检查在病人身体上作出物理改变的结果。这并不意味着病人的消化道疾病是在检查之后存在。它确实意味着，病人的身体——知识对象的成份——已经受到检查，通过探究的操作，形成了最终成为知识对象的东西。另外，没有任何并非个体事物或事件的可比较的事物，能够被说成知识的对象(例如变化之间的恒常关系)。相应地，杜威关于知识对象存在的论题是可靠的，不是对所有的知识对象，而仅仅对那些与受到他高度赞扬的那类知识相符的知识对象。

4.

曾有评论说，归纳是科学的辉煌，却是哲学的丑闻。杜威可能会认同这种评价，尽管他可能扩展范围，把演绎也包括进来。据他判断，传统逻辑理论中，那些致力于分析、确证归纳推论，以及讨论演绎推理的本性与有效性基础的部分，比其他任何部分更需要重新建构。归纳是一种从一般到个别的推理形式(经常简化为从所有到有些的推理)，而演绎是从个别到一般的推理形式(从有些到所有的推理)，对于这种观点——通常归于亚里士多德，并被说成是科学探究的一种废弃概念的表达——杜威拒斥其是错误的且不符合科学实践。

关于演绎推理，杜威对传统观点作出批评，认为它们错误地坚持所有演绎推理的有效性都必须通过还原为有效的三段论形式，或者坚持这种推理的结论必须比其前提更少一般性。这些责难当然正确，但它们大大地落后于时代——一
xxv 个世纪前，研究形式逻辑的学者很熟悉它们。实际上，关于演绎推理的当前观点完全不同于传统观点，不是杜威批评的合适目标。甚至形式逻辑的基础教材，也让其读者熟悉演绎推理那些违反相关传统律令的形式；现在，任何人验证这种推理，都不会把它还原为三段论序列，这是最不可能的事。

杜威在对归纳推理的分析中所提出的观点，特别不同于两种普遍流行的、有关归纳任务的看法。根据其中之一，在现象间发现依赖关系的过程，能够以明确的规律来编码，以此种方式所获得的那种一般化(generalization)，其担保程度的提高，可通过增加确证性例示的数量来实现。另一种看法声称，在事件与属性之间发现依赖关系的过程，是无法编码的心理过程。因此，认同这种看法的人否认

有这样的规则。另外，他们相信某种形式的演算是可能的，如果提出了某种一般，而且搜集到它的证据，就能够计算该证据对于该一般的保证程度。杜威不相信在实验中发现的依赖关系，能够被随后的确定规则正确概括；对于任何量化保证程度的尝试，他没有表示出任何兴趣。此外，他认为，归纳的有关文献中存在一个严重的缺陷，即没有涉及一般命题的两种类型——类属的与全称的。在他看来，它们在探究中起着重要的作用。但是，他同意大多数学者的意见，即归纳推理作为新数据的来源，对实验具有高度的价值，它们可能为探究中的问题提出新的假说，并为这种假说提供支持或反对的关键性证据。

然而，正如杜威对问题的理解，归纳真正的突出任务是在合适方法与技术的帮助下，确立在某些依赖关系中被观察到的例子是研究现象的代表性样本(*representative samples*)。这是最重要的感性评论：如果加以恰当的论述，它将表明，仅仅依靠增加确证性例示的数量来论证其可靠性，并不具有任何逻辑价值。“如果有理由相信当时所发现之事是代表性的，”杜威指出，“那么一般性就 *xxvi*
因此已经被确立了。如果它不是代表性的，那么在任何情况下都没有得到保证的推论。”(第 432 页)相应地，归纳作为一种推理形式，以例示命题为前提，且以一般命题为结论。这种长期得到辩护的观念，完全忽略了科学探究的某种重大成份。

尽管杜威认可其重要性，但他很少说到那个问题，即某现象的例示如何被显示为它所属那类事物的代表。要显示这一点，不是一项容易的任务，需要使用统计理论以及概率理论，两者在过去上百年间都得到充分而良好的发展。尚不清楚的是，他对于这些技术熟悉多少；即使在很宽泛的意义上，他也没有讨论如何断定一般命题(尤其是普遍命题)的可信度(reliability)。这一问题依然没有完全得到解决，即使在当下，它已经成为逻辑学家、数学家与哲学们的主要关注点。但这样一种存在遗漏的探究理论显然是不完全的，需要实质性的补充。其《逻辑》作为一种探究理论的发展，涵盖近代实验科学的重大方法，仍然只是部分完成的计划。杜威的这种判断，无疑是正确的。

杜威的逻辑理论没有被他同时代的人所广泛接受，可能是因为他所用的术语与阐释方式使得《逻辑》难以阅读，也可能是因为他关于探究的例子(经常取自日常生活中产生的问题)并没有充分细致地解释那种他所理解的逻辑原则与特性应用，因此并不总是具有说服力。

不管它们可能如何，撇开内容上的空隙与解释上的瑕疵，《逻辑》是一部给人以深刻印象的著作。其独创优点是赋予其主题以清新的视角，强调逻辑原理与
xxvii 概念在达到科学探究目标中的作用。即便杜威没有完全成功地表明这一点，他这样做的尝试还是带有启发性与激励性。无疑，他预示了哲学分析后来的趋势，强调——如他在《逻辑》和其他著作中通过感知与例子所做的——在其得到应用与描述的语境中，且其功能在那些语境中获得解释时，科学的和哲学的观念得到最佳的理解。

逻辑:探究的理论

前　言

本书讨论的是逻辑理论本质思想的发展，约四十年前，它们首次出现于《逻辑理论研究》(*Studies in Logical Theory*)，在《实验逻辑论文集》中得到某些扩充，并在《我们如何思维》(*How We Think*)中重点从教育方面进行了简短的总结。尽管基本思想依然相同，但过去这些年间，自然也有相当多的修正。虽然与该问题的关系未变，借助客观探究对反思思想的表达识别，我认为，使得一种陈述模式成为可能，比前者更不易于被误解。当前这部著作在应用早先的观念以解释构成逻辑传统的标准内容的形式与形式关系方面，特别显著。这种解释同时包含其一般立场与暗含思想的详尽发展，既有批判性的，也有建设性的。 3

在这一联系中，特别需要关注的是持续探究的原则；就我所知，该原则的重要性只有皮尔士曾经提到过。应用该原则使得某种经验解释被赋予逻辑形式，传统经验主义忽略或否认其重要性；与此同时，它证明对它们先天的解释是不必要的。我认为，对于概括性的两种形式——它们在整本著作中得到系统化的强调——以及与所有实际概括的协同可能性，该原则与它们的联系，这些主题在相关的各章中得到了充分展示。探究的基本概念作为某种不确定情境的确定，不仅使判断与命题间关系的烦恼主题获得了客观的解决，而且在与观察的和概念性的材料之间的对生关系的联系上，促成了所给定不同命题形式的一致性解释。 4

我认为，“实用主义”(Pragmatism)一词在文本中并未出现。也许该词会被误会。在所有相关事件中，关于该词聚集了如此多的误解与相对无用的争吵，避免使用它似乎是明智的。但是，对于“实用的”正确解释，作用在于作为命题有效性的必要检验的后果，假定(*provided*)这些后果的构成是可操作的，能够解决激发该操作的具体问题，下面的文本完全是实用的。

在当前的逻辑状况下，任何缺乏形式构建的尝试无疑将引发许多读者作出严肃的反对。这种缺乏不是出于对这种构建的任何嫌恶。与此相反，我确信，接受所提出的一般原则将促成一个符号化集合，它比现在要完成的更为完全和一致。缺失符号化的原因，首先在于文本中提到的一个观点，即需要发展一种语言的一般理论，其形式与内容并不分离；其次，事实上，充足的符号集依赖于预先设置某种有效的思想，后者是对概念与关系的符号化。如果不满足这一条件，形式的符号化将（当前也经常发生）仅仅是永续现存的错误，而且在看似为它们提供科学立场的同时加强它们。

不特别熟悉当代逻辑讨论的读者可能会发现，本书过于技术化，尤其是第三部分。我建议，这些读者如若要理解所说的东西，可以回想一下，当他们面临某些问题和困难并尝试以一种理智的方式去应对时，他们自己的行为和他们展开行动的方式。如果他们坚持这样做，我想，其一般原则将被充分地理解，这样就不会被技术细节过度困扰。对于那些非常熟悉当前逻辑文献的人，在理解某种与最流行理论不契合的立场而形成某种障碍的情况下，该建议可能同样适用。

5 对于相关的逻辑论文及其作者，我希望这部著作本身已经充分地表达了我的感谢。然而我要明确地声明，我从大多数作者中学习，但最终被迫不赞成他们的立场，除了皮尔士这个突出的例外。由于碰巧本书没有提到A·F·本特利(Bentley)的著作，我希望在这里表达我的特别感谢。我对乔治·H·米德(George H. Mead)的感激，要比书中所显示的大得多。

在个人感激与致谢的情况下，通常要对免责声明重复强调。我很高兴提到一些——关于本卷中的主题，我面对一批又一批的学者所作的讲演，时间跨度超过一整代人，他们给予我的恩惠只能以这种一般的方式陈述。悉尼·胡克(Sidney Hook)博士阅读了本书所有章节的数个版本，我从他的建议与批评中获益甚丰，其中涉及这些章节所包含的方式与内容。约瑟夫·拉特纳(Joseph Ratner)博士阅读了很多章节，对于他的建议与修正，我也表示感谢。在某些更为技术化的章节，我充分得益于恩斯特·内格尔(Ernest Nagel)博士的卓越知识与才干。如果在所涉及的章节中仍然存在可以避免的差错，那是我的失误，而不是他们的。

最后，我想说，以下论文是导论性的。它展示了某种手段(approach)的观点与方法。尽管四十多年来，对它们的陈述一直在完善之中，但我非常明白该展示没有也不可能到达终点和达到理论上可能的完全性。我也确信，其立场完全可靠，那些愿意接纳它的人们将在未来的岁月中发展一种逻辑理论，与获得知识所有最佳的真正方法完全一致。我的愿望与期待是与那些投身于深奥而重大事业的人们一道，使逻辑理论与科学实践一致，不论他们的结论与本书所展示的内容在细节上有多么的不同。

约翰·杜威

哈伯兹(Hubbards)，新斯科舍省(Nova Scotia)

1938年8月24日

第一部分　导论:探究的母体

1.

逻辑的主题问题

当前的逻辑理论有一个很明显的悖论:一方面,对近期主题(subject-matter) 9
有着普遍的认同。没有哪个时期比这一近期主题表现出更为自信的进步;另一方面,其终极主题所卷入的争论没有任何缓解的迹象。近期主题的论域是命题相互间的关系,例如肯定-否定、包含-排斥、特殊-一般,等等。没有人怀疑由这类语词,如是、不是、如果-那么、只有(除了)、和、或、有些-所有,所表达的关系属于逻辑主题,这种很不一般的方式标示着一个特别的领域。

然而,当问到由这些术语所指示的内容如何、为何形成逻辑的主题,分歧取代了一致。它们是否代表纯粹的形式,即那种拥有独立存在的形式,或是所谓主题的形式的那种形式?若是后者,它们是形式的形式指的是什么,当主题呈现逻辑形式时会发生什么?如何且为何?

这些是我所谓的逻辑的终极主题,关于这一主题的争论很流行。这一问题的不确定并未阻碍近期主题领域中有价值的工作。但这一领域越是发达,关于其关涉对象的问题就越是迫切。还有,在更为有限的领域中存在完全的一致,这种说法不是真的。与之相反,在某些重要问题上,甚至也有冲突,存在某种可能性(这将通过实现的结果而显现),即存在有限领域中的不确定与差异性,是有关终极主题上意见不一的反映。

要解释有关终极主题所存在的不确定,只需要列举某些在逻辑本质上相互 10
冲突的不同概念。例如有人说,逻辑是关于思维的必然规律的科学,是有序化关系的理论——那些关系整体上独立于思维。有关后面的这些关系,至少存在三种看法,它们被认为是:(1)构成某个纯粹可能性的王国,其中的纯粹意味着独立于实际;(2)形成自然秩序的终极不变关系;(3)构成世界的理性结构。在后一情况下,尽管独立于人类思想,有人称它们体现了世界的理性结构,部分地由人类理性所生产。也有一种观点称,逻辑关注于推论过程,通过它获得知识,尤其是科学知识。

关于逻辑的主题,近来出现了另一种概念。有人说,逻辑关注作为一种符号系统的语言的形式结构。即使在这里,也还有划分。按照一种观点,逻辑是语言表达式的变形理论,变形的标准与句法形式同一。根据另一种观点,符号系统,作为逻辑的主题,是实存的普遍代数。

终极主题在于:任何情况下,逻辑都是哲学理论的一个分支。因此,其主题的不同观点是不同终极哲学的表达,而逻辑结论反过来被用于支持该基础哲学。哲学化必须满足逻辑的要求,从这个事实来看,其中有种东西至少能够激发好奇;可以想象,它对逻辑理论的自主性有令人不悦的影响。从问题的表面来看,说逻辑理论应该由哲学实在论或观念论、理性论或经验论、二元论或一元论、原子的或有机的形而上学来决定,这似乎不合适。可即使有关逻辑的作者没有表达他们的哲学预设,分析也揭示其中有某种联系。在某些情况下,从某个或另一个哲学系统中借来的概念,被公开设置成逻辑,甚至数学的基础(*foundations*)。

11 以上一系列不同观点是通过说明的方式给出的。虽然没有穷尽,但也足以证明还需要一种努力,通过某种关于逻辑终极主题的理论来处理近期主题。在目前的事态下,逻辑(主题)必须关于这个或那个的说法是愚蠢的。这种断言是语言实在论,假定语词具有这样的魔力,它能指向并选择它所适用的主词。更进一步,在逻辑理论的现存状态下,逻辑是如此这般的任何陈述,都只能作为一种有待发展的假设或立场。

然而,任何一种假设必须满足某些条件。关于终极逻辑主题的某种假说必须满足的第一个条件是:它必须具有真因(*vera causa*)①的本性。当然,作为一种真因,并不意味着它是一种真的假说,因为若是如此,它就不仅仅是一种假说。它意味着为某理论提供任何基础都必须拥有在某种范围内可验证存在的属性,而不管这种属性在其所要应用的领域中具有何种程度的假设性。若它的得出毫无根据,临时性(*ad hoc*)地提出,则没有地位。第二个条件是:它能够排序

① vera causa,真正的原因。——译者

(order)并解释所谓的近期主题。若它不能满足如此要求的测试,再多的理论可行性也没有用。第三个条件是:该假说必须能够解释为支持其他理论所展开的论证。这种条件相应于在任何领域中的某一理论解释显然的反例(negative cases)与例外的能力。除非实现这一条件,否则,为满足第二个条件所获得的结论将犯肯定前件的错误,因为已经肯定了后件。

在这些初步的评论之后,我转而陈述本书中发展的有关逻辑主题的立场。该理论在总体上认为,所有逻辑形式(以及它们的特征属性)产生于探究的操作之中,与探究的控制相关,以便它可以形成有担保的断言。这一概念所蕴涵的内容远远地超出那种当我们思考正在进行的探究过程时所包含或出现的逻辑形式。尽管如此,但它也意味着诸形式*源发*(*originate*)于探究的操作之中。一种简便的说法是:它意味着对探究的探究是逻辑形式的*原因认知*(*causa* 12
cognoscendi),而基本的探究自身就是对探究的探究所提示的诸形式的*原因*(*causa essendi*)。

这一章的任务不是试图证实这一假说,或者表示它满足上文提到的三个设定条件。那是整部著作的工作。但我希望强调两点,预备性地说明该概念的意思(不是证实),这种阐释是本章的主要任务。其中一点是,任何针对前述立场的嫌恶(revulsion)都应基于如下事实而作出特别的调整:当前持有的逻辑主题的所有其他概念同样是假设性的。如果它们看起来不是这样,则要归因于我们对其的熟悉程度。如果要避免纯粹的教条主义,任何假说不论如何不为人熟悉,都应该有公平的机会,并由其结果来评判。另一点是,在种类上不可胜数、在范围上包含甚广的探究确实存在,并向公众检验开放。探究是每种科学的生命血脉,在每种艺术、行业与职业中持续不断地应用,不论它在逻辑领域的可适用性会引起什么样的怀疑。

要进一步阐释采取这种立场的意义,在很大程度上,将借助最可能遇到的反对来展开。在这些反对中,最基本的是探究中所有指涉的领域已经被预先排除了。有人会说,已经有一种处理它的公认学科,该学科是方法论。在方法论与逻辑之间,有着普遍认同的差异,前者是后者的某种应用。

不了解采取这种立场的整体进展,当然不能证明这种反对的不公正。但可以提出,在逻辑与科学的、实际的探究方法论之间预先断言某种确定的差异,这在根本上是窃取论题。关于方法论所撰写的现存论文,大多数都假定两者之间

存在确定的差异，这一事实并未证明该差异的存在。而且，有些论逻辑的著作已
经把逻辑与方法论同一(我可以引用穆勒的逻辑为例)，其相对失败并未证明该
13 同一注定失败。因为失败可能并非与生俱来。在任何情况下，先天假定逻辑与
方法论之间的二元论，对探究方法和逻辑主题两者的无偏见考察都是有害的。

在逻辑与探究方法论、逻辑与科学方法之间设定某种二元论，其可行性源于一个未经否认的事实。为了达到有效的结论，探究自身必须满足逻辑的要求。从这一事实很容易推论出那种观点：逻辑的要求从一开始就强加于探究的方法之上。由于诸探究与方法有好有坏，逻辑包含某种批评并评估它们的标准。有人会问：探究有待参照某种标准而被评估，其自身如何成为该标准的来源？这是必须面对的一个问题。它只能在其后的整个讨论过程中得以充分回答。然而，通过指出寻求答案的方向，本书所采取的立场的意义可以得到澄清。

把该问题还原到最基本的层次就是：在其自身发展过程中，探究能否发展逻辑的标准以及进一步探究将服从于之的形式？人们可能回答说：它能，因为它有。有人甚至可能向反对者挑战，要求提供某个实例，其中科学方法的改进并未产生且借助于探究的自我纠正过程；出现某一单个实例是由于额外(*ab extra*)标准的应用。但这样一种反驳有待证实。某种探究可能自从人类出现在地球上就已经开始。关于探究的史前方法，我们的认识模糊且存疑；但我们知道大量应用于诸历史时代的不同方法。我们知道，如今控制科学的那些方法，相对新近地源自物理学与数学科学。

此外，不同的方法不仅一直在被尝试，而且一直在被穷尽，也即被验证。科
学的发展进程因此向我们展示此前尝试方法的内在批判。在某些重要方面，早
14 先的方法失败了。这种失败的结果是：获得了它们更可依赖的结果。早先的方
法得到的结论经受不起进一步调查的张力。结论不仅被发现是不充分的或是假
的，而且之所以如此，是因为所应用的方法。探究的其他方法被发现如此，对它
们的坚持不仅产生一些结论，经受进一步探究的张力，而且倾向于自我修正。它
们是一边应用、一边改进的方法。

比较探究中科学方法的改进和工艺进展中发生的改进，可能会带来一些启发。是否有理由假定：冶金术的进步是由于某种外部标准的应用？当前使用的“规范”源自原先处理金属矿石的程序。有很多需要有待于满足，有很多结果有待于达成。结果一旦达成，我们就会发现新的需要与可能性，而旧的进程将会被

重置来满足它们。简言之,某些进程有效,某些成功达成了预期目的,而其他的失败了。后者被抛弃,前者被保留并扩展。十分真实的是:诸技术的现代改进一直取决于数学与物理科学的进展。但这些科学知识中的进展,并不是诸工艺一直自动自我适应的外在准则。它们提供新的手段,但这些手段不能自我应用。它们得到使用,是由于它们的使用结果,在完成目标、影响结果上的成败提供了最终的标准,由以判定科学原理指导待测技术操作的价值。谈及这些,不是意图证明科学方法的相关逻辑原理自身产生于探究的进展过程中。但它有意表明,这样提出的假说有一种尚待满足的*原初*(*prima facie*)需求,最终裁决待定。

我现在回过来解释采取上述立场的意义。我认为,与疑问相关的探究将得到认可。这种认可带有与探究目标有关的涵义:“*目标*”一词的双重意义是作为期待中的目标和作为结束或终点的目标。若探究始于疑问,则它终结于确立消 15
除疑问需求的条件。后一情况可以由*信念*与*知识*这些词来指示。基于后面要说的原因,我倾向于用“有担保的可断定性”一词。

信念可以理解为探究结果的某种合适指示。疑问让人不安,它是探究过程中得以表达并出现的紧张。探究终结于达成所设定的东西。这种设定条件是真实信念的某种划界特征。到目前为止,信念是探究目标的适当名称。但信念是一个“双义”词,客观上,它被用于命名所相信的*东西*。在此意义上,探究的结果是一种设定的客观情况,这种设定让我们随时可以对它作出公开或想象的行动。*信念*在这里命名的是客观主题的设定条件,同时准备以某种既定的方式行动,如果该主题在实际中呈现。但在通行的用法上,*信念*还意味着某种个人事务,某些人接受或持有的某些东西,或者在心理影响下,某个立场转化为一种观念,即*信念*纯粹是某种精神与生理状态。如果说探究的目标是设定的信念,那么对“*信念*”一词这种意义的联想有可能悄然而至。主题通过探究设定的客观意义随之暗淡,甚或去除。该词的歧义性使其不再适宜用于当前意图。

“*知识*”一词也是指示探究目的与结局的适合术语,但它也有歧义的困扰。如果说知识或真理的获取是探究的目标,那么根据这里所采取的立场,该陈述是某种公认真理(truism)。那种令人满意地终结探究的东西,根据定义就是知识;它是知识,因为它确实是探究合适的终结者。但该陈述可能被认为是,也一直被认为是对某种不同于重言式的意义阐释。作为某种公认真理,知识被定义为恰当的和受控的探究之结果。然而,当该陈述被想成是某种意义阐释,情况就反过

来了。知识从而被认为自身具有某种意义，不同于与探究相关且参照的那种意
16 义。探究的理论则必然作为某种固定的外在目标从属于该意义。这两种观点之间的对立是基本的。此外，任何特殊知识能够脱离其作为探究的完成而建立，一般知识能够脱离这种联系而被定义。这种观点是逻辑理论中产生困惑的来源之一。因为唯心论、唯实论与二元论的不同派别对于"知识"实际是什么，有着不同的定义。结果是，逻辑理论变成服务于形而上学与认识论的预先概念，因此逻辑形式的解释在诸形而上学假定之下各有不同。

这里采取的立场是：由于每一个特殊的知识都是作为一些特殊的探究结果而被构造起来的，这种知识的概念只能是某种属性的概括，它们被发现属于那些作为探究结果的结论。作为一种抽象术语，知识是能够胜任探究的产物之名称。脱离这种关系，其意义如此宽泛，可以随意倒入任何内容或填充物。知识的一般概念如果借助于探究的结果而形成，那么，它是关于探究自身的意义的某种重要东西。因为它意指探究是它所参与的每一领域的*持续性*过程。通过某一特殊探究"设定"某一特殊情形，不能确保*那个*被设定的结论将一直保持被设定。设定信念的获得是一件渐进的事情，没有什么信念被设定为不再面对进一步的探究。正是持续探究的汇聚和累积的影响，在其一般意义上为知识定义。在科学探究中，被认为已被设定或成为知识标准的设定是这样的：它可以作为进一步探究的源泉；它不是以不能在进一步探究中被修正这样的方式被设定的。

上文有助于解释为什么我使用"有理由的断言"而不是"*信念*"与"*知识*"。它没有后面这些术语的歧义性，涉及将探究参照为有理由断言的东西。当知识被认为是某个与抽象探究相关的一般抽象术语时，它意味着"有理由的断言"。使用某个术语指示某种潜在性而不是某种现实性，其包含的认知是：所有特殊探究
17 的特殊结论都是某项持续更新的事业的部分，或者是一种进行中的关注。①

直到此时，似乎从持续探究过程中产生的标准，可能仅仅是描述性的，且在该意义上是经验的。在该歧义语词无可否定的意义上，它们是经验的。它们已

---

① 皮尔士指出，我们的科学命题有这样的特征，它们由进一步探究的结果带入到疑问之中。随后，他补充说："我们应该构建我们的理论，以便为这种[后来的]发现提供……通过为不能预见但又被确然证明必要的修正留下空间。"(《皮尔士文集》，第五卷，第 376 页注释)熟悉皮尔士逻辑著作的读者会注意到，我所采取的一般立场在很大程度上借鉴于他。就我所知，他是在逻辑学上把探究及其方法作为逻辑主题最初及最终来源的第一人。

经从实际探究的诸经验中长大。但在“经验的”意味着缺乏理性立场的意义上，它们不是经验的。所应用的手段（方法）与作为其结果所得到的结论之间存在某种关系，通过对它们的考察，发现某些方法成功而另一些方法失败的原因所在。在上文所述（作为一般假说的推论）之中暗含着理性事关手段与结果的关系，而不是关于终极前提确定的第一原理，或是新经院学派所谓标准学（criteriology）的内容。

根据这里所采取的立场，并从其日常用法来看，合理性或理性是与手段和结果的关系相关的。在期待中的目标之框架中，建立那些与可用手段无关且与在达成目标途中所有障碍无涉的东西，这并不合理。合理的是，寻找并选择那些最可能产生我们所预期的结果的方法。非常合理的是，将材料和进程当作方法，因为只要经过检验，你就会发现，它们导致了和我们预期不同的结果；这种巨大的差异，使其排除了它的后承。结果是如此不同，以至于它们对其成果构成了阻碍。作为一个抽象概念，理性确切地是这种手段-结果关系的一般化观念。因此，从这种观点来看，对于渐进地获得稳定信念或有担保的可断定性，在可以确 18
定它们作为手段与结果的可断定性之间的关系的情况下，其方法的描述性陈述也是一种理性陈述。

然而，合理性或理性已经被具体化了。在逻辑理论中，有一个古老而经久不衰的传统，已经把理性转化成一种能力；当它在对初始真理的感觉中被现实化时，理性（rationality）被称为理性（*reason*），后来被称为纯粹理智（*Intellectus Purus*）。理性的观念作为一种直觉地领悟先天的终极第一原理的力量，留存于逻辑哲学中。不论是否明确肯定，它是如下每个观点的基础，即认为科学方法依赖于逻辑形式，而后者在逻辑上先于或外在于探究。这种理性观念的原初基础现在被破坏了。该基础是设定某种能力的必要性，即有力量直接领悟“诸真理”，它们在自明、自证或自恰的意义上被公理化，并作为所有演绎推理的必要基础。该概念源自在经典逻辑形成的时代便已经获得最高级科学形式的主题，即欧几里得几何学。

在数学和数理逻辑中，人们不再持有这种公理本性的概念。公理被认为是一些假设，本身不真也不假；它们意义的确定来自其得到的结果，在于它们相互之间的蕴涵关系。假设的提出使最大的自由获得许可，甚至得到鼓励——该自由仅以它们富有活力、富有成果地意指结果为条件。

在物理学中，该原理同样成立。如今，数学公式在物理学中已经取代了那些命题曾经的位置，那些命题关乎永恒的本质以及由这些本质所定义的确定种类。该公式借助蕴涵规则而演绎地发展，但该演绎结果对于自然科学的价值并不由演绎的正确性所决定。

演绎结论被用于激励并指导实验观察的操作。这些操作可观察的结果相互间处于系统化的关系中，最终决定了演绎原理的价值。后者的地位是作为获得
19 有担保的可断定性后果的必要手段。这里所采取的立场，即一般假说的发展，是对于数学与物理探究的手段-结果关系的特征化概括。据此，所有逻辑形式，例如曾被称为近似逻辑主题所指示的东西，都是正确地受控探究中结果关系的例示。在这一陈述中，"受控"一词代表探究的方法，它在持续探究的过程中得到发展与完善。在这种持续性中，任何特殊探究的结论都服从于进一步探究方法的实体化与成熟应用。作为一个抽象术语，知识的一般特征决定于所采用方法的一般本质，而不是相反。

对于"第一原理"与(数学和自然科学中)结论之间关系的概括，其特征可以通过第一原理在逻辑中的意义得到解释；就像诸原理传统上的表现那样，即同一律、矛盾律与排中律。根据一种观点，这些原理代表了对象终极不变的属性，探究的方法关注它们，探究必须与它们一致。根据这里所表达的观点，它们代表在持续的探究行动中已经被确定的条件，这些要包含于其自身的成功追求中。两个陈述似乎可以归结为同一事情。理论上，它们之间存在某种尖锐的差异。因为第二个立场意味着，正如已经表明的，诸原理在那个持续探究的控制过程中被概括；而根据另一种观点，它们是先天的原理，先于探究而被确定，并为其额外条件。①

那么，初始逻辑原理的存在与不可或缺性两者都未被否认。问题关注于它们的来源与应用。我对该问题所说的，主要遵循皮尔士提出的"指导"或"领导"原则的解释。根据这一观点所得到的每一个推论性结论，在习惯的有机意义上，都涉及某种习惯(通过其表达方式或激发方式)，因为生命不可能没有那些充分一般化的行动方式，它们被正确地命名为习惯。从一开始，习惯在某个推论中的
20 操作是纯粹生理的。我们并未意识到它的操作，我们最多意识到特殊的行动与

① 该观点将在第17章中讨论。

特殊的结果。后来,我们不仅时不时地知道所完成的东西,而且知道它如何完成。此外,注意到这些方式对于控制完成的东西是必不可少的。例如,工匠知道,如果以某种方式操作,给定某些材料,结果就会自然而然地发生。以类似的模式,我们发现,如果我们以某种方式得出推论,将得到可靠的结论,其他事物也一样。探究方法的观念作为习惯的清晰表达,包含在一类推论中。

此外,由于起作用的习惯在范围上更窄或更宽,从观察它们所得到的方法在宽度上或者更严格或者更广泛。皮尔士通过以下例子解释那种更窄的习惯类型,即某人看到,若把一个旋转着的铜片放到磁石之间,铜片就会停下来。他推论,另一铜片在相近条件下也将有类似的表现。一开始作出这种推论,没有某种原理的明确表述。[①] 起作用的倾向在范围上有限制,它不会超越铜片。但如果人们发现,不论主题的差异,在每一推论中都有习惯卷入,当这些习惯得到关注与明确表述时,这些表述就是指导性或领导性原理。原理陈述在每一推论中都起作用的习惯,它们倾向于在进一步的探究中产生稳定而多产的结论。由于与任何特殊主题无关,它们是形式的而非实质的,尽管它们是从属于真实探究的材料形式。

原理的有效性取决于由它们清晰表达的习惯所产生结果的一致性。若讨论中的习惯是这样一般地产生结论,在进一步探究中持续并发展,则它是有效的,即使在某一偶然案例中产生某个实际上无效的结论。在这些案例中,问题在于所处理的材料,而不在于习惯与一般原理。这种差异显然相应于形式与质料之 21
间的普通差异。但是,它并不涉及它们在逻辑理论中的完全分离。

任何习惯都是行动的一种方法或方式,而不是某个特殊行为或举动。当它被明确地表述,就其得到接受而言,它变成某个规则,或者变成更一般的、行动的某个原理或“法则”。几乎不能否认存在一些推论的习惯,且它们可以作为规则或原理而被明确地表述。若存在这样一些对于指导每一次成功的推论性探究均为必要的习惯,则表达它们的公式将是一切探究的逻辑原理。“成功”在这一陈述中意味着以某种在长远或持续的探究中起作用的方式,某种产生的结果或者

① 我不记得皮尔士提到过休谟的习惯教义,或是穆勒的概括“倾向”。所涉事实似乎是相同的。但是,皮尔士把该事实与基本的机体或生理功能相连,而不是把习惯撇开为某种最高的“神秘”联系,这与休谟和穆勒不同。

在进一步探究中得到证实，或者用相同的程序得到纠正。这些指导性逻辑原理不是推论或论证的前提，而是有待于满足的条件。关于它们的知识，提供了指导与检验的原理。它们是处理主题的方法之明确表述。这些方法被发现对于过去的可靠结论起着决定性的作用，它们被用作进一步探究的规范，直到质疑它们的确定理由被发现。尽管它们源自对方法的考察，这些方法原来应用于它们与所产生的那种结论的联系，就进一步探究而言，*它们在操作上是先天的*。[1]

在此前的讨论中，我已经作出的那些陈述，只有在以下各章通过更为详尽地对逻辑主题进行展开之后，其所有力度才会变得清晰。正如一开始所说的，该讨论并不意图证实该立场，而是要澄清其一般意义。在本导论余下各页中，我将为逻辑理论的立场提出某些涵义。

1. *逻辑是一门渐进的学科*(*a progressive discipline*)。其理由在于，逻辑依赖于对某一给定时代所存在的最佳探究方法的分析(根据其持续探究的结果而被判定为“最佳”)。随着科学的方法得到改进，逻辑相应地发生变化。自从经典
22 逻辑把各个时期存在着的科学方法明确地表述以后，在逻辑理论中发生了无数变化。它们随着数学与自然科学的发展而出现。然而，如果当前理论提供现存科学方法的一致性公式，不受那种教义的影响，即逻辑形式继承自某个不再成立的科学，那么，本文也就没有理由存在。如果将来探究的方法进一步变化，那么，逻辑理论也将发生变化。没有理由假定逻辑一直是或将会是如此完美，也许除了一些细节方面，它将不需要进一步的修正。逻辑适用于最终公式的观念，是一种剧场幻象(*eidolon*)。

2. *逻辑的主题经由操作决定*。[2] 这一论点是前述内容的重述。探究的方法是得到实施或有待于实施的操作。逻辑形式是探究以探究的身份必须满足的条件。可以预测，操作分为两种一般类型。有些操作实施并借助于实存材料——就像实验观察中那样；有些操作使用并作用于符号。但即使在后一种情况中，

① 如已经提过的，以上解释由皮尔士无偿提供。尤其参见其《文集》，第3卷，第154—168页，以及第5卷，第365—370页。

② “操作”一词不是由“工具”一词所指示的东西之替代。它表达探究的主题运用并通过该方式提供探究目标的手段，决定实存情况的惯例。作为一个一般术语，“工具”代表手段-结果的关系，是解释逻辑形式的基本范畴；而“操作”代表主题由以(1)提供适于作为手段以及(2)实际作用为这种手段并影响探究目标之客观转化的条件。

“操作”也尽可能地被视为一种字面意义。有些操作就像寻找某个遗失的硬币或测量土地，有些操作就像制作一张资产平衡表。前者的实施基于实存的条件，后者基于符号。但在后一情况中的符号代表可能的最终实存条件，当其结论用符号来表达时，它是处理实存的进一步操作的预先条件。此外，为一家银行或任何其他业务制作资产平衡表，相关操作都涉及具体的活动。在这两类操作中，所谓的“精神”要素需要借助实存条件与结果来定义，而不是相反。

操作涉及材料与工具，也包括在后者的工具与技术中。越预先以某种观点 23
塑造材料与工具，并将它们相互的结合操作为结果的手段，所实施的操作就控制得越好。精制钢材是手表的弹簧由以成形的操作材料，其自身也是一系列操作的产物，该操作的执行参照使该材料处于某种适合作为最终操作材料的状态。从操作的观点来看，一方面，当材料通过工具与技术被给定为某种必须的条件时，它同样是工具性的；另一方面，旧工具与技术得到修正，以便它们更为有效地应用于新材料。例如，引入更轻的金属所需要的处理方法，不同于先前对更重的金属所采用的方法。或者，从另一方面出发，电子化操作的发展，使新材料作为新结果的手段成为可能。

上述说明来自工业技艺的操作，但其原理对于探究的操作是成立的。后者一方面通过塑造一种工艺主题而发展，以便其自身支持作为操作模式概念的应用；另一方面，通过这种概念化结构的发展，它可以应用于实存的条件。由于在工艺中，两种运动相互严格一致地发生，因此所应用的概念都被理解为直接操作；而实存的材料在探究条件得到满足的程度上，由操作以及着眼于有待执行的操作两者决定。

3. *逻辑形式是假设性的*。为了成为完全意义上的探究，必须满足某些可以形式地陈述的需求。根据在逻辑与方法论之间作出基本区分的观点，那些要求先天地存在并独立于探究。基于那个观点，它们自身是最终的，不是内在地假设性的。它们的这种概念是那种观念的终极理由，即它们完全且内在地是先天的，并被包含在所谓的纯粹理性的能力中。这里所采取的立场认为，它们是内在性的假设，属于并服务于探究；作为诸条件的明确表述，它们在探究自身的过程中 24
被发现，而且如果它们想要产生有担保的可断定性作为结论，那么进一步的探究必须满足它们。

可以借助手段-结果的关系来陈述：如果可断定性作为目标而获得，那么，它们就是必须被使用的方法的本质的一般概括。在工艺中出现的操作必须满足某些需求。一座跨越河流的桥梁应该在给定条件下建造，这样的话，该桥梁作为操作的结果，才能经受某些承载。有些本地化条件由河岸状况等所设定。除此以外，还有些一般条件，包括距离、重量、拉力与张力、温度变化等等。这些是形式条件，它们就是有待于实现的需求、要求与假设。

假设也是一种规定。从事探究就像进入某一契约，它使探究者置身于某种条件的审查中。规定是对许可某项事务的条件之陈述。有关规定最初在探究的进行中是隐含的。当得到正式承认（明确表述）时，它们成为各种概括程度的逻辑形式。它们使某项需求所涉及的东西明确化。每一需求都是一项请求（request），但并非每一请求都是一项规定。因为一项规定有关责任的假定，所假定的责任在规定中得到陈述。它们涉及以某种特定方式行动的意愿。根据这种解释，规定并非随意选择。它们提出一些要求，在要求提出某种名目或有权获得相当关注的意义上得到满足。

在从事交易时，人们最初不知道隐含的责任；因为在法律意义上，法规是对于以前仅仅隐含于习俗中的东西的确定陈述，即对义务与权利的正式认定，它们特别地包含于对习俗的接纳中。探究所要满足的某个高度概括的需求如下："如果某物具有某种属性，这一属性不管怎样都拥有某种另外的属性，则该事物拥有这种另外的属性。"这一逻辑"法则"是一项规定。如果你准备以满足探究要求的方式进行探究，那么必须以关注这一规则的方式前进，就像制定一项商业合同，有某些条件必须得到满足。

25 因此，假设既不是任意的，也不是外在先天的。它不是前者，因为它产生于达成目标的手段之间的关系；它不是后者，因为它并非凭空强加于探究之上，而是某种进行中的探究使我们作出的承认。合同法是从事某种商业活动预先制定的规则，在同样的意义上，规定是经验地、暂时地先天的。它源自过去一直成功的相关探究，它为未来探究设定必须满足的条件，直到这些探究的结果表明有理由修改它。

因此，把逻辑形式说成假设，在其消极意义上，是一种吸引人们关注这一事实，即它们并非凭空给定或从外部强加的一种方式。比如，就像几何学的假设并非是自明的、作为外在强加前提的初始真理，而是在处理某些主题过程中，必须满足的各个条件的明确表述一样，对于每一探究都成立的逻辑形式也是如此。

在合同中，相关一致存在于双方或多方相应某些具体情况的活动结果之间。在探究中，一致性存在于一系列探究的结果之间。但这种探究不是由某人或另一个人进行的。当任何一个人从事探究时，只要其探究真实如此而非虚伪诈骗，对于任何他人从事的类似探究所得到的结果都要接受。“类似”在这个短语中，意味着那些探究满足相同的条件或规定。

相应地，逻辑理论的假设性特征要求最为完全且清楚的明确表述，不仅要拥有在特定的推理中作为前提的主题，还要具有在推理和论述的规则和原理中得以陈述的一般条件。它们在推论与对话的规则与原理中得到陈述。质料与形式的区分从而形成。但在主题与形式严格的相互一致上，这是一回事。因此，再说一次，假设不是随意的或纯粹的语言学约定。它们必须相应于获得持久稳定的信念，从而控制主题的决定与安排。只有在探究已经进行相当长的时间，而且找到那些成功见效的方法之后，才有可能提出相关的假设。它们并非完全是预设的。它们源自作为手段的方法与结果的结论之间关系的分析性考察——这项原 26
理例证了理性的意义，在此意义上，它们是抽象的。

因此，逻辑理论的假设性本质与已经说过的渐进而操作的逻辑相一致。假设变为探究的方法是一种完善，表达现代科学探究的逻辑形式在很多方面不同于那些希腊科学的明确表述程序。在实验室中的实验者发表结果，陈述使用的材料、设置的工具以及应用的程序。对于任何希望检验所达结论的探究者来说，这些详细说明是有限制的假设、需求与规定。对探究程序的实施作出概括，即根据每一探究的形式，作为假设的逻辑形式就是其结果。

4. 逻辑是一种自然主义理论。“自然主义”(naturalistic)一词有多种意义。这里用它意指：一方面，在探究操作与生物学操作、物理学操作之间的连续性并无断裂；另一方面，连续性(continuity)是指理性操作来自机体活动，与它所源出的并不同一。在生物的活动中，有某种对达致结果之手段的调整，即使没有得到详尽的意图指导。人类在生命普通或“自然”的过程中，逐渐使这些调整意图化，这些意图(purpose)最初被限制在它们产生的实时情境中。随着时代的发展(重申已经提出的一个原理)，该意想(intent)如此地概括化，以至于使探究脱离了特殊情境的限制。在探究活动可观测性的意义上，在该词的普通意义上，这里的逻辑也是自然主义的。直觉这种神秘能力或任何这般玄秘的东西所产生的概念就被排除了，因为它们不能公开地接受检查与证实(例如纯粹的精神物之类)。

5. *逻辑是一门社会性的学科*。使用"自然主义"一词的歧义在于：它可能被理解成把人类行为还原为猿猴、变形虫或电子与质子的行为。但人类是自然的生物，与他人相互交往，在社群中拥有语言，因此共享一种传播性文化。探究是
27 一种设定社会化条件、具有文化后果的活动模式。这一事实的涵义有广义与狭义之分。它更受限制的涵义是用符号在逻辑的关系中表达。那些"符号逻辑"的关注者并不总是承认有必要对符号的引用与操作给出解释。而符号相互间的关系是重要的，这些符号必须借助符号化所服务的操作而得到最终的理解。所有语言(比言语包含的多得多)由符号构成，这一事实自身并未像它在探究中的应用那样，决定符号系统的本性。但是，它在任意自然主义的基础上确实形成了符号的逻辑理论的分离论点，任何逻辑理论都必须对如下问题采取某种立场，即符号是不是独立存在的意义的必备材料，或者它们是不是意义存在的必要条件——以常用的术语来说，语言是不是"思想"的外衣，或者是某种没有"思想"就什么也不是的东西。

广义的涵义发现于如下事实中，即每一探究来自某种文化背景，并或多或少地对它所产生条件的修正施加影响。物质联结只会发生在物质的环境中。但在涉及智力导向的每一次相互作用中，物理环境是更具有包容性的社会或文化环境的一部分。正如逻辑教科书通常附带评论说，反思来自问题的出现，并且接下来的发展似乎是这一事实对反思理论没有进一步的兴趣，因此它们说科学自身被设定为文化条件，并且在进一步的考察中消除该事实。[①] 问题的这种广义角度与其狭义的术语所指相关。语言在其最广泛的意义上——即包含所有交流手段，例如纪念碑、仪式与形式化的艺术之类——是文化存在并由以传播的媒介。
28 未被记录的现象甚至不能被讨论。语言是使发生的事件永存的记录，并使它们适宜于公众思考。另一方面，仅仅存在于不可交流的符号中的观念或意义虚幻得不可想象。逻辑的自然主义概念是这里所持立场的基础，因而是文化自然主义(*cultural naturalism*)。探究与最抽象的符号形式集合都不能逃脱文化的母体，它们在其中存在、运动乃至成形。

---

① "甚至物理学家也并非完全独立于他所工作的社会为他提供的经验背景。"斯特宾(Stebbing)：《逻辑学现代导论》(*A Modern Introduction to Logic*)，第16页。如果人们把科学工作者包含在"社会"中，似乎前述"甚至"应该被理解成"物理学几乎比其他任何人都……"。

6. *逻辑是自主性的*(*autonomous*)。这里的立场暗含着，探究的终点在于探究形式条件的确定。逻辑作为对探究的探究，如果你接受的话，是一种循环过程；它并不依赖任何超出探究的东西。通过强调其预示的东西，或许可以最方便地理解这一命题的力量。通过一种先天的直觉行为，它预示着确定并选择逻辑的第一原理，即使这里的直觉被称为纯粹理智的直觉。它预示把逻辑安放在形而上学与认识论的假设与预设之上。后者有待于借助作为探究结果的揭示所决定，如果有的话；它们不是被塞到探究之下，作为其“基础”。在认识论方面，如稍早我在另一种联系中提到过的，它预示着一个假定，即知识先天现成的定义决定了探究的特征。无论在特殊性上还是在普遍性上，知识都有待于借助探究来定义，而不是相反。

逻辑的自主性也预示着如下观念，即其“基础”是心理的。没有必要获得关
于感觉、感觉与料、观念与思想，或一般的精神能力的结论，将它们作为逻辑的预
先条件。相反地，正如这些质料的具体意义由具体探究所决定，它们与探究的逻
辑之关系一般地决定于该关系的发现，这些名字被赋予的主题能够承受探究之
类的有效行动。该观点可以通过引用“思想”来解释。前面各页中用到“探究”一
词之处，一直有可能用“反思性思想”这一术语来代替。但如果该词得到应用，则
显然，某些读者会认为“反思性思想”指示某种已经充分知道的东西，因此“探究”
就等于某种思想预先存在的定义。本文采取的立场隐含着与此相反的观点。我 29
们不知道该赋予“反思性思想”什么意义，除了借助对探究的探究所发现的东西；
至少我们不知道它对于逻辑的目的意味着什么。就个人而言，我怀疑是否存在
任何作为某种严格的物理存在而可以被称为思想的东西。但在此没有必要研究
这个问题，因为即使有这样一种东西，它也不能为逻辑决定“思想”的意义。

或者“思想”一词在逻辑中一无所用，或者它是“探究”的同义词，其意义由我们关于探究所发现的东西来决定。后者似乎是合理的选择。这些陈述并不意味着某个可靠的心理学不可能对逻辑理论有决定性优势。因为历史证明，不可靠的心理已经造成了巨大的损害。但是，它与逻辑的一般关系被理解为：作为探究的分支，它可以置于所涉及的探究之上。它与逻辑的类属关系类似于物理学或生理学与逻辑的关系。尤其是基于以下各章会出现的理由，其发现比其他科学的发现更靠近逻辑。偶尔涉及心理学的主题在任何情况下都不可避免，因为正如后面将会表明的，某些逻辑立场以其与心理学考虑完全无关为自豪，实际上却

依赖于心理学观念。这些观念如此流行，深嵌于理智传统之中，以至于被毫无批判地接纳，似乎它们是自明的。

第一部分余下各章是为其后及更详尽的提要所做的准备性工作，它们隐含在如下命题中：(1)逻辑理论是受控探究的系统化表述；(2)逻辑形式产生于也由于该控制而产生了有担保的可断定性的结论。如果当前理论适度地反映了这种一般观点，那么，这些章节就没有必要了。在逻辑研究的当前状况下，它们似乎是必要的。第二章与第三章考察的是该理论的自然主义背景，一个是关于其生理学方面，另一个是关于文化方面。第四章与第五章致力于陈述逻辑理论根据既定的指导进行修正的必要性与重要性。

2.

探究的存在母体：生物学的

本章与接下来的一章将介绍声称逻辑是自然主义的这一观点的发展过程。 30
前一章关注的是探究之生物学的自然基础。人们在进行探究时会运用到他们的眼睛和耳朵、手掌和头脑，这显然无可置疑。这些感知的、运动的或中枢神经系统的器官，都是生理的。因此，生理的运作与结构虽然不是探究的充分条件，却是必要条件。探究中含有对生理因素的运用这一事实，通常被认为构成了一个特殊的形而上学或认识论问题，即心-身关系。当被这样分入一个特殊领域时，它对逻辑理论的引入就被忽视了。而当生理功能被认为是探究之不可或缺的成分时，逻辑就没有必要涉入错综复杂的关于心身关系的不同理论。它们是探究的必要因素这一不可否认的事实足以被接受，且它们在探究行为中如何运作这一问题应当被思考。以下讨论的目的是要表明：生理的功能和结构为细致的探究开辟了道路，以及它们怎样预示了探究的形态。

自然主义的逻辑理论的基本设定是较低级（不甚复杂）和较高级（较复杂）的活动及形式的连续性。连续性的观念并非自明。但是，它的含义排除了一方的完全断裂而只是重复与他者的一致性；它排除了从“较高级”到“较低级”的减损，就像排除完全的断裂与空缺一样。任何生命有机体从种子到成熟的生长发育过程，都说明了连续性的含义。发育的发生机理决定于对实际发生的事情的研究，而不是为先天的观念结构所决定，即使那种结构可能有助于指导观察和实验。 31

例如，我们不能预先断言发展通过渐变或突变来推进；它以将要复合起来的方式从部分推进到整体，或者从对总的整体的区分推进到明确而相关的部分。这些可能性无一被作为要受研究结果检验的假设而被排除。连续性这一设定排除的是覆于以一个全新的外在力量作为变化发生之原因的情景之上的现象。也许从由放射性的某种形式引起的突变中会显现一种崭新的形式，但放射性不是临时被发明并从外面引入以说明这种转变的。它首先被认为存在于自然之中，进而如果这个关于突变之起源的特殊理论被证实了，那么，它会被发现实际地发生于生理现象之中并以可观察和描述的方式运作着。另外，科学研究的结论应当是发展通过渐变来推进，再多突变的附加也不会构成发展，除了在它们的累计结果产生出新异之物时。

因此，消极地讲，用连续性这一设定对逻辑主题加以讨论表明，我们不会为了说明逻辑主题的特性的独特性和唯一性而立刻激起一种如理性或纯粹直观的新能力或机能。积极而具体地讲，它表明一个合理的说明应以这样的方式被给予：它使得对精心的探究加以区分的诸特征产生出不为其所标示的生理活动成为可能。当然，它能够处理被称为直接的逻辑性主体事物的东西，而不产生这一问题。但这会令人惊奇：在每一其他科学领域强烈反对超自然和非自然因素介入的作者，会对逻辑理论唤起理性和先天直观而毫无质疑。为了使他们的逻辑观点与其他事物的信念相一致，好像要更多地依赖逻辑学家而非他者。

32 如果某人否定超自然的东西，他就有责任在理智上指明逻辑的和生理的东西如何在持续发展的进程中相互关联。这一点值得引起我们重视，因为如果下面的讨论未能令人满意地完成指出这条连续线路的任务，那么，这一失败对那些接受自然主义设定的人来说，将成为更好地执行任务的挑战。

不管其他有机生命是否如此，生物有机体活动都是涉及环境的活动进程。它向外延展超越了有机体的空间限制。有机体不是生活在环境中；它依靠环境生存。呼吸、消化食物、排泄废物，都是直接整合的情形；血液循环和神经系统的活跃，则相对间接。但每一有机功能都是内在和外在有机能量直接或间接地相互作用。因为生命有能量的消耗，而被消耗的能量只能在实施的活动对环境成功地形成反馈时才得到补充——这是恢复能量的唯一方式。即使一只冬眠中的动物，也不能仅仅只靠自身而生存。引入的能量不是由外力强加的，而是能量散失的结果。若有盈余，(能量)就会增长；若是欠缺，则会退化。世上存在着无关有机体生命活动之事。但是，除潜在的可能外，它们并不是其环境的一部分。生命之历程乃由环境与有机体一同参与，因为它们是一个综合整体。

由此可见，结构的每次变异都会引起环境的变化。因为一个新器官提供了一种新的交互作用方式，使这世上原本不相关的事物进入生命机能中。动物变动的环境和植物固定的环境不同；一只水母的环境与一条鲑鱼的环境不同，而任何鱼与鸟的环境也相异。所以，重复一下先前所说的，差别不仅在于鱼生活在水中而鸟生活在空中，而且在于这些动物是其所是的特有机能。因其特别的方式，水和云进入了它们各自的活动中。

相互作用的变异激起了在其中保持平衡的需要；或者用客观的术语说，这里的“平衡”指的是一个相联结的环境。此平衡须由一个对有机体内部和外界发生
的变化皆有回应的机制来维持。例如，呼吸这一明显自有的机能，正是通过由血 33
液和肺部的二氧化碳释放变压引起了碱性的和二氧化碳成分间的活跃交换而保持恒定的。肺反过来依赖肾和肝产生的互动，它们用消化道的原料来影响血液循环的相互作用。这整个精确的同步交换系统是由神经系统的变化来调节的。

这一微妙而复杂的内在变化之系统的效用在于与环境——同等之物——一个十分统一的环境保持了相当一致的集合。无生物与其周遭的相互作用和复杂事物间保持的稳固关系不同，如锤子敲击、裂石成块。但是，只要生命正常地进行，有机的和环境的能量就进入这种为了后续的互动之需要而保持双方共同条件的相互作用中。该进程或者说自我维持在某种意义上，是不属于无生物相互作用之情形的。

维持有机体和环境之间恒久形式的互动之能力并不受制于单个有机体，这一点由相似的有机体之繁殖而得到证实。石头（限制在其潜力范围内）如何对他物产生机械或化学作用，大概并不重要。石头也许会失掉其个性，但基本的机械-化学进程仍将毫无阻碍地进行。只要生命继续，其进程就会不断地持续，并且修复作为给定有机体生命活动的特性的持续性关系。

每一个别活动都为随之而来的活动作了铺垫，这样形成的不仅是一种演替，而且是一个系列。生命活动的这种连续性是通过复杂因素在每一个别活动中的微妙平衡而受影响的。当某个给定活动的平衡被打乱——某因素有适度盈余或亏缺时——就会在客观的意义上展现出需要、寻求和充足（或满足）。结构之变异及其相应活动越激烈，平衡就越难以维持。实际上，生存应视为不均衡与均衡
之恢复的连续旋律。有机体越“高级”，干扰也会越强，而其恢复也越需要更有力 34
（通常也更持久）的努力。被扰乱的均衡的状态持续着需要。朝向其复原的运动是寻求和探索，而恢复则是充足或满足。

以饥饿为例，它表现了作为集合体的生命之有机因素与环境因素之间不平衡的状态。这种扰乱是由于对另一种活动的各种有机功能缺乏完全的反应性调适。消化功能不符合循环系统（它为所有器官输送补充的养料，这关乎其他性能之运作）直接加之于它的需求和由机动活动产生的间接需求。紧张状态被建立起来，那是一种有机的局促和不安的切实状态（不只是感觉）。这紧张（规定着需要）的状态渐转变为寻求可恢复平衡之情形的质料。在低等有机体那里表现为它边缘部分的伸缩，以使养料被吸收。消化掉的物质发起了贯通该动物其他部分的活动，从而导致平衡的复原，而这作为先前紧张状态的结果，也就是充足。

瑞格纳诺（Rignano）在一次关于思考的生理基础的富有启发性的探讨中指出，每一有机体都努力地保持着一种稳定的状态。他给出了低等有机体活动的证据，表明发生于其状态受扰时的活动倾向于恢复到先前平稳的情形。① 他还说："在先的心理状态不可能被完满地重现并留存于常规活动中，直到某动物通过其运动成功地再次进入与旧环境相同的环境。"我需要对他的立场加以阐释，以使本文所说的与其一致。但是，他的处理方式表示，它强调该有机体先前状态的复原，而不是一种整体关联的建立。后一关联的确立与有机体和环境二者间的切实变化，是兼容的；它并不要求该有机体或环境的新旧状态与另一个相同。因此，两种观点的差异具有理论的重要性。

如果我们已在与高级有机体的关联中发现的、对食物的寻求为例，那么，它会清楚地表明，此类寻求通常将有机体引入与旧环境不同的环境，而在新条件下对食物的摄取涉及有机体状态的改进。被修复的，是关联和相互作用的形式，而不是同等的情形。这一事实应被认可，发展变成了异常或至少是不寻常的事情，而非生命活动的正常特征。需要依旧是持久的因素，但它变换了自身的性质。随需要中的变化而来的是探索和寻求活动中的变化；而那种变化又被充足或满足的变化紧随。这种保守的倾向无疑很强；这里有一种要变回去的倾向。但至少在更复杂的有机体那里，寻求的活动引起旧环境的改变，只要通过有机体与其间关联的一个变化。面对新条件，生成并维持一种变化的适应模式的能力，是被称作"有机进化"的更广阔发展的源泉。对人类有机体而言尤其如此，为满足需

① 《推理心理学》（*The Psychology of Reasoning*），英译本，第 6、11 和 31 页。

要进行的活动改变了环境，产生了新的需要。只有通过有机体活动更深刻的变化，才能满足；如此等等，构成了一条潜在的无穷之链。

低等有机体中，大部分有机的与环境-能量间的相互作用都是通过直接接触发生的。有机体的张力存在于其表里之间。有机体有距离感应器和特别的移动器官，连续的生命行为要求序列中在先的活动为后来者做好准备。如果这种相互作用不是一种直接的接触，那么从需要出现到需要满足的时间必然会变长。因为达到一种整体关联，有赖于与某距离内通过刺激眼、耳而激起探寻活动的事 36
物所建立起的关系。一种包含起始、中程及完成或收尾活动的确定次序，就这样建立起来了。其终始（*ab quo*）是由有机体中不平衡的情形规定的，而有机因素的集合体不能通过有机体与之直接接触的任何质料获得。它的某些活动趋向一个方向，其他的则朝另一方向移动。更特别的是，它现有的接触-活动和那些由其距离-接收器引起的活动并不一致，这种紧张导致的结果是后一种活动占据了主导。一只吃饱的动物不会被猎物的眼神或气味所搅扰，但饥饿时就会扑向它。饥饿的生物的寻求活动就成为一种确定的中间或中介序列。在每一中间阶段，接触活动和那些通过距离感应器激起的活动之间依旧存在一种张力。运动继续，直到接触的、视觉的和自动的活动的集合体建立起来，就像吞掉食物的完结行动一样。

曾用以描述环境-有机体相互作用的诸样式间的不同之处的术语"刺激-反应"（excitation-reaction and stimulus-response）可被应用起来。例如，一只休息中的动物是受到感官刺激而去探嗅的。如果这种特殊关系是孤立且自身完备的，或被认为如此，那么当某人忽然听到一声巨响而径直跳了起来，这其中就只有刺激-反应。刺激是特别的，反应也如此。假设一个远处的物体通过距离-接收器，如眼睛，产生刺激，那么也会有刺激-反应。但如果动物被激发起一种寻求情境的行动，情况则完全不同。独特的感官刺激发生了，而它是与更多的其他有机进程——其消化和循环器官、神经-肌肉系统、自主的自感器和中枢——相协调的。这种协调作为整个有机体的一种状态，构成了某种刺激。此情形（无论它被称作什么）与特别的感官刺激之间，有很大的不同。对捕食物的探求是对有机体的整体状态，而不是对某一独特感官刺激的回应。确实，对被称为刺激-反应的划分，只是由分析的思维作出的。所谓刺激，作为有机体的整体状态，由于包含着诸种张力，自身会转向被称为反应的那些探求活动。刺激只是整个协调的 37

连续行为的前面部分，反应则是后面部分。

刚列举的这种区分中包含的原理，要比它乍看起来重要得多。如果忽视了它，行为的有序性特征就从视野里消失了。行为就成了只是分离且独立的刺激-反应单元的连续，可以与由失调的神经机理引起的肌肉痉挛的连续相比较。当刺激被认作整个有机活动（最终可归为接触活动和通过距离接收器引起的活动）中的张力时，可以看到，在与具体活动的关系中，刺激持续贯穿着整个探求，即使它在追寻的每一阶段都改变了自己的实际内容。正如在动物奔跑的过程中（接触的，还有嗅觉和视觉的），具体的感官刺激随着每个姿势、每个地形特征以及逐渐增多的障碍物（像灌木和石头）的改变而变化；它们也会因为与猎物距离的每次改变而发生强度上的变化。

然而，变换的刺激（excitations）会由有机体的整体状态整合成单个的刺激（stimulus）。将刺激（stimuli）与具体感官刺激等同的理论，不能说明如猎取或跟踪猎物这样统一而连续的反应。根据上述理论，动物不得不对每个阶段出现在其路线中的事物形成一种新的、孤立的"反应"。它会在许多独立的行为中对石头、灌木以及地形的层次和特征作出反应，以至于不会形成行为的连续性。我们说，它会在不得不对独立的刺激作出众多分离的反应之后忘记自己是谁。因为行为实际上是有机体与环境相关联的整体状态的功能；刺激在功能上无关于具体内容，而是恒定的。由于行为是有序的这一事实，一个行动从另一个行动里产生并累积形成进一步的行动，直到圆满完成的整合活动发生。

因为机体行为如其所是，而不是一种序列或独立分离的反射弧单元的复合，
38 因此有导向和累积力。有些特别的行动，像眨眼或膝跳反射，展示出孤立的反射弧有时被设想为通过复合而构成行为的单元。但没有证据显示，这般行动曾在发展中起任何作用。相反，有证据表明，它们是高度专门的发展线路之终点，有的还是该行为出现进化的诸结构中的同步副产品。

标准的"行为-发展"中存在的是那样一种回路：起先的或"敞开的"阶段是各种有机能量之要素的张力，而最后的或"闭合的"阶段则构成了有机体与环境的整合互动。这种整合在有机体方面，由有机能量的平衡来代表；而在环境方面，则是满意情形的产生。在高等有机体的行为中，回路的闭合并不等同于从失衡与紧张中产生的状态。某种对环境的改变发生了，即便它也许只是该情形在未来行为中必定会遭遇到的变化。另外，有机结构中的变化也规定着进一步的行

为。这一改变构成了被称为习惯的东西。

习惯是有机体进行学习的基础。根据刺激-反应的独立连续单元理论，习惯的形成只能意味着某些行为方式通过重复而增加了稳定性，并伴随着其他行为活动的减弱。①

另外，发展的行为显示了在高级有机体中，刺激与反应有相当的关联，因而后果是受有机体与环境的关系之状态影响的。在习惯和学习中，这种关联被加强了，不完全是通过重复，而是通过构成有效整合的有机体-环境间的互动——
探索或寻求活动的最终完成。高级有机体中所形成的具体或更为明确的周期行 39
为之样式，并没有变得很僵化。伴随着其他样式，它就像要素代理（*factorial agency*）进入整个适应性反应中，因而保持了某种承受进一步变化的灵活性，正如有机体要面对新的环境状况一样。

例如，手和眼的活动相互间具有刺激；手的运动由视觉活动所激发，而它又引起后者的变化等等。以一个确定的行动的循环模式为例，如果手从来没伸出去做一件事，那么，这一习惯-模式也许会被严格地固定下来。但手还会抓、推、拉和操作。视觉行为必须对各种体力活动的表现有所回应。它因此保持着灵活性和再适应性；手与眼之间的关联没有变成一种硬性的结合。

认为习惯的形成是通过单纯重复的观点，是本末倒置的。重复能力是通过有机再处理形成了一个习惯的结果，这受到一种完成的闭合之影响。这一改变等同于给了未来行动某个明确的方向。至于环境状况大多保持不变，结束活动看起来就像前面实施活动的重复。即使这样，只要情形不同，重复也不是确定的。在人类有机体的情形中，单纯重复是相同情形的产物，因为其产生是很机械的——正如在多数学校或工厂里的“工作”。此类习惯受制于它们对运作于其中的相当人工化的情形的表现方式。它们当然不会提供一个关于形成习惯或运作应被规划之理论的模型。

从前述思考可得出一些普遍的结论，如探究模式之本质作为生命活动模式的某些方面所产生的进展一样。②

---

① 最终成功或实现满足在规定习惯上的影响对于那些认为存在基本刺激-反应（excitation-reaction）“结合”的观点始终构成一个障碍。但这一影响只应基于文中阐释的观点时才被期许，因为它表述着如下事实：刺激-反应（stimulus-response）关系是作为整体的有机体状态的一个功能。

② 更多有关关联的具体观点，在第 6 章有所论述。

1. 环境条件和能量作为有机行为的特殊方式内在于探究。任何形式的探究，若认为其中包含如怀疑、信念、观察到的性质及观念等因素，可归因于一个孤
40 立的有机体（主体、自我、心灵），则必定要破坏探究作为反思性思想与科学方法的所有连结。这种孤立逻辑地蕴涵了一种关于探究的观点，它导致认为探究和逻辑理论之间存在必然关联的观念变得荒谬。但这种荒谬性有赖于对未经考察的前提的接受，那是欧洲哲学本土“主体性哲学”的产物。

如果事物被诸如怀疑、信念、观念、概念这些术语所指定，就会拥有某种不受公众检验的客观意义。它必须确定下来而被描述成有机体和环境在其中一同行动或互动的行为。

前面的讨论从熟悉的常识对有机体与环境的区分出发，进而讲到它们的相互作用。而不幸的是，一种特殊的哲学阐释也许会无意识地曲解常识的区分。它会认为，有机体和环境是作为独立事物“被给与”的，而相互作用是最后介入的第三种独立事物。实际上，这里产生于有机体生命活动某个特定时间和特定阶段的紧张状态的一种实用而暂时的区分，设定这种区分是为了应付彼时彼处存在的环境状态。当然，有独立于有机体存在的自然世界，但这一世界只有在直接或间接地进入生命-机能中时，它才是环境。有机体本身是更大的自然世界的一部分，且只有在与其环境的活动关联中，才是作为有机体存在的。

整合要比有机体和环境互动所指示的区分更为根本。后者是对在先的整合的局部分解，但这种二元性质之一（只要生命还持续）会朝着重新整合运动。

2. 生命-行为的结构和进程有确定的空间性和时间性的模式。这一模式明确地预示了探究的普遍模式。产生于先前稳定的适应状态，因为受到干扰而成为不确定的或有问题的（这相当于有张力活动的第一阶段），然后进入特定的探究（相当于有机体的寻求或探索活动）；当寻求在这一层面成功时，信念或断言就对应着有机层面的重新整合。

41 第六章给出了对探究模式的详细评述，而接下来的思考则是直接得自生命-行为之模式，它们应该在此注明：

a. 所有探究都包括对环境状况产生某种改变。这一事实标示着实验在探究中不可或缺的地位，因为实验是对在先情形的有意的变化。即使在前科学阶段，个体为了确定考虑到的状况而形成判断，会转动头、眼，通常是整个身体；这般运动就产生了环境关系的改变。为发现事物的“相似点”而进行的触控性的施

压:推、拉、敲、打等行为是一种比科学实验更为直接的途径。

b. 此模式是连续的或有次序的。已知这一生命-行为的特征随距离-接收器与神经器官的出现而更加显著,后者对其所受刺激与距离-接收器及包含在行为中的肌肉、循环和呼吸机能的协调,是必要的。在人类有机体中,有机的保留(或习惯-模式)造成了记忆。在时空上仍很遥远的目标或结果被设定,而介入的寻求过程在时间跨度和连接环节上,变得比仅仅出现距离-刺激的情况更为连续。形成一个期待中的目标或可产生的结果,要受记忆的规定;这要求人们制定好协调选择的计划,并安排好可使计划成为现实的连贯方法。

c. 一个完成性闭合被由以实现的连续性关联过程和操作,可描述为是媒介性或工具性的。这一在生物性层面的显著特征预示着:必须在探究层面,对推理和论述的操作与作为探究完成的最终判断的关系给予阐释。

d. 逻辑中连续关系的基本重要性扎根于生命自身的状况之中。有机体和环境的能量变化都包括在生命-活动中。这一有机体的事实揭示了学习和发现,伴随着之后从新的需要和新的问题情境而生的结果。探究,在处理有机体-环境 42
(被定义为怀疑)的扰乱关系时,不只是通过回归先前的适应性整合来消除怀疑。它建立了引起新问题的新的环境状况。有机体在这一过程中学会了产生对环境形成新需求的新能力。简言之,特别的问题被解决时,新的问题就趋向于生成。不存在作为一种最终解决的东西,因为每一次解决都引入一个新的某种程度上未解决的状况。在以科学产生为标志的发展阶段,深思熟虑构成的问题成了探究的目标。哲学,如果它还未与科学失去关联,那么,也许会对确定这些问题的构想并建议理想的解决方案有重要的影响。而当哲学认为它可以发现一种最终而全面的解答时,它就终止了探究而成为卫道士或宣教者。

e. 从自然主义的连续性的假设出发,通过其主要推论即探究是从有机体-环境的整合与互动中产生的发展,可得出一些有关心理学与逻辑学关系的东西。这一结论的消极方面已经得到暗示。"心灵主义的"心理学假设在逻辑理论中并无地位。前面一章讨论的逻辑学与科学方法论的分离,大体基于这样的信念:因为探究中包含了怀疑、建议、观察、推测、有远见的洞察等等,且由于它假设所有这些都是"心灵主义的",所以,探究(或反思性思想)与逻辑之间就产生了一条鸿沟。我们给出这样的假设,即结论是公允的。但通过有机体行为——实际是此种行为的成熟形式——对探究的自然连续性的认知,则破坏了该假设。研究思

想史的学者应该了解16、17世纪新的科学观点如何成功地在精神和物质之间划
出一条鸿沟。前者被认为是构成一个心理“材料”的存在域，标志是其过程和“心
灵”与之相对的外在世界完全不同。古希腊人认为，在一般材料和过程的组织类
型中，“异而为一”(the difference was one)的概念已经从视野里消失了。心理学
43 和认识论都接受了彻底的二元论，性质上的“分歧”与思想观念的理论达成了与
此二元论假设的符合。

积极的方面在于，心理学本身是探究的一个特别的分支。通常，它担负着与由物理或化学支撑的逻辑的探究理论同样的关系。但由于它比其他科学更为直接地关注探究发起的中心焦点和执行，若将它用作逻辑的仆从而非主人，也许能为逻辑理论作出他们无法作出的贡献。正如刚才所述，我个人怀疑在学理上宣称的任何“精神性的”东西之存在。而这不足以进入前文提及的那个问题，即是否存在任何与探究的理论无关的东西。而且，任何对它的调查研究必须自身是一个满足所有探究的逻辑条件的探究。不过，无论怎样阐明包含在探究的发生与进行中的有机条件和过程(正如一种健全的生物心理学可做到)，都很难对探究的探究作出有价值的贡献。

已形成的观点可以在对“经验”的通用意义的思考中汇集起来，特别是在与附着于“经验性”上、由于历史变迁而增强的模糊性关联中。经验有一种令人喜欢或尊敬的用法，比如，说某个结论或理论是由经验验证的时，就与胡乱的幻想、巧妙的猜测以及单纯的理论构建区分开来。另外，由于一种主观的、私人的心理认识论的影响，“经验”受到意识状态和过程的限制。这两种意义的差别是根本的。当说某种结论是经验地或经验性地被证实了时，科学家所指的是除去了他们所依赖的精神的或个人心灵状态后的东西。再者，“经验性”一词常被设立为理性的对立面，且这种对立增加了混淆的可能。“经验性”的早期意义限制了该词对有赖于过去经验之累积的结论的运用，以排除对原理的洞见。

因此，一位医疗从业者有辨认疾病症状并对其进行治疗的本领，也许是由于
44 在重复运用以往观察与治疗的方法，而不需要了解病因与运用该治疗手段的理
由。许多机械师或技工拥有和这一样的本领。这一意义下的“经验性”描述了一种实在的事实，且与“理性的”活动恰当地区分开来，“理性的”一词意味着基于对原理的把握的行为。但明显的是，当某一科学结论被称为经验地建立的时候，并没有计划或包含这样的对理性或推理的排除。相反，每一科学地达到的结论就

实际而论,都包含通过或依据原理进行的推论,它们通常被数学化地表达出来。所以,说它被经验地建立,就是说它与该说法相反,即“经验性”是指对被观察物只有观察和习惯性的反应。把一种确定有关知识的术语及技工的活动中体现的经验性,与确定有关科学理解的术语中的理性的合理区分转换成为某种绝对的东西,就使每一经验的方式都与理性和理性事物相对,这相应地依赖于一种对经验及其限制必须如何的武断偏见。不幸的是,这一武断的限制仍在运作,正如在对于像暂时的和永恒的物体、观念与概念、更普遍的质料与形式的区分的诸多解释中那样。

补充一下,“经验”的荣誉用法在它首次出现时,无疑会侧重于观察方面,如在培根和洛克那里的情形。这一侧重很容易被解释为一种历史现象。因为古典传统已退化成一种形式,它认为关于事实的信念可以且应该由理性单独达至;好像它们是由权威建立的。对此极端观点的反对,带来一种同样片面的见解,即认为仅有感觉-观念就可以满意地确定关于事实的信念。这导致培根及之后的穆勒忽视了数学在科学探究中的作用,而洛克则十分尖锐地分隔了关于事实的知识和观念之关系的知识。而且据他所见,后者最终依赖于单纯“内部的”或“外部的”观察。最后的结果是一种学说,它把“经验”化简成作为所有观察构成成分的“感觉”,而把“思想”化简为这些要素的外部关联,感觉和关联都被认为只是精神 45
的或物质的。

被观察的材料与被设想或思考的主题之间的关系,的确是一个问题,特别是关涉到其逻辑等价时。但对这一问题的解决,不应该在开始就因一个依据对经验性的和理性的固定而绝对的区分之声明而妥协。那样的声明暗示着不存在逻辑上的问题,但却给出了一种绝对而直接的划分。在讨论的这一阶段还不能给出正当的理由,因为如下这样一种信念:在恰当的经验概念中,推理、理性和概念结构与观察一样是经验的,而前者与后者的固定划分并无超越文化史片段的根据。基于这里所持的自然主义立场,存在这样一个问题,即它如何将有机体行为的发展转向可控制的、产生观察的与概念的操作之区分及合作的探究?

在接下来的章节中,对语言及语言符号的讨论为回答此问题奠定了基础。必须重申的是:坚持一种形成于近代科学探究(包括生物学的)之前的传统已引起或经历了独立的分析,不允许将所有学派共同持有的问题转换成一种所谓现成的解决方案。因为这种解决妨碍了将此问题视为一个问题。最后,因为这里持有的立场，暗示着逻辑在其主项所构成的、可被广泛理解且对观察开放的探究中，是经验性的；而例如在发展了洛克与休谟之观念的穆勒的理解中，它就不是经验性的。它在任何主项和结论都是经验性的自然科学中，也同样是经验的：经验的方式使任何自然科学都是经验的，就是说，与单纯推测及先天的和直觉的有所不同。

我以提出一种有机体行为和深思熟虑的探究都会陷入的困境作为结尾。适用的方法和追求的结果之间，总是存在着一种矛盾；有时这一矛盾十分严重，我
46 们将其结果称为错误或误差。矛盾的存在是因为所使用的手段，生理行为的器官和习惯与深思熟虑的探究的器官和概念，必须是当前的和实在的，而要达到的结果却在未来。当前的实在手段，是过去状况和活动的结果。它们被顺利地或“恰当地”运用于：(1)存在的环境状况与过去对形成习惯有贡献的状况很相似的阶段；(2)习惯保留了足够的灵活性以使自身很容易重新适应新状况的阶段。后一种状况被低级有机体轻易地满足了；当它被满足时，“进化”的情形就发生了。它实现的潜在条件是在更大的范围内呈现人类的活动。但习惯的惯性阶段很强，而且就其目前的作用看，人类仍然生活在一个相对动物性的阶段。即使科学的历史曾揭开了新纪元，观察和反思也仅在预定的概念结构中得到运用——这是习惯的惯性阶段的一个例子。避免或防止这一固定状态中错误的唯一方式，是认识到进入它的(涉及任何在进程中的探究的)事实之暂时的和有条件的性质以及所运用概念和理论的理想性质，是相当晚地发现。此发现的意义几乎未影响关于对人而言最具实践重要性的主题的探究，如宗教、政治和道德。

了解与“不可错论”相区别的皮尔士所讲的“可错论”，要比知道一句审慎的格言更好。它缘于可利用的手段与得出的结果(在过去与未来状况)之间可能和或然的矛盾之必然性，而不是缘于人类力量的弱点。因为我们生活在活动的世界中，即使未来是过去的延续，也不是对过去的单纯重复。以特有能力而运用于对探究的探究的原则，无需赘言，包括本书提到的探究。必须要使用的语词是这样的：如果它们要表达其所意指的东西，那么，就会用其过去固定的意思来表达
47 与现在必须传达的不同的观念。对于倾向自然主义的人来说，“可错性”的伴随将会激励我把本书所要做的工作做得更好。本书是一条路径，而非完成的论著。它希冀实现的目标是作为一条足够清晰且系统的路径，来触动他人从事这一长期协作的(因探究之持续而永无止境)任务，对在本书中概述的框架进行检验和

充实。

重要的是，那些反对有某种超自然事物介入之学说的人，不应该因为将生物学的思考引入逻辑理论的探讨是不同寻常的这一事实，就把本章作为不相关的内容而排除掉。相信这种介入的人，把对先天理性的信念建立在逻辑形式或原则所依据的基础之上；他们预先认为，这里所展示的所有思考的规则是不相关的。而任何彻底的自然主义者也因其有关逻辑的立场而同样坚持相信发展之中的连续性，这一推论来自逻辑和生物的形式及过程之各自模式中的因素共同体。

3.

探究的存在母体：文化的

48 人类生活、行动及探究于其中的环境，不仅仅是物理的，还是文化的。引起探究的问题是从一种存在物与另一种存在物之间的关系中产生的，而处理这些关系的器官不仅仅是眼睛和耳朵，还有生命进程中发展出来的意义，这伴随着通过其所有的组成部分，如工具、技艺、习俗、传统和日常信念等来形成并传播文化的各种方式。

Ⅰ. 即使是人类对物理条件的反应，在很大程度上，也受其文化环境的影响。光与火都是物理事实，但人类以纯粹物理的方式对单纯物质性的东西进行回应的情形，是相当稀有的。在这种情形下的行为有：忽闻一阵噪音而跳起，碰到热的东西而缩回手，因光猛然增强而眨眼，像动物一样在阳光下取暖，等等。这些反应都是生物层次的。而典型的人类行为方式并非由这些事例代表。在演讲中运用语调变化，聆听演讲，谱写并欣赏音乐，生火并借着火苗来做饭或取暖，使用光来继续并掌控娱乐和社交活动——这些才代表着独特的人类活动。

为了表明对生命行为之文化规定的全面审视，必须至少一整天跟踪一个个体的行为；无论这一天是劳工的、职业人士的、艺术家的或科学家的，也无论这一个体是一个成长中的儿童，还是一个父亲(母亲)。因为结果将会显示出：通过具有文化起源和涵义的条件或因素进行的行为，是多么彻底而充实。可以说，对独
49 特的人类行为而言，严格的物理环境与文化环境是相当融合的，这使我们对前者引起的问题的反应，深受物理环境在文化环境中融合的影响。

如亚里士多德所说，人是社会性的动物。这一事实使人类进入了情境并产生了问题及其解答，而这在有机体的生物水平上并无先例。因为在另一种意义

上,人类要比蜜蜂或蚂蚁更具有社会性,他的活动包含在文化传播的环境中,因而人的行为与他怎样行动不仅受有机体结构和物理遗传性的规定,而且受文化遗传性的影响。这根植于传统、情境、风俗及人类持有或激发的目的和信念。即使是个体的神经-肌肉结构,也因文化环境对实施的活动之影响而变化。熟练的技艺(较人类而言,对其他动物是陌生的)对语言的习得或理解,表现出融合于人类的物理结构中的文化条件的影响。这种深刻的相互贯通,导致行动就像婴儿的第一反应那样直接,而且看起来"自然"。说话、阅读或练习任何工艺的、美术的或政治的技艺,都是文化环境在生物有机体中引起变化的示例。

在文化环境中或通过它引起的有机体行为的变化意味着,或就是把纯粹的有机体行为转化成以当前讨论所关注的理智性质为标志的行为。在生物性方面的行为中预示着理智的运作,且前者为后者开拓了道路。但预示不同于例证,准备不同于满足。任何基于自然主义预设的理论,必须面对划分出人类的活动和成就与其他生物体间的显著差异的问题。正是这些差异,导致人类由于一些来源非自然途径的性质而与其他动物完全分隔的观念。本章形成的概念则是:在先的生理活动所产生的(最广义的)语言发展与广阔的文化力量的关联,才是这 50
一转化的关键。这里考虑的问题,不是把有机体行为转变成与之完全不连续的东西——正如理性、直觉和先天性被要求对此差异作出解释时的情形,它是变化的持续性及新型活动的产生这一普遍问题——任何水平的发展问题的一种特殊形式。

从这一角度考察问题,它的组成部分可被简化成某些主题,下面会提到其中的三个。有机体行为以特别有机体为中心。这一陈述适用于作为存在活动的推论或推理。但是,如果所作的推论和得出的结论是有效的,那么所处理的主题与实施的操作就能对所有进行推论或推理的人产生一致的结果;如果同样的证据使不同人得出不同的结论,则要么证据只是似是而非地相同,要么一方(或二者)的结论是错的。单个有机体的特殊构造在生理行为上起的作用,与受控的探究很不相关,因而不得不被忽视并随意处理。

这一问题的另一阶段是由人类通过情感或欲求进行判断的部分引发的。这些个人的特点提供了证据,并规定了可达到的结果。就是说,在有机体要素(它们是刚才提到的那类情形中活跃的决定力量)层面,具有其个人先天或后天的特性的个体,是生产观念或信念的积极参与者,而后者只有在这特性被有意阻止发挥作用时，才是逻辑地建立的。这一观点重申了前述与第一点的关联，却指示着事情的另一个阶段。如果我们用公认的术语讲，第一种区别在单一体与普遍物之间，当前观点可表述为主观物与客观物的区别。要达到理智的“客观”，就要在由以得到结论的操作中忽视或排除个人的因素。

有机体行为是严格的时间性事件。而当行为被理智地构成时，就涉及行为
51 的普遍方式和它们运作于其中的特殊环境状况这两个方面，命题的结果和一个
命题中的诸词项并没有与另一个维持一种时间关系。当鲁滨逊·克鲁索登上了
小岛，这是一个时间性事件。当克鲁索发现了沙滩上的脚印，这是一个时间性事
件。当克鲁索推论可能出现了一个危险的陌生人，这是一个时间性事件。但当
命题是关于时间性事物的，作为从中得出的推论之证据的被观察事实之间的关
系，却是非时间性的。命题中或命题的每个逻辑关系也是这样。

接下来的讨论主张，上文刚说明其某些阶段的问题的解答，在于和文化主题紧密而直接的关联。从有机体行为转化成以逻辑性质为标志的理智行为，是个体生活在文化环境中这个事实的产物。这样的生活促使它们在其行为中承担起有关习惯、信念、习俗、意义以及那些相当普遍或客观的信念的立场。①

Ⅱ. 在形成文化环境的复合体中，语言占据了特别重要的位置，而且发挥了特别重要的功能。从某种观点看，它自身是一种文化习俗，而且是许多这样的习俗之一。但它是：(1)其他习俗和获得的习惯被传承的载体，且(2)它把所有其他的文化活动的形式和内容都充实了。进而，(3)它有自己独特的结构，可以抽象为一种形式。当这一结构被抽象为一种形式时，就对逻辑理论的形成产生一种历史的决定性影响；适用于语言形式的符号，作为探究的载体(区别于其原本的功能而作为交流的媒介)，与逻辑理论仍特别地相关。因此，进一步的讨论将把广阔的文化环境视为当然，并将其限于语言在促进生物性转变为理智的或潜在的逻辑时的特殊功能。

在这进一步的讨论中，语言具有最广的意义，一种比口头的或书写的话语更
52 广的意义。这种意义包括了后者。但是，它不仅包括姿势，而且包括仪式、礼节、
纪念及工艺与美术的产物。例如，一个工具或机器，不仅仅是一个简单或复杂的
有其物理性质和作用的物理对象，也是一种语言模式。因为对于理解它的人来

① 命题的非时间性阶段将在后面得到关注。

说，它给出了操作的用法及其结果。对于原始部落的成员，靠蒸汽或电运行的织布机是无言的。它构成了一种外语，对多数现代文明的机械装置也是如此。在当前的文化环境中，这些对象如此紧密地关联着兴趣、职业和目的，因而具有雄辩之音。

语言作为非纯粹的有机体活动及其结果之存在和传递的必要条件，且最终具有充分条件的重要性基于下述事实：一方面，它是一种完全生物性的行为方式，产生于先前有机体活动的自然连续性；另一方面，它迫使个体对其他个体持有某种立场，从一种不是严格个人的、对它们而言是共同的立场去发现或探求共同事业的参与者或"同行者"。它也许会受某种物理存在的指导并朝向它。但它首先涉及某个（或某些）其他人，并与之建立起交流——把事物变成共同的。我要说，在那一程度上，其所指变成了普遍而"客观"的。

语言是由物理存在组成的；声音，纸上的标记，殿堂，雕像或织布机。但当它们作为交流的媒介时，就不仅仅是作为物理事物在运作或起作用。它们凭借其代表性的能力或意义而运作。在演讲的情形中，具有意义的特别物理存在，就是常规事物。但将其作为一种记录或传递意义的方式区分出来的习俗或普遍同意与行动是相符的，而且具有共享的反应行为方式并分享它们的结果。物理的声音或标志在功能用法的共同联合体中或通过这一联合体获得了意义，不是通过任何"协定"中的明确约定或决议使某一声音或标志拥有一个指定的意义。即使在某些法律词汇的意义由法庭规定时，它也不是与具有最终决定性的判断相一 53
致。因为这一特点并没有使事情结束。它的出现是为了规定在相关行为中未来的一致性，而且正是这随后的行为，最终确定了所讨论的语词的切实意义。命题中所达到的一致性，只有通过这一在活动中激起一致性的功能，才能成为重要的事物。

提出这些思考的理由在于：它们证明了日常符号所具有的意义本身并不是常规的。因为意义是由不同的人在存在活动和存在性结果的一致性中建立的。代表狗或正义的特别的存在性声音或标志，在不同文化中是任意的或常规的；在那种意义下，即使它有原因却没有理由。但到目前为止，它作为交流的媒介，其意义是普通的，因为它是由存在性条件构成的。如果一个词在不同文化群的相互交流中是多义的，那么在某种程度上，交流就是受阻的且会导致误解。确实，交流会受到阻碍，除非对语词意义的不同理解可被转化为对双方都相同的意义。

当交流受阻或被认为存在误解时，其结果不仅仅是理解的缺乏。认为误解是关于孤立的语词之意义的观点是错误的，正像认为由于两个人接受了对一个词相同的字典释义因而会达到一致或相同的理解一样，是荒谬的。因为一致或不一致是由共同活动的结果所规定的，和谐或其反面存在于所用语词引起的若干活动产生的影响之中。

Ⅲ. 提到任何被用作交流之媒介的声音的意义之决定因素，即与其结果的和谐一致，表明并不存在作为单纯语词或符号的东西。作为意义之特别的承载工具的物理存在，可被称为单纯的；把许多这样的声音的复述或将这样的标志连
54 贯起来，可称为单纯的语言。但实际上，并没有第一种情形的语词和第二种情形的语言。发生的活动与得出的结果并非由意义所规定，而是仅仅通过物理的描述。任一声音或标志的物理存在仅依凭其运作力量而成为语言的一部分；就是说，它的功能是作为一种手段激起不同的人实施不同的活动，以便产生该共同事业的所有参与者可分享的结果。这一事实在口头交流中是明显而直接的，在书写交流中则是间接而隐蔽的。在书写文学和文化繁盛的地方，语言的概念可能是基于它们的模型建立的，而语言和行动共同体的内在关联却被遗忘了。语言因而被认为只是一种表达或交流“思想”的手段——一种除去公共的运作力而完全在自身中承载观念或意义的手段。

而且，许多文学仅仅因为娱乐或审美的目的而被阅读。这一情形中，语言作为一种活动方式，仅当它引导读者建立起使他自身享乐的图画或场景。这阻碍了直接而内在地提及一起参与其中的共同活动及其结果。然而，阅读中的这一情形，并不能达到对作者意思的理解；因为阅读中强调与感性相区别的知性。对科学论文的单纯阅读，确实没有直接明显地与他人一同参与活动以产生（在直接而个别地被分享的意义上）共同的结果。但其中，一定有对材料和操作富于想象力的建构，将作者引向某些结论；也一定有对其结论的赞同或否定，这是运用创造性地复原的条件和操作的结果。

在那样的情形中，与外显活动的关联是间接或居间的。但是，只要得到了有确定基础的一致或不一致，就形成了一种态度。它是对要讨论的状况或其他与之相似的、能确实地表达自身的事物采取回应活动的预先准备。或者说，与要讨
55 论的活动的关联在于，通过运作的可能方式，而不是通过那些被认为是确实地和

直接地需要的东西。[1] 但对情境中的可能活动的准备，尚未确实地成为全部理智活动的必要条件或因素。当人们在会议上相聚，一起预先计划之后实行的确实情况或紧要事件，或者当一个人认真考虑他在可预见的未来中的可能行为，会发生某些事情，但更直接地，在对一篇科学论文之意义的理智理解中，同样的事情也会出现。

我现在转向这一事实，即没有声音、标志、技艺的产物是孤立的语言的语词或部分的积极含义。任何单词或短语所具有的意义必须是相关意义之集合中的一员。语词作为代表，是兼容性代码的一部分。此代码可以是公共的或私人的。在给定的文化群中，公共代码在任何通行语言中都得到了说明。私人代码则是特殊群体的成员一致认可的，以使其创始者之外的人无法理解。二者之间是共同体中特殊群体的隐语，以及为保密的特殊目的而发明的技术代码，就像航海时所使用的。但在每一情形中，一个特别的语词仅与作为其成分的代码相关，才有意义。刚才对单独决定在与情境中当前或近期活动有相当直接之关联的意义，和决定在远期或未定情境中可能的运用的意义之间所作的区分，为将作为系统的语言代码划分为两种主要方式提供了基础。

尽管所有语言或符号-意义如同它们作为系统之部分那样，但这并不能推出它们是基于其作为系统中成分的适合性而被规定的；基于其作为一综合系统中的成分就更少了。该系统也许只是通常使用的语言。其意义不是依凭与另一意义经过考察的关系而结合在一起的，而是因为它们通行于同一群体习惯或预期 56
之集合中。它们因群体活动，群体爱好、习惯和风俗而结合在一起。另外，科学语言受到了高于此标准的检验。每个加入该语言的意义，都明显地受它与语言系统中其他成分之关系的规定。在所有推理或有序论述中，这一标准相对于通过与文化习惯之关联而建立的东西而言，更具优先性。

由此导致的两种类型的语言意义的区别，从根本上将被称为常识的与被称为科学的东西的区别固定下来。前一情形中，群体的习俗、气质和精神是规定所运用的意义系统的决定因素。该系统是实践的和习俗意义上的，而不是理智意义上的。在此基础上形成的意义，肯定包含许多与之无关的东西，并排除许多需

---

① 文学或文艺习惯对那种把观念和理论与实践活动区分开的概念之建立有一种很强的力量，这将在下面的章节中讨论。

要理智地控制活动的东西。这些意义是粗糙的，而且其中有许多从逻辑的观点看是相互不一致的。一种意义适合在某种体制的群体状况下的活动；而在其他情形中，却没有要将不同情境在一个连贯的计划中相互联系起来的意图。在理智的意义上存在许多种语言，即使在社会的意义上只有一种。这种语言意义集合的多样性，也是我们现存文化的一个标志。一个词语意指与宗教体制相关的事物，还指商业上的另一事物，或者法律上的某种事物，等等。这一事实真是交流上的巴别塔。现在形成了一种要传播如下一种观念的尝试，即向个人灌输某些传统观念的教育，提供摆脱这种困惑的途径。除了实际上存在相当数量的传统并要选择其中之一这一事实外，即使它具有内在一贯性且被广泛地接受，也仍然是任意的；这种企图颠倒了该情形的理论状态。真正的语言或符号共同体，只有通过在现存状况下引发活动的共同体的努力才能实现。科学语言的理想是要建立一个系统，其中的意义是在推论和论说中相互联系的，而且其符号指示了这种关系。

57 我现在应该介绍“符号”(symbol)一词，赋予它作为一个词的同义词的含义，就是说，如同一词作为系统中的语言所持有的一种意义，无论该系统之类型是松散的，还是在理智上严格的。[①] 对“符号”一词介绍的特别之处，在于创立一种手段；通过它，其所指示者与现在通常由记号(*sign*)所指示者之间的区别可被建立。我称为符号者通常被叫作“人工记号”，以与自然记号相区分。

Ⅳ. 通过已述这种方式共同活动的一致性，“烟”一词在英语中代表了具有此种性质的对象。其他语言中的同一个词或标志也许会代表不同的东西，也可能有完全不同的发音来代表“烟”。在这些表现情形中，应用了“人工记号”。当说烟是一种确实的存在时，它作为证据，指出了有火存在，烟就被称作火的自然记号。相似地，乌云被赋予作为可能下雨的自然记号的性质，等等。这里讨论的代表能力可归因于事物间的相互关联，而不是那些其意义依赖于社会用途的标志。毫无疑问，由“自然的”和“人工的”记号两个词所指示的区分，存在着且有其重要性。但根本重要的区别，并不是由这些词引发的。基于将要给出的理由，我

---

① 这一含义要比通常的用法窄，因为任何符号都有代表性的情感力量，即使那种力量独立于他的理智的代表能力。在更宽泛的意义上，国旗、十字架、素服等等，都是符号。文中的定义目前仍是任意的。而对将限定的含义应用于其上的主项，则无任意性。

更倾向于标示这种区分，通过把对记号的应用限定为所谓的“自然记号”——而用符号来指示“人工记号”。

上述区分是切实的，但它未能提示出我所讲的符号独特的理智属性。就是说，它是一种偶然的外部事实，逻辑地讲，通过社会认同赋予某些事物以代表的功能。事实变得具有了逻辑相关性，只是因为由符号的创立而产生的话语中的意义之自由独立发展的可能性。“自然记号”可被描述为：存在于确定时空境域 58
中的东西。烟作为具有某种可观察性质的事物，仅当火存在并被观察到时，才是火的记号。它自身具有的代表能力，是高度受限的，因为它只在有限的条件下存在。而当“烟”的意义呈现为一种存在时，就像一段声音或一个纸上的标记，情境是十分不同的。因此，存在中发现的确实性质是从属于代表职能的。不仅声音几乎可以任意地产生，因而我们不必等待对象出现；更重要的是，当意义呈现为一种中性或中立的存在时，它就从其代表功能中解放出来，不再受到约束。它可以与语言系统中的其他意义相联系；不只是火，还有如此明显不相关的意义，如摩擦、温度变化、氧气、分子结构，进而通过介入的意义符号，关联于热力学的规律。

因此，为了使词项能指示两种不同的代表能力，我应该在下面分别将记号和意谓(*significance*)、符号和意义(*meaning*)互相关联起来。从语言学来讲，对词项的选择多少是随意的，即使记号和意谓拥有共同的词根。然而，这一考虑相较于通过语词指示两种不同的代表功能的必然性而言，就不具有重要性了。对理论目的来说，重要的考虑是存在的事物，比如记号就是某物存在的证据，这时的事物是被推论出的，而非被观察到的。

但是，语词或符号并没有为任何存在提供证据。然而，它们在这一能力方面所缺乏的，正是对另一维度的创造。它们使得有序的论述或推理成为可能。因为这可以在没有任何符号所适用的存在实际出现的情况下进行：的确不需要保证它们适用的对象会实际存在，而且像在数学论述的情形中，根本没有直接涉及存在。

观念作为观念，假设作为假设，并不会存在，这不是因为符号和意义像记号和意谓一样存在不同。符号更大的操作能力具有实际的重要性，但与这个事实相比较，它却是无力的，即符号引入了与存在不同的探究维度。某种形状、大小 59
和颜色的云，可以向我们预示下雨的可能性；它们是下雨的预兆。但当云这个词与符号集合的其他语词发生关联时，就使我们把作为一朵云的意义与相当不同的事物联系起来，就像温度与压力、地球的自转、运动的规律，等等。

记号-意谓与符号-意义之间（在规定意义上）的不同，是由下述故事引发的。[①] 一个游客到了一个野蛮部落，碰到一种情况，那里没有“桌子”这个词。有五六个男孩围在那儿，他轻敲桌子并问道：‘这是什么？’一个男孩说是 *dodela*，另一个男孩说是 *etanda*，第三个男孩说是 *bokali*，第四个男孩说是 *elamba*，第五个男孩说是 *meza*。正当游客在感慨语言词汇的丰富时，他发现，“一个男孩以为我问的是表示敲击的词；另一个男孩认为我问的是表示制作桌子的材料的词；还有一个男孩以为我想知道代表硬度的词；另一个男孩认为我想知道覆盖桌子的东西的名称；最后一个男孩……给出了代表桌子的 *meza* 这个词”。

我应该早一点引用这个故事，以说明如下事实：不可能有与存在对象在名称上一一对应的事物；在与产生共同或相互参与其中的结果的共同活动的关联中，语词能指其所指。要寻找的语词被包含在关注共同目标的共同活动中。例子中的敲击活动是孤立于任何这样的情境的。因此，它在引文中完全是未确定的；它不是交流的一部分，单独地通过后者活动就取得了意谓而且伴随着语词获得了意义。[②] 就目前的观点，这则故事说明：任何有依据的状态都关联符号的存在，
60 或关联被赋予“意义”之名称的有代表性的涵义。没有特殊方式的存在性操作的介入，它们就不能表明或区分其所指的对象。推理或有序的论述，受到相互关联的符号-意义之发展的规定，可以（且应当）为实施这些操作提供基础；但就其自身而言，并不规定存在。无论意义系统多么广博，也无论意义间的相互关系多么严密而有说服力，这一陈述都是有效的。另外，这个故事说明：在正确的语词被发现的情形中，符号化的意义能够进入与许多其他意义的关系中，这独立于在任意给定时间中，桌子这个对象的实际出现。正如记号-意谓关系规定着推论，构成命题的意义之关系也规定着论述中的蕴涵，如果它满足了它为之建立的理智条件的话。除非有语词划分出这两种关系涉及存在的独特能力或职能，否则，两种逻辑上不相似的事物，如推论和蕴涵，有被混淆的危险。事实上，当把推论等

---

① 引自奥格登（Ogden）与理查兹（Richards）：《意义之意义》（*The Meaning of Meaning*），第 174 页。

② 同一普遍原则的另一面并不与语言直接相关，它将在下文中对任何与“这”相关的、得到说明的对象之意义的思考中展开。

同于蕴涵时，这种混淆就成了导致逻辑是纯粹形式的学理观念的有力载体——因为如前所述，（符号所承载的）意义的相互关连，其自身是独立于存在的指涉物的。[①]

V．到目前为止，“关系”一词仍是未加区分地应用的。讨论已进行到必须处理该词的模糊性之处了，因为它不仅用于日常讲话，还用于逻辑文本。“关系”一词被用来指代三种十分不同的事物，在一个一致的逻辑学说中，必须对此作出区分。（1）符号间互相直接地“相关”；（2）它们通过存在操作的居间性而与存在“相关”；（3）存在在有根据的记号-意谓功能中相互“关联”。这三种“关系”模式彼此不同，运用其中一种，同一个词就遮盖了差异，因而显然会造成学理上的 *61* 混淆。

消极地，为了避免这种由关系一词的含混性而引起学理上严重的混淆；积极地，为了掌握语言学的手段以使讨论的不同主项的逻辑本性清楚明白，所以，我应当保留关系一词来指示符号-意义对另一作为符号-意义者所承担的那种“关系”。我将用指涉（*reference*）来指示它们维持存在的这种关系，用关联（或包含）这些词来指示事物相互间保持的那种关系，推论依据后者而成为可能。

当差异被指出时，应该十分明显而几乎不需要说明。然而，我们需要考虑一下数学化的物理命题。（1）它们构成了一个像命题那样可以被思考和发展的相关的符号-意义系统。（2）但正如物理命题，而不仅仅是数学命题，也指涉着存在；指涉物在操作的运用中被认知。（3）对有效指涉或适用性的最后检验，是存在于事物间的关联。事物之间的存在性关联独自保证了推论的有效性。

无论论说（discourse）中的意义-关系产生于存在的意谓-关联之前还是之后，都会引起问题。我们是首先推论，然后再用其结果进行论述的吗？或者在论说中建立的意义的关联，使我们察觉到了事物之间的联系，并且因此某些事物是另一些事物的依据吗？修辞学的问题不能在具有历史优先性的问题中得到解决。然而，问这个问题是为了表明：在任何情况下，把事物处理成记号的能力都不会走得太远，符号也不会使我们能够标记并保持那些作为推论基础的事物之性质。例如，如果没有语词或符号区分并保持视觉和嗅觉具有丰富经验的性质

---

① 这个问题更加重要的逻辑面向将在下文区分判断与命题、包含（*involvement*）与蕴涵（*implication*）的必然性时处理。

而构成“烟”这一事物，从而以之充当火的记号，那么，我们也许会对讨论的这些性质作出动物式的反应，并实施行动适应它们。但不能做出推论说，那不是盲目
62 的或容易犯错的。而且，由于推论出的东西，即火，并未出现于观察之中，任何可对之形成的预见都是含糊不定的，即使假设该预见完全可以实现。如果比较野蛮的群体和文明的群体，或者对比存在对象和事件的象征能力，以及推论的相应能力的广度和深度，我们会发现，它们与视野及从论述的符号-意义间得到的关系之紧密性密切相关。因而，从整体上看，作为交流媒介而产生的语言，为了引发在共同活动中审慎的合作和竞争而赋予存在事物以指示和证明的力量。

Ⅵ. 我们因而回到原初的问题，即将动物活动转化为理智活动，它一形成就具有本质上逻辑的属性。不仅植物和动物的相关行为是独特的，电子、原子和分子的也是独特的；我们目前知道的自然中的所有事物都是如此。语言并不引起关联，但等到它随后发生时，作为先前动物活动的形式中产生的自然事件，它的反应是转换在先的相关行为的形式或模式，以此方式给与经验一个新的维度。

1. “文化”及其所包含的所有东西与“自然”相区分，既是语言的条件，又是语言的产物。因为语言是仅有的保持并传递给后代可获得的技巧、信息和习惯的手段，它是后起的。而因为事件的意义或意谓在不同文化群中是相异的，所以它也可以引领。

2. 动物性的活动，如吃、喝、寻找食物、交配等等，获得了新的性质。进食变成了群体的节日或庆典；获取食物，变成农业技术和交换；交配转化为家庭的建立。

3. 除了符号-意义的存在，在先的经验之结果只有通过完全地有机体的变化，才能得到保留。而且，这些变化一经形成就变得倾向于固定，即便不是阻止，
63 也会妨碍进一步变化的发生。符号的存在使深思熟虑的回忆和期待成为可能，因而，经选择的经验要素的新联结之建立就具有了理智向度。

4. 有机体的生理活动最终是外部活动，其结果是不能复原的。当一活动及其结果可由象征性词项中的代表物来演练时，就不存在一种最终的承诺。如果最终结果的代表者具有不受欢迎的性质，那么，外部活动就可能被放弃，或者重新考虑活动的方式以避免产生不希望得到的结果。①

① 除了上述观点的严格要求以外，我会说，我并不知道有任何所谓单纯“精神的”活动或结果。它不能被表述为由广义的符号-意义或语言改变或指导的有机体活动的客观的词项。

这些转变及其所暗指的东西，自身并不等同于行为的逻辑性质的自然增长。但它们为之提供了必需的条件。为了实现目标或期待的结果，为了审慎的思考而使用意义-符号，就像一场演练，利用这样的活动符号，可能实现目标，这至少是与问题之解决相关联的推理的基本形式。推理的习惯一经建立，就能够靠自身得到无限的发展。意义之间相互关系的有序发展，会吸引人们对其产生兴趣。当这发生时，暗含的逻辑条件就显明了，因而产生了某种类型的逻辑理论。它也许并不完善；它将由于探究的立场和之后发展起来的符号-意义理论而是不完善的。但这值得为之付出的第一步，当某人开始认真思考语言，思考逻各斯的句法结构及其丰富的意义内容时，就迈出去了。逻各斯的实体化是最初的结果，它抑制了能够处理存在世界之问题的一类探究的发展达几个世纪之久。然而，逻各斯的实体化是对语言产生推理的能力，以及通过运用其中包含的意义赋予存在更丰富且更有序的涵义。

在下面的章节中，我们将思考一些细节。有序论述的逻辑，即汇集于一个系 64
统——在论述中保持意义一直聚集的关系——中的逻辑，如何被当作逻辑的最终样式并因此阻碍实际有效的探究模式发展成为现实，防止论述中所使用意义的必要改进和扩展。因为当这些意义在它们相互间的有序关系中被视为最终时，就会被直接附加于本性之上。为将意义应用于自然存在的存在性操作之必要性被忽视了。这一失误会反映到作为意义的意义系统中，结果就是相信理性论述的要求构成了对自然存在的衡量，构成了绝对存在的标准。事实是，希腊人意识到作为（伴随着包含的作为有序意义之系统的附带含义的）逻各斯的语言时，逻辑就形成了。

这一看法标志着一种巨大的进步。但是，它有两个严重的不足。因为赋予理性论说之形式的高级地位，它们就与通过意义产生、运作及被检验的手段进行的操作相隔离。这一隔离等同于理性的实体化。其次，公认的意义被安排在一个由希腊社会的阶级结构所产生并控制的等级（gradation）中。由积极地或“实际”地参与自然进程而产生的手段、步骤和组织类型，都被排在存在和知识等级（hierachy）的低层。不带有自觉意图的知识和自然的体制成了社会秩序的一面镜子，在其中，工匠、技工、一般手艺人相对于有闲阶级而处在低位。公民之为公民也忙碌于由需要或缺乏催使的事务。当手艺阶层不能拥有自由时，他们就被认为不能进行自给自足的活动。后者的例证是单独地对纯粹理性的运用，它未

受任何自身之外的需要的污染，因而独立于所有活动或制造的操作。历史的结
65 果是给予文化以哲学化，甚或本体论的支持。它阻止了驻留于技艺活动中为获
得知识而对巨大的潜能的运用——驻留于技艺中，是因为它们包含对现存状况进行主动改变的操作；现存状况中有一些步骤可构成实验的方法，它们曾为获得知识而被运用，而不是从属于既定的社会-文化状况所控制的使用和享用模式。

4. 一般常识与科学探究

在生物学层面，为了恢复对生命运行的维持所必需的相互适应，有机体不得 66
不调整它们的条件(conditions)和与其他有机体的关系，以对有关它们的情况作出反应。人类有机体陷入同样的困境。由于文化环境的影响，所涉及的问题不仅有不同的内容，而且能够以作为问题的方式呈现，因此在解决问题时，探究能够成为其中的一个要素。由于在文化环境中，自然条件(physical conditions)会因其周围的风俗、传统、职业、兴趣和目标等复合体而改变，反应模式也会相应地发生改变。它们利用事物得到的意义和由语言所提供的含义。显然，岩石作为矿物质，对于学习过使用铁的群体，要比羊和老虎，或者比畜牧业与农业群体意味得更多。就像上一章所示，形成群体语言相关符号的含义采用一种新的意见类型和反应模式。我将把与人类直接相关的环境称为"常识环境"或"常识世界"，并且将在行为中作出必需的调整，把所进行的探究称为"常识探究"。

正如之后呈现的那样，在互相作用的这类情境中所出现的问题，可能还原为对象、行为和产品，以及个体生活于其中的世界的物质的和意识形态的(或者"理念的")使用和享用问题。因此，这类探究不同于那些以知识作为目标的探究。 67
一些事物的知识的获得，必然包括在常识探究之中，但它的出现是为了使用和享受的这类问题的解决，而不是像在科学探究中因其本身而出现。后者在目前的环境中没有人类的直接参与——与其相联的一个事实，即区分理论与实践的范围。

从语言学角度来说，常识这一术语的使用有些主观。但是，毋庸置疑，所涉及的各种情境和所呈现的困难及困境的此类探究是存在的。它们连续不断地出现在生命行为和日复一日的行为秩序中。例如,当年轻人学着在其所居住的自然和社会环境中获得成就的时候,它们就时常出现在他们的进展之中;它们出现并且重现在每个成人的生命活动之中,不论农民、工匠、专业人员、立法者还是管理者,不论国家的公民、丈夫、妻子还是父母。究其本来面目,它们需要与特殊的科学探究,或者旨在获得确定的事实、"法则"和理论的探究相区别。

因此,需要用某个与众不同的词来命名它们,而"常识"正符合这一目的。而且,即使从语言学使用的角度看,这个术语并非完全主观。例如在《牛津词典》(*Oxford Dictionary*)中,常识的定义如下:"好的、合理的实际感觉;在处理日常的生活事务中结合机智与准备。"在与事物的意义的联系中,这种含义的常识是适用于行为的。

显然,这里涉及一种特别的理智内容;在日常语言中,好的感觉就是好的判断。睿智,是有能力区分在给定的情境中与意义层面相关的、重要的因素;是具有识别能力;是在言语短句中能够区分鹰与鹭、粉笔与奶酪,在日常的生活事务中,能够作出将要完成与将要放弃之间的区别。在本章第一段中被称为处理使用和享有情境的探究模式,终究如词典中常识的定义所规定的一样,是言论的一种形式方式。

然而,常识在词典中还有另一种定义:"人类或共同体(community)的一般
68 感觉、情绪和判断。"在这种意义层面,我们说,常识的判决就好像它们有大量确定的真理。它不仅适用于在意义层面的事物,而且适用于既已接受的含义。当里德和斯图尔特的苏格兰学派将"常识"确定为终极权威和哲学问题的裁决者时,它们是将常识的这一意义发挥到了极致。涉及处理使用和享受中的反应和适应的问题时的实际睿智,现在已经研究背景了。"通常的"现在意谓着"一般的"。它指示观念和信念,大体上,这些观念和信念当前毫无置疑地被某一既定群体或人类所接受。它们是一般的,如果不是在普遍意义上,那就是在广泛被接受的意义上而言的。它们作为感觉,是就我们所说的"某次碰面的意义"和事情是否"有意义"而言的。在某种意义上,"感觉"(sensation)和"情绪"(feeling)对于与其周围的对象相联系的某些群体具有同样的根本性和直接性。普遍而言,每一个文化群体都拥有一套含义,这些含义深深地根植于其习俗、职业、传统和用以解释自然环境和群体生活的方式,而这些则形成了被用以解释细节的语言系统的基本范畴。因此,它们是特定的信念和判断的调整与规范。

在常识的这两种含义之间，有着真正的差别。但是，从某一既定群体的观点看，则有一定的一致性。它们都是与相关的现存环境的生命行为相联系的：其中之一是在判断关于应该做什么事和事件的意义上，另一个是在用于指导和证明行为和判断的概念上。首先，禁忌是行为习以为常的方式。对我们而言，它们是被误解的，而非行动的明智方式。但是，根植于支持传统的语言的含义系统，在如此重要的实际事件中给予它们以权威，例如吃食物以及在首领和家庭成员面前恰当的行为。因此，它们制约男人、女人以及各种亲属关系的人们之间的关系。对我们而言，这些观念和信念是非常不切实际的；而对于那些支持它们的人来说，它们是比处理个别对象的特殊行为模式更重要的实际事件。因为它们设置了判断后者和与它们相关的行动标准。当今，与我们具有的差别巨大、描述各 69
种文化特征的知识一起，在"人类常识和情绪"中，尤其在基本的社会结合的事件中，寻找某一统一的行为和含义是可能的。

无论如何，这两种含义之间的差别可能被分解，而不用对事实、特定的实际情境的阶段和形势间的差别进行歪曲，它们往往会在特定的时间和地点，在应该做什么和为得到结论与所有的社交上适当的行为而理所当然的行为规则这两方面受到调查、质疑和审查。在广泛的生活意义上，二者都涉及"日常的生活事务"，一个是直接地，另一个则是间接地。

我并不认为，在"使用和享受"的标题下，对这种类型的探究和结论的概括，是为了得到支持而需要多作阐述。使用和享受是人类与其世界进行直接联系的方式。食物、房屋、保护、防御等问题是使用的问题，它们是由环境材料以及实际上对同一群体成员采取的意见和对其他被看作整体的群体而采取的意见所构成的。反过来，使用是为了某一成就或享受。某些远远超出直接使用范围的对象（比如恒星、逝去的先辈），是神奇用途的对象，以及在仪式和传统中使用的对象。如果我们把无用、节制的使用和忍受、遭受的相关否定的观念包括进来，那么，使用和享受的问题就可能被安全地排出常识探究的领域了。

在这一事实和对常识的质的方面的关注之间，有直接的联系。通过性质的识别，被使用的事物和事件的适当性和能力得到了断定，例如恰当的食物与那些不适当的、有毒的或是禁忌的食物相区别。享受-遭遇是完全性质上的，并且是与在它们普遍的质的特征上的情境相关的，这很明显地被提及了。而且，参与情境的使用和享受的操作与反应，在性质上得到区分。鞣外皮在性质上与编篮子

70 用黏土做罐子是不同的程序;死亡的仪式与那些出生和婚礼的仪式在性质上是不同的。对待下级、上级和平级在性质上有不一样的问候和接近模式。

注意这些日常事实的原因在于:它们显示出常识和科学探究的主题特征之间的差别;它们也表明,在不同文化时期,常识特征与探究问题和程序之间的差别。我首先关注的是后面的观点。与其观念和信念的内容以及程序的方法相关的常识,绝不是一个常量。它的内容和方法不仅在细节上,而且在一般的模式上,都是时常变化的。每一个新的工具和器皿的发明,每一次技术上的改进,在被使用和被享受的事物上,以及在出现关于使用和享受的探究中,都是有影响的,既有关意义,又有关含义。在群体、家庭、部落或是国家中的关系的调整,体制中的变化甚至更加强烈地影响某一更旧的使用和享受系统。

一个人只要指出分别在游牧、农业和工业占统治地位的生活模式中,常识在内容和方法上的巨大差别就可以了。多数曾经被毫无疑问地看作常识事务的,则被遗忘或被强烈地谴责。其他旧的观念和信念因其威望而得以继续获得理论上的赞成和强烈的情感依附。但是,它们在日常生活事务中几乎不能成立和应用。例如,在原始部落中,观念和实践实际上是与日常事务的每一个方面互相交织的,但后来它们归入一个单独的领域——宗教领域或美学领域。

一个时代的商业成为另一个时代的运动和娱乐,甚至科学理论和解释继续被一些在现实的探究实践中不再具有决定性作用的观念所影响。"常识"绝非逻辑表述中的常量,这一事实的特别意义将在后面引起我们的注意。这里有必要提请读者注意一个观点,这一点稍后将获得详细的考查。亚里士多德的逻辑工具论(在某一时期被明确表达)与其所处时代特定群体的文化和常识相关,在当
71 前时代,不仅不适合科学的逻辑表述,甚至不适合常识的逻辑表述。

现在我回到这一事实,即常识探究关注性质上的事务和操作,有别于科学探究。从根本上,我们已经在上一章对差别作了考查,即关于相当直接的、现存的应用,以及那些因为彼此之间的一致性和融贯性的系统的联系,而被明确的意义和含义之间的差别。当前所有的陈述模式有所增加,在第一种情况下,即"现存的应用"意味着在环境的性质上使用和享受上的应用。另外,科学的历史和现状都证明事实和观念之间系统联系的目标,是独立于就其本身而言的质的消除和非性质的表述的规约。

众所周知,常识和科学领域的关系问题被看作性质上的和非性质上的对立

形式，在量上是主要地而非唯一地。这种差别经常被表述为作为知觉的质料和观念构造的系统之间的差别。最近几个世纪，它已经以这种形式构成了认识论和形而上学的首要主题。从控制当前讨论的观点来看，问题既不是认识论上的（简单地说，这个词意味着逻辑的），也不是形而上学或本体论的。说它是逻辑的，这就断定争论的问题是不同种类的问题之间的关系，因为在问题类型上的差别，要求在探究中有不同的重点。因为这一事实，不同的逻辑形式就归于常识和科学的对象。依此观点，概要地讲，问题是实际使用和具体享受的主题与科学结论之间的关系，而不是两个不同领域的主题，即认识论的或本体论的。

之后所得到的结论在这里被提前使用，用以作为以下更深层次讨论的指引。
(1)产生于常识的直接问题和方法的科学主题和程序，以及实际使用和享受，以 72
及(2)在处理常识时，以极大地改善、扩张和释放内容和能动性的方式影响后者。当科学主题和常识主题之间的分离和对立被看成是最终的时候，它就产生了那些仍然跟随哲学进程的认识论和形而上学争论的问题。当科学主题被理解为与常识主题之间有起源和功能上的联系的时候，这些问题就消失了。科学主题是居中的，而不是终极的和自身完全的。

我通过引入和解释“情境”一词的外延来进行讨论。它的输入或许可能通过初步的否定陈述而被容易地指出。通过“情境”这个词所指定的东西，不是单一的对象、事件或对象和事件的集合。因为我们从来没有经验或形成关于孤立着的对象和事件的判断，而仅仅处在一个有背景的总体的联系中。后者就是所谓的“情境”。我已经提及现代哲学关于被知觉和观念决定的存在问题的范围。涉及这一问题的讨论的困惑与谬误，与对象和情境之间的差别有着直接和紧密的联系。心理学更多地关注知觉过程的问题，并且为了它的目的按照过程分析的结果来描述感知到的对象。

我忽略了一个事实，即为了心理学理论的特殊目的，不论过程与结果实质上的等同是多么合理，但作为一个哲学讨论和理论的概括范围，这种等同是彻底值得怀疑的。我这样做是为了让人们注意这样一个事实，即通过情况的良好性质，心理学的处理是为了分析的主题而使用单一的对象或事件。在现实经验中，从来没有任何孤立的单一对象或事件；一个对象或事件总是被环绕的经验世界——情境的特殊部分、阶段或方面。单一对象被明显突出，是因为在特定的时间，在总体的、复杂的环境呈现的使用和享受的某一问题的规定性中，它的特别

73 地重要的和具有决定性的位置。总是存在对这个或那个对象或事件的观察所发生的领域。对后者进行观察，是为了找出有关某一积极的适应反应在推进行为的进程中，那个领域所进行的东西。人们不得不仅仅借助于通过感觉器官产生的动物感知，以表明从生命行为中所察觉到的东西的孤立不仅是没有用的，而且是受阻碍的，这在许多情况中都不可避免。

一个更进一步的结论继而得出。当知觉的行为和对象为了使用-享受而促进和指导一个成功的活动进程，而与它们的位置和功能相隔离时，它们就会被当作唯一认知的。感知的对象、橘子、石头、一块黄金或是任何东西，都被当作知识本身的对象。但在有差别地注意的意义上，它是知识的对象，而不是终极的和自足的知识。它仅仅是就指引而言的，因此是给定的行为指导；因此，构成一种情境，在其中，某物被发现，能够被恰当地享受，或者它的一些情况能够被使用，以至于享受的结果或遭遇能够避免。仅当重要的观察对象被看作孤立的知识对象时，会产生这样的观念，即有两种知识和两类知识对象，它们彼此间如此对立，以至于哲学或者选择哪种是“真实的”，或者找出某种方法调和它们各自的“实际”。当认识到在常识探究中没有尝试去认识对象或事件本身，而仅仅是决定就方法，即就在其中整个情境应该被处理而言，它意味着什么，那么，对立和冲突就不会产生了。疑问中的对象或事件被看成是周围世界的一部分，而不是就其本身以及单独而言；如果并且当它在使用-享受中充当粘合剂和引进的作用时，它被有效地理解。我们的生活和行动是与现存的环境相联系的，而不是与孤立的对象相联系的，即使在决定怎样回应整体环境时，单一事物可能非常重要。

回到主题。人们注意到，情境由于其直接的普遍性而是一个整体。当从心理学角度去描述时，我们不得不说，情境作为一个性质上的整体是被意识到或感
74 觉到的。然而，只有当这种表达消极地表明，在论说中，它同样不是对象时，才是有价值的。它是被感觉到的这一规定完全是误解，如果它给人们这样一种印象，即情境是一种情绪、情感或任何心理上的东西。相反，在总体性质上的情境的直接存在方面，情绪、感觉和情感自身是能够被确定和描述的。

普遍性情境不仅将构成成分连接为一个整体，而且是唯一的；它使每一个情境都成为个别的情境，成为不可分割、无法复制的。差别和关系被设置在情境之中；它们在不同的情境中是周期性的和可重复性的。没有被有关情境所制约的论说不是论说，而是一堆无意义的杂乱的东西，就像大量混杂的字堆不仅不是一

副铅字，更不是句子一样。经验的领域是论说领域的前提。没有这种制约性的存在，就无法决定任何指定的区别或联系的相关性、重要性或一致性。经验领域包括并规定论说领域，但从不就自身而言出现于后者之中。有人可能提出反对，认为之前所说的与这一陈述相矛盾。我们已经论说有关经验和情境领域，因此，后者被带入符号的范围之内。当检查反对意见时，它的作用在于引出了一个重要的考虑。一般认为，一个论说领域不能在其自身之中是一个项或要素。然而，一个论说领域可能在另一个领域中是论说的一个项。同样的原则适用于经验领域。

不论读者是否同意以上所说，或者是否理解以上所说，当读了上述段落时，他就会有一个唯一受限制的、经验的情境，而且对于所说的反映的理解是受当下情境制约的。人们不能拒绝拥有情境，因为那相当于没有经验，甚至都不算是异议。最能够被拒绝的是拥有特定情境，在其中有对提及的前者情境之存在的反映认知。然而，这一拒绝等同于另一个作为唯一整体的、包含质化经验的起始。

换言之，如果我试图通过论说，即经验领域的存在来证明的话，那么将会有 75
一个矛盾。通过论说，邀请读者独立地拥有那种直接经验的情境，是没有矛盾的，在其中作为经验领域的情境之存在，被看作所有论说包容和规定的情况。

要理解之前所说内容的含义，还有一个困难，即有关“性质”一词的使用。这个词通常与某些特定的东西相联系，比如红色的、坚硬的、甜的；也就是说，在总体的经历中所拥有的差别。人为的、存在巨大差异的含义，尽管没有充足的例证，可能通过思考这类性质而被人们所想起，这类性质是通过沮丧的、复杂的、兴奋的和忧郁的等这些词项而被指定。因为这些词并不以某种方式指定特定的性质，比如以某种方式，坚硬的用于指定岩石的特别性质。因为这类性质渗透并修饰所有包含于经历中的对象和事件。由桑塔亚那恰当地引入的短语“第三性质”并不指第三种性质，不是以洛克划分“第一性质”和“第二性质”同样的方法来指示第三种性质，并且几乎不以内容相区别。因为第三性质符合在完全的样式中它所适用的所有成分。

性质被认为遍及所有的要素和关系，这些要素和关系在论说中是能够被制定的，并因此将其组成一个独特的整体，就此而言，或许性质的含义能够通过该词的审美用法而更容易被理解。一幅绘画被认为是有性质的，或者一幅特别的绘画被认为具有提香(Titian)或伦勃朗(Rembrandt)的性质。因此，这个词最确切地被使用时，不涉及这幅绘画任何特定的线、颜色或某部分。它是某种影响和改变一幅画的所有构成成分和所有成分之间关系的东西。它是不能用语言来表达的，因为它是某种必须具有的东西。然而，论说可能通过普遍的、统一的性质的获得的方式指出性质、线和关系。但是，只要这个论说与直接的总体经验相分离，那么，沉思的对象就替代了审美的对象。在显著的意义上说，审美经验是以一种注意情境和经验领域的方式被提及的。如果审美经验就其本身而言，应该
76 彻底探讨“情境”的范围和重要性，那么，解释的既有力量就将消失。如上所述，由于每一个情境的背景和限制，性质上的和具有资格的情境是现在的。因为类似的原因，之前所述的，即第三性质并没有得到充分的例证。被命名为“悲伤的”、“兴奋的”等等这类性质是普遍的，而标记现存的情境的悲痛和愉悦的性质则不是普遍的，而是唯一的，无法用语言加以表达的。

我将从一个不同方法的角度给出进一步的说明。人们一般或多或少地认为，展开不懈努力地积累事实的观察是可能的，并且观察的“事实”不导向任何地方。另外，进行观察的工作是可能的，这一观察的工作被预先固定的观念结构所限制，以至于在进行中的问题及解决方法中具有真正决定性的特有事物完全被忽视了。每一事物都被迫进入先已决定的观念和推理的体制中。避免这两种恶的方法，唯一的方法就是对作为整体的情境性质的敏感。在日常语言中，问题必须在被表述之前就被感知。如果情境的唯一性质被直接具有，那么就会存在某种东西，规定其选择，并考量其观察事实和观念秩序。

讨论已经达到这一点，即能够明确地讨论常识的质料和方法的关系与科学的主观质料和方法的关系的基本问题。首先，科学必然要与使用和具体的享用，及遭遇的常识世界的性质的对象、进程和工具相分离。科学的颜色和光的理论是极其抽象和技术化的，但它是与日常生活中的颜色和光相关的。从常识的层面看，光和颜色既不像孤立中的事物那样被经验或被研究，也不像孤立中被观察的对象的性质。它们是在群体进行职业和技艺（包括社会礼仪技艺，也包括美术）中的位置而被经验、考量和判断的。从睡眠到投身日常事务，光在其中是一个重要的因素。阳光和月光交替，二者的不同贯穿于几乎每一个种族的传统之
77 中。颜色可以作为在某一特定情境中能做什么和应该怎样做的预兆——比如判断明天的天气，在各种场合选择恰当的服饰，以及染色、织毯子、编篮子和做罐子，等等，各种方法太过明显和冗长而不再列举。它们或者在实际的决定和活动中起

作用，或者在愉快的庆典、舞会、教区教堂落成纪念节和宴请等活动中起作用。光和颜色所持有的东西适用成为日常事务一部分的所有的对象、事件和性质。

逐渐地，通过或多或少扭曲的和起初无计划的程序，确切的技术程序和工具得以形成和传播。关于事物、它们的性能和行为的信息得到积累，并且独立于任何特别的直接应用。它不断地远离其发源于此的使用和享受的情境。尽管常识和科学之间仍然没有清晰可辨的分界线，然而存在着对我们称之为科学东西的发展有用的质料和行动的背景。为了说明，或许可以假设原始的天文学和原始的记录时间的方法（与天文学观察紧密联系）产生于群体的实际需求，牧羊人监护动物交配和生产，农业群体播种、耕种和收割。对星座和恒星位置的变化的观察，与对白昼的长度与有关星座沿着春分和秋分线的太阳位置之间的关系的观察，提供了必要的信息。为了观察得以进行，人们开发了仪器设备，针对仪器使用的精确技术随之得到发展。

倾角和偏角的测量是满足实际需要的一个部分。从历史的观点看，说明或多或少是推测性的。但在某种程度上，这个一般类确实影响了所谓的常识向我们称之为科学的转换。如果在它们与生理学和解剖学知识发展的关系中，我们对药物的实际需求是治愈病患和处理伤口，那么情况将会更加明晰。在早期希腊历史中，反思、技艺或技术和科学是同义的。

但是，这并不是故事的全部。东方文化，尤其是亚述人、巴比伦人和埃及人， 78
对“下等的”、“上等的”技术和各种知识作了区别。粗浅地说，下等人是那些从事日常实际工作的人，如做木匠、染色、织布、制作陶器、经商等。上等人是特殊阶层、教士和原始的医生的继承者。他们的知识和技术是“上等的”，因为他们关心的是被当作终极关怀的事，如民族的福利，特别是统治者的福利——这个福利涉及处理统治世界的权力。这类实际活动与工匠和商人的实际活动是如此不同，涉及的对象是如此不同，继续从事讨论中的活动的人们的社会地位是如此不同，以至于拥有更高层次的知识和技术的保护者和管理者的活动并非适用普通劳动者的实际意义上的“实际的”。这些事实包含了初期的，甚至或多或少在成熟的形式上的二元论。当它被明确表达的时候，这个二元论就变成了经验的和理性的二元论、理论和实践的二元论，在我们这个时代，就是常识和科学的二元论。[1]

---

① 参见L·霍格本(L. Hogben)：《大众数学》(*Mathematics for the Million*)，第1章。

更不用说，希腊人比之前提及的民族更服从于教会和专制的政治控制。关于希腊人是从外在限制中解放思想和知识的人的说法，是恰当的；但是，这种分离以其具有根本的重要方式，对于随后的理智而言，仅仅是提及——尽管只是改变它的指向和解释。科学和哲学（它们仍然是同一的）构成了知识和活动的更高形式。它单独是“理性的”，并且单独得到知识和“纯粹的”活动的名称，因为它是从实践的束缚中解放出来的。经验的知识局限于工匠和商人中，而且他们的活动因其有关需求和欲望的满足而是“实践的”——后者中的绝大部分，就像在商人的事例中那样，是底层的和无价值的。

79 自由公民不应该从事任何这些工作，而应该致力于政治和保护城邦。尽管科学家-哲学家被身体的束缚所强迫而要花时间和精力来满足需求，但是作为一个科学家-哲学家，他根据理性对象来训练他的理性，因此能够获得唯一可能完全的自由和完满的享受。劳动者与作为奴隶的非公民，与作为自由公民的闲暇阶层的成员之间的确切的社会-实践分离，并通过哲学构想而转变成实践与理论、经验与理性之间的分离。严格说来，科学-哲学的知识和活动最终被设想成既是社会之上的、又是经验之上的。它们将那些追求它们的事物与神圣的事物相联结，并且与其同类者相隔离。

我似乎已经在从事历史附记的工作，但不是为了给出历史信息，而是为了指出经验主义的知识和实践与理性知识和纯粹活动两者之间差别的起源，以及被公认的具有社会起源和含义的知识和实践与本不应具有社会和实践关系的洞察力和活动之间差别的起源。这一起源自身就是社会文化的。这是对此情境的反讽。希腊思想家的思想相对自由，他们在确定方向上的成就极为重要，而在希腊文化不再欣欣向荣，并且其成果被不同的文化所借鉴而得以继续存在之后，希腊人的遗产在经验和科学中变成了梦魇，却在数学中得以拯救。甚至在后一领域中，它使数学长时间地从属于几何学。

其后，真正的科学复苏，毫无疑问，是从希腊思想的成果中得到刺激和灵感的。但是，这些成果通过与普通经验的事物和在经典希腊思想中玷污了科学纯粹性的实践技艺中使用的工具相联系并互相作用而得到复苏。回到先前所提及的情况和因素：性质上的质料、程序和工具。热、光和电成为在限制的情况下被
80 经验，而非通过纯粹理智获得的理性构想的事物。镜头、指南针、大量工具和实践技艺的程序被借用，并且适应于科学探究的需求。之前很长一段时间里，在技

艺中熟悉的普通程序——减弱与强化、结合与分离、溶解与蒸发、加热与冷却等等不再被忽视。它们被采用是作为寻找关于自然的东西的手段，而不是仅仅为了实现使用和享受的对象。

符号工具，尤其是经历了重大的再建构的符号工具，不仅被精炼，而且被扩展。一方面，它们通过操作，以其适用性为基础，被构造和联系在一起而存在；另一方面，它们因提及在使用和享受中的直接应用而被释放。因此，在寻求自然的经验性的知识中出现的具体的问题，需要并引起新的注册和应用的符号工具。分析几何和代数，成为作为数量的观念反应的首要模式。变化和位移被发现不是非理性的偶然事件，而是解决自然存在的神秘之物的钥匙。然而，语言是一种古老的、熟知性质上的成就。最精确的总体性的数学语言，也几乎不能与原始民族的理智言说的创作物相比较。最终，在理性论述中得到明确表达和发展的观念的有效性，其检验被发现存在于其现存性质上的质料的应用中。它们不再被认为是“真的”作为孤立中的理性论述的构成成分，而是在某种程度上有效，即它们能够组织常识性质上的质料，并能够控制它们。那些以最大的确定性程度和以它们被应用的方式得以表明的语义观念的构建，虽然作为观念，但却是真正理性的东西。从在科学探究实践中的每一个观念来看，经验与理性、理论与行动之间的古老的分离消失了。

因此，常识的内容和技术经历了革命性的改变。之前已经表明，常识不是常量。但是，它曾经经历最革命性的改变，却被科学结论和方法渗入并包含于自身之中而受到影响。甚至与基本的生命环境条件相联系的程序和质料，例如食物、 81
衣服、住所和运动，也经受了巨大的变革，而且空前的需求和满足它们的力量也出现了。常识世界中科学的具体化的影响和人类关系领域内处理这一影响的行动，与其在和物理自然相联系而发生的几乎一样大。唯一值得提及的是由于食品和服务的产出和分配的新技术而引起的社会变化和问题。因为这些技术是新科学的直接产物。在过去的几个世纪中，科学影响涉及人与人、群体与群体、民族与民族之间关系的常识领域的方式，是与社会变化的原因相关的。在变革武装力量和产出、分配和交流的情况中的科学应用，在巨大地改变人类彼此相联系的生活和行为的情况中是必要的，不论情况是交换和友好的联合，还是对立和战争。

但这并不表明，科学结论和操作并入现在被看作常识要素的常识态度、信念和理智方法是完全的或一致的。情况恰恰相反。在最重要的方面，科学对于常识的内容和程序的影响已经分解了。这种分解作用是社会的，而非逻辑的事实。但这也是为何似乎如此容易、如此“自然的”在常识探究和其逻辑与科学探究和它的逻辑之间划分出清晰界限的主要原因。

我们将注意到分解的两个方面，它们造成了完成对立与冲突的相似性，其中之一是已经陈述的这一事实，即常识关涉的是显性性质的领域，然而科学由于自己的问题和目标被迫按照非性质的量级和其他数学关系陈述它的内容。另一个
82 事实是：自从常识直接和间接地关涉使用和享受的问题，它就内在地是技术的。另一方面，科学通过每一个它所涉及的领域的“终极原因”的消除而得以发展，同时替代了变化的、相对的一致。它使用旧术语，并按照“有效的因果关系”起作用，而不论目的和价值。根据这里所做的置换，这些差别是由于这样一个事实，即不同的问题类型需要不同的探究模式来解决，而不是任何终极的现存内容的分割。

科学的内容在符号群中得以陈述，这些符号群根本上是与那些熟知的常识所不同的；事实上，符号群是一种不同的语言。而且，存在高质量的技术质料，这些技术质料即使通过在质料事务中的技术应用方式，也并未并入常识。在最重要的常识领域，即道德、政治、经济的观念和信念，以及形成和证实它们的方法方面，科学所起的作用是很小的。人类关系领域的观念和方法，与在经验科学兴起之前的物理自然相关的常识的信念和方法，具有相同的情形。这些考虑表明这一陈述的含义，即现在存在于常识和科学之间的差别是社会的而非逻辑的事务。如果“语言”这个词不仅在形式上得以使用，而且包括实质含义的内容的话，那么，差别就是语言的差别。

科学的问题需要数据集和含义与符号系统，它是如此不同，因而科学被称作“组织常识”是不恰当的。但是，当常识处理自身的内容和问题时，有一个潜在的工具用以组织常识，并且该潜在性远非现实化。在这样一些影响了生产中人类对物理自然质料的使用技术中，科学就成为组织强有力的执行者。就享受和消费问题而言，它起的作用很小。道德和社会控制的问题几乎不被涉及。信念、观念习惯和习俗是先于现代而产生的，但它们仍然主导了该领域。这一事实与高技术和疏远的科学语言之间的联合，产生并持有完全隔阂的情绪和观念。常识
83 和科学之间交流的途径大致只有单向的了。科学从常识中分离出去，但是返回

并入常识的路却是曲折的，并被现存的社会情况所阻碍。

第一点，在最重要的事情上，很少有相互间的交流。而且，前科学在道德和政治上的观念和信念在传统、习惯和习俗中如此根深蒂固，以至于科学方法的影响惊人地作为对人类最高贵、最深刻的兴趣和价值的极度敌对。从哲学阐释的观点看，具有深远影响的思想学派，致力于保持作为某种完全不同于科学方法的应用的任何可能性的价值、观念和理想的领域。更早的关于理性与经验、理论与实践、高级活动与低级活动之间的必要分离的哲学观念，被用来证明划分的必要性。

至于第二点，一个似乎基本的差别是由于这样一个事实，即常识在它所限制的观念和方法中是极具目的论的，而科学则慎重地与目的论保持中立。必须指明的是，不论理论上的差别如何，在实际的事实中，自然科学得以解放，极大地扩展通向常识的目的的范围，并且极大地增加了有助于获得它们的方法的范围和力度。在古老的思想中，目的是受自然约束的；违背那些通过事物的本性而被提前设定和约束的目的是不可能的，试图设定人类发明的终点必定会导致迷惑和混乱。在道德领域，这种观念仍然存在，甚至可能处于主导地位。但是，当涉及“质料”事务时，它就会被完全丢弃。新的工具和器械的发明，产生了新的目的；它们产生新的推论，这些推论激励人们形成新的目的。

作为确定的、实现的“目的”，其最初的哲学含义差不多被遗忘了。科学不是消除目的和被目的论的考虑所限制的探究，相反，它极大地解放和扩展了在有目的的事情上的行为和思想。这种作用不是观点的问题，而是事实的问题，这一点很明显不能否认。同类事情持有的一些性质，使常识不可避免地被关涉。通过 84
自然科学的应用，大量新性质开始存在；而且更重要的是，当我们极度渴望时，我们使性质处于实际经验范围内的能力中，使大大超出判断的可能性得以强化。仅仅只考虑一种情况，我们关于性质的能力是通过光和电产生的。

之前所做的调查是为了双重目的。一方面，关于文明的显著问题被这样一个事实所设定，即常识就它的内容而言，即其“世界”和方法，是其自身发生分裂的处所。它存在于规范性含义和程序的部分，这是最重要的部分，预示了关于其结论和方法的经验科学之兴趣。另一方面，这一事实是因为科学的应用。这样一种分裂显现于现代生活的每一个阶段和方面：宗教、经济、政治、法律，甚至艺术。

这个分裂的存在是由那些谴责现代性的人，以及那些同意解决文明混乱的唯一方法是还原过去年代中权威的理智信念和方法，并通过激进的改革来实现的人提出证明的。在这两者之间，存在着疑惑而没有安全感的大多数人。因此，现在所能肯定的是，当前文化和与之相关的生活的基本问题，是那个现在影响分离的存在整合的东西。缺少统一的逻辑抨击方法和程序，问题不能得到解决。获得统一的方法意味着，在常识和科学中探究结构的基本一致是被认可的，它们的差别仅在于问题中被直接关涉的东西，而不是各自的逻辑。我们并没有强烈地要求获得统一的逻辑，一种探究理论将解决我们信念和过程的分裂。但可以确信的是：没有它，问题将不会得到解决。

另外，统一的问题是一个存在于并且为了逻辑理论自身的问题。在现阶段，当下流行的逻辑并没有在最大程度上宣称是探究逻辑。主要是，我们必须在传统逻辑和新的纯粹的“符号逻辑”之间作出选择。传统逻辑的形成，不仅早于科学兴趣很长一段时间，并且当时科学的内容和方法与现今科学的内容和方法完全对立；同时，新的纯粹的“符号逻辑”只承认数学，即便如此，它也不像关注其结
85 尾的语言学构造那样关注数学的方法。科学逻辑不仅与常识相分离，而且所能做到的最好的一点，即论及逻辑和科学的方法是作为两种不同的、相互独立的事情。从所有经验污染中净化出来的逻辑，变得如此的形式主义，以至于只能应用于自身之中。

下一章明确处理的是来自亚里士多德的传统逻辑，其表明的观点有：(1)科学情况(处于科学情况之下而被明确阐明)的必要性与那些现存知识的必要性是如此不同，以至于从原初的知识逻辑转变成一种纯粹形式的事务，(2)存在基于科学结论和方法的逻辑理论的必要性。这些是与经典科学不同的，即需要的不是旧逻辑在各方面的修正和扩展，而是在进行所有的逻辑主题事物时所采取的完全不同的观点和处理方法。

5.
逻辑学必要的改革

当今很少有人同意康德有关逻辑学的论述，即“自亚里士多德以降，逻辑学不必后退一步……不能前进一步，因此，显而易见，亚里士多德的逻辑学可能被看作完全的、完满的”。然而，那种逻辑学的影响力依旧很大。它形成了大多数用于教学的逻辑学文本的框架；而对于另增篇章介绍“归纳逻辑”，显然是出于尊重其被认为在现代科学方法中所具有的必要性。 86

例如，甚至那些意识到如下情况的人，即经典逻辑学在作为每个命题的必要主词的固有实体的概念假设方面并不完美，对于将它们的形式符号陈述加入传统形式中表示尊重，并满足于它们自身的各处修补。约翰·斯图亚特·穆勒(John Stuart Mill)及其同道们系统地批判传统理论，并且尝试建立一种与现代科学实践相一致的逻辑学；他们的逻辑学建构最终基于将经验归约为心理状态它们之间外部关联的心理学理论，而不是基于科学探究的实际行为，从而严重地危害了它的实际情况。

因此，辩护是没有必要的，因为在本书中，与逻辑学理论相关的亚里士多德的逻辑学得到了发展。前者如此重要地成为现代理论的一部分，因而应该考虑它，考虑当代逻辑学发展的图景，而不是去回顾历史以汲取养分。传统逻辑学作为一种工具，其探究常识和科学的现存问题的能力是一个紧要的问题。因此，这
一章就是对亚里士多德逻辑学的主要特征作批判的阐述，(1)关于提供它的背景 87
和实体质料的科学和文化的情况，和(2)与现在所接受的文化和科学情况的比较。第一种观点与试图表明一种密切的、有组织的方式相关，在这种方式中，经典逻辑学反映其自身明确表述那个时期的科学。第二点与革命性的改变有关，

这种改变发生于科学领域，并以之为依据，在逻辑学中同样发生相应的激烈变革。

最近，一位研究逻辑学的作者写道："现在科学大部分寻求建立称为'自然法则'的东西；而且它们通常回答这些问题：'在何种情况下如此这般的变化得以发生？'或者'什么是例证如此这般变化的最一般的原则？'而不是回答这些问题：'如此这般的一个科目的定义是什么？'或者'它的本质属性是什么？'它更关注问题的解答而非推理的逻辑特征，通过推理，我们必须证明我们的答案。亚里士多德在《论题篇》(*Topics*)中对其有所表述，但现在这种观点已经被废弃了。"①

这一段落的含义，尤其是当它扩展以应用于除了《论题篇》的逻辑学著作，似乎是在问题和探究对象中，激烈变化(像从不变实体和它们必要的本质形式到变化的关联改变)伴随着逻辑形式的微小变化而能够发生。这一暗含的假设是当前大多数逻辑学著作的特征。相反的假设支持了对公元前4世纪，与希腊科学和文化相关的亚里士多德逻辑学的当前考察。对逻辑学而言，出于自身时代的描述越充足，它形成现代逻辑学理论的框架就越不恰当。

希腊文化取得了巨大的艺术成就，同时对自然现象作了大量精准的观察，并以对被观察者的综合概括而著名。医学、音乐、天文学、气象学、语言和政治制度都是利用掌握的手段进行研究，研究方法较任何先前的文明都更加不受外界的
88 控制和干扰。此外，在各领域取得的成果都被囊括进一个单一的综合观念中，这一观念，自希腊起被冠以"哲学"的名称。尤为值得注意的一个事实是：由于还没有之后的"主体"和"客体"的严格区分，心理学这时是一门与生物学相关的科学，生物学则与物理学相关，而道德学和政治学则是自然理论的一部分。人类被设想成与自然相关，而不是作为某种与之分离的东西。道德和政治研究没有被宇宙论的严格界限所分离。而且，数学被认为是一门有关存在的科学。

由于以上事实，包含作为整体的自然观念就最终成为决定性的原因。人们不必加入由早期的科学哲学家所使用的"自然"这个词的含义而引发的争论中，也不必意识到早期的含义最终分成两种重要的指向。*Phusis* 这个词翻译成自然，与词根"生长"的含义在词源上是相关的。生长就是变化；它不断成为存在(*Being*)，又不断脱离存在，在出生与死亡这两个极端之间变化。形容词"自然

① H·W·约瑟夫(Joseph)：《逻辑学导论》(*An Introduction to Logic*)，第386—387页。

的”被亚里士多德用来指定自然的这一方面。“自然的”并不是被放在与精神的和心理的相对抗的位置，因为在它被变化所标记的意义上，这些也是自然的。但是，作为我们今天所说的“事物的本性”，在最显著和最值得称赞的意义上，自然是由具备固有本质特性和性质不变的实体所组成的。永恒、固有与可变、变化之间转化的差别和关系，是科学与哲学的终极问题。亚里士多德哲学就是一个系统的阐述，对这一贯穿我们探究所涉及的所有主题的问题有一个条理清晰的解答。

这一基本事实与亚里士多德的逻辑学有着根本的联系。从否定方面来看，这样的逻辑学形式在与存在的主题相分离的意义上是非形式的。它是形式的，但形式是那些存在，就存在是被认知的而言——这种认知与单纯的感知或推论性的思考或猜想的意见的对象是不同的。

“主体”和“客体”的意义在哲学思想的历史中经受了逆转，这是一个众所周 89
知的事实。我们成为“客体”的东西在希腊的术语中是*主体*；它们在其状态中被看作知识*主题*的存在。它们的逻辑形式取决于被视为存在于自然中的变化与永恒之间的基本划分。在其精确和完全的意义上，变化的事物太不稳定而不能成为知识的主体。知识不同于意识和观念，它是固定的，是真正不变的。因此，它的主体（在我们看来是“客体”）也必须不易变化。由此看来，自然是以从空虚上升到在其完满意义上*存在*的有序级别或性质上事物的层级来呈现科学思想。

那种真正的*存在*本来不能变化；因此，由于对实体缺乏的强调，变化的存在证明了完满的存在的缺乏，也证明了希腊人有时称之为*非存在*的东西的缺乏。理智理解的不同级别带着其逻辑形式，在其存在的量化程度上，一一对应于其主题的层级排列。

当今人们习惯于使用词语*整体*和*完满*作为与部分和缺陷相对立的同义词。人们并不常说同一和区别的含义取决于希腊的宇宙论和*存在*理论（theory of Being）。从其特有的观点看来，希腊文化当然是审美的。艺术的作品是质的总体；它们中的杰作，只不过是自然的。希腊的坟墓与希腊的雕像和神庙都是艺术品；就像我们说的那样，它们是*完满的*和*已完成的*。尺度、固定的界限、固定的比率和比例确实是万物的标记。

一方面，从客观的角度看，这类客体或者主体是设计和塑造的实体。另一方面，改变和对变化的敏感性则缺乏尺度。它们是*无限*存在的标记；有限、完成和完整是由于固定的界限和尺度。改变就其本身而言，逃避理智理解。仅就其能在标记其开端和客观终结的固定的界限中得出而言，它是能够被认知的，即改变趋向于移至终极的和不变的极限。换句话说，改变被认识，仅仅是因为它囿于固定的界限。从知识和逻辑形式的角度，改变是特殊的或者部分的，而被界限所界
90 定的衡量总体则是理性的。三段论是一种完全封闭的形式。它有两种类型，在一种类型中，不仅被封闭的东西，而且限定的、封闭的东西，也是永恒的；在另一种类型中，囿于边界中的东西本身处于改变的过程中，或者它是自然的，而不是理性的。

三段论的第一种类型是一种完全意义上的理性知识。这一三段论形式在其内容上是严格必然的和证明的。而另一种三段论则表达偶然的知识，这种知识有各种可能性，但绝不是必然的，因为它的主题有时是，有时不是。包含的关系在两种形式中都是基础的。然而，包含中具有排斥。本性是固定的和永恒的东西，因其特殊本性而排除了其他实体，存在是经由它的永恒的性质或本质而是的东西，而非其他任何东西。因此，除了普遍的基本逻辑形式（因为它处理的是本质上总体的东西，因而是完全的）与必然的命题和命题的关系，还存在着与存在论的包含和排斥相一致的肯定命题和否定命题。①

所谓的大前提和小前提分别陈述包含和被包含的“主词”，而作为包含和排斥基础的“中项”，则是比例或逻各斯、理性、衡量原则和界限。它之所以在推理中必不可少，不是因为思想任何特殊的性质，而是因为在性质方面内在的关系；这些关系将“主词”结合在一起，并且避免它们混合。既然中项代表包含和排斥的原则，那么，它就表达了普遍或者总体。如果它代表特殊的（破碎的和部分的）东西，那么，它就不能成为作为自然中排斥和包含的知识展现结尾的理由和原因。

被包含或被排斥的东西是种类或物种的必然性质。对于单一的对象，一个人、一块石头和一个特殊的团体具有是（being），而又脱离是。它们是特殊的（部分的），而不是完全的。单一的东西是一个部分，这样的物种或种类是永恒的。
91 人类是一个物种，而且作为一个实体的物种，它并不伴随着苏格拉底、亚西比德（Alcibiades）和色诺芬（Xenophon）等的出生和死亡而产生或消亡。实体的物种

① 专门的三段论的图表体系和它们之间关系的联系如此直接，因而我们不再讨论这个话题。

呈现于每一个个体或部分之中，使其成为其所是，不论人、马、橡树，还是石头。内在地、必然地属于物种的东西，是其本性或者本质。定义是一种本质被认知的形式，是对定义(规定)存在论意义上实体东西的一种认知把握，而远远不是字面意义上的或一种便利的程序，也不是思想的产物。定义使它区别于任何其他的东西，而且把握住其永恒的相同特性。

而且，物种形成了一个递变的层级。由性质干湿、冷热、轻重代表“可感觉的物种”的存在。这里的改变和自然的阶段达到了极点。这些性质通常是短暂的，而且趋向于成为其对立面。尽管个体存在的性质会改变，但作为它们的类则是固定的。因此，能认知理解的感觉的最低种类相对于它们而言，是存在的。即使是感觉，为了理解性质(红色的、硬的)，必须在其恰当的物种中包含它——必须对其进行分类。另一个极端则是缺乏物质和变化的物种。在其中，本质属性得以体现的对象在行为和运动中是恒常的、始终不渝的。

亚里士多德举的典型例子是固定的恒星，其中每一个都追求没有任何变化的永恒的圆。宇宙中所有其他种类的现象处于这两个物种的类型之中。要想详细地探究它们，就得排列好亚里士多德的物理学和宇宙学。完全可以这样说，它们每一种都固定于大自然的秩序中，借助于它们所服从的相关变化程度，从而处于科学或证明的知识梯度中，后一特性表明物质、非稳定性的原则和变化得以呈现的范围。高级种类的特点，在于趋向一个固定的终点或完成运动的规则性。

值得注意的是，生命活动以规则再现的特殊程度为标志。这一事实意味着它们被一种与众不同的自我运动程度所驱使。它们自身运动的动力在于对外在环境剧烈变化的抵制，这些变化不仅远远地超越了感觉特性(它们要面对与其相关的所有事物的变化)，而且超出了像天气和所有无生命的事物这一类现象。生 92
物的这一自我运动和自我管理的特性尤为重要，因为在生物之中存在着质的层级。处于低级和下级的是植物及其“植物性机能”，它们存在于养料的吸收和同化中。自我运动的精力标示了动物生命各种不同的物种。

处于顶端的是人类。人类保留植物性机能和动物性机能——感觉、欲望和运动。但就从需求、感觉和感官知觉中获得的自由的意义，以及人类就其所获得的纯粹理性而言，自我运动的精力趋向完满。理性是纯粹的自我运动行为，既不依赖任何处于它之外的东西，也不与任何它之外的东西相关。这类纯粹的自我行为就是上帝，只要凡人获得它，他们就消解了死亡。

依此研究，关于亚里士多德逻辑学的某些重要观点就显现出来了。第一，公认的形式并非是形式主义的。它们并非是独立于已知的“主体”。相反，就后者在知识中得以实现而言，它们是这些主体的形式。

第二，在其逻辑形式中，*知识*仅仅是由定义和类别构成的。这些程序既不是语言学和心理学的，也无助于反思。定义是对使事物成为其真正所是的本质把握。类别是有关真实自然种类存在论意义上的排斥和包含。定义和分类学意义上的类别是知识的必然形式，因为它们是存在的必然形式的表达。

第三，任何发现和发明的逻辑都没有存在的空间。发现是对属于学习的东西的思考，学习只是拥有既已知的东西——就像小学生将会*知道*老师和课本已经知道的东西。学问属于变化的低级领域，就像变化的所有模式归于某物、相当于某物一样，就像它归入知识的固定的界限中。至于学习（发现的唯一的形式），界限的一方面是对呈现于知觉对象中的种类的理解，另一方面是对某一定义完
93 全的种类或总体的本质的理性把握。学习只是将这两种在先给定的知识形式联系起来。相似地，新的发明也是没有地位的，它仅仅拥有对偶然发现既已存在的事物的一种词源上的含义。

这些思考解释了其中的难易程度，即当科学的兴起破坏了原初逻辑学所赖以存在的本质和种类的背景时，在其原初所涉及的严格本体论上和存在论上的逻辑理论，仅仅成为形式逻辑。后者并没有作为个人发展过程的推论或反映的操作（比如现在可能被称作心理学的，其实应该称作教育学），通过个人达到对本质、包含和排斥关系的直接理解方式。因此，亚里士多德传统的形式的永存，不仅消除了什么是形式的这一主题，而且排除了从逻辑的恰当视角出发的探究（这是效率的体现）。原初逻辑学中的三段论绝不是推理的一种形式，而是对自然中属于真正的总体的包含和排斥关系的直接理解。

在终极和完全的意义上，所有在经典体制中的知识都是直接的理性理解、把握或愿景。反映和探究是操纵的本性，操纵是个体可能被迫从事、用以更好地观察即存事物，就像去博物馆旅行是为了察看那里的发现对象。形式和种类是总体的观察。凡人肉体的脆弱使人类不得不从事反映的探究，但后者不具有内在的逻辑重要性。我们所得到的知识是对现代理论中“直觉”的本性的把握和拥有，只是它不具有我们正在使用的“直觉”一词所有的那种模糊性。

以现在的观点来看，亚里士多德所说的，即感觉的事物在与我们的关联中更容易理解，而理性对象在其自身中更容易理解，至少是模糊的。然而，如果*gignoskai*、*gnoscere*[1]和通过记录来认识(*know* with *note*)之间在词源上的联系产生于思想中，那么，模糊性便消失了。认识就是记录，所有能够真正被记录的东西都是既已在自然中标记了知识的主体。感觉和变化的事物自身被记录，不 94
只是值得记录的，而在与我们的关联中；理性对象则在自身之中，并且是自身被记录和区分的，因此，知识是获得定义标记或对象记号的存在性的观察。[2]

我现在才讨论到在亚里士多德的宇宙论、存在论和逻辑学中表述的希腊的自然概念与在科学革命中被决定的现代概念之间的根本差别。最明显的差异，与在它们相互关联中质和量完全不同的地位有关。不仅经典宇宙学和科学是依据性质构成的，始于四种性质要素，即土、气、火、水(它们自身是由对立，即湿的-干的、热的-冷的、重的-轻的的结合而构成的)，而且所有量的规定性都归入偶然的状态，因此对它们的理解是没有科学依据的。当然，这里的"偶然属性"是一个专门的词项，但这并不意味着，存在某个数量的事物而不是另一个是没有原因的，因为它是讨论中事物的外在原因，而非知识中的基础和原因。

"偶然属性"的含义取决于与本质的比较中。偶然的东西并非是本质的一部分，也不能以任何方式从本质中推导。因为后者是知识的特有主体，量与本质全然无关，因此对量的思考处于任何层级的知识范围之外，除了感觉。而且，作为感觉的原因，它倾向于阻止感觉向知性上升。因此，基于亚里士多德的自然理论和知识，除了低级的实践目的之外，没有观点或目标可加以度量。量，即被测量的事物，完全被归入更多与更少、更大与更小或者变化的范围。测量对于工匠处理物质事物时是有用的，但是这样一个恰当的事实表明了从科学和理性中分离 95
量和测量的分歧。通过对比可知，在现代知识中，地点是通过测量而被占领的。[3] 那么，希腊的知识逻辑学与现代知识的逻辑学有关可信吗？

另一个紧密联系的差别在这样一个事实中得以发现，即由于希腊自然概念

---

① glgnoskai、gnoscere，拉丁语，意义为"认知"。——译者

② 认识论问题是相关的，我们必须注意这一事实，即经典逻辑学在实体与对象的关系方面不能被理解，而仅仅在潜能与现实的关系方面被理解，作为潜能的变化出现在依据本性而被固定在现实中的界限之间。

③ 作为我们所做的某种东西的测量，完全不同于度或者固定的界限的关系，它是限制变化的。

中知识主题的性质化特点。自然地，异质性被假定，而现代科学则假定同质性，因而努力用同质性取代质的差异性。这种差异，在现代化学元素理论和四种质的元素(应该是五种，包括天上固定的恒星实体)之间的比较中得以例证。然而，最显著的例子发现于16世纪前一直统治科学的不同种类的运动概念中。运动并不是作为测量时间内测得的位置变化，圆周运动、来回、上下，运动被看作在质上相互不同。它们标志不同性质的实体在种类层级中占据不同价值的位置；不同的目的或实现各自控制它们。土以其本性和恰当的位置而下降；火和光因为类似的理由向上运动。轻浮和重力一样，也是内在的属性，运动的其他模式的本质也是如此。

由于目的论原则，即可知的变化倾向于一个限制的、固定的目的，因而所有的运动都自然地倾向于进入一种静止的状态。据说，这一观念统治科学直至伽利略时代。相反，我们可以注意到同质的运动在现代科学中的地位，同质性是通过所有能够测量的角方向、角动量、角速率加以区分的。这种差别没有相关的逻辑学是无法消除的，就像有关主题的差异一样。自我回复的这种性质的运动处于经典理性概念和理性主体的核心地位。它与其他运动类型之间的性质的差异
96 在于准则，知识的形式通过它得以分层。而且，科学关注的测量和量级的差别也包含其中。

第三个紧密联系的差别在这样一个事实中得以发现，即现代科学关注关系的建立，而经典逻辑学则基于一种自然理论，即把一切关系——除包含和排斥的类型(它不被认为是一种关系)外——作为偶然属性；在同样的意义上，量也是偶然属性。相关在亚里士多德的体系中，意味着依赖于处于其自身之外的东西；但是，这种依赖性不能被一般化，也不被看作形成科学对象的特有结构。相反，它被置于与作为科学和证明知识的唯一对象，即“主体”(实体)在自我行为上的独立性和自我满足性的严格对立之中。“既然”作为这儿的意义，以及“那么”作为其他地方的意义，永远消失了，它们变成了后续事项的特定记号。而在现代科学中，这样的变化构成了科学探究的问题。

如果同时考虑到测量和关系，那么就不能确切地说希腊科学和逻辑学所拒斥的东西是科学的主要基石——尽管不是逻辑形式理论。当代逻辑学大幅度地批判旧逻辑形式，例如认识到实体谓述形式的命题，它增添了关系命题。这是一个标志性的发展。但是在某种程度上，这一增添对作为总体的逻辑学理论来说，

增加了混乱，因为只要被给定的、加以谓述的在先的实体理论被保留，就没有理论的一致性能够获得。[①]

下一个提及的差别，在于由亚里士多德逻辑学的目的和目的论所占据的中心位置。目的论因素在将那样的逻辑学转变成仅仅是形式逻辑学的过程中消失了。但是，目的论在经典逻辑学中具有如此重要的地位，因而或许可以肯定的是：随着它的消失，亚里士多德逻辑学的原因也就消失了。除了空壳之外，什么也没留下；没有主体的形式。总结这一阶段的讨论，我将涉及所有已提及差异的 97
根据——而科学的相反态度是趋向变化。科学反转的循环的完成，准确地追溯到达尔文《物种起源》(*Origin of Species*)的问世。该书的标题表明了科学的革命，因为生物的物种概念是完全不变性假设的显著表现形式。达尔文之前，这一概念从每一个科学科目中被驱逐出去，除了植物学和动物学。但是，后者在科学科目中保留了旧逻辑学的壁垒。

当不变的本质和物种从科学科目中被驱逐出去时，适合它们的形式没有留下任何它们适用的东西；它们仅仅是必然的形式。它们留存在作为既已消失的文化和科学的遗迹的*历史*事实中；而在*逻辑学*中，它们依然作为空洞的形式主义而被形式地操作着。数学地位的变化，提供了一个显著的例证。在希腊逻辑学理论中，数学是一门存在主义的科学。直角三角形的斜边与其他边的关系，有一个值的发现不是数字上可表达的，这表明量和数本身是完全非理性的或非逻辑的。比例保持不变的这一事实与芝诺悖论一起，有助于建立量的偶然属性的学说，不论边的量和三角形的面积。它引发这样一种观点，即区别于量的真正的数，本质上是几何学的。因为几何学基于有限的度量的概念，在它们的配置意义上决定了对象的形式。这种转化不仅仅是一种新的科学分析和记录的工具，它首先在笛卡尔的代数几何学中被描述；笛卡尔的代数几何学通过一般的数字坐标规则影响了所有图形的测定。所有的数学命题成为处理可能对象的规则，而不是对其存在特性的摹状，这标志着逻辑学转变的开始——因此，它们在内容上是逻辑非存在的，对实验观察的操作进行规定的时候除外。

整个问题可能通过参考包含在古代和现代科学中的自然(Nature)的不同概 98

---

① 这一结论的一些具体例子稍后给出。争论中的根本的逻辑观点不是特定的亚里士多德的实体概念，而是这一观点，即任一类的实体，诸如“这”或者感觉材料，能够被给定用以谓述。

念而得以概述。在希腊科学中，自然是质的、有界的、封闭的总体。了解任一特殊的主体，就是了解一个作为在恰当的地点、在涵盖一切的总体，即自然中的总体。古代科学试图从终极的、完全的总体中推论出涵盖性的总体知识，这一观点是不正确的。认为希腊科学在这种意义上是演绎性的概念，这是一种极大的误解。在希腊的体系中，知识就是确定物种间的相对关系，是由它自身的本质所规定和识别的，与作为终极总体的自然中其他物种相联系。将所有特殊类和模式的知识归于作为封闭总体的自然的必要性，解释了在古典概念中，为什么科学和哲学之间不能具有严格的差别。现代自然科学的主题构成了互相一致的明确表达的变化。这一事实不仅给予变化一个完全不同的地位，而且从根本上影响了自然的概念。

对相关符合的系统阐述，在范围上越来越综合。但是，现在没有科学家想构建一个涵盖所有规则的、作为总体的普遍。那项工作被某些哲学派系所接管。自然概念的变化以一种概要的形式表述，即一般被看作是开放的、处于过程之中的，而古典希腊的思想中则将其视为限定的，这意味着完成的、完全的和完美的。无限的在希腊科学中是非完美的，也是不确定、不能被认识的。

将前述观点看作是对在其原初规则中，与希腊文化相关的亚里士多德逻辑学的批判，是完全错误的。作为历史文献，它获得了应有的赞誉。作为一部综合的、有洞察力的、深刻的理智论说作品，它是与论说在其中起作用的操作相分离的，上述的赞誉是必要的。以上所述，是对通过各处的修补以努力保留那种作为恰当的或者与现代科学相关的逻辑学进行的批判。正如所说的那样，对于在时
99 代中得到明确表达的等级文化而言，越是决定性的、完全的，就越不能适应去展现情况和知识的要求。试图在亚里士多德逻辑形式的存在基础被否定时保持它，是在逻辑理论中存在混乱的主要原因。这也是逻辑形式仅被看作形式的根本原因。

但正如之前所表明的那样，虽然古典逻辑以一种综合的方式完成了其使命，不过，即便从逻辑的当代文化语境的视角来看，对这种方式的赞赏也必须用那种文化的古典结构的认可来加以限定。因此，即使从可用的资源看，表述也失于偏颇。经典逻辑学的作者并没有发现，工具构成一种语言，语言在与自然事物的关联中比词语更具有强制性，操作句法为有序的知识体系提供的模型比为口语和书面语言提供的更加精确。真正的科学知识复兴了；作为自身过程的一部分，因

其自身目标，探究采纳了先前被忽视的工具和生产劳动者的步骤。这个采纳是科学实验方法的根本特征。数学在科学行为中的作用，表明论说仍具有基础性的作用。但只要考虑到存在主义的知识，那个作用就是次要的，不是最重要的了。标志着逻辑理论的混淆是尝试的自然结果，即通过它，知识得以获得，信念得以检验的探究方法，在经历了根本改变之后，保持着经典逻辑理论形式的尝试。在随后的几章中，将随时给出混淆的例子。这里给出一个例子作为例证是恰当的，它所关注的，在逻辑重要性上不及一般的性质。

在经典逻辑学中，归因于一般和个别命题的含义是清晰的、一致的。一般命题是有关实体的，实体本质上是自我蕴涵的存在总体；个别命题是有关事物的，这些事物在本质上是部分的、不完全的，因为受到变化的影响。物种是实体的全体，它们的行为是自我驱使、自我管理的；不完全的事物是依赖于其他事物的。总体在本质上是固定的物种，而且是难以区分的现代逻辑理论的逻辑等级的先 100
驱。因不完整而仅仅是局部的事物，本质上仅仅能说到其个体性(*kathekaston*)或者其各自性，因为它们自身是被分开的。

依照现代逻辑学，只要考虑科学方法和结论，那么一般的、必然的命题在逻辑内容上就是非存在的，而所有的存在命题都是单一的或个别的。我并不反对后一种观点。这是从现代科学出发得到的唯一的观点。当试图将这种观点与从经典逻辑学中得来的观点相结合或者使其一致时，我所关注的是由此产生的混淆。一个简单的例子就是亚里士多德三段论的一个通常的例证：所有人都有死；苏格拉底是人；因此，苏格拉底有死。我并不相信在真正的亚里士多德的著作中存在单一的例子，在这些著作中，作为小前提的单称(本质上是个别的一个例子)出现于理性推理的三段论中。它在三段论中的出现，反驳了作为固定全体相互间必然联系的现实显现的全部证明概念。

然而，亚里士多德的逻辑学，就其精神而非文字而言，在当代情境中，就逻辑学所需要做的事情而言，既具有一般意义上的重要性，也具有特殊意义上的重要性。在一般意义上，逻辑学需要为现在的科学和文化做的事，就是亚里士多德在他的那个时代为科学和文化所做的事。在特殊意义上，在其单一的、统一的体系中。在它既包含其时代的常识内容，又包含科学内容的意义上，他的逻辑学对于现在的逻辑学是重要的。在一种不再可能的方式中，统一受到影响。我们再也不能获得作为内在地固定的、仅在性质上固定的层级中，在质的等级中区分的常识、科学内容和步骤。亚里士多德体系中，常识、科学的内容和逻辑形式的不变性阻碍了科学重新作用于常识的可能性、不断出现新科学问题、出自常识行为和质料的物质概念的可能性。所有科学能做的就是接受在常识中被给定和建立的
101 东西，以及在与更高理性知识的固定实体的关系中明确地表达它。现在需要的，是适用于考虑常识和科学之间双向移动的统一逻辑学。

被明确表达的常识文化具有高度的秩序。就自由公民，即自由分享文化的人而言，它被和谐、尺度、比例、对象化的图案和整体性所支配。此外，哲学科学的主要概念不包括翻译成每一时期统治常识的哲学概念的词汇。(1)实体类型是概念的反映，即世界中的事物存在于稳定的形式中——一种观点不仅类似于，而且基于所有那些不因现代科学的影响而改变的常识信念。这些事物是由普遍使用的一般名词所命名的。(2)固定物种的类型是与自然种类的常识信念相一致的，其中一些包含他物，一些则不包含他物。对于常识，这些自然种类不允许彼此之间的转变，也不允许交错。从普通常识的观点看，对于固定自然种类和实体对象的存在证明是必然的。(3)在一切文化中的常识观点、信念和判断都被目的论概念、目的所制约；在现代语言中，则受到价值概念的影响。(4)常识明确思考事物世界和社会关系，当它们得以反思性地调整时，就成为递变的等级或层级的学说。低的与高的、低级的与高级的、低劣的与高贵的，所有类似性质上价值对立行为之间的差别几乎都是不因科学影响而改变的常识信念的东西。它们似乎由自然和人类社会明显的感知结构所保证。

当我说哲学科学(逻辑理论于其不可或缺)调整了信念和常识的观念一类的事物时，并不意味着前者仅仅是后者的反映，反映组织观点恰好否定了这一观点。不仅常识不知道的含义得以清晰明了，而且通过对与常识无涉主题的调查极大地拓展了概念的框架。总之，组织特有的事实包含一个有序的、与常识无关
102 的配置。例如，常识几乎不含有这种观点，即就其对象和行为而言，哲学科学家在等级上要高于将军和政治家；或者前者的幸福与其他人相比，具有上帝般的特征。但尽管有存在于雅典文化之中的事物，当它们被置入一个彼此间有序的配置中时，就具有了这一结论的形式。

我们回到上一章的结论。当经典科学和逻辑学被明确表达的时候，现代科学的主题和方法与常识的那些主题和方法并没有直接的关联。科学不再是一个呈现于日常语言的含义及句法结构的含义和行为模式系统。科学结论和技术巨

大地改变了人类与自然、人类与同类的常识关系。人们不再相信它们没有深刻地反作用于改变常识，就像人们可能认为它们只是常识的一个理智系统一样。

然而，科学对于人类居住、使用、享受和遭遇的现实情况的影响，较之对他们的信念和探究的习惯要大得多，除了物质技术以外。关于终极关怀的使用和享受，如宗教、道德、法律、经济和政治，这一点尤为正确。逻辑学改革的需求就是统一的探究理论的需求，通过它，科学实验和操作探究的真正模式将有助于习惯方法的规定；通过它，常识领域的探究得以继续，结论可以得出，信念得以形成和检验。这一常识模式的性质，成为下一章讨论的主题。

第二部分　探究的结构与判断的建构

6.

探究的模式

第一章提出了本书一个基本的论点:主题在经过受控探究后会获得逻辑形 105
式。它同时阐发了该论点在逻辑理论的本性问题上所生发出来的一些结论。主张逻辑学是有关实验的自然主义主题(experiential naturalistic subject-matter)的一种理论,这具有一些生物学和文化上的独立根据,第二章和第三章对此作了陈述。在接下来两章中,先是针对常识逻辑和科学之间的关系提出一些观点,然后又探讨了亚里士多德的逻辑学:它被认为是对希腊生活语言的组织整理,而希腊语言则被视为对希腊文化中诸种意义以及各类自然实存形式之涵义的表达。前文各章全都认为,尽管探究适用于各种不同科目并由此产生各种不同的特殊技术,但它们都有一种共同的结构或模式,这种共同结构既适用常识又适用科学,尽管由于它们所涉及问题的本性,两种模式之间会在所强调的因素上变化甚大。我们现在就来看看这种共同模式。

主题会在经受某些类型的运作之后获得新的形式特性,这一事实在某些领域下为我们所熟知,尽管我们在逻辑上并不熟悉对应于该事实的那种观念。艺术和法律提供了两个显著的例子。在音乐、舞蹈、绘画、雕刻、文学及其他艺术门类中,由于采用了一些形式,使某些做与制的产物成为艺术对象,日常经验中的
主题变形了。法律规定中的质料是发生于个人或人群日常活动中的互动,是在 106
法律之外进行的某种互动。由于这些互动的某些方面和阶段在法律上被形式化,轻罪、重罪、侵权、契约等等之类的概念才得以出现。这些形式概念产生自日常互动;它们并非从天空或某种外部的先验源头强加而来。不过,它们一旦形成,也会具有塑造作用;它们调节着它们发自其中的那些活动的适当性。

所有这些形式化的法律概念都具有天然的运作性。它们表述和界定为“各方”参与互动的大量个人或群体所需要的运作方式，以及那些有权裁决既成形式是否已得到遵守之人所遵循的运作方式，还包括不遵守那些形式将有什么实存后果。这些所谓的形式，并非是固定和永恒的。随着个体和群体所进行的交互习惯的变化，以及此类交互后果中所出现的变化，它们在发生着变化，尽管通常比较慢。因为要实现目的而对探究施加控制，从而使实存质料获得逻辑形式，这种认识不论多么像是假说，它所刻画的却是某种真实存在的东西。形式由于运作而获得发展，这在某些领域是一种确定不移的事实；它并非是针对逻辑形式而特别发明的。

探究的存在，是没有什么可怀疑的。它们进入生活的各个领域，进入每一领域之各个方面。在日常生活中，人们检查东西；他们从理智上考虑事情；他们“自然而然地”推论与判断，如同收割和播种、制造和交换商品一样。作为一种活动模式，探究可以得到客观研究，就像我们研究其他行为模式那样。由于探究及其结论密切而明确地渗透到对于所有日常事务的管理中，除非我们指出后者如何受到当前所拥有的探究方法和工具的影响，否则，对于日常事务的研究就不可能充分。因此，即使完全不考虑我们所提出的那个有关逻辑形式的特殊假说，对有关探究的客观事实进行研究，也是一件实践中和理智上都极其重要的事情。那
107 些质料为逻辑形式理论提供了主题，这种主题不仅仅是客观的，而且其客观性使得逻辑学能够避免历史上非常典型的三种错误。

1. 由于其关注客观可观测的、可据以检验反思性结论的主题，对于主观“心理”(mentalistic)状态和过程的依赖就被消除了。

2. 关于诸形式的独特存在及其性质，得到了承认。逻辑学不再像历史上“经验”逻辑那样，感到是被迫地把逻辑形式还原为对存在于前者之前的经验质料的纯粹记述。正如艺术形式和法律形式能够得到独立讨论和发展一样，逻辑形式也是可以的，尽管所谓“独立性”是指阶段性的，而非是最终的和完满的。正如这些其他形式一样，它们源自实验质料，一旦得以设定，便能引入运作先前材料的新型方式，从而对它们发自其中的质料进行修改。

3. 逻辑理论得以从不可观测性、超验性、“直觉性”中解放出来。

如果把探究方法和结果作为客观与料加以研究，那么，那种经常在记录和报告人们实际思考的方式与规定人们应该思考的方式之间所作的区分，便获得了

一种极不寻常的解释。通常的解释是根据心理与逻辑的不同:后者包含的“规范”,是由某个完全外在和独立于“经验”的源头所提供的。

而按照本书在这里的解释,人们实际“思考”的方式不过是人们在指定时间从事探究的方式。就其用以表示与人们*应该*思考的方式之间的差异而言,它所代表的那种差别,就像是好的农牧法与坏的农牧法或者说好的医疗法与坏的医疗法之间的差别。[①] 当人们遵循按照以往探究的经验不能达到探究想要的目的的那些探究方式时,他们就是在以不应有的方式进行思考。

众所周知,今天有一些流行的耕作法是过去人们所普遍遵循的,它们与那些
通过新近引入的、已得到检验的方式所获得的效果相比,看起来非常不具有优 108
势。当专家告诉农夫*应该*如此这般做时,他并不是为一个蹩脚的农夫设立一种从天而降的理想。他是在指导农夫采用那些经过试用并被证明具有成功效果的方法。类似地,我们能够把目前正在使用或一直在使用的各种不同的探究类型进行对照,比较它们在获得有担保的结论方面所具有的经济和功效。我们知道某些探究方法比其他的要好一些,正如我们知道手术、耕作、铺路、航行等等某些方法比其他方法要好一些。并不是说这些“更好的”方法是理想而完美的,或者说它们因为符合某个绝对形式而成为调节性的或“规范性的”。它们是迄今为止的经验表明可以获得的、达到特定结果的最好方法,不过对于这些方法的抽象的确为未来事业提供了一种(相对而言的)规范或标准。

因此,对于探究模式的寻求,并非是胡乱或随意设定而成的。那些已起作用或未起作用的探究类型的知识,检验和控制着它;正如前文所指出的,那些方法可以在产生有推理的或合理的结论方面进行对比。因为通过对照比较,我们可以弄清某些手段和介质*如何*以及*为何*提供了可担保的断定性结论,而其他的却未能且不可能做到,即“不可能”表达出所用手段与所得后果之间的内在不相容。

现在我们会问:什么是探究的定义呢?也就是说,能够据理表述出来的最具高度概括性的探究概念是什么样的?将在本章直接并在后面的章节间接予以阐述的一个定义是这样的:*探究是对于一种不确定情境的受控制或有方向的转变,使其中作为构件的诸特性和关系变得如此确定,以使原有情境中的各要素转变*

---

① 参见“导论”第13—14、17—18页。

为统一的整体。①

109 原有的不确定情境不仅“开放”于探究，而且是在“各构件并不相连”的意义上开放的。另外，作为探究之结果的确定情境是封闭的，而且似乎是完成了的情境或“经验域”。上述定义中的“受控制或有方向的”是指这样一个事实：探究在某种指定情形下的适当性在于其中所包含的运作现实，的确终止于一个客观统一的实存情境的确立。在不确定情境过渡和转变的中间过程，借助于符号进行的论说被用作手段。用公认的逻辑术语来说，诸命题或诸词项及其之间的关系，是固有地包含于其中的。

Ⅰ. 探究的先行条件：不确定情境。探究和质询(questioning)在某种程度上是同义词。当我们质询时，就是在探究；当我们寻求某种东西以便为所提出的问题提供答案时，就是在探究。因而，一个能唤起探究的不确定情境，其本质是：它是可质疑的(*questionable*)；或者根据现实性而非潜在性来说，是可疑的(uncertain)、未定的(unsettled)、失常的(disturbed)。那种弥漫于已有质料中的、构成为情境的东西，其特有的性状并非仅仅是随便什么的可疑性；它是一种独特的怀疑，使得该情境恰好是它所是的那个情境。正是这种独特性状，不仅唤起所从事的那个特殊探究，而且对它的具体程序施加控制。否则的话，一种探究程序很可能会像所有其他探究程序那样出现，并具有同样的效力。除非一个情境在其不确定性上具有独一无二的资格，否则就会存在一种完全恐慌的状态；此种状态的反应形式，是盲目而狂乱的公开活动。从个人角度看待这种事情，我们已经“不知所措”。有许多名称可以刻画这些不确定情境。它们是失常的、麻烦的、含糊的、混乱的、充满冲突性的、隐晦的，等等。

具有这些特质的是情境。我们感到怀疑，是因为情境中固有的怀疑。凡是未由某实存情境唤起或与某实存情境无关的个人怀疑状态，都是病态的；当它们走向极端时，就构成了怀疑癖。因此，混乱可疑或困惑费解的情境不可能通过控
110 制我们的个人心态而得以改正、澄清和整理。企图通过此种控制来处理问题，相当于精神病医生所谓的“逃避现实”。此种企图心本身就是病态的，严重时会引起某种形式的真精神病。对待怀疑，好似它属于我们自己，而非我们受困和纠缠于其中的实存情境。这种习惯是主观主义心理学的残余。未定情境中生物学上

① “情境”一词要在前文已经阐明的意义上理解，参看第 72—73 页。

的先行条件，涉及前文已经描述的那种有机体与环境之间交互性的不平衡状态。[①] 要想恢复完整，不论在哪种情形下，都只能借助于一些运作现实地改变现存条件，而非仅仅依靠一些“心理”过程。

认为情境中的怀疑仅仅具有“主观上的”意义，是一种错误。现实存在中的一切都已经完全确定，这种观点由于物理科学本身的进步而变得有可能受到质疑。即便不是，完全确定性也不适用作为环境的实存性。因为大自然作为一种环境，正是因为它涉及与有机体、自我或随便称作什么的那种东西之间的交互性。[②]

每一种这样的交互性都是时间过程，而非瞬间的横截面事件。因此，它所发生于其中的情境就成果(*issue*)而言，是不确定的。如果我们称之为含混的，则意味着其结局不能被预见。当其运动路线使最终后果不能得到清楚了解时，它被称作隐晦的。当其趋于唤起不和谐的回音时，它被称作冲突性的。即便实存条件本身是确定的(未经证明的)，它们在涵义上也是不确定的，即表示和预示着与有机体进行什么样的交互，这一点是不确定的。正如环境条件是实存性的一样，来自有机体的反应也是实存性的，它们帮助产生了在时间上随后出现的那种事态。

于是，一个直接的问题焦点是：有机体将有什么类型的反应。它关注的是在 111
走向某实存成果的运动过程中有机体反应与环境条件之间的交互性。通常，在任何麻烦的事态中，都会根据做些什么而产生不同情况。除非进行种植和耕作，否则农夫不会获得粮食；将军将根据他的指挥方式而赢得或输掉一场战争；如此等等。粮食和耕作，战争结局和指挥战争，所有这些都不是“心理”事件。有机体的交互性如果能变成探究，实存后果一定是被预见到的，环境条件的潜在性一定是被考察过的；而且，反应活动的选择和排序一定是通过把某个而非其他潜在性实现于最终的现存情境中。对于不确定情境的化解，是能动的，是运作性的。如果探究得到正确地指引，最终的成果便是提到的那种统一化情境。

Ⅱ. 问题的设立。未定或不确定情境可能会被人称作问题情境。不过，此

---

① 参看前文第 32—34 页。

② 当然要除去纯心理意义上的名字，譬如意识(*consciousness*)。所谓“交互论”与机械行为论、平行论等等之间对立的问题之所以成为问题(而且是不可解的问题)，是因为此种说法中有一个预设——这个预设，即所谓的交互性是与心理之物而非生物-文化人之间的交互。

种名称是对未发生之事的先行预期。不确定情境正是在经受探究的过程中变成问题情境的。正如(譬如)有机体因饥饿而失调那样,不确定情境是由实存原因而发生的。此类情境的存在没有任何理智或认知上的东西,但它们是认知运作或探究的必要条件。它们本身是前认知的。唤起探究之后的首个结果,是原来的情境被认定为问题情境。认识到情境要求探究,此乃探究的第一步。①

然而,一个情境有资格作为问题情境,这并没有推进探究。它只是问题设立的第一步。问题并非一个人为自己布置或别人为他布置要求来完成的任务——
112 像学校功课中所谓的算术"问题"那样。凡问题都代表着通过探究由问题情境向确定情境的局部转变。问题提得好,等于解决了一半,这是一种人人熟知但颇为重要的说法。弄清楚问题情境显示要作探究的那个问题或那些问题是什么,探究也就快要结束了。把其中的问题弄错,会造成后面的探究毫不相干或者误入歧途。若没有问题,等于是在瞎摸。问题的设想方式决定了什么具体建议被采纳,什么具体建议被拒绝;什么与料被选取,什么与料被抛弃。它是假说和概念结构相关性及不相关性的准则。反过来,设立一个并非源自现实情境的问题,等于是做无用之功;而之所以无用,则是因为这项工作不具有"生产性"。自设的问题纯粹是一些托词,看起来是在做某种理智工作,实际上仅仅是类似于科学活动,而并不具有科学活动的实质。

Ⅲ. *确定一种问题解*。根据问题来规定问题情境,这并没有什么意义,除非所设立的问题已经通过规定中的那些条件提及了一种可能的解答。正是因为规定妥当的问题通向解答之路,确定一个真正的问题就是一种*渐进的*探究;凡是问题及其可能解答闪现于探究者心中的情形,都已经在之前有过大量吸收和消化的工作。如果我们过早地认为其中的问题是明确而清晰的,后面的探究就会走错路。于是,疑问出现了:如何对形成真正的问题给予控制,以使未来的探究找到问题的解答?

要解决这个疑问,第一步是要认识到:任何完全不确定的情境都没有可能转化为一个具有明确构件的问题。因此首先的一步,是查找到已知情境的构件有哪些(这些东西作为构件都是固定的)。当拥挤的会议厅响起火警的警报声时,

① 如果"二值逻辑"指的是把"真和假"视为仅有逻辑值的一种逻辑,那么,此种逻辑必然是受到过裁剪的,以至于逻辑学说中的明晰性和一致性都成为不可能。关注问题,此乃基本的逻辑属性。

关于能够产生有利成果的活动，存在着许多不确定性。一个人可能安全逃出，也可能被踩踏和烧死。不过，火灾具有某些固定特质。譬如，它是发生在某地的。然后，过道和出口都在固定位置。由于它们在*实存性*上是固定的或确定的，设立问题的第一步就是在*观察*时定下它们。其他一些因素虽然在时空上并非那样固 113
定，但仍属于可观察的构件，譬如会议厅其他观众的行为和活动。所有这些观察到的条件一起构成了“案情事实”（the facts of the case）。它们设定了问题的条款，因为它们是给予任何有关解答时必须计算或考虑在内的条件。

然后，一种*可能的*相关解答，通过确定观察所得的事实条件而予以暗示。因此，可能解答作为一种*观念*的出现，正值问题条款（它们是事实）通过观察而设定时。观念都是对于在观察条件下并根据观察条件实施特定运作之后将会发生什么的预期后果（预报）。① 对于事实的观察，与暗示得来的意义或观念，彼此对应着产生和展开。案情事实越在经受观察之后显现，由这些事实所设立的问题如何得以处理就越具有明晰而适当的概念。另外，观念越是明晰，为了化解情境必须进行什么样的观察、完成什么样的运作，不言而喻，就越是明确。

观念首先是对可能发生的某种东西的预见；它标志着一种*可能性*。当有人说（有时的确这样），科学乃*预言*，即那种设定每一观念的预见时，观念根植于一组受控观察以及解释观察所用的有规制的概念方式之中。因为探究是对于问题及其可能解答的渐进性确定，观念根据所达到的探究阶段而有层级之别。起初，除了在极为熟悉的事情上，它们都是模糊的。它们最初出现时，都不过是暗示；暗示直接弹出，闪现于大脑，让我们想到了。然后，它们会成为一种刺激，引领一 114
种公开活动，但是它们并未有任何逻辑地位。每一种观念起初都是一种暗示，但并非每一种暗示都是观念。当暗示被检查其机能是否合适，检查其作为化解已知情境的手段的能力时，它才成为一种观念。

这种检查采取的是推理的形式，结果使得我们能够比一开始更好地参照机能方面评估现在所持有意义的相关性和重要性。但是，对于其拥有这些属性的最终

① 自洛克（Locke）时代以来，心理学和认识论中所持有的那种观念理论在逻辑理论上完全不相干，而且阻碍了逻辑理论。因为它把观念视作知觉或“印象”的复本，忽略了界定观念之作为一种观念的先行预见性。在涉及问题的解答时没能根据机能来界定观念，这是观念一直被视为纯粹“心理东西”的一个原因。反过来，“观念乃幻想”这种想法却源于此。当持有和展开的观念排除掉它所具有的机能时，幻想就出现了。

检验和确定，是当它实际上发挥机能时——即当它被投入使用，以至于能借助观察设定之前未观察到的事实，然后将它们与别的事实组成一个融贯整体时。

因为暗示和观念都属于未出现在已有实存中的东西，它们所包含的意义必须体现在某个符号之中。没有某种符号，就不会有任何观念；完全未予体现的意义，不可能被保持或使用。由于支撑与承载意义的是实存(它的确是一种实存)，而且仅仅在这一点上，实存才算是一种符号，而非纯粹的物理存在，那些被体现的意义或观念能够进行客观审视与发展。“看看一种观念”(look at an idea)，这并不只是文学上的比喻。

“暗示”在逻辑理论上很少受到关注。的确，当它们因为心理-物理机体的作用而直接“跳到脑海中”时，并非逻辑上的东西。但它们既是逻辑观念的条件，又是逻辑观念的基本内容。正如我们已经指出的那样，传统的经验论将它们还原为物理对象的心灵复本，并认为它们本身就等同于观念。由此，它忽视了观念在指引观察、探知相关事实方面的机能。反过来，理性主义学派清楚地看到，脱离观念的“事实”是不足道的，事实只在相对于观念时才具有重要性和涵义。不过，它同样没有注意到后者的运作性和机能性。因此，它把观念等同于“实在世界”的最终结构。康德的一句名言表达了深刻的逻辑见地，即离开彼此，“知觉是盲目的，概念是空洞的”。然而，此种见地受到了严重的曲解，因为直觉内容和概念
115 内容被认为发自不同的源头，因而需要第三方活动，即综合理解来将它们统合。就逻辑事实而言，知觉和概念上的质料在设立时彼此间有着机能互补，其方式是这样的：前者定位并刻画问题，后者表征一种可能的解答方法。两者都是在探究中并借助于探究对原有问题情境的确定，而遍布于该情境中的性状控制着它们的设立及其内容。对于两者的最终检验都是：它们能否共同作用，以引入一种经过化解的统一情境。区别来看，它们代表着逻辑上的劳动分工。

Ⅳ. 推理。有必要发展诸观念相互关联的意义-内容，这一点，我们已顺便提到过。符号(符号构成命题)运作的那种过程，就是理性化(ratiocination)或合理论说(rational discourse)意义上的推理。① 当一个被暗示的意义得到直接接受时，探究便突然中止了。因此，所达到的这种结论是无根据的，即便它碰巧是正

① “推理”(Reasoning)有时既用来代表理性化，又代表推论(*inference*)。如果在逻辑学上这样用，将来可能会把推论和蕴涵(implication)等同起来，并因此带来逻辑理论上的严重混乱。

确的。抑制这样的直接接受，要对意义之作为意义进行考察。这种考察就是指出所谓意义与其作为成员所在的那个系统中的其他意义之间蕴涵着什么关系，而那种关系一经表述出来就设定了命题。如果如此这般的一种意义关系得到接受，我们便是承诺了如此这般的其他意义关系，因为它们乃同一系统中的成员。借助于一系列的居间意义，最终达到了一种意义，它比原来所暗示的那个观念更加明确相关于当前问题。它表明了需要进行什么样的运作，才能检验其可应用性，而原有的观念通常都过于模糊而难以确定关键运作。换言之，当通过论说而展开时，观念或意义可以指明要执行哪些活动以提供所需的证据质料。

这一点可以结合科学推理，非常容易地理解。一个假说，一旦被暗示和持有，便相对于其他概念结构得到发展，直至达到一种形式，使它能激起与指示一
种实验，精确地揭示出那些在确定该假说应接受或拒绝时具有最大可能效力的 116
条件。或者有可能是，那种实验将表明需要对假说进行什么样的修改以便可以应用，即适用于解释和组织那些案情事实。在许多熟悉的情境中，最为相关的那种意义，因为先前情形下诸多实验的结果，都是固定好的，因而几乎可直接应用于当前事件上。不过，间接地(也可能是直接地)，一种并非根据它所属的意义群而形成的观念或暗示必然引发公开的回应。由于后者终止了探究，于是对那种可用来解决已知情境的意义，并不存在任何适当的探究，就此而言，其结论也是在逻辑上无根据的。

Ⅴ. 事实意义的运作性。我们说过，事情的观察事实与表达于观念之中的理想内容彼此相联，分别阐明了所包含的问题以及对于某个可能解答的提议；因此，它们是探究工作中的机能划分。用于定位和刻画问题的观察事实是实存的；理想中的主题却是非实存的。那么，它们如何彼此合作以化解实存情境呢？问题是不可解的，除非认识到这一点，即观察事实和所持观念二者都是运作性的。观念的运作性在于：它们能激起指示未来的观察运作；它们是一些提议和方案，涉及如何作用于现存条件以阐明崭新事实，把所有选来的事实组织成一个融贯整体。

说事实是运作性的，是什么意思呢？从否定的一面来讲，意思为：它们并非本身自足的、完满的。如我们所见，它们出于某个目的被选取和刻画，即以一种方式规定其中所包含的问题，使它的质料既能指明一种与化解难题相关的意义，又可用于检验其价值和效力。在有规制的探究中，事实的选取和安排都是明确

表示要实现这项职能的。它们并非仅仅是借助于身体器官和辅助技术工具所开
117 展的观察运作结果，而是彼此以特定方式相连以便达到特定目标的一些特殊事实及其类型。那些未发现与他者相连以推进这项目标的被抛弃掉，其他的才是被寻求的。由于是机能性的，它们必然是运作性的。它们的机能用作证据，而它们的证据品质是根据它们在那些由其引发和支撑的观念所指定的运作之后能否构成有序整体来判断的。假若“案情事实”本身是终结和完满的，假若它们在化解问题情境中并未产生特别的运作力，就不可能用作证据。

当我们考虑到任何孤立事实都不具有证据力时，事实的运作力显而易见。只要它们能够彼此组织在一起，事实就是证据性的，可以检验一种观念。只有当它们彼此*交互*时，才能达到组织化。当问题情境要求有广泛的探究才能得到化解时，中间一系列的交互性便发生了。有些观察事实指向一个代表可能解答的观念，这一观念又唤起更多的观察。在这些新观察到的事实中，有些与之前那些观察事实相联结，以此排除了其他观察事实的证据机能。这新的一组事实暗示出一种有所改动的观念（或假说），后者又引发新的观察，而观察结果再一次确定一组新的事实，如此往复，直至存在既统一又完满的一组。经过这个连续的过程，那些表征可能解答的观念得到了检验或“证实”。

其间，由于观念所引起的实验观察而出现的事实组，都是一些*试用*（*trial*）事实。它们是临时性的。如果它们由可靠的器官和技术观察到，那么就是“事实”。但是，它们并非因此而成为*案情事实*。要根据它们的证据机能对其检验或“证实”，就像是观念（假说）根据其在发挥化解机能上的能力来接受检验一样。观念和事实的运作力因而要在实践中，根据它们与*实验*相关联的程度来辨别。称它们为“运作性”，只不过从理论上认识到当探究满足实验所要求的条件时其中所包含的东西。

118 此时，我回想起关于探究中符号的必要性所讲过的话。一方面，很显然，从表面判断，一种可能的解答方式必定是以符号形式来支撑的，因为它是一种可能性，而非确定下来的当下存在。另一方面，观察事实在实存性上却是当下的。因此，似乎可以说，并不需要有符号来指称事实。但是，如果不是借助符号来支撑和处理，它们便丧失了临时性；并因为失去这一特征而成为绝对断定，于是探究便走到了尽头。探究继续要求把事实作为表征性的（*re*presentative），而非只是呈现出来（*pre*-sented）。对于这种要求的满足，是把它们表述在命题之中——就

是说，要借助符号。除非它们如此得以表征，否则，它们便回到了完全的性状情境(qualitative situation)。

Ⅵ. 常识与科学探究。至此，我们的讨论都是一般而论的，未区分常识与科学探究。现在到了时候，该明确关注这两种不同的探究式样之间在模式上的共通性了。前文说过，它们之间的不同在于各自的主题，而非它们基本的逻辑形式和关系；主题上的差别，是因为各自所包含的问题之间的差别；还有，这种差别建立了它们旨在达到的目标或客观后果之间的差别。因为常识上的问题和探究涉及生物体与相关联的环境条件之间的交互性，以便确立运用及享乐(enjoyment)的对象，所以采用的符号是那些用以确定群体文化习惯的东西。它们构成了一个系统，但这种系统是实践上而非理智上的。它是由群体中的传统、职业、技术、利益以及固定体制设定的。构成它的那些意义，是由普通群体成员之间日常交流的语言支撑的。包含在此种共同语言系统中的那些意义，决定着群体中的个体关于物理对象以及彼此可以做什么、不可以做什么。它们规制着什么可以运用和享乐，以及如何运用和享乐。

因为其中所包含的符号-意义系统直接关系到文化上的生命-活动，并因此 119
而彼此相连，当下所有的那些具体意义可以指涉到群体生活所在的具体而限定的环境条件。唯有环境中那些根据习俗和传统被认为与此种生活相关联的东西，才能进入此种意义系统。对于物理上或社会上的事物，并没有什么无私的理智关切。因为在科学诞生之前，从来就没有关于常识的任何问题要求进行此种探究。实践中存在的无私，都要求群体利益和关切置于私人需求和利益之上。而任何超越于群体活动、利益和关切之外的理智上的无私，都不曾存在。换言之，当时并没有科学这样的东西，尽管如我们早前所指出的那样，的确曾存在信息和技术可用于科学探究的目的，并从中生成了后者。

然后，在科学探究中，意义是根据它们作为意义的特征而彼此相连的，摆脱了对于某限定群体的关切的直接涉及。它们理智上的抽象性正是此种摆脱的产物，正如“具体”在实践上被等同于直接关系到环境中的交互性一样。于是，一套新的语言，一种在新基础之上联系在一起的符号系统，便出现了。而在此种新语言中，语义融贯本身成为起控制作用的考虑因素。重申已经说过的一句话：与运用和享乐问题的相连，是性状(感性上的和道德上的)和目的在常识中占据支配地位的根源所在。

在科学中，由于意义是根据它们作为意义的彼此关系而得到确定的，关系成了探究对象，性状被降到第二位，仅仅扮演辅助设立关系的角色。它们是附属性的，因为它们有一种工具之用，而非像在前科学的常识中那样，本身作为最重要的东西。常识的持久影响可由一点得到证明，即在历史上，人们在经历很长时间之后，才认识到科学对象确确实实是关系性的。首先，第三性状被消除掉了；人
120 们认识到，道德性状并非在确定自然结构方面发挥作用。然后是第二性状，干湿、冷热、轻重这些曾在希腊科学中作为物理现象的解释原则也被否弃了。而所谓的第一性状，取代了它们的位置，正如在牛顿以及对于牛顿实存性公设的洛克式表述中那样。直到进入我们的时代，科学探究才认识到，它们自己的问题和方法要求对"第一性状"根据位置、运动和时段之类的关系来解释。在专门科学对象的结构中，这些关系对于性状是不关心的。

上文所述是要表明，常识和科学探究的不同目标要求有不同的主题，而此种主题上的差别与两种类型中所存在的共同模式并不矛盾。当然，有第二位的逻辑形式能够反映在性状和目的论主题转变为非性状和非目的论主题时所包含的属性差别。但是，它们均发生和作用于所刻画的那种模式共通性内部。它们可根据而且只有根据科学主题所产生的独特问题来加以说明。科学对象对于运用和享乐活动中的环境因素并没有限定，但却非常直接的指涉，正如我们所提示的那样，相当于说它们的抽象特征。也相当于它们的一般特征，但那是在科学概括不同于常识中所熟悉的那种概括的意义上。有关全部科学主题本身的一般性，是指它摆脱了对于那些出现于特殊时间和地点的条件的限定。所指涉的是任意一组的时间和地点条件——这种说法不要混同于一种观点，即它们不涉及现实中实存的场合。对于实存时间-地点的指涉是必要的，但它指的是能够满足在科学对象设定中并由其所规定的一般关系的不论任何一组实存性。①

121 总结。由于已经讨论了许多点，最好总结一下我们所获得的结论，概要地讲讲共有探究模式的结构。探究是把一个不确定的情境有方向地或受控制地转变为确定的统一情境。这种转变的实现，借助于两类在机能上彼此对应的运作。

---

① 随之而来的结论直接关系到第四章中的说法，即对于性状和目的的消除是居间性的；事实上，对于纯关系型对象的构造，通过对于性状的产生施加控制，通过使新目的能够得到实际设立，通过为实现它们而提供相称的手段，极大地解放并拓展了常识运用和享乐。

一类运作处理的是理想的或概念上的主题，这种主题代表着可能的化解方式和目的。它能预见一种解答，但与幻想截然不同，这是因为或者说是依照它在激起并指示新观察以获取新的事实质料方面所具有的运作力。另一类运作所包括的那些活动涉及观察技术和器官。由于这些运作都是实存性的，它们能改动原先的实存情境，凸显先前那些含糊不清的条件，隐藏起其他那些一开始显而易见的方面。进行如此强调、选取和安排一类的工作，其根据和准则是以一种方式限定问题，使得实存质料可以检验那些表征可能解答式样的观念。用以界定词项和命题的符号是必然要有的，以便能维持和推进理想主题和实存主题，使得它们可以正确地发挥控制探究的功用。否则的话，问题就要成为封闭的，探究也就停了下来。

在对那种设定探究的情境的转型中，有一个具有基础重要性的方面，对于论及判断及其机能是关键的。那种转型是实存性的，因而是时间性的。前认知的不定情境(unsettled situation)，唯有通过改动其构件才能解决。实验运作可以改变现存条件。推理本身能够作为手段用于带来条件变化，但它自己并不能完成。合理化终结于观念所指示的实存运作，只有开展这些运作，才能带来为产生确定的统一情境所要求的环境条件重组。由于这样的原则也适用于科学上所阐述的那些意义，自然科学中所包含的对于物理条件的实验生产和重组进一步证明了探究模式的一致性。因此，探究的时间性所指的完全不是说探究过程耗费 122
时间，而是指探究的客观主题经历着时间变化。

术语说明。知识同探究相关联，它是探究由以产生的那些运作的产物。若不是这样，就不需要特别的识别性称谓来区分。质料将只关乎知识或无知和差错；所有能讲的，也就是这一点。任何已知命题的内容将以“真”、“假”值作为最终的专有属性。但是，如果知识同探究的相关性在于它作为有担保的断定产物(assertible product)，并且如果探究是渐进性的和时间性的，那种被探究的质料便可揭示一些显著特性，需要用专门的名称来表示。作为进行中的(*undergoing*)探究，质料所具有的逻辑重要性不同于它作为探究结局(*outcome*)时。就其第一位的能力和地位来说，它将由“主题”(*subject-matter*)这个总名来称谓。当有必要来指观察或构思语境下的主题时，将采用“内容”(*content*)一词；而考虑到其表征性，又可特别地采用“命题内容”。

“对象”(*object*)一词将用来指迄今通过探究所产生并整理为固定形式的主

题；可以预期，对象会是探究的目标(*objectives*)。把“对象”用作此种目的，看起来有一种含糊性(因为这个词通常用于被观察或设想到的东西)，但那不过是表面上的。因为事物只有在已先行作为探究产物而被决定时，才是作为我们的对象而存在的。当用于开展在新的问题情境下的新探究时，它们可被看作根据先前探究所得并由之担保其可断定性的对象。在新的情境中，它们是获得有关其他某物的知识的手段。在严格的意义上，它们是探究内容(“内容”一词如以上所界定那样)的一部分。但是，回顾来看(即作为先前探究所确定的产物)，它们都是对象。

7.

判断的建构

根据前一章所提出的想法，判断可以作为探究的确定结果。它所关注的是 123
那些从探究中出现、属于结论性的最终对象。这种意义上的判断(judgment)，不同于命题(*propositions*)。后者的内容是居间性的、表征性的，由符号所承载；而判断是最后才作出的，具有直接的实存重要性。在通用语言中，断言(*affirmation*)和断定(*assertion*)这两个词是互换使用的。但是，在关于导致何物方面，作为手段的居间性主题与准备作为终结性主题之间存在一种逻辑地位上的差别，应该在语言上体现出来。所以，我将用"断定"来表示后者的逻辑地位，用断言来表示前者的逻辑地位。即便从日常语言的角度来看，断定也具有一种在"断言"一词的含义中所缺少的坚持品格。我们通常能用"可以认为"(it is *held*)或"可以说"(it is *said*)的短语来替换"可以断言"(*it is affirmed*)。然而，重要的并非在语词上，而是在于不同主题所特有的逻辑属性。

关于我们所界定的意义上的判断，由以确定一直都在争议的某议题的法庭判断提供了精确示例。

1. 法庭审判事件相当于一种需要解决的问题情境。关于应该做什么，存在着不确信和争论，因为对于所发生之事的涵义存在分歧，即便对于事实上所发生
之事具有共识——当然，它们并非总是实情。司法判决是对于一种成果的判决， 124
因为它决定了与未来活动相关的实存条件：任何事态之涵义的本质所在。

2. 这种判决或判断是通过法庭审讯所进行的探究的结局。此种探究的例子说明了前一章所刻画的那种模式。一方面，有关其中所包含事态的命题被提出来。目击者证明了他们的所见所闻；书面证据也被提出来，等等。这种主题是

能够得到直接观察的，因而具有实存性指涉。当讨论各方提出的证据质料时，后者意在指向一种确定性语句，以化解那个至今未确定的情境。语句导致了一种特定的实存重构。另一方面，还有关于概念主题的命题；法律规则被拿出来，用以确定那些作为证据提出的事实的可接受性（相关性）与分量。事实质料的涵义借由现存司法体系的规则得以固定；独立于对其进行解释的那种概念结构，事实不具有任何涵义。不过，问题情境的性状决定着整个系统中要选择哪些规则。它们根据民事案件还是刑事案件、擅自闯入案件还是违反合同案件，而有所不同。在过去，已经有了分属不同类别的概念，它们总结了以往经验，表明有哪些类型的解释性原则能适用通常出现的大量具体的案件。这种试图指导司法决断的理论理想是一些关系和程序所形成的网络，它们能表达事实与赋予其涵义的法律意义之间最具可能性的相符性，也就是说，能确定在现存社会系统中由此产生什么样的后果。

3. 最后所达到的判断是一种判决。案件得以了结；此种了结能产生实存后果。语句或命题本身并非目的，而是对于未来活动的决定性指引。这些活动的后果能引发对于先前带有不确定成果的情境的实存性确定。人被释放，被关进牢狱，被罚款，或被要求执行合约或向受害一方支付赔偿，正是由此所导致的现实
125 事态——这种经过改变的情境——成为最终判决或判断的素材。语句本身是一种命题，然而却不同于在审判时所形成的、不论关于事实还是关于法律概念的那些命题，因为它公开地带来一些运作，从而建构起一种新的性状情境。先前的那些命题是语句得以设立的手段，而语句是设立特定实存情境的一种终结性手段。

然而，判断在确定居间性命题上扮演着角色。当规定了特定证据可以接受，以及某些法律规则（概念材料）可以适用，而其他却不适用时，某种东西便得以决定。正是通过一系列这样的介入判决，最终判决才得以作出。作为最终判决的判断，依赖于一系列的局部决定。命题由以确定的那些判断在语言层面，是由“估量”（estimates）、“鉴定”（appraisals）、“评价”（evaluations）这样的词来识别和标志的。对那些比法律案件更具松散性的问题的化解，我们称之为意见（*opinion*），以区别于有担保的判断或断定。但是，如果所持有的意见是有根据的，它本身就是探究的产物，因而*就此来说*，是一种判断。[①] 估量和鉴定是临时

① “意见”在日常用语中经常指一种由习俗、传统或欲望所产生、未加考察而持有的信念。

性的；它们是手段而非目的。甚至法官在法庭上所作的鉴定性判断，也可能在更高法院中被推翻；而在更为自由的科学探究活动中，这样的判断更是公开地表示会经历变动。它们在未来探究活动中所产生的后果，是关于它们价值的一种标准。这些介入的判断是裁判（ad-judgments）。

Ⅰ. 最终判断是个体。这个标题是省略式的。它指的是：最终判断的主题（对象）是我们所解释的那种意义上的情境；它是性状上独一无二的实存整体。这里所用的“个体”（*individual*），与构件的简单性无关。相反，每一情境经过分析之后都在内部包含大量不同的区分和关系，它们尽管是多样的，却能构成一个性状上统一的整体。因此，个体一词所代表的东西，一定要区别于单体 126
（*singular*）一词所代表的东西。单体是由“这个”、“那个”、“这里”、“现在”之类的指示词或者某种情况下的专名所代表的。单体与个体之间的差别，就如同前文所指出的一个对象（或一组单独对象）与一个情境之间的差别。[①] 单体对象存在于场景或情境之内，单体事件发生于场景或情境之内。这个或那个星、人、石或随便什么东西，往往是围绕着某个意图或是因为一个综合场景内部的某些客观后果而作出的一次甄别或选择。单体除了作为区别和对照用语以外，不具有任何重要性。如果它的对象被认为是自我完满的，辨识力的缺少将破坏指示行为的所有指涉能力。反过来，区别的存在本身就可以表明，单体存在于一个广阔场景之内。

由此可以得出，单体的确定性也能够用于确定一个本身并非完满和自足的情境。它是一种手段，可以用来找到一个涉及探究中所设问题的情境。它代表在既定的探究阶段那种显要、关键且在识别性上涵义深远的东西。一个正在工作的工匠在某一指定的时间点，记录下他的活动所包含于其中的那个情境的某些方面和某些阶段。他记录下恰好那个在已达到的发展阶段具有决定性的对象或事件，而后者所在的整个情境决定着下一步要做什么。因此，他的探究和活动所指向的、作为这个或那个的对象，是永远变化着的。当他工作所提供的那个问题的某个阶段得以化解，由一种新对象或新事件所代表的另一阶段便又开始了。假若不是由一个综合情境确定这样一个序列，假若不是该情境的性状弥漫并结合起接连不断的每一步，活动将成为一种无意义的三级跳。那些经过观察和处

① 参看前文第72—73页。

理的对象将成为一幅不断变换的全景画，各对象突然出现又突然消失，彼此互不关联。至于涉及科学探究中单体对象和事件的那种观察序列，也完全是这样的。
127 单体是探究个体情境时所依赖的那种东西，探究所在的那些具体条件能在指定时间点把问题中需要立即处理的条件固定下来。

指示行为及其单体对象的甄别性或区分性，在日常语言中是由"指出"(pointing *out*)这样的表达所提示的。单单对着某物指，是不可能的。[①] 因为视线内或手势下的任何东西或一切东西都可以被对着指。指示行为对于其对象完全是不确定的。它并不在一个情境内部进行选择，因为它不受制于情境所设立的问题，也不需要确定那些能在当时当地指示化解方式的条件。

刚刚所讲的这一点具有逻辑上的意义，可以揭示在当前逻辑教材中所用的"所与"(given)一词的含糊性。在"所与"一词的严格意义上，那种"被给予"的东西就是整个的场景或情境。在不论单体对象或是单体性状的意义上的所与，是当下实存情境中的一个具体的方面、阶段或构件，而该情境是被选择用于定位和识别当时当地所要进行的那种探究的问题特征的。严格地说来，它是所受(*taken*)，而非所与。这一事实决定了与料(*data*)的逻辑地位。它们并非孤立、完满或自足的。作为一与料，就是说它拥有一种特别的机能，可以控制探究的主题。它以一种指明可能的解决方法方式，体现了对于问题的某种固定。它同时有助于提供证据，以检验那种被假定持有的解答方式。这个论点将在后面讨论"思想"即探究时得以展开。

Ⅱ. 探究的主词。前一章关于探究模式所讲过的东西，使我们能够把判断的结构等同于成对出现的主谓词之间的区分和关系。所观察的情况事实上具有双重的机能，既可以阐明问题，又可以提供有关解答的证据质料，它们构成了传
128 统上所谓的主词(*subject*)。那些预言可能解答并指引观察运作的概念内容，构成了传统上所谓的谓词(*predicate*)。它们彼此在机能和运作上的符合，构成了所谓的系词(*copula*)。

本节中，我将考察判断的主词。为了聚焦至今我们所获得的那些结论的意义，可以将其与当前逻辑理论中的一种学说对照。后面这种观点认为，最终形如"这个对象"(*this object*)或"这一性质"(*this quality*)的实存素材，是被给予或呈

---

① 参看第59页上刻画的事件中所报告的那些指示条件和结果。

现(在其字面的意思上)于判断的。因此,真正的判断仅限于对它的某种东西进行谓述,刻画什么东西是现成分配给感官知觉或判断的。我选择该观点典型的一种说法:“在每一个命题中,我们都在思想之中确定一个呈现于思想的对象的特征。”[1]本书中,我们所持有的相对立的观点则认为,主词和谓词的主题是在“思想”过程即探究之中并借此一一对应着得以确定的。

对于这两种对立的理论,可以先从否定的方面来看。我们首先要指出那种在大量正规论文中倡导的流行观点所面临的困境及其所带来的不可能性。(1)它使判断成为谓述,而且仅仅停留于实存质料所关注的那一点,完全任由碰巧出现之对象偶然流入。它由此摧毁了“思想”中连续性序列的可能性。根据所发生的环境条件的变换,谓述将会忽而刻画某一对象,忽而又刻画其他某个对象。一系列“所给予”或“所呈现”的单体的出现,将完全决定处在探究之外并因而是偶然和不相关的条件。(2)该观点将是陈旧的被动接受性学说的翻版,假如不要求某种积极回应以设立指示词所适用的某个东西的话。即便那样,仍旧不能为指示行为寻找理由去选择一个“这”而非另一个“这”。(3)在纯粹所给予的“这”中,也没有什么能提供理由去用一个刻画性谓词而非另一个。要么“这”过于空洞,
等于除“这就是这”(“这”仅仅代表非限定的某个东西的出现)之外,什么也没有 129
说;要么一大堆的谓词每一个都同样可以用。实际上,这个被批判的观点,只有在探究已经阐明某个事实或某组事实之后,只有在问题重点变为认识该问题如何得以刻画之时,才可以得到理解。此种观点如果有什么可行性的话,那也是因为一个事实,即它关于判断的说明是在探究开始运作并确立局部判断或鉴定之后才有的。如在前一章所言,在被发现其中的构件类似之前经验中那些构件的情境中,某些对象很可能会十分显要,以至于可以提供线索。但是,(a)它们这样都是因为之前判断的产物,而且(b)任何时候,它们都是临时作为证据性与料。因为它们可能是误导人的线索,是结果发现并非“案情事实”,或者并非是对当下问题至关重要的东西。

假设在某一情况下,“这”被刻画为“华盛顿纪念碑”。首先,指示行为并不能确定是某一个“这”而非另一个,因为在指示方向上的每一个东西都是被对着指的。其次,即使可以假设指示行为碰巧登上(姑且这样说)某一单体而非另一单

---

① 约翰逊(W. E. Johnson):《逻辑》,第一部分,第 9、11 页。

体，所指示的也只是一组可感性状。在这些性状中，除了通过一个综合情境来控制对于它们的解释，没有什么能提供根据将其刻画为华盛顿纪念碑——或者是某种纪念堂。最多可以说，由指示行为所观察到的这些性状，不过是它们所是的那些性状。对于如此这般的一个东西的任何实存性识别或刻画，其核心都在于它能够提供什么理由来根据当时当地未加观察的东西刻画对象。一个综合情境可以一一对应着确定那种构成所观察单体"这"，以及适用于它的刻画性谓词的类型的质料，除此之外，谓述完全是随意的或无根据的。一定有某一个疑问同时关系到主词"这"和谓词如"华盛顿纪念碑"。这个疑问成长并受制于某个总体情境。否则的话，所作出的命题都是无意义的。

130 于是，任何出现有"这"的命题，都是由一个鉴定性判断所设立的，其中"这"得到确定以便为谓词所赋予它的那种限制提供证据性理由。这个事实，与认为"这"纯粹是作为这相矛盾。然而，在"它正好是它实存上之所是"这样的事实与"它就是特定刻画所需要的证据性理由"这样的估量之间，并无冲突。从正面来讲，把某"这"设立为主词的那些运作，总是从外面一个更大的场景中选择-约束而来的某个东西。什么被选中，什么被抛弃，这都是通过估量它们可能有的证据涵义而得来的。

Ⅲ. 主词和谓词。按照原来的亚里士多德逻辑学，诸如种之类的某些对象是天然的逻辑主词，因为它们是天然的实体(substances)，因此，只有以实体作为主词的命题，才能进入理性证明的知识或科学之中。这种关于逻辑主词之本性的理论至少认识到：逻辑主词具有一种确定性，能够为谓述它的那种东西提供根据。但是，科学的进步摧毁了这样一种观念，即对象本身乃永恒的实体，甚至是如"恒星"一样的对象。[①] 它同时还摧毁了由固定本质截然区分彼此的不变种类词的说法。于是，下面一个问题就出现了：如果逻辑主词不能等同于一种被直接给予判断作谓述限定的对象或感觉与料，也不能等同于本体论上的"实体"，那么，"作为一个能够用作主词的意义上的实体对象"又是指什么呢？

对于此种疑问的回答，隐藏在我们所讲过的那些内容中。主词是实存性的，或者为单体的"这"，或者为一组单体。但是，有些探究条件是任何作为主词之物

---

① 牛顿的原子理论代表了有关不可变易实体的陈旧观念的一次复苏。然而，在该理论的语境内部，它们都从常识对象的领地转移到了严格的科学对象的领地。

都必须满足的。(1)它必须以某种方式限定和刻画问题,以便指示一种可能的解答。(2)它必须使由临时谓词(代表一种可能的解答)所指示的观察运作加以设立的新与料能够与其主题联合而成为一个融贯整体。后者构成了逻辑意义上所 131
讲的一种实体对象,或者趋于成为这样一种对象。因为它是相关的各种特性的联合,它们如此相连以至于可以作为整体被作用于其上或一起发生作用;而且,它能够把其他谓述限定合并于自身,直至它本身变为相互关联的各种特性或"属性"的统一。

以"这是甜的"这样一个基本命题为例。如所表明的那样,"这"标志着在一个综合的性状问题情境之内为特定意图所作的一次选择-约束。这里的意图是一个经过化解之后的情境的最终后果,而"这"在获得此种情境方面具有特别的功能。如果谓词"是甜的",是对于经过化解的情境的一种预期,它便是指:在完成为产生特定知觉后果所要求的那种运作之后,"这"将会弄甜某种东西。或者,它可以记录下执行完运作之后所达到的结果:"这已经弄甜了某种东西。"那种运作一旦得以完成,"这"便被明确地限定为甜的了。这样的事实,没有表现在命题(尽管命题可以出于信息记录或交流的目的而对其作出报告)之中,也没有表现在符号之中,而是表现在一种直接经验的实存之中。自此以后,"这"就是甜的什么东西(*somewhat*)。"甜"这一性状并不单独地存在,而是明确地与其他已观察到的性状相连。在经过如此刻画之后,它进入更多的情境之中,把另外一些限定合并到自身之中。它是一种甜味的、白色的、颗粒的、多少有点类似砂的东西或实体,譬如糖。

因此,"实体"代表逻辑上的而非本体上的一种确定性。譬如,糖是一种实体,是因为借助于由具有实存性后果的一些运作所完成的大量局部判断,各种不同的限定结合而成了一个可以作为统一整体而运用和享乐的对象。它的实体特征完全独立于其物理上的绵延,根本不涉及永恒性。"糖"这一对象可以溶解消失。它然后得到进一步的限定;它成了一种可溶对象。在化学反应中,它的构成性可能被改变,以至于不再是糖。自此以后,"有能力经受此种变化"成为糖这种东西的另一限定或属性。为了有实体性而必须满足的条件——而且是唯一条件——是:某些限定结合成为可靠的标记,以表明某些后果将在某些交互性发生 132
之时出现。这正是当说到实体性乃逻辑上的而非主要是本体上的确定性时所指的意思。

它是在原有实存之上增加的一种形式。作为探究中的运作后果，原有实存以具体化的一种机能方式进行运作，于是便增加了此种形式。并不是要假定某些性状总是在实存性上粘合。要假定的是，它们粘合而成为可靠的证据性标记。区分出一把椅子、一块花岗岩、一颗流星的那些相连属性，并不是实存性上如此这般给定的性状集。它们这些性状以有序的彼此结合方式构成了一些有效标记，可表明在完成某些运作之后会有什么出现。换言之，对象乃一组性状，它们被视为能产生指定实存后果的潜能。火药是在某些条件下将会爆炸的东西；水作为实体对象，是那样一组相互关联的、将会止渴的性状；如此等等。交互、运作、后果的数目越大，既定实体对象的构造就越复杂。随着技术的进步，泥土和铁都已经获得了新的潜能。一块铁，现在代表着许多曾经并未作为标记的东西。人们发现，当木浆的质料经过运作进入新的交互条件，以便可以用来造纸时，某些木材形式之作为对象的涵义就已经改变。它们并未成为全新的实体对象，因为旧有的产生某些后果的潜能依然保留。但是，它不再是过去的同一个实体。习惯上假定它一直都一样，那是因为把“作为标记”或“具有涵义”的逻辑特征实体化为某种固有东西。“作为一种实体对象”，界定的是一种具体的机能。

我们经常谈到化学实体(chemical substances)。用以表征化学实体的并非列举出来的那些性状本身，而是能够概要地表示将有什么类型的后果产生的一个公式。蔗糖和醋酸铅的知觉性状大致是一样的。甚至常识也懂得根据某些由
133 运作性使用而产生的不同后果，将它们区分为不同的“实体”。根据有关化学实体的科学说法，甚至连普通的可感性状也被忽略掉。不同的公式，使我们能够预见当时未能从感知上发现的差别。对于常识来说，水就是那种能够灌装、可以清洗、许多东西可以在上面漂浮等等的东西。从化学上看，它就是 H_2O——是根据一组可能互动和指定后果所进行的描述。有些性状是实际出现的，并可以感觉到。但是，它们本身并不构成一个对象。常识和科学都一样，它们之所以构成对象，是因为或多或少的实存性状作为标记之后的一些后果，即倘若有关运作设立了某些当时当地并未出现的互动，这些性状就成了那些后果的条件。

当然，这里提出的实体概念与亚里士多德的本体论概念之间的对比，密切地关系到科学中已发生的一个重大变化，即从永不变易的对象完全转换为变化的相符性。亚里士多德说过：“说事实上这片大地上的东西在变化而且我们关于真理的判断根基从来都不是不变的，这是荒谬的。因为在追求真理时，我们一定是从那些总

在同一状态、永远不变的事物开始的。天体就是这样的;因为它们并不是忽而具有这一性状忽而又具有另一性状,很明显,它们总是一样的,并不变化。”①

唯有这样的不变事物才是完全的实体,才适合作为“真”命题的主词。相反,在当下科学中,诸如闪电之类的瞬间事件与天气之类的可变事物都成了科学判断的主词,因为它们被确定为一套成体系的、在机能上具有相符性的变化中的构件。这样一些事实作为例子,说明了何谓实体对象的机能性。借助于可以得出的一些可靠推算,借助于已固定下来的那些变化的相关性,闪电之类的事件具有了逻辑上的牢固性和持久性,尽管它在实存性上是短暂的。它是实体性的。它是可通过实词来表征的,这种实词即便在作为动名词时,也可在论说中借以识别有单体作为其中样本的那个种类。

Ⅳ. 判断的谓词。谓词的逻辑意义在讨论逻辑主词时已有所预示,因为二 134
者在各自的实存内容和构思内容上有着严格的对应性。被作为可能的问题解答而提出的那些意义,随后被用于指引未来的实验观察运作,它们构成了判断的谓述内容。后者与事实内容即主词相关,犹如可能与现实的关系。譬如,在上文所考察的例子中,当品尝行为之前把“这”估量为“甜”时,某种被认为在总体情境中具有特定关联的后果已被预见。然而,如果立即断定“这是甜的”,该断定在逻辑上就是过早的、没有根由的。预期在逻辑上的功能,是要激起和指示一种实验观察运作。当后者的后果与已探明的事实结合而构成统一的总体情境时,探究便终结了。但总是存在的危险是:谓词-意义在内容上的相宜性(congeniality)或似真性(plausibility),会直接使它被接受。在那种情况下,它就没有从运作上得到检查。只有在它被当作作为谓词所是的东西——即当作一种解答*方法*而非自身为解答——时,它才拥有逻辑上的地位。还存在的风险是:不努力地检查结果(甚至在运作完成后),以确知实存条件在现实中是否以统一的方式结合在一起。这两种疏忽是过早、匆忙因而无根据下断定的常见原因。

逻辑理论上“理性主义”传统的基本错误在于:把概念内容(它们构成了谓词)中各构件的相容性作为真实性或可断定性的最终标准。主题在逻辑形式上是完成实验活动以改动先前实存的一种手段,却被误认自身是终结和完满的。由此,一种固有的本体论地位被加于它之上。正如已被指出的那样,带有“理性”

① 亚里士多德:《形而上学》(*Metaphysics*),1063[a],罗斯(Ross)译本。

形式的主题在经典逻辑中，被视为构成了一种更高的“实在世界”领域；相比之下，能够进行感知观察的质料却被认为天生具有形而上的低级地位。后者唯有
135 在可以被直接归于概念质料之下的意义上，才是“已知的”。新近的一种趋势认为，概念主题构成了一种抽象可能性(其本身又被认为是完满的)的领地，而非指示那些需要完成的运作的可能性。结果所赋予的形而上地位与古典本体论有很大的不同，然而它同样是一种逻辑机能实体化为一种超经验的存在(supra-empirical entity)。其间，科学探究的实践已经为正确的逻辑解释提供了基础。

概念和“理性”内容乃为*假说*(*hypotheses*)。在更为全面的形式上，它们是一些理论。它们本身可以而且通常是从这个或那个直接实存情境的应用中抽象出来的。但是，正是因为这样，它们可用于更广泛的、无限范围的运作性应用，随着具体条件的出现而变成现实的应用。作为对赋予概念质料的固有的“高级”地位的回应，同时因为认识到了观察经验对于确保实存指涉的必要性，“经验主义”逻辑传统走向了另一极端。它否认概念意义和理论的逻辑必要性，将它们还原为纯粹实践上的便利。传统经验主义认为，它是在追随科学探究时所立下的模式。但事实上，它所做的却是恶化科学探究的设计，因为它使后者受制于不加批判地接受的主观主义心理学理论的结论。

Ⅴ. *系词*。系词的逻辑含义包含在前面主词和谓词的说明中。它既非分别而独立的成分，也不能单独地影响谓词；它把谓词附加在一个独立且从外部给定的单体主词上，不论后者是一个对象、一个性质，还是一个感觉与料。它的确可表达谓述行为，但也可以表达“主述”(subjection)行为，即构成主词的行为或运作。它是一种复合运作的代名词，借此，(a)某些存在被约束性地选择，以便限定一个问题并提供证据性检验质料；(b)某些概念意义、观念、假说被用作刻画性谓词。它们是彼此相关的主谓词之间机能相符性的代名词。它们所表达的那些运作，既有所区分，又相互关联。

136 判断本身具有一种主谓结构，而且此种结构中主谓词内容既相区分，又相关联。这样的事实一直被作为一种根据，认为判断具有一种固有的自相矛盾的特征。[①] 这种立场无可辩驳，除非认识到：(1)系词代表一些运作，(2)判断乃是时

---

① 譬如，布拉德雷(F. H. Bradley)在他的《逻辑学》(*Logic*)和《现象与实在》(*Appearance and Reality*)两本书中就曾这样认为。

间性的实存重构过程。

1. 如我们所见，探究要求同时进行观察和构思两方面的运作。如果这些运作每一个都不是参照另一个而有意形成的，对于探究过程将不存在任何控制。如果观察被引向与所持有观念和假说毫无关联的质料，如果后者偏离它们自己的轨道，与观察所得的质料毫无关联，那么不难看到会发生什么。在推理过程中，尤其是在科学探究中，经常是在相当长的时期内概念质料独立展开，使观察所得的质料暂时失效。然而，在受控探究中，这看似独立的展开，其全部的目标在于获得那种可以最好地适应于激起和指示观察运作的意义或概念结构；而正是观察运作，将那些恰好用以化解当前问题所需要的实存事实作为它们的后果。

2. 最终判断是通过一系列的局部判断——那些被冠以“估量”或“鉴定”之名的判断——获得的。判断并非突然发生的某种东西。由于它是探究的显明化，不可能瞬间完成同时又作为探究。由于未达到一个最终得到化解的情境（最终判断和断定的那个结果），主谓词内容各自被临时设立，既相互区分，又彼此关联。倘若主谓词内容是终结性而非临时性的，区分和关联将会构成一种不可协调的对立状态。由于它们是机能性和运作性的，最大的冲突不过是在这样一个事实之中，即在每一个复合的工业或社会生产活动期间，劳动分工得以设立，然而又在机能上彼此相连。它们被设立为达到共同的统一化结局的合作性手段。 137
假如一个盛行广泛劳动分工的复杂事业因为缺乏时间性成果而停下来，而且在停下来之时，各种不同活动及其各自的局部产物被用以提供有关正在发生之事的最终解释，那么，结论可能不会是“在它们之间存在固有的矛盾”；相反，“存在有不相干和无组织”这种观点将会得到辩护。因此，讨论的结果为：它表明了，承认判断像探究一样，是时间性的，是何等必要。它是时间性的，并非是在外部意义上说判断行为耗费时间，而是说它的主题在达到最终的、作为判断之目标的确定性化解和统一化状态时经历重构。

我们所讲的话中必然包含的意思是：表达判断或作为判断之符号的语言形式是真正的动词，即能表达行动和变化的动词。

当“是”(is)出现于判断之中时，它就具有时间上的效力，与“曾是”(was)或“将是”(will be)相区分，也区别于“是”在其中代表意义间非时间关系或严格逻辑关系的命题中的那种“是”。当说到“这男孩正在跑”(the boy is running)时，从表面上就可看到对于变化、时间和地点的指涉。当有人说“这是红的”(this is red)时，时间指涉在语言上隐藏起来了。但是，这句话当然并非是指这是固有的红色或永远都是红色的。色彩性状会随着光线变化而发生一定程度的改变。它现在是红的，只是因为有明确指定的一组后果，一种完全有根据的判断要求把那些条件都讲出来。“是红的”(is red)表达了日常语言中所谓的“得以产生的效果或变化”，或者说“产生变化的能力”，即“让其他东西变化的能力”。[1]

从词源学上看，“is”(是)一词源自一个意思为“站立”或“保持”的词根。维持和持久，是一种行为样式。至少来说，它表明一种时间上的交互均衡。而时空变化是实存性的。因此，判断中的系词，不论及物动词还是不及物动词，或者形式上含糊不清的“是”，都具有内在的实存指涉。相反，在“正义是一种美德”这样的命题中，“是”却代表着两种抽象或意义之间的关系，因而是非时间性的。它表
138 示一种逻辑关系，是说在任何出现有“正义”的命题中，都有一种与某个出现“美德”的命题的蕴涵关系。[2] 该句子所指的那个情境清楚地确定：到底是“是”具有一种能动力，可表达实际正在进行或潜在发生的一种变化，还是说它代表观念或意义之间的一种关系。在不具有上下文情境的句子中，其逻辑效力是不确定的，因为任何脱离地点和探究机能的句子在逻辑上都是不确定的。

因此，判断中的系词不同于表达形式关系的那种用法，它表达的是主题由不确定情境向确定情境的现实转变。系词远非一种可分离的构件，可以认为它使得主谓词内容开始对应着行使各自的机能。在复杂的事业上，通常会把关于机能划分的方案作书面规定。但是，此种方案并非现实中的劳动分工。后者是对于它们彼此合作中那些作用因素的现实分配。这种分配与那种合作一样，是按照一种目的或客观后果来安排的。

方案可以由命题来提出和说明；其命题性说明可作为批判和重组分配方案的手段。但是，现实的划分必须启动。正如所指出的那样，它可以通过符号来讲，而且有关此种划分的符号表征，可以成为现实启动时必不可少的手段。但是，正如蓝图并非正在建造的房子，地图并非旅途一样，它也并非实际起作用的分工。蓝图和地图都是命题，它们作为例子，说明了作为命题应该是什么样子。

---

① 参看前文关于“它是甜的”的分析。

② 换言之，“系词的含糊不清”是因为不能确定它到底是在指定情形下具有的时空指涉，还是代表着意义本身之间的一种关系。

此外，地图不过是用以指明旅途的一种手段，因为它并非一直用到。同样地，一般命题不过是用以构造判断的一种手段，因为它们并非总是在实存质料的现实重构工作上起作用。

实际上，就像是一张图表，就像是某种物理工具或生理器官，命题必须由其 139
机能来界定。而且，在现实使用之前制造和备好概念框架，其中的优点就好比是备好工具以防在需要时临时拼凑。正如任何领域中的复杂事业都需要把工具和质料准备妥当一样，在有效探究中，也要求一些能刻画实存质料之联合——最终可还原为时空联结——的命题。起初，实体的对象-事件，作为先前探究中某种次要的副产品或沉淀物，能充当此种目的。不过，最终，它们经过批判的探究而得到谨慎构成，以便产生一些能在需要时用作高效而经济的手段的对象——此乃常识与科学对象的一个种差。有关主词内容的命题，有关实存属性之时空联结的命题，由此经历了独立发展，正如那些关于意义及其关系的命题一样。前者将被称为*质料手段*，而后者将被称为*程序手段*；需要记住的是：二者都是运作性的，因为它们都是用以确定最终情境和判断的手段。

那种有关判断结构和构件的亚里士多德理论，尽管其宇宙论根基正在腐蚀并遭到抛弃，但其中关键的一些概念仍然以可谓性（predicables）理论为名，在许多逻辑教材中扮演着重要的角色。那种可以被谓述的东西，根据其逻辑效力或形式，被划分为以下几种：本质、特性、属、种差和偶性。它们表示谓述的发生方式，这些方式因为事物之间被认为存在的联结类型不同而有所不同。

实体上的种，是根据其永恒且固定的本质而是其所是的那种东西。谓述一个实体具有一个本质，因而就是对其进行界定。如之前所指出的那样，此种定义既非语词上的，也非一种探究助手，而是对于那种使实体成其所是的东西的一种领悟（字面意义上的“再创造”）。任何定义都是借助于属和种差进行陈述和交流的，这些可谓性属于逻辑上的，而不是像种和本质那样属于本体论的。属在过去
不同于种；它并非像在现代理论中那样，仅仅是比那些被称作种的类型更具包容 140
性的类型。它不具有任何实存性，而种必须*存在*（*be*）。因此，它不可能是任何最终判断的主词。[①]

---

① 从逻辑上看，亚里士多德对于柏拉图理念和数（几何图形）的驳斥都基于一种事实，即后者为属，而非种，因此不可能单独地存在，只能存在于思想之中。

平面图相对于三角形来说是属，而三角形相对于等边三角形、不等边三角形和直角三角形来说是属。但是，即便后者，也只是对存在于自然中的种的限定。当提出一个定义，当指引别人学会掌握一个界定性本质或使自己重新掌握它时，我们都是从最近的属开始，然后给出能在该属内令一个种与内部所有其他种区别开来的种差。譬如，三角形在平面图这个属下的种差，就是拥有三条边。属是定义的逻辑"素材"，它与定义的关系犹如本体质料上潜在性与现实性的关系。

特性并非本质的一部分，但必然由它产生而来。因此，它可用以普遍地或必然地谓述一个主词，就像一个界定性本质那样。使用语法，并非人之本质的一部分。但是，它必然由人的理性本质产生而来。由欧几里得几何中的那些定义和公理产生而来的定义，具有类似的逻辑地位。不过，有些东西只能以偶性谓述，即它们既非本质，也非由其产生而来，更不属于属或差。所有不能包含在固定限度内的变化之物，都具有这样的特征。它们与它们所谓述的东西之间，是一种纯偶然的关系。可能有人会断言："大多蓝眼睛的人都是金发的"；"夏天的天气通常或总体上是暖和的"等等。但是，在主词和谓词之间，并不存在任何必然的关联。它们似乎只是就那样发生了——意思倒不是说，它们那样发生而非以其他方式，并没有什么原因；而是说，其原因本身是另一种变化，这另一种变化与那种永恒、普遍和必然的东西之间是一种偶然关系。为何偶性如此发生，这并没有那种专属于亚里士多德意义上的理由。

141 这种关于谓述形式的理论，在当初被提出时曾经是敏锐且易于理解的。而根据现代科学探究的理论和实践，它却完全无效。我想用一个例子来说明这一点。法则或一般原则的表面例外（过去意义上的"偶性"），现在都成为科学探究所依赖的营养。它们在相关联的发生条件中，具有一种根据或"理由"。不仅一般命题是关于这些关联性的，而且每一个现存的一般命题或法则都是关于它们的。在该词的其他意义上，所谓的"偶性"是那种在某给定情境下不相关的东西，它因为在给定问题上缺少证据性机能而需要被排除掉。如果没有被排除掉，很有可能将探究引向歧途。简言之，关于什么可以被谓述以及有什么谓述方式，并不存在固定和现成的确定性。每一个谓词都是构思性的或概念性的。它被构成后必须能够指引运作，以便运作结果可以阐明所要处理的问题，并为问题的化解提供额外证据。除去现有问题所设下的那些限制，没有任何规则能够确定什么可以或什么应该被谓述。只要当下的逻辑教材还继续认为本质、特性和偶性彼此之间具有内在不同，它们就一直重复那些曾经具有现在却不再有的本体论意义的区分。一切在既有探究中不可或缺的东西都是“本质的”(essential)，而一切多余的东西都是“偶性的”(accidental)。

8.

直接知识：理解与推论

142 在讨论探究模式和判断结构时所提出的那些观点，有一种结论，即所有作为有根据断定的知识都包括居间性(mediation)。这里所说的居间性，是指所有有担保的断定都包含一种推论机能。这里所捍卫的立场与一种信念背道而驰，即存在直接知识这样的东西，而且这种知识是所有居间性知识不可或缺的先决条件。因为后面这一学说的广泛流行，以及其中所涉及的逻辑议题的内在重要性，本章将专门讨论直接知识这一论点。

像理性主义和经验主义这些彼此对立的逻辑派别，一致认为要接受直接知识这一学说。在这一点上，它们的分歧只是涉及此种知识的对象和器官。理性主义学派认为，具有普遍特征的最终原则都是直接知识的对象，而理性是用以领悟它们的器官。经验主义学派相信，感官知觉是知识的器官，而直接得以认识的东西都是感觉性状，或者现在通常所谓的感觉与料。有些逻辑理论则主张，存在着两种直接知识，而居间性和推论性知识源自二者的统一：在这种统一体中，先天的第一真理与经验上的质料彼此结合。

直接知识学说不可能受到如此广泛的接受，除非是因为可能性甚大的初步根据暗示了这种学说，而且外表上的证据可以拿来支持它。我将批判性地讨论这个学说，指出该如何从本书持有的立场观点去解释那些根据。

143 1. 探究之中存在连续性。一个探究中所得到的结论，可以成为开展进一步探究的质料手段和程序手段。在后来那些探究中，早先探究的结果无需进行检查就被采纳和运用。在不加批判的反思中，最后剩下的结果经常是错误累积的。但是，不同探究过程中需要设立和证实概念对象以及知觉经验对象，如果在后来的探究中先将它们作为调查对象，然后才去采纳和运用，那将是时间和精力的浪费。这种对于由先前居间性所知的对象的直接运用，很容易混同于直接知识。

2. 前一章曾指出，最终判断是由一系列居间的、被称为“估量”或“鉴定”的局部判断所建构起来的。这些居间判断的内容既包括事实素材，又包括概念结构，都是由命题承载的。在大量的探究中，(因为所关注问题的本性)这些命题获得了相对的独立性。虽然它们归根结底都是用以确定最终判断的手段，但暂时来说，它们都是吸引人的目的；正如我们在物理生产与建造中所看到的那样，工具本身都是表面上完满和自足的独立对象。它们的机能以及机能发挥的潜在后果，与它们的直接结构完全整合在一起。只要忘掉它们是手段，忘掉它们的价值是由作为运作手段的效力来决定的，它们似乎就是直接知识的对象，而不再是获取知识的手段。

然而，当它们的机能特征被认识到以后，这些解释中所犯的错误就很明显了：

1. 虽然对于在化解先前问题情境期间所确定下的事实对象和概念对象给予直接的使用，在开展进一步的探究中具有不可或缺的实践价值，但这些对象在新的探究中仍然需要重新考察和重新建构。它们的确满足了在先前探究中加于它们之上的那些要求，但这一事实并不能从逻辑上证明以下观点：凭借已有的形式，它们就能用作器官和工具来满足新的问题情境中的要求。相反，一个最常见 144
的错误是过早地假定了新情境与先前情境极其类似，因而此前那些探究中所得到的结论能够直接顺延下来。甚至科学探究的历史也能显示，此种错误经常出现，而且长期以来一直没有被觉察。受控探究的一个必要条件，是随时准备把即便最有根据的那些结论按照它们在新问题上的适用性进行重新探究。可以推测它们会被支持，但这种推测不是保证。

2. 类似的一套说法也适用于被采纳和使用的命题内容。它们已被证明完全可以处理某些问题，但可能并不适用处理一些表面上具有同样特征的问题。我们可以提到的是：经典力学命题当被用于极其细小的高速率物体时，曾被要求作出修改。几百年来，欧几里得几何学的公理和定义曾被视为绝对的第一原理，可以毫无疑问地予以接受。而对于新型问题的关注却表明，它们不仅彼此重叠，而且有问题，无法作为一般化几何学的逻辑基础。其结果现在已经很清楚，它们并非是可以直接认识到的"自明"真理,而是因为从中可以得出什么而被采纳的一些公设。事实上,相信它们在固有本性上为真,正是这一点阻碍了数学进步,因为它抑制了公设自由。随着有关数学公理之特征的看法发生此种变化,有关普遍原理的直接知识的一个主要壁垒已经崩溃。

否定存在直接知识,并非就要否定存在某些被用来支持该学说的事实。需要质疑的,是对那些事实的逻辑解释。在我们谈到判断的事实内容和概念内容具有临时性和运作性的地位时,已经明确预示:要否定现在正要进行批判性讨论的那种特殊解释。众所周知,一个假说不必为真,也可以在探究开展中发挥重要作用。对于任何一门科学的历史进步进行考察,将会发现,对于"事实",即对于
145 在过去被视为证据的东西,同样也是如此。它们之所以有用,并非因为是真的或假的,而是因为在其被作为用来开展调查的临时执行手段之后,能够促进其他那些被证明更具相关性且更为重要的事实的发现。正如很难找到一个科学假说最终被发现有效时的形式会与它最初提出时完全相同的例子,同样难以发现的是:某个重要的科学事业中有关事态的最初那个命题,在整个探究期间保持内容与涵义不变。然而,关于假说和关于实存联结的命题都起到了不可或缺的作用,因为它们是具有运作性的手段。科学史还显示,当假说被认为最终为真因而无可置疑时,它们就已经在阻碍探究了,并使科学沾染上那些后来被证明为无效的学说。

这样一些考虑,可以消除自亚里士多德以来一直运用且今天依旧流行的一种论调。它的论证是:推论必须建立在某种已知事物之上并从它开始,因而,除非存在能用作此种基础的真前提,否则就不可能达到真结论,不论推论以及论说推理(discursive reasoning)如何充分。因此,避免无限倒退的唯一办法,被认为是直接获知的真理的存在。这个论证即便过去在论辩上无法答复,仍旧遇到了难以应付的事实,这些事实显示:正确结论一直都是由不正确的"前提"一步步得到的。不过,论辩上的回答也很简单。只要说假设性(条件性)质料能指引探究揭示比作为出发点的原初事实和概念更为相关、更为重要和明确的新型事实质料和概念质料,这就足够了。此种说法不过是重新陈述了最终判断启动之前,判断内容在机能上的运作性。

语词上的某种含糊性,对于直接知识学说的产生起到了相当大的作用。在最为严格和最有尊称的意义上,知识等同于有担保的断定。但是,"知识"同时指
146 理解以及可以称作——而且已经这样称谓——领悟(*apprehension*)的一种对象

或一种行为(及其对象)。我可以*理解*(*understand*)半人马、海蛇、化学元素转变这样的语词和观念,却并不因此而知道它们,即并没有理由断定其存在。若是没有对于某个观念的意义内容的直接领会或理解,任何对于新发明的理智追求,任何用以发现某个譬如关于原子本性的想法,是否可以由事实证实的受控探究,都不可能进行。对于此种"知识"的如此刻画,可以表明,一个实存状态现在如此这般,这并非有*辩护之断定*(*justified assertion*)意义上的知识。然而,正如哲学史所展示的那样,人们很容易从第一种意义滑向第二种意义。由于第一种意义是直接或即时性的出现,有人就以为第二种意义也具有同样的特性。我们在经过大量经验后,可以直接理解意义,譬如我们在听到有关某个熟悉话题的谈话或读完一本书之后;同样地,我们也是因为经验而认识到所见对象的。我直接看见或注意到,"这"是一台打字机,"那"是一本书,其他那个是暖气管,如此等等。这一类的直接"知识",我称之为*领悟*;它是理智上的捕捉或领会,不带任何质疑。不过,它是经由某些机体上的记忆机制和习惯产生的,而且预设了先前经验以及从中而得来的居间性结论。

但是,在当前的话题中,关键的一点是:要么有一个直接的公开反应出现,比如使用打字机或拾起书本(这些情况都并非认知情境);要么那些被直接注意到的对象成为探究行为的一部分,进而指向作为有担保之断定的知识。就后者而言,事实上有了直接领悟,这并不能从逻辑上保证那个被直接领悟的对象或事件就是"案情事实"中被认为明显的部分。认为它就是最终所达到的那个断定的证据,这毫无根据。它可能与整体或局部不相关,也可能对于所论问题不具有重要性。它是非常熟悉的东西,这一点可能是阻碍性的,倾向于在需要寻找与料以在不寻常方向上提出建议时,却把过去所提出的那些暗示固定化。换言之,正如对于意义的直接理解或领会(comprehension)不能等同于所要求的那种逻辑意义上的知识,对于对象或事件的直接领悟(apprehension)也不同于那种知识。由这些总的考虑出发,我接下来要考察一些在历史上产生影响的、有关直接知识的理论。 147

*Ⅰ. 穆勒的经验主义理论。*穆勒否认一般的自明真理或一般的先天真理。由于不否认一般真理的存在,他就需要说明一种关于它们的根据或"证明"的理论。他在这一点上的立场含糊不清。它们不仅在发生学上源于感官知觉,而且可以借助此种殊相(particulars)来证明(若是有证明的话)。这些殊相由于是最

后的东西，因而是可以直接知道的。它们存在于感官知觉中，这就等于它们被知道了。虽然此种说法本身看起来并非自明性上为真，但它被认为是这样的，因为我们所要处理的是殊相的复合，而不是最后的简单殊相。穆勒把后者不作区分地称为感知（*sensation*）或感觉（*feelings*），甚至在存在时且因为存在而知道的意识状态下。他说："真理的获知有两个途径：有些是直接地而且是由于自身而获知的；有些是借助其他真理的。……通过直觉而获知的真理是所有其他真理得以推论的初始前提。……逻辑学的范围必须限定于我们那一部分由先前所知推论而来的知识。"[①]"通过直接意识为我们所知的真理的例子中，有我们的身体感知以及心理感觉。我直接地而且是由于我自己的知识而知道：我昨天很烦，或者我今天很饿。"[②]

是否那些由于作为意识状态而必然"知道"自身的意识状态是存在的？穆勒称此问题为一个"形而上的"问题。实际上，相信它们是存在的，这曾经是某个地区心理学传统的一部分；只是现在不再普遍流行了。然而，他在有关殊相的"直接"知识方面的立场，可以在不涉及任何有关殊相构成的具体预设的情况下进行讨论。如果抛开所有对于感知和意识状态的指涉，将明显地看到，他所举的例子并不能说明他认为能够说明的那些东西。

148 以"我昨天很烦"这句话来看，"我"的意思并未被直接给定，并因此成为长期争论的论题；关于"昨天"的直接知识当然是一个不同寻常的发生之事；"烦"与其他情感状态的区分，也是在人类发展中相当缓慢地习得的。"我今天很饿"的情况并无原则上的不同。一个人并不饿却感觉饿，这是可能的；此种"感觉"可以在机体并不需要食物的状态下人为地产生。这两种状态之间的甄别，可能是个大难题。如果"今天"指的并不是当下时刻，它会涉及一个相当精致的理智构造，而且穆勒本人大量的段落都可用来说明：给定的直接状态只有在超出那个状态之外，并将其通过推论与其他状态结合起来时，才能被刻画为"饿"。常识能直接领会拥有"烦"、"饿"、"昨天"、"今天"之涵义的某些事件，这是不容否认的。但是，此种因熟悉而生"自明"，虽然是实践中的一个重要事实，却与认知上的自明极其不同；并且即便在实践事务上，也经常把常识引入歧途。我们必须得出的，而且

① 约翰·斯图亚特·穆勒：《逻辑学》（*Logic*），序言，第4部分。

② 同上。

更为细致的分析也会支持的一个结论是：穆勒关于直接知识的整个学说，本身是从一个自身为推论性的心理学理论所作出的一种*推论*。从严格的逻辑关联来看，它依赖于对一种陈旧观点的无批判接受，即任何命题都不可能“被证明”，除非是从已经获知的“真理”得来。

Ⅱ. *洛克的版本*。洛克对于直接知识的解释是重要的，这不仅因为从历史影响来看，他最早关于感知和观念的客观观点是它们后来转变为意识状态的根源，而且因为他清楚地领会了其中所包含的认识论议题——一个在后来发展中被弄得模糊不清进而隐蔽起来的议题。他一方面认为，所有关于物质存在的知识都依赖于感知；另一方面又指出，感知(他认为是机体状态)实质上以某种方式处在我们与对象知识之间，因而不可能有关于前者的科学知识。首先，大多数感觉性状都不属于自然对象，而只拥有关于形状、大小、坚固性和运动的第一性状； 149
其次，即便后者是被经验到的性状，也不能使我们获得有关对象“真实构成”的知识。

洛克说：“如果可以发现任何两个物体中各种精细构件的形状、大小、质地和运动的话，我们就能不经试验[实验]便知道它们相互之间的各项运作，就像我们现在知道正方形和三角形的特性一样。”但是，这里的“如果”所表达的条件与事实相背。因为我们缺少足够敏锐的感官，以发现物体的精细粒子并获得有关它们力学构成的观念。这也不是完整的说法。即便我们具有足够敏锐的感官可以满足这种条件(现在有人会说，新近的物理学凭借人工设备的帮助，已经弥补了这种缺陷)，有关对象真实构成的知识对于感官的依赖，仍旧挡在道路中间，牢不可动。“关于自然对象的知识随着*当下*所运用的关于特殊对象的感官证词而有所拓展，但后者仅仅在*当时*产生影响。因此，我们将永远不可能发现有关自然对象一般性的、指导性的、不容置疑的真理。”[1]斜体词[2]“*当下*”和“*当时*”表明，在特殊且短暂的感觉与永恒且具有同样最终“构成”或结构的对象之间，存在不可逾越的障碍。

洛克这种彻底的否定结论，是因为他把感觉与料视为知识对象本身而必然

---

[1] 约翰·洛克：《人类理解论》(*Essay on the Human Understanding*)，第4卷，第3章，“论知识的范围”。

[2] 英文原版书中的斜体在中文版中，统一处理为楷体。——译者

得来的。它本可以用来警告，要求后来的理论家不要赋予感觉与料固有的认知重要性，要求考察任何将导致物理对象的知识不可能之结论的前提。如果感觉与料或其他什么与料是最终的、独立的（隔离开的）知识对象，那么，任何具有客观的实存指涉的谓词都无法正当地赋予它们。

偶尔，洛克也对他自己的结论反叛，并渴望为上帝和大自然对待人类的方式进行辩护。这时，他便规定一条原则。这条原则如果贯彻到底，可能会把后面的
150 理论引向不同的道路。他有时说，性状是事物本身的差别标志，“由此，我们能够看清楚各个事物，并因此出于必要性对它们进行选择，令其为我们所用”——譬如，白色这一性状，使得我们把牛奶与水区分开来。[①]

倘若此种对于感觉性状的解释方式成为根本，应该会看到：它们并非认知对象本身，而是在被用于具体情境中作为它们之外的某种东西的标记时所获得的一种认知机能。性状是我们用于甄别对象与事件的唯一手段。它们在这方面的作用是永恒的。出于实践上的目的，把性状所带有的机能视作一种存在，并不会有什么危害。正如因为对于某一对象的运作性使用以及使用该对象的后果与其实存是整合在一起的，所以把这一对象视作“铲子”，并不会有什么危害。但是，不能出于理论上的目的，把实存与机能区分开来，这一直是持续产生学说混乱的一个源头。

Ⅲ. *原子实在论*。如我们所看到的，穆勒的解释带有两个严重的缺陷。它把性状视为意识状态，并把“今天”、“昨天”和“烦”之类的复合对象作为简单的初始与料看待。新近的理论避免了这两种错误。性状被给予客观地位，被当作感觉与料，而命题中被认为直接给定的实存内容被视作可以还原为不能再简单的与料的复合物。对于直接的简单性状的领悟，构成了可作为“原子”的命题；而包含有推论系数的命题，是“分子”命题。“这是红的、硬的、甜的”等等之类的命题，都是原子命题。根据该理论，此类命题中的“这”不具有任何描述力。因为假若“这”不只是纯粹的指示词，它就会是复合的，因而照此理论来说，并非是直接给定的东西。在“这条丝带是红的”中，“丝带”所代表的东西并非是在“这”和“红”被给定的意义上给出的。有些著作家还把“这是在那之前的”之类的命题放在原子命题的范围内，将其作为一种被直接给定的简单而最终的关系。

① 约翰·洛克：《人类理解论》，第4卷，第4章，“论知识的可靠性”。

认为存在那种缺少所有描述内容、作为纯粹指示词“这”的东西，这种观点已经受到批判。按照那种原子逻辑理论，每一个作为命题主词的“这”都必须在逻 151
辑上（虽然并非在性状上）彼此严格地等同。每一个都是由单纯的指向（pointing at）行为所决定的，而根据规定，每一个这样的行为都不包含任何与其他指示行为的不同点。由此可以得出，并不存在任何根据或理由以某个性状而非任何其他性状去谓述它。如果有人说“这个红”（this red）乃是给定的不可还原之物，情况也不能得以改善。因为在这里，我们甚至没有命题，只有一个纯粹的“主词”、不充当任何谓词的主词。与前一种情况一样，对于任何确定的谓述，都不存在任何根据。

我认为，有一点是不能否定的，即事实上，要有一系列的实验运作，包括特定的技术，才能为“给定的当下性状为红”这一断定提供担保。有关特定性状的实存，科学上的确定与松散的常识断定之间的不同，只在于一个事实，即此类技术被用到了。譬如，对于红色进行有充分根据的科学确定，将包括一些技术，借此可以弄清每个时间单位出现特定数目的振动。换言之，在我看来，原子性状并没有被认为是心理学意义上的初始性状。它是逻辑意义上的初始性状，因为任何存在命题最后都依赖于对某简单性状的确定。现在来看，虽然在大多数情况下探究现实中并没有推进到这一步，但应该承认的是：理论上，实验观察必须确定一个不可还原的性状，以便一个存在命题能够得到充分的担保。不过，越是能清楚地认识到这一事实，就越是能清楚地看到此种确定并非本身是完满和终结的，而是用于化解某个问题的一种手段。它是设定那种可以合理接纳并用作证据的东西的一个因素。例如，想想看，在光谱分析时要作出尽可能大的努力，才能获得一个有根据的命题，即当下是如此这般的色彩性质。

因此，这种关于逻辑上最初的完满而自足的原子命题的理论，其中的谬误乃是我们反复指出的那同一种谬误，即把探究中的机能转变成了独立结构。一个公认的事实是：理想中或理论上，为了为具有实存指涉的判断提供充分的根据，有[illegible]可还原的性状的命题是必要的。需要否认的是，此类命题独立地具有完 152
[illegible]自足的逻辑特征。因为它们是对于证据性质料的确定，以便定位当前问题[illegible]获得用以检验解答的证据。我们所批判的这种学说，取消了此类命题出现的语境，以及它们得以设立的逻辑目的和逻辑根据。任何人都可以证实这一点，只要他能想到一种情形，即常识或科学中的此类命题在其中出现并具有重要性。

关于它们的根据，我想再次提请注意一个事实，即并不存在仅仅而且专门“红”的或其他某一个性状的“这”。因此，若选择某一性状而非另一性状作为谓词，一定要有某种根据。

虽然对于其中所包含的逻辑原则作进一步讨论需要重新涉及此前检查过的东西，但这一议题具有根本的重要性，值得予以重述，况且我们要从某种不同的观点考察这些方面。哲学史上有段时间一直存在如下一些惯例：(1)认为常识世界具有严格的知觉特征，不同于科学对象的领地；(2)把知觉视为一种认知式样；(3)被知觉到的东西，不论对象还是性状，都具有认知地位和认知力。这些假设，没有一个是有根据的。(a)可以肯定，常识世界包含知觉对象，但这些对象只有在环境的语境下，才能得到理解。环境是由事物与生命体之间的交互性构成的。它首先是交互过程中行动得以开展以及所经历后果的场景；此后，它的分部和方面才能成为知识对象。它的构件最主要的是使用及苦乐的对象，而非知识的对象。(b)与知觉相关，环境构成了一个广阔的时空场。反射弧只是偶尔才在有机体生命行为中指向孤立的兴奋。生命的维持，是一件连续性的事情。它涉及过去所获得的器官和习惯。所开展的行动必须适应未来条件，否则很快就会死亡。行为所直接推向的那种质料，只是环境场的中心方面。为了具有适应性和回应力，所出现的行为类型必须随着由直接对象作为其中心的场的类型而变化。

153 于是可以说，当对象或性状从认知上得到领悟时，它们是因为在其中得以出现的知觉场的紧急性而被查看的。之后，它们才成为观察对象，而观察则被严格地界定为对于总的环境场中某个对象或性状的约束-选择性确定。通常，这个总的环境场是“被理解了的”，或被视为当然的，因为那里正是所要开展的差别性活动的立足条件。知觉的心理学理论提出的根据是：在这些区别性的、有关单个对象或单个性状(橙子或一片黄)的具体观察知觉行为中，发生了什么。如果是为了报告观察中到底出现了什么，为了发现其中所包含的心理学问题，不必去批判这样的一种程序。但是，当把其结果推向逻辑理论并用以奠基一种有关与料之逻辑地位和相干性的理论时，便会产生完全的曲解。因为孤立的对象或性状，将由此被单独地作为所与或与料。

从逻辑上看，与料被还原为最简单的内容之后，不论充当洛克式的简单观念、感知、休谟式的印象，当代理论中的感觉与料，抑或是“本质”，这并没有什么不同。因为，每次都赋予它们那种相同的孤立性、自足性和完满性。于是，在当代原子命题理论成型时,实际上所出现的情况是:在处理具体心理学情境时所获得的那种心理学理论结论,已经被全部转移到逻辑学中,进而成为整个有关具有实存指涉的原子命题的学说的基础。如此不加批判地接受心理学结论,将之作为有关命题的逻辑理论中一个重要分支的根基,完全没有顾及这样一个事实,即从事这方面工作的逻辑学家非常急切地感到,有必要把逻辑学从心理学事务中完全摆脱开来。①

我现在要转而考察几种流行的、被认为能证实直接知识之说的经验说法。

1. 熟习性知识(acquaintance-knowledge)与间接性知识(knowledge-about) 154
之分以及此种区分的有效性,是得到普遍承认的。我与我的邻居熟悉;我知道有关凯撒的某种东西。熟习性知识具有一种在间接性知识中所缺乏的直接性和亲密性。后者唯有通过命题,才表达为"某些东西是如此这般的"。前者表达在与个体的现实交往中;它是由爱、恨作为标志的。它使得可以预期某人所熟悉的那个人或对象的行为,以便让具有此种熟悉的某人事先准备好正确的公开行为方式。比如,熟悉法语的时候,我便准备好如何用它说与读;我可能知道关于其语法及些许词汇的东西,然而却没有能力去讲话。有关这两种知识式样的区分,早在其获得理论关注以前就曾体现于言语表达之中:"cognoscere"(认识)和"scire"(说明);"conaitre"(知道)和"savoir"(了解);"können"(熟悉)和"wissen"(懂得);②早期英语中的"to ken"(能够)(可以联想到"can",行为能力)和"to wit"(得知)。

此种差别的存在及重要性是公认的,但这远远不能支撑有关直接知识的逻辑理论。其中所涉及的直接性,是与情感及行为能力密切关联的。首先,熟习性知识并非原初的,而是习得的,而且就此而言,是依赖于包含有居间性的先前经验的。其次(而且,对于当下我们的讨论更为重要的是),熟习性知识常常不是有根据的断定意义上的知识。它使我们能够形成实践上的预期,而且这些预期可能都会实现。但是,与此种亲知相伴的熟习性,经常妨碍我们注意到在获得结论中具有第一重要性的东西。熟悉某些语言习惯,并不能保证不犯错误;它可能就

① 如此依赖具体的心理学分析,由此而来的一个副产品是:作为最后的存在命题的原子命题的学说,有必要预设先天普遍命题。因为根据描述,原子命题是不能为推论和推理提供根据的。

② 这三对词组分别来自拉丁语,法语和德语,都是各自语言中的近义词,都有知道、了解、认识的意思,但有细微或程度上的差别。——译者

是后者的根源。从逻辑的观点看,熟习性知识是需要经受批判性探究和修正的。通常来说,探究都是由它激发的。

2. 实践中短暂存在的辨识(recognition)是所考察理论的又一经验根据。与在熟习性知识中一样的那些考虑,也适用于这里。事实上,辨识可视为熟习性知识的一个极端特例。我们能辨识我们仅仅略微熟悉的人;不必熟悉这门语言到
155 能说能读的程度,就可以辨识某一外语中的词语。能辨识一个对象,(a)这也是包含有怀疑和寻求的经验的一种产物,(b)它虽然在实践中具有极大的重要性,但同样需要探究以确定已有辨识的正确性及其对于当前问题的合适性。辨识并非重知(re-knowing)意义上的再认(re-cognition),不如说它是对某个在情境中具有特定位置的对象或事件的认可(*acknowledgement*)。

认为"简单的领悟"是自身完满的,这种学说经常伴有一种谬误。有人认为,因为领悟这一行为简单而单一,因此被领悟的那个对象必须也是如此。但是,对复杂的场景也经常可以简单地领悟——譬如,我们能重返童年的场景。此外,相对简单的对象之所以重要,并非因为它们具有内在的简单结构,而是因为它们的简单性,使它们能够扮演某种关键性的证据角色——譬如,指纹与个人身份之间的那种关系。类似地,我们单单根据声音就能辨识一个熟悉的人,而不必观察他的整个身体。能够把相对简单的东西作为一种辨识手段,这可以节省时间和精力。

这样一些事实暗示着单子或元素在探究中具有特定的功能。一个对象的结构越复杂,可以从它的出现所作的可能推论的数目就越大;它的不同构件,指示不同的方向。给定的对象或事件越是不复杂,它在构成上的限制越多,其具有指示性的指称能力就越明确。科学史上有大量证据可以表明:把对象还原为元素,是维护和拓展推论性探究最为有效的手段之一。缺乏证据的是,此种简单元素是天然的单独存在。反对进行分析以及在元素构成上的分析结果,是愚蠢的。但是,此种反对声的愚蠢本身有助于表明:"单子"和"元素"概念都是机能性的,而不论在物理学、心理学、解剖学上,还是在政治学上。给予单子和元素独立的存在位置,不过是又一个把工具实体化的例子。

156 Ⅳ. 理解与领会。迄今为止,我们一直在详细地讨论实存性主题,并一般性地运用了"领悟"一词来表达对它的掌握。不妨讲讲"理解"或"领会"这些词所表示的、对于意义和概念结构的直接把握。我们接受(take)、看到(see)和"了解"

(twig)论证的效力；我们洞察到(have insight into)一般原理。这里的看到和洞察常常都是直接的，而且在实践中都是瞬时性的。之前模糊的一个意义可能“闪现”于我们。对于有关对象和性状的直接把握所提出的那一类考虑，同样适用我们当下这个话题。因此，我们的讨论可以简略一些。已经有人注意到这样一个事实，即“知道”(to know)的一种意义是理解，而且此种意义不同于有担保的有效性断言。一个人必须理解“作者”的意义，才能从理智上考察该词是否适用于给定的一个人，譬如《威弗莱小说集》(*Waverley Novels*)的作者。理解是任何有效的特殊归赋的必要条件，但它显然不是充分条件。

命题系列若要构成一连串的有序谈论，其构件的意义就应该尽可能地清晰和确定。但是，满足此种条件，并不能担保它们可以有效地适用于给定问题。因此，理解就像领悟一样，从来都不是终结性的。任何关于意义关系的命题，不论多么确定和适当，都无法在逻辑上单独存在。即便联合其他的同类命题，也无法令其单独存在；但是，此种联合可使意义变得适于应用。

存在有关实存对象或作为感觉与料的性状的直接知识，存在有关理性原则的直接知识，这两种说法必然是如影随形。原子经验论和理性主义先天论乃是彼此对应的两种学说。康德的先天理解范畴在逻辑上对应的，是他从休谟那里继承来的那种有关独立感觉-质料的学说，正如格林(T. H. Green)的“必然的思想关系”，要求用他从穆勒派心理学继承来的有关感知的观点来平衡。当经验中 157
的实存质料被还原为直接给定的、原子一样的“这”时，原子之间的关联(每个分子命题中都包含这种关联)是不可能的，除非有非经验的或先天的命题被承认。假设自明的实存“事实”，要求同时假定自明的理性“真理”。

对于此种事态的一种严格的逻辑表述，是由伯兰特·罗素(Bertrand Russell)给出的。“在每一命题和每一推论中，除了所关注的特殊主题以外，还有一种形式，那是命题构件由以结合的方式。”在说过这个之后，他举例讲了他所谓的形式：“如果任何东西都有某种特性，而一切拥有此种特性的东西都有另外某种特性，那么，所谈论的这个东西也就拥有另外这种特性。”他进而得出了下节所要考察的一个理论结论。①

① 伯兰特·罗素：《哲学中的科学方法》(*Scientific Method in Philosophy*)，以及进一步的引用，第42、56—57页。

被用作形式示例而引出的那个命题，被认为是“绝对一般性的；它适用于所有的事物和所有的特性，而且它是相当自明的”。此外，它是先天的：“由于它没有提及任何特殊的事物，甚至任何特殊的性状或关系，所以它完全独立于有关实存世界的偶然事实，并且可以从理论上被知道，而无需有关特殊事实或其性状和关系的任何经验。”之所以得出此种结论，是因为它作为逻辑真理被规定下来了：“一般真理不可能单从特殊真理推论而来，假若它们可以获知的话，必须要么是自明的，要么是从其中至少一个为一般真理的前提中推论而来。但是，所有的经验证据都属于特殊真理。因此，如果存在任何有关一般真理的知识的话，必定有某种完全独立于经验证据，即不依赖于感觉与料、有关一般真理的知识。”

后面那段话，不仅暗含而且公开地把根本的（“初始的”）存在命题等同于原子命题。如果经验的（这里是在“存在的”意义上运用的）命题是原子命题，那么，当然可以得出如下结论：任何有关那些彼此关联的逻辑形式的命题，必定是超越
158 经验并在经验之外，或者说是先天的。它们一定是通过某种理性直觉——这是在称它们为“自明”时所包含的概念，虽然有点隐秘——而获得的。上述“如果-那么”命题的结论从句以一种如此严整的必然性得自条件句，以至于可以说是结论句引起了对于条件句的注意。如果条件从句是无效的，结论从句的有效性就是不确定的；而假如结论从句是虚假的或可疑的，则条件句也是如此。换言之，刚刚引述的那段话提出了一个问题，两个从句之间关系的必然性不过是强调了该问题的重要性。此前，我们已经给出理由反对把原子存在命题设定为独立于它们在探究中的机能的初始句，我在此不打算重复。我也不打算把怀疑那种独立于一切经验的、被赋于不可错的直觉力的纯粹理性官能的存在的理由复述一遍。①

与这里的问题直接相关的要点有：第一，以上所引述的那个一般逻辑命题，其中“自明性”的东西是它的意义。说它是自明的，意味着一个人若在它作为成员所属的意义系统中对其进行反思，便能在那种关系中领悟其意义——这好比一个人可以领悟譬如经验命题“那条丝带是蓝的”的意义。关于那个命题以及所给予它的那种解释的逻辑效力和功能，依然是一个开放的问题——正如被把握

① 不过，可以注意到一个事实，即同时设定原子存在命题和理性直觉真理，这破坏了逻辑理论的自主性，使它依赖于根据定义被认为处在逻辑范围之外的心理学和认识论上的考虑。

了意义的经验命题的真实性那样。

第二，有关被直接领悟的那种意义的涵义的理论解释，远非自明。譬如，皮尔士所提出的一种理论立场代表着一种不同的解释，其大意是：所有关于逻辑形式和关系的命题都是指导原则，而非前提。由此观点来看，它们是对如下一些运作的表述：(a)它们是关于要在所有探究中进行什么运作以导致有担保结论的假说；(b)它们是在所有已导致可靠断定的情况下完全得以证实的假说；(c)然而， 159
从探究经验及其结果来看，若不遵守所提出的那些条件，便会导致不可靠的结论。

那句谈到拥有独立于特定的存在命题之主题的特性的名言，其中所演示的那些有关逻辑形式的命题并非(这是被承认的)单从纯粹的特殊主题中得出结论，而且是不能由那些特殊命题证明的。但是，承认这样的事情与说它们是从作为实存性经验事件的探究运作中得来，完全是一致的。我们在多大程度上理解探究中所做的那些导致有担保断定的事情，就在多大程度上理解了那些必须遵循的运作条件。这些条件被表述出来后，就是有关逻辑形式的一般命题的内容。关于所要求运作(为产生某一类后果所要求的)的那些条件是经验材料，就与事实内容一样，本身也要进行甄别，以便用作有担保后果的条件。

不能主张的是：此种关于逻辑命题的命题在真实性上是自明的。可以主张的是：它具有一种可了解的意义，能够被直接把握为一种意义；而且此种意义一旦被采用或适用于有关逻辑理论的问题，将有助于澄清和化解问题。相反，认为“经验”可还原为直接给定的、拥有自明性真理的原子命题，这种观点却引来混乱，使问题更加复杂。有关逻辑形式的全称命题是命题性机能，因而其本身既非真又非假。它们规定的是探究中的程序式样，被认为是在任何受控探究中所适用和需要的。就像数学公理一样，它们的意义或效力决定于由它们的运作性使用可以得出什么，并以此来进行检验。

单就直接知识的学说而言，我们的讨论已经走到了尽头。但是，为了防止误解，可以从所有知识的居间性特征出发来补充几点。(a)不能认为，推论而来的解释都是由特殊对象以其特殊性来检验、支持和证实的(或者反过来的情况)；相反，作为标准的是由推论而来的观念是否有能力把殊相组织整理为一个融贯的 160
整体。(b)不能认为，推论本身穷尽了所有的逻辑机能，并独自决定所有的逻辑形式；相反，“检验”意义上的证明是同样重要的一种机能。

此外，即便在关系到检验时，推论在逻辑上也并非是终结和完满的。本书的全部理论，其核心在于：不确定情境的化解乃是目标(end)所在，而且是在“目标”意味着“期待的目标”(*end-in-view*)的意义上，也是在“目标”意味着“结束”(*close*)的意义上说的。根据这样的观点，推论尽管不可或缺，却是次要的。它并非如在穆勒逻辑中那样，是穷尽而无所不包的。它是有担保断定的一个必要但不充分的条件。

9.

实践的判断：评估

前一章主要是强化了居间性在作为有担保断定的知识中的必要性。这种必 161
要性并非孤立存在，因为它是我们一直在展开的有关探究和判断的理论中的一
个必然阶段。它之所以得到单独发展，是因为传统且当前仍然存在的那种有关
自明真理和自我奠基的命题的学说。然而，在我们的基本理论中，还有一个方面
同样（有可能在更大程度上）对立于既有的逻辑理论，因而也需要阐明。因为，与
通行学说相反，我们这里所采取的立场是：探究导致所要处理的质料的实存性转
变与重构；此种转变若是有根据的，其结果将是一个不确定的问题情境转化成一
个经过化解的确定情境。

如此强调对于先前实存质料的重新限定，并强调判断乃由此产生的转变，这与传统理论完全对立。后者认为，此种变形，即便是在得到最优控制的那种探究中所发生的，也只局限于认知者——开展探究的那个人——的状态和过程。因此，它们可以被正确地称为“主观性的”、心灵的或心理上的，抑或其他类似的称法。它们不具有客观地位，因此缺乏逻辑上的效力和意义。本书所采取的立场正好相反，即探究者的信念和心态不可能得到合理的改变，除非有根植于机体活动的实存运作对客观材料进行修改和重新限定。否则的话，“心灵的”改变不仅（像传统理论所认为的那样）纯粹是心灵上的，而且是随意为之的，将导致幻相和错觉。

传统理论，不论经验主义的形式还是理性主义的形式，都一致认为：所有命 162
题都是对于先行实存或潜存之物的纯粹宣告或宣言，而且此种宣告职能是自身
完满和终结的。相反，我们在这里所采取的立场却是：宣告式命题，不论涉及事

实还是涉及概念(原则与法则),都是一些居间手段或工具(分别为质料性的和程序性的),用以实现那种作为所有肯定宣告和否定宣告之目的(及最后目标)的受控性主题转变。需要指出的是,我们否定的并非是纯宣告式命题的出现。相反,后文将详细地表明,此类命题呈现了一方面存在于事实与料之间,另一方面存在于概念主题之间的关系,它们的存在是被明确予以肯定的。关键点并非它们的存在(being),而是它们的机能与解释。

我们的立场可通过下列语言来陈述:所有的受控探究以及所有对于有根据断定的设立都必然包含一种实践因素,即一种做与制的活动,它可以把设定探究问题的那种先行实存质料进行重构。此种观点并非特设,而是代表了至少在有些情形下显然发生(或者作为真实原因)的事情。对此,我们将通过考察某些形式的、旨在确定某些实际困境中要做什么的常识探究来予以说明。

此种类型的探究既非异常,也不罕见。因为常识探究和判断主体上都是这样的类型。日常生活中的思虑,很多关注的是有关"制"什么或"做"什么的问题。各个艺术领域和每一行业都面临不断出现的此类问题。怀疑它们的存在,等于否定任何形式的实践都没有理智成分,等于肯定所有实践事务上的决定都是冲动、任性、盲目习惯或习俗的随意产物。农夫、机械工、画家、音乐家、作家、医生、律师、商人、企业主、行政人员或管理者都应该探究下一步最好做什么。除非结论都是盲目而随意地获得的,否则,要获得结论处须通过搜集和检查证据,以及
163 鉴定证据的重要性和相关性;通过按照其作为假说(即作为观念)的能力设计并检验行动方案。

根据描述,那些唤起那种能导致决定的思虑的情境,其本身对于可能做什么以及应该做什么,是不确定的。它们要求做些某种什么。但是,什么行动需要采取,这正是所要思考的难题。关于不定情境如何得以处理的问题,是迫切的。但是,因为它只显得迫切,其中的情绪化会阻碍且经常破坏聪明的决定。理智上的疑问是:该情境为了能获得令人满意的客观重构需要哪一类的行动?要回答此种疑问,我重申:只能通过观念所指引的观察运作、与料搜集以及推论,而那些观念中的质料本身也要通过构思上的比较与整理得以检查。

在为了在实践事务上作出判断而必须进行探究的人群列表上,我并未将科学家包括进来。但是,略加思考便能显示,科学家必须决定采取什么样的研究以及如何开展研究——这个问题涉及做什么样的观测、开展什么样的实验,以及采

取什么样的推理路线和数学计算。此外，他不可能一劳永逸地解决这些难题。他们必须不停地判断下一步最好做什么以便所获得的结论是有根据的，不论结论多么抽象或具有理论性。换言之，科学探究的活动，不管物理上的还是数学上的，都是实践的一种式样；从事实际工作的科学家最主要是一种实践者，他们不停地作出实践判断：决定要做些什么以及采取什么手段来做。

关于最好做什么的思虑结果，显然不能等同于为之而开展思虑性探究的那种最终成果(final issue)。因为最终成果是某种新情境，其中曾引发思虑的那些困难和麻烦已得到处理，现在不再存在。要达到这种客观目的，不可能通过心态上的变戏法。它是一种唯有借助实存变化才能实现的目的。思虑要解决的疑问是：为了实现这些变化，要做些什么？它们是达到所要求的那种实存重构的手 164
段；更确切地说，造成这些行为之开展的那些探究和决定是工具性的和居间性的。但是，应该做什么，这取决于既定情境中所存在的那些条件，因此要求一种宣告式或宣言式命题："现实条件是如此这般的。"这些条件是推论根据，可通向一种宣告式命题：如此这般的行为是思虑之后，发现能够在所探明的事实条件下最有效地产生欲求成果的。关于其中所包含的事态的宣告式命题，提出了在达到所欲求目标时必须克服的障碍，以及能够加以利用的资源。它们规定了有利以及不利的潜在性。它们发挥着工具性的机能。提出现存条件应该如何得以处理的那些命题，与那些规定现存条件的宣言式命题在机能上相互补充。涉及程序的那些命题，并不承载实存性或事实性质料。它们的一般形式为："如果如此这般的路线在现存场合下得以采纳，可能结果就是如此这般。"从逻辑上看，有关行动方法的这些假说的形成，涉及推理，或者由一系列宣告式命题规定概念质料之间的关系。因为很少有首次想到的某个程序可以直接拿来用，它必须得以发展；这种发展构成了理性论说，其在科学实践中通常采取数学计算的形式。

在对刚刚所讲的提出阐释之前，我将正式归纳一下：在对实践事务进行思虑和有根据决定的每一种情境下，都涉及逻辑上的什么东西。有一种实存情境是这样的：(a)其构件变动不居，以至于无论如何都可能会有某种不同的东西在未来发生；(b)未来将会存在什么样的东西，部分取决于引入了哪些其他实存条件，以与那些已有条件互动；而(c)什么样的新条件得以产生，取决于采取哪些活动；(d)后来的素材受到观察、推论和推理过程中所介入的探究的影响。

我将用来阐释这四个条件的例子是：一个生病的人考虑如何采取正确的方

165 法才会康复。(1)身体变化在发生着,这无论如何将产生某种实存结果。(2)可以引入新的条件,用以决定其成果——要考虑的难题是:它们是否应该被引入,以及如果要引入的话,该引入哪些,又该如何引入。(3)思虑之后,生病的这个人相信他应该去看医生。带有这种意思的命题相当于一个结论,即探访医生的后果有可能引入将会产生所欲求成果的交互性因素。(4)因此,这个命题在现实中被实施之后便引入能与先前存在条件交互并修改原有路线的干预条件,从而对成果造成影响。倘若探究和判断未曾介入,后面的成果将会出现不同——即便是没有康复。

只要是真正的思虑,几乎每一步都有多种选择。每一步,都可以从所出现难题的两个侧面说些什么,或尝试性地肯定些什么。对于过去经验的反思表明:"顺其自然"经常都是不错的。但是,当下的情况属于这一类吗?可能出现资金上的困难;是否能找到一位有能力的医生,或者要去咨询什么样的医生;病人在接下来几天或几周所要做的事情以及医生的建议能否被病人采纳并据以行动,等等,等等。

类似这些事实难题是通过命题来考察与表述的。呈现在命题中的每一事态都能暗示自己的不同行动路线,而如果是真实的探究,此种暗示就必须被表述出来。此种表述或命题于是就必须根据采纳它之后可能出现的后果得以发展。此种发展是以一系列的"如果-那么"命题出现的。如果那个人最后决定去看如此这般的一位医生,由此所导致的那个命题实际上就代表了一种推论,即此种式样的程序更有机会引入一些因素,以通过与现存条件的交互产生一种所欲求的未来实存情境。可以推论,它将为已在运作的那些因素指明一种方向,而倘若放任那些因素,是不会有此种方向的。

被设计出的那些事实难题以及可选行动路线的命题,其内容既非自主的,也
166 非自足的。它们是根据所欲求的未来成果而决定的,因此是工具性的和居间性的。它们就本身而言并非有效,因为其有效性依赖作用于它们之后所导致的后果——只要这些后果实际上源自这些命题所规定的那些运作,而非偶然增附上去的。假设事实命题被表征为"我病得很重"。在所指的语境中,该命题若被认为是终结而完满的,便是要义不明。它的逻辑效力在于它与未来情境的潜在关联。宣告式命题"我应该去看医生"(I should or shall see a doctor),同样是机能性的。它表述的是一种可能有的运作,一旦得以实施,将有助于在实存性上产生

一种未来情境；而假若没有采取那种行动，所存在的情境将具有不同的性状和涵义。可以发现，同样的说法也适用于主治医生一方面就那些定位和刻画疾病的事实、另一方面就他为治疗疾病所采取的行动路线而作出的宣告式命题。

此种分析，一旦被接受，可以带来一种辨识，即宣告式命题（它们本身就是临时鉴定性判断的结果）作为因素，可以积极地影响那个最终判断的实存主题的构成。最后的那种主题，可能并非原先所希望与意想的。但不论怎样，假若那些依赖于预性工具命题的运作没有发生，其结果与现在相比会稍微不同。根据通常所采纳的对于宣告式命题的解释，说它们会进入它们所“关指”的那个情境的结构之中，这是纯粹的矛盾。但是，这种矛盾源自所采纳的那套理论，而非由于那些命题本身；它是忽视所形成的那些命题的居间性和运作性效力而带来的后果。

根据传统理论，对于我们所讨论的这个例子，有一种标准说法大致如下：把“我病了”和“一个人生病时就应该看医生”这两个命题分别看作三段论的小前提
和大前提，由此必然推出结论——“我应该去看医生”。这种解释利用了一种含 167
糊性。它可以看作不过是对于已经作出的一个真实判断的语言呈现。在这种情况下，我们对于文本的分析就得以证实了。因为那样的话，大小前提都是对于探究中所获得的决定的一种陈述，涉及事态应该如何才能得到指定方向上的变动。然而，从字面上看，那种解释的意思是：并不存在什么探究以及判断。它仅仅是指问题中的那个人，每当他以为自己生病时，都习惯于不由自主地去看医生。这里没有任何怀疑或不确定性的成分，没有探究，也没有命题的形成。那是一种直接刺激，是根据先前所形成的习惯作出回应。所声称的那个三段论，不过是对于行为上所发生之事从外部强加的一种说法，其中不涉及任何逻辑形式。

这样的情境是重要的，因为经过对照，它可以引出的确出现有判断的那些情境。一个人可能有一种看医生的不变习惯，因为他是虚弱的人，因此并没有运用判断。或者，他可能每当症状严重时倾向于去看医生，然而在这次特殊场合下，他疑惑是否病情严重到了需要看医生的地步。于是，他进行了反思。此外，就具体某个人而言，他不会决定去看任意一位医生；他决定去看某一指定的医生；而且，他可能需要查查看什么医生。他可能有理由认为，自己的资金状况最好靠运气来康复，等等。如此说来，把有关实践的命题还原为单称命题与一般命题的形式组合，这样的解释仅仅适用于对那种未经中间判断直接按照习惯而完成的行

为的事后语言分析，或者说对那种已经得以完成的判断的事后语言分析。假若涉及有命题的思虑与鉴定实际上介入了对于"我要去看医生"的决定，那么，实践判断就成为一种因素，用于对起初鉴定性判断所关指的实存质料作最后确定。

我们所选的这个特殊例子，很难用于解决更大的难题。当下的这个问题非常重要，我继续通过一系列的例子来进行讨论。

1. 在有些情况下，实践判断要"立刻"确定下一步做什么，以便由于该判断
168 所规定的那种活动而产生具体的实存情境。譬如，一个人注意到一辆机动车向他驶来。他可能不假思索地躲开。此时，不存在判断，也不存在命题。但是，有的情境可能是要引起思虑的。这时，将会对现存条件进行观察（定位其中的问题），并形成行动方案，以应对紧急情况（解决问题）。裁判在比赛过程中所作的决定，可以提供更充分的说明。他必须形成有关观察到的事实以及可用以解释的规则的命题。他对于事实以及可适用规则的评判都可能受到质疑，但至少可以说，他关于"安全"或"出局"的最终判断成为后来存在的事件进程中的一个决定性因素。这一事实表明，比如一个跑垒员在棒球比赛中的动作和位置，并非需要判断的东西。判断的对象是动作发生于其中的那个总体情境。一个击球员或跑垒员做过哪些事情，以及可以适用什么规则（概念），有关这些的命题都是居间性和工具性的，而非终结和完满的。

以上提出的两个例子阐释了适用于判断谓词的"程序工具"一语是什么意思。谓词的主题代表了一种期待中的目标，它是对于实存后果即"即将达到的终结和完结"(a fulfilling close and termination)意义上的目的的一种预见。一个人看到汽车驶向他，他视野上的终点是：躲到一个安全之地，而非安全本身。后者（或其相反情形）乃终结意义上的目的。除非此种预见或期待中的目标是无用的幻想，否则，它的呈现形式就是一种需要执行的运作。类似地，有关比赛中跑垒员的那个命题"出局！"或"安全！"，也是运作性的，因为它决定着跑垒员之后要去做什么以及比赛如何继续。倘若最后结局或终结意义上的实存目的是命题中的一个条件项，它会被视为已经完成了。只有目的充当一种指示性手段，用以执行借以产生现实完结的那种行动，它才不至于自我拆台。

谓词并非对于已经存在的某种东西的"如实"领悟与宣称；它是基于对作为
169 可能成果之条件的那些事实的如实观察，对于所要做的某种事情的估量。同样，比赛中，跑垒员的球门或弓箭手的靶子，有关这些的观念除非能把作为存在的终

点记号翻译为所凭借的手段——程序手段，否则就是妨碍而无益的。跑垒员把有关球门的思考当作在不同阶段上调节自己速度等等的手段；弓箭手则结合对于方向和风力的观察，把有关靶子的思考当作射靶的一种导引或指示。“目的”的两种意义，即作为视野的终点与作为客观的界标（termination）和完结点（completion）的目的，二者之间的不同显著地证明了一个事实，即在探究中，界标并非只是如实地得以领悟和宣称，而是被陈述为一种程序之路。正是由于混同“目的”的这两种意义，有人才认为：实践判断要么是纯宣告式的，要么是毫无逻辑地位的纯粹实践。

2. 道德评价也是关键的一点。常见的而且或许还在盛行的一种预设是：存在着本身是目的的一些对象；这些目的以层级排列，从较不重要的到较为重要的，并在行动上具有相应的权威。它出自这样一种观点，即道德“判断”不过是对目的本身的直接领悟，找到它在固定价值体系中的正确位置。这种预设假定除了此种分层级的固定目的，道德主体剩下的唯一选择就是顺从自己的欲望变化。按照本书所采取的立场，作为客观界标或实现物的目的，在判断中的作用是表征一些运作模式，用以化解那种引发判断的可疑情境。而作为视野的终点，它们代表的是行动方案或意图。探究的任务就是：根据那些能决定困境中事实到底有哪些的观察所得，确定那些将化解主体自己所纠缠于其中的困境的运作模式。

道德判断仅仅领悟与宣称某种先定的目的本身，这种观点事实上不过是以一种方式否定真实道德判断的需要与存在。因为根据此种观点，根本不存在问题情境，存在的只是处在主观道德不确定或无知状态的个人。在那种情况下，他的任务并非判断客观情境以确定需要采取什么样的行动路线，才能将其转变为 170
道德上令人满意的正确情境，而不过是从理智上获得一个先定的目的自身。在先前经验中所确信的那些善是质料手段，用以获得一种有关要做什么的判断。但它们是手段，而非固定的目的。它们是有待根据现存情境中所需要的那种行动加以勘定与评价的质料。

认为道德判断关注一个客观的未决情境，而且期待中的目标在判断之中并通过判断被框定为一些起化解作用的运作方法，这样的立场符合一种事实，即因为类似情境的再次出现，那些作为行动方式的一般性期待中的目标得以建立，从而初看起来，似乎可以说在新情境中得到了辨识。但是，这些标准化的“备好了的”命题并非终结性的；虽然是高度可贵的手段，但它们仍然是一些手段，用以考察现存情境以及鉴定情境所要求的行动样式。它们能否适用于新情境以及在新情境中的相关性和重要性这个问题，可能会而且经常的确使它们重新得以鉴定与框定。

3. *疑问式命题*。疑问是不是某种逻辑意义上的命题，这一点并不经常被讨论。真正提出这种问题的逻辑学家常常认为，它们并非真实的命题。根据本书所采取的立场，所有不同于判断的命题都具有疑问的一面。因为是临时性的，它们不仅容易受到质疑，而且本身有贴切性、重要性和适用性的问题。当事实或概念被认为完全得到确信（不论因为早前的成功使用，还是别的什么理由）时，所产生的是直接行动而非判断。许多事实和观念可以被如此采纳并直接使用，这在实践中是极其便利的事。而把这种实践上的价值转变为确信的逻辑地位，由此走向那种作为自由而连续的探究之大敌的教条主义，这是最为常见的方式之一。

鲍桑奎是公开论及疑问之逻辑地位的较少几位著作家之一。他说，它们只
171 是试探性的，而“试探的判断缺少判断的种差。它没有断定；它没有主张为真；像这样的疑问不可能成为思想本身的对象……它不是理智可以抱有的一种态度。……它是对于信息的需求，其本质是要被引向一个能够产生行动的道德主体”①。

所引的这段话涉及此前讨论过的一点，即判断具有双重特征，既作为临时性的鉴定或估量，又作为结论或终结。鲍桑奎所说的话，显然适用于判断的后一方面。由于把所有关于事实和观念的效力与相关性的初步鉴定和评价都从判断之意义中排除出去，他的观点走向了他所达到的那个结论，即探究并非一种判断形式，因此本身并不具有逻辑上的地位。这种立场对于他的许多深远的推论来说，至关重要。

把现实科学工作视为探究的一种，这肯定算不上不科学。同样可以肯定，把科学从逻辑学的领域和范围排除出去，只将其作为一组命题接受下来，而不管它们是根据什么探究方法获得的，这样的一种立场不是能够轻易接受的。日常语言使用“所问之事”(the matter in question)，这一表达作为探究所关注之主题的同义语。不论从科学的观点还是常识的观点来看，比起鲍桑奎先生所说的“疑问不可能是思考对象”，更加正确的说法似乎应该是：疑问（在“可质疑与受质疑的

---

① 鲍桑奎：《逻辑》(*Logic*)，第1卷，第35页。

主题”意义上）是唯一的“思考”对象。

疑问要求某人采取行动，这样的说法孤立地来看，与本书的立场完全一致。作为鉴定之判断，甚至可能会用以形成向另外一个人所提出的疑问，因为单讲那个被提出的疑问，远远不具有自明性。然而，疑问本身就是讲给另外一个人听的这种说法，忽略了一条基本事实，即疑问是呈现给实存主题的。科学探究可视为“对于信息”的请求。但是，所需要的那些信息并非天然现成的。它要求有判断 172
来决定对自然提些什么疑问，因为它所涉及的事情是：设计出最好的方法来观察、实验及解释概念。

上一种说法，使我们的讨论直接面对那个关于探究与实践判断之间关系的问题。因为，要确定提出一些什么疑问以及如何提出，这种事就是要判断应该做些什么，才能获取为化解不确定情境所必要且充分的事实质料与概念质料。我们只需要想一想律师或医生在某给定情形下的程序，便可以明白他们的问题何以从根本上说，就是要框定正确的疑问——“正确性”的标准就是：能否引出可有效地化解那种激起探究的情境的相关质料。

4. 思虑包含于我们所考虑的全部例子中。但是，需要强调，思虑中有一个方面是非常重要的，最好单独地拿来讨论。真实思虑的开展是对可选的活动路线进行设立与检查，并考虑它们各自的后果。这一事实阐明了析取命题与假言命题的机能性。诸如植物学和动物学中的那些分类学体系，包含了大量的析取命题实例。它们曾经被认为代表着科学的终极目标——这一观点可以从关于固定种（fixed species）的经典观点中一致性地推出来。而现在，它们被用作探究活动的有效手段，而且仅仅在此种机能上具有价值；因为任何已知的分类学体系都被认为是弹性的，会不断地得以修正。但不幸的是，逻辑教材习惯于把析取命题作为单独的论题。因此，它们把先前探究所确立的析取命题当作说明性材料，而不管这些析取命题借以确立的那些探究，也不管这些析取命题进一步在其中运作的那些探究。然而，在现实科学工作中，分类学上的析取命题一律被视作纯粹的工具性设置，从而失去了所有的独立性。几乎可以不夸张地说，如果某一个科学工作者着重关注分类法，这在来自高级领域的科学工作者看来，几乎是某种需要蔑视的事情。

析取命题与实践判断相关，因为对于策略之事的思虑，要求：（a）有多选的可 173
能性被设立与探查，（b）它们必须彼此很容易比较。譬如，一个人突然拥有一大笔钱，他在思考该用它做些什么。他的思考毫无意义，除非采取一种形式把手头资金可能有的多选用途建立起来。是把它放到银行里生利息？是投资股票、债券或不动产？或者是用于旅游，购买图书、仪器等等？这些多选项每一个都以析取命题表征为体系中的一员，通过对它们进行分析，问题情境变得具有相对的确定性。

在所给出的这个例子中，很显然，每个命题都形成了一种手段，用以确定要做什么事；而且由此所得到的确定性作为一种手段，可以产生某种最终情境。具体领域内的专家很快可以设立一组选项。对于新情况来说，这些选项是备好了的质料，就像一个工匠手头上会有与自己活动路线相关的一套工具。在此类情况下，判断所要回答的疑问是要采取这组中哪一选项，而不是析取命题的形成。但是，尽管如此，后者仍旧具有工具性。把工具实体化为某种终结而完满的东西，这限制了未来探究，因为它把所要达到的结果受制于一种被认为无法质疑和检查的先见之明。

在此，假言命题与析取命题的关系只需简要地提示一下。每一个可选行为式样的意义，都是根据作用于其上所产生的后果而得以构造的。此种意义的展开是通过推理进行的，其形式为："如果此种可选项被采用，那么，如此这般那般的后果有望随之发生。"由此衍生的后果，与其他假言命题的后果相比，提供了一种根据以作试探性接受或拒斥。在现实做法中，此类"如果-那么"命题的展开经常不会很长。但是，从关于要做什么的有担保的最终判断的角度来看，选项应该穷尽，而且体系中每一个作为假说的析取命题的展开应该是彻底的。

174 5. 评价。评价(*value*)一词既作为动词又作为名词，这种永恒的含糊性经常被指出。在其中一个意义上，评价"to value"是指享受，而作为结果的享乐在比喻意义上被称作一种价值。在这些情况下，享乐都是自发地发生的，其中既无反思又无探究。然而，有关享乐的事实，可以从语言上得到记录与交流。由此得来的语言表达式外化为命题的形式。但是，除非出现有疑问，否则，它就只是社会交流；除非所作的交流能够提供用以化解新情境的与料，否则，它就不是命题。不过，如果所提出的疑问是"主题是否值得直接享受"，即如果所提出的疑问关系到是否存在充分根据进行享受，那么，就有一种涉及探究与判断的问题情境。在这样的场合下，"*to value*"的意思为权衡(weigh)、鉴定(appraise)、估量(estimate)，即"评价"(*to evaluate*)——一种突出的理智运作。每一种方式的理由和根据，必须得到寻求并表述出来。

不容置疑，关于曾经爱过、仰慕过的某些人，关于曾经过于尊崇（有别于估量）的某些对象，会出现此类的情境。这一点对于我们的讨论很重要。因为它们的发生表明，我们仅在一种作为享乐质料的价值成为问题时，才进行评价。这种情况下的命题在逻辑上，非常不同于那些字面上类似的句子：它们仅仅是记录与交流了一个事实，即某种享乐、爱慕或尊崇，在现实中发生了。后面那些“命题”的确记录了事件的发生，但只有在它们成为所开展研究的质料，以便决定它们是否在享乐当时*具有辩护理由*，或者是否在当前情境下具有辩护理由，才可以说它们具有逻辑地位。我们现在要让自己有这样一种态度吗？如果答案是肯定的，我们后面会不会遗憾？

类似这样的疑问在各种情况下都会出现，从吃一种根据过去经验知道可以直接享用的食物，到严肃的道德困境。要答复这些疑问，要化解所出现的那些疑惑，唯一的方法就是检查那些实存后果；它们是*假如*有尊崇、仰慕、享乐等的参与，便可能会出现的后果。作为态度来说，尊崇等等都是能动的态度；它们是能够产生后果的*行为方式*，而后果要得到*有根据*的预期，就只能是那些运作性条件 175
所带来的后果。有关享乐的事实，只是那些运作性条件之一。它产生后果——正如在吃那种可直接享用的食物时的行为——只能是通过与其他实存条件的*交互*。因此，后者必须得到独立勘察。要估量它们的可能后果，只能是根据在过去——或者是某人自己的过去，或者是有记载的他人经验——类似情况下所发生的事情。单从外部来看，现存条件并未告诉我们后果会怎样。我们必须查验关联性——通常都是因果关联。关联性随后通过抽象而概括化的概念命题，通过规则、原则、法则来表述。但是，手头那些规则和原则（不论它们*如何*被测试过）*能否适用*于所谓的具体情境，这样的疑问总是出现。必须在它们之间作出选择。因此，为了获得有根据的最终判断，必须对原则进行评价或鉴定。

于是，评价性命题对于事实或概念主题来说，并非只是宣告式的。事实可能是不受怀疑的；我肯定在过去享用过这种对象；我现在将直接享用它。某些一般原则可能被认可为标准。但是，无论所出现的事实，还是所出现的标准化规则，它们都并不必然在进行评价时具有决定性作用。它们分别为质料性的和程序性的*手段*。它们在现有情境中的相干性及重要性，是必须通过探究来确定的事，之后才会获得有根据的评价性鉴定。

这样的评价性判断显然是实践判断中的一例；或者严格来说，所有的实践判断都是评价，专门根据条件（这些条件因为是实存性的，总是会运作的）所产生的那些被鉴定过的结果去判断要做些什么。越是强调直接的享用、喜爱、爱慕等等本身是天然的情绪冲动，就越能清晰地看到：它们乃是（交互）行为的式样。所以，决定是否在某已知情境中沾染（engage）或放任它们，就是一种实践判断——判断应该去做些什么。

176 对于逻辑理论来讲，更为重要的一点是：这些评价性判断（正如在前文对于判断的讨论中所显示的那样）促进了所有最终判断的形成。没有任何探究是不包括实践判断的。科学工作者一直都在鉴定从自己的观察以及他人的发现中收集到的信息；他必须鉴定它与所要开始之问题以及所要开展之观察、实验和计算活动的关系。当他在理解的意义上，"知道"包括法则在内的概念质料体系时，他必须估量它们作为所要开始之特殊探究的条件的相干性及效力。许多逻辑教材谈到科学方法时，显得相对无效（或至少是不够有效），或许最大的根源就是因为没有把所要阐明的质料，与借以获得它们的那些运作，以及它们所暗示、指出和有助于指引的未来运作联系起来。

6. *欣赏*。一个已被强调的事实，是价值判断不能等同于说如此这般一个人唤起了爱慕与喜爱，或者说，如此这般的一个事件或对象过去或现在得以享受。这些"命题"仅仅具有道德意义上的真理属性；就是说，与"有意的谎言"相对立。然而，这些命题可以变成价值判断或评价中的构件。在它们呈现这样的状态时，被用作质料手段以确定某一指定人或行为是否*应该*受到爱慕，或者某一指定对象是否*应该*被享受。当把陈述句"我喜欢这幅图"变换成命题"这幅图很美"时，议题转向了作为*对象*的图画。为了有效，后面这个命题必须建基于看得见而且可证实的图画对象的性状上。它一方面依赖于对可观察特性进行甄别，另一方面依赖于当被阐明后构成美之定义的那些概念意义。这些陈述句与直接的非判断性美学经验的存在之间决不冲突，甚至可以说，真正的美学判断必须产生自后者。但是，直接经验并非表达在陈述句"我喜欢它"之中。对于它的自然表达，不如说是观察者的态度或者一句感叹。

以上所述关系到一个话题：欣赏。它并非纯粹的享乐，而是把享乐作为那些
177 构成欣赏之先前过程与反应的*完成*（*consummation*）。这些先前的状态或运作包含有反思性观察，伴有分析性与综合性的东西，伴有对于关系的甄别与整合。真

正的欣赏朝向一种表征性主题。它不表征所欣赏对象外部的某种东西。所谓的这个对象，表征着导致它作为实现物或完成性终结而产生的那种东西。因此，欣赏与偶然发现或失去的不经意享乐具有根本的不同。

“高潮”(*climax*)、“顶点”(*peak*)、“极致”(*culmination*)这些词所指的是完成性对象。任何可以此类名字称谓的对象或事件，都从本身涉及此前所发生之事。这些词所表明的并非仅仅是先前的东西出现在顶点到来之前，而是说先前的东西在自身成果上有了转折性结局。不论哪里，只要有欣赏，就有一种性状被提升，这种性状是由于所欣赏对象与其偶然条件之间的内在关联而产生的。它的对立面不是不喜欢(dis-like)或不享受(dis-enjoyment)，而是藐视(de-preciation)——对于一种结果或产物与其作为果实而产生于其中的那些条件和努力之间的关联的贬损。一个人几乎自动地喝水来解渴。如果他正在一片贫瘠的土地上旅行，估量一下哪里可以发现水，然后去现场止渴，他就对经验有了一种被提升的性状。水得到了欣赏。而当所有需要做的不过是打开水龙头、用一只杯子接水时，水是不会得到欣赏的。他的经验具有一种表征性品质，代表着一种结束、一种完成。

因此，在欣赏之中包含评价性成分。因为这些对象并非单纯界标意义上的目的，而是“实现”意义上的目的：“满足”一词的字面意义，即是指某种有缺陷(*de*-ficient)的东西“足够用”(*making suf*-ficient)。所以，每当主题经历一种发展和重构，从而导致一个令人满意的整体时，就能发现欣赏性判断。我们引用下面一段话来说明这里所讲的意思：“经典热动力学形成了一套有条理而且非常精致的理论，于是有人可能会想，对于它的任何修改都是不可能的，因为那会引入随意性的东西，从而完全破坏其中的美。实际情况却不是这样的，因为量子力学现在已经达到了一种形式，使它能建立在一般法则之上。它虽然还不够完整，但 178
要比处理同样问题的那种经典理论更加精致和迷人。”[①]

“美”(*beauty*)、“精致”(*elegance*)这些词清楚地显示，这里的情况属于欣赏。只需要对上述段落略加分析便能明白，那种理论的精致和美是因为其主题把多样性的事实和概念呈现为一种极致和谐的秩序。科学这样的理智活动具有与美术完全一样的欣赏向度。每当探究达到一种终结点，导致其产生的那些活动和

① 迪拉克(Dirac)：《量子力学》(*Quantum Mechanics*)，第1页。

条件予以实现,就会出现那样的欣赏向度。没有那样的向度(有时它们会很强),任何探究者都无法找到那种表示其探究已达到终结点的经验性标记。

然而,欣赏性判断不能混同于最后的终结点。每一种复杂的探究都有一系列可谓相对完整的阶段作为标志。因为,复杂探究包含一大堆的子问题,而每一个子问题的解答都是对某种张力的化解。每一种这样的解答都是对主题的一种提升,它与得以统一化的那些不一致和相互冲突的条件的数量与多样性成正比。所发生的这些完成性判断在种类上,与那些通常所谓的美学判断并无二致,它们构成了任何事业推进过程中的一系列路标。它们是对于所达到的事实质料上的融贯性以及概念质料上的一致性的标记。实际上,它们在作为线索与给出指示方面,具有非常重要的机能,以至于所带有的那种和谐感很容易被认为证明了其中主题的真实性。[①] 这种错误得以产生,是因为把对于和谐与相融的感觉孤立于借以把差异性素材结合为融贯统一体的那些运作。那种在探究活动中发挥重要指引作用的、对于相融的直接经验,转而成了客观真理的准则。

此种实体化做法已经影响到了三种最为一般化的欣赏形式,从而产生了作为本体绝对者的善(the Good)、真(the True)和美(the Beautiful)。这些绝对者
179 的现实基础是对具体极致性目的的欣赏。就理智的、美学的和道德的经验来说,对于某些未定的实存性条件的客观完善得以实现,而且是如此全面地实现,以至于最后的那种情境显得特别优秀。有一种强调意义上的判断:“这是真的、美的、善的。”而一般化的最终成形,是根据大量这样的具体实现。是真的、美的或善的,这被认为是各主题的共有特征,尽管在现实构件上存在很大差异。然而,它们毫无意义可言,除非能够表明某些主题明显是通过执行适当的运作,对于某类先前的不确定情境所进行的极致性完善。换言之,善、真、美是抽象名词,代表着那些属于现实中极致性达到的三类目的的特征。

经典理论把所获致的目的转换为目的本身。它之所以这样,是因为忽略了借以实现所谓成就的那些具体条件和运作。有一些特质标志着主题能够成功地化解理智探究、艺术建构及道德活动中的难题,但它们却被隔离于那些赋予其地位和涵义的条件之外。经过如此隔离,它们必然得以实体化。离开了借以达到后果的那些手段,它们被当作那些运作于探究、艺术创作和道德操行中的外部理

---

① 参看第五章所谈到的希腊科学中的美学标准,第 88—89 页及第 100—101 页。

想和标准，而事实上，它们不过是一般化结果。这种实体化总是发生于那些终结性的具体目的被上升为“目的本身”的时候。

真、美、善这些一般化的抽象概念，对于探究、创作和操行具有真正的价值。就像所有真正的理想一样，它们是一种限制性的指引力。但是，为了发挥其真正的机能，它们必须被看作对现实情况中一定要得以满足的具体条件和运作的提示。在充当这样的一般化工具时，它们的意义便显示在进一步的使用中，同时在这样的使用中得到阐明与修正。譬如，“*真理*”(*truth*)、“*是真的*”(*being true*)的抽象意义已经随着实验探究方法的发展而改变了。

最后，我们再来看上文所提到的、似乎与实践判断这一概念相伴的悖论。先 180
不管悖论问题，关于思虑的理智地位只有两种选择：要么承认在思虑期间所形成的居间性的、试探性的命题，可以对它们所*关指*(*about*)的那个主题产生决定性的影响；要么否认它们具有所有理智上的地位和相关性。假若采纳第一种解释，就会出现明显的悖论。这一点看起来是矛盾的，仅仅是因为从之前有关命题本性的那种观点来看，即它们是纯宣告式的，而且此种宣告力是终结而完满的。假如可以承认(即便是作为假说)，它们所宣告的*那些东西*是需要而且最好是执行某些运作以便由此获致一个可以有根据断定的最终主题，情况会变成完全不同的样子。因为基于这样的考虑，认为命题就是一些用以确定它们所*关指*的那个主题的因素这一观点，正是我们所期待的，没有任何悖论。

如果我们在这方面注意到“*关指*”一词带有某种含糊性，或许其中的难题就能得到澄清。一方面，命题被认为是关指并不作为命题条件项出现的某种东西；另一方面，它被认为是关指命题中的一个条件项，通常关指的是表达所谓肯定或否定的句子中作为语法主词的那个条件项。例如，一个人探究与某个棘手的外交问题有关的主题——他的探究整体上是关指这个棘手情境。在探究期间，他提出一些*关指*事态以及有关国际法之规则的命题；而事实和规则都明显地是那些命题中的构件。但是，这些命题关指(或指涉)的，是并非作为任何命题之构件的主题。它们的要义和效力在于它们所关指的那个东西、那个它们用以确定的情境，而且那是一个并不作为任何命题之条件项而出现的情境。

其结论是：评价之作为实践判断并非一种可与其他种类对立的特殊类型的
判断，它们不过是判断本身的一个固有向度。在有些情况下，最要紧的问题会直 181
接关注对实存作为手段的正负能力(资源和障碍)进行鉴定，直接关注对作为期待中的目标而出现的那些可能后果的相对重要性进行鉴定,因而评价的向度就是占据支配地位的一种。此时,有一些判断在相对的意义上可以称作评价性判断,以区别于其他评价向度占据次要地位的判断的主题。但是,每一个判断中必然包含对于用作主词-与料的存在以及谓词-可能性(或期待中的目标)的观念进行选取,评价性运作内在于判断本身之中。情境越成问题,所要开展的探究越彻底,其中的评价向度就越明显。在科学探究中,为了确定与料,为了使用观念和概念(包括原则与法则),必须开展实验,这已暗暗地把评价性判断和实践判断的同一作为一种指引性假说。实际上,本章可算是一种呼吁,呼吁逻辑理论要符合科学实践的现实,因为在后者中,如果没有关于做与制的运作,便不存在任何有根据的确定性。

10. 肯定与否定：作为再次评定的判断

对于肯定和否定命题的问题，传统的理论和探究行为中实际发生的情况之 182
间有所不同。这种不同，需要我们来检视一下。在科学探究中，有一种对例外情形和表面上的例外情形的细致地关注。探究的技巧不仅与注重一致性相关，而且与有效的消除例外情形相关。在被研究的现象的特征上即使有再多的一致性，其自身都不足以建立结论；通过观察各种差异，一致性在每一种情形下被保证。实验操作的目的是很清楚的，就是故意设立多样的条件，以制造否定特征，有助于检验当前被接受的结论。如果逻辑理论在解释肯定和否定命题时，以探究行为中所发生的情形为出发点，那么，如下两点是很明显的：(1)肯定和否定命题有助于解决令人困惑的情形，(2)肯定和否定命题是成对的，或者在功能上相互对应。

然而，传统理论把命题当作确定和现成的，因此本身是独立和完全的。命题就在那里，描述了他们所展现的那些属性。如果把它和它的起源结合起来看的话，这种处理的方式是可以理解的；其起源就是亚里士多德的本体论的逻辑。在这种逻辑中，种和类包括最终定质的整体和实在的个体。某些类在本质上排斥了其他类。否定命题因此是基本的本体论形式的认识论实现。类也以等级排序。因此，肯定一个类包含在另一个更广的类当中，你是本体论形式的认识论实现。

基于这个理由，肯定和否定命题是对存在物的直接的理解或“记号”。这里 183
所述的内容能够适用于全称命题——关于定质的整体。同样的考量能够适用于特称命题，因此也适用于由反对、下反对、矛盾和差等关系组成的对当方阵。会改变的事物在本质上是不完整的和部分的。因此,他们被理解为特称命题。部分和特称命题之间的联系,不仅仅是词源学的。在传统形式逻辑中,"一些"作为特称命题的标志,意味着"一些,但可能是所有"。但是,在亚里士多德理论中,"一些"仅仅意味着一些。按照这种情况的本体论本质,每当肯定命题"一些是"适用时,否定命题"一些不是"也适用。下反对关系与相互排斥的共相(universals)之间的反对关系一样,是本体论的。殊相(particulars),或者那些因改变而本质上不完整的,只有通过确定的界限来理解,而这些界限由定义共相的本质来确定。因此,差等关系是基于本体论的。对于反对关系,很明显,受其本体论主题的限制而仅谈论"一些"的特称命题和本质上关于全体的命题是矛盾的。

现代科学的发展,打破了由确定的本质定义的确定的种的概念,以及这个概念之上建立的亚里士多德逻辑。因此,这种破坏影响了共相和殊相、整体和部分的传统概念,以及这些概念之间的关系。现代逻辑尝试保持这个关系,但是把它理解为纯粹形式的,排除了其中的本体论含义。不可避免的结果就是:在传统逻辑和现代形式逻辑中,以一种机械的方式来理解肯定和否定命题和它们的关系。它们失去了本体论基础,但在探究行为上没有任何功能。

老名称,命题的质,被保留在这个名称和肯定否定命题的关系之中,但这不过是一个机械的标签。从肯定和否定与不确定的情形中寻找确定性之间有功能
184 上的关系的立场看,它们只是手段,其目的是通过它们各自规定的选择和排除操作来重塑原本不确定的状况。肯定命题代表了不同实验对象在证据力度上的一致性;它们一致,因为尽管这些实验对象在不同的时间和地点发生,但它们相互支持或被认为共同指向一个方向。另一方面,否定命题代表实验对象要被排除,因为在解决特定问题中,它们和资料的证据功能无关。最后,某些事实或观点被排除,意味着原本不确定的情况只有通过实验操作上排除某些组成成分,才能重塑为确定的情况;对某些与料和观点的肯定,意味着它们被从操作上选择出来以相互加强,建立统一的情况。如果这些说法与传统对肯定和否定的解释比较而言,听上去有些古怪,那么,只要想想科学的探究行为中所发生的,就能明白这些说法有坚实的基础和中肯的意义。

这是一个常识,就是探究通过比较被发现存在的或在不同的情况下发生的,来选择恰当的证据材料。没有收集不同时间、不同地点、不同条件下被观察的现

象，有根据的常识探究或者科学探究就不会有结果。我们诉诸精心的实验，是为了改变条件的明确目的，或者达到这样的结果：被观察的实验结果如此多样，以至于有更广泛更确切的研究对象能够比较。收集许多情况以建立不同与一致，是一种相对来说不可控的实验。比较常常视作是当然的，因为它包含在所有获得有根据的结果的探究之中。[①]

既然除了从操作的意义上，不可能定义比较。比较命名了所有这样的操作， 185
在这些操作中确定证据力度上的同一性和不兼容性。比较命名了所有的操作，通过这些操作，声称的和临时性的资料被确定为与给定的不确定的情况设立的问题相关的资料；一些事实被确定为"和情况相关的事实"，而其他事实不是。这是不可能的：给出独立的对"比较"的定义，然后从中推出建立证据力度上的一致和不同的操作。"比较"是一个总括的词，包含了所有操作的整体；通过这些操作，某些存在物被挑选地设立为资料，其他存在物被排斥为和情况无关；事实上，在重组存在的情形中被排斥为另一种阻碍。

之前谈到过一位唯心主义逻辑学家——鲍桑奎先生，他说："在通常的意义上，比较是指应用于两个或者更多给定性内容的、有意识的、交叉性对照的名称，以为了在这些*作为给定性的*内容之间建立一种一般的或者特殊的同一性，或者部分的同一性（相似性）。"[②]与之相比，本段所表达的观点将有助于显示出这里所持立场的意义。引文中的斜体字，*作为给定的*，从肯定性的方面来说，包含着对比较的前提性本体论基础的肯定；从否定性的方面来说，包含着对同一性，即一致性（agreement）命题和差异性，即对立（contrariety）、下反对性和矛盾性命题的功能性和操作性的力量的否定。相比之下，文本的立场是：比较所意味的是在各种具有实存性差异的情况下，基于等价的（相似的）证据效力来确立*被挑选出来的*事实；而只有当涉及选择的观察性操作同步排除其他和当前问题无关的、非证据性的、*除非*被排除否则就会真正产生误导的实存性材料时，这种确定性才会被建立起来。鲍桑奎先生的观点把比较还原为一种行为，即在"心灵"之内能被或正被实施的行为。这里所采取的观点是：在对先前存在的东西实施修正的这

---

① 对逻辑教材的审查将表明，这一词项很少出现。对这种陈述的例外，可以在理性观念主义学派的逻辑作品中找到。他们之所以对它感兴趣，是因为他们将其作为对那种将此种"实在"称作同一-之-异或异-之-同一或被称作"具体一般"的存在论命题的某种基本解释。

②《逻辑学》，第 2 卷，第 21 页，斜体为原文所加。

种实存性意义上，它是操作性的——就像可控的实验中所做的那样。“相似性”
186 是按照其在推论或推理中的功能性价值，把不同的事物进行同化的产物。很多常识性的推理中，隐含地假设了相似性。当假设在命题中被表达时(为了使探究的结论有根据，我们需要这样做)，关于相似性的命题事实上就是一种论断，即认为同等价值的充分可能性为探究性的同化提供了基础。

之前的讨论把基于当前科学探究实践的肯定和否定性的理论，与亚里士多德的学说及掏空了所有内容的亚里士多德学说的后期形式，进行了比较。现在来考虑一下我们的观点与一般的判断理论之间的联系。不确定的情境的标志是混淆、模糊和冲突。它们需要澄清。不确定的情境需要澄清是因为究其当前情况，它没有提供解决它的引导或线索。就像我们所说的，我们不知道在哪里拐弯；我们探索着，摸索着。我们要避免这种混乱的状况，就只有通过转向其他情境，在其中寻找线索。所借用的事物提供了一种新的态度，以作为进行直接的观察性操作的手段——通过感觉运动器官在常识性的层面上进行操作。这些操作，使给定的情境的某些方面凸显出来。当进行澄清时，这种态度就是一种观念或概念性的意义。

选择了某种条件，同时排除了给定性情境整体中其他条件和性质的操作，被看作相对于要被处理的问题来说的潜在性线索。选择包含着拒绝，而后者的行为则是最初的否定。不确定的情境通常会引起反应的对立模式。处理情境的态度和习惯模式相互冲突。这种冲突，包含在混乱和盲目的情境中。有时候，冲突是如此剧烈，以至于主要的问题就成为把问题还原为一致性标准的重要意义而非澄清。某些成分凸显，但是指向相反的方向。要解决这个问题，必须诉诸其他经验性的情境。这些暗含着增加和排除，当它们发生效用时，就会将一开始引起冲突性反应的材料集合起来。

187 排除无关和妨碍性材料的过程与在其指示性力量中赋予其他材料以明确性的过程，是同步的。因此，否定是选择的限制性方面，这种选择包含在所有将材料(material)确定为与料的过程中，所选择的是暂时性的肯定。这种肯定阶段最初是与为了把它实验出来而获取或使用材料相一致的。但是，对这种获取或使用的控制，要求材料被明确地表述出来。因此，命题(即明确的表述)和作为判断的典型性特征的最终断言是不同的。拒斥-选择的操作对于其他情境所提供的建议的依赖，解释了传统理论中对“普通的”(common)因素和一致性的强调。比较也是对比，它表现于对其他情境所指出的与此情境中不相关的那些因素和性质的拒绝和排除。

据说，有时肯定和否定不可能相互协调，因为其中有*无限后退*。如果它们相互追逐的话，的确会导致无限后退。但事实上，它们是严格地对应的。不仅所有否定的确定性，而且所有否定都是（或者趋向）肯定的确定性。肯定-否定的关系和动物对食物的摄取先于或者后于对其他非食物性物质的拒斥相比，并不更具有连续性。为了使用而既接受同时又排斥的行为，并不是连续的。

此外，有机体的选择-拒斥和逻辑上的肯定-否定之间的联系，是已提出的一般性原则的一种特殊情况。有机体的功能提供了逻辑的实存性基础。当包含于有机体的接受-拒斥中的实存性承诺被推迟到材料的功能能力已经在探究中确定了的时候，从一方到另一方的转变就发生了。这种延迟的确定性是由语言促成的，由最终决定性行为的命题促成的。例如，相信与试图支持或驳斥辩解相关联的指责和控诉的过程，在探究的肯定-否定方面的发展中是一种主要的因素，这是有历史原因的。而后，才有对为社会的采用而提出的某种建议的*正反方面*的论证。论证仍然意味着推理。罪（*crimen*）在拉丁语中意味判断，其字根也能在辨别（discrimination）和罪行（crime）中发现。古希腊词 *aitia* 通常被翻译为*原* 188
因，其中是有明确的法律渊源的。在从同意（assent）和不同意到基于特定基础的肯定和否定的变化中，从文化的状态到逻辑的状态的转换是最为明显的。承认和拒绝承认或是因为社会原因，或是因为涉及被有充足理由的探究所强加的要求而实施的行为。在后一种情况中，承认和拒绝承认有清楚的逻辑身份。毫无疑问，肯定（affirmation）是逻辑词项。我们只肯定那些能被证实的东西。

对于认为肯定逻辑上是与否定（denial）相协调的观念，还有另一种反对。当肯定命题的功能性本质被忽视时——也就是说，它们的职责在对与料和意义的建构中被操作性地运用——它们就被给予了直接性的实存参考。它们被看作对实存性地存在在那里的事物的陈述。同样的事物却不能用否定命题来陈述。因此，某些作者否认否定命题有任何逻辑内含。按照他们的观点，它们最多是对建议的拒绝，这些建议在我们的心灵中产生，因此只有一种个人的或心理上的地位。用一个作家关于逻辑的话来说，"没有否定系词，只有被否定的系词"。[①]

① 西格沃特（Sigwart）：《逻辑学》，第 1 卷，第 22 页。

然而，纯粹的否定会令人不快地想到孩子们由重复性的“T是，T不是”所组成的争论。重要的是，所讨论的观点来自那样一个假设，即因先在实存的阐明，所有关于事实的命题都是完全的和最终的。因此，否定逻辑上坚持否定的那种学说，给予了否定是工具性的和功能性的观点以间接的支持。实存和意义都在肯定和否定中被提及，这不仅仅是为了提到它们，更是与它们在重新确定情境中的功能相关。因为只有消除妨碍性的材料和毫无结果的意见，重新确定才能实现（与否定相关）。如果否定命题被排除出逻辑领域，那么，比较也必然被排除。

简而言之，否定除了是纯粹的省略或者放弃某些考虑之外，还具有事实性和
189 观念性。一些事实和意义必须被积极地排除，因为它们阻碍了不确定情境的解决。否定和变化相关，和成为其他的或不同的事物相关，这一观点至少和柏拉图一样古老。但在柏拉图那里，变化、变更或他者化有一种直接性的本体论地位。它是变化事物的缺陷性本体论特征，是其缺乏完全性的存在的特征。因此，处理变化的否定命题是一种关于在本体论上低级的实存性物质的知识的对应物。但在现代科学中，变化的相关物或对应物是确定的首要对象。不再可能把否定命题和变化或变更的关系看作陈述性的、与缺陷性存在相关的。相反，那样的否定命题明确地表述了那样一种变化，即通过否定命题在现存条件下所阐明的操作而将被实现的变化。条件将会如此的多变，以至于操作的后果将拥有一种证据性的意义，而这些意义在其最初存在的时候是缺乏的。这是将要进行实验性操作的一种指示。

肯定命题和变化也有内在的联系。拿命题“这是红的”来说，表面来看，它是完全肯定的；它不带有任何否定或者排斥的暗示。但是，红的东西的纯粹性存在对于断言“它是红的”来说，并不是一种充分的基础。为了成为基础，选择性的可能性必须被排除。这（*this*）为什么应该是红的，并没有逻辑上的必然性；刚才它可能已经拥有别的颜色，瞬间过后，它可能变成了另外一种颜色。在康德哲学的意义上，命题是“综合性的”；它不可能是基于对这的一种单纯的理智分析。有效的确定“这是红的”依赖于：(1)对颜色可选择性的可能性的详尽析取和(2)对所有其他的可能性而不是被肯定的一种进行排除，这种排除来自(3)一系列的假设命题，如“如果是蓝的，那么就有某种结果”等等，相对照的命题“如果是红的，那么就有某某其他的或某某不同的结果”。当然，事实上我并不是说，那样一种精细的过程总是会被经历。但是我想说，对于完整的逻辑有效性，需要有像“只有

当这是红的，被观察到的现象才会是它们所是"那样的命题。这个命题中的"只 190
有"，依赖于在否定命题中所表现出来的一系列排除。每当在解决科学问题时需要对颜色的性质进行科学性的确定的时候，探究就会向那样一种详尽的析取系统的方向行进，向系统地排除其他可能性的方向行进，而不是向肯定性的基础能够被找到的方向行进。

这种确定和变化的审慎之间建立的关系，是很明显的。必须对指示代词所指明的实存性的材料实施一系列的实验性操作。变化作为实行这些实验性操作而出现的结果，为否定它是蓝的、黄的、紫的、绿的等等提供了基础，但也为肯定它是红的提供了基础。如果一个人倾向于怀疑这种解释，尤其基于如下的理由的话，即所讨论的命题即使不是"自明的"，至少不会像解释所假定的那样更接近高度的调节，那么就请他回想一下：在科学上，只有通过把色彩和某些振动频率相同一、把红色和一种特定而独有的数字相同一的操作，才能确定颜色。换句话说，命题"这是红色"逻辑上意味着当执行某些操作的时候，一种确定的差异性变化已经发生了，或者预计要发生。在后一种情况下，其逻辑意义是：如果某些条件被设定了，"这将变成红的或者将其他事物变成红色的"。如果命题被解释为"这已经红了很长时间了"，那么就需要有更广泛的调节来保证一个关于增加了时距特征的结论。如果这个命题意味着"它天生是红的，或必然是红的"，那么对变化的参照就排除了，但唯一的情况是：命题不是关于变化的。

客观命题，如"在下雨"(It's raining)，几乎已经成为讨论的主题。对这些命题的自然性解释是：在这些命题中，完全先在的定质情境被变化的特殊性所肯定-否定。"它"(it)是指围绕着的总体的感知域；"雨"是指它所经历着的总体改变。如果命题是"只是在下小雨"或者"正在下大雨"，因为引入了更具体的否定，所以修饰词更有区分度。总体性质变化的命题是一组析取命题的起点，在这组析取命题中，单一的连续变化是根据程度的量程和范围而被阐述的。从其给定的组件中提取总体性的变化，是不充分的。它必须被分解为一系列的变化，每一 191
个变化都参照它在变化的连续体中的位置来确定。这样的确定，包含了命题的析取集。对量程中的位置的每次确定，都包含对于除了其中一个之外的所有析取的可能性的否定。[①]

① 范围的问题在下一章中将得到进一步的讨论。

在这些一般性的评论之后，我谈一下被称为反对、下反对和矛盾的肯定和否定命题的具体关系。从已经论述的可以得出结论：(1)这些关系必须从其在探究中所实施的功能性的职能来理解；(2)它们是作为相互关联或相互结合的确定，而不是作为恰好相互支持指定性关系的独立的命题集合(常见的对当方阵很可能是在后者的意义上来解释的，因为不把相反的等命题和探究过程联系起来，就会形成一种纯机械的命题图示；在逻辑上，其中的每一个命题都会独立于另一个)。

Ⅰ. 当肯定命题和否定命题都是一般性(general)的时候，它们之间就产生了对立或逻辑矛盾。这个关系只有一个是有效的，但是两个可以都无效。“所有海洋脊椎动物是冷血动物”和“没有海洋脊椎动物是冷血动物”之间的关系，例示了对立关系。命题的对立关系设置了限度，具体的确定值必须落在这个限度之内。它们本身是不确定的；也就是说，如果把它们看作最终的或完整的，而不是看作对可控性探究发展中的某个必然阶段的表达的话，它们在逻辑上就是有缺陷的。这种逻辑缺陷是明显的，体现在两者都可以是无效的这个事实上。在详尽的析取命题集合的建立中，对立只是一个阶段，正如我们已经看到的，这个析取集是充分的肯定-否定确定所需要的。它们本身并不构成所需要的析取，因为(这在刚才所给予的例证中是很明显的)它们允许选择性，比如“有些是，而有些不是”。但是，它们为中介的选择设立了限制性的标界。它们有助于划定探究的领域，从而为随后的观察性操作和观念性操作指明方向。传统的A和E命题代
192 表了选择落于其中的限制，但两者都可能是无效的，事实证明了它们仅仅是限制而已。然而，它们不是把结论，而是把对整个问题域的初步检视结果表示为对立，所进行的这种检视是为了限制进一步的确定必然发生于其中的那个领域。当我们陈述一种解决方案必定在其中寻获的终极边界的时候，摸索的过程就到达了其最初的终点。

然而，我们有如下的逻辑情境：(1)一方面，必须为可能性命题的领域划定边界，否则，探究将会在全体中到处游荡。这种限定是凭借对立的全称命题来实现的；(2)另一方面，当相互间拥有对立性关系的命题的严格的功能性本质(strictly functional nature)被忽视的时候，这些限制性的命题就应当穷尽可能的选择。然后，导致二选一式的刚性推理类型，它是一种在思考社会性和道德性问题时常见的类型。要么“个体”，要么“社会”，是固定的实体；要么摆脱所有的限制，要么从

外部进行强制；要么资产阶级，要么无产阶级；要么改变，要么不变；要么连续，要么分立，等等。只有当注意到对立性命题严格的功能性本质的时候，我们才能逃离由这种思维模式所引起的无穷尽的或者内在无限循环的争论。当它们功能性的或者工具性的本质被领会时，才能被看作是必需的；但仅仅因为设立了界限，它们才是必需的，在这些界限中，一组更为确定的析取性选择将会被找到。它们是针对进一步的、更具区分性的决定的功能性指令。[①]

在逻辑理论中，对立性命题的僵化性和由此而产生的表面上的终结，常常为使用的符号所加强，而这些符号本身却没有自己的意义和内容。例如，A 和非 A 193
就是这种符号。这些纯粹形式化的对立，不可能具有指示性的力量。因为如果说“德性”被指定为 A 的意义，那么，非 A 不仅包括恶，也包括三角形、赛马、交响乐和岁差。从亚里士多德时代开始，“否定的无限”的无价值性本质已经被普遍地认识到了。而没有被普遍认识到的是：(1)没有意识到对立性命题的中介功能易于向无限性的方向倾斜，(2)对立的任何纯粹二选一式的形式化表述(比如 A 或者非 A)都会消除对于任何论域的参照，进而当把任何一种价值赋予肯定性表述的时候，也会赋予否定性表述以完全的不确定性。然而，当把假言形式中对立面的设立解释为确定限度的方法的时候，决定性的析取选择都存在于这些限度之内，那么，它就是必要的、准备性的逻辑程序。

Ⅱ.“一些是…”和“一些不是”这种形式的下反对命题，当它们是确定性的时候，如果一个必然有效，那么，它们可能都是有效的。“一些海洋脊椎动物是冷血动物”而“一些不是”，是现在所知道都有效的下反对命题。短语“现在知道”是和前面句子中的从句“当它们是确定性的时候”相关的。换句话说，所包含的形式逻辑关系是由观察所决定的实存性内容的一种形式。然而，像任何形式一样，当抽象的形式在其对质料性内容的可能性应用中只拥有*逻辑*的意义的时候，它可能被抽象化了。就纯形式而言，所引用的这两种命题可能都是无效的。因为

① 假设、正题、反题对立和综合的辩证法表明，初始的相反对立并不是最终的。但是，它却要遭受那种逻辑之恶，即假设认为“综合”是直接从对立中而不是从对立所指示的确定性的探究中走出产生的逻辑恶果。在科学探究中，假设正题和对立反题绝不会被认为产生了一种综合。例如，“遗传”和“环境”作为对立的关系提出了一个重要的问题，就像曾经在物理学中根据离心性的力和向心性的“力”之间的关系所提出的问题一样。但是，科学问题是通过将高度一般性词项的主题分析为具体条件，而不是通过概念的操作来处理的。

除了现实中所决定的之外，有效性命题可能是“没有海洋脊椎动物有血”。仅仅因为对拥有脊椎和拥有血的特点进行了一种析取被建立了，这两个命题才是下反对命题。

下反对比反对更加确定，但是和最终的判断相比，仍然是不确定。因为关于所讨论主题的完全确定性的命题，应该是“所有被标示为某某特征（如养育幼崽、用肺呼吸）的海洋脊椎动物都是恒温动物”和“所有具有这样那样不同特征的海洋脊椎动物都是冷血动物”。如果它们是最终的、一般性的，那么，作为逻辑形式
194 的下反对命题甚至会比反对更混乱。然而，事实上，它们以提供设立明确问题的事实性资料的方式来记录观察结果。引述的下反对命题表征了给定时期的动物学状况，此时对两种不同类型的海洋脊椎动物的发现，根据不同特质的血液被划分出来，明确地设定了一种问题，即发现了一些海洋动物是一种类型，其他的海洋动物是另一种类型的条件的问题。这么做是因为一种物质性的假设，即血液在动物生命中起着如此重要的作用，以至于关于它的一种差异在高度的可能性上与其他的重要特征是相关联的。因此，由“一些”所标示的肯定和否定命题显示了探究一种相对来说不完整的实验性（*empirical*）状态的结果。在这里，“实验”意味着对实际观察结果的有效陈述，而没有洞察到观察特征时所依赖的条件。在实存性事件中有效结论对于事实观察的依赖表明，这种命题虽然不是最终的，但却表征了探究行为中明确性的阶段，并执行了把它进一步推向结论的必要职责。

当前对于光的探究，就处于这个阶段。有理由认为，“光在某些方面是一种辐射现象，在另一些方面则不是辐射，而是粒子”。若赋予这些命题所依赖的观察以充足性，那么就没有人会否认它们标志着一种科学的进步。另外，几乎没有人认为科学探究会满足把这些命题看作最终的。它们为进一步的研究设立了明确的问题：在什么条件下，光是振动的；在什么条件下，光是离散的？

Ⅲ. 对下反对关系的讨论，为差等概念作了准备。如果能够确定被一种特定的组合性特征所标识出来的所有海洋脊椎动物都是恒温动物，那么所谓的特称判断，即一些这样的动物是恒温动物就变得无足轻重了。提及的全称命题虽然有时会成为一时健忘之人的提示，但它不再有逻辑效力。假设某个阶段的探
195 究只是确定了在船只失事中，一些乘客获救了，而一些乘客失踪了，那么，进一步的探究具体确定了所有获救者和失踪者的名字。在后一种情况下，当所有获救

者和失踪者的名单在手时，再说弱形式的"一些"就是愚蠢的。任何给定的人的名字不是出现在这个名单中，就是出现在那个名单中。对于特定的人来说，没有其他选择。

一些形式的命题的真正功能是和传统形式的命题功能的方向相反的。不是从"所有"向"一些"运动，而是有一种从一些向所有的反应。在探究的早期阶段，"一些"获救了，暗示着可能在船上的"所有"都获救了。现阶段，探究完成的同时，就从在船上的不确定的"所有"中的"一些"过渡到特定群体中的所有。在严格的实验命题（在上面所界定的"实验"的定义上）中，命题"目前所观察到的所有的情况都是这样那样的"，和命题"过去、现在和将来的所有实存性的情况中的某些情况是这样那样的"，在逻辑形式上并没有什么区别。两者语言形式的逻辑意义都是"可能所有的情况都是这样那样的"。当使现象如此这般发生的条件被确定（通过一组肯定-否定命题）时，以法则的形式出现的全称命题就是可能的：每当条件是如此这般时，结果就是如此那般。[①]

Ⅳ. 前面的分析有一个主要的目的，就是表明：一方面，当肯定和否定命题被当作最终的和完全的（就像它们和探究的渐进性行为之间的操作性联系被忽视时，它们必然会如此）时，所讨论的形式就是机械的和独断的；另一方面，当考虑到它们的功能能力时，反对、下反对和差等之间的关系就标志着探究向一种最终的保证性判断的方向前进的确切阶段。可以说，这些考虑在反对命题的情况下会达到成熟，那些对立性命题就是：如果一个有效，则另一个无效；而如果一个无效，则另一个有效。在传统的对当方阵中，这种矛盾性关系是被对角线所表征 196
出来的，即从一般性的肯定到特殊性的否定（一些，意味着一个或更多），从一般性的否定到特殊性的肯定。从形式上来说，如果一个有色人种的人被发现了这样一种个例出现的话，命题"所有的人都是白种"就是矛盾的；同时，一旦遇到第一个北美印第安人，命题"没有人是红色的"就被否定了。

但这里本质性的逻辑观点是：一般性（肯定的或者否定的）不是被不确定的"一些"，而是被确定的单数所否定。逻辑上来说，"一些"或者是过度，或者是不足。如果单个的情形被确定了（事实上，并不是一件容易的事），那么，它就是过度的；如果"一些"按照严格的逻辑效力来理解，也即作为一种可能性的指示，作

① 两种"所有"可能出现的一般命题的差别将在第十三章中得到讨论。

为“可能”或“也许”的形式的象征，那么，它就是不足的。一个给定的I或者O命题可能是无效的，这个事实本身足以证明：它不能在任何严格的逻辑意义上，与相反性质的全称命题相矛盾。命题“一些人不是白的”表明：一个对象可能被涂上了颜色，但依然是一个人；或者可能是一个人，但不是白的。我们熟悉不能模糊地泛泛而告诫。这种告诫明显与这种观点相关。“一些”，如果没有指明与个体相关的话，就具有模糊性的泛泛而谈的性质。如果被指明，那么，它假定了如下两种形式之一：“如此这般确定的个体，是一种给定的类型”，这否定了全称命题“所有都是其他一种类型”；或者，更确切地说，“所有被具体特征所标示的个体都是一种确定的类型”。不论哪种情况，它都不是与一般性的A或E命题相矛盾的不确定的“一些”。

就像已经指出的那样，关于作为如此这般的若干（或一些）个体的命题设立了一个问题。它足以否定具有相反特质的全称命题。但是，这种否定在这个程度上是不完全的或者不确定的。它本身并不建立一种有效的全称命题。只有当两个逻辑条件被满足时，它才保证了一种矛盾性的一般性：(1)对一组尽可能详尽的选择性析取的确定，(2)对作为这种类型而不是另一种类型的证据性标志的差异性特征的确定。在科学探究的特定阶段，在先前接受一般性的一些中发现
197 一个例外。如果仔细的探究证实了例外的个体的真实性，那么，一般性在其先前的形式下就必然被否定了。但是，没有科学探究者会假定，这种否定就等于设立了一个有效的全称命题。与确切性的条件相关的问题立刻就出现了，在这种条件下，异常的或否定性的情况将会发生。一旦这种情况发生，我们就拥有另一种普遍性：“为确定性的特征标示的所有情况都是如此这般的。”简而言之，个体的发现否定了普遍性的个体的发现，只是意味着进一步探究的先在条件。它体现于其中的命题不是最终的或者完全的，因为考虑到要确定例外如何以及为何发生的情况，它就是作为进一步探究的机遇和刺激而起作用的。当这些探究得出了令人满意的结论，这时，也只有这时，我们才拥有了最终的命题；而这个命题，是以一种新的全称命题的形式出现的。

在任何情况下，都不会把可控探究对普遍性的肤浅否定看作最终的。如果那么看的话，前述的一般化将被简单地放弃，进而成为事件的终结。而事实上所发生的是，先前的一般化为相反实例的发现所改进或修正。爱因斯坦相对论发现的某些资料，反驳了牛顿的万有引力公式。如果按照传统形式主义化的逻辑

所认为的，那种否定具有独立的和最终的逻辑地位，那么，要么牛顿的公式被宣布为无效，从而事情就此结束；要么观察资料被宣布为错误的或者不可能的，因为它们和全称命题相矛盾。即使在例外被证明是表面的而非事实性的情况下，旧的一般性也没有被简单地确证，而是获得了意义的一种新的色调，因为它能适用于不常见的、表面上看似否定的实例。“例外证明了规则”，就是在这个意义上说的。

因此，命题的矛盾性关系的逻辑为肯定-否定命题的功能性和操作性的含义提供了最高的证明。对探究来说，没有什么比矛盾命题的设立更重要的了。因为一个必然是有效的，而另一个必然是无效的，所以它们在某种程度上是确定的，而反对和下反对关系则不是。但是，如果传统理论是合理的，那么，探究就不得不停止在那里。我们找不到任何基础来决定这两者中的哪一个是有效或无效 198
的。那些更喜欢相信“感性证据”的人认为，一般性已被证明是错误的。而那些不相信感性、高扬“理性”的人则会向于把这个结论颠倒过来，并认为这些个体(singulars)并非它们“真正”看上去的样子。在科学探究的实际过程中，矛盾的设立之所以至关重要，乃是因为它不接受任何使矛盾成为最终性的或完整性的理论标准。在探究的行为中，对矛盾性的否定的设立被视为是探究持续向最终判断行进的一个环节。最终的效果将会修正早期探究中所获得的普遍性。通过这种修正，普遍性就会既适用于支持它的旧的证据性材料，也适用于与早期的普遍性相矛盾的新的证据性材料。

亚里士多德的肯定和否定概念的原型，至少是与肯定和否定命题能应用于其上的对象的本体性本质相对应的。在这里所提出的功能性概念，否定了肯定和否定命题与对象间实际上具有一一对应性的观点。然而，这却为它们提供了方法的一种可操作性、工具性的力量，以把未解决的和不确定的实存性情境转变成已被解决的、确定性的情境。现代理论——如前所述，产生于那种维持其物质性的或实存性的内容已经被抛弃了的形式的尝试——是毫无基础的，并且不会有任何结果。仅在其空洞性和机械性的意义上，它才是形式化的。它既不反应已知的实存，也不会把探究推进到可能或者应该被认知的事物上。它是一种合乎逻辑的附属品。

考虑到有关一和多的形而上学问题在不同时代对逻辑理论产生了相当重要的影响这一事实，在本章结束的时候，关于它对逻辑理论的影响这个主题说两句是恰当的。统一，或者所谓的一，是如下操作之结果的对应物，即这种操作是通过对证据效力中不同内容的一致性的确立，建立了可证实性的同一性。另外，否
199 定区分并产生了差异。后者，当被具体化后，就形成了多。当从逻辑方面来看的时候，问题就成为关于统一性的(unifying)和区分性的(discriminating)的操作的问题。这些操作当然有实存性的基础和起源。整合与分化都是生物性的过程，它们预示了刚才所提及的逻辑性操作。它们自己在结合和分离的物理过程中被准备着并且被预示着。那些无法解决的问题源自对实体的制造，这些实体用名词表示，超越于被主动式动词和副词所恰当标示的过程与操作。那些问题已经导致对一和多进行沉思性形而上学的建构。

11. 判断中量化命题的功能

在传统的形式逻辑中，关于命题的量的主题是跟在质的主题后面的。应用 200
于质和量的命题的传统理论认为，命题能够在外延和内涵的基础上进行解释。就前者来说，一个命题就是类(classes)的一种关系；就后者来说，它表明了一个特定的类之中的成员都被肯定性地标识为一种特定的属性。在外延性的解释中，当一个命题应用于数量的时候，它就表明了：要么一个种类本身包含在另一个种类中，而且在量上是普遍的；要么这个类中的某个未指明的部分是这样被包含的，并且在“量”上是特殊的。当在内涵中解读的时候，一个命题表明了：要么类中的任何一个成员都有某个“属性”，要么它的某个未被说明的部分有一个给定的属性。因此，“普遍的”命题“所有人都是会死的”，要么意味着人类这个类是作为一个子集包含于会死者这个类之中的，要么意味着任何人，不管怎么样，都有一个会死的属性。无论如何，所谓的量，根据为所有(无一，无任何)和一些(不是一些)这两种形式所标识的学说，是一种差别；这种差别在与肯定-否定的形式相结合的过程中，产生了AEIO这四种命题形式。因而，最为轻微的观察就能揭示，被称为量的区分或形式，实际上就是确定的类和一个类的不确定的部分。

几乎没必要指出，量的极为受限的概念就包含在这种理论中——受限的，即相对于具有量化标记的常识性命题和科学性命题来说。常识中，存在着诸如一些-许多、较多-较少、少许-大量、大-小这样的“量词”，然而“一些”很少出现，除非在初级阶段上——比如在这样一些句子中：“总之，有人(*some*body)已经来过
这里了”，或者“无论如何，有些(*some*)乞丐是诚实的”。另外，即使是量的常识性 201

命题，也表示了测量的结果，比如在贸易、工业和手工艺中使用的称重盘和测量表中："一杯有半品脱；这件衣服花了25美元；这块地具有一英亩的面积，等等。"除非过程和结果是用数量的形式表述出来的，否则，记录观察或实验的进程和结果的科学性命题就没有完整的。

那样的命题和那些在形式逻辑中被以量的形式标示出来的命题之间的对比是如此重要，以至于我们有必要对此进行解释。这种必要的解释，一方面可以在如下事实中发现，即在常识和科学中，关于数量上的区分及其关系的命题总是意味着一种客观的目的，但它们自身并不是最终的；另一方面可以在如下事实中发现，即在亚里士多德逻辑学中是质料性和必然性的区分，对于今天的科学内容来说，是如此的不相关，以致当保留它的时候，无论对亚里士多德还是对常识或科学来说，都是纯粹形式化的、空洞的和没有任何关联的。现代形式主义和亚里士多德的思想是完全不同的，这从那样一个事实中可以看出，即对他来说，量是偶然性的而非必然性的。因此，它是全称命题和特称命题之区别的逻辑基础，因为它是特殊在本质上与普遍相对立的一种差异性典型特征。对他来说，所有意味着整体，是质上的完满。因此，关于整体的任何命题都是必然的。在逻辑效力上，所有既不是集合性的，也不仅仅是一般性的。所以，严格地说，它在量的范畴领域之外。因为集合性的命题可以被分解成许多单数(singulars)，并且在结果上是特殊的，所以不管怎么样，外延都是蕴含于计算之内的单数。

一个单纯的全称命题会这样表述，即事物照例来讲(as a rule)是如此这般的，或通常说来是如此这般的；基于整体来说是如此这般的；作为一个整体不是如此这般的。然而，它们仍然属于特称命题的范畴。必然和完整、偶然和不完整，是被所有和一些所标识的命题内在的逻辑形式。这些逻辑形式被看作本体属性的对应物。因为存在(Being)的有些模式存在(*are*)；它们在词的完整性的意义上，拥有存在；它们总是在没有变化或转变的情况下存在着。关于那种对象
202 的命题，被设定为共相(*Katholon*)。但是，有其他的事物在变化；它们是或者不是；它们成为存在者，然后又消失。对这些对象来说，命题只能被设定为殊相(*hekeston*)，或者从其各自独立的意义上来设定命题，既然它们天生就是被分割开的或若干单个的。考虑到这种宇宙论和本体论的构架，就没有什么比亚里士多德把所有和一些的区分视为命题的最终形式更合理和更全面的了。

在这样的方案中，并没有为大小和程度的衡量与测定留有空间。较多或较

少是一些事物不可或缺的标记；知道了这个事实，我们就能知道有关它们所有需要被了解的情况了。度量(measurement)能协助需要处理变动材料的实践活动，但无论如何，也不能带来证明性的知识。我们不需要详述存在于当前科学构架中的、完全不同的境况。科学最出类拔萃的对象，是对变化的功能性对应的相互关系。除了通过测量之外，我们没有办法确定这种相互关系的存在与否，而测量的结果是要通过数字来表述的。因此，在现代科学语境中，像那样的特称命题是为了进一步的调查研究而对问题材料所作的确定。它们不是最终的；因为它们不能像“思想”一样，尽可能向着本质上是不完全的或部分的对象前进。它们在探究中是最初的。于是，特称命题的保留——这些特称命题作为一种特殊的命题种类而被单词“一些”的在场所标示——是法则(principle)形式化的再一个实例，这个法则曾经具有实际性的重要意义，而且有其自身相对的科学正当性。逻辑理论的任务，是恢复以量为特征的命题的理论与现实性探究的关联。

当起点被指出来的时候就形成了，即量的确定与肯定和否定之间的联系不是外在的或机械性的，而是内在的和有机的。离开比较-对照，“量”和“质”都无法存在。鉴于这一点，命题就被量和质所标示。我们必须分别地处理这个方面或者那个方面，但这种分裂仅仅是为了讨论才形成的。作为比较的基础和结果，它在主题中没有对应物。我们不需要再回顾排除功能和比较作用两者之间的关系了。这里重要的是：所有的比较都具有度量的本质。比较，显然包含了选择- 203
拒绝，因为对象和事件不可能全部进行比较。这一事实的肯定性意义是：为了被比较，主题必须被还原到“部分”，就是说，要被还原到能够作为它的相同种类或者同质事物来处理的成分。比较，就是组对，而被组对的事物因而就与在思虑中执行某些操作相对应。

承认比较和度量的等价性的唯一困难，在于许多度量的结果是用质的方式，而不是用数值项来陈述的。在整体-部分的概念中，一开始就有一个最基本的模糊之处。从某种意义来看，这完全是质的。成为一个整体，就是要成为完整的、已完成了的；就是成为始终都完好无损的品质。如果部分在与整体的关系中被涉及，那么就没有什么是可分开或可去除的。一个生命体的有机成分就是这种“部分”的为人熟知的例子。如果它们被去除了，就不再是一个有机生命体中的、一个像它们曾经那样有生命的“部分”了；而同时，这个有机生命体也不再是一个完整的整体了。然而，我们没有必要到所谓有机的关系中寻找质的整体-部分的例子。在所谓的情境中，每一个进入这个情境的东西都有一个直接的质。如果所经历的情境是在森林中迷路了，那么，这个质，即迷路，就贯穿和影响着观察和思考的每一个细节。“部分”在性质上是质的。

从一方面来说，词项“所有”还经常被应用于在质上相统一的整体的关系中：“不是所有的生活都值得一过”；“所有的肉体都如草芥，无论今天投入火中还是明天投入火中”；“所有一切都过去了”；“所有的火都熄灭了”；“邀请的所有客人都到了”，都是在集合现在完成了的意义上的——而非枚举的意义上的。从另一方面来说，整体-部分的量的意义，要么在于同质个体的集合，要么在于同质个体的聚集，以致涉及的整体拥有其通过计算所包含的个体而决定的体积或数量。存在比较-度量处于由严格的质量所设定的两种限制的情况。常识性的命题，即通过多少，通过比较性的程度而标示为冷热、高矮、大量-少许等，就是属于这种
204 范畴。它们表现了测量，但并不表现那种数值达到确定性程度的测度。正是这些中间性的情况，倾向于模糊比较和测量这两者的关系。

经过上述这些介绍性的评论，讨论将进入对被量性的词项所标示的命题的考虑中去：(1)更清楚地指明它们与比较之间的关系；(2)指明它们在决定最终判断过程中的操作性、中介性效力量；(3)指明它们所假定的各种各样的逻辑形式。第一个论题的介绍是通过注明，引发探究并促使命题形成以通达其最终确定性的情境是非确定性的，其原因从实际情况来说，是由于它既太宽泛又太狭窄，以至于不能提供那些相关与料，以指明和检验所提出的解决方法。不确定的情境既是有缺陷的，又是多余的。对多余的和障碍性的事物的排除，以及对与证据能力相关的缺乏之物的提供，都是必不可少的。这些要求的满足，已经通过肯定-否定的功能处理了。但是，冗余和缺陷也都是准质性(quasi-qualitative)形式中的量性的概念。在逻辑中被命名为不周延的中项就是一个宽度过大的主题，不能作为基础来服务；这也是肯定前项的谬误，因为后项被肯定了。

从两个特称命题中推不出任何东西的规则，从另一方面来看，是一种警告，即手边的材料太狭窄了，以至于无法保证一种理由充足的推论。事实上，它是需要补充的一种表述。在标准课本所使用的例子中，这种因为太宽泛或太狭窄所导致的错误很容易被发现，因为它们关涉的是处理过的或已经认可的材料。而在真实的探究中，很大一部分任务就是要决定什么样的题材需要被排除、被提供，以及如何去做。比如，牛顿的时空概念的巨大宽度得到检测需要两个世纪，

并且这种探究要比探究使其不适合科学使用的古代的原子和细胞概念的狭窄性花费更多的时间。修正由于重叠和不充分而不明确的题材的唯一方法，就是通过度量（measurement）而保证的衡量。

度量，正如已经说过的，首先设定了质的形式。以多、少、少数、多数、大批、 205
稀少、丰富、小、大、高、低等词语为特征的命题，以其自身的程度表达度量。因为没有绝对的多、少等，或者说没有多、少等本身。另外，这些测定不仅包含比较，而且包含手段-结果的关系。对一个特定的目标来说，有太多或太少，但没有太多、太少本身（*per se*）；“我本该买那个东西，但我没有足够的钱”；“这个国家里有一些人，对于他们自己的善或对于国家的善来说，问题在于拥有太多的钱”。上述例子中平衡表形成的一开始，就采用了下反对命题的形式。“有些钱在手里，有些钱没有”；“每个人都要一些钱，但是没有人需要比一定（没有明确说明的）数量更多的钱”。这些命题都有基本的量，但所包含的量仍然主要是质性。度量和比较通过单位计算和求和的手段而变得明确。然后，在这个术语具体的量性意义上，我们拥有了一个部分的整体（*a whole-of-parts*）。多（much），变成了多少（*how much*）；许多（many）也变成了多少（*how many*）。

然而，这不能推论出，质性的衡量在所有情况下都是如此缺乏，以至于为了能够充分判定，我们需要经过数值性的度量。比如，一个正在作画的画家，可能会断定画中某部分的红色对于表达所要求的审美效果来说还不够。他要通过“直觉”和试验来确定应该添加多少红色。当达到自己所追求的质上的统一整体之后，他才能停下来。他根据纯粹质性的结果来估量或衡量所需要的数量，而不是通过在有数字指数的天平上来称量颜料。如果以经济活动中的工业产品为例，称量的标准当然是采取确定算数值的方法。在大多数道德和审美性的最终判断中，质性的度量回答了将要达到的目的。当数值性的度量不是将要产生的结果的内在要求的时候，坚持数值性的度量是以其本质（substance）为代价来尊重科学实践的仪式的一种标志。

在质性的度量和数值性的度量两种情况下，某物需要被去掉，而某物需要被
增加。就这个意义来说，质性的度量的术语，如更多、更少、足够等，大致相当于 206
量性的部分-整体关系。这两种情况之间的差别，关涉的是度量的方法和标准，而不是度量的存在或缺失。与度量相关的目的的本质决定了所采取的标准和方法。当与作为相对于结果而言的手段的量性命题相关的目的是质性的时候，坚

持数值性的度量就是荒谬的，因为对作为目标的其他目的而言，质性的度量（而这是猜测性的工作）已经够了。

在那个画家的例子中，想要得到的目的是作为一个质性整体的画。因此，这种颜色的多或少能够通过直接的质性观察来度量。这里更多的红色，不仅仅影响着红色应用于其上的这幅画的部分空间，而且影响着作为一个整体的画。其他色调和阴影根据它的使用而造成了质性上的不同。另外，在医生开处方的例子中，如果某种成分太多，就会把药变成毒药；如果某种成分太少，从医学的角度来说，就会让这个药无效。因此，数值性的度量是根据所要实现的结果来决定的。最终，我们所处理的问题的本质决定了为达到某种确定性的解决，需要什么样的比较-度量。有些人会谴责科学家把所有的材料都简化成数值项，因为在这些人看来，这种做法破坏了质性的价值。也有人坚持认为，每个研究对象都必须被简化成数值项。这两种人都犯了同样的逻辑错误。他们都忽略了度量的逻辑意义，忽略了度量的逻辑意义是根据把量化的命题与所要达到的客观结果进行工具性的关涉来决定的。他们都把命题看作是最终的和完成的，而事实上是中介性的和工具性的。

常识和科学之间的一个重要差别是通过前者明显的倾向形成的，即它倾向于被以质性为主的度量所满足。从实践的目的来说，只要我们说有一大群人，或者房间变得越来越暖和或越来越冷，天变得越来越明亮或越来越阴暗，等等，就可以了；但是为了满足技术上的、商业上的和科学的要求，数值性的比较是必需的。比如，售票处想要知道，剧场里面的“人群”到底是多大，或者多少；一个细心
207 的房主想要一个恒温器，以便把温度变化保持在一定的界限内；实验室里的工作人员不得不去数值性地测量在他所研究之现象的产生中，每一种物质和能量形式有多少包含于其中。然而，所有的情况，无论是常识、技术、商业，还是科学，当对它们进行检查的时候，都清楚地显示了手段-结果的关系，进而也就揭示了作为工具的量性命题在确定其他非确定性境遇中的中介性本质。

一种常见的说法是，量的概念依赖于对质的漠不相关性。在这个基础上，尤其是唯心论的逻辑学家们都宣称，由于量的概念是从“真实的”（real）世界中抽象出来的，因此代表的是“思想”的低级阶段。这种观点的基础在于，它没有认识到关于量的命题——无论它们是外延的，还是内涵的——的操作性特征。但是，与质毫无相关性的观点，也是根本性的误解。因为正确的陈述应该是：关于量级

(magnitude)的命题是以一个潜在的普遍的质为基础的，并且仅仅是和这种基础性的质之内的差异漠不相关；这也就是说，它们对那些，也只是对那些处于基础性的质之内的质漠不相关，而那些性质作为手段是与将要被确立起来的结果不相关的。比如，设想一个人尝试对他所拥有的羊的数量，或饲养羊的那片草地进行构建命题，而他却忽略把个体的羊从羊群之中区分出来的质的差别，也忽略饲养这些羊的不同地域之间的质的差别；但是，他不得不考察质，而有了这种质，对象才是羊，或者其他什么他将要数的东西，比如狗和石头。同样，他也要考察使草地是其所是的那种质。这种司空见惯的评论的逻辑上的重要性，在于它在一般情况下所表现出来的：(1)根据情境的质而对关于大小的命题进行控制，而所探究的问题是与这种情境相关的，而且尤其相关的(2)限度(*limits*)的重要性和逻辑本质。

第一点已经充分强调了。[①] 第二点的重要性，至少通过域限在所有具有实存性关涉(并且只是所讨论的具有那种关涉的命题)的计算和度量中出现这样的否定性事实体现出来；这个事实是唯心论逻辑学家们反对那种命题，即他们必然 208
会卷入无限回溯中的命题的有效性，而提出的反对意见则提供了一种完满的回答。肯定来说，所有那样的度量(包括枚举的情况)都有其极限，这些极限一方面通过进行中的问题性的主题得到设定，另一方面通过探究承诺产生的确定性的解决方案得到设定。这些考虑决定了确定性的所有和不确定的一些的意义。它们也固定了两种集合性命题之间的差异，在这两种类型的集合命题中都出现所有这个词："书架上所有的书都是小说"；"所有的客人都到了"；"潮汐全都涌进来或全都退回去"——即或高或低；"铁已经足够软，可以进行加工了"，"碗里面装满了水"。在最后三种情况中，尽管命题确实是依赖于比较的，并牵涉入度量之中，但是质性整体仍然是占主导地位的。在前两种情况中，需要对每一个别物进行考察以保证所设立的命题，尽管后面的命题不是这样。

尽管如此，在每个例子中都有关涉总体性的一个方面，并因而也存在一个内在的客观性的限制。从仅仅是被计数单位的总量这一意义来说，命题并不是集合性的。书架上摆满了同一类型的书；客人的限额是完整的。在某些其他命题

① 然而，它充分地否定了科学的命题仅仅是一种数量上的索引的那种观念，也排除了与性质有所关涉的任何符号。

中，所有还有第三层含义，尽管出现了所有这个单词，但这层含义仍然把我们所谈论的命题归入了特殊形式的范畴。“这个袋子里面的所有目前已经被检查过的豆子都是白色的”；“已经进入这个大厅的人没有一个是我的熟人”；“这个集册里的邮票总共有 874 张”。在这些例子中，个别物的列举并没有确定一个极限，甚至也没有表明已经达到了一种极限；没有任何暗示说明具有整体性的事物被穷尽地确定了。出于逻辑上的目的，第一个命题是和这个命题等值的：“这个袋子里面的一些豆是白色的，也许所有豆子都是白色的。”这种可能性取决于被检查过的豆子的数量和这个袋子里的所有豆子的总数的比率——后者设定了一个质的极限。当我们把词语集合性地应用于那些命题进而同化它们的时候，应用
209 于在其中达到一种极限或者设定极限的集合的时候，就产生了混淆。“一个兵团由许多连组成，而每个连都由许多人组成”，这样的命题就是一个集合性的命题，它和关于图书馆里书的数量或“集册”中邮票的数量的命题在意义上大为不同，就像命题“这个房间有很多立方尺”在形式上和命题“这个沙堆有许许多多沙粒”是不同的一样。此后，对于这种差异，我们会把前者称为集合的(*collective*)，而把后者称之为聚合的(*aggregative*)。

所得出的差别直接与命题的地位相关，在其中，一些被明显地呈现出来。我们回到上一章关于失事船只上的人那个事例中，现在的重点不是放在肯定性上，而是放在一些人“被救了”和一些人“失踪了”上。肯定命题“一些人被救了”，和否定命题“一些人没有被救”，显然都是非确定性的；这种不确定性很容易理解，只要我们设想有人正在为他在船上的一个朋友的命运担忧。直到单数都被确定下来，并在一个达到一种客观性的限制的命题中聚集在一起的时候，所引用的命题才适用于非确定性的聚合。在施行所需要的操作时，我们就拥有了一种非聚集性的集合。“下面所有的人(被明确指明的)都被救了，而下面所有提到名字的人都失踪了。”现在就有了双重的质的限制。这里有被船上所有人的总数和失踪的或得救的这种质所设定的完整的质性限制。

到目前为止，我们已经展示了在什么意义上“所有”是一个量性命题的标志，这样的命题区别于：(1)单纯的聚合(就其不确定性来说，逻辑上并非不同于“一些”出现于其中的那些命题)；(2)非实存性的命题的“所有”(例如“所有三角形的内角之和等于两直角的和”)，当其有效时，这些命题就是*必然性命题*；(3)像“所有人都是会死的”那样的命题里面的“所有”一样，尽管单数个体不能全部列举出

来，但在其中，“所有”适用于特殊种类中的每一个或任何一个。“所有”有这样四种意义，这是提醒我们不要脱离它们在探究中的语境（context）而把词语作为逻辑形式的线索来使用。

我现在要通过枚举来谈论关于度量的话题。一个被度量过的集合与刚才所 210
说的和一种单纯数量性的聚合相比，具有整体性的性质的集合类型相一致。在后一种情况下，主题并没有设定限制，并且在结果上没有规定一个整体。而被度量的集合则包含了(1)从哪到哪的限制；(2)作为为了计算而被规定的单位的某事物；(3)这些单位逐步积累，一直达到*最终的*限制。这里所使用的单词*积累*(*accumulation*)，包含某种与在单纯的数值性集合中所建立起来的聚合不同的事物。当我们要测量一个液体容器的体积容量的时候，单位的连续相加是积累性的，因为这一相加不断地接近一个极限。即使有能力数出所容纳的水滴的数量，我们最多也只是具有一种聚合；好像它就这么发生了，就有这么多水滴——不多也不少。

纯粹是集合性命题中累积性的方面，这意味着，这种命题依赖于某种整理和排列的规则，而这种规则是从所包含的手段-目的关系中产生的。比如，假设有一群遭遇海难的人在船上，人数是确定的；船上有一定数量的食物和水，并且离陆地的距离也大体知道。但是，他们在船上居留的时间长短、可以营救他们的船与他们相距的距离、天气条件，等等，都是不确定的，这些都取决于没有办法精确决定的偶然性。对食物和水进行测量的目的，不仅仅是为了计数，而且是作为一种分配或配发的手段。如果现有的食物和水的储备量超过了营救他们所需要的可能的最长时间，那么，这种测量就没有什么意义了。可以假设，在伊甸园中，浪费和紧缩都是不可能的。并且在类似情况下，关于数量的命题也没有服务的目标。但是，在盈余和缺乏的情况下，根据一种作为限制的、将要达到的目标而作出决定，如果行为是理智的，那么，分配就是必然的。分配、给予包含着配给的原则，就是这个原则控制了附属性的计数操作。如果要达到目的，就要有*充足*的配给，并且要*刚好*满足经济和效率的兴趣。

这些实例已经从常识领域，从享用的情境领域中提取出来了。在这个范围 211
内，通过性质而进行的控制是非常明显的。确实，正如前面指出的那样，关于量的常识性命题本身很可能是半质性的（semi-qualitative）。从这种陈述中所呈现的可能是一个缓慢的历史过程，通过技术、交换和科学的紧急情况而产生出来。

比如说，*极少*这个词是从一个意思为*贫乏*的词根中派生出来的；*许多*则是从意味着*丰富、充满*的词根中派生的。当自然科学借助枚举同质单位的手段而依赖于度量的时候，计数是为了测量，而测量是通过某种质性情境所设定的问题被控制的。这是一种限制，而一种被解决的情境的客观结果是另外一种限制，这种说法是正确的。单纯的计数和单纯的测量都是对科学程序进行的幼稚的（即不成熟的）模仿。

数值上确定性的测量所要求的那些同质单位，首先在空间中被给予的物体上固定下来。一个占据了一定跨度或长度的物体，可以很容易地被划分出大致相同幅度的亚跨度（sub-spans）或者亚长度（sub-stretches）。通过对这些作为单位的较小区间的枚举，可以测量较大物体的程度。手的长度、行走的步伐，可能是这些进化出来的单位的最初形态。一根线可以对折，再对折，在所需要的地方弄出绳结。通过使用一根打有大致相同区间节点的绳子，在一根棍子上就可以刻出痕迹，将棍子放置在某个对象上，后者的长度就能通过计算叠加起来的棍子上的刻痕的数量来进行测量，而这个对象的测量有相同的目标和限制。相对质性的*长*和*短*就被提炼成了*这样长*或者*这样短*的术语。然而，直到几何学出现为止，质量关系完全简化的问题还没有解决——甚至被看作是一个问题。毕竟，由于它是以直接的感官运动过程为条件的，棍子和绳子上的区间的相等是一个质性评估的问题。

对离散对象的测量，从表面上看，是最为接近存在的实例，不是测量的实例，但却是单纯计算的实例。一个人对房间里的椅子进行计数；牧羊人在羊群中对
212 他的羊进行计数；一个人数他钱包里的纸币或硬币。但如果这种计数没有作为目标的目的（end-in-view）（这种情况下就没有度量），这种计数就会像小孩子学会计数后，为了玩乐而数数——并且即使有某种限制性的对象，比如看看他们会不会到一百万。牧羊人数羊是为了看他的羊是否“都在那里”；数量是否增加了或者减少了，等等。某个人记清他的资金的数目，是因为他要使用它们，等等。更重要的是这样一个事实，即仅仅物理性的区分并不是上述例子中进行计数的基础，倘若“单纯的”（mere）意味着*缺少*（*apart from*）将要产生的结果。所谓数值的同一，并不是被给予*去*研究的某事物，而是*在研究中*被决定的。一本书对一个问题和目的来说，是一个单位；一页书对另一个问题或目的来说，也是一个单位；也许甚至一个词或一个字母，也是作为对另一个目的来说的手段的单位。因

而，一座图书馆和一整套书，也可能是具有“数值同一性”的单位。在命题中出现的材料，作为(数值性的)同一性就像其他所有的同一一样，是在解决某种问题的过程中，通过操作性的应用而被决定的。

一个派生的，但最终来说也非常重要的度量模式，因其对象而在变化上有增有减，这种变化从存在上来说是持续性的——集约性的(*intensive*)，进而区别于粗放性的量。一个物体正在变冷或者变热，正在运动得更快或者更慢(或者总的来说，是趋向于一种相反的质性)，这些比较都表达了在平常观察的基础上才能进行的、模糊的质性度量。把这些质性的估计转变成限定性的，也就是说，数值性的形式问题包含着要克服扩展性的量级的情况中所不存在的困难。质持续不断地变化并没有把自己分裂成众多同质性的个体，因为根据描述，质正持续不断地变成异质于其过去的事物。从古希腊科学的内涵及其所持的对变化的蔑视性观点来看，所有必须做的就是去澄清所发生的质性变化的各种类型，就如从热到冷，从湿到干，从软到硬，从上到下，或者相反。因此可以明确地说，在古典科学中，所有感性认知的性质都是在两个对立的限定中发生变化的；冷，并且只有冷，是能变得热的，等等。没有度量的需要，因此也没有度量所需要的单位。

系列这个概念在古希腊科学或逻辑中并没有被发现。直到发现为了制定可 213
控制的对比这样的目的，变化是可以被还原成运动(motion)的，并进而发现根据时空的同质性单位可以进行度量。这时，系列这个概念才会出现。因此，有一段时间，天体力学理论成了所有科学性描述和解释的范本。进行探究的问题，是把性质的持续变化转换成数字化的程度、方向、速率，以及和持续的可计数性单位相关的动力加速度——而对于这种质的持续变化的质性度量，只能根据内含性的度(较多-较少、最少-最多)进行处理。

这个问题用以下手段应对，即允许被设置的持续的质性变化与持续扩展的延伸性在功能上相对应，这些装置被划分为可以计数的、离散的同质单位。比如说，通过使用一个水银温度计，相互之间本不能进行直接比较的热的程度上的变化，就可以与程度的稳固性单位进行比较——稳固性，即就其他条件能够保持恒定而言。温度的数值性的度数，就是间接的冷热单位或者单位总和。就其自身而言，它就是关于一个刻度的两条线之间的间距，这个刻度是在装有水银的玻璃管上划分出来的。温度的变化是通过数出被封闭的水银在给定的时间里所穿过的距离的数量和其小数部分而得以测量的——反过来，时间也是通过一个类似的装置得以测量的，在其中，指数或指针的运动会穿过一定数量的、在刻度盘或钟表面上所扩展出来的相同间距，进而产生可以点数的单位。这个装置之所以能够起作用，是因为水银、空气、酒精随着温度的变化，由尽可能保持的恒定压强条件所产生的伸缩"规律"。从而，冷和热的直接性(immediate)的质之间的差异就被完全排除了，在"绝对"温度或者零度的点上，分子停止改变位置或者不再移动。进而，质性变化彼此之间的关系或者比率就通过一种比例而被确定下来了，这种比例的其他项就是位置变化之间相互承担的比率。[①]

214 讨论比较-度量的这三种类型，都涉及匹配(*matching*)这一操作。在第一个例子中，某特定长度的棍子和一块布的长度、一个房间的一边、土地的线性标注等等的长度相匹配。第二个例子中的测量之所以可能，是因为对象和其他被看作符号的对象相匹配——比如把声音和记号看作数字符号或图像，如1、2、3、4等等。一个我们仍然在使用的词语，即数字(*digits*)，显示出我们所计数的对象最初是与脚趾、手指相匹配的。尽管后者本身是实存性的，但使用它们去计数是在其表征性的意义上使用的；而在言语交流中，也是使用声音、纸上记号的表征性意义。那样使用的脚趾和手指就像记号"1、2、3、4"等等一样，是象征性的。在第三个例子中，变化的连续体中的变化是通过被拓展了的间距来匹配的，就像表盘或玻璃管上的那些间距一样。另外，第一个和第三个例子以一种相似的方式与符号相匹配，这是第二个例子中的典型特征。语言符号的使用，数字-名称的使用，是允许数量和数字变成独立的对象或数学研究的对象的发明。由于在意义-符号系统中的诸符号之间的关系可以通过它们自己被检测，所以实存性的对象和变化之间的独立性关系就相互支持。

因而，某种形式的匹配或对应在所有的命题中都是基础性的操作，在这些命题中出现了具有实存性参照的量性确定性。这个事实解释了这样一种观念，即在这种观念中，数字和量级是有关系的，所涉及的关系是复杂的。比如，假设一根棍子被刻分为12段的均等间距。这样就可以确定，这根棍子有12个如此距离的长度，并且每段距离的长度是这根棍子总长度的1/12。但是，如果到此为止，就没有测量。这种命题不但是循环的，而且是没有意义的。只有当棍子和它

---

① 例如，在智商能够被明确地与其他具体的变化关联起来的程度上，智商的数值性测定对科学来说就是重要的。它们通过自身简单地设置了一个问题。

的分段被应用到其他对象上，以至于棍子和它的间隔与其他对象上的间隔的差异相匹配的时候，它们才成为一种*尺度*。在英制尺（foot-rule）用于测量其他东 215
西之前，英寸本身不能算是一种*规制*（*rule*），而不过是一个恰恰被凿刻过或者随便以某种方式排列过的棍子。即使把英制尺或码制尺进行比较，同样没有度量，而仅仅是检查它们中的一个，或者另一个，或者两者在测量上的精确度。

米原尺，是指在巴黎市、尽可能地保存在恒定温度和压力条件下的一条合金长条。如果这就是整个故事，那么，单词*米*（*meter*）就不会与它事实上所具有的测量有关系了。就这个条本身而言，它只是一个特殊的条而没有其他什么东西；它既不是度量的标准，其本身也无法被测量。它是长度标尺，这是因为，(1)世界任何地方所使用的所有其他一米长的棍子，都可以通过和它相匹配而被检测；(2)因为，且仅仅因为，其他的那些棍子本身仍然被用于和*其他东西*相匹配。合金长条的长度（或其他任何测量杆）是由它在测量布、墙壁、地边等等的应用中被确定的，这与后者是通过与它进行比较而被确定的一样正确。简言之，当我们相对于磅、加仑、码等等来使用单词“*测量*”（*measure*）的时候，“测量”就是对测量手段的一种简略表述。离开操作性的使用，磅与磅之间，与盎司、吨之间相关联的事实，就没有测量的意义。另外，*英尺和码*不是测量尺度，因为它们不可以被诸如布匹（它们本身在质上是有区别的）、纸卷、木板、路、土地这些质性的对象所匹配；而它们是测量尺度，因为后者的这种匹配可以使其他不同质性的事物被间接地相比较——比如，如果把美元和书本、火车旅行、百货用品以及房子进行匹配，而不能使这些相互关联的其他事物之间的交换价值得以*间接地*测量或计算，那么，拿美元和一蒲式耳（bushel）小麦进行匹配，也就没有什么意义。对质的否定或者漠视，有时被归结为量和数（并且会为它们的这种轻视提供一种基础），并不是最终的；但是相反，它对于控制性构建新对象和新性质来说，是*肯定性的*手段。就如被法律规定为法定货币的一张纸，在不同质性事物间进行交换的时候，就是一种价值比较的手段，进而促进和控制新的质性对象的交换——因此，科学使质 216
上不同的各种东西（比如声音、颜色、压力、光和电）可以互相比较，这种比较使可控制的*内在*变化能够发生①。

---

① 曾使客观性结果变成本体性的某种事物的探究方法、探究工具的本体论假设，是“实在”的机械论形而上学的根源。

上述内容对所谓的价值标准，或更确切地说，对评价标准而言，有着毋庸置疑的影响。它和这种观念是冲突的，即存在某些实体，这些实体是“绝对的”标准，也即是标准①。对于上面提到的米原尺的例子，没有人认为，它是因为自己的绝对长度的某种内在属性而成为一种测量长度的标准。但在关于艺术、道德、经济和法律的讨论中，假设批判性的、评估性的判断是不可能的，除非有一种价值标准；而这种价值标准之所以成为价值标准，则是因为其自身内在的结构和属性，这是相当普遍的。

在经济学中，黄金因其所具有的“内在”价值而成为衡量其他事物价值的标准，这已经成为一种相当平常的假设。当否认纸币具有担当某种标准的能力时，这种观念总是出现。就黄金而言，诉诸的是所谓绝对价值或“内在”价值，而不是在现实性结果的基础上，对它们充当标准的能力进行比较；而这种现实性的结果，是通过黄金和纸币在确定交换时的分别应用而操作性地产生的。

在道德中，这是一种普通的假设，即具体行为的公正是不能被确定的，除非有它们可以据以进行比较的某种绝对标准。真(*the true*)和美(*the beautiful*)，也用类似的假设。但是实际上，我们建构正义、真理、审美特质等的标准，是为了不同的对象和事件相互之间可以进行理智性的比较，以便在处理具体的对象和事件的时候给予行为活动以直接性的引导——恰恰就像我们设置一个合金长条以作为测量长度的标准一样。一种情况下，标准是服从修改或修订的，就像它在另一种情况下要在其操作性应用的结果的基础上进行。相信魔力，并不局限于
217 原始人。正义的一种概念比另一种概念优越，米制度量体系比在科学实践中所替代的有点随便的称重或测量装置优越，二者尽管性质上不同，但具有相同的法则。

码和英里、盎司和磅、吉耳②和加仑，都具有一般类型的概念性意义(meanings)，而这种一般类型是和常识概念一样的，就如我们所看到的，它们都是在社会-历史的基础上相互关联的。它们作为工具，是用来促进和实行各种各样与使用和享受相关的社会性交易的。米制度量体系，正是在相互关联和自由翻译的基础上建构起来的符号意义体系的类型。源自它们使用的命题仍然是工

① 这种观念是遭到批判的目的本身的观念的孪生体，参见第167—168页。

② 吉耳(gill)，英美制液量单位。一吉耳等于四分之一品脱。——译者

具性的，尽管针对的目的不同；后一种情况下的命题，是对探究的促进。用来衡量或评价道德行为和关系的概念和原则，从逻辑上看是同一种类型，并且在社会实践中也应当如此处理。

为了能客观地决定或然性的情境，需要指出，至少是通过预示的方式指出，根据所阐述的原则，时间和空间在科学中并不是我们所要测量的东西，而是度量对象和事件的结果本身。这个事实，在现在的讨论的前后关系中，与离散的和连续的量值关系有明确的关联，好像这些是在具有实存性参照的命题中建立起来的一样。一种度量单位，当它被视为一种度量单位的时候，是离散性的。但无论它是一毫米，还是一千米，都有内在的连续性。在一种功能性的使用中被视为离散性的，在另外一种问题的解决中就会作为连续性的来使用，而且是相逆的使用。同样的原理也应用于时间的日期（离散的）和时间的持续性（连续性）的命题中。从实存性上来说，即使存在变化的不可分割的离散意向，每个变化也会作为统一的整体出现，然而，(1)那些意向必须有方向，如果它们能够作为连续性的而被用来确定变化的话；(2)只有当被视为以及被用作比较和度量的手段的时候，它们才是时间性度量的单位。方向是必要的，因为需要产生一种交叠(overlapping)，而这种交叠是所有总体性的和能被观察到的变化的典型特征，因为被观察到的变化不可能通过把离散的变化意向首尾相接地置放起来而出现。

这些统一的意向，如果存在的话，就像提到过的合金长条那样是质性的。只 218
有当应用它们的功能，以联结成一种统一的变化图表的时候，它们才能成为量值的单位，而这些变化自身是不同的和异质性的。作为一种直线性的、被按照一个方向无限延伸的图式化时间，对于某些目的来说，也许是有用的。但是，当持存性(duration)进入一个实存性的（非数学性的）命题的时候，它就拥有了厚度(*thickness*)：这种厚度既是通过相继性变化的交叠所形成的，也是通过如下事实所形成的，即任何特殊变化的确定都需要参照同时期所发生的变化。比如，说某政权从1800年持续到1830年，如果所说的这段时间中，除了这个政权之外没有其他内容，那么，它就是没有意义的。

明确地涉及比较度量中的实存性操作，也许是明智的。在与常识相匹配的特征中，它采取的是遵循并列或叠加活动的记分或记数的明显形式。当匹配通过数字-名字(number-names)而进行的时候，名字即使只是符号，也不得不被说出来或标记下来，如果计数(counting)将要产生的话。计数就像吹口哨和唱歌一样，都是实存性的操作。在科学研究中，计算可以在头脑里进行，也可以在纸上写下来。但是，作为符号的符号，并没有物理性的效能。如果要计数，就不得不对它们进行实存性地操作。从与逻辑相关的领域中排除掉计数和计算的实存性活动的这种习惯，仅仅是忽略操作的体系性的又一个例子而已；形式逻辑的特征也是如此，这种忽视源于命题仅仅是对先前的实存或存在方式的阐述或陈述这样的观念。

最后，对数值和量值的实存性命题的质性控制，是与统一体(*unity*)和单位(*a unit*)之间的差异相关的。只有质性的整体，才是统一的，或者是一个统一体。在本章先前所使用的语言中，它虽然拥有其成员，但并不是一个聚合体，也不是关于部分的集合体。当一个质性的整体内在地与普遍性的(paversive)整体相冲突的时候，就会影响矛盾的质，就像一场内战之所以是一场内战，因为它是对一个民族团体或人民团体的破坏，或是在其内部进行的破坏。如果要解决这种冲
219 突，并建立一种新的质性的统一情境，那么，我们只能走到先前存在的情境之外去，进而排除它的某些因素，并引入其他的新元素。因此，对比性比较的必要性就像我们已经看到的那样，就是操作的一个名称，通过它，这种排除和引入才能发生。对所施行的操作的控制，是通过新的统一情境所产生的意图来实现的。命题是这种意图得以实现的手段。当比较采用了测量或称量的形式时，这些手段才是经济而有效的(就像在达到任何客观结果的过程中一样)。如果结果没有这些操作保证的话，所应用的手段要么无法产生所意欲产生的目的，要么所产生的就不仅仅是所意欲的目的，从而形成一种相对于原来情境而言可能会有更多麻烦和冲突的情境；而在原来的那个情境中，所使用的手段只是想要达到统一。像那样的质性整体是不可度量的，因为它们在质上是独一无二的。但它们是限制或“目的”，而命题就是从这些限制或目的中产生的手段，或者相对于这些限制或目的来说的手段。作为如此这般的限制，提供了标准；而通过这个标准，关于度量的、质性的和量性的命题的相关性和效力才能被度量。

12. 作为对时空性的确定的判断：叙述-描述

判断就是把先前实存性的不确定性情境或未解决的情境转变为确定性的情 220
境。同样的，判断在个体不同于殊相和单数的意义上总是个体，因为它指涉的是一种总体性的质性情境。在这个意义上，没有不同种类的判断，只有因其被重视的主题方面不同而导致的不同的判断阶段和判断重心。① 在开始的陈述中，实存性的转变是强调的重点。当实存性的主题进行转变时，会有一个时间性的阶段。从语言学上说，这个阶段被表达为叙述。但是，所有的变化都是通过条件的相互作用而发生的。存在物都是共在，如果把实存和共在的条件之间的关系隔离开来，那么，探究中的变化就不能发生或者不能被确定。因此，判断的实存性主题就有一种空间性的阶段。从语言方面来说，这在描述(description)中被表述了出来。为了分析和阐释的目的，这两个阶段必须被区别开来，但它们在被分析的主题中并没有分离。存在于判断中或为了判断而存在的任何事物都是时空性的。在给定的命题中，或者是时间方面，或者是空间方面，可能是最主要的(uppermost)。但是，每个叙述有一个背景，如果背景被明晰出来而不是视之为想当然的话，那么，它就是可以被描述的；相对应的，被描述的东西存在于某种时间性的过程中，而"叙述"就应用于这个时间过程。

Ⅰ. 我首先考虑判断的发展阶段，其中时间的考虑是主要的。它们最简单
的形式可以在关于不断改变当下的实存性主题的命题中找到，在语言方面，这种 221
命题在现在时时态中通过主动动词表现出来。例如以下这样的观察结果："太阳

① 例如，此前两章已经指出，在讨论中，必须区分判断中的"量"与"质"，但不能割裂它们。

正在升起；它正变得更亮；房间正变冷；他正走近；钟在响；火要熄灭，等等”。在那样的一种命题中，如“他几分钟前在这里，但是现在已经走了”，主题是同样的类型，但是单词“在”（was）、“之前”（ago）和“已经走了”明确了对于过去的参照。这个过去包含在第一组句子中，但在那里是理解了的语境（context）的问题。因为人们不可避免地要注意到，对过去和将来的限制性参照，在每个实存性的命题中都会出现。有对现在（*ab quo*）和未来（*ad quem*）的限制的参照。没有这种限制，变化就不会被特性化或者被赋予资格。纯粹的流变是不能被注意、被评价或者被估计的。变化可以通过方向——从某物到某物来赋予其特征。“太阳正在升起”，就是说，过去它在地平线下，但是现在逐渐地移动到地平线以上。像“它是甜的或者红的”那样的命题，陈述了（就像已经注意到的那样）某物正在具有或已经具有某个被改变了的性质，或者它有能力变成——更红的或者更甜的——其他事物。

对于判断的时间性和历史性方面的理论来说，刚才所提出的观点有一种根本的重要性，但这初看起来不那么明显。因为它意味着每一个时间性命题的单一性主题都是一个圆、一种循环、一个周期、一种回复，或者一种传统式圆舞。进行判断就是使之确定；确定就是排序和组织，就是以明确的方式去关联。时间次序是通过包含着周期性、间歇和限制的节奏而建构起来的；所有这些是相互包含的。绝对的起点和绝对的结束或终点是虚构的。每个起点和每个终点都是对质性变化的循环或圆的定界（delimitation）。时间的一个日期、一个瞬间或者一个节点，除了作为一种定界之外，是没有意义的。

存在着的东西，作为存在物（existent），与关涉着起点和终点的定界无关。自然中没有绝对的开始或初始，也没有绝对的起始或萌生和绝对的终结或结束。“从哪一个”和“到哪一个”，确定了任何特殊的叙述-描述的主题，也因特定情境下成问题的性质而严格地与探究所设定的客观内容相关联。比如说那样的一个
222 事件，黎明在一个问题中是对主题的最初限制；在另一个问题中却是最终的限制，而在第三个问题中又是一个中间性的事件——例如，就像关于地球自转的命题一样。对时间序列的一般化量度（例如常用词语所表示的秒、分钟、小时、天、年、世纪、时期、时代），代表了循环的类型，就像所有的量度那样，是促进和指导包含-排斥（肯定性-否定性）的过程性手段；通过这个手段，命题的确定性的主题

被设立。[①]

既然每一种改变，当其成为探究的对象时，都是关于事件的圆圈或循环，而这个事件的开始和终结是通过正在经历解决的不确定的情境而被确定下来的(并因此而不是绝对的)，那么，每一种给定的变化都可以根据包含了事件(event)，如事变(incidents)、插曲(episodes)或偶发事件的不确定的变化而被叙述出来。对于一个门外汉来说，闪电的一闪，非常接近于一种孤立的、瞬间发生的偶然事件。对于它的科学性的解释，则是对一个延长了的历史的叙述，而根据这种叙述，闪电的一闪才是一个事件；随着科学知识的进展，故事变得更长了。另外，一座山对门外汉来说，是一个永久矗立的标志；但是对地质学家来说，却是出生、成长、衰退和最终死亡的戏剧性的场景。除非作为单纯实存性的实存性变化和作为判断主题的实存性变化之间的差异在心中产生了，否则，事件的本质就会成为不可解的谜团。事件是判断的词项，不是和判断分离的实存。阿巴拉契亚山脉的产生和成长是一个事件；而某一特殊山丘上的一个特殊的岩架上的一块特殊的卵石的松动和滚动，也是一个事件。可能有这样一种情境，在其中，对于判断来说，后一个种类的事件(episode)要比长时间段的历史更重要，比如当滚动的卵石是膝盖扭伤的"原因"的时候。在山脉周期性的风化的故事中，卵石的滚动就几乎不再是一种事件了；它可能只是一类只有整体才重要的事物的一个标本，其自身却并未被注意。严格来说，事件是发生出来的；是向外流露的；是纯 223
粹未完成的结果；是结束。它包含一种目的论的概念；它只有根据划定的开始、中间和结尾，才能被描述-叙述。

对于时间的联系明确地进入判断的形式中去的命题，我们可以将其划分为以下三种：(1)关于某个人的过去的那些命题，(2)关于不能直接进入某人自己的经验中去的特殊事件的那些命题，和(3)连续的历史叙述。

1. 回忆的判断。这些判断常常被人们直接归因于记忆功能。这个过程存在于赋予下述事实一个名称的过程中，即关于某个人的过去和历史的判断是可能的和现实的，而后处理这个事实，仿佛它有因果效力一样。要证实我昨天做了

---

① 上述考虑和所有实存性命题的概率-函数都有明确的关联。因为对作为与给定问题的解决相关的、作为起点和终点的事件的选择，包含一个无法完全得以排除的风险。它和因果范畴也有一种明确的关联(将在第23章论述)。

特定的事情，或者我上个月生病了，就是要形成一种对时间序列的评估。它不同于任何其他的历史性重构，除非它的主题隶属于我自己的传记。如果肯定是有充足理由的，那么，它就是中间性的，因而要依赖于观察所构建的证据材料。就像每一个中间性的结果一样，它具有犯错误的倾向，即使它的主题是五分钟前做过的或经历的事。虽然在清晰的语言表述中，命题的内容通常是一种特殊的行为或者是过去某个特殊时间中经历的事情，但现实的逻辑对象是一种事件过程；这个过程的一个限制是现在，另一个限制则是发生在指定的某个过去时间中的事件。

因此，这里的例子显示了如下的原则：循环或者周期是每一种时间性命题的对象。考虑一下命题"我昨天去了扬克斯(Yonkers)"，或者任何其他关于特殊行动的语句。表面上看，它指称孤立的事件。但是，"我"在这个语句中，除了表示今天的或昨天的或之前某些天的我之外，没有任何其他的意义。此外，所提及的特殊行为具有背景和前景。如果它没有包含在实存的连续性的过程中，它从其中发展出来，同时促进了这个连续过程，也就是说，如果行为是完全孤立的和自我封闭的，那么，所指定的日期和"我"都没有任何意义。

现在对事态的某种表述，总是对过去事件进行重构的契机(*occasion*)。但
224 是，作为纯粹的契机，它没有逻辑上的身份。通过某种有机体的机制(与被称之为习惯的身体性调整的一般性质)，它召唤出或"暗示出"(suggests)非当下的事物。这表明，像那样的事物也没有逻辑上的身份。它可能是一种奇思怪想或空中楼阁，无论如何，如果所表示出来的东西作为我的过去历史中的事物的表征被直接接受了，而不加探究和检测，那么就可能有语言表达形式之外的命题，但不是在其逻辑身份之中。对于没有基础的肯定——一个事实是，把它作为优点来推崇，是把其归因于记忆"功能"的直觉的那些人，而非在现实中把心理-生理机制的运作成果当作知识的一种实例的人。为了在有逻辑特征的命题中出现，被联想机制所表现出来的、关于过去事件的观念就必须被批判性地审视。我真的按照指示做了吗？还是我仅仅考虑去那样做？还是它只是我听说的或给我留下生动印象的事物？或者它是我现在希望我做的事物？

有些人认为，至少某些"记忆性观念"或者"印象"作为它们自己部分的标签，为它们带来了结果，即与它们相一致的事物，事实上已经在某人过去的经验中发生了。然而，即使是那些人，也不会坚持认为观念和印象为它的发生带来了确切

日期。既然(1)在相继的事件中偶然事件的时间位置(日期)完整地包含在某人对过去的任何回忆中;既然(2)时间位置或日期不是所表达出来的事物的内在部分(即既然所表现出的过去事件没有携带印在它身上的日期),那么,回忆的问题明显地就是被调整的;它是一个判断的问题。它的有效性不仅依赖于用作证据材料的质料,就像关于某事件的推理,完全是外在于某人自己个人性的过去之外的。

此外,注明的日期并不是绝对的。它依赖于特殊事件和前后发生的其他事件的联系,而把它们放在一起,就会构成一个时间序列或历史。如果我说“我昨天五点在家”,事实上,我正在建构一个事件的连续性过程,以作为有根据的信念的对象。“昨天”没有任何意义,除了把它和今天、前天和一系列的明天相联系。“五点钟”没有任何意义,除了把它和四点、六点等等联系起来。由正经受着确定 225
的持续性情境所提出的问题,赋予了日期以关键性的意义。假设事实在实存中是孤立的和独立的,就像它们在分离于语境的语句中显出来的那样,而这种语句并不比鹦鹉的叫声有更多的意义。假设语句是由留声机说出来的,其意义将通过语境来确定,比如说它出现于其中的故事或者录制的戏剧。此时,就像在很多情况下一样,语境从语言学上来说被抑制了,就是因为人们想当然地看待它。

如果记忆性的-肯定或者被其他人或者被某人自己质疑,那么,它可以通过清楚地表达时间性的语境顺序而获得支持。“在四点半,我离开办公室,花了大约半个小时,我到了家;我直接回家,而且记得到家的时候看了钟表;然后,我拿起晚报读了起来,这时某人进来了”,等等。即使像那样连续的重构可能会满足大多数实践性的目的,但从逻辑上来说,它仍然不是充分的。因为其他的这些事件也是回忆的问题,而它们本身也要求和原初对回忆的判断一样类型的有基础的证实。正是在这时候,对客观的基于证据的证实的参照入场了。所谓对已经发生的事件的陈述和所谓在其之前和之后发生了的其他特定事件的陈述之间的一致性虽然很好,但是仍然受到限制,这个限制影响着所有情况下的单纯的内在一致性。对过去的偏执性重构,通常具有惊人的内在一致性。在重要的情况下,它们自身就会表现出来,例如在法庭上,必然需要文件的外在证据、其他人的直接观察,等等。在对事件的虚假陈述中,每当有理由怀疑正在确立信念的共谋性的或者共同性的利益的时候,一种更加外在的证据类型,更加外在而不受个人因素影响的存在,从逻辑上来说,其本身就足够了——当然,尽管在许多情况下,我们不得不根据远未获得完整逻辑结论的证据去行动。

换句话说，这些判断，就像关于所有实存性物质的判断一样，有或然性，而不是“确定的”。因此，因为接受它们而实施的行为对于完成的判断来说，并不是逻
226 辑在后的，也不仅仅是其实践附加物。它们是提供了额外证据的操作，这种额外的证据对暂时接受的评价进行确证、弱化，或者以某种方式对其进行修正。假设我正怀疑写完的某封信是否已经寄出。我暂时假设我的确寄出了，并且等待这封信的回复。结果可以起到确定我的假设正确与否的作用：我收到了回复或没有收到。或者，我强烈担心：实际上，没有寄出这封信。我找了所有我可能放置这封信的地方。尽管没有发现它，我最后仍然不愿意接受我已经邮寄这封信的想法。我写了另一封信询问它是否已经被寄出。这些例子所显示出来的是：所建构的性质上连续而不间断的历史，并不局限于过去。未来发生的事件处在与过去已经发生的事件以及现在正在发生的事件的连续性关系中，现在正在发生的事件是对回忆的暂时性评价进行测定的证据；而这个回忆，就是关于过去我们所做的和碰巧发生在我们身上的事情的回忆。

一方面，未来的次序或随后发生的事件和我们假定发生在过去的事件之间的连续性的明显中断，通常来说，足以使我们相信我们的信念即使不是想象出来的，也是无效的。另一方面，重复的频率为我们提供了判断的一般可靠性在实效上的信心，而随后发生的事件正是根据这种重复频率证实了对重构的时间判断的依赖。在连续的探究中，关于方法的结论是与料依赖的基础，而这个时候，与料自身从实质上来说，也是不充分的。这种信任，使我们根据它们的准确性进行例行行动，而不是将它们提交给专门的逻辑检测。表面上看，这些情况产生了这样的信念，即某人对过去的回忆不是中介性的判断，而是“直接的或直觉性的知识”，但当对它们进行严密的检查的时候，就会发现，这些就是对事件延展而持续的次序进行构造的实例。总而言之，我们对个人过去经验的重建的可信度反复通过后续的事件过程而被证实，以至于我们依靠重建而不是运用专门的检验。只有在至关重要的怀疑中，我们才诉诸后者。

看起来，我们也许已经花了大量的时间去讨论一种表面看来十分明显的观
227 点，或者即使不那么明显，但无论如何，也不是那么重要的问题。情况并不是这样。每个时间性的命题都是叙述性的命题的这种观点，意味着命题是关于连续性事件的过程的，而不是关于绝对时间点上发生的孤立事件的。这个论点具有根本的重要性，以至于必须在没有合理性的怀疑之后再去建立它。最简单的实

例就是回忆的例子。既然作为从非批判性的心理学学说中借用来的一种结果，即观念(idea)已经成为当前的了，回忆就是对过去的一种“直接的”恢复，那么，它就拥有了至关重要的逻辑意义。

因此，前面讨论的最终结论将从形式上进行阐明。在关于回忆个人过去的命题中，事件的连续过程或者循环作为以限制和间隔为标志的阶段，正经历着确定性的处理的主题。在这种确定中，对现在的对象或事件和过去的事件作出暂时性的判断(关于评价或估计的本质的)。这种判断不是最终的和完全的。它们是手段，通过这种手段，关于连续性的事件的完整过程从根本上被建构起来，从过去穿过现在而通达未来的历史也从根本上被建构起来。为了解决整个质性境遇，我们要对过去和现在的事件作出临时性的判断——在时间意义上的过去和现在。如果认为关于回忆的判断本身是不完整的，而是重塑现在情境的工具性手段，否则就是有问题的，那么，词语“现在”就不是意味着可以与过去的其他事件进行比较的一种时间性事件了。当我尝试确定我是否发了某封信时，我正在确定的情境就是一种“现在”的情境。但是，这个现在情境并不在于或局限于此时此地正在发生的某个事件。它是一种延展性的持续期间，包括过去、现在和将来的事件。我形成的关于时间上什么是现在(如我现在正仔细检查我的口袋)的暂时性判断，和所构建的关于作为过去的过去事件的命题以及对随之而来的事件的估计一样，就是与这种整体的现在情境相关的手段。①

2. 对外在于个人回忆的事件的判断。我们时常会形成这种判断，即它们重构了完全外在于个人经验的过去的场景，以至于没有可能再应用关于直接的或者自明的知识的学说。发现一个人死，在表面看来，没有提供和其死亡时间以及死亡方式相关的证据的情形下。然而，存在能够进行观察的条件。分析性的检查和对有效的工具及技术的应用，都被调动起来。于是获得了现在的材料，以作为推理过去所发生的事件的基础。医学检查提供了材料，推论根据这些材料可以锁定大致的死亡时间和与其直接条件相关的事物，比如说，死亡大约发生在八小时以前，死于从某种口径的左轮手枪中射出的子弹，等等。仅仅与料本身并不能提供这些结论。所得出的推理性的结论，是对直接可观察的事实的解释，而这 228

① 术语“现在”的模糊性——就像“给定”的模糊性一样——已经被注意到了。参见前文第127—128页。

些事实是被从先前的经验中得出来的概念所调整了的；从过去的经验已经被批判性地分析过了的程度上来说，这些概念在逻辑上是充分的。此外，构制出推论性结论的命题明显是中介性的，而不是最终的。

我们说，像那样的与料能够排除自杀的可能性或观念。它们暗示着谋杀，但不是表示着(signify)谋杀。这个人可能偶然被枪击，或者在打斗中出于自卫而被枪击。其他的调查寻找抢劫的证据；因为这个人有如此行动的动机；因为证人可能听到枪击或看到打斗，等等。当死者被确认时，会有对此人活着时的行为的调查；他是否带着钱；之前是否威胁他的敌人，等等。既然这里不是在写侦探小说，那么，我就只需要指出证据性的材料包括：(1)现在观察到的事实，这些事实由指涉时间上同时发生的事实的命题来陈述，(2)从早前观察的回忆中得来的材料。考虑到这些命题，那么问题就会把这些命题编织到一种基础性的结论中去，即这个人在某个时间、某种场景下遇到了来自另一个人的死神，于是就把这种行为带入了一级谋杀的法律概念之下(因为无论实物材料多么精细，它们都构成了
229 关于这种一般化逻辑类型的问题)。这个问题的解决是不可能的，除非假设探究的主题是一种连续性事件的时间性过程，并且具有满足这种假设条件的相关材料。一方面，这里有关于可被观察的事物的命题，比如除非有犯罪事实，否则，没有法律依据去控告任何人。另一方面，这里有关于过去发生的事件的命题。但是，这两个命题集都没有证明力，除非它们各自的主题之间在时间上的连续性能够合理地建构起来。构成这种历史事件的过程就是逻辑确定的对象。被积聚起来的、关于过去的事实和现在可被观察的事实的命题，就是形成这种历史叙述性判断的手段。就其自身而言，它们是许多不同的条目。它们不是完整的和最终的。此外，需要被确定的历史延展到未来。随后的事情要依赖于对作为凶手的嫌疑人进行侦查和定罪：死刑或者监禁。

举例来说，在一段时间之后，一个人作为对死者财产的法律索赔人出现了，而同时，这些财产已经判给了作为继承人的另外一个人。这种情况下，我们会假定，如果这个人如他所声称的那样就是索赔人，那么，毫无疑问，从法律的角度来说，他有资格获得财产。简而言之，问题在于他的身份。于是，命题的作用就是要确定这个争议中的情况，即索赔人是或者不是谁谁，比如蒂奇伯恩(Tichborne)，但是这个命题并不代表最终确定的对象。它对财产最终的分配判断来说，是中介性的和工具性的。此外，关于身份的命题是作为工具来运用的。

而且，只有通过在已给定的、关于过去的命题可被提供的那个人，和与其相关的命题可以在当时观察的基础上形成的个体之间，建构历史的连续性或者缺乏这种历史连续性，它才能被如此运用。在这里，就像之前的例子一样，我们必须形成关于同时期的事实和过去的事件的命题。但是，两个命题集都不能证明任何东西，它们放在一起也不能证明任何东西，除非它们可以被命题所充实，而这些命题可以使它们的内容在时间上相互连贯起来。此外，一个将来的结果是：对财产的最终处置也包含于其中。这个结果也是历史性的，是事件过程的完结。孤 230
立来看，它与其说是确定的对象，不如说是通过过去的事件所构成的主题，或者根据同时期可观察的材料所构成的主题，例如体质、外貌和胎记，等等。

关于事件的所有判断，在刚才提到的两个例子中是正确的，在其时间限定上也是正确的。没有像关于过去事件的判断那样的事，即它是现在正在发生着的，或者将来要孤立地发生的事。认为有这种判断的观点来自把不可或缺的物质性手段当作一种完全确定了的情境，仿佛它们自身就是完整的一样。

3. *被视作历史的判断*。当我们在历史的一般意义上进入历史判断的主题的话，目前为止，我们所得到的结论的特殊的逻辑重要性将会更加清晰地显现出来。在这种情况下，就没有必要像在我们已经讨论过的论题中那样，详述关于主题的时间连续性的问题了。因为这里的历史是被公认的历史。现在所包含的逻辑问题采取了一种更加严格的形式：考虑到时间的连续性，关于过去的、外延性的、持续性顺序的命题和关于现在及将来的命题之间的关系是什么？包含在关于过去的被公认为历史性的命题中的历史连续统一体能被放置于过去吗？或者，它是否已伸展出来并包含现在和将来呢？当然，历史学家必然会遇到很多技术上的方法论问题。但是，我认为，与对历史性主题进行有根据的判断的实存相关涉的核心的逻辑问题，就是我们刚才已经陈述的问题。必须满足什么条件，才能获得有根据的关于过去事件的连续性过程的命题？问题甚至不在于对久远事件的判断能否有完整的证据，更不是“历史能不能成为一种科学”。问题是：在什么基础上，关于过去事件的一些判断，而不是其他的判断更有资格获得信任？

对于所有的历史命题来说，证据材料在命题被设立时必须存在，而且同时必须是可被观察的，这一点是很明显的事实。材料是那种能被记录和记载的事物； 231
或者是口头传颂的传说和故事；坟墓和碑文；水罐、硬币、奖章和印章；器皿和装饰；执照、证书和手稿；遗迹、建筑物和艺术品；实存的地形结构，等等此类无法限定的东西。在历史没有留下任何可以保存到现在的痕迹或遗迹的地方，它的历史是不可还原的。关于可被同时观察的事物的命题是最终的材料，从中可以推出过去所发生的事情。尽管这种陈述是很明显的，但我们还是需要说出来。虽然它被那些处理原始材料的人想当然地视为事件过程，但是(历史学家在有效的原始材料基础上所创作的)作品的读者很可能遭受观点上的错觉。会有现成的推理探究的成果呈现在读者面前。如果历史学作家有引人注目的想象力，那么过去就会像直接呈现给读者一样。所描述的场景和所叙述的片段就会以直接给予的方式而非推理构造的方式显现出来。读者会接受历史学家所直接给予他的结论，几乎就像读者在读一本构思精良的小说一样。

逻辑理论关注的是作为基础的证据性材料和作为结论得出的推断之间所存有的关系，而且关注后者立基于其上的方法。就逻辑理论而言，没有实存性的命题不是以(1)作为确定和界定问题的材料而发生作用；或者(2)以指出在某种或然性上可以作出的推理而发生作用；或者(3)以帮助权衡某些材料的证据性价值而发生作用；或者(4)作为对通过假设而获得的某种结论的支持和检验而发生作用。在每一点上，确切地说，当把任何探究都引导到同时期的物理性条件上时，就不得不去搜寻相关的与料，不得不建构作为概念性原则的标准以进行选择和拒绝，以及对拟荐与料的重要性和效力进行评估；而且根据不得不使用的系统化概念，对与料进行排序和整理式的操作。就是因为这些事实，历史的写作才是通过对问题性情境的探究而得以解决的判断实例。

像任何探究一样，历史学探究中的第一个任务就是可控性观察。它既是外
232 延上的，又是内涵上的——是对与料的搜集及其对它们的权威性证实。现代的历史编撰学在这些问题上，以及在发展特殊技术以对与料的真实性和相对的权重进行确认和核查上所花的工夫是较为显著的。金石学、古文字学、钱币学、语言学和文献学，这些学科作为辅助性的技术，在完成历史编撰的功能的过程中获得了超常的发展。这些辅助操作的结果在实存性的命题中被表述出来，而这些命题是在最大可能性的控制条件下所建立起来的事实。这些命题，就像在物理学探究中从可控的观察中所获得的命题一样，是不可缺少的。但是，它们本身并不是最终的历史命题。实际上，如果孤立地来看，严格地说，它们根本不是历史性的命题。它们是关于现在存在着的事物的命题；它们在功能上是历史性的，因为它们是作为推理性结构的与料而发生作用的。就像所有的与料一样，它们都

是因为其功能满足了证据性功能所施予它们的要求而被挑选和衡量的。

因此，它们是与问题相关的。如果脱离和某个问题的联系，它们就像砖头、石头和木头等材料一样，打算建造房子却还没有为建造房子而制订计划的人可能收集它们。他对其进行排列和收集，寄希望于一些他还不知道是什么的材料在他做了计划之后能够有用。另外，因为和问题现实性的或潜在性的联系，关于被观察事实的命题才能和概念性的主题完全相符；通过这种概念性的主题，这些事实才会被整理和解释。观念和意义作为假设，是建构历史的确定性所必需的，这就像观念和意义在获得确定结论的物理学探究中一样。历史学判断的形成落后于物理学判断，不但是因为与料具有更强的复杂性和稀缺性，而且是因为在很大程度上，历史学家还没有发展出向他们自己以及向公众陈述系统性概念结构的习惯；他们正是使用这些概念结构，把材料组织成多少有点像物理学探究者在其中展示他们的概念框架的广延事物。概念框架总是作为隐性的预设而被抛弃。

稍加反思就能看出，在写作历史时所运用的概念材料就是历史写作时代的 233
材料。可利用的材料不能主导原则和假设，除非是历史现在时的材料。随着文化的改变，文化中占主导地位的概念也会改变。对与料的观察、评估和整理的新立场，也必然会出现。继而历史被重写。之前被忽略的材料就会把自己作为与料呈现出来，因为新的概念为解决方案提出了新的问题，需要新的事实材料来陈述和检验。在特定的时代，某些概念在特定时期的文化中是如此重要，以至于它们在构造过去事件时的运用，似乎是由在既成的过去中发现的“事实”所辩护的。这个观点实际上是本末倒置。如果有辩护的话，那么，它是从证实开始的，而这种证实是所运用的概念从现在中获得的。例如，就像重构地球上真正的人类生命出现之前的地质年代中所发生的事情时，所应用的概念结构的根据是现在的物理-化学过程中证实的法则一样。例如，“史前时期”的旧石器时代、新石器时代和青铜器时代的设立，以及对它们的进一步细分，都依赖于文化中技术的进步和变化之间关系的知识，而这种知识是在当代条件的基础上获得和证实的。既然，比如说，石器工具边缘的精细程度的差异，没有表现出刻在它们身上的相关时间，那么很明显，它们的使用作为文化的连续性水平的标志就是一种从被证实了的概念出发的推理；如果这种证实存在的话，那么，它就是通过现在存在的事实获得的。为了使如遗存的化石、文物、遗骸、骨骼、工具、洞穴壁画、地理分布，以及来自研究现存的“原始”人而获得的材料这些多样的与料能够相互关联，我们需要广泛的学术工具。因为没有这些广泛的关联，“史前”时代的重构就无法进行。

对社会状况和制度改变的认识，是历史判断实存性的前提条件。这种认识很有可能是逐渐产生的。早期，我们会认为，改变只限于发生重大的偶然事件，以至于变化无法忽视，如大迁移、瘟疫、战争中的重大胜利，等等。只要这些变化被假定为构成了独立的系列事件，那么，历史就不能说是已经出现了。当变化被
234 关联在一起，进而形成了有其开始和终结的过程、周期或者故事的时候，历史才能成为实存性的。编年史是历史的材料，但几乎不是历史本身。既然历史观念包含向所陈述的结果这一方向运动的累积性的连续性，那么，控制着历史性的主题之确定性的基本概念就是运动*方向*的概念。历史不能一起写。必须选择变化的类型，并且根据限定所选择类型的变化方向，对材料按次序进行排序。历史是人的历史，是动态的历史；是政治的历史、宗教的历史和经济的历史；是文化的历史、科学的历史，以及宗教和哲学的历史。即使这些类型一起被编织成一种建构综合性线索的力，其中包含一种被认为是相对完整的运动，但是不同的线索必须首先被分离开来，让每一个都循着它自己的进程。

历史推论的确定性依赖于对运动的某种方向的预先选择，如果我们接受这一点，这里直接遵循的就是对基本逻辑重要性的考虑。*所有历史性的建构，都必然是选择性的*。既然过去不能被完整地复制或再生，那么，这个原则可能显得过于明显，以至于不值得再称之为重要了。但它是重要的，因为承认它就迫使人们注意到这样一个事实，即在书写历史时，任何东西都依赖于用来控制选择的这个原则。这个原则决定了所应分配给过去事件的权重，什么应该认可，什么应该忽略；它也决定了所选择出来的事实应该如何安排和整理。此外，如果选择的事实被认定为首要的和基本的，那么，我们就将致力于这样一种结论，即所有的历史都必然从现在的立场进行书写，而且不可避免的是，历史不但是关于现在的历史，而且是被同时判断为在现在是重要的历史。

选择的操作在三重路向上进行。第一重是按时间进行选择，它是由其历史在现在进行书写的过去的人们在他们当时生活的时候所作出的。希罗多德(Herodotus)①说，他写作“是为了已经做过的事情不会在时间中被忘记”。但

① 希罗多德(约前484—约前425)，古希腊作家历史学，被尊称为“历史之父”。善于记录旅行中的见闻。著有《历史》一书，其中记载了波斯帝国的历史。——译者

是，什么决定了他对不应该被忘记的事物的选择？在很小的程度上，他个人的偏好和品味是无可怀疑的；这些因素在任何情况下，都不可能被完全排除。但是，如果这些因素只是唯一的或主要的承载者，那么，他的历史本身就会很快被忘 235
记。决定性的承载者是被雅典人所重视的东西，而希罗多德就是直接为他们写作的；是被这个民族判断为在他们自己的生活和成就中值得纪念的事物。他们自己有对价值的评判，这种评判是选择性的操作。他们所传播的传说，他们所忘记复述的事情，他们的纪念碑、庙宇和其他公共建筑，他们的硬币和石洞，他们的庆典和仪式，都是他们自己所经历的选择性的评价。记忆是有选择性的。公共的和持续性的而非私人的和转瞬即逝的记忆，是有意识的和慎思的历史学家们工作时所使用的首要材料。在较为原始的民族中，民间传说、器具、持存的遗迹虽然会受到时间意外地破坏，但却提供了和现存的民族同样的、对他们自己的活动和成就进行传递的自我评价功能。

历史编纂家添加了进行选择的进一步原则。他选择撰写一个王朝的历史，撰写一个持续斗争的历史、一种科学形成和成长的历史、一种艺术或者一种宗教的历史，或者生产技术的历史。在这么做的时候，他假设了变化的一个历程、一个过程或周期。选择是真实的逻辑假设，就像那些被认为是逻辑假设的数学命题一样。从这种选择中，有了关于下列事物的选择性评估：(1)有材料的相对权重和相关性供他处理，和(2)关于把它们进行相互关联式的排列的方式。曾经发生的事件没有仅仅是动态的，仅仅是科学性的，或仅仅是技术性的。一旦事件作为一种发生于特定历史中的事件时，判断的行为就会把它从其作为一个部分而所属的整体性的复杂事物中解放出来，并在新的语境下给它一个位置；而语境和位置都是探究中确定的，不是原初的存在物与生俱来的属性。可能没有其他地方会像在历史再现中那样，判断在综合性的辨别和创造中的作用是如此的明显。没有其他什么地方会更容易找到一种如此突出的规则实例，即当或因为实存性的材料从属于探究的时候，就会赋予它以新的形式。

我已经论述的可以附着于“*历史*”一词的双重含义，在这个熟悉的事实中找到其明显的例证。历史是过去所发生的事情，也是在随后的时代中对所发生的事情的理智性重构。认为历史学探究是对曾经发生的事件“如它们实际所发生 236
的那样”简单地进行恢复的观点，是难以置信的幼稚。当这个观点被解释为一种警告，以避免偏见并争取最大可能的客观性和公正性，或者解释为一种告诫，要求在确定作为潜在与料而提出的材料的真实性上采取小心谨慎和怀疑主义的态度的时候，它就成为一种有价值的方法论标准。而如果在任何其他意义上来理解的话，这个观念是毫无意义的。因为历史性的探究是这样一种事情：(1)选择和整理，以及(2)受书写时期文化中占主导地位的问题和概念所支配。只要获得了充分的与料，并批判性地处理了它们，说某件事情以某种方式发生在过去的某个时间当然是具有合法性的。但是，"它实际上是以这种方式发生"的这种陈述，在历史写作的范围和视角中，具有其地位和重要性。但它不能确定历史命题的逻辑条件，更不要说这些命题和原初发生的事件之间的同一性了。*历史事件*(*Das geschichtliche Geschehen*)，在事件实存性发生的原初意义上，只是预期性地被称为"*历史的*"(*geschichtlich*)，就像那些受制于在现存问题和概念的基础上而选择和组织的事件一样。

更深一层的重要原则是：历史的写作本身就是一种历史性事件。它发生了，并且是在其发生时拥有实存性结果的事物。比如，就像雅典人的传说、纪念碑和传播记录，改变了雅典人后来的生活进程，所以历史性的探究和构造是制定历史的手段。比如，没有对历史作品的清算，就不能解释当代激进的民族主义。马克思关于生产力在确定财产关系时的作用和阶级斗争在社会生活中的角色的这种观念本身，通过它引发的一些活动，加强了生产力在确定未来社会关系中的力量，并且提升了阶级斗争的重要性。作为探究的历史学，在重构过去的过程中造就了自己，这个事实本身就是历史上发生的事件的一部分，就是给予"*历史*"以双重意义的一种重要因素。最后，正是在和历史命题的联系中，我们处理这一章的
237 前两个主题中对过去-现在-将来的时间连续性的强调的逻辑意义，才最大限度地明晰起来。

我们关于历史确定性的整个讨论已经揭示了如下观点的不充分和肤浅，即既然过去是其直接而明显的对象，那么因此，过去就是它唯一而完整的对象。书会论及以色列历史、罗马历史和中世纪欧洲史，等等，也会论及过去存在的民族、机构和社会安排。如果从这些书所涵盖的内容中获得关于历史的逻辑观念，那么，我们就会得出结论：历史仅仅是过去的历史。但是，过去在逻辑必然性上是现在的过去，而现在是活生生的未来的过去的现在。历史连续性的理念必然会引出这个结论。再次重述一遍，只有根据从某事物到某事物的方向来解释变化时，变化才成为历史，或获得时间上的重要性。为了特殊的探究目的，这里的从

和到可能要理性地限定于任何被选定的时间和地点。但是，很明显，这种限制是与探究的目的和问题相关的；这种限制并不内在于所发生的事件过程中。现在的事态从某方面来说，就是现在对它的限制；但它是自身动态的限制。它作为历史性的，将会被未来的历史学家当作来自（*ab quo*）时间连续性中的某种限制。

现在过去的曾经是活生生的现在，就像现在活生生的现在已经存在于成为另一个现在的过去的过程中了。除了根据朝向某结果的运动，把某事物看作一种议题以外，无论是罗马帝国的兴衰、美国黑奴制、波兰问题、工业革命，还是土地所有制，都不是历史。对结果的选择，对当作终结的事物的选择，决定了主题的选择与组织，当然与证据性的材料之真实性相关的适当的、批判性的控制已经在运行了。但是，目的或结果的选择表现了一种兴趣，而这种兴趣会延续到将来。这是议题没有结束的标志；这里的结束不是实存意义上的最终。从经济学的角度来看，现在正在工业生产和分配的力量之外发展着的社会问题的急迫性，是历史中新兴趣的来源。在当前的问题看似主要是政治性的时候，历史的政治 238
性方面就成为主要的了。一个从心底里对气候的变化感兴趣的人，很容易从已经发生的降雨量涵盖大片地区的巨大变化这一结果中发现契机，去撰写历史。

因此，有一个双重的过程。一方面，现在发生着的变化使社会问题发生了一种新的转变，把过去所发生的事情的意义投入到一种新的视角之内。它们在重写过去故事的立场上，设置了新的问题。另一方面，当对过去事件的意义的判断发生了改变的时候，我们就获得了新的工具，以用来评价作为未来的潜在性的当前条件之效力。对过去历史的智性的理解，在某种程度上，是使现在向某种类型的将来移动的杠杆。历史性的现在并不是通过排列和组合，对过去要素进行重新分配。人们既不致力于把他们继承的条件进行机械性的置换，也不为随即而来的事情做简单的准备。他们有自己的问题要解决，有自己的适应性要调整。他们不是为了将来而是为了现在而面对将来。当应用继承来自过去的事物的时候，他们被迫要对其进行修改以满足自己的需要，这个过程创造了一种新的现在，而在这个新的现在中，这个过程仍在继续。历史无法逃出它自身的过程。因此，它将永远被重写。当新的现在产生的时候，过去就成为一种不同的现在的过去。因此，强调不确定性情境重新确定的历史性或时间性阶段的判断是一种最终的证据，即判断不仅仅阐述已经存在的东西，其本身就是一种实存性的重新确认。不用说，不时地重新确认，也受制于所有真正的探究所不得不满足的条件。

Ⅱ. 在已论述的内容中，我们关注了实存性判断的叙述(narrational)命题，而忽视了描述(descriptive)命题。但是，发生的事情在字面意义上发生了。历史学家作为叙述者，主要关心事情的发生次序。但是，他也知道，事件不仅仅发生
239 在时间中。事件在某个地点发生，这里的“某个地点”的条件和其他条件共存，也和发生于其他地方的事件共存。位置、地点和场所相互关联；它们共存。抽象的时间作为数学实体，被构建为一种线性的维度。但是，事件不是在抽象中发生的；历史的次序性线索构成了多维度。如果只有一个事件在 1492 年发生，那么，1492 年就不是历史年表中的一个日期，而是一个纯数学概念、一个纯数字。历史不能离开地理学而书写，叙述也不能没有描述而进行，这不是因为历史学家们的纯粹选择，也不是因为文学特质或文采。

另外，离开了叙述，描述也就没有意义。在传记中，人物肖像可以通过词句，或者通过画像或照片的复制来完成。但是，不与人物年龄的陈述或估计——无论是明确地给出的，还是从口头性的或绘画性的描述中推论出来的——联系起来的话，人物肖像就没有意义。描述总是由共存的特征构成的，这些特征以某种方式联结为对象或者事件的框架或轮廓，而这种方式为被描述为单一性实存的事物的鉴别提供了方法。关于描述的术语，是有明显标志的。无论描述的文学性或审美性的功能是什么，它唯一的逻辑功能就是为确定这个或那个命题的相关性而进行鉴别。如果一个人被要求对某种确定的描述作出回应；人们就会发现，共生的指纹的某种确定性的安排是最有效的识别方法。要描述几何图形，就要仔细地考察其轮廓，不是为了美学目的，而是为了阐明这些特征的结合，使之可以被确切地识别。一种科学的描述从逻辑上来说，在这样一种程度上才是充分的，即它包含了一组共同存在的特征，据此可以识别出一种对象，即任何具有这些特征，且只有它们才包含这些特征的事物，属于这一类。符合这种描述的，就是这样的一种类型。就像我们已经看到的，在亚里士多德的科学框架中，恰当的描述是就事实而论的，是恰当而最终的定义。在现代科学中，恰当的描述严格来说，是一种鉴别的方式；同时，这种特殊的鉴别也是与当前的问题相关的。按照为了保证特定的谓词而需要作出的鉴别，描述可能是物理上的、心理上的或者
240 道德上的。就像我们已经看到的那样，任何谓词都是一种重新的确认，或者是进行重新确认的操作性方法，因而谓词也包含变化；当这种变化被陈述出来时，它

就是时间性的叙述了。

此外，描述是判断手段的实存命题，但描述本身并不是最终的和完整的——不是判断本身。单一的性质可以作为一种诊断的标志，就像火焰中的某种黄色性质是钠存在的标志一样。但是，单一的特征仅仅是描述的开始；它是一种不完整的描述。因此，“戴铁面具的人”是部分性的描述，而其本身不是描述。只有当它和其他实存性的特征联结起来时，它才能成为描述。对于“朱尼厄斯的信的作者”、“第一个发明轮子的人”以及其他很多的表达来说，都是这样。如果戴铁面具的人能够被鉴别(形成了完整的描述)，那么，他马上就进入了叙述性的序列。当把部分性的描述“《威弗利》(Waverley)小说集的作者”和沃尔特·司各特(Walter Scott)先生的各种特征结合在一起而成为完整的时候，大量关于《威弗利》小说集的作者的历史性命题马上就成为可能的了。但是，如果“沃尔特·司各特先生”除了是《威弗利》小说集的作者之外，没有其他已知的特征，那么就没有共存性的结合，我们也就不会比之前了解更多。语句“沃尔特·司各特先生是《威弗利》小说集的作者”是一个完整的命题，仅仅因为许多其他的特征能够归属于他而成为一个完全的命题，而非因为他就是小说的作者——在某一时刻出生，在某地生活，写过诗，有某个朋友圈，有这样或那样的特征的一个人。从另一个角度看，这个命题把某一个人的生平和某一个国家正在发展的文学联系起来——而后者也是一种历史性的命题。

特征的结合或者描述是建立一个种类的基础，这将在下一章中详细地说明。关于种类的命题，是一般性的。在语言上用专有名词和像*这个*这样的词语表达的命题，包含了对个体的指示性参照。因此，在当代逻辑理论中，常常假设有纯粹(pure)的指示命题——在其不包含描述性因素的意义上是“纯粹”的。例如，
“那是一个教堂”中的*那*就被看作是单纯指示性的，而“那个教堂是神圣的圣约翰 241
大教堂”中的*那个教堂*就被称为是混合性的指示性描述词项。尽管关于这两种表述的逻辑性差异的观念主要在于单纯的语言性差异，但是也追溯到了一种逻辑性的错误，而我们在其他的联系中已经处理了这种逻辑错误。[①] 它假设形成逻辑主语的指示性地出现的主题是被直接给予的。但是，个别物或者*这*的确定，需要选择性的区别。这种区别必须有基础。这个基础包含了特征的某种结合，

① 参看前文，第127页及第150—151页。

并因此至少提供了描述的最低限度。在前后关联的情境中，只有功能性的位置能够把现实性的这从无数潜在的这们(*thises*)中区别出来。在一个给定的指示性行为中，没有人能说出被指的是什么，除非有一种关于什么将被指出来的那种理念——也就是进行区分性地选择。单纯的指向是完全不确定的。①

假设有人问："那是什么?"那当然是非常不确定的。否则，就不会有它是什么的问题了。但是，这里肯定包含了描述的确定性的某种最低限度，否则，问问题的人和被问的人都不会知道这个问题是关于什么的。它可以指伸出的手臂和食指所指的大致方向上各种各样的对象中的任何一个。事实上，指向性的那是那个黑色的对象，或者那个突然移动的物体，或者是已经被部分地描述了的物体。然而，问题表明，关于黑色或者突然移动的描述，就当前的问题来说，并不能足够充分地确定它的种类。由于这个原因，它是一种不完整的描述。但是，这个例子并未表明所有的鉴别性和确定性的描述都是缺乏的，因为这种缺乏等于完全缺失进一步描述的基础。一个人在海上的轮船上描述道："那里有个多山的岛屿。"另一个人回答说："不，它是云。"除非有某些描述性的性质，确定那和它是指
242 什么，否则，这两个人说的可能是完全不同的对象。通常的指称至少要求最低程度的描述。② 若有了这种最低程度的描述，"岛屿"的性质和"云"的性质之间的不同就成为进一步观察的直接召唤，这种进一步的观察将分析它，如果可能的话，会发现一些特征，为这个描述性的性质或那个描述性的性质进行辩解。所批评的理论把对这的不充足描述(这是为了确定性特征的结合而进行进一步观察的基础，而正是在其基础之上，才把它鉴别为某一种类中的一个)和描述性资格的完全缺乏相混淆了。

关于作为一个种类中的一个个体的命题将在后文处理。在这个关节点上，我们的讨论实际上关注的是词语证明或证据的双重含义。一方面，在讨论中有理性的证明，有严格的事件次序；另一方面，有示例性的证明。在关于那是岛屿还是云彩的观点的区分中，首先有各自特征的结合的观念，这种观念描述了两个种类，然后再有观察性的操作，以决定对象符合这两种描述性指示中的哪一个。如果"这"最终并不被那些特征所标识，即能区分性地描述山和岛屿的概念的特

---

① 比较第 59 页所给出的说明。

② 就像在无词格变化的语言中，代词指涉的模糊性所例示的那样。

征，那么，它就不符合那个描述。如果单纯的或纯粹的指示性命题的理论是合理的，那么无法符合就不得不归因于指向行为的某种属性——这是荒谬的。其中所包含的重要的逻辑原理是：在所有具有实存性含义的命题中，证据或证明是观察限定分析性操作的施行问题。这里，有证明力的是证据，而非论述。然而，所施的关于观察的操作被概念或观念性的思考所控制着，这些概念和思考在对种类的描述性的确定中，把条件规定为是被不同的特征所满足的。

有另一种叙述-描述性的命题形式，其本质将在后文中进行处理。[①] 指称自
然事件的过程的命题，就属于这种形式。物理规律的内容和规律所指称的物理 243
性实存的内容，通常被逻辑理论当作非历史性的。当然，它们是关于时间和空间中所发生的事件的，这一点是被认可的。虽然绝对的时空观已经被抛弃了，但时空中的事件被简单地认为是规律的样本，这种观念仍然为逻辑所坚持。正因为这个观念，在当前的逻辑形式中，事件的确定被孤立于包含它们的事件连续体。这种孤立等于忽视了把它们确定为外延性历史事件之成分的必要性，这在某种意义上说，“历史的”和我们在确定人类历史的过程中所具有的含义相同。然而，这里包含的问题只有在和科学探究方法的讨论相关联起来时，才能得到充分的讨论。所以，对此问题的思考会推迟到这个主题开始的时候。

---

① 在第 22 章中。

13.

判断的连续体：一般命题

244 经验具有时间的连续性。有一种内容或主题的经验性连续体，以及操作的经验性连续体。经验性的连续体有确定的生物学基础。有机体的结构是持存性的，它们是经验的物质性条件。不管是有意识的目的，还是无意识的目的，它们都会把不同的经验意向(pulses)结合起来，以至于经验构成了一种历史，在这种历史中，每种意向都会依靠过去而影响未来。当这些结构持存的时候，它们也可以被修改。连续性并不是同一性的单纯重复。因为每一个活动都在发生作用的器官中留下了自己的“痕迹”或记录。由此，参与活动的神经结构在某种范围内就被改造了，以使得进一步的经验以被改变了的有机结构为条件。另外，从某种程度上来说，每个显性的活动都会改变周围的条件，而这些条件都是进一步经验的机遇和刺激。

休谟把经验的原子化推到了极致，于是即使为了获得持存性对象的表象(semblance)，也不得不引入一种均衡化的原则或习惯。没有这种联系性的结合，记忆和期望(更不要说推论和推理了)都不可能存在。每种新“印象”(impression)都会成为它自己的一种孤立的世界，而没有同一的质。他把习惯看作一个“神秘的纽带”——但这个纽带是他即使仅仅为了解释关于稳定对象的错觉或者经历了经验的连续性的自我的幻觉，也必须拥有的。现在，生物学知识的发展已经抛弃了这个纽带的“神秘”性质。某种次序性的关联被看作经验内在的质，就像经验被捆绑在一起的独特意向一样。文化的条件则倾向于大量增加这些纽带，并引入新的形式，把经验联结起来。

245 探究的过程反应和体现了经验性的连续体，是被生物的和文化的条件所建构起来的。每种特殊的探究，就如我们所看到的那样，是对先前条件的一种渐进式的和积累式的重组过程。并没有所谓瞬间的探究这种东西；并且，因此也就不存在孤立于先前的事物或之后的事物的判断（探究结论）。这个论题的意义并不是要和这个微不足道的事实（因为它是外在的），即需要花费时间才能形成判断，相混淆起来。所要肯定的是：产生判断的探究本身就是一个在实存性物质中所发生的时间性的转变过程。否则，就没有情境的解决，而只有一个主观的、无根据的信念对另一个无根据信念的代替。

当探究的连续性涉及任何单个的、被保证的判断机制的时候，原则的应用就会延伸到构成知识实体的判断次序中。在这种延伸中，包含确定的典型形式。在要获得一种有保证的结论的程度上，每个探究都利用了先前探究的结论或判断。命题的构造是确立结论的手段。它们由那些产生于先前探究的诸阶段或诸方面的内容符号所组成，而那些探究被认为是和被给定的问题情境的解决息息相关的。科学探究和常识探究，在对先前探究所产生的事实和观念（概念性的意义上）的利用方面，都遵循着相同的模式。而科学探究在如下方面区别于常识，即它要更加严格、谨慎地保证先前探究的结论能够预先适合后来探究规则的手段，以及更加严格、谨慎地确保后来探究中所应用的特殊事实和概念与正在探究的问题密切相关。就常识来说，在先前经验中形成的态度和习惯很大程度上是以一种因果的（*causal*）方式操作的；但科学探究是一种目的性的努力，以发现态度和习惯得以在某个给定的情形中，具有因果地操作的基础而进行的目的性的努力。

先前的结论具有为后来的探究和判断准备路径的功能，后者要取决于前者所建构的事实和概念，这两方面在个体理智性的发展和任何科学历史性地成长 246
中都是司空见惯的事。个体的成熟与建立知识体系的过程和结论，都包含了连续性，这一点是显而易见的，不需要进行讨论了。要不是这种连续性并非只是理智成长所必不可少的事物，那么，这一点甚至过于明显而不值得一提了。这是唯一的原则，根据这种原则，某种具有根本重要性的逻辑形式才得以理解；也就是指那些标准化了的一般概念和一般命题的逻辑形式。当前这一章的主题，就是探究的连续性和作为一种逻辑形式的一般性（*generality*）之间的关系。

个别性的事件和对象被视为，或者用逻辑的语言来说，被辨别和区别（identified and discriminated）于如此这般（such-and-such），或者如此等等（so-

and-so)。“如此”(such)指示了与其他事物的关系，与性质、程度或范围相关的个体就被比作这种事物，或者就某种依赖性的关系来说，它就代表这种事物。在第一种意义上，对“如此”明确使用的解释可以在如下表达中发现，例如，“如此可怕的愿望”，“如此轻柔的音乐”，“如此的一位英雄”，“如此的观点”，等等。第二种用法可以在任何“像……一样”(或者如……一样)和“如此”于其中都是相对性的比较的例子中发现，例如，“老师如此，学校亦然”，以及其他谚语式的表述，比如“有其主，必有其仆”，而所以(*so*)作为因此(*hence*)的等值，总是意味着连续性的逻辑效力。

关于这个(*this*)或者任何单称的所有命题(它们都有形式上的 is 作为连结词)，都呈现出在性质、程度或范围上把这个同化为其他单称事物的现象，就像在“这是红色的”、“这是生锈的”、“这是铁锈”、“这是噪音”、“这是撞击声”、“这是车的熄火声”中一样。这些谓词，当在形式上被一般化为描述性的词语时，就被表达为“如此这般”。通过对于特征的结合，单称被描述为(被认定和区别于)某一个种类中的一个，这些特征使它像某种其他已经被确定的或者为了确定性而在未来发生的事物。这些简单的思虑足以在一般性和连续性的原则之间构建一个强有力的关联性假设了，但是那种被归于“相像”(likeness)的意义却成为要进一步讨论的问题。

通过参照由重现(*recurrence*)而形成的“普通”因素来解释思虑中的逻辑形
247 式，并不是不常见的。从某种意义上说，这种根据重现而进行的解释是正当的，因为它预示了对某种连续性的认知。但是，问题在于要弄清“重现”将在什么样的特殊意义上被采用。因为当这个概念被检验的时候，它已经包含了类(*kind*)的概念，以致通过重现概念对类概念的解释仅仅是用一个词语代替另一个词语而已。比如，紧随一个被给定的单个事件之后的命题“这是一道闪电”，这个闪(*flash*)当然不是某一个对象或事件再次出现的意义上的重现，即之前就已经展现了自身，并在一段间隔内持续存在的意义上的再次出现。显然，这里的重现从实践上讲，和作为一个类中的“一闪”是同义的。在这种情况下，我们当然不能把重现当作某种已经被理解的东西来使用，进而根据它来理解类的概念。

对一般的类的解释——在重现的基础上——最多也只能应用在持续性的对象上，这些对象在经验中会时不时地再次出现。在变化万千的环境下，我们反复地看见同一座山。但是，这个事实仅仅保证了某个个别物的持续性存在。它并没有为我们提供引导或支持以鉴别其他的、之前没有经验过的个别事物，就像一座山一样，尽管它支持了这样的推论："如果这是一座山，那么，它在时间中持续存在。"换句话说，重现是主要的基础之一，即它使我们能够相信持存性的对象并不像一道光那样很短暂的存在。但是，它仍然把关于类的问题留在了它原来所在的地方。

另外，我们所讨论的差异最多是关于持续时间长短上的差异。一座山的持续时间比一朵云要长，但是我们知道，山的存在有一个开始，而且会在时间的流逝中（只要有足够长的时间）腐朽并最终消失。我们也知道，一个给定对象的存在时间的跨度并不是由其内在永恒的本质所决定的，但却是实存性条件的作用；这些实存性条件产生它，并使它持存几秒钟、几分钟或者成千上万年。在实存性的原则中，一时落下的雨和"永远存在的海洋"是没有区别的。关于对象持存长度的命题是关于证据的问题，而不是从有关实体概念中进行演绎的问题。

据说，有些原始人相信晚上能够带来光的对象和第二天早上升起并带来光 248
的对象并不是同一个东西。据说他们相信每天都有一个新的太阳。无论这种信念是否真的为那些原始人所持有，对我们所要说明的目的来说都没有差别。因为在任何情况下，这个经验都是独一无二的、非重现的。在什么样的基础上，我们才能在它独一无二的特性和作为其主题的这个对象的同一性之间作出区分呢？对太阳来说，它需要一年时间才能再次出现在天空的同一个位置上，或许它再也不可能在完全一致的条件下出现。目前的问题并不是要对对象的持存性特质提出任何质疑，而是要指出：信念的理由是事实性的问题，是证据性的问题，它们能确保作为一种推论的结论。

我们来看这个有基础的命题：启明星和暮星是同一个行星。这不是直接的经验所给予的观念或事实，也不是经验中的原始材料。它是通过一种高度复杂的观察设备才被证实的；同时，这些观察通过太阳系结构的确定性概念而系统化。同样，对于太阳的同一性，虽然比它简单，但是相同的顺序。从逻辑理论上来说，能够从这些思考中得到的唯一结论就是：个体对象的同一性问题具有和类的问题相同的逻辑性质。它们两者都是连续的经验探究的产物，都涉及能产生排斥和一致的比较；并且，它们都不是在探究之前就被给予的真理或材料。

它们不仅仅是相同探究的产物，而且是彼此结合在一起的。个体是一种持续性的对象的规定和它是一个类中的一个的规定，是一回事。把突然的一道光认定为一道闪电，把一个噪音认定为开门时候的响声，这并非是以直接展现其自身的实存性特质为基础的，而是以与探究中所推动的*证据的效用*（*evidential function*）或使用相关的特质为基础的。所重复出现的、同一的、“常见的”，是直接的质所显示出来的力量。直接的质，就它们的直接性而言，正如我们所见，是
249 独一无二的、非重现的。但是，尽管它们有实存上的唯一性，但仍然能够在探究的连续性中成为区分（限定）或鉴别出对象或事件的类的典型性特征。只要质在其功能性能力中被等同为类之识别和划分的手段，那么，无论对象与它们直接性的质有多么不同，都是同一类的。比如，科学的类的确定是完全不考虑直接的感性特质的。直接的感性特质与广泛的推论系统的建构往往是无关的，并且总是成为一种障碍，因此并不用它们来描述类。

作为一种单纯的这个的单称，总会产生问题。这个问题是通过确定它是什么来得以解决的，即它是什么类的。仅有这个事实就足以表明，确定一个事件的时间持续性和确定它的类这两个外表看来不同的活动之间，具有同一性。“这个”，在能够根据这个常见的名词从语言学上说是什么而对它进行描述之前，就是一种智力拼图。描述就是对作为类中的一个的个体的限定。然而，这个问题关涉普遍的形式所建构的路径，它使我们注意到，重现是和*推论*相关联的，而非与那些缺少了其在推论中的功能的实存相关联。

进行进一步讨论的出发点建立在这样的事实基础上，即指称*活动*的语言表达并不是以“个体的”（恰当的）名称和“平常的”名称之间的区别为特征的，而这种区别是名词所需要的。因为动词所指称的是一种变化和/或行动的*方式*。改变或活动的一种路径、方式或模式是恒定的或一致的。尽管个别的行为或所发生的变化都是独一无二的，但它是持续的。一个行动和一个变化，可以被形象地指出，并被限定为某个类中的一个，比如一场赛跑或一场大火。但是，比赛和燃烧是行动和变化的*方式*。它们被个别的事物所例示，但它们自己并非就是个别事物。它们可以重现；它们表现了重现的可能性。一种用来描述个别事物的操作路径给予后者以潜在的普遍性。当潜在的活动，如行走，被现实化的时候，一种行走就会成为实存性的。当燃烧的过程在一种个别状态下被实现的时候，就会有一把火。它仍然是个别的或*这*，但它是一个类中的个别事物。

250 由于品尝和触摸的操作，这被确证为是甜的和硬的。作为一种常量，操作重复出现。其结果可能是：关于新经验的特殊的这个就被确定为酸的和软的。辨

别的产生，是因为一致和差别的结果——因为一致和排斥是通过在经验连续性中的重复性操作而被建立的。结果就是，某些直接性的特质的出现和某些其他非直接性的特质如此紧密地联结，以至于我们可以推测出非直接性的特质。当这种进一步的推理行为发生的时候，由于相同的变化和活动的模式出现，潜在的普遍性就被现实化了。产生的推论是在那种程度上*建立起来*的，即不同的结果被确立起来，以致一些结合在一起的特征是可推论的，而另一些特征则要被排除。

休谟正确地指出了推论和期望之间的关联。他从这种关联中获得的是一种单纯的怀疑性结论，因为(1)他从未把关于习惯的“神秘”原则的分析推进到能够看到它与关于操作和变化的一致性模式之间的同一性那个点上；因为(2)他没注意到，期望的明确*表述*(*formulation*)使它能够通过肯定的或一致的、否定的或排斥的结果而被检验和测试；同时，(3)这种表述把期望从实存性的因果领域转移到逻辑领域。作为习惯的一种实例的一般性，被包含在每一个期望之内，而习惯以一种特殊的方式为行动(操作)的实施作了准备。这种包含产生了被我们称作潜在的逻辑普遍性。在期望的命题性形式中，明确表述和把它们作为手段去控制和检查在探究的连续体中的进一步操作的这种积极使用，一起赋予了潜在性一个确定的逻辑形式。

被烧伤过的孩子害怕火——就孩子而言，是一种可能性和一种潜在的普遍化。埃及人希望在某些特定的时期看到日食现象。就过去发生的事情已经被充分地分析以为期望提供基础来说，这种期望就分有了推论的本质。然而，就仅仅是时间性的出现作为预测的基础来说，这个预测就不是严格的逻辑意义上的推论。当某些恒定的自然性操作的模式，被确定为某些偶然性的条件联结，之所以能够作为预测的基础的原因时，这种预测就成了那样的推论。[1] 251

我们得到了这个结论，即逻辑形式的普遍性基础是*积极的回应模式*，而不是被回应的那个直接的实存性特质。在其直接性的(或者“可被理解的”)表现上彼此极不相同的特质，当相同的回应模式被发现能产生类似结果的时候，就会彼此相互同化(或者被归结到相同的类中)，即结果就会受制于一个或同样层次的操

---

① 在实存性条件相似的基础上，就“经验的”区别于“理性的”的意义上而言，“经验的”推论是因果性地产生的期望和其逻辑意义上的推论的一种混合。

作的应用。闪电在其感性背景下和在富兰克林之前的时代所观察到的电火花非常不同，和琥珀摩擦时所产生的吸引也非常不同，而且和在某种大气条件下拖着脚走路的人碰到别人时所产生的刺痛感也非常不同。把这么多不同的现象和许多其他现象的彼此同化，就像电磁波那种现象一样，并不能通过搜寻或寻找“共同的”直接性特质而发生。它通过应用操作并记录其结果的方式才能发生。同样的，对于物质的固态、液态和气态的三种样态的普遍化，也要通过对温度和压力在实验中进行变化性的操作，并记录它们的结果，方能获得。直到这些都做完之后，像大气那样的某些事物，才似乎是内在的，或者“本质上”就是一种气体。我们要注意，被确信为科学性的类形成的方式，即把不同的对象和事件同化为类，并不是通过比较直接被给予的特质以及对那些“共同的”事物的“提取”而形成的，而是通过操作的实施来形成的，这些操作决定着已经指明了结果的相互性模式的出现。“共同的”指示的是操作的模式，而不是质。①

252 就如我们已经关注到的，像“这是红色的、液体的、可溶解的、硬的”这样的表述并不是首要的，但却表达了操作的施行所得出的现实或预期的结果。作为限定性条件，或者作为现实的或可能的谓词，它们是被相似的或不同的操作反复出现的累积性力量所决定的。这些观察的累积性力量在像“这是糖”、“那是一匹赛马”等这样的命题中产生出来。在这些命题中，谓词表征着潜在性，当某种通过引入新的条件而产生相互作用的进一步操作被施行的时候，这些潜在性就会被现实化。因此，一个现实的、直接性的特质，就成为其他特质的一个标志，而如果为新的相互作用的模式创造条件的额外操作被施行的话，其他的特质就将会成为现实的。比如，当我们说“这是铁”的时候，限制性条件铁的重要意义就由没有在当时当地实现的潜在性所构成。“这”的特质就是现实的。但这些特质并不是在其单纯的现实性上被理解的，而是作为结果的证据性标志被理解的；而当进一步的相互作用被建立起来的时候，这些结果就会被现实化。通过观察而对存在着的特质的审慎确定的重要性，是工具性的；这是一个为了可控的和有根据的推论去构建材料的问题。从逻辑上讲，这种条件的满足，要求各种不同的观察性操作。黄铁矿的直接性特质暗示着命题“这是黄金”。如果把这种暗示直接付诸行

① 可以与前面论述的关于作为动态过程的排斥与否定的部分作一下对比。参见第 181 页及以后的内容。

动的话,那么得出那种结论的人在浪费了一阵精力和时间之后,就会发现自己被欺骗了。我们要在科学探究中小心翼翼,以便提前确定被给予的特质是不是独特的特征,即能够把事物描述成一种指明了的类中的事物,这种探究不同于常识性期望的那种形式。[①]

到目前为止,我们主要以描述一个类的一系列结合性特征的形式讨论了普遍性(*generals*)。我们已经表明,当特质作为变化和行动的模式或方式的操作之结果的时候,质就成了描述性的特性。这一事实意味着操作自身是普遍的,尽管 253
是在另外一种意义上,即依附于结合性特征集的普遍性意义上来说的。实际上,它意味着构成结合性特征集的逻辑形式之普遍性是派生性的,依赖于被施行的或者可能的操作的普遍性。因此,我们的讨论也就达到了这样一个程度,即有必要区分出普遍性的两种不同的逻辑形式或者类型。从历史上来看,类的普遍性首先出现。因为人们总是习惯于更加关注行为的结果、行为的"结尾"或成果,而不是关心凭借它们得以形成的操作。在逻辑理论中,这个历史性事实的直接结果就是自然类或种类(或"等级")的观念和分级与分类科学的建构。甚至在确定类的过程中,操作的逻辑优先性已经成为科学实践中的一种常识性共识之后,"等级"概念的优先性或威望仍在逻辑理论中发挥着作用,从而模糊了对逻辑上在先的和具有规定性的普遍性形式的认知。实际上,它不只是混淆了这种认知。它已经在试图根据等级理论来解释所有的逻辑普遍性的尝试中,导致了广泛的混乱。因此,不仅仅是例子的内在是非曲直,而且有逻辑理论中的普遍混乱,都要求我们充分重视普遍性(generality)的两种形式之间的关系和区别。

我们关于这一点的讨论所得出的结论,将通过使用某些标志着差别的词语来进行预示。在类的意义上,关于类和等级的命题将被称为类属(*generic*)命题(在种类作为类也是类属的意义上),而其主题由操作提供,我们只有通过那些操作才能找到一系列特征来描述一个类。这样的命题,我们称之为一般命题(*universal*)。相应的,像那样的共相,我们将称之为范畴(*categories*),以免术语"等级"在当前的逻辑理论中的应用产生歧义——"等级"一词既可以用来指明

① 命题"这是黄铁矿"在那种情况下,其本身并不是一种推论,而是一种期望。因为命题只有通过那种将性质确定为描述一种明确的类的特征的实验分析,才能被直接并且充分地确定。正像以后要指出的那样,这一观点对归纳理论具有重要的影响(见第 21 章)。

类，又可以用来表示共相，然而它们在逻辑功能和逻辑形式上是有区别的。这一点，我们稍后会加以说明。

在日常使用中，有一些词的意义经常是模糊的，比如"如果"(if)、"当"(when)、"条件"(conditions)这些词语。有时候，它们指实存性的东西，有时候指
254 观念性的东西。当说"如果他五分钟后还不来，那么，我就不该再等他了"的时候——"如果"指的是一系列条件性的时空境况。同样的，当问"太阳明天什么时候升起来"的时候，所指的很明显，是一种时间性的事件。但是，词语"当"(when)在从句"当问到"中，具有十分不同的效力。它的意思是"无论何时"(whenever)，或者无论什么时候，这样的问题是否应该被提出，而非意味着这个问题已经被提出了；或者作为一个事实，它曾经被提出了。命题"当天使出现的时候，人们就无话可说了"，它本身并非意味着天使存在，或者天使永远不会出现。在科学中，有很多这样的命题，在其中，"如果"引导的从句被认为是和实存性的情况相反的；也就是说，它们实际上不可能被满足，就像"如果一个不动的粒子被一个单向运动的粒子作用了，然后，"等等。在那样的命题中，如果和当所指明的都是一种概念性主题的关联，而非一种实存性或时空性的主题。如果"条件"这个词被运用的话，那么，它现在所指的是一种逻辑性的关系，而非实存性的境况。

在确定性的语境下，这种差异在现在的逻辑理论中被意识到了，比如在学说A或者E命题并不蕴涵I或Q命题中，而且在对数学性的和物理性的命题之间所进行的区分中也意识到了这种差异。这些考虑自身就表明对普遍性的这两种不同的逻辑形式进行系统的认知的必要性。通过一种系统的方式进行区分失败了，似乎要归因于把关于类的(等级名义之下的)一般命题还原为抽象的全称命题形式的那种尝试。这种尝试的最终根源似乎就是根据这样一个事实，即在亚里士多德的逻辑学中，类像种一样，是作为本体论上的共相来解释的。现代逻辑的发展，尤其是在数学科学的影响下，已经表明，全称命题是抽象的假设性命题，或者就其意义而言，是非实存性的。因此，当关于类的命题(在类属意义上的一般性)与全称命题相同的时候，逻辑学中的混淆就产生了。

逻辑的每一个现代文本都会指出，像"所有人都是会死的"那样的命题中的模糊性。为传统所支持的一种解释是：它意味着人(在类的意义上)这个级类包含在"终有一死"的事物的级类之内。从其实存性的含义上作明确的表述的话，

它意味着“所有人都已经死了或者将要死去”——一个时空性的命题。另外，它 255
意味着“如果某物是人，那么，它是会死的”：是(*being*)人的特性和是(*being*)终有一死者的特性之间的一种必然的相互关系。这样一个命题并不意指也不假定：实际上，会死的人或者生物存在着。如果根本上有效的话，即使没有人存在过，它也是有效的命题，因为它表达的是一个抽象特征之间的必然关系。此外，从其实存性的参照上来解释命题“所有的人都是会死的”的话，在逻辑上，它是一个自我(I)命题，并且归纳次序的存在要受制于实存的偶然性和实际知识的偶然性。它是一个关于概率的确定性次序的命题。生的事实和死的事实之间的联系，与是人和是终有一死者之间的关系，具有不同的逻辑形式。就像刚才表述的，如果根本上是有效的话，后者通过概念的限定就是有效的；而前者关乎的是证据，是通过观察来确定的。

到目前为止，航线相对比较清楚。但是在当代逻辑文本中，区别经常跟着这样明晰或者隐晦的假设，即有关类的命题和如果-那么这样的普遍命题，最终会有相同的逻辑维度。导致这种假设的——或结论的——推理如下：关于类的命题不是关于这个类的个体的，而是关于决定这种类的典型性特征的关系。断言“这个类的所有个体人包含在一个更加广泛的类终有一死者中”，并不包括对所有个体的了解，或者甚至也不包括对一个具体的人的了解。它运用于那些还未出生的人，以及那些无限多样的其他人，我们对这些人都毫不了解。因此，这样的命题就逻辑形式而言，和任何一种单称命题都不相同。

举例来说，命题“苏格拉底是人”和命题“所有雅典人都是希腊人”有不同的逻辑形式。前者局限于一个个体，这个个体为了能够证明命题，必须有证明性的参照物。后者就其本质而言，超越了那些能够被证明性地指涉的个体——这是其普遍性的本质。决定着类、人或雅典人的特性或区分性特征，和决定着类、终有一死者或希腊人的区分性特征之间的关系被肯定了，但却没有证明性地关涉
到任何被给定的特殊个体。因此，它总是被独立地确定为是对像那样的个体的 256
指称。它在形式上，被同化到抽象的、非实存性的全称命题中去了。

这个论点的错误在于：把对特定个体或个别物的关涉之缺乏与对那样的个别物的关涉之缺乏同一起来。在关涉每一个或每个(*each and every*)具有确定性特征之个体的命题(无论所有具有这些特征的个体是否被知道)，和在其自身内容中不关涉任何个体的命题之间，是有明显的区别的。前者直接和特征的结

合相关,而不是和个体相关,这是正确的。但同样正确的是:它是和一系列能够描述类的、以致能够关涉所有的(每一个或每个)、拥有以上特征集的、个体性存在的特征相关联的。“每一条或每条鲸鱼,无论是否被观察到,无论现在是否存在,都是一种哺乳动物。”“如果一个动物是鲸类,那么,它就是哺乳动物。”当我们比较这两个命题的逻辑形式的时候,很明显,后一个表达了特征的必然性关系,也决定了鲸鱼存在与否。第一个命题关涉的是每一个或每个为一种确定性特征结合所标识的*存在物*。除极端的混淆以外,对存在于特定时间或地点的事物之关涉的独立性,不能和关涉时空境况之缺乏同一起来,而后者内在于全称命题之中。

语言在逻辑上的模糊性特征,助长了这种混淆——就像已经提到的“所有”的双重含义那样。从语言上来说,关于类的命题由通名(common nouns)来表达,而假设性的全称命题通过抽象名词来表达;当然,这两者都区别于专有名词和像“这”和“这里”这样的指示性名词。但在许多情况下,所使用的语词不能通过它们的语言形式来表明它们属于那个范畴。比如,“人”(*mankind*)明显地指示了一个类;“人类”(*humanity*)可能是一个相同的通名,或者它可能指示的是一种普遍特征的关系:真正地是人的特质或者状态。更好的例子是关于“颜色”[1]
257 (color)的。当我们说红、绿、蓝等是颜色时,明显指涉的是包含在更一般的类之下的类。但是,在日常使用中,并没有抽象性名词“颜色”(colority)。穆勒认为,当我们断言“雪是白的、牛奶是白的、亚麻是白的时候,并不意味着这些东西是颜色,而是它们有颜色”,他所说的当然是正确的。但是,他接着说“白(whiteness)是颜色的专有名称”。[2] 现在,像穆勒所意味的在有颜色(color)和是颜色(colority)之间的区别那样的陈述,仅是作为其属性而指涉事物的特质和同样的、却不指涉事物的特质之间的不同。但是,白根本不是指称作为性质的某一种颜色。它指称的是一种颜色*作为*(*being*)的确定方式或模式,是抽象的共相。一个白色的事物可能示意着白,但白不是一种事物所具有或能够具有的颜色。我们可以详述颜色的一种被给定的性质,而不无限定地指涉其他孤立的性质。

① color、colority、white、whiteness 等关于颜色的词语在杜威这里,主要是表达属性的存在和实存性的存在之间的区别,进而反对抽象的普遍名称独立于个体的实存性意义。但是,在汉语中,没有一一对应的词语。因此,在翻译这些词的时候都用英语原词标注出来,以免误导读者。——译者

② 穆勒:《逻辑》,第 1 卷,第 2 章,第 4 部分。

但它仍然是一种性质，这是对白色的而言的，而不是对白而言的。颜色(colority)在科学上的概念具有与色彩(colors)或一种颜色不同的逻辑维度。颜色(colority)或是颜色(being color)是根据振动频率来界定的，白被定义为对这些振动在特定比例上吸收辐射之能力的功能相关性。它实际上是对将要满足的条件的限定，即当一个命题，如"这是白的"被证实时所要满足的条件。

穆勒继而提出这样的问题，像白这样的抽象词语是一般性的(general)还是个别性的(singular)。虽然穆勒困惑于马上就会注意到的某些思考，但他还是总结道："最好的做法可能是把这些名称既不当作一般性的，也不当作个体性的(individual)，而是放在类别之外。"对于逻辑形式，穆勒在意识中相信：事实上，这种"类别之外"就是抽象的共相的类。当他说它们不是"一般性的"时，他所使用的是这个词在通名上的意义，就像说颜色是一般性的一样。于是，他的困惑源于那样的信念，即某些抽象词语是广延性的类的名称。例如对他来说，颜色包含白(whiteness)、红(redness)和蓝(blueness)，等等；而反过来，白又有着不同程度。他说，同样的事物拥有不同程度上的大小和重量。但是他说，像相等、方形等那样的词项，指示着一种"是一的而不能允许多的"属性。令人好奇的是，他在相同 258
的范畴中包含了"可见性"——虽然很明显，它拥有程度。

我认为，当穆勒论及像普通名词那样的、具有类或程度性的外延的抽象词语时，很明显，他已经从抽象的对象滑向了实存性的对象及其性质。对象在大小上有不同的尺寸或程度，以及不同的重量。我们不可能明白关于大小或者重量的抽象性概念怎么能够拥有程度，就像我们不理解方形和相等如何拥有程度一样。既然不同的对象可能在大小上相等，但是在尺寸上和其他对象不同，那么，穆勒在大小这种情况下的推理在逻辑上就会导致这样的结论，即相等也是一种"关于属性等级的"名称。虽然对象有不同的尺寸，但是一些对象仍会与另一些对象相等。对于大小，大的对象就只能用小的对象来示例说明；而对于抽象意义上的重量的示例说明来说，重的对象和轻的对象没有区别。红、蓝、白是成为颜色(colority)的方式，而不是(具体意义上的)颜色的类，就像红色、蓝色和白色一样。

如果把我对穆勒的提及拿来特别运用于他身上的话，他就会被逻辑学家们所误解。他只是把隐含于很多逻辑理论家们中的混淆明晰出来。当把命题"所有鲸鱼都是哺乳动物"在逻辑形式上和命题"所有正方形都是长方形"相等同的时候，同样的混淆恰恰就出现了。因为后一个命题不是关于类的包含性的命题，而是关于成为长方形的一种模式或方式的命题。①

我要通过论及一些术语上的差别来结束这个阶段的讨论，而这些术语是要
259 确立和考察的，以便有合适的语言标准来避免上面所描述的混淆。就像已经说过的，关于类的一般命题，或者关于具有实存性指涉的普遍性的一般命题，将被称为类属（*generic*）命题或词项。关于抽象的如果-那么形式的一般命题将被称为全称（*universal*）命题。级类（*class*）这个词现在既用于指示类，也用于指示成为共相的不同方式；例如，三角形被称为一种级类，其中包含直角、不等边和等腰三角形，因此很容易混淆适合于类的逻辑形式和适合于数学主题的逻辑形式。我提议在使用的时候，把级类这个词作为类的同义词使用，而在另一种逻辑意义上使用范畴一词。例如，三角形是一个范畴，而三角形的各种存在方式则是它的次级范畴。我把在描述中确定类的性质无区别地称为特点或特征（*traits or characteristics*），而把抽象的全称命题的相关内容称为特性（*characters*）。②

之后我要说一下"包含"（inclusion）这个概念的模糊性。当人们肯定一个类包含在另一个更大外延的类中的时候，"包含"所指涉的明显是外延性的。但是，当几何学上多边形的定义被认为包含了三角形、长方形等等时，包含的意义就完全不同了。《牛津词典》中有一个引文，也许可以用来例证这种意义。"一种令人不快的类的所有感觉……，即与人的思想或肌肉或这二者在特定工作中的应用相关联的，都必然包含在劳动这个概念中。"

在这里，"包含"和观念或者概念的定义相联系。引文说，任何对劳动（这里是作为一种抽象的词语来使用的）的定义如果不包含厌烦的观念，以作为其概念的一个主要部分或必要组成部分，那么，它就是有缺陷的。或者如果当定义提供

---

① 已提到的言语的模糊性在数学上对"正方形"（square）一词的使用中表现出来。它表面上看来是一个具体的词汇，然而实际上，它意指方形（squareness），因此反映其逻辑意义的命题可以在"方形是长方形（rectangularity）的一种样式"这种语言形式中表现出来。同样，"圆"（circle）在其数学性的应用中表示圆形（circularity），很明显，它在等式中的分析性使用并没有直接指涉对象或特质。现在所讨论的观点和我们在这一章第一部分所揭示的操作概念的联系，将会在下一章得到论述。

② 穆勒提出的使用术语"属性"的例子，是如此不严谨，以致会应用到具体的特质、特点，以及我们这里所说的特性上。我认为，如果使用"属性"一词的话，那么最好将它作为"特性"的同义词来使用。

了一种必要的逻辑条件，进而决定一个被给予的工作是否包含(另一种意义上的包含)在作为劳动的工作种类中的一种的话，那么，它就是可接受的。按照定义，这样或那样的工作是或者不是劳动，这个命题因其差异(*differentia*)而将依赖 260
于伴随着其寻求的厌烦性特质的出现或缺失。劳动的不同定义或者不同概念可能产生不同的特性集，由此把一个活动归属到一个类中，并确定类的关系。这个例子展示了存在于确定类属命题和成为概念性或观念性意义之定义的全称抽象命题之间的必然关系。但这个例子也包含两者在逻辑形式上的不同，而且涵盖了包含和排斥概念中的形式上的差异。包含和排斥的法则，本身并不是由这个法则的运用而产生的包含或者排斥的特例。要通过定义而进行的排除或消除和基于证据基础而不把某一类归置于另一类中，这是不同的逻辑问题。

在下一章，根据已经表述的逻辑形式的差异，我们将更细致地思考类属命题和全称命题。然而，在现存的逻辑理论状态下，必然要进行一些讨论，而如果人们承认并系统地坚持这种区分，那么，这种讨论就成为无关的补充。通过说三个逻辑主题似乎已经汇聚起来，进而导致无法认识到逻辑形式间的差异，当前的讨论也许可以得到总结。第一个是亚里士多德把级类(作为一种固定的、被形式的本质所限定的本体性的种类)和共相同一起来的影响。第二个是希望通过设立作为规范的逻辑形式的数学命题，保持逻辑严格的形式化概念(排除所有存在的和实质的指涉)，以解释所有一般命题的形式——然而，这个概念如果被严格地保持的话，就会要求消除所有指示性的参照，并因而最终消除单称命题和类属命题。第三个影响来自内在于探究本身的思考，即全称命题在确定有保证性的(warranted)单称命题和类属命题上的必然功能，这一点将在下一章中详细讨论。

关于一般性之本质的问题在逻辑史和形而上学理论中，已经成为一种至关重要的议题。因此，我要再补充几句来指明一些特征，这些特征把本章所采纳的 261
观点区别于传统上被认为是实在论、概念论和唯名论的观点——是区分它而不是在这里论证它，或者反对其他的解释。和对一般性的“实在论式的”解释相一致的理论，断言行动着的方式像个别事件或对象一样，都是实存性的。它和实在论的不同在于，它认为，即使相互作用的这些方式是逻辑一般性的必要条件，也不是充分条件，因为只有当或在实存性的一般性作为一种控制性的功能被使用时，逻辑一般性才能产生，进而在连续的探究中获得有保证的可论断性。

因此，和“唯名论”一致的理论认为，不仅直接的特质是确定具有实存性指涉的具体的一般性所要求的基础，而且是为了检验其在给定情况下的可运用性。不过(这里更为重要的是)，不论是类属的或者是普遍的逻辑一般性，都必然具有符号性的特征。因为既然它不是实存上的一般性的文字的副本，而是出于探究的特殊目的(即有特殊的逻辑形式)对后者的使用，那么，符号的地位和功能就是命题形式所要求的构件；同时，命题性的公式化对受控的探究来说，就是内在必然的。它和唯名论有根本的不同，这在于它认为，不仅一般性在实存性上有其基础(因此，对于许多个体来说，并不仅仅是方便的备忘录或注释)；而且，符号化是所有探究和所有知识的必要条件，而不是某些已经知道的、仅仅为了方便回忆和交流的目的才需要符号的事物的一种语言上的表达。

因此，它在一点上是和“概念论”相一致的，即一般性在本质上是概念性的或观念性的。但是，在概念内在地是什么的观念上，它是十分不同的。从否定的方面来说，就像已经指出的那样，它完全拒绝那样的观点，即一种概念仅仅表示对物质的一种选择，而这种物质对于许多个体来说，先在的为其所“共有”。这种拒绝依赖于：(1)根据实存性特质在推理中所履行的功能而对这种“共有”所进行的
262 解释，(2)抽象性共相的必然性，以便保证特质在任何探究中的推理性使用。后一种考虑更加重要，因为它表明了概念的逻辑必然性。当这些概念根据个体而被提出时，它们从逻辑上来讲就不再来自个体了，甚至不是来自个体所共有的东西。因为，无论现实的特质如何频繁地重现或者如何地“共有”，观念或概念都是一种可能性的本质，并因此是与现实不同的维度。此外，在确定有保证的信念或知识中，这种概念性的维度在逻辑上被认为是一种客观的必然条件，而非一种心理上的附属物——正如传统的概念论所意味的那样。

14.

类属命题与全称命题

Ⅰ.介绍。有两种形式的一般命题:类属命题与全称命题。全称命题是对于可能的行动(acting)或操作(operating)方式或模式的表述。命题性的公式化(formulation)对于控制一种行动方式来说,是必要的,它实现了把作为证据性材料的实存性物质在其功能上进行辨别与排序。为全称命题所规定和引导的操作之实施,在发挥此种功能时,也检验了全称命题作为待化解之问题的一种解决手段的效力与相关性。因为,全称命题被描述为是前件的"如果"内容与后件的"那么"从句之间的一种关系。当它的操作性应用确定了与"那么"从句的内容相符的实存条件时,该假说*就此而言*就得到了证实。但是,对于它的主张并没有得到充分保证;相符性是一种必要而非充分的检验。因为,仅仅因为后件的可断定性便肯定前件,那是一种谬误。消除或否定必须发挥作用以确定:*唯有*前件被肯定了,后件才会随之出现。 263

在全称命题中所表述出来并应用于实存性材料的操作,决定了这种材料是属于特定种类的;并且,借助于相互结合的包容-排斥(inclusion-exclusion)性操作的施行,也决定了那些类是包容性的类所含的构件,以及就完全满足包容与排斥之逻辑条件而言的唯一被包含的类——事实上,由于实存性材料的偶然性本质,这种满足从来不可能得以完全地实现,虽然在作为长久过程的探究连续性中可以接近所要求的那种满足。

生物学层面上的机体活动,以一种现实的方式对实存性条件进行选择和整理。倘若低等有机物被赋予符号化能力,结果将是它有可能把某些事物确定性的总体概括或归诸确定性的类——譬如,将它们区分为可食用的、不可食用的、 264

有毒的；进而划分为有害的或不利的东西与有益的或有利的东西——敌与友。文化母体不仅通过语言媒介提供了用以明确表述种类的手段，而且大大地拓展了种类的多样性和数量。因为文化创造了处理事物的大量方法，并由它们所组成。此外，确定的行为方式被明确地表述为：由文化群体的成员们所表现出来的判断与行为的标准的和规范的规则。如前文所示，常识在其一般化阶段就是由大量那样标准化的观念组成，它们是就自然性的和社会性的环境对象而言的，什么是适当的或不适当的，什么是所要求的、所允许的或所禁止的，人们之行为或信念的调控（或规则）。因此，事物和人根据对待或使用它们所允许或禁止的行为模式而被区分为不同的类：包容与排斥在逻辑意义上进行运作的一种实践性铺垫。

但这仅仅是一种铺垫。因为人类“天生地”对后果、结果和成果感兴趣，不论是好的还是坏的，但对它们借以获得的那些质料性的和过程性的条件却没有兴趣。况且，标准化的概念和规则支持习惯和传统的大多数成果。因此，它们都是固定不变的，本身并不会受到质疑或批评。它们在实践中运作，从而确定了类，但对于这些类之所以在实践中被认可的基础和原因，并没有进行调查或权衡——习俗性的规则就是它们那个样子，这样就足够了。从逻辑的观点看，这是一种恶性循环。固定且不受质疑的规则决定着那些被认识到的类，而被那些规则所固定的类并不检验和修订那些支配性的观念，只是把它们用来示例或支持那些规则。充其量来说，探究只局限于确定被给定对象是否具有那些能将其划归于一种已知的、标准化观念的范围之内的特质——很大程度上，这在道德和政治领域内所流行的“判断”中仍然发生着。

265 因此，作为探究的探究进程是由对一般命题的处理组成的，而这种命题是对作为*假定的*行为方式的明确表达——这种模式的处理是与对作为*可能性*而被明确表达出来的行为方式的处理相等同的，而非必需的或必然的。这种处理观念的方式，也直接影响着类的形成。因为它要求去寻求支持它们的基础，而且那些基础必须能够满足（内在地而且专门地）已被采纳或使用的假说的要求。由于实存*就是*实存，关于它的事实都是顽固的，已被探明的事实用于检验所使用的假说；因而，当被观察的事实与某观念（假说或理论）的要求之间出现周期性的矛盾时，要提供质料上的根据去修改假说。这也是一种循环运动，但这是探究内部的运动，是为问题性的情境据之得以解决的那些操作所控制的。

Ⅱ．个案之间的推论。通过参照穆勒的观点而开始讨论是比较方便的，因为他认为，概括就是从这些个体到那些个体，而且是被足够多的个案所证明的；然而他同时承认，当我们从一种被观察到的个体到达其他未被观察到的个体时，一种“概括倾向”便包含于其中了。他说：“从已知情况到未知情况，是通过概括倾向的冲动来完成的。”[1]概括的推动性倾向是与机体性的或习得的行为模式相一致的。但是，在穆勒对概括的论述中，并没有认识到需要对那种主动性倾向进行命题上的明确表述。因此，他关于一般命题的成果及本质的论述十分精确地阐明了在未能满足逻辑条件的那些概括的案例中发生了什么：这种概括（在介绍性的段落中曾提到过）并不依赖于已探明的基础，因而是没有保证的。

经过分析可以发现，他关于村妇与她邻居孩子的著名例证，提供了对此种说法的证明。村妇借助概括性倾向，从这种情况推论到了那种情况。由于这种药物把我的孩子治愈了，它也会治愈你的孩子。无疑，有许多情况遵循的都是这种 266
过程。倘若不是这样，专利药品证书就不会这样风行了。但是，倾向性仅仅作为一种倾向而运作，而并不借助于*如果-那么*形式的一般命题的中介（因而受到产生于操作的那些后果的检验），这一事实也恰好是随后发生的推论相对无价值的原因。倾向性是作那些推论的*原因*，而绝不是它们的*根据*。

（1）没有什么理由或根据可以让村妇预设，正是所推荐的那种药在事实上治愈了她自己的孩子。（2）也没有什么理由可以预设，邻居家孩子的病与自家露西的病类似——属于同一类。然而，除非是说村妇把她的“倾向性”推向了那样一种极端，即村里发生的任何疾病都可以用它，那种假设才能被设定。肯定来讲，从一种情况向其他情况的推论（这是推论最重要的形式，就像后文将要表明的，它是归纳功能的本质所在），[2]唯有通过一般命题的介入和调解，才能得以建立。需要对疾病的这两种情况进行考察，以确定它们是类似的或属于同一种类。开展这样的考察，要借助于对两种情况的分析性比较，这种对比通过设定相互之间严密相关的肯定命题或否定命题的那种操作而确立异同。此外，此种分析性的比较（当它产生有根据的结论时），是通过操作性地使用*如果-那么*命题的概念性工具而产生的：如果是白喉，那么会有某些典型特征；如果是伤寒，那么会有其他

---

① 《逻辑》，第 2 卷，第 3 章，第 8 部分。

② 参看第 21 章。

某些特征;如果是麻疹,那么就会有别的某些特征,等等。而且,只要所运用的"如果-那么"命题形成了一种析取性命题体系的内容,概念性的工具就是适当的。在理论上(而非实践上),可以通过提供鉴别和区分任何情况下的任何疾病的程序性手段的这种方式,涵盖所有可能的病例。正是基于这些理由,前文才会说,从一种情况向其他种情况的推论,只有通过*诸多一般命题*的中介性而非单个
267 的一般命题才能进行。因为,有此种情况就是一个类的命题,而且有要求以关于某一个类的命题为依据的*如果-那么*这种形式的概括。

需要注意,它并不否定我们可以从一种情况推向其他的情况。所肯定的是,唯有当推论通过类属形式的或全称形式的命题而进行时,此种推论才具有逻辑上的地位——或者才是有根据的。

Ⅲ. *类属命题的本质*。每一个包含种类概念的命题都是以一组相关的特征或特性为基础的,而后者是描述一特定类的必要且充分条件。这些特征是被超越于总体感知领域的观察所选择性地区别的。根据什么样的标准去选择某些特征,而忽略和拒斥其他特征?从实存性的角度来看,若是不隶属于探究的话,则根本没有标准。世界上的一切事物在某些方面与其他事物相似,在另一些方面则与其他事物不相似。从实存性的观点看,对比可以形成无穷多的种类;但是无论在什么情境下,都没有根据说明为什么应该形成这一类而不是那一类。譬如,一些人具有成为斜视、秃头、制鞋匠的特征。何不基于这些特征形成一个种类?答案是:这样一组结合性的特征就*推论目的*而言,没有什么实际的价值。这一组特征对于推论其他那些同样是结合性的但在当时却并不明显的特征来说,并没有任何证据性的价值。它在探究中不会有任何结果。

另外,胎生、温血、用肺呼吸特征的那样一种结合被用来描述*哺乳动物*这一种类,因为而且仅仅因为这些特性的结合能够促进和控制外延性的推论。它为与个体相关之结论的得出,提供了依据。因为个体之被肯定或否定为哺乳动物,根据的是这些特征的结合是否被观察性探究所发现。若不是因为相关特征的概念,探究者就不可能知道寻找什么或者如何估量他所发现的事物。这组特征也能够使推论得出与种类的关系相关的推论。所选取的那些特质,通过增加一些
268 决定性因素,便可以归属到描述*脊椎动物*,并可以在哺乳动物这一种类与其他诸如鱼那样的种类之间进行划分的特征集合中。曾经有一段时期,人们相信行走、游泳、爬行和飞行这些特征可以为我们辨别或区分各式各样活的生物种类而提

供依据。经过连续不断的经验性探究，人们发现，这过于宽泛而又过于狭隘。它把昆虫、鸟和蝙蝠归为同一种类；把鱼和海豹归为另一种类；把爬行动物和蠕虫归为第三种类。科学探究表明，恰恰相反，海豹、鸟和爬行动物应该包含在一个包含性的种类下，因为种类可据以被叙述性地确定的那些特征，当它们通过直接观察被发现存在时，能够使从一种情况向另一种情况的推论快速而安全；而当它们没有被发现时，便会为推论设置障碍。

与一般概念的形成相关的、当前(或至少是最为流行的观点)已经极为普遍的理论认为，这些概念的形成就是借助一些对比过程，把为许多情况所共有的成分抽取出来，而把那些不同的成分排除掉。已经提出的那一点，即种类的形成纯粹是武断的，因为与其他事物像或不像的任何事物都适用这种观点。就当前的关联中，更为重要的异议是：它本末倒置，把所要加以说明的事物视为理所当然。共有特征已经是一般特征了。譬如说，我们通过对比各式各样的马，获得了它们所共有特征的剩余物，才形成了关于马的一般概念。但是，当个体被判定为马时，概括就已经产生了。

如果合理的概括之形成可以通过从精神上把大量个体排成一行，然后再抛掉不同的特征，直到余下大量"共有的"特征，那么，种类及一般概念的设立将是一项极端机械的简单操作。我们只需要考虑一下科学探究中描述一个种类的那些特质，便可注意到：它们的设立是一种艰苦的过程，而并非是以这里所批判的那种方式进行的。因为科学性的种类(譬如金属)的设立是通过揭示那些特征的操作来进行的，这些特征并不出现于日常观察，但通过实验性的操作才能产生，这就像正在发生的那些相互作用的一种表现。因为只有那些能够被处理为限定性的相互作用之标志的特征，才可以促进和控制推论。

因此，我们就被带回到了那样一个论题，即描述性地确定种类的那些特征是 269
根据它们在促进和控制外延性推论上的功能而被选取和整理的。换言之，每一个典型特征都是一种特质，但并非每一种特质都是一种特征。没有特质是本身就是一种特征的，或者由于实存性而成为特征。特质是实存性的，是由实存性的条件所产生或破坏的。因为一种特质要成为特征，就必须被用作证据性的标记或诊断的记号。作为特征的特质被用于指导或控制推论的这个事实，是为何它们适合执行表征性的功能、为何适合用作证据的原因，这个事实本身是而且必然是要进行仔细调查研究的问题。

我们习惯上把特质用作标记，尽管并不习惯性地或“自然地”去研究它们被如此认识或被如此使用的限定性条件。通常，只有艺术家和那些具有强烈审美倾向的人才会密切地关注作为特质的特质。街角上的红灯是交通信号；除了这样的功能之外，很少或没有人会注意到它固有的特质。此外，作为一种实存的特质总是在变化着。它随着空气条件、阳光的变化、感知者的距离和视觉器官等等的变化而变化。只有在功能上，它才是恒定的和始终如一的。特质作为实存性的特质的变化，对于把它作为一种停车信号的功能而言，是无关紧要的——除非那些变化超过了特定的限度。

由此得出，认为特质如同关系和关系性(relations and relationships)一样，其本身就是一般性的，这种观点在逻辑上是一种谬误，犹如说一般性是通过对“共有”特质的选择而确定的一样。难以想象，有什么东西会比作为实存的特质更具内在唯一性和非一般性。交通灯现实性的红色总是在变化着，因为从实存性上来说，它是变化着的条件的巨大复合体。在有依据的推论中，特质的功能，而且只有特质的功能，是不变的或一般的。

Ⅳ. *全称命题的本质*。如我们所言，全称命题的实存性基础是一种*行为模式*。然而，全称命题并不仅仅是一种行为或运作方式的明确表述。它是用于指引操作的那样一种明确表达，借助于那些操作，实存性的材料被有选择性地区别
270 于关联(整理)，以致能够作为有保证性的推理结论的基础而发生作用。换言之，命题的内容根据它在探究中所发挥的独特功能而拥有普遍性的形式。正如我们已反复指出的，行为的方式首先是实践的和现实的。通过把命题性的表述符号化，它们表现了行为的*可能性*方式。当*实存上*具有一般性的行为方式的*可能性*(因为它们是*方式*，而非单独的行为或行动)，在被坚持和发展之后，便获得了逻辑的形式。

在全称命题中，操作模式的可能性是以*如果-那么*的形式来表现的。*如果*有某些内容，*那么*必然有其他某些内容。传统上，*如果*从句被称为前件，*那么*从句被称为后件。但关系纯粹是逻辑上的，而术语“前件”和“后件”要在逻辑而非实存的意义上来理解。当一种*如果-那么*的命题在对特定的活动内容进行思虑的过程中形成的时候，这两个词就具有了更偏重于字面上的意义。“如果我先做这个，那么可以预见某些后果会随之发生。”这里所涉及的关系，属于时间上的先后关系。在命题“如果有擅自闯入行为，那么就会有刑罚的可能性”中，那些词是抽

象的,而且其关系是非时间上的、非实存上的,即便其内容——擅自闯入与刑罚的观念——有间接性的实存性参照。当说到“如果一个平面图形是三角形,那么它的三个内角和等于两个直角和”时,不仅其中的关系是非实存性的,而且其内容没有任何、哪怕是最为间接的实存性参照。在这样的命题中,甚至没有与逻辑意义上的前件和后件相似的东西。如果该命题读作“如果一个平面图形的三个内角和等于两个直角和,那么这个平面图形是三角形”,其意义是一样的。

所提出的这两个例子都不能从一个从句引出另一个从句来。因为在它们之间的必然相互关系中,它们表现的是把一个概念分析成完整而详尽的内容。因此,认为一个从句蕴涵着另一个从句,是误导人的说法;这不仅因为蕴涵仅仅存在于命题中而不是从句中,而且因为这样的说法遮蔽了最基本的逻辑性思考——即两个从句所代表的,是把单个的概念分析为完整而详尽、彼此关联的逻辑构件。就因为这个原因,全称假言命题在其逻辑意义上就具有定义形式。因 271
此,命题“如果某种东西是物质体,它便能吸引其他物质体,这种吸引力与质量直接相关,与距离之平方间接相关”,可以同等地读作“所有的物质体以及其他”这样的语言形式。它是对于是物质体的(部分性的)定义。它所表达的条件,是任何被观察的事物若要把“物质的”属性有根据地适用于自身的话,都必须满足的。另外,如果发现根据其他全称命题所提供的根据,有东西被确定为物质的,却不满足上述命题所规定的那些条件,那么,所涉及的那些全称命题中的某一个就必须被修正或重新表述。

前面几段是要表明:(1)何谓全称命题的功能性特征,以及(2)在什么样的具体方式下,它是功能性的。这种具体方式可以重申如下:全称命题规定了实存质料所要满足的条件,以便当其为单体时可以被确定为特定的某个种类中的一个,或者当其为种类时能被包含于(或包含有)某些其他的特定种类。这种功能的实现,依靠的是它作为命题所表述的那种操作模式的现实性执行。因为被现实化之后的操作是作用于实存条件的,并具有字面或实存意义上的后果。然而,我们已经解释过,仅仅是这些现实性的后果与假言共相的结论句的内容相符,并不能完全检验假说。那些现实后果必须尽可能被表明为仅有的能够满足假说要求的后果。为了尽可能获得对此种满足式样的确定,所谓的那个全称命题必须是一套彼此相连的全称命题体系中的一个。一个全称命题若不是某体系中的一员,顶多只能产生与所规定条件相符的后果,但无法排除那些后果同时也可能与其他概念所规定的条件相符。

Ⅴ. *全称命题与类属命题的共轭关系：蕴涵与推论*。在前一章中，我们讲
272 过，“范畴”，而不是*级类*这个词，将用于指代全称命题中所表述的概念，因为后面这个词同时用于代表具有种类形式的一般。每一个可用于表征操作的可能性式样的全称命题，都可以称作范畴。虽然从哲学史上看，这个词一直以来大多仅仅指代被认为是最终的那些概念(即便如此，也很少关注它们的操作性本质)，但日常语言中对该词的运用仍旧宽泛得多。譬如(拿词典中的例句来看)，当说到“这个物体归在器械范畴内”时，所指的内容远不只是说：它包含在器械这个种类内部。这句话所指的是：它例示了用以界定是器械的那个原理或原理的规则。范畴在逻辑上相当于实践中作为态度的那种东西。它可以设立观点、计划、程序、标题或抬头、方位、可能的*谓述式样*；而在亚里士多德那里，范畴化就是谓述。民法和刑法分为不同的种类。然而，是民法或是刑法，却是范畴。它们是据以指责或调节某些活动形式的观点。法律就是用于处理的准则。它可以确定是否要起诉某些主体，或如果要起诉的话，他们应该如何被处置。审慎的和道德性的原则，都是范畴。它们是行事规则。虽然规则本身可以分为种类意义上的级类，但是，是原则并非一个种类，而是用于形成种类并由此确定已知行为或活动路线是否属于特定种类的一个处方。

一旦认识到全称命题乃有关可能操作的准则，有关这些命题的首要逻辑问题就是它们与类属命题的关系，即它们与确定那些用于描述种类的显著特质有什么关系。根据这里所陈述的观点，此种关系是*共轭关系*(*conjugate*)。全称命题与类属命题彼此之间在探究中的关系，与判断设立时质料手段与程序手段彼此之间相互支撑的关系完全一样。关于种类以及属于特定种类的单体的命题，提供了用以构成最终判断之逻辑*主词*的主题。关于为了实现由有问题的主题到统一而连续的实存性情境的转变所采取的操作的命题，提供了谓述性的主题。

273 不以命题表述的操作，在逻辑上都是不受控制的，不论它在习惯做法上多么有用。因为除非它从命题上予以表述，否则就没有根据可以确定：什么样的后果或所产生后果的什么方面是出自它，以及什么后果是出自外部未加表述的条件。全称假言命题规定了操作与其后果之间的关系，它的那些后果被认为本身就在经验连续体中具有操作力，而不仅仅作为最终的并因而是孤立的某种东西。由此来看，它们与安排为推理或有序论说的那些命题之间的关系，同有关种类的命

题与促进和调节推论之间的关系完全一样。特称的后果本身并不会引向进一步的后果。在思虑中，所提出的任何作为可能行为的“如果”都会把某些预期后果作为它的“那么”。但是，这些后果会有什么进一步的后果，本身又是一个单独的问题，并且很容易被忽视，尤其是当特殊的后果是讨人喜欢的时候。当“后果”本身是可能的操作时，它们的表述自然会引向和它们有关的、关于进一步操作的命题，或者是引向论说，直到在数学论说中，对于接着发生的操作的可能性不再有任何的设限。

当回到与类属命题和全称命题之间的关系相关的共轭性关系的论题上时，第一，我们就拥有了一个（已指出的）事实，即构成谓词主题之内容的那些操作就像决定证据的与料一样。第二，由此得以构成的与料，可以用来检验已经被施行的那些操作，并作为根据来暗示与施行新的操作（或对于旧操作的修改）。被施行的操作首先会把前件中实存性的材料进行转换，使所获得的材料更具有指示性或代表性；然后，此种被转换的材料唤起进一步的操作，如此继续直至一种得以解决的情境建立起来。简言之，已知操作的*存在理由*是：通过它可以产生一种面向实存性后果的方法，从而确立一种得以解决的情境。在操作施行之前，预先对其进行命题上的表述，这是它完美发挥此种职能的必要条件。另外，对其现实
性执行的后果进行细致甄别性的观察，再将这些后果与那些根据假设得以确定 274
的后果进行对照，由此可以检验有关操作的此种命题性表述的有效性（相关性和效力），从而在需要时反过来修改随后所运用的操作和命题。

把这里的结论换作一种正式说法：任何有根据的类属命题都不可能形成，除非它们是全称命题作为可能性所指示的那些操作之施行的产物。因此，推论的问题就是要甄别与联结那些能作为某一确定种类的显著特点（全面而且专门）而发生作用的实存性材料的特质。过去曾认为，描述*金属种类*的显著特点是奇特光泽、不透明、可延展、高密度和坚固性。这些特点是对物体进行普通的操作，如观看、触摸等等，再结合工匠们出于实用与享乐目的的操作活动，最后所产生的可见性特质。虽然这些活动的后果对于专门的实践目的而言是有价值的，但却不能指导作为探究的探究。它们无助于寻找其他那些日常中（大约总共 7 种）未加使用的金属；它们无助于在共同的推论性结论体系中把金属与非金属联系起来；它们甚至无法确保对金属与合金作出精确的甄别。最后的结果便是：即便从实践应用的立场来看，冶金术也被限制在狭隘的范围之内。

之所以能过渡到现在科学性的金属的概念,之所以可以确定借以描述金属种类及其子种类(60种以上)的那些特点,是因为视角变了。从那些与直接的运用和享乐相关的后果转变为根据事物彼此之间的相互作用,借助于包含能够制定那些相互作用的实验性操作的人为干预所产生的后果。其结果就是,直接的可感性特质失去了原先作为显著特征所赋予它们的重要性。譬如,在当前对于金属的定义中,一个重要的因素是"亲和力",或者说与某些非金属物质,特别是氧气、硫磺、氯气发生反应的能力,以及由此所产生的氧化物作为基础与酸性物
275 发生反应以产生盐的能力。另一个因素是高导电性。显然,这些特点的提取决不可能像从直接可感性状中发现光泽、不透明一样,也不可能像工匠在操作中找到的坚固性、延展性那样。这些特点有助于:(1)确定先前未认识到的金属;(2)精确甄别各子类;(3)最主要的是把有关金属的推论与所有化学变化的推论关联起来,后者存在于一个构成化学科学的广阔体系之中。

这个例子展开得比较详细,那是因为它非常清楚地同时展示了(1)定义与描述之间、(2)范畴与种类之间、(3)特征与特色之间的区分与联系。在这三组区分中,每一组的前一个词都是指一种具有相互作用性的可能性操作,而后一个词都是指现实施行这种操作的实存性后果。虽然有区分,但它们是内在相联的。这种联系就是作为程序手段的操作与作为后果的实存条件之间的关系。"如果是金属,那么就有某些指定特征;如果是铁、钠、钨……那么就有某些另外的差别性后果。"这种定义由此形成了一条规则,用于(1)开展实验操作,同时用于(2)指引进一步的甄别性运作。后者是指:选取一些特别的质用作一种包含性的种类之下各个子类的、全面而专门的证据性标记。

到此为止,我们的例子都一直在强调:有关种类的命题依赖于全称假言命题所提供的定义。倘若追溯一下后者在物理-化学探究进程中实际的历史发展,有关种类的那些实存命题在检验与修正先前普遍概念方面的共轭角色同样很明显。后来的"是金属"、"是铁"等等概念并非突然出现的。它们曾受到已经获得的有关事实情况(matters-of-fact)的结论的暗示。此种暗示一旦转变为命题,便规定了能够产生出新的事实性事情的进一步操作,从而在连续的探究中出现新的观念,直至一方面达到当下的那些概念和定义,另一方面达到当下那一套差别
276 性的描述和各个种类。简言之,全称命题与类属命题这两种形式之间的联系是功能上的:它在逻辑地位和功能上完全类似于最终判断中逻辑主谓词之间的那

种关系。

于是，我们所讨论的这种形式上的区分，就是那些用于促进和调节推论的命题与那些构成作为有序论说之推理的命题之间的不同。经由推论从一个实存命题变到另一实存命题，如我们所见，这取决于作为工具性中介的非实存性全称命题——当这样考虑时，要求悉心关注论说中所用全称命题的形成。但是，若要把推论活动等同于合理论说，就会出现严重的学理混乱。也不能把这两种逻辑活动中的任何一个等同于全称命题对实存质料的应用。推理所能做的顶多就是展开一个全称命题；它本身不能确定事实情况。唯有操作上的应用，方能产生后面这种确定性。另外，实存性的与料本身不能证明一个全称命题。它们可以暗示它。但是，证明的实现，要通过(1)对假设命题中所提出的观念进行表述，(2)通过施行假设命题之作为行为规则所呈现的操作，把与料转化为一个统一的情境之内。

推理或论说中所要满足的条件，是由蕴涵关系所设定的。论说问题，是要探知那些严格而富成效的蕴涵物。而推论则受限于可以称作牵涉(*involvement*)的一种实存性关联。推论问题，是要发现彼此之间牵涉什么样的条件，以及它们如何相互牵涉。[①] 一个从事商业活动的人连同其他人牵涉在商业往来能够被实行的那些情境条件当中。在合谋犯罪中，一个人连同其同伙牵涉在某些活动和后果当中。不过，牵涉的范围并不限于人的情形。黄金供应的增加，通常会牵涉到 277
金价下降以及其他日用品价格的下降。河流水平面的突然大涨牵涉到大暴雨，而且，与它的发生相牵涉的还有生命财产的危险、道路的无法行走等等。黑死病的爆发牵涉到死亡率的上升，或许还牵涉到一场灭鼠运动。没有必要再举更多的例子。每一种具有因果关系的实例，都依赖于实存条件彼此之间在共同的相互作用中的牵涉。有关变化的所有函数关系原则都依赖于牵涉，譬如，对于许多物质来说，热度的增加是用于推论它们膨胀的根据；或者，气体容积被认为是压力与热度的函数。[②] 本质性的思考是：此种关系是完全实存性的关系，最终来

① 我采用“牵涉”一词以及在逻辑上明确将其作为蕴涵的共轭对立面，这要归功于珀西·休斯博士(Percy Hughes)。参看休斯：《牵涉与蕴涵》(“Involvement and Implication”)，《哲学评论》(*Philosophical Review*)，第47卷(1938年)，第267—274页。他曾非常友善地把尚未发表的手稿拿给我看。

② 这里的“函数”在英文中与“机能”或“功能”是一个词，即function。——译者

说，是一个事物的原始结构的问题。

推理和计算(calculation)是用以确定特定牵涉的必要工具。但是，推理和计算(论说)内部诸词项及命题之间的关系是蕴涵性的、非实存性的，虽然对于种类的描述是一种牵涉。因为用来构成有序论说的那些全称假言命题都源于对单个意义或概念的分析，它们的诸多构件彼此之间维持着一种必然的关系。但是，关于那些在某种相互作用中彼此相互牵涉的对象和特征的命题却是与实存性的偶然性相关联的，因而具有可能性的某种顺序。因此，探究中一个不可或缺的因素就是对任何给定情况下所呈现的可能性顺序进行确定。用来描述种类的那些特点或特色，在实存性上被拿来放在一起。用以选取它们的根据是逻辑上的，但把它们连在一起的根据却是实存性上的。根据就是：就实存性而言，它们总是连在一起，或者说在实存性上结合在一起，以致当一个变化时，其他的也发生变化。当找不到什么理由说明它们为何应该连在一起(比如可以形成一个全称假言命题的内容)时，用以选择一种给定性的结合的根据，就可以恰当地称作“经验性的”。在对于一种结合的选择决定于全称命题(这个命题反过来，又是全称命题
278 体系中的一员，而这些全称命题已分别在实验性的应用中得到检验)的操作性使用这个程度上，一个给定的实存命题的有效性的可能性具有一种高级的次序。但是，它永远不可能获得内在逻辑必然性的地位。它仍旧是原始事实，即便已经提到一条法则来说明一种关于原始事实的命题为何以及如何能够用于富有成效地促进和控制探究。

根据实存性的牵涉与逻辑蕴涵之间的这种区分和联系，我们已经讲到的关于类属命题与全称命题之间的共轭性关联可以作如下例示：一个被指控为犯罪活动中的共犯的人与主犯如此相牵涉，以致被卷入犯罪后果当中。但是，之所以会牵涉在(譬如)刑事后果当中，仅仅是因为已知法律概念体系中所设定的那些有关“犯罪”、“主犯”和“共犯”的定义。这些定义是通过如果-那么命题所提出的范畴。通过使用这些范畴，可以确定能够表明所给定的行为属于牵涉特定后果的某一种类的特征组合出现了，还是缺失了。另外，很显然，这里的这些定义和范畴并不是突然出现的，而是根据处理人类行为的现实性状况的需要而设定的那些条件而逐渐地发展或明确地制定出来的。再举一个例子，一个人可以在一张纸上乱写自己的名字，而不会有什么法律后果。但是，在为某一抽象定义所确定的条件下，当他签名字时，他将被认为有责任支付既定数额的钱。最后，法律

上的定义和概念是逐渐地发展出来的，并且会在对那些实存性地出现于人类关系领域的情境的调节中修改它们的功能。在调节人类活动方面的成效，是检验它们有效性的最终标准。

总结来看，牵涉与蕴涵之间，种类与范畴之间，特色与特征之间，类属命题与全称命题之间功能上的对应或共轭关系是指：它们代表着对功能在探究中的合作性划分，而这些划分则把一种问题情境转化为一种被解决了的并且被统一了的情境。与穆勒观点类似的经验主义者和理性主义学派之间在逻辑上的相互残杀将继续下去，只要这两个学派的拥护者们认识不到两种命题形式之作为探究 279
的合作性阶段所严格具有的居间性和功能性本质。但是，要想达到这样的认识，非得把逻辑学的领域拓展为可控的探究领域不可。论说中诸词项和命题之间的关系，使我们可以作出纯形式的陈述——纯形式的意思是说，有序论说的本性是要处理那些抽离掉实存质料的可能性。但是，任何假定论说形式必然会构成逻辑主题的整体的"纯"逻辑理论，都是武断的。从根本上看，它使得激励特定的逻辑学家或逻辑学家群体的个人兴趣成为确定逻辑主题的准则。此外，它没有为论说及其诸形式提供逻辑基础，而且没有为它们在实存性上的适用性提供合理的解释，而仍旧是可能性——它是无效的——和现实性之间的神秘的预定和谐的问题。

第三部分　命题与词项

15. 命题的一般理论

对判断所作的分析表明，通过操作改变最初给定的主题，把一种不确定的、 283
不稳定的情境变为确定性的统一的情境，是一个持续的过程。不同于那些单称的、复数的、类属的和全称的命题，判断是个体的，因为它关涉唯一的定性情境。基于这一立场，比较-对比是一种基本性的操作，根据它，产生了对先在情境的再次判定；在持续不断的探究过程中，“比较”的名称用于建立主题的累积性、连续性的所有程序。比较-对比已经被表明包含于肯定-否定、质性的或量性的度量、描述-叙述以及类属与全称两种形式的一般命题中。此外，它是一种操作的复合，根据这种复合，实存性的结合与消解在相互间共轭性的关联中得以产生——它不是一种“精神性的”事件。

命题在逻辑上不同于判断，然而却是达到最终具有保证的确定或判断所必须的逻辑工具。只有通过符号化的手段（命题的特有差异），才能使直接的行动得到延缓，直到把探究建立于条件与程序之中。相应地，当它最终出现时，公开的活动就是理智的而非盲目的了。因此，这样的命题是临时的、间接的和工具性的。既然它们的主题关注的是手段的两种类型，即物质性的与程序性的，那么，它们就有两种主要的范畴：(1)实存性的，直接指涉的是实验观察所决定的现实性条件，(2)观念性的或概念性的，由相互关联的意义组成，就直接性的参照而言，它们在内容上是非实存性的，但通过表征其为可能性的操作，可以应用于实 284
存物。为了分别建构物质性的与程序性的手段，命题的两种类型相互结合，或者在功能上相互对应。它们在探究中形成了劳动的基本划分。

在逻辑理论中，有一种当代性的运动，被称为逻辑实证主义，它避开对“命题”与“词项”的使用,代之以“语句”与“语词”。就其把注意力集中于命题的符号性结构与内容而言,这种变化是受欢迎的。因为那种认知把逻辑理论从预设的本体论的和形而上学的信念的束缚中解放出来,允许该理论借助命题的内容与功能自主地行进,就像它们自身所实际地呈现给分析的那样。通过对符号要素的强调,它把命题带入了与语言的类属性关联之中;而直接或间接地与事物相关联的语言,被认可为另一种维度,而不是与它相关的事物的维度。此外,用符号对逻辑主题的明确表达,倾向于把理论从与客观领域相对的、所谓的“感性的”或“观念性的”主观领域的依赖中释放出来。因为符号与语言在人类经验中是客观性的事件。

对于用“语句”与“语词”指明已被称为命题与词项的东西,有一种次要的反对,即认为除非得到了详细的解释,否则它就会把符号和语言的范围过度狭隘化,因为它不习惯于把手势与图形(地图、蓝图等等)处理成语词或语句。然而,这一困难可能得到辩护。更为严重的反对是:如果没有详细的陈述,那么,新术语学就不会在适用于交流目的的语言(洛克称为“市民”语言)和只有通过与探究目的相关的先在探究所决定的语言之间作出区分——唯独后者的涵义是逻辑性的。这种严重的困难不能通过单独地考虑语句和语词来克服,因为这种区别依赖于一种意图,而这种意图只有通过语境才能判定。

就其在某一既定情况中没有被确定而言,无论意图是关于已知事物的交流,还是将已经被看作已知的探究手段的东西应用到至今仍未知或仍有问题的事物
285 中去,谬误都肯定会在逻辑理论中出现。以主词-谓词的问题为例。语法上的主词,被认为是交流者与被交流者之间所共有的、约定的“被理解了”的主题。语法上的谓词,被认为是存在于一方的知识或思想中的、将要给予的信息或建议,但并不存在于接收者的知识或思想中。假设句子是:“狗丢了。”“狗”的意义或被假定为是所有当事人所共知的;“丢了”的意义则为说话者所拥有,虽然与听者的经验和信念相关,但他此前并不知道。

现在,如果关于主词-谓词的逻辑理论被语法结构所取代,很有可能,实际上是特别确定,可以得出结论说:逻辑主词的材料是独立于探究和探究的需要而被完全给定的某种东西。实际上,我们可以推测的是:从语法结构到逻辑结构的直接运动与亚里士多德对于逻辑上的主词-谓词关系的表述有很大关系。一方面,它导向一种理论,即终极主词一直是某种本体性实体;另一方面,它导向可谓述

词(predicables)的经典理论。我们可以再次推测的是:已经受到批判的、认为命题的主词内容的直接给定性特征是继承自把语法形式向逻辑形式转化的学说,是在把感性特质看作直接呈现的事物的、未经批判的心理学影响之下而提出来的。

甚至更为严重的一项反对是:就像通常所表述的那样,逻辑实证主义受到逻辑形式主义的影响,源自数学分析,以致在“语词的意义”与“句法关系”的标题之下,对质料与形式作出了过于明确的区分。现在毫无疑问,逻辑理论必须区分形式与质料。但区分的必要性并未确定它们是否相互独立。例如,它们在逻辑主题中是内在地互相关联,还是仅仅在理论分析中才是可区分的。尽管语句或语言要求在构成其词汇表的语词之意义与句法配置之间作出区分,但这一事实只 286
是以新的方式提出了那个旧有的根本问题:在质料与形式之间,或意义与句法之间,有关系还是没有关系。一个不言而喻的或明确的假设,即这种区分证明了质料与形式的独立性,同时把逻辑简单地等同于后者,而这种假设只不过回避了所争论问题的根本观点。

最后,虽然它对所有的“形而上学”原理和假设进行了名义上的拒斥,但这种形式与质料之间若不存在一种分裂的话,就存在着一种明确的区分的观念,仍停留于一种特别纯粹的形而上学传统上。关于数学所公认的形式特征,并未证明形式与质料的分离;它只是以一种基本性的方式提出了那个问题。在同一路向上更为直接的反对是:逻辑形式与句法形式的同一性,作为给定的,要被迫假定名词、动词、形容词、介词以及连结词等等之间的区分。如果不试图那样做,那么我就不明白,若不考虑其意义,人们如何能够在上述分类中(名词、动词等等)成功地确定什么语词被假定了拥有突出的效力,而这是物质性内容的问题。

认为刚刚提到的分裂内在地包含于“语词”与“语句”对“词项”与“命题”的替代之中,这当然是荒谬的。但在逻辑理论的当前状态下,这种替代与关于分裂的观念相关,这一事实为使用旧的术语学提供了理由。已经提到的那个事实,即作为日常使用的“语句”一词,表达的是探究的结束而不是它的开始或持续执行,在语言学上强化了这个理由。另外,“命题”一词至少意味着某种被提出的或被提议的事物以供进一步的思考,从而有某种东西被整合到了探究的连续性中。

命题逻辑的基本问题关注的是两种理论之间的内在冲突,即一种理论认为,命题在最终判断的建构中具有中介性和功能性的地位；另一些传统或当代的理论则认为，在确定最终判断的时候，命题是孤立于它们的语境地位与功能的。根据后一立场的一种类型，判断独自具有逻辑性，而命题只是它们在语言上的表
287 达——这一立场与下述观点一致，即逻辑是关于精神思想的理论。另一种类型认为，既然判断是对命题所采取的一种精神性的态度，那么后者独自在本质上是逻辑性的。虽然在这些观点之间有明显的对立，但两者都认为判断——以及一般意义上的“思想”——是精神性的。因此，它们两者都反对这里所采取的立场，即探究关注的是客观主题的客观性转化；那样的探究规定了在其中，“思想”是与逻辑相关的这一唯一的意义；命题是对实存临时性评价、评估的产物，是作为确立最终判断之手段的概念的产物，而这种判断是对问题性情境的客观解决。因此，命题是一种符号化，但符号化既不是某种外在的装扮，也不是某种自身完整而最终的东西。

当前最为盛行的观点可能是把命题当作逻辑理论的一元材料。根据这种观点，命题在形式性的真-假属性中拥有起决定性作用的属性。根据这里所采取的立场，命题将会根据其内容作为程序性和质料性手段的功能而得以区分和辨别，而命题形式的进一步区分则要根据它们各自的、作为手段的典型性主题的功能确立起来。后一种观点是本章的主要论题。但在这一点上，注意到既然像这样的手段既不真也不假，那么，真-假就*不是*命题的一种属性，这是比较中肯的。手段既是有效的，又是无效的；既是贴切的，又是无关的；既是浪费的，又是节俭的。这些差异性的标准，可以在它们作为标准与其相关的结果中发现。在这个基础上，特称命题是*有效的*（强大的、有效力的）或*无效的*（弱小的、不充分的）、松散的或富有活力的，等等。

然而，有效性-无效性不仅区别于真-假，也区别于形式上的正确性。任何给定命题都是这样的，即它促进或者阻碍最终解决的建立。因此，不能仅仅在它与其他命题的形式性关系的基础上，对它作出逻辑性的判定。三段论“所有卫星都是由绿奶酪制成的；月球是卫星；因此，它是由绿奶酪制成的”在形式上是正确
288 的。然而，其中所包含的命题是*无效的*，不仅是因为它们“实质上虚假”，而且是因为如果接受并使用它们，探究就会被阻碍和误导，而不是被促进。①

① 这些评论并不希望涵盖形式与质料关系的整个基础。该论题在后面将得到更为广泛的考察。

已经说过，命题的基本划分依赖于它们在判断中的功能地位。我回到这一观点。有根据的判断依赖于建立事实，它们(1)对某个不确定的情境所设定的问题进行定位与限制；(2)提供证据，以检验所提示和提出的解决方案。这些命题决定了命题的两种主要划分之一，以及主题内容的那些命题。但有根据的判断也依赖于意义或概念结构，它们(1)代表了对当前问题可能的解决方案，(2)规定操作，当这些操作得到实施的时候，就会产生倾向于某个确定性实存性情境的新论据。这些是关于谓词-内容的命题——另一个主要的划分。

命题的第一个主要划分的主题或内容，由观察到的材料或事实构成。它们被称为物质性的手段。正因如此，它们具有潜在性，在与其他实存性条件的相互作用中，这些潜在性在一种实验性操作的影响下，产生了有序的条件集合，而这些条件则构成了一种被解决了的情境。客观的相互作用是公开的手段，通过它们，现实化的情境被产生出来。在某一给定时间是潜在的东西，可以在以后的某个时间通过情境条件的纯粹性变化而被实现出来，无需任何带有逻辑或理智意图的操作来介入，就像水由于温度的特定改变而结冰一样。但在探究中，介入了一种审慎的操作：第一，选择可操作性的条件；第二，建立与旧条件相互作用的新条件。这两种操作都被精心设计，尽可能地接近一种途径，以决定相互作用的确切种类是包容性的还是排斥性的，进而必然会产生关于结果的确定性集合。相互作用的条件与现实性的后果之间的关系是一般的，而从功能上来说，则是形式的，因为它们无需参照任何特殊的时空现实。

潜在性区别于抽象的可能性。前者是实存的“力量”，在关于实存性的相互 289
作用的给定性条件下被实现。另外，可能性同样是一种操作性的问题——它是可操作性。仅当对实存而不是与符号或对符号实施操作时，它才被实存性现实化。严格的可能性操作形成了一种观念或概念。对于符号化的理念性材料进行操作，并不能使冲突得以解决。正如前面的段落所指出的，只有通过在操作上引入构成相互作用的确定性种类的条件，才能产生它们。例如，喝一杯水的观念引起现实的喝水，只是因为它在先在的条件中形成了一种变化——如果只要通过倾倒水壶或拧开水龙头使水与一组新的条件相关联的话。从这些预备性的一般陈述中，讨论进入了对命题不同种类的思考中，这些命题是刚才所描述的两个主要种类的子类。

I. 实存命题

1. 特称命题

被称为特称的那种类型的命题，代表了主词-内容最为基本的命题形式。这些命题通过从借助感性器官实行的操作出发的一种特质而限定个体，即这个(*this*)——例如，“这个是酸的，或软的，或红的，等等”。在这样一些例子中的语词“是”(*is*)拥有实存性的力量，而不是无时间性的(因为是严格逻辑的)系动词。“这个是酸的”，或者意味着品尝这种操作的现实性施行在直接经验性的实存中已经产生了那种特质，或者意味着预测到如果某种操作得到施行，则将会产生酸的特质。“这个是软的”意味着，它容易屈服于压力，但当把这种压力应用于其他大多数事物时则不会使它们屈服。当说到这个“它是明亮的”时候，就暗示着与光的物理性相互作用相关的一种现实性结果。简言之，命题是特殊的，不是因为它应用于某个个体，而是因为其资格来自在某个确定的这里和现在所发生的事
290 物，或是某种直接的变化。在严格的特称命题中，没有理由暗示所说的“这个”将保持为酸的、粘的、红的、明亮的或诸如此类的。“是”是一个严格时间性的现在时时态的动词；或者，若它是对什么将要发生的预测，那么，它指的是未来同样短暂的当时时间。

当上述命题被称为感性认知的命题(*Propositions of Sense Perception*)的时候，就像它们有时候被称为的那样，会有一种因果条件的混淆；在这些条件下，特殊的性质会随着性质的逻辑形式而出现。出于实践的目的，十分重要的是对那种因果条件的认知，在这种条件下，任何事物都可以变成硬的、酸的或蓝色的。没有这种知识，就没有手段去控制这些性质的出现。但“特殊”的逻辑涵义取决于所涉性质在严格限定的地点与时间的出现。因此，这种命题代表着问题解决的第一个阶段；它们提供了一种与料，即当它与其他与料结合时，就可能会指示该情境表现出了什么样的问题，从而提供一项证据，以指向或检验所提出的解决方案。然而，在一些例子中，相同的语言表达拥有单称(*singular*)命题的效力——下面将讨论的一种形式。在一个给定语境的探究中，“这个是甜的”可能并不意味着某个特殊的变化正在发生；而在表述一个问题时，这种变化需要被考虑。因为在一个特殊的语境中，它可以标示某种问题的解决，例如在其中会发现使其他事物变甜的问题是所要追寻的目标。当某个语言形式与问题-探究的语

境问题相割裂时，就不可能决定它所表达的是什么样的逻辑形式。

2. 单称命题

单称命题是这样的，它把这个确定为某个种类中的一个。以“这个是甜的”的两种可能的意义为例。当该命题是特殊的时候，如前所述，它所表明的是一种直接的变化已经发生了或将要发生。相同的表述，当它表现问题的解决时，则意味着“这个”是甜的东西这个种类中的一个：或者“这个”拥有是任何甜的东西之属性的潜在性。甜的性质不再简单地是一种已经发生的变化；它是关于结果的一种联合集的符号，当某些相互作用发生的时候，这些结果就会出现。以这些命题为例：“他是残酷的”，或“他是和蔼的”。由“残酷的”或“和蔼的”所代表的限制 291
条件（qualification）标示着以确定的方式行动的一种性向（*disposition*），而并不限于在某一给定时间内正在发生的变化；在那个时候所发生的，被看作描述一个种类的不变特征的证据。若该表达被表述为“他是一个残酷的人”，则很显然，出现在这里的是对某类特征的描述。

“这是榆树”或“这是糖，是花岗岩，是大气，等等”这样的命题很明确地把一个个体等同为或限定为一个类中的一个。已经说过的关于类的概念或范畴在推动有根据的推论性结论方面的能力，在这里就没有必要再重复了。但有必要指出的是：当一个形容词，如“仁慈的”或“哺乳动物的”，具有和普通名词相同的逻辑效力时，就假定了与被明确表述的一个特征相结合的其他限制性的（qualifying）特征的实存性。当说到“这是铁”的时候，铁显然并非指示现在直接呈现的特征；但作为一种潜在的结果，存在于与直接呈现的关于颜色或触摸的性质的结合中。类似地，命题“他（此时此地）表现得很和蔼”与“他是和蔼的”之间的差异由如下的事实构成，即后者包含着从在前者所表述的变化的直接材料向彼时彼地无法被观察的一组特点的推论。

因此，单称命题就使我们返回到了在前面章节中说过的关于判断的持续性问题。命题“这个有玻璃的光泽；不能用刀刮划；刮划玻璃；不能被吹管所熔化；破裂呈贝壳状裂纹”，若分开来看，它们陈述了变化的特殊模式。当同时并累积性地应用于它们所产生的这个的时候，就形成了描述石英种类的结合性特征的集合。（1）变化并不仅仅是作为原初的事实被关注，而且是作为它得以发生的条件被关注；（2）这些变化被发现如此的相互关涉，尽管它们在呈现其自身的环境中各有不同，但其中之一的呈现也是一种有效的信号，即如果指定的互相作用发生了，其他的变化也将会呈现它们自身。类似地，命题“这使石蕊试纸变红”，就其自身而言，简单地记录了一次孤立的观察。在探究产生关于这个的其他命题
292 的累积性、渐进性的过程中，命题“这是一种酸”（即是一种指定种类中的一个）就得到了保证。因此，我们能够在之前已经得到关注的性质、典型性特征以及属性之间给出确定的逻辑差异。作为一种特殊观察的对象，“使试纸变红”是一种性质。就像在某些条件下，使和其他性质的出现相关的合理而可靠的推理能够被作出一样，它是描述某一种类的辨别性特点或特征。当通过否定性和肯定性实例把它确定为其他相关性特征的一种连续的、可靠的标记时，它就变成了一种属性。它接着就内在地属于该种类的所有情况。

在当代的逻辑文本中，所思考的关于级类的命题经常被称为一种类中的成员性（*membership*）命题。然而，成员性隐含着一种并未涉及的关联性。命题“这属于规定的种类”把“这”构建为种类中的一个实例或代表，构建为一个样本，而不是一个成员。[1] 在一种方向上，把个体确定为一个种类之中的一个，这包含着对这个的个体性的一种限制。在其完全质性的实存中，它不再如此，而是被还原为一种特征；而这个特征促进了它的辨别与界定，就像对类的促进一样。在另一种方向上，即在可以形成有根据的推论的范围中，限制与扩展相共轭。就像许多其他的例子一样，在这里，日常的语言形式不是一个可靠向导。“保罗曾是一个罗马公民”可能只是陈述一个特殊的历史事实，但在它曾经被说出的语境中，它意指他是享有某些权利的、一个种类公民的代表。因此，特殊个体的单纯连续不能确定一个实存属于种类中的一个，所发生的那种特殊的变化必须拥有代表性的能力。这个事实对于经常假定像红的或硬的这种特质本质上是一般性的或普遍性的来说，是致命的。它存在于探究的连续体的累积性推论中，即当它确定能够应用于无限数量的个体的时候，而不是现实性出现的时候。就其自身而言，它对于唯一性的观点就是特殊的。

293 一直反复提到，对语境“条件”的参照对于确定特征、潜在与推论概念来说，是必需的。这些条件的独特本性通常“被理解”或看作想当然的。甚至在科学性的探究与推论中，它们从未被完整地陈述。而完整地陈述是不可能的，因为这将在现实上穷尽一切事物。标准化的条件被假定并得到明确的陈述，是因为或就

---

① 下面会思考这种区分与外延概念的关系，参见第18章。

它们来说，它们有不同的影响。存在某些有机体的条件，基于它们，糖在品尝起来时就不是甜的；也存在某些物质性条件，基于它们，它将不会使另一物质变甜。只有在特别的实例中，才有必要对引起不同于那些通常所假定的结果的条件进行陈述。例如，因为某物是甜的就推论它是黏的，这并不可靠。但当差异性的条件得到充分陈述的时候，推论“这个甜的东西属于黏的东西那一类”就是可靠的。对一种给定情况下所要求的环境条件进行隐含的或明确的假设，就等于那组条件的标准化。①

3. 种类关系的命题，或类属命题

如今一般承认，命题“雅典人是希腊人”的逻辑形式不同于“苏格拉底是（曾是）雅典人”，“这是铁的”的逻辑形式不同于“铁是金属”。对于上述组合中的第二个命题，它们每个都把一个较小的种类包含在一个较广泛的种类中，就像一个属中的一个种一样，而上述组合中的第一个命题并未把那个个体包含在一个级类或种类之中。在其中，通过具体特点而得到描述的类，是用于辨别并界定这个个体的，从而把可被直接观察的特征区别于那时未被观察的或不具可观察性的特征，这种类在给定条件下可以被推论出来。一个种类的成员在另一个种类之中，不仅极大地扩展了可推论之特征的数量，而且甚至更为重要的是，它在某个系统中对被观察的或被推论的特点进行了整理。从命题“玫瑰花是单子叶被子植物”中可以推论，任何对象若是玫瑰的话，其种子都有 2 片子叶，其花瓣不是以 3 为基数进行排列的，其叶子有网状脉络，等等。并且广泛的推论范围是以一般 294
性原理为基础的，而不是简单地以特别的观察为基础。

因此，推论范围的这种延展不仅仅在实践上有重要的意义，尽管它就是那样。它有明确的逻辑内涵。因为它反映了对于基础的确定，在这个基础上，结合性的特征被用于描述所考虑的种类中的任何一个。它还不足以去选择那些能使推论存在于所直接涉及的具体种类的限制中的那些特点。那些特点必须被选择并被整理，以便尽可能地出现一系列的类，而每一个类都包含于另一个，直到获得最具包容性的类。不仅具体推论的樊篱要被打破，而且推论范围的延展也要依赖于在相互之间的系统化关系中的类的形成。这种系统化是常识性的类与科

① 我要归功于内格尔博士的观察，即当形式符号被用来表达这种类型的命题时，有必要用某个符号代表被假定的标准化条件。

学性的类之间的主要差异之一。正是这种系统化的连续性关系，使成员的范畴或包含性范畴可以应用于被包含的种类，且不是个体被简单地鉴别或界定为一个种类中的一个的那种情况。因而，有关类的关系的命题为单称命题提供了逻辑基础。因为在如"这个是某个种类之一"这种形式的命题中，隐含地假定了其他种类与这个具体的类相关。因为足以为这个与某一种类相关提供基础的特征必须如此，以致能够把它区别于其他种类。于是，要为这样一个命题提供坚实的基础，就要求确定性地建立那些既互相关联又互相排斥的类。当(1)确定了某个包容性的类；(2)当专门标示出每一个包容性的类的种差被确定的时候，换言之，一套结合在一起的肯定-否定被确定的时候，这个条件就满足了。[①]

否则，那些用于描述某一个类的特征可能会是这样：或者相互重叠（从而把对象或有问题的对象与另外某个类相关涉就是可能的），或者所采用的特征不足以证明所涉及的类的具体性，即它们过宽或过窄。例如，当把蝙蝠归属于鸟类、
295 把鲸归属于鱼类时，飞翔与游泳的特征分别来说，都过宽（包含性的）和过窄（专有性的）而无法确保所提出的参照性。仅当并列的类连同其种差，以及它们相对于一个更为广泛的类而言的从属性关系（被包含于）被确定的时候，逻辑条件才能被满足，进而推论才能在单称命题的情况中有保证地行进。

关于一个类中的一个命题和关于类关系中的一个命题是与推论相关的，这种考虑等于向严格的分类学的旧系统，即"级类性的"（classificatory）系统屈服。只要类被认为是脱离于自然的本体性种类，严格分类性的等级就不可避免。在动物学和生物学中，对界、目、科、种、变种[②]等等这种灵活的、关联式的体系（schemes）的替代，就等于根据规范而系统化的推论关系对类的关系进行确定。然而，对那种稳固的自然物种观念进行解构的直接结果，就是逻辑上的瓦解。因为它导致了在传统的经验主义逻辑理论中仍然会获得的观念，即关于种类的所有划分都仅仅是出于实践的方便，而没有内在的逻辑意义。然而，通过在周围条件下所进行的辨别，就会发现，它们都渐进式地衍生于共同的祖先，由此就建立了一种客观的基础。和固定的物种理论相比，它所标示的是在一种差异性的基

---

① 参见第 10 章，第 183—185、197—199 页及第 18 章关于联言-析取函项的讨论。

② 生物学分类等级一般包括：界（Kingdom）、门（Phylum）、纲（Class）、目（Order）、科（Family）、属（Genus）、种（Species）。杜威在这里只提到其中几种，另加了变种（Varieties）。——译者

础上对分类的客观性地位的恢复。从外表上看，差异是通过“物种起源”的信念取代固定的自然种类的假定所标示出来的。

这种改变在逻辑上等值于正在起作用的一种假设——亦即促进并控制外延性推论的个体在等级中的排列，是基因衍生出来的排列或遗传性的排列，在这种排列中，种类中的差异与周围条件的差异是相结合的。例如，在这个基础上，我们发现，爬行动物更加亲近于鸟类而不是蟾蜍或蝾螈，根据这一点，从起源上对它们进行了分类。对于分类遗传学原理的这种改变，从逻辑上来说，等同于从前件到作为基础的后件的转换，而在后件的基础上形成了那些描述种类的特征之间的联合。它与对条件的相互作用的强调相一致。

在这一点上，有必要重新提一下类属命题与全称命题之间的基本差异。这 296
里没有必要详细重复已经说过的有关“所有”的模糊性，虽然它有时具有实存性的参照，即使在这种情况下，它代表的是一种充其量具有高阶可能性的推论；有时具有非实存性参照，此时所代表的是某种必然关系，该关系是根据定义从对概念的分析中推导出来的。[①] 然而，这里可以恰当地谈一下当前的逻辑性的解释与传统理论的比较，后者认为，除关系命题以外的所有命题，要么是分类性的，要么是定语性的，这取决于它们在“外延”或“内涵”上的随意认定。这一比较返回到那样的事实，即文本的立场肯定了所有实存命题所关注的是对变化的确定；特别是对从不确定的、未解决的情境向确定的、统一的、实存性情境的转化有影响的那些变化。就像我们所看到的那样，最初的特称命题所关注的是为了勘定由可疑的情境所设定的问题这个目的而确定的特殊变化。这些变化在语言学上用行为动词来表达，如品尝、触摸、倾听、打断、击打、奔跑、喜爱、移动、成长、停留等等，然后再用指示着变化结果的形容词来表达，而这种变化结果是由真正的动词所表达的行为所产生的。在一种类的关系被确定的形式中，那些变化就成为相互作用的模式。对命题类分本质的传统解释，依赖于对变化的忽略。由是在逻辑（非实存性的）系词的意义上所指示的关系替代了变化。于是，“约翰奔跑”（表

① 然而，不难表明，意识到并明确地陈述这种模糊性的文本仍然倾向于保持那种一般性的类，以把非实存性命题的主题标示为实存性的一般化主题。在这种情况下，它们把后者的概率性属性处理成逻辑状态中的一种失败，因为真正的逻辑形式是在必然性的基础上被界定的，而那种必然性是理性论述的属性或概念之间的相互关系。从而，归纳就成了一种逻辑丑闻，因为它在实践上是必然的，而在理论上则是非法的。

达着变化)就变成了“约翰是一名奔跑者”。“约翰奔跑”即使采用“约翰正在奔跑”(John is running)的形式,也仍指涉着某种限定性的时间与地点;“is”在“正在奔跑”中是一个具有时态与空间性参照的行为动词;他现在在这里正在奔跑。在
297 传统的解释中,“约翰是一名奔跑者”把约翰这个个体从属于一个种类之下。这几乎不是一个有效的命题,除非就职业上来说,约翰是参加比赛运动,或者至少表现了一种在每一个合适的场合下都有奔跑倾向的那种人。

再考虑一下命题“约翰给詹姆斯一个苹果”。他在一个确定的时间与地点做这件事。该命题标示的是在那时那地正在进行着的一种实存性的变化。那种变化可能此前从未发生过,也可能再也不会发生。但该命题经常被翻译如下:“约翰是詹姆斯的苹果的捐赠者。”这种变化并不纯粹是文字上的。它标示的是一种逻辑形式上的转变。捐赠者与受赠者的关系是类属性的,因此并不受某个具体时间与地点的限制。从字面上看,该命题在其被转换了的形式中,表明约翰做了把苹果给詹姆斯这样一件事情,或至少他被安排这样做。例如,假设我们有一个命题:“约翰·史密斯写了一份有利于乔治·琼斯的遗嘱。”这是一个在给定的时间与地点中所发生的一种行为(变化)。对于它的发生,必须有见证者、观察者。然而,立遗嘱之人与遗产承受人之间的关系是类属性的。对特殊行为的阐释,按照关系,会把前者带入某个法律上所规定的范畴体系中,而对它们的应用就决定了不同的结果。若没有成为由法律范畴所确定的种类之一,那么,该具体行为就不能被描述为立遗嘱。它仍然是在某个给定时间与地点发生的事,但可能只会被看作是在一张纸上涂写了某人的名字。

与刚才讨论的命题相比较,肯定一个种类被包含在其他某个广泛的种类中的这种类的关系的命题,无疑是“分级性的”。但把这种分级的特征从内涵上和外延上扩展至单称命题,而这时,它们无疑被假定为是定语性的,这是一种严重的逻辑混乱。因为当从决定种类间关系的特征的属性化特性中得出结论,“甜的”在命题“这个是甜的”中是定语的时候,就会产生形式上的逻辑混乱。甜的决不必然是“这个”的定语。它可能只是标示出了一种已经发生过的、现在正在发
298 生的,或者在某个特殊的时间-地点将会发生的特殊变化。到目前为止,上述观点在其他语言中得到了重述。当注意到借助分类或属性(外延和内涵)解释所有命题会模糊它们的媒介性和功能性特征的时候,我们就额外地得到一个具有逻辑重要性的观点。

命题“铁是金属”，当然意味着指示“铁”的类属于指示“金属”的类。或者用定语性的陈述，它当然意味着，据其被界定为是金属的诸特征的相关性，也可以应用于据其被界定为是铁的诸特征的相关性。但在这两种方式中，不管以哪一种来解读该命题，它对于推论来说都是工具性的。因而，从“这是铁的”这样的命题中所表现出来的、辨别逻辑形式的、唯一的逻辑依据，就驻留于得到推进的那种推论中。当某位工匠确定“这是铁的”时，他能推论出如果他以某种方式对待它的话，随之就会出现什么结果。例如，如果他对它加热，它将软化到足以被打造。但正如已经指出的，命题“铁是一种金属”与“如果有任何是金属的东西，那么它就是一种化学元素”是不同顺序的推论根据。

4. 或然条件命题

有一种类型的命题，它在语言学上是假言的，但却指涉个体。命题“若这场干旱持续，则收成将会很差”和“如果扔下那个东西，爆炸将有可能伴随而来”指的是实存性的变化，这些变化被认为是相互关联的。这对于命题“若这场雨持续，计划中的球赛将会延期”同样成立。这些命题示例了一种非常常见的命题类型。它们都以语词“*如果-那么*”为标志。但正如此前的章节中所论述的，在那样的情况中，在实存性条件之间假定了一种实存性的关系，在这些关联之下，术语“前件”与“后件”就拥有了字面的或实存性的意义。干旱、炸弹现在都是实存性的；如果某事发生（由“持续”与“扔下”所指示的），那么在*伴随而来*的时间性意义上，某种物理结果将会伴随而来。联系是偶然的，而命题则具有某种可能的顺序。此外，它们是预备性的。它们的本质是建议或警告，以为未来可能会发生的事情做好准备。“为谷物短缺做好准备”，“不要扔下那个东西，除非你希望引发爆炸”，“不要去球场游玩，除非你确切地知道天气”。它们在形式上与抽象的、全 299
称的假言命题相区分，因为它们有具体的时空参照。

从逻辑上来说，这种命题是确定问题的手段。试考虑一些涵义更宽泛的命题，例如“如果斐多(Phaedo)是历史人物，那么苏格拉底相信灵魂不朽”，“如果对话是辩证性的，那么就不能必然得出苏格拉底就其自身而言接受那个信念”。[①]这些命题什么也没有确定，但它们指示了某个问题。在其一般意义上的对话中，以及在这场特殊的对话中，柏拉图意欲在多大程度上叙述发生于确定的日期和

---

① 这些命题中的第一个取自约瑟夫(Joseph)的《逻辑导论》(*An Introduction to Logic*)，第 185 页。

地点的现实性的会话？在多大程度上，他用苏格拉底这个人物发展他自己的某些观念？从而，这些命题直接探究了那些路径，在那里希望可以发现解决这一问题的证据。问题及其解决都有实存性的指向，如果后者被找到的话。[①]

5. 事实性的或偶然性的析取命题

通过否定与排斥确定那些用来描述一个包含性的类中所包含的其他类和被给定的类的特征之必要性，已经被指明了。对这种条件的考察，生成了实存性的析取命题。“铁是金属”这个命题并不是简单地根据它拥有某些特征，而这些特征也在锡、铜、铅、汞、锌等等身上发现了，因为直到那种专有的、把铁作为一个种类而区别于那些描述其他金属的特征已经被确定了，那个命题才能成立。否则，铁可能被想象为与黄铜或青铜类似的合金。因为若没有独有性的或否定性的命题，一种金属的定义所强加的条件并不能得到满足，例如，作为某个化学元素的条件。因此，一个类有保证性地被包含于另一个类中，这在逻辑思想中，要依赖于一组穷尽的析取命题的形成，例如“金属或者是……或者是……或者是……或者是……，而这些种类是所有的金属种类”。

II. 全称命题

300 最后一个语句中的省略号(……)意指这种析取命题是以现实为条件的，并因此是偶然的，因为无法保障穷尽性的形式条件得到满足。分光镜拓宽了观察的区域。但是，除非所有宇宙和星系中的任何事物都被分析性地观察到了，否则就不能确保金属列表被完成了。并且，即使这一条件实现了，那么，析取是穷尽性的，仍然是一个事实性的问题，而不是理论性的问题。只有在那样的理论基础之上，即能够证明其他金属的实存在逻辑上是不可能的，因为这包含着矛盾，析取命题才不再是偶然的。

1. 假言命题

谓词的有机条件是一种天生的或习得的行为模式，就像习惯的情况那样。一种主动的反应模式，当它被禁止在符号中进行外显式的表达或表述的时候，就成了一种暗示性的意义，展现着解决问题的一种可能的方式。在代表一种主动

---

① 全称的如果-那么命题在逻辑形式上带来的差异表明，当使用形式符号时，差异化的符号是必要的。从这一角度来看，“如果 A，那么 B”是完全不确定的。

性反应的方式的过程中，在代表一种处理现存着的条件的方式中，它与有机的来源保持着类似亲属的关系。只有当它在与其他符号的相关中得到发展时，即只有当其意义在与其他意义的相关中得到发展时，它才能从暗示的地位过渡到观念（在其逻辑意义上）的地位。这个过程中的第一个阶段是把暗示性的意义清晰明确地表达出来：其向命题的转化。命题性的形式把观念扩展到了意义的关系之中。这种扩展不是通过把一种附加性的意义结合或合并到原来的暗示上，同时让后者保持不变的这种方式产生的。它是由对最先暗示的那种事物的分析所构成的。在一个不确定的情境中，确定的观察材料暗示着，在远处出现了一个正在招手的人。如果某种其他的意义被附加了，那么其效果将会是：当那些意义出现的时候，它们才会被接受。这是通向幻觉之路。就像要求把所暗示的东西转化为一种逻辑观念或意义那样，探究或批判性的检查必须不可避免地应用于暗
示性意义的构成或结构中去：那种陈述是无可置疑的。探究把它解析为相互关 301
联的词项：如果是一个人，那么有某些其他的事物，这些事物乃是一个人所固有的成分，即从一个概念到一个定义的转化。[①]

一旦某个意义被作为某个意义来处理，那么，它就成为了意义系统中的一个成员。这种陈述隐含在前述段落的评论中，即意义必须在与其他意义的相关中发展。这种发展构成了推理性的或理性的论说——在那里，论说是有次序的暗示，而不是关于已有事物的交流。换言之，全称命题是作为体系中的成员而非孤立地拥有意义。蕴涵关系是这一事实的表达，因此，一种扩展性意义或通过所隐含的命题而形成的假言全称命题的发展，就是对那种意义是什么的确定。就像在归谬法（reductio ad absurdum）中一样，矛盾的出现，证明原初的意义并不是曾被认为的那样。全称命题与特称命题之间的逻辑差异，突出地显示在这一点上。后者是对设定要被处理的问题的材料的确定。在其物质性内容上是独立的那些不同的殊相，因为它们全部都有相同的功能而相互联系在一起——这就是从逻辑上对一个问题的确定。在之前的例证中，经过观察的、在物质上的一系列累积性的独立操作，例如，“这个有玻璃的光泽；它可以刮伤玻璃但不能被刀刮伤，等

① 除了其他一些情况以外，这种表述是在捍卫当前的一种观念，即前件与后件的关系是蕴涵关系。蕴涵存在于命题之间，而非成分之间。在全称假言命题中，“前件”与“后件”之间所获得的必然性关系表达了如下事实，即有但只有一个相同的意义被包含，“前件”与“后件”被认为是其组成部分。若那个“当成”（taking）是正确的，该关系就是（不言而喻的或同语反复的）必然的。

等”,“这是石英”的确定才产生。只有在其内容从物质上来说是独立的、相互间除了“这个”之外没有共同的内容这种程度上,这些命题的效力才具有累积性的证据性。这与全称命题的情况恰恰相反。对于后者,打破意义群体就是打破推理的严格。

302 前面已经表明,全称命题是对可能操作的表述。只要操作没有施行,那些命题的主题就因而是抽象的或非实存性的。试考虑命题“仅当人们是自由的时候,他们才能被公正地谴责”。通过对于自由和公正的谴责,两者的存在都未被肯定。可能会说它假定了人的实存性,这并不是暗指的,也并未得到明确的肯定。自由和公正的谴责之间被肯定了的关系如果从根本上是有效的,那么,即使所有人类的实存性都被消除了,也还是有效的。自由、公正和谴责指示的是抽象的特征。然而,命题表述的是可能性的操作,即如果操作得到实际的施行,那么,它们将被应用到人们的现实行为中,以便把观察导向谴责的实际情况中的条件和结果。除去这种应用,这个命题只是表现了一种依赖于自由与公正定义的抽象可能性,而就实存性而言,它们的定义可能是非常随意的。这个命题因而可能会被相反的命题所反驳,即“仅当人们的行动是以因果性为条件的,谴责才是有效的,并且也仅当它是有效的,它才是公正的”。

除了这两个命题被用来指引对关于人类行为(与谴责的条件和结果相关)的事实进行系统性观察的探究之外,还有决定支持这些抽象的可能性中的一种而非其他种可能性的基础。从而,推理或辩证法(数学的主题留待以后讨论)最终会具有那种功能,即把观察的操作引至对于实存性的、能检验所提出的可能性解决方案的材料的确定上,而反对命题则成为(如我们已经看到的)界定探究领域的手段。①

与事实相反的假言式全称命题提供了一个甚至更为关键的例子,例如总是
303 在科学中用作例子的命题:“如果物体在没有摩擦力的情况下相互作用,那么……”,或者“如果某物体受到一物体的撞击而移动且没有受到其他物体的影响,那么……”。这些命题的价值通过它们在科学演算中的经常性使用而得到了

① 为了引导那些产生否定或消除的观察,就像上述例子那样,就要求形成相互反对的选择,而如果否定命题被忽视了,那么最终的命题就会受制于因后件被肯定而肯定前件的谬误。辩证的推理,倘若能够分别进行,能够也应该澄清所包含的概念。但只有对谴责的情况进行系统化的观察,才能确定析取中的两个相对立的抽象命题哪一个可被转化为有效命题。

证明。在其他的理论基础上而非假言式全称命题与探究中观察性的实验性操作的行为的最终相关性上，与事实相反的命题得到证明的效用才会表现出无法消解的悖论。解决悖论的尝试已经进行了，即是说，当上述命题不能肯定任何实存性事物的时候，它们“把现实归属于一种特性，而这种特性是在假言判断中所陈述的关联性之*根据*”。关于这种解释模式，已经有了中肯的追问：“在并不实际存在的事物的真实性共相中，怎么会存在根据？”[①]当人们看到那样的命题并不打算或声称与实存相关涉，而是与*实存中的*——一个十分不同的问题——探究有关，那么，表面上的悖论就完全消失了。

在所有的定义中，确实存在某种与事实相反的本质事物。因为这些定义是想象的(ideal)，也是概念化的(ideational)。和想象类似，它们并不打算实现自身，而是意味着把我们的进程导向实存性条件中的潜在性实现——若没有观念或定义所提供的引导，潜在性将会避开人们的关注。我们可能不会认为数学上的圆更好一些，因为它不能被实存的图形所匹配；我们可能也不会认为数学上的圆比现实的图形更糟糕，因为现实的图形并不具有数学概念所定义的那种圆性。把理性神圣化，以及因为现实从未复制观念而贬损它，这两种相互关联的方式都遗漏了理想与现实的*功能*要点。幻像并不是场景，但它能让我们建构没有它就不会存在的场景。假设幻像没有价值，除非它能够直接地被确定为场景，对于那些严肃对待观念的人来说，这是通往悲观主义的高速公路；但对于其他人来说，则是通向空想的大道。因其不能从字面上被翻译为实存而受到忽视或贬低的理想，不仅默许那些“如其所是”的事物——有时是这样说的——而且默许那些“如其所不是”的事物，因为所有*存在*的事物都具有潜在性。

若不重新考察已经考察过的那个背景的话，就可能会指出：脱离内容的语言 304
形式并不能确定一个语句在逻辑上是关于实存性关系的，还是关于抽象的可能性的。因此，“如果粮食缺乏的话，它就是昂贵的”，可能意味着在所有已知的实例中，存在着谷物缺乏与价格较高这些特征之间的结合(这两个特征都指涉着实际发生的事物)，或者它可能意味着在*缺乏*与*昂贵*这两个抽象的特征之间存在着某种必然的关系。逻辑力量的这两种形式很容易被等同，在已经提到的共轭性关系或功能性对应的基础上可以得到解释。除非可以作为*理论*问题表明在缺乏

① 约瑟夫：《逻辑导论》，第185页。

性与昂贵性之间存在某种内在的关系，否则在粮食减产与高价之间，这种被观察到的结合就可能是偶然的或巧合的。从另一方面来说，被观察到的结合的统一性鼓动人们去寻求这种结合的理由，当原因被发现的时候，它就会在抽象特征的关系性命题中被表述出来。在这个例子中，就是缺乏性与昂贵性之间的关系。

因此，全称命题与类属命题之间的共轭关系可以用来解释经验的意义中的模糊性，并阐明经验的与理性的之间的逻辑关系。在更广泛的意义上，经验的等同于(通过受控的观察性操作)被证明是实存性的。在这种意义上，它对立于单纯的概念化和单纯的理论化。在更为严格的意义上，经验的意味着，某一给定的具有实存性参照的命题的主题只是代表被重复性地观察到的特点的一组统一性的结合，而非对这种结合为什么会发生的理解；没有表述其合理性的理论。只有在后一意义上，经验的与理性的之间才有对立。当这种对立存在时，它为进一步的探究设定了一个问题。这是一种标志，即已经形成的命题并没有满足为了形成最终的判断而必须被满足的那些条件。未能注意到命题与探究所达到的既定阶段之间的相关性的逻辑命题，在其各自主题的本体论本质上，把经验的与理性的区分突显为一种刚性的差异。
305 这种解释的错误表现在如下事实中，即在每一种科学的情况中，特点结合的那种被观察到的统一性，对于概念(在假言命题中所表达的)的形成都是一种刺激，而这些概念为那种结合之被观察到的统一性指明了理由。另外，那个被暗示的理由只是一种抽象的可能性，除非其表述已经以实验性的操作为媒介，产生了实存性的结果。这些操作是从产生不同于之前被观察到的结合的那些观点中获得指引的，因为它们被指引去改变那些条件，而在那些条件下，之前的统一性就被观察到了。因此，即使当所达到的结果与前面观察到的现象是一致的，结合是内在性能的而非纯粹情境性的，这种概率也大大增加了；因为新结果是在概念化实验性控制的条件下产生的。通过否定性实例的消除与生成，其他抽象的可能性就被排除出去了，从而提供了可靠的证据。①

2. 析取的全称命题

全称命题中的析取形式，不能等同于类属命题中的析取形式。三角形是等边的、不等边的或直角的，这些命题的形式不同于以下命题：金属或是锡，或是

① 几乎没有必要指出，在语词理性的和理论性的之中存在着一种模糊性，而这种模糊性是伴随着经验的模糊性的对应物。

锌，或是铁，或是汞……。其差异与被关注了的“被包含的”与“包含着的”之间的模糊性相关。诸个体词项被包括在某个集合中。在数量上是无限的个体对象，拥有具体特征的每一个或任何一个都是某一级类（在级类的植物学与动物学意义上）中的一个，形成或构成了它们所隶属的那个级类。说它们被包容或包含在其中，只是它们构成它的一种间接说法。它们当然不是实存地被包容，就像一些便士包含于一个盒子中或者牛群被圈在一块地上那样，它们也不是像种类在逻辑上被包含于更广泛的种类中那样的包含。肯定富兰克林·D·罗斯福被“包含”在美国总统的级类之中，只不过是如下说法的一种笨拙方式：他是构成了集 306
合的、过去、现在和将来的总统之一。因为最终说来，任何级类（作为种类）都由无限数量的个体所组成。

无论什么时候，恰当地说某一种类被包含在另一个更广泛的种类中，描述那个更广泛种类的特征都是描述每一个被包含的种类的特征集的结合性部分，并且它们因此能够通过一系列否定命题和析取命题，使所有被包含的物种相互之间得到专门的界定。与个体包含于某个集合的对比，将在“总统的”种类概念使不同的总统得以相互区分的那种荒谬性观念中被看到。种类与一个包含性的种类间的关系，以及被包含种类相互之间的关系，在传统的圆圈图示[①]中得到了合适的表达；通过完全存在于其边界之外的不同圆圈，包含性的属与其他那些属之间的关系也被表达出来。“包含”应用于定义和概念中的意义，决定了一种不同的逻辑形式。它不能通过圆圈来符号化，但可以通过方括号或圆括号来适当地符号化。假定它是政治经济学中关于财富的定义问题，那么，什么应该被“包含”在这个概念中？财富应该根据作为满足欲望或促进意图的有用性来定义，或者根据作为在消耗和牺牲意义上的“劳动”之免除的有用性来定义吗？或者，根据作为支配其他商品与服务的权力来定义吗？这里没有类的问题。但是被采用的概念或定义被实存性的应用时，将决定哪些事物属于财富的种类而哪些事物不属于财富的种类。类似地，实存性的图形可以被类分为平面图形或三角图形的种类。但在数学上，“三角形”意味着三角性，是一个抽象的共相或范畴。正如反复重申过的，并不存在三类三角形，而是三角性的三种模式。因此，在什么被“包含”在一种观念或定义中这种情况下，对是这或那的任何划分，如果它在根本上

① 杜威这里指的是欧拉图，用圆圈代表概念的外延，由以反映概念外延间的关系。——译者

是有效的，那么必然是穷尽性的；同时，在类的情况下，它就是偶然的。在共相的情况下，当被用来确定什么东西属于操作的方位的时候，“包含”意味着某个操作规则的一个组成部分。排除意味着不考虑，或阻止，是抽象地确定不允许性的原
307 理。因此，析取的穷尽性是那些抽象命题的一种必要的特征。它们必须形成互相关联的体系。

III. 关系命题

尽可能多地保留了亚里士多德的逻辑（尽管是纯粹形式化的解释）的逻辑学家们，却批评这种逻辑，因为它只承认主-谓形式。他们已经表明了关系命题以及关系逻辑的重要性。然而，必须区分两种形式的关系命题，就像*如果-那么*命题那样。“这个（城镇）在那个的南面”，“那张桌子比这个看台离得更远”，“你想要的*那本*书就在你正看着的地方的右边”，这些命题都是关系的。但它们是单称的，具有实存性的指涉。在这些命题中，语词“is”是时间性动词，不是非时间性的逻辑系词。那种关系是一种时空性事实。昨天，所涉及的桌子、看台、书可能已经被差别性地置放于和更近或靠右相关的地方；明天，它们可能又被放到不同的地方。尽管城镇的相关位置不那么容易被改变，但在它们当前的空间关系中，没有什么在逻辑上来说是必然的。这一原理对于所有单称的关系命题都成立。例如，在命题“乔治比詹姆斯更重（更高、更黑，等等）”中，*更重*意味着称的重量更多，*更高*意味着在直立方向上占据的空间更多。“is”不是逻辑系词，因为像所有的行为动词一样，它表达的是在某个既定时间上的某种行为模式或相互作用的模式，正如*北-南*，*右-左*都与*运动*的方向相关。从逻辑上来说，在那样的命题形式与“这个（正在成长，正在变化）是温暖的、红的、软的、明亮的”这样的命题形式之间，没有什么差别。它们都是*特称*命题。

换言之（这种考虑很重要），所有特称命题都是*关系的*。除去语法上的之外，它们并不具有主-谓的形式。“这个是红的”，当从逻辑的观点来对它进行分析时，它意味着某个对象已经从它原来的样子改变了，或者现在正变成其他某种东
308 西。和显然具有语法形式的关系命题一样，它真实地表达了某种时空联系。*属于某个种类之一*的命题，也是关系的。它们所指涉的并不是正在发生的某个特殊变化，而是（如此前已经表明的）指涉变化的倾向或潜在性。“这是铁”意味着，在具体条件下，这将以某种方式进行相互作用并产生确定性的结果。只有在语

法上,“这个”才是主语,“铁”才是谓语。它所表达的可以放置于被动语态中,“某些具体的结果将通过确定条件下的‘这个’所产生”,从这一事实中可以看出其关系性特征。语法形式可以改变,而其意义不变,正如“詹姆斯殴打约翰”完全等同于“约翰被詹姆斯殴打”。

关于种类间关系的命题也是关系的,而没有逻辑的主谓形式。当说到“铁是一种金属”时,命题看起来不是关系的,因为我们不能把它简单地转换成“金属是铁”。但这个命题本身不是一个逻辑上完整的命题,它没有指明甚至是暗示它自己的根据。充其量,它或者是一个交流信息的语句,或者是为进一步探究而准备的命题。完整的命题是“铁是一种拥有如此这般差异性特征的金属”。拥有这些具体属性的任何金属都是铁,因此,在逻辑上而不是在词语表达上,这个命题是一种关于种类关系的命题。

全称假言命题的关系特征也被那样的事实所遮蔽了,即当被形成或表达的时候,它们经常不能被完全确定。因此,肯定“后件”不是肯定“前件”的根据,否定“后件”也不是否定“前件”的根据。显然,这里缺乏某些条件,而它们对于完整的逻辑相互性与等值性来说是必要的。但这种缺乏,不是因为全称假言命题的形式;它标志着其内容未能满足逻辑条件。当命题被如此完满地建立起来,以致“仅仅”成为一种恰当的限定词的时候,这种命题的严格性的形式性特征(即它们对逻辑需求的完全满足)就被发现了。当命题是“仅当……,那么……”(only if... then...)时,该命题就被视为严格意义上的关系的。

这一部分的讨论,可以通过回归到偶然的条件命题与全称(必然的)假言命 309
题之间的差异而作出总结。试考虑命题“如果A在B右边,且B在C右边,且C在D右边,那么D在A左边”。如果A、B、C和D都是个体,该命题可能是无效的。例如,如果A、B、C和D是围绕着桌子摆放的人或椅子的话,那么,它就是无效的。然而,如果该命题的意思被理解成:“如果是一种直线性的排列,那么关系就会是,被D所代表的任何事物都在由A所代表的任何事物的左边”,则该命题实际上是一个关于空间关系的具体形式的定义,并且它是必然的。现在A、B、C、D代表的不是个体,而是抽象的特征。

本章的逻辑理论的特殊涵义,在于所讨论命题的各种形式都被展示出来;以标示探究行为中的行进阶段。当前的理论被假定为,把命题的多种形式当成是给定的成品，从而所有理论要做的就是为它们固定好合适的标签：特称的、一般的、假言的，等等。当从功能上考虑它们的时候，就像在本章中（而且贯穿本书）对它们的考虑一样，明显地表明：特称命题是用以确定不确定性情境中所包含的问题的工具，而所列出来的其他形式则代表解决问题的逻辑手段之获得的阶段。仅当命题在探究行为中，作为劳动分工的阶段而相互关联的时候，它们才能成为连贯的逻辑体系的成员。当它们在建立最终判断中的突出性作用从理论化的解释中省略时，就会出现一些独立的、孤立的命题形式。最终的观点是：虽然这一章关于所有命题的关系性特征的研究结果没有为支持如下学说而得到发展，即所有命题形式对于判断（它自身具有主-谓形式）来说，都是工具性的，但这些发现却是在所提出的关于命题和判断的一般理论的基础上被预先考虑到的东西。

16.

集合与序列中的有序命题

探究是渐进和累积的。命题是初步探究的临时结论以被总结、记录和保留，310
以便后续使用的工具。它们以这种方式在探究的行为中作为质料性的和过程性的有效手段而发生着作用，直到后者构成了意义如此统一的主题，以致能够成为有保证的论断。随之而来的是：(1)不存在孤立的命题；或者，肯定地说，命题相互之间总是处于有序的关系之中；并且(2)，这种次序有两种主要的类型，一个指涉的是确定判断的最终主题的现实的或实存的质料，另一个指涉的是确定最终判断的谓词的观念性质料、概念性意义。在词语正常使用的情况下，有构成推论的关系的命题和构成推理或论说的序列性关系的命题。

下面和这两种类型相关的讨论所关注的，是命题的逻辑次序，而不是在实行某个给定性探究中的命题的时间顺序。在任何高难度的探究中，很多命题在随后的探究中只能被丢弃或修改。因为它们不是能证实最终结论的命题，虽然在一个既定的研究中，探究者不能得到最后的结论，除非他曾一度处理过它们。我们所关注的次序是那种只有在探究者获得一个有效的结论，并调查了其据以被证实的基础之后，才能被建立起来的次序。换句话说，所讨论的命题是那种通常被称为结论的前提的命题，它们受制于对其数量没有固定限制的条件。作出这
种否定的附带条件，是因为三段论将前提归纳为两个，即大前提和小前提。稍后 311
我们将表明，就是这两个前提的概念(一个是普遍的，另一个是单称的或类属的)代表了作为谓语和主语内容的命题之联合(结合)的判断的逻辑结构。因此，前提的二元性学说提供了对一个由结论所满足的逻辑条件的分析，而不是对结论在现实性上所依赖的前提的陈述。我说过，对结论进行证实的过程中所包含的

前提的数量，并没有固定的限制。

1. *二阶命题和多阶命题*。如果没有命题是孤立的，那么就会得出结论，一个给定命题的相关词项要通过参照其他命题的相关词项才能最终确定。这种考虑可适用于一个给定命题中的词项数量及其内容。最近的逻辑理论已经非常重视词项的数量，注意区分二阶命题(如“正义是一种美德”)、三阶命题(如“点 M 是 A 和 B 之间的中间点”)和四阶命题(如“欧洲国家欠美国 N 元的战争贷款”)等等。但是，当前的理论往往将命题看作完全孤立的；因此，目前的分类是在语言学而非逻辑的基础上作出的。从逻辑的观点看，就有两个部分：二阶的和多阶的。关于谓述内容的命题，或全称命题只有两个词项，即关于定义和假设的词项。另外，那种关于作为判断的主语内容而发生作用的事实材料的命题则是多阶的。从语言学角度看，可能只有两个词项；但从逻辑上看，任何实存都必须根据时间和地点才能确定。举例来说，就语词而言，“这比那更远”和“詹姆斯比约翰高”表达的是两个词项之间的关系。但这些命题并不必然有效，而需要把握处于特定时间和地点中的条件，才能是有效的。例如，第一个命题显然意味着离说话者、听话者或者某个特定的对象更远，因此涉及第三个词项。命题“A 是 B 的丈夫”是同一类的命题。如果日期没有得到明确表达的话，它就是被预设的，因为这里的“是”是一个时间上的现在时态，而不是内在的逻辑关系。任何有直接
312 的实存参照的命题，都与条件或环境相关。“这是红”并不是一直这样或必然如此的，而是在特定条件下如此。“苏格拉底是有死的”并不是双词项的，因为它意味着苏格拉底是(过去是)一个在某特定的时间和地点活着的人、在特定的时空环境下死亡的人。然而，没有必要增加实例。

另外，“人是有死的”这一命题，当它的意思是“如果有什么是人，那么它是有死的”时，就是严格意义上的二阶命题，因为这两个词相都是抽象的，并且所断定的关系具有抽象的、非实存的特征。这个命题陈述了概念性的内容之间的关系。牛顿万有引力公式同样是双词项的，因为它以一种特定的方式表达了*是*物质的和是相互“吸引的”之间的一种普遍的*如果-那么*关系。至于谓述内容的命题，也没有必要增加实例。因为它们是：(1)独立于时空参照的，(2)陈述了前件和后件之间的必然联系。从语言学上来说，无论表达多么复杂，无论涉及多少从句和短语，从句和短语都属于被断定为内在相互关联的两个特征中的一个。一个数学等式或对数学函数所作的陈述，可能包含许多符号，但它们都属于所表达函数的

一方或另一方。

2. 命题的等价性。到目前为止，讨论了属于两种主要类型的命题形式的逻辑性质。现在我要处理一种只属于概念性或谓述性内容的命题特征，这种特征使其与事实命题区分开来。当问题性情境出现的时候，某种意义就会被作为一种可能的解决方式而暗示出来。除非这种意义是以命题的方式表现出来的，否则就会被立刻接受，而探究就停止了。那么，所得出的结论就是不成熟的和没有根据的。但所暗示的意义，也是某个意义群中的一个。因此，一个单独的命题并不足以表达它。这种含义必须根据表达其他意义的一组其他命题来发展，而这其他的意义也是它所归属的系统的成员。总之，存在推理、论证或推论：论说。此外，在论说中，相关命题的发展具有方向性。因为它是由问题的本质所规定的，在其中，意义是作为解决方式或方法而起作用的。除了对意义所构成的使用 313
或应用的指涉之外，一个给定的命题可以在它以无限的或不确定的多种方式所归属的意义体系之中，与其他命题关联起来。但在任何给定的论述中，命题式的表达会因为具体相关的命题系列而获得发展，这些相关命题在关于当前特殊问题的、被阐明了的条件中指向一个应用性命题。方向性是所有推理和相关论说的一个如此明显的特征，以至于如果不是它关系到正在讨论的逻辑问题的话，明确关注其存在将是多余的。

有序的论说必须满足两个逻辑条件。命题的次序必须是严格的和富有成效的命题，其中的“和”具有不同于枚举的效力。次序必须是有富有成效的严格性和严格的富有成效性。说次序必须是严格的，是说每一个产生自初始命题的命题——“初始”(intitial)是在逻辑意义上而非时间意义上——都必须在逻辑效力上等同于它之前的命题；否则，它就只是接续那一命题而不是得自那一命题。“在逻辑效力上”这一短语之所以被强调，是因为“同义反复”在当前的逻辑理论中模棱两可的含义。等价原则并不等同于同义反复，除非同义反复被赋予了一种特定的意义——一种不是妨碍而是满足生产力条件的意义。在理性论说的次序中，随后的命题所确立的观念或意义，是在操作能力而不是在内容上与先前命题的观念或意义相同，并因此严格地导致了具有其他内容的意义的产生。正是这种内容的差异，构成了推理中的富有成效性。方向的原则在这一点上，是可以应用的。所需要的是对原初命题中的抽象的普遍形式所阐明的意义的表达，以致它能在某种程度上有效地使一个命题具有实存的可应用性，而在这种程度上，初始命题的内容却是不可应用的。严格条件的满足，并不意味着下述意义上的同义反复，即原初的抽象性全称命题的二阶词项以一种同义的语言学形式被重复。

314 例如，在命题“电流等于电位差除以电阻”中，电位差除以电阻这一短语并不具有与“电流”相同的直接的指示性或实存性指涉。但命题中所断定的概念性内容的等价性，能够使随后关于某事物的命题陈述出来，而这种事物反过来也与“电位差除以电阻”等等，相等同。词项电流在其后的命题中并没有出现，并且电位差除以电阻在其后的命题中被它和它的其他等价事物之间的关系所替代。依此类推，直到一个命题以一种在操作上可运用于实验情境的形式出现，这种实验情境产生了对当前问题的解决来说必不可少的质料，或者至少是对问题是什么的改进性的陈述来说必不可少。电流的概念、金属的导电性和阻电性的差的概念，以及电流强度的差的概念，是必须在相对较早的时间里出现的观念。它们肯定很早就在我们已获得的、上面提到过的规则之前了。对在之前的独立概念之间的确定比例或关系的陈述，实际上是构思它们全部的一种新方法。此外，它是一种构思它们的方法，这种方法能够使一般关系以严谨的方式产生出来。所以，在构成推理的命题系列中，等价性具有使意义得以替换的能力。因此，“演绎”能够产生具有不同于产生它们的那些命题的内容的命题，并不是什么神奇的事情。因为在说明性的论说或演绎中所使用的命题，本身就是通过对这种功能之履行的明确参照而构建起来的。可以这么说，科学的窍门并不在于它的辩证性和推理方面，虽然在这里也需要机敏，以免计算在所有非常熟悉的情况中变得机械化。主要的困难和克服困难的主要洞见都存在于相关意义的明确表述中，如此以致在系列命题的发展中，等价命题逐步地和富有成效地（然而也是严格地）成为可替代的。

已经注意到的存在于抽象的或概念性的内容的命题和事实命题之间的共轭
315 关系，产生于这样的事实，即一个假设的主题首先由最初的问题所提出，然后根据它的后续结果进行测验和修改。引导的标准是这些结果对促进相关问题之解决所具有的能力。由探究连续性所设定的要求，在可替换的范围被扩大这一程度上得到了满足。当等价性仅仅在实存性参照的限定性框架内建立时，比如说，热度的问题或彼此分离的机械变化（从时空运动的形成方面来描述的变化）的问题，富有成效的推理领域就是在这样的范围内受到限制的，尽管它比常识的领域要宽得多。当假设在范围上如此全面地建构起来，以致可以运用于温度、电、光和机械运动的事实的时候，在等价的建立中，因而也在推理中，所享有的自由就极大地增加了。从而，特殊的“体系”就成为一个综合性体系的成员。由于这种形式的命题和可观察的事实性命题的共轭关系，推理的范围就被相应地拓宽了。

以上所说的，作为所有理性论证的原始基础，可以直接地应用于无法证明的命题概念。在推理的每个实例中，都会有一个原初命题，它不是在特定的论说中产生或“演绎出来”的。这显然是正确的，因为说它是原初的，等于说它并没有任何前提。但是，(1)一个命题在那个命题集中是原初的，却在其他命题系列中是后继的或最后的，这并没有什么冲突的地方。相反，在探究的连续性中，一个问题或问题集中的结论可以成为处理新问题的论说的起点。系统(前面的段落中略提及过的)的概念和系统的子系统的概念，意味着这种不同实例之间交叉引用和相互借用的准备好了的可能性。(2)原初命题是一个为了它们所导致的结论而被采取或使用的假设性的普遍性。它作为一种假设，被它在建构其他全称命题时所具有的生产能力所检验和再检验，虽然它最终会被其应用于事实性条件时所产生的实存结果所检验。其验证存在于这些结果中，就像布丁的验证在于食用一样。当产生的命题与原初命题或后继命题相矛盾时，新的问题就出现了。 316
在这种情况下，通常会发现，该系列中的前在命题为了满足严格性的要求，只能通过产生在新的实验操作中的意义进行修正。

它与刚才所说的严格的富有成效性是系列中的全称命题所必须满足的逻辑条件相一致；主要说来，它们不是任何给定系列的属性。更确切地说，它们是对陈述关于谓述性内容的任何命题的意图的限定观念。它们不是前提(除非存在于逻辑理论本身)，而是引导的原则。审慎地尝试满足为严格的富有成效性所指示的形式条件，构成了数学，而那种形式条件是从物质性主题中抽象出来的。这种陈述并不意味着存在某种提前标示出来的、数学命题和推理可以适用于其中的领域。意义恰好相反：满足这些条件的可管制的(regulated)尝试是数学。[①]

3. 事实(*Matter-of-Fact*)命题中的独立性和累积性效力：决定最终判断的主题的命题是由一个不同的原则所规定的。在被蕴涵或在逻辑效力上具有可直

① 文本的解释和詹姆斯对忽略的中介的阐释之间有很多共同点。参见他的《心理学》，第2卷，第645—651页。

接替换性的意义上，一个命题并不承接着另一个。相反，每一个这样的命题的效力都可以，首先，通过它所拥有的被一种独立的实验操作所确定的独立主题来衡量；其次，可以通过它与独立主题的其他命题的联结来衡量，通过这种联结就可以达到累积性收敛。实存的命题是有序的，因为它们都通过指涉相同的问题情境而得到控制，并在这种情况下促成它的解决。然而，它们没有形成一个系列，而是一个集合。在推理中，系列命题可以比作梯子横档的排列。通过提供推理的基础而发生作用的、关于事实材料的命题，更像是相互交叉的线，并且在交点处描绘了一个形成性区域。在梯子式的序列中，连续的次序是必要的。对于确定可作为证据的属性的命题来说，序数位置并不重要。系列（不同于操作的历史
317 性次序，而正是通过这种操作，相关的和重要的材料才得到保证）的逻辑次序是由包容（肯定）和排斥（否定，消除）之间的关系构成的，而这种关系限定了比较。实验性的观察操作（1）缩小了相关的证据材料的范围，（2）产生了向统一的符号化力量汇聚并进而产生统一结论的交集。

例如，医师在他的诊断过程中实行独立的操作，而这些独立的操作又产生了各种关于体温、心跳、呼吸、肾脏排泄、血液状态、新陈代谢、病史或其遗传史等等的独立数据。只要通过这些独立的探索所得到的数据的有效性不清楚，也就是说，只要它们在一个确定的方向上没有累积成一个点，那么，这些探索就仍需继续。通常所说的数据的相关性，是意义的收敛问题，是累积性证明力的问题。分开来说，那样的命题对于问题的本质和其可能的解决方案具有指示性的力量。当聚合时，它们有证明性的能力。当指示性的力量通过消除可选的可能性的解决模式而被决定时，它就成为指示性的力量。事实性的和概念性的命题的共轭性关联，能够使已经得到考虑的概念（依赖于当时的理论状态和观念的系统化的一个事件）确定操作，而通过这些操作，新的、独立的探索就能得以进行，它们的结果也能得到解释。

肯定后件并不能保证完全肯定前件，这是一个常见的逻辑原则。然而，对于后件的否定，却是以否定前件为基础的。因此，当操作产生的材料与推论的结果相矛盾时，就可以消除一个备选的可能性。只要材料由独立的实验操作所保证，无论我们什么时候肯定后件，材料指示性效力重复式的一致性都可以为前件的肯定提供累积的重要性。对于任何给定假设的确认，就是以这种方式进行的。但是，肯定前件的谬误的可能性仍然存在。消除其他的可能性，可以逐渐降低荒

谬推理的可能性。但是,从来就没有保证所有选择的可能都被穷尽了,因为不能保证选择的分裂是可穷尽的。因此,概率是通过推论而从事实性命题的集合中 318
产生出来的命题的标志,就像必要性——或严格性——是通过证明性的论说所形成的非实存命题的标志一样。因此,穷尽性并不是某个现实析取集的一个属性,而是一个需要被满足的逻辑条件。

正如我们所看到的,比较是测量的一种模式。它在测量产生数值性表述的意义上是确定的。测量是可能的,因为观察到的现象是持续的和广延的。测量技术将持续性和伸展性(这在直接经验中是纯粹质性的)转化为以数据形式呈现出来的时空关系。在数量之间可以建立等值关系,这当然是数量的一种基本属性。在现实的科学实践中,就是可观察现象的数值性测量值与从一个具有最大证明力的假设命题中理论性地推导出的测量值相一致。质性的持存性和外延的延伸性相互关联。任何实存的实存性条件都是无限地与环境相关的。或者说,不能绝对保证选择数值上得到确定的现象,只会产生那些必然会产生证明性数据的区别。因此,测量值的精确性和其结果与演绎出来的结论的一致性,就最终证据的重要性来说,是受制于不能被完全或绝对控制的条件的,即对观察主题最初的选择性辨别的有效性。①

即便有可能找到一块金子是纯金的,就是黄金并且只是黄金,它也不能与相互关联的无限多样的环境条件完全隔离。对条件高强度的控制,是通过目前有效的科学技术产生的。但是,影响还未被控制的可观察到的现象的某些条件,总是保持着理论上的可能性。因此,对于实验探究来说,对一个封闭的实存体系的设定是一个限制性的理想。它是一个为探究指示的必须前进的方向,但又是不 319
能完全达到的逻辑理想。因此,所有事实性概括的统计性特点不是技术缺陷的问题(尽管有缺陷的技术代表了对通过将要满足的逻辑条件而强加的条件之观察的失败),而是被处理的实存性材料的内在本质问题。

假设特质在字面上会重现(或者成为共相)是一种谬误(就像早前所关注的),它源于对证据性功能的恒定性——持续探究的产物——与直接的实存特质的混淆。这样的特性不会发生两次。重现的是实存的证据性力量的恒定性,其

① 这一事实与知觉领域的不确定的广泛特征相一致,并且就目前来说,是对前述观点的一种确认。参见前文,第 72—73 页。

作为偶发事件，是唯一的。当说系列命题“约翰比詹姆斯高，詹姆斯比威廉高，因此，约翰比威廉高”之间存在严格的或蕴涵性的必然性的时候；它忽略了高是受制于变化、随着条件的变化而变化的特质。实际上，没有人会怀疑在某些情况下，这一结论是有效的。但是，如果采用长度大致相同的三个物体为例，那么很明显，尽管我们努力保持条件恒定，但在测量的操作期间，它们中的任何一个都可能改变其长度的特质。因此，*理论上*的推论具有可能的确定次序，而不是必然的确定次序。当并且因为其内容是抽象的，而不是当A、B和C是单个的个体的时候，命题“*如果*A比B长，并且*如果*B比C长，则A比C长”才是必然的。作为一种定义的命题是必然的。但是，约翰、詹姆斯和威廉作为实存物在现实上要满足定义所施加的条件，这一点并不是从定义中推导出来的。关于所讨论的*实存*物的命题具有全称命题的词项所蕴涵的“传递性”特征这种观念，是由于对非实存命题和实存命题的逻辑属质的教条式混淆而导致的一种错误。它要求独立的实验操作确定实存物之间的关联是否满足了一个全称假言命题所规定的条件。如刚才所述，在某些情况下，在所要求的操作方法的执行中并不存在实际的困难。但是，所产生的结论是否有效，完全依赖于对观察到的事实的牵涉，而非必
320 然的蕴涵关系。后者规定了将要施行的操作，但并不与实存物相互间的环境性关联相同一。

4. *词项的置换*。每一种逻辑文本都陈述了一种规则，根据这一规则，命题的词项可以在不影响命题逻辑效力的前提下被替换。当一个句子在推论或推理中被孤立对待，而不是被作为序列中的一员的时候，这样的变化就仅仅是语法性的。但在词项的逻辑意义上，每个*命题*都是一组有序的命题集或命题序列中的一员。每一个这样的集合和系列，都是参照在形成最终判断中、由其最后成员或由积累性聚敛所发挥的功能而构建起来的。在推进所需的发展以达到最终的命题时，要不然就是在赋予其最能在独立命题的集合中表现其效力的形式时，命题中的词项的某些排列要比其他排列更有效果。对位置变化在逻辑上的重要性的这种解释，被称为转换（conversion）、反换（obversion）、被反换（obverted converse）、倒置（inversion）和对置（contraposition）。由此可见，初始的实存性命题不可以简单地进行转换。人们不会假定“天下乌鸦都是黑的”的逻辑效力等同于“任何黑色的东西都是乌鸦”的逻辑效力。合法的转换是“黑色的东西可能是乌鸦”。以这种形式表示，命题就有一种新的功能性效力。它表明我们将以某种

视角来进行调查,以找出这种情况下的黑是不是与描述乌鸦种类的其他特性相结合的。黑在一些实际的例子中,是值得发展的暗示。像“铁是一种金属”那样的命题在没有语境的情况下,就是模糊的。更为清楚的解释是:它指涉的是一种关于类的关系。然而,它可能意味着“如果有什么东西具有定义是铁的特征,那么它就具有定义是金属的特征”。我们已经说过,后一种解释是普遍性的。在这两种情况下,可转换性都依赖于相关命题中的相关词项的完整性。就像所引命题所表示的,词项金属比词项铁更宽泛,这就使得简单的转换成为不可能的。然后,转换将再次赋予被调换的形式以可能性的力量,并因此成为进一步的观察性探究的一个步骤。但是,如果金属的亚种与种的关系具有已经被确定了的不同特征,就像铁相对于锡、锌、铜等的关系一样的话,那么即使可能性的次序与涉及 321
析取的彻底性相互独立,命题也是可以被简单地置换的。也就是说,为指定的不同特征所限定的“金属”是铁,就像铁是一种金属一样。[1]

所谓的直接推理和词项的置换之间的确切关系,是一个有些模糊的问题。在某些情况下,它们是同义的。这并不是在直接的推论中通过增加决定性因素和亚蕴涵(subimplication)的情况。然而,在后两个过程的任何重要的实例中,推论都不是直接的。普通课本对“添加的决定性因素”的解释是微不足道的,因为它们的主题是熟悉并被标准化了的。有意义的是那些例子,即因其所支持的命题的范围太广(或者在一般意味着模糊的意义上,过于一般化了)而添加了决定性的因素。在这种情况下,为了确定当限定性的决定因素被应用于模糊命题的两个词项中时是否具有相同的效力,就需要一个独立的命题或许多命题。在那样的情况下,要有调节。亚蕴涵的一个例子如下:“欧几里得几何学中三角形的三个内角和等于两个直角和。”因此,“不等边三角形的三个角的总和等于两个直角和”。在这里,第二种形式不是由含义得到的;它被称为亚蕴涵,仅仅是因为在通向最终命题的运动中,相关的特殊探究恰好需要具体的限制或收缩。然而,当逻辑文本表明,一个在实存性命题中被表达出来的证实性的例子对一个全称命题(理论上的法则或假设性公式)的关系是亚蕴涵关系的时候,就包含着一个明显的谬误。非实存性的命题不可能蕴涵实存性命题。

5. 三段论。三段论是将最终判断分析为在逻辑上组成其命题的条件。正

---

① 比较前文第307—308页。

如已经指出的那样，这些逻辑成分是：(1)关于事实的命题，(2)关于抽象特征或概念性内容的关系的命题。对事实性基础的表达，构成了小前提；对观念性内容或假设性内容的表达，构成了大前提。因此，如果最终判断要有依据，那么，三段
322 论对于必须满足的逻辑条件来说，就是一般化的公式。可以这么说，它是一个警告：为了保证最终判断，可观察的材料和以普遍的*如果-那么*形式所限定的观念之间的共轭关系就必须建立起来。假设已经得到了这样一个结论：蝙蝠是鸟——明显的小前提是“蝙蝠有翅膀”。为了确立结论“蝙蝠是鸟”，就必须制定一般命题“所有的有翼生物都是鸟”，其中*所有的*具有特征性关系的效力。要完全保证结论，就必须建立命题“鸟并且只有鸟才是有翅膀的”。在作为大前提的命题中，对谓述性内容的陈述是对得出结论的一种必要的检查。对于其结果倾向于一种包容-排除性命题的可观察性探究来说，它是作为一种指令而起作用的。

以上陈述与传统理论不一致。因为后者的理论，作为一种规则，把三段论与推理或演绎形式相等同。因此，它(1)没有给实存命题留下空间，(2)形成了一种观念上的迷信，即在推理系列中只能有两个“前提”，而这种观念被各种形式的数学推理所否定。作为小前提的*实存性*命题，可以从一般命题中推导出来的观念代表了一种已经被评论多次的混乱。无论小前提的命题是单称的(种中的一个)，还是类属的(种的关系)，它都必须通过独立的实验观察的操作所建立。当三段论是 AAA 形式时，作为小前提的命题就是*类属的*，但不是一般命题，因为它在指涉上是实存的。因此，在任何现实情况下，都有一个确定的可能性次序，比如一个 I 命题。这一事实表明，当小前提具有实存性指涉的时候，*第一格第一式*的三段论形式就不能被视为提出了为任何现实的推论都具有的*属性*。然而，当将其作为提出推理性结论，要在观念上满足的逻辑条件的公式来对待时，情况就不同了。那么，小前提的命题的一般特征，在观念上来说，或者在严格的理论上来说，就是那样一种陈述性方式，即在大前提所提出的定义和构成小前提的事
323 实之间，应当存在一种严格的共轭关系。这样解释的三段论意味着，当包含在论说和实存性的实验观察之中的操作，通过聚敛而产生了一种被彻底解决了的确定情境时，结论在逻辑上才获得了保证，并且也只有这样，才能得到保证。

这样的解释给予三段论以逻辑上的重要性和不可或缺性。然而，它包含着对亚里士多德的三段论理论的明显修正。因为在亚里士多德的逻辑中，大前提

或定义是对在本体论上确定了种的本质的陈述，而小前提肯定一些种在实存上属于更广泛的种，或者说是属所代表的逻辑潜在性的一种现实化。在这里，就像之前在其他情况中所涉及的一样，在其本体论基础（固定的种和本质）被颠覆之后，纯形式已经被保存在传统逻辑中。因此，它受到了穆勒的批评。然而，穆勒在相反的方向上保留了传统理论的逻辑错误。传统理论认为，大前提和小前提具有相同的逻辑形式，而没有认识到一个是非实存的，另一个是实存的；而且因此，它们必须通过与像观察和理性论说一样不相同的操作而建立。除了把大前提和小前提都视为实存的，而不是把小前提的形式同化为大前提的形式（就像传统理论所做的那样）之外，穆勒的理论犯了同样的错误。也就是说，穆勒认为，大前提或一般命题是无限数量的特殊的实存性命题的概括性备忘录。

就像有时会做的那样，说穆勒认为三段论包含预期理由（*petitio principii*），这是不正确的。他所肯定的是，如果大前提被用来证明结论，那么，三段论的结论就假定了一个问题是正确的，因为在这种情况下，后者已经包含在大前提之中了。他说，大前提提供了那样的公式，即"根据它而不是通过它得出了结论"。他说，它是"对足以证明一个给定性描述的任何结论的证据的实存论断"。[①] 对这个观点的证明，主要是由一般前提或大前提所总结的各种特殊的观察性例子专门提供的。他说，像这样的一般前提所增加的证明力，并不是微乎其微的。他把 324
大前提的形式同化到小前提的形式中，这不仅仅包含在他全部的论述中，而且当他说"毕竟，约翰·托马斯和其他人的死亡，是我们对威灵顿公爵的死亡（或任何其他还未死亡的人）所掌握的全部证据"的时候，这也得到了明确的肯定。[②]

如果证明力是不证自明的问题的话，也就是说，如果不要求原理或共相去决定什么是证据，什么不是证据，以及在任何给定的情况下，特定的材料如何是重要的和相关的，那么，穆勒的解释就是合理的。事实上，他通过假设那样的具体存在，配备了充足的证明力来回避这个问题。在语言中，我们已经使用过了，殊相暗示着一种确定的观念（它是一般的），但这些具体存在并没有有效的意指（*signify*），更不用说证明它了。在可观察性方面，探究的整个问题是要确定所观察到的什么条件是证据性的材料，或者说是"事情的真实情况"。那些已经被

① 《逻辑学》，第 2 卷，第 3 章，第 4 部分和第 6 部分。
② 同上，第 3 部分。

确定为证据的事物具有证明力；这种说法是一种自明之理，因为证据和证明力是同义词。穆勒没有看到的是：为了得到证据材料，观察必须由观念来引导，而这些观念必须明确化——在命题中被表述出来，并且这些命题都要具有*如果-那么*的普遍形式。穆勒所考虑的证据的"充足性"，仅仅是手头上的个体数量，而不是据其而确定任何具体存在的证据力的*原理*。

然而，穆勒对事实的感觉，导致了他对自己的正式观点的偏离——事实上，是与其正式学说的一种矛盾。这个偏差近似于(如果不是等同的话)他对被给定的三段论形式的解释。正式的观点说的是：一般命题是"特殊事实的集群"。但他也指出，"真理只能从经验中成功地推导出来，这种经验*如果要得到保证*，就必须承认它是从概括中得出的，并且为了*测试其可靠性*，要求以一种一般化的形式展示出来"。[1] 同样，穆勒没有将一般命题处理为作为殊相的一堆具体存在。他
325 有时说，它陈述了"*属性*"的共存性——这是关于*特性*的；并明确地补充说，"共在"*不是*在时间意义上理解的，而是要在"两者共同是属性"的意义上来理解。[2]

穆勒还指出，一般命题或大前提是通过归纳得到的，并且尽管他的归纳理论是混乱的，但他确实涉及对粗略的观察材料进行分析的操作，以及消除性的操作和确定一致的证据功能的操作。尽管他只给假设一个"附属性"的地位，但他不得不承认假设的重要性。

传统理论提供了关于*所有*的模糊性的另一种实例，因为它依赖于将*所有*在实存和非实存的双重意义上来看待。假设有人说，"所有的鲸鱼都是哺乳动物：所有的哺乳动物都是恒温的，因此所有的鲸鱼都是恒温的"。如果这个例子是分析有逻辑依据的判断的一个范例的话，那么，大前提就是一个*如果-那么*的全称命题，它肯定在*是*哺乳动物和*是*鲸类之间存在这样的必然联系，以至于对这一关系的否定会导致矛盾。如果这个命题在根本上是有效的，那么，即使鲸鱼停止存在，它也还是有效的。作为一个操作性命题，它引导观察来确定，在实存个体的情况下，哺乳幼崽使其存活等特性是否能在相互结合中被发现。另外，命题"所有的鲸是哺乳动物"中的*所有*可能意味着，到目前为止，个体的鲸已经被发现无一例外都是哺乳动物。这个命题意味着"鲸可能是哺乳动物"，并且表明可能性

① 《逻辑学》，第 2 卷，第 3 章，第 9 部分，原始文本没有斜体。
② 同上，第 3 部分，第 2 章，第 3 部分和脚注。

如此强烈，从而促使人们寻找这种特性结合在一起的原因，也就是说，促使人们寻找构成如果-那么命题的本质关系。直到能够解释这种表达的某些原因被找到，人们才能达到最终的判断。探究仍处于命题性的阶段，在这一阶段，要观察个体并形成假设，进而对其进行实验。

经检验会发现，三段论形式固有的困难源于将它与推论拥有的特性等同，或
者以彼此分离的视角对待推理。当它们被发现不支持推理或理性的论说形式 326
时，它们就消失了。它是判断的事实性主题和概念性主题之间的共轭关联的形式，以这样的方式表示：如果判断能够得到充分依据，那么，概念性的和观察性的条件就能够得到满足。这种方式解释了三段论形式的“实用性”(utility)存在于那样的事实中，即它是作为具体判断情况下的检验而发生作用的，并展示着所要满足的逻辑条件。它代表了一种限定性的理念。即使没有现实的判断能真正地满足理想的条件，对于没有这么做的认知，也会在可观察性的和概念性的这两个方面引起或引导进一步的探究。它促进并支持了探究的连续统一体。

17. 形式功能与准则

327 根据前面章节所阐释的学说，每一个词项（意义）都是根据在命题中的从属关系（它与其他词项的关系）而是其所是，反过来，每个命题则或者根据它在作为推论之基础的有序命题集中的从属关系，或者根据它在构成论说的系列命题中的从属关系而是其所是。由此观点可得出，逻辑内容和词项与命题的效力，最终都是由它们在推理或论说中所建立的命题集合中的位置而确定的。因此，次序（*order*）是确定词项意义的基本逻辑范畴，它直接存在于命题中，或间接存在于命题集合或系列中。

I. 词项的形式关系

词项的逻辑次序之基本规则，在学术上是作为传递性（*transitivity*）、对称性（*symmetry*）和相关性（*correlation*）而被认知的，而连贯性（*connexity*）则是它们相连接的重要实例。词项若未能满足次序所要求的逻辑条件，就使它们成为非传递性的（*intransitive*）和非对称性的（*asymmetrical*）。这样，不可传递性和不对称性就成为这些词项的特征，在其状态上就表现为仍然是未确定的和有问题的。关于非传递性与非对称性的陈述，将在以后的讨论中进行证明。但是，众所周知，它存在于非传递性和非对称性的例子中，因为词项的这些关系是根据定义而来的，而词项或者属于这个类型或者属于那个类型，因而其在逻辑形式上并不明确。

方才所列的词项与其他词项所维持的关系之不同类型清单，是全部现代逻
328 辑论述的一个基础。然而，平常的学理性解释与此处给予的解释是十分不同的。

因为在当前的处理中，假设词项在其自身中，或其本身就根据自身内容的固有本质而支持这些关系。如果这种假设并不总是被明确地表述出来，那么就暗含着，这些关系的功能性效力在满足有效的推论和论说所要求的关于次序的逻辑条件中，并不能成为解释词项的基础。但肯定地说，所阐明的学术立场要求：词项的形式关系应解释为在产生有保证性结论的任何探究中，它们所必须满足的条件，而非解释为其固有的拥有物。

所涉及的关系之所以总是被孤立的词项所说明，其原因并不难找。许多词项在先前的探究中已相当规范化了，因而其相关的意义现在已被看作理所当然的。好像在连续的探究行为中，其相关的意义只属于词项自身，而独立于它们的地位与效力。这在数学词项的情形中，显然是正确的。在像某某的父亲、某某的妻子、某某的配偶等等那样的词项情形中，同样是正确的。因其意义已在概念的某个（语境性的）有序体系里被固定了，这一点是如此熟悉，以至于第一次被视为是理所当然的，之后就被完全忽略了，在事实上被否定了。据说，有些澳洲部落没有“成为父亲”（begetting）的概念，因而在部落里也几乎不存在“某某的父亲”的概念。在许多部落里，“某某的父亲”所表达的关系在我们的语言系统里被称为“某某的叔叔”。该事实表明这些相关词项与相关意义的系统的相对性（生理的、法定的或二者兼具）。

在分别处理关系的不同形式之前，为避免学理上的混乱，重提词项各自所具有的实存的和非实存的含义的基本逻辑区分，是比较可取的。因为关系（*relation*）和有关的（*related*）是高度模棱两可的词项。有些词项是关系性的，但其意义在所规定的关系中并未被完全彰显。“某某的父亲”显然是一个关系性词项；它的意义有赖于与另一词项“某某的子女”的关联。短、小、丰富、近、邻、之间等词语也是如此。实际上，这对所有被准备好以在推理性的操作中发生作用的实存性词项都是正确的。但是，“某某的父亲”的个体则有超出一个父亲的特点； 329
而且，这些特点必须独立地先于所讨论的“关系”而实存。例如，任何属“父亲”之类别的人，都必拥有是一种动物、雄性、具有性能力的独立特征。相似地，短、小、近等都具有一种独立于内容的实存性，而这些内容是在这些相关的词项中表达出来的。然而，像父亲身份、长度、大小、近似、临近等抽象词汇，都具有穷尽的或专有的相关性。这种穷尽性，使它们成为抽象的、普遍的词项。单纯的连接词也是如此，像连词、介词，一般来说，就是中国语法学家所恰当地称为“虚词”（empty

words)者。很明显，它也包含所有那种数学性的词项。为避免“相对的”(relative)和“有关的”(related)潜在的混淆，“关系性”(*relatives*)在此将保留为与众多事物有诸多关联的实存词项，而非在特定的相关项中被规定了的——如一个父亲，也可指一个公民、一个共和党人、一个卫理公会教徒、一个农夫等等，所有这些语词所表达的关系都在逻辑上独立于“父亲”所指的关系。另外，“关系的”(*relational*)可用以指示其意义已被尽悉包含在词项之中的抽象词汇。①

1. 传递性与非传递性。为了从一个特点集合到另一个特点集合，或者从一个种到另一个种的推理可以确立起来，而且为了命题能够在论说中如此有序，以致随后的命题能够必然地从前件命题中得出来，所含词项必须在那种相互间被认为是传递性的关系中被排序。这些词有如“比……老”(大、亮等)，或在语言上以比较级词语表达的任何性质。如果A在指定性的特征上比B多(或少)，且B与C也有此关系，C和D也是这样，依此类推，可知A与该序列的结尾词项也维持此种关系，无论它为何者。这些词项都满足了传递性的条件。无论所构建的词项什么时候满足序列的这种形式，中间项都可以被跃过。同样的关系也存在于由之后或之前所指示的、相互间必然有连续性次序的词项那里，在这些词的时间和空间意义上都是如此。

在由比较级词项和表示时空临近性的词项所指定的关系中，已预先准备好
330 了连续序列的重要性，连同如此确定它们时作为方法或规则而发生作用的原理之需要，都可阐明如下：在理论上，有可能将任意人群中的成员按最老到最年轻的顺序排列。由“比……老”所表示的传递功能将被满足，但这并不能得出什么。被如此排列的个体的其他特质并不能由此推出。就像将一排杂乱的书放到书架上。第一本之后的每本书，都在前一本之“后”，所以架上最后一本书在所有其他书之后。然而，这并未推论出什么。而另一方面，当个人在人寿保险公司投保，被以每年的间隔排列在年长于的序列中时，却可得出一些推论。其中有对假设的可能风险的推论，以及通过在序列中所占的不同位置而推出的所需支付的保险费数额。

以时间意义上的在……之后为例。如我所述，汽车声在打字员敲键声之后，瑟瑟落叶声随其后，而后是人的嗓音。因此，最后的声音在敲键声“之后”。传递

① 这种区别与包含(*involvement*)和蕴涵(*implication*)间的区别相一致。

性的逻辑含义，明显未被那种相继性（sucession）所满足。因为它是人为的、琐碎的。在科学探究上最要紧的一个问题，是区分其中只有单纯的相继性情形和其中有序列的情形。反复的观察可以决定相继性中的次序，但基于它而进行的推理将会陷于这之后，因此就因为这（*post hoc*，*ergo propter hoc*）的谬误情形，除非以一种全称命题表述的原则，当它被操作性地应用时，为此次序提供了理由。这种说明为把传递性关系解释为探究的连续统一体中将要被满足的条件，而不是正巧属于某些词项的一种关系性的属性的那种逻辑必然性，提供了令人信服的证据。

传递性的关系也在指称种类的词项中得到例证，当且仅当在行进的序列中，关于被包含的种类的外延性和包含性种类被确定时。举个简单的例子：当鲸鱼被确定为哺乳动物，而哺乳动物又为脊椎动物时，从鲸鱼到脊椎动物的传递性就有了保障。只有当描述各种类的结合特征之集合已通过肯定-否定的功能被预先“包容性地-排斥性地”确定了的时候，这种传递性在逻辑上才是可能的。众所周知，科学的自然探究关注于有关系的种类之建立；这种关注并非最终的，其目的在于设立满足传递性条件的词项，以使系统性的推论被促进和控制。 331

到目前为止，我们已考察了传递性，因为它会影响具有实存参照的单称或类属的词项。但讨论也表明，只有通过一般原则而被连续排列的词项，才能切实地具有所述关系。此原则是一条进行排序的规则（*rule*），被一个全称命题表示出来。该全称命题自身反过来也必须是有序论说中的系列命题的成分。数学词项是非实存词项的典型，它们被设立以保证论证的传递性。它们是严格意义上的关系性，不仅是相对的。抽象的关系词项，如父亲身份、儿子身份、叔叔身份、侄子身份等等，当它们与“父子、叔侄”亲属关系相区别的时候，就指明了独立于与实存相关的亲属关系。人们不能从有关的词项父亲中推论出孙子或侄子的有关词项。所讨论的晚辈自身可能没有子孙，父亲可能没有兄弟姐妹；且即使他们有这些，也可能没有儿子。此关系是非传递性的。但是，父系、祖辈、兄辈、叔辈、表亲等等，构成了一个关系体系，其中每个成员都与其他人具有传递性关联。

非传递性的本质已在前面的段落里阐明了。当例示这种关系的词项发生作用时，就构成了一种问题的条件。它们暗示或意味着对操作的需要，这种操作将会把它们转化为满足传递性要求的词项。一方面，它们表现了探究在给定情况中的不完整性；另一方面，通过操作，词项会变得有序，进而其意义也同样归入确定的次序中。所有指示着个别行动和变化的词项，在逻辑上都是非传递性的。例如，A与B的关系在命题“A杀了B”中表明，“杀害”代表某一个体在具体的时
332 间和地点实施了一种行为，进而在其他事物中引起变化。每个特称命题（逻辑意义上的“特称”）都属此类。每个这样的命题都表达着在确定问题时的一种疑问或特殊条件。[①]

因此，这样的词项是非传递性的，不是因为它们自身中的或自身所具有的特性，而恰恰是因为它们并没有根据确定的时空关系或类关系进行排序，那样推理才是有保障的。当与一系列分级的种类相关联的杀害行为被确定时，如在法律体系中，被认为是一种事故、自卫或明确的谋杀案件，那么就获得了一个能满足传递性条件的意义。对于其他之前未被观察到的特征，以及具体的实存结果来说，进行有根据的推理是可能的。如之前所述，通过作为相互作用或使用它们的模式（*modes*）之结果的确定性特征，而不是作为直接的性质，作为推理之基础的转化就产生了。因为相互作用的模式是一般性的，而一个变化却不是。因此，后者并没有为转变提供基础。然而，一种变化却具有传递性所必须的次序性关系，而这种变化是相互作用更为广泛模式的一种特殊模式。在科学探究中，这种条件的等价物是那样的要求，即每个给定的被确定的变化都要成为相互关联的变化之确切集合中的成分。

2. 对称性和非对称性。当相关的对子中的任何一个承担着与另一个相同的关系时，词项在对称意义上就是相互关联的。如“伙伴”就是一种对称关系。如果A是B的伙伴，那么，B也是A的伙伴。“配偶”一词适用于两者互相处于对称关系的对象。在其他关系中，存在着逆向（*converse*）对称关系。“夫-妻”关系本身是非对称的，但词项间具有逆向对称的关系。“立嘱人-继承者”也是具有此相互关系的词项。在所有特定行动或变化的情况中都有逆向对称的关系，正如上文所举非传递性的例子一样。这种关系在语法上以动词的主、被动语态来表明。如果A杀害了B，那么，B就被A所杀。在对待（action）的情形中，以及被不及物动词在语言上所表达出来的被对待（being acted *toward*）［尽管不是对
333 （upon）］情形中，也有此关系。对称关系的逻辑涵义之构成，在于它与传递性的结合。这种结合在以下公式中被典型地表达出来：“与相同的事物相等的事物相

① 参见前文第201、220页。

等。”对称性与传递性的结合构成了意义，而这些意义使得可替代性在推理和论证中有效。大小相等是明显具有“对称-传递”关系的词项。

结合的范围并不受限于为具有实存性指涉的操作所构成的数量。人们测量房间的地板以确定所要购买地毯的数量，这么做是为了建立相互具有对称性传递关系的词项。代数等式表明了具有这种联结关系的词项除大小之外的方面。身体机能就是概括，它在关于实存性事物的推论中，通过对结合性对称的可传递性的满足来保证可替代性。简言之，建立具有此结合的相关性的意义之重要性在于：它是相等的基本逻辑范畴的逻辑基础。此项思考本身就使人有必要深思以这种关系为其固有属性的词项之事实；而此关系表明了建立在可控探究中起作用的意义时所要满足的条件。

3. 相关性。由于推理和有序论说的目的，关于其范围或幅度的、确定的被关系者的指示物（*relata-referents*）与综合之间的关系，在很多问题中都是很重要的。相关性就是在技术上用来指示这种次序形式的名称。在一夫一妻制的法律体系中，夫妻关系是一对一的；而在一夫多妻制的体系中，则为一对多；在一妻多夫制的体系中，就是多对一。原则在探究中的效力的一个简单例子就是：当一个男人或女人谋求重婚时。因为它表明了词项间具有的此类“相关性”受到主题所予领域在先前探究中已被系统地规定之程度的制约，产生的结果只能以抽象的全称命题作为操作之规则。例如前述情形中，仅当有关婚姻的法规确定了所予关系的含义时，才可推出结论。

朋友关系在给定的或具体情形中是对称性的，但它是多对多的关系。A与 334
B在互惠的意义上是朋友。A可有C、D、E等朋友，而B可有N、O、P等朋友。从朋友关系中，并不能得出冷漠或敌意存在于作为B和A的朋友的其他词项间。然而，“爱屋及乌”这句谚语所表达的情境中的朋友的朋友的关系是有条件的，除非B（A的朋友）也是C的朋友，否则，B就不能是A的朋友。这种类型的关系展现在血缘性的亲属关系、血缘性的兄弟关系和帮会关系中，其中，每个相关成员都该保护并支持其他成员，而不管先前是否认识。这种关系还是多对多的，但这样建立的体系可以使体系中的元素之间保持传递性关系，而其各自所采取的关系也是多对多的关系。当这种关系并不是由系统中的共存性所确定时，多对多的关系就过于不确定了，以致不能允许传递性。数学是那种体系的突出范例，即在那种体系中，词项相互间具有多对多的关系，然而决定那种体系的操作规则却可在任何必要的时刻建立起一对一的关系。①

4. 连通性。每当对称性词项也是传递性的时候，关系词项就满足了连通性的条件。就如我们已知道的，相等是对称传递性的示例，它构成了推理和论说中的反复运动。术语“连通性”可被扩展以包含这些情形。非对称的传递性表现在比……伟大、比……热这类词项中，以及一般的比较级词项中，其中的词项有逆向性的对称关系。而连通性与其说是并列关系，不如说是关系的复合(complex)，是在所有逻辑关系的模式中都呈现为基础性的传递功能。

上文已经讨论了通常所认识到的相对项和关系项的独特形式之基础。这些形式在学理的基础上得到了解释，即所探讨的关系暗示着：或者(1)词项(意义)
335 为了能使探究得出有保证性的结论而必须满足的形式条件，或者(2)对所要求的条件尚未被满足的警告。后者的例子是非对称的非传递性情况，或者是多对多的关系，而这种关系中的元素还没有被确定为有序体系中的元素。在阅读某些逻辑文献(即使是那些其中强调了严格的形式主义之必然性的文献中)时难以避免此类印象：意义(词项)被采纳，仅仅因为它们恰巧孤立地表现出自身，之后就被贴上了确定的标签。

II. 命题的形式关系

我们已关注到：(1)词项在命题中是与逻辑相关的，仅当它们是其相关成员的命题本身与其他命题都处于有序的关系中时，(2)确定的词项只具有单纯的关联效力，所以它们的意义在建立与其他词项之间的关系的作用中完全穷尽了。阐释后一个条件的词项，是语法上称作连词的所有语词，如和、或、那、仅(只有)，等等。这些严格的关系词语会在命题中出现。但它们各自在命题中的逻辑效力与功能，与命题在一组或一系列相关命题中的功能有关——一种逻辑特性通过召集在其中表现为“复合”命题②的诸命题，而在现代逻辑中表达出来。换句话说，连词代表着满足了使任何给定的命题都成为一个有序命题集合或系列之成分所要求的逻辑条件。

---

① 例如，任意基数都既是一个和(乘积、幂)，也是一个与其他数字相关的单位元素和根。

② 根据本书所展开的立场，“简单”命题是与作为“复合”命题的其他命题相对应的。它们在逻辑上是不完整的，仅仅是为了达到被称为复合命题的完整命题才被建立起来。

在第10章中已经表明，比较-对比是使内容在构成一个命题的关系中被确定的方法。其中也说明了，比较-对比只能通过共轭性的相关联的、肯定或否定命题的建立来进行定义，这些命题表现了相容-排斥性操作的结果。在严格的相互符合中，后一种操作的范围与必然性在于逻辑上相互关联的命题（在集合或序 336
列中）必须满足共轭性的相容-排斥性之形式条件，或者在与另一命题的关系中成为合取-析取的。纯粹的关系词和、或、那、仅，连同其他形式的关系词，像如果、那么、非此即彼、某个、是、不是，都是指定“合取-析取”功能的标志；而这种功能，使一个给定的命题在形式上能够作为有序命题集合或系列的相关成分。然而，并非所有列出的关系词都处于同一逻辑层面，或具有同等的效力。其中一些标志着满足（或被认为如果满足了）了“合取-析取”功能的关系，而其他的则标志着内容仍处在和满足这些功能相关的、完全确定的过程之中——就是说，意义的效力仍然是有问题的。“任何”(*any*)属于前一类型；“一个”（不是“任何”的同义词的时候）和“某个”(*some*)都属于后一类型；“这”也是如此，“该”(*the*)在许多情况中是这的同义词。

因此，可得到的学理性结论可以如此表述：命题的集合或系列如此有序，以致构成了它们在功能上相互对应（共轭关系）的科学体系（满足必要的形式条件的一个体系），但只有当被分别对待时，它们才是共选的（排斥的）；而被一起对待时，则是共同结合的，或相容的和穷尽的。这一提法的目的在于：一方面，表明所述功能并非命题的固有属性，而是需要满足的逻辑条件；另一方面，它们是高度普遍化的逻辑“主导原则”，因为它们提出了要被实施的操作，而这些操作在逻辑上是基础性的。

它仍然只是要介绍某些深层的区别，其中最重要的被从数学中借来的词汇指明了，这些词汇被赋予了逻辑的意义：递增性的(*additive*)和倍增性的(*multiplicative*)①。不论合取-析取应用于单称的实存性主题，还是类属性的实

① 这里的additive和multiplicative两个词是数学用语，杜威主要用这两个词来区分类属命题的逐个增加的累加性和全称命题的抽象性特征所指引而产生的成倍的累加性。因此，我建议把它们分别译为“递增性的”和“倍增性的”。就像文中所举的例子一样，当说到一个集体的构成时，我们可以说是由张三、李四、王五等人构成时，这就是递增性的，即这个集体是由这些人一个一个累加起来的；而当说到“集体”这个概念本身的时候，我们就不能说它由张三等个体构成的，而是要从各个不同的集体中提取出其普遍的共同性特性，以此为标准来衡量所要判断的对象。所以，这个时候考察的是以单个集合为单位成倍出现的对象，因此相对于个体相加来说，就是倍增性的。——译者

存性主题，它都是递增性的；当应用于构成抽象的全称命题的特性之间的相互关系时，就是倍增性的。例证会使这一陈述的含义明晰起来。递增的累加性(additive summative)合取由和(通常逻辑上等价于一个逗号)来表征，而递增性
337 的选择性合取则由或代表。在个体的情况下，“和”作为一种递增性的合取构成了一个集合，就像“这个军团由这个和那个以及其他被列数的人员构成”一样，直到每个成员都被列出来。个体选择性的递增性合取之示例于下可见：“联邦政府的任何内阁成员，要么是国务卿，要么是财政部长，或内政部长，或……”直到集合中的所有成员都列出来。

和-或应用于种类时的逻辑效力与应用于个体时的情况不同。例如，刚才所述的命题(关于个体构成一个集合)可通过否认所列个体中的任何一个的存在而被否定，而它的完整性可通过肯定、还应加入某个其他个体而被否定。对于类的情况，否定可用于像那样的合取关系等。“詹姆斯、约翰、罗伯特与亨利出现在特定场合”这一命题，当表明四者中的任何一个缺席时，其有效性都会受到质疑。类属命题“鸟、蝙蝠、蝴蝶都是同一个包含性种类的子类”，无论何时表明飞行生物的特点并不足以确定包含性种类的特征之结合，且飞行方式上的差别也不足以区分所含种类时，该命题就是无效的。否定并不用于单独的种类，而是用于包含-被包含的关系；或更严格地说，是用于类属的差异性特征的集合，通过这些特征，种类被确定为包含性的或被包含性的。

命题“鸟、鱼、虫、猿、人……都是脊椎动物”，在形成一个包含性的种类中，是关于种类关系的累加性合取命题。这一命题的选择性的合取形式为“脊椎动物指鸟，或鱼，或虫，或猿，或人……”。好像差别只是语言上而非逻辑上的，也只是存在于以下事实中：在累积的相加(用和来表示)情况中，先计算亚种；而在通过选择(以或来表示)进行逻辑相加的情况下，首先说明包含性的种类。然而，其间存在着一个真正的逻辑差异。在累积性相加的情况中，没有什么可以脱离选择性的形式而保证相对于包含性种类的被包含种类的完整性(充分性)，或者保证
338 它们非重合的特性。或者之区别于语言上的逻辑效力，存在于对累积相加的种类不能重叠之条件的满足中，并以差别性的特征来描述。以命题“鸟和鲸鱼及哺乳类都是脊椎动物”为例。既然鲸鱼和哺乳动物均由同样的特征集合来限定，那么，“和”在此就不决定排斥性。或者的逻辑效力意味着被特点所描述性地确定的子类之建立的必要性，而这些特点是如此的不同，以至于会在描述包含性种类

的特性集合中相互排斥。由和来联结的种类就其不能必然相容而言，可以构成有效的命题。

到目前为止，我们已预设而非阐明了累积与析取模式的递增功能仅适用于具有实存性指涉的命题中的词项关系。表明这种观点有效的最简洁方式，就是考虑构成普遍非实存性命题之内容的特性之关系。在关于描述(无论是包含的，还是被包含的)类的特性的情形中，所应用的特点必须在实质上相互独立，但却包含在累积的结合中，以致构成了一个足以确定类是包容的还是排斥的特点集合。而另一方面，在抽象命题中，特性的关系是相互的。仅当每个特性的意义都与其他所含特性互惠地相互依赖时，全称命题才满足了逻辑条件。这种形式的关系，正是由倍增性的词项所指明的。所讨论的这种结合，并不是可被独立考察或规定的内容。“结合”是一种“本性”而非特点。区别于实存性命题之偶然的、标志着全称命题之关系的必然性，是通过其相关特性的倍增性结合而构成的。

例如，哺乳动物是由倍增性结合的特征——恒温的、胎生的、养育后代的——所确定。如果这个全称命题是作为定义而有效的，那么，它就(1)独立于以相应的质性特点为标志的生物之实存；同时(2)它包含着那样的观念，即这些特性必然相互关联，所以这三个特性中的任何一个，若去除了其可修改性或不能 339
被其他词项所修改，那么，它在定义中就是无意义的。换言之，如果是恒温的，那么就是胎生的，等等。然而，假设有关种类之关系的命题如下：“哺乳动物是恒温的，和(或)胎生的，和(或)养育后代的。”从表面上看，那样的命题明显是是哺乳动物的变相性定义。

交替性的倍增(*alternate* multiplication)对于确定特性关系情形中的充分性来说，是必要的，正如描述相关种类的特性之结合一样。不相关的和多余的特性必须排除。例如，当形状并不是其概念的一部分，而概念又是外在于由直角、等边、不等边的特征关系所形成的限制的时候，三角形大小的概念就从其定义中排除了。现在，这个概念是非常标准的，以致排除这些特性看起来过于琐细而不值得一提。但曾有段时间，探究进入到几何关系时变得迟钝了，因为大小被认为是三角形的必要属性。只要三角形被假设为具有实存性指涉，大小就是一个类属性的特点。例如，如果我们将特征的关系定义为“金属的”，那么所述特性的完整性就只有当它们被分离于一些特征的时候，才能被确定；这些特征的相互关系，以其他方式以及相互排斥的方式规定了是化学元素的而非金属的。在这个语境中，要复述在其他语境中所提出的观点：当断定三角形是直角的、不等边的或等边的时，也就断定了：(1)三角形的这些方式穷尽了线、角关系上的所有可能性，以及(2)构成三角的关系是如此的相互关联，以至于三角形的这些方式对于三角形概念来说，是必要的。

命题函项的符合性(*correspondence*)分别满足了递增性和倍增性的合取-析取条件，这对最终保证性的判断来说，是必要的。只有关于主词内容与谓词内容的命题之结合，才确定了：一方面，所应用的全称命题在操作上是相关的；另一方面，用以描述种类的、结合在一起的特点，因为某个根据或理由而是“排斥-相容”的。否则，它们结合的基础就只是反复地观察，进而被考察的结合就构成了一个
340 问题。共轭对应性的逻辑形式在关系词项“非此即彼但不兼”(either-one-or-other-but-not-both)中被表达出来。以下命题：“人类由欧洲人、非洲人、澳洲人、美洲人……组成”，省略号表示增加的部分在总体上是可穷尽的。命题中并不排除带有连字符的成分或种类，如欧裔-美国人。仅当全称命题中表达的规则可以确定这样的种类时，这种可能性才会被排除。那样的确定在所选的示例中并不特别重要，虽然双重政治身份可能是一个现实的问题。但有些科学探究中确定相关联的种类是不可或缺的，以使个体必须属于这一种类或那一种类，而不能属于两个以上的种类。实际上，满足这一条件对任何有效的析取命题集合来说，都是必要的。但这无从实现，除非基于析取性的全称假设命题之集合的基础上，而对这种命题的操作性应用就确定了种类在一个可穷尽的相容种类中的相互排斥性。

1. 某些推论随之而来。就如我们所思考的那样，文本中经常可以发现被称为“复合的”那样的命题，这里的“复合”预设了“简单”命题先于并独立于合取-析取功能。但从所采取的观点(即任何符号性表达，只有作为有序集合或系列中的一员的时候，才是具有逻辑地位的命题)来看，可自然地推论出并无所谓的“简单”命题。当然，有些命题相对简单。但它们只有构成所谓的“复合”命题，才有其逻辑地位。例如，一个关于在某给定时刻的一种变化的特称命题，并不能分析成相互作用的复合体，因而就是一个简单的或基本的命题。但是，(1)它这样是有条件的，因为其确定有赖于实验性观察的有效技术。随着这些技术的提高，更为基础的变化才可能被发现；同时，(2)在任何情况下，其简单本性都是功能性的(*functional*)。因为其简单的内容乃由其作为界定一个问题之条件的能力所确

定。因此，“简单性”之程度要求随着所处理的问题而变化。

2. 除了认可加法的-倍增的合取-析取功能之共轭性之外，就没有对划分和分类进行区分的逻辑依据。当其从包含性的种类到被包含的种类的时候，这个 341
过程就被称作“划分”(division)；而当该运动反向进行时，它就被称为“分类”(classification)。主题在两种情形中是同一的。然而，如果“划分”在其逻辑意义上被保留以在更为广泛的、描述包含性种类的、结合性特点之中，辨别描述互相排斥的种类之差别(*differential*)的特点，那么，它就具有独特的逻辑意义。而“分类”可用来代表能够在对最广泛应用的范畴内涵中，区分出“级类”(在范畴明确的意义上)特性的可辨别性相互关系“划分”适用于外延上的种类，而“分类”适用于内涵上的概念。

3. 属与固定的、被包含性的种之经典理论，为定义提供了本体论根据。后者由关于属和种差的表述构成，属和种差一起划分出并认定了所述的种。不顾此种定义之概念的宇宙论基础，会使定义的逻辑地位悬而未决。例如，它已被视为单纯的语言学问题，其中单个语词的意义在一个语词集合中被阐明，而这些语词的几个意义被认为是已知的。从字面上来说，这一概念使所定义的语词的结合完全是未经解释且毫无根据的。然而，正是凭借加法性的或倍增性的结合，它们才形成了定义，这或者在一个描述种类的意义上，或者在对抽象概念进行分析的、更为严格的意义上。符号——语词在通常意义上，是其限定性的种类——对定义来讲，是必需的；而且在定义中，具有整体性意义的单个符号被融入意义的相互作用里，这是合理的学说。但是，它仅从定义的语言学解释上提供了看似有理的因素。

但定义的逻辑含义是完全不同的。概念性的意义根据其职能而被设立，以作为解决方式之可能性的代表。仅当它们被分解为必然相互关联的特性时，它们才能履行这一职能，因为它们是对单个概念的分析。对特定概念的任何给定性分析(此分析是定义)的价值(有效性)，最终都会被相互关联的特性之力量所确定，以在论说中建构一系列严格的替换。只有那种定义的概念，才能说明定义在探究中所扮演的不可或缺的角色，并且解释定义中的词项之特定性的选择与 342
结合是如何及为何是有逻辑依据而非任意的。

III. 命题关系的形式准则

如我们所见，加法和倍增的合取-析取之功能返回到了肯定-否定、相容-排斥的共轭性关系上。因此，它们可以被更进一步的普遍化。当如此普遍化时，所包含的基本功能就获得了逻辑原则的形式，习惯上就赋之以准则的称谓。这些准则包括同一律(*Identity*)、矛盾律(*Contradiction*)及排中律(*Excluded Middle*)。基于所持观点，可自然推论出它们表达了需要满足的某些最终的条件，而不是命题的属性。以古典逻辑的宇宙本体论预设为基础，把同一性等处理为必要的结构属性，是合理的逻辑学说。可独自被定义、分类和科学解释的种，是不变的。因此，自我同一性是其所固有的。任何种都一直且必然只是其所是。因此，在A是A的形式中，符号化地表达出来的同一性的准则，是任何具有科学地位的命题都应在其中被表述的适当形式。种也在本体论上相互排斥。因为它们在本体论上必然相互排斥，所以其中不可能存在任何传递性或派生性。因此，这就是排中律。①

343 1. 同一律。对命题来说，必须满足命题集合或系列中的从属关系(membership)所设定的条件，从这个立场出发，同一性意味着意义应在探究的连续体中保持稳定的逻辑要求。这种表述直接而明确的意义是：意义在给定的探究中要保持始终不变，因为任何(作为其成分的)内容上的改变都会影响命题的效力，从而使所得结论实际依据的意义或意义之关系并不确定。然而，满足了这一条件并不意味着，给定的符号应在所有的探究中保持同义。如果确实有这种意义，那么，知识的进步就是不可能的。但判断作为探究的最后成果会在某种程度上，有时是关键性的，改变某种观察性事实的证据性含义，以及通过某种概念之前就拥有的意义。除非同一性具有和探究着的主题相关的功能性效力，否则，任何科学性发展都会违反同一性准则。

---

① 亚里士多德对矛盾原则的表达多少有点模棱两可，这常被其逻辑学说的现代倡导者所注意到。它似乎是两种思虑之结合；一个是，任何矛盾都违反了种的必然同一性原则；另一个是，矛盾命题不仅存在于变化的情形中，就像完满的存在之缺失的记号一样，而且也无法避免，因为在他的宇宙论中，热变为冷，潮湿变为干燥，等等。柏拉图虽然没有表达矛盾原则，但却反对存在变化的完满实体，因为如果它有存在的圆满标准，那么，矛盾的命题就难以避免了，因为它可以推论出某物既是又不是。从整体上看，矛盾似乎已经被用作同一原则的证据而非独立的原则。

因此，同一原则深层而潜在的意义是在每个判断的连续体中构成的。在科学探究中所获得的每个结论，无论是关于事实的，还是关于概念的，都注定要在进一步的探究中被确定。意义的稳定性或“同一性”是一种有限的理想（limiting ideal），是一个逐渐被满足的条件。科学结论的条件性状态（条件性是在受制于进一步探究中的修正的意义上的）有时被批评家们用来与那些声称永恒的不变真理相比较，进而贬抑科学“真理”。实际上，它是理解与认知持续进步的必要条件。[1]

2. 矛盾律。因矛盾准则而要被满足的逻辑条件独立于同一性的准则，虽然 344
有必要与之相结合。违反同一性原则可能会导致矛盾。但在逻辑上重要的例子，是那些遵循同一性原则却产生了矛盾的例子。因为命题的建立，命题之一必须是有效的、如果另一个是无效的话，在通达有根据的结论中是必须的步骤。[2]然而，矛盾并不是有时碰巧发生的不幸意外。产生有根据的析取的完全排斥，直到命题被确定为对子，以致如果一个有效则另一个无效或如果一个无效而另一个有效的序对（pairs）时，才能实现。因而，矛盾原则代表的是一个要被满足的条件。对两个命题的直接检验，并不能确定它们是不是作为矛盾而相关的，如果矛盾是一种固有属性的话，情况就会这样。相对的学说常被肯定，比如当说两个命题A是M和A不是M时，它们是直接相互矛盾的。但除非A已由预先的探究合取-析取地确定了，否则，A的某些部分或A在某种关系中可能是M，而A的另外部分或A在其他关系中可能不是M。A是不是M的关系，只有通过排除性操作才能确定，而这种操作在矛盾关系中获得了它们的逻辑限定。

3. 排中律。如前所述，对加法-倍增的合取-析取功能之条件的完全满足，形式上以非此即彼但非二者都是的形式来表示。排中原则表示着，合取-析取功能在其共轭性关系中的完全普遍化的表达。认为命题是其自身中或能够成为自身，以致可被排中律原则直接应用的观念，可能是哲学论说中和道德与社会的探

---

① 据我所知，从逻辑学的角度来看，关于真理的最佳定义是皮尔士给出的：“注定会被所有研究者所最终认可的意见就是我们所说的真理，而这种意见所表述的对象就是真实的。”同前引文，第5卷，第268页。更为完整（且更有提示性）的叙述如下：“真理就是一个抽象的陈述与理想的限制相一致，而无尽的探索倾向于把科学信念引向这个理想的限制，抽象的命题通过对其不精确性和片面性的坦白而拥有真理的这种一致性，这种坦白是真理的一个根本要素。”（同上，第394—395页。）

② 参考前文第195—198页，及335—340页。

究中，比其他种类的谬误更为荒谬的推理根源。曾一度被看作可穷尽的和必然的析取，后来被发现是不完整的（有时甚至完全不相关），这个事实在很久之前就
345 应该成为一个警告：排中律原则提出的逻辑条件，是要在连续性的探究过程中被满足的。它在对逻辑条件的完全满足中，表达了探究的最终目标。确定主题以致没有选择是可能的，是探究最艰难的任务。

如今，人们常争辩说，随着它们在亚里士多德逻辑学中的基础被抛弃，这三条原则已经完全过时了。亚里士多德对它们的本体论解释，以及任何将之视为给定命题的固有相关属质的解释，当然必须被抛弃。但作为应被满足的（合取-析取的）形式条件的表达，作为指导性原则以及探究的调控性的有限理想，它们仍然是有效的。有个例子时而被提出来以表明排中律的无意义性，即它不适用处于转变过程中的实存。既然所有的实存都处在变化过程中，那么就得出了排中律完全不适用的结论。例如，正结冻的水和正融化的冰，不能说水或者是固体或者是液体。为避免此种困境而说，水是固体、液体或过渡状态，是在回避所述问题：即对过渡的中间状态的确定。相反的观点完全是合理的，但这是建立在其他的基础上，而不是基于表达了一种要被满足的条件之准则。但在后一种意义上，它表明了，在通常意义下，固体和液体概念在科学上的不充足性（inadequacy）。当科学的实存性探究已被变化及变化的相互关系所占据时，流行的固态、液态、气态的定性观念已被驱逐了。现在，它们被通过数值性度量所表达的质量、速率和距离-方向等单位的相互关联所取代。排斥性析取的建立，排除中间态的条件的满足，其必要性已成为引起这一科学变化的因素。

本章关注了命题必须满足以发挥它们在探究中的功能的形式条件。所讨论的逻辑条件，一方面关涉的是处于使推理性的结论有其根据的关系中的命题集
346 合；另一方面关涉的是处于构成有序论说的关系中的命题系列。在每个情形中，结论性的命题都被认为是从之前的命题中“得出”的，而相反的过程则被称为“从……出发”。“追随”（following）的本质在推理和论说中是不同的。关于这种不同的传统（本质上说是常规的）表述是：在前者中，我们从特称命题出发得出一般命题；而在后者中，则是从一般命题出发得到特称命题。所陈述的这种模式在亚里士多德逻辑学中，具有真正的重要性和基础性。但它在（如现在正进行的）科学探究中，则既缺少根据，也缺少逻辑意义。数学论说中的结论就像它所源出

于其中的那些结论一样，是普遍的（由于它是抽象的假设命题）。当它可能有较小的内涵或适用范围时，根据相关问题的紧迫性，它也可能具有较大或较小的内涵。认为一般命题是从特称命题“出发”而获得的观念看似更为可信，因为为了明确表达要求一般命题提供其解决方案的问题，特称命题就是必要的。但是，确定与殊相相关的一般化的操作之制定，要比用“从……出发”（going）或“得自……”（following）这样的词语所能涵盖的东西复杂得多。例如，一般命题的构建包括由可能的解决方案的观念所指示的操作之施行，如此以致之前未被观察到的事实成了它们的结果。被包含的“得自……”与“从……出发”的本质构成了一个逻辑问题，这个逻辑问题把逻辑探讨带入了科学方法之本质的主题中。它尤其关涉到归纳与演绎的本质及其相互关系的问题。因此，所表明的这个领域构成了本书第三部分的主题，并且讨论完下一章所建立的词项之后就开始进行。

18. 词项与意义

347 旧逻辑文本中通常的做法是先处理词项，再是命题，最后处理在相互关联中排列出顺序的命题。基于本书所提出的观点，该步骤是颠倒的，因为包含着为产生最终判断而被如此确定和安排的诸命题的探究，是命题所依靠的逻辑整体(logical whole)，但此类词项在逻辑上则是受命题所限制的。由此得出，本章对词项所进行的讨论并未引入新的原则。然而，对词项的专门探讨，有助于回顾和澄清某些已经获得的结论。“词项”(term)这个词被亚里士多德用来指示作为命题之*界限*(*boundary*)的基本成分；且词项这个词来源于拉丁语*终点*(*terminus*)——既意指*界限*，亦指*最终限度*(*limit*)。如同其他像政府机构的边界或大片地产的界限一样，词项既划界又关联，因而除了区别于或联系于其他词项之外，并无逻辑效力。

这种表述并不与那样的事实相矛盾，即所有的相近语词即使被单独地表述出来，也都具有某种意义。它们具有那样的意义，是因它们被应用于其中包含与其他语词的关系的语境中；而且，它们的意义是潜在的(potential)而不是现实的，直到它们与别的语词相联结。如果*太阳*、*抛物线*、*尤里乌斯·凯撒*等这些词被说出来，那么就给出了一条观察或论说的方向线。但该方向的目标仍是未定的，直至它被区分于选择的可能性终点，并进而通过与另一词项之间的关系而被*确定*(*identified*)。界限的不确定性是关于意义之争论与冲突的根源。非确定性词项或是主张过于宽泛且因重叠而松散，或太过局限以致成为一个空置的无
348 人区。换言之，并无可被完全确定的词项，除非与之相关的诸词项在合取和析取推论中也是确定的。词项作为逻辑限制，如同其他界限一样，要从两个方向上

看。它们被设定为先前活动之结果并在进一步的探究中行使司法权。它们具有这两方面的特点，并且在其工具性的能力内发挥这两种作用。就像所有工具一样，它们在进一步的应用中是可修改的。

传统的逻辑学文本通常将词项划分为具体的和抽象的；外延的的和内涵的；广泛的和密集的；单数的和复数的；集合的和一般的。被意识到的这些区分，将被作为讨论的素材。但在之前章节中所形成的原则的基础上而对它们所作的解释，必然会在诸多重要方面与传统的解释相异。它也将包含一些附加区分的引入，例如将一般词项分解为类属的和普遍的。在其与传统解释的背离中，讨论也包括与同样和传统相背离的新近的某些文本的分歧。例如，某些文本基于名称是对主题的指称，与严谨的逻辑无关，而词项则是纯形式的，便将*名称*(*names*)与*词项*明确地区分开来。但若严格地坚持这一立场的话，就会完全消除所有“具体的”词项，也会排除所有实存性命题，因为后者最终会或者包含专名(proper name)，或者包含等价的表达，如指示词“这”。

所探讨的这些文本在此问题上从未完全一致。在进一步对它们的区分中，
这里所采取的立场包含着对形式与主题进行明确划分的不可能性。因为它认
为，主题之所以为主题，是通过使探究成为探究的诸形式所确定的；而反过来，形
式也适应于主题的建立，就像为可控探究的要求而服务一样。有些其他学派限
制将*名称*运用于实存性事物，并进而赋予*词项*以更广阔的范围。但名称是通过
符号来指示的。虽然注意到这一点，从根本上来说很重要，即符号所指示的是物
质的还是形式的(就像和-或的情形中那样)，但认为后边的语词并不指示或命名 349
它们所指示的，即诸形式关系，则纯粹是武断的。这好像是一种替代认为名称必
须指示具体事物的传统语法的迷信。实际上，任何符号都命名事物；否则，它就
是完全没有意义的，进而也就不是一个符号。图表或地图具有某种参考性或指
示性的效力，即使语言用法并没有将二者处理为名称。

这里所提出的对词项的基本区分，遵从判断理论。任何给定的词项，最终都会应用于判断的主项或谓项的内容；它在推论中或者是实存性的，或者是概念性的。所有其他的区分或者是逻辑功能中的这种根本性的区分的诸方面，或者是由它所得出的。出现在以下词项间的此区分便是简例：

1. *具体的和抽象的词项*。指示直接可经验的性质的语词是最具体(*par excellence*)的。例如，当用甜、硬、红、响来描绘被观察到的主题的特征，以辨别

并确认它的时候，即作为证明性的标识或记号。指示词这、那、现在、然后、这里、那里，也都是具体的。指示种类的普通名词，和指示种类据其才被确定和辨别的特性的形容词，都是如此。抽象语词就像代表包含着关系的概念一样，而这些关系的使用并不参照对事物的实际应用，例如甜、坚固、红、响、出现、缺失、姿态、位置、父辈、角，等等。而当如-ity，-ness，-tion 这样的词尾将抽象名词与普通名词区别开来的时候，许多语词是抽象的，还是具体的，乃根据它起作用的语境，而与动词词尾无关。如颜色和声音，当它们指涉实存对象之属性的特征时，就是具体的；但在科学中，它们则是抽象的，意味着可能的色度（或可见度）和可闻度。为了适用于指导科学探究，它们被用数率来定义。许多形容词是关于正在谈论的区别的不确定性之鲜明示例。由于被直接应用于事物，它们当然是实存性的，但也可能代表简单的可能性。语词圆形的或矩形的被用于描述实际对象时就是具
350 体的，如在“圆锯”或“矩形桌”中。在数学里，圆（circle）意为圆性（circularity），而矩形表示矩形性（rectangularity）。如例子所示，产生于形容词的名词在使用中可能是抽象的，而不指示当该词在给定的命题中不起作用时的那种形式。因此，“固体”可被用于表述与“液体”相区别的事物的特性；而在数学中，它则指示一种特性，即规定着有形存在的可能方式，以区别于指示着平面的方式。

传统的唯名论经验主义曾倾向于将抽象概念视为“邪恶的”，而不是被用作方便的语言步骤，以指涉许多具有“共同性质”的个体。即使今天，蔑视抽象语词也被当作有教养的标志，因为具体的“指示对象”（referent）不可能被指出来。毫无疑问，对抽象概念存在很大的滥用，但可以通过标明其指示对象是操作的可能模式来进行修正。相对应的逻辑谬误是：抽象仅仅是对对象已具有的普遍性质的抽选。进而认为平滑性（smoothenss）的抽象观念是产生于对“平滑的”（smooth）性质之理解，而非具有该性质的个别事物。据此观点，普遍的平滑性从逻辑上来说，是先于具体的光滑物的，后者是普遍在单个事物中的具体化。简言之，此观点认为，所有的性质和关系在本质上来说都是普遍的，即使像甜、硬、红这些性质，以及由将实存性对象联系在一起的主动词所表达的那些关系，如杀、吃、给等。例如在“布鲁特斯谋杀了凯撒”中，“谋杀”被认为与“是”在肯定“诚实是一种美德”时所具有的逻辑形式相同，或与“不同于”在表明“自豪不同于自负”时的形式是同一的，亦如“此物在外形上不同于彼物”等等。

我们不能仅通过思考脱离于其他性质的性质而从具体中获得抽象，而它正

是和其他性质一起形成一个事物的。我们可以说，存在一匹马，它是杂色的、雄性的，五岁了，有 15 个手掌那么高。我们可以挑选这些性质中的任何一个作进一步的思考，而不考虑或探究其他的性质。例如，如果一个买主正考虑买匹马作为团队的一员，那么，他的探究将会或者关注色泽，或者关注高度，或者关注年龄等特征，以决定两匹马是否可以一起"合作好"。但此性质仍然是"具体的"。杂 351
色的(roan)不是杂色性(roanness)，年岁多大不是抽象的年龄，多高也不是高性(tallness)。在其中将一个给定的性质从一个复合体里挑选出来的比较，只是抽象化的一个条件，但所选择的性质并不因此就是一个共相。此外，一个性质之所以不是一个共相，只是因为它表现了若干个体的特性。在它所发挥的那种能力中，和其他特点一样，是用来描述一个种类的。要成为一个共相，就必须被如此界定以指明操作的一种可能的模式。其功能是确定必须存有的诸特点，以保证给定的个体是属于某具体种类的这种推论。对抽象的真正说明，见于作为分子运动之模式的热的概念；正如虚假的抽象(pseudo-abstraction)可见于旧观念：热就是热性(calorificity)——仅是在抽象语词中重复某种经验性质。平滑(*smooth*)这一性质只有当平滑性(*smoothness*)这个共相描述技术度量的操作的时候，才可保证性地被称为对象。平滑性的常识性概念产生于触摸或看所施行的操作，服务于许多平常的实践目的，而不是科学的概念。只有数学公式，才能限定平滑性。与其说它通过选择、考察和比较而产生被直接经验的性质，不如说作为分子运动的热度之定义，可由对诸多热的事物之性质的直接考察和比较而得出。

2. 单称的、类属的和普遍的词项。关于谓词性力量的每个观念性词项都是普遍的，因为它指示着一种可能实行的操作，这独立于它应用的条件是否被实际地观察到。单称的与类属的词项在推论中，是实存性的，并且是共轭性的。像那样的个体是独特而不可重复的质性情境。例如，这(*this*)所代表的单称词项是从一个整体性的质性情境中辨别性地选择出来的主题，以便发挥确定问题并提供作为证据以检验所提出的任何解决方式的事实之功能。如前所述，性质本身并不重复出现，而是在其证据性的功能中反复出现。作为证据性的，它们是描述某一种类的特征。因而，单称的和类属的代表着具有实存性内含之命题的主题的 352
两个重点。"这是一颗流星"，是关于这的单称命题；因与流星有关，又是类属性的。语境决定着给定情形中的哪一种共轭形式，是重要的。当流星被包含在一个更广泛的类中时，命题就成为种类性的关系。如果没有明确的指涉个体或这；如果该命题是有效的，那么，它就与是否在这个或那个时间和地点看到有任何流星存在无关。但此命题预设了流星确实存在于某个时间和地点。因此，虽然是间接的，但它对个体仍然具有一种共轭性的指涉。当说“怪兽是传说中的动物”时，这并不是一种例外的情形。它假定了怪兽或神秘的信念之存在，并断言存在着对怪兽的信念，且此类信念属于被称作“传说”的种类，因为观察并未建立怪兽的实存性，尽管它保证了关于它们的信念之实存性的肯定。

“一般的”作为逻辑词项是矛盾的。正如已反复提及的，它既被用来指示类属的，也用来指示普遍的。对此二者及它在逻辑原则上之结果的混淆，即未能观察到前已论说的实在性与非实在性的、事实的与观念的事物之间的逻辑差别。然而，我们还要对法则（*law*）一词的双重含义做些补充性的评论。它被用以指示物理性的概括内容，当（有如下两种情形时）：(1)诸特点之具体的结合已被观察到且已确认，而并未发现例外；(2)当正在讨论的关系自身是诸多有相互关联的全称命题之系统成分时。在前一情形中，它指示着我们称作“一般事实”的东西，如“锡在232℃时熔化”。这里对“法则”一词的双重用法，并无异议。但这种使用不应被允许来掩盖这样的事实，即在一种情形下，法则所指涉的是实存性的，而在另一情形下所指涉的则明显是非实存性的。数理物理学中的一条法则是普遍的，这是就其数理内容在所进行的论述中能够演绎出其他命题。作为物理学的一条法则，其内容是实存性的，也是偶然性的。

3. *指示性的和涵义性的词项*。这两类词项的逻辑差别再一次关系到具有实存性指涉的主题词项和有谓词性的及概念性的含义的词项之间的差别。当词
353 项直接或间接地关涉（就像在关于种类关系的命题中一样）实存时，它就是指示性的。意味着变化或行为的通名（common nouns）、指示词和动词，都是指示性的。穆勒恢复了“涵义性”这一学术术语（然而却赋予它一个相异且含混的意义），以指示构成类属词项之意义的定语内容，说明涵义性决定着那种词项的意义。据此观点，同一个或相同的词项就既是指示性的，又是涵义性的，某些明显的例外将在以后述及。因此，“船”是指示性的，这与其对无限多对象的应用相关，而其涵义性则由任何对象都必须具有的特点构成，以便船这个词可被保证性地应用于它。此处包含的混淆，还不是特别细微。它存在于作为指示性的词项的船之意义的特征与相容性或排斥性地建立诸特点的逻辑功能，以描述某一种

类的诸特点之间。首先便是事实上的。它表述了在称一对象为船而非舟或艇之依据的经验事实中的特点集合。当产生如某对象是否属于“船”这一种类的问题时,就需要有个对什么是船的定义。假设此定义是由如下(倍增性)特点之结合而构成的:在水上漂浮着,有弯曲的侧面,具备充足能力运输数量可观的货物或人员,且常用作货物和乘客的商业运输。那样的词项并不是对形成船的意义的诸特点的描述;它们指示着一对象若要成为一条船所应具备的特点。这里讨论的词项全都是抽象的。它们定义了船性(*shipness*),而非描述实存性的船只。

当涵义恰好受限于指示性的词项之意义(就像在一个词项被认为既是指示性的又是涵义性的时候,必然如此一样)时,相同的事物就被说了两遍。船作为一个词项,首先指示的是诸特点之集合,其次指示的是对象的一个种类,因为它们是以这些特点为标志的。当说涵义确定了诸特点之集合用以描述该种类的适用性时,探究就已移至另一种逻辑维度上了,即抽象的共相维度。如果“涵义性的”意味着与描述性的不同的东西,那么,同一词项就不能既是指示性的又是涵义性的。实存性的词项是指示性的;抽象性的词项是涵义性的。每一指示性的 354
词项都是与相应的或相结合的涵义性的词项相关联的,这是就其指示性的效力能被保证而言的——大体上是涵义性的学术性使用。如果我们没有使用船只,这个意义多少有些常规性的词语,而采用的就是科学性的术语,如化学元素或金属,那么将概念定义成是单纯化学性的或是金属性的,则明显要依赖于有依据的指示性应用。当一个描述性的词项被认为在指示性之外还具有涵义性时,不但是单调的重复,而且没有为定语词项或抽象的共相词项留有余地。

下面的引语来自穆勒,他不松散地使用“属性”一词来指称特征和特性,这不幸地被并不同意其基本预设的作者们所遵循。这个引语说明了所探讨的混淆。如果清除了这种混淆,这个引语便例示了描述性词项和规性的“涵义性”词项之间的差异和关联。“词语人指示着彼得、珍妮、约翰以及无数其他的个体,它是作一个级类(种类)来使用的名称。但它被应用于他们是因为他们拥有,并且为了表示他们有,这些确定的属性。这些似乎是指形体存在、动物性生命、理性及某种外在的形式,为了区分我们称其为人类。”①

根据其正式的学说,“涵义”应该只是构成“人”这个一般词项之意义的实存

---

① 穆勒:《逻辑学》,第 1 卷,第 2 章,第 5 节。

性特质的集合。然而，在该情形中，“人”这个具体语词却具有双重指称性，即既指用作标志的确定性质，又指具有这些性质的对象。因此，重要的是，穆勒实际上通过抽象词语（形体存在、理性）阐明了涵义，而这些抽象词语并不为相关对象的属性所拥有，但它们有能力表明什么性质（即具有躯体和理性能力）必须是这些对象的特点，如果人这一名称可被恰当地运用于他们的话。因为实存性对象与其说是或有形体存在和理性，不如说日落是或拥有红色。

355 穆勒否认专名是涵义性的，这在刚给予涵义的解释（即它属于抽象语词）的基础上是正确的，而在其自身的理论基础上则是不正确的。因为专名当然不是抽象的；对于它们，并没有什么东西可以决定它们使用于个体的基础和权利。但由于穆勒把涵义等同于语词之意义，所以他的否定，意味着专名没有任何意义。同时，他又把意义赋予对他来说，只是个体之集合的类属性词项。然而，即使不顾这种不一致性，对专名之意义的否定也就剥夺了其（穆勒却认为它具有的）与个体相关的示性效力。如果像伦敦、落基山（这些当然不是抽象属性的名称）这样的词语都没有意义，那么，它们就根本不是符号或名称了。它们将只是不能被应用于任何事物的声响。对所有的表象而言，穆勒的立场处于一种对两种相异事物的含混的混合之上。“伦敦”这一专名为何用于被给定的个体性事物，是有原因的；但在逻辑性依据的意义上来说，其应用却是没有理由的。就基本原理而言，语词缺乏意义。而且，当有原因说明为何专名应用于其上的某对象是其所是时，对其拥有事实上所拥有的特质来说，是没有逻辑依据的。从另一方面来说，虽然一般词项“马”作为一个语词被用来指称一类对象并没有逻辑依据（而只有历史因素），但却有逻辑上的依据或理由来选择用于描述作为（*qua*）一个类的马之诸特性的特别集合。从基本原理或依据的意义上来说，“马”这个词项或名称具有某种“伦敦”所不具有的意义。但伦敦或任何专有名词的确具有一个指示物，因而它在指示独特的特点的意义上来说，则是具有意义的，这些特点标示或辨别出了它所指涉的个体。

在一些作者（即一般来说，是穆勒观点的评论家）否认“这”具有描述性的资格的时候，穆勒的基本错误就被他们以其他关于逻辑的方式所复兴了。我不会对观点进行已作出的重复性批判，那种观点坚持认为，指称词和描述词之间有一种明显的逻辑区分。但应提及支持这种划分的两种争论。其中一个是（先前已
356 指出的）不确定的描述性资格和确定的描述性资格之间的混淆，在争论“它”——

在海里看到的一个对象——是一座山还是一朵云的情形中一样。这类情况无疑会出现。但其出现并不证明“它”就完全没有意义。它只是表示其性质，就所观察到的而言，没有满足有关其种类的有根据之命题的需要。该情形并非不同于(除了在程度上)对象被保证性地断定为是一座山的那种情形，尽管这是一座什么样的山的问题依然存在。这应该是明显的，即除非在所引用的例子中，某些被观察到的性质构成了辨别“这”的手段——否则就没有依据认为，在关于哪个这是属于这个种类的问题上有歧义的两个人正在指涉的是同一个“这”。除非他们是这样，显然两个命题都可能是有效的。每个对实存性特质的实存性探究，作为推论的基础，其过程中确实包含着在指示性的这中所发现的相同的非确定性描述能力。仅有的差别在于，“这”具有相对最小的描述性的确定性。

另一条理由从描述性的词项出发，它被提出来以支持这个见解：纯粹的证明性词项仅仅是指示性的，或是无“意义”的。因为描述性词项缺少证明性的指涉，如玻璃山、当今法国国王等等。这对提出的事实之正确性仍是无疑的，但它也仍旧未说明自身要证明什么。如果恰好所指对象确实存在，则其中不应包含矛盾。玻璃山可以制作出来，曾经也有法国国王。所有摹状词(descriptions)都不具有证明性的应用表明，在特定时间内的观察，并不能揭示任何与符合这些摹状词的对象。更重要的是，这些摹状词内在于大量重要的探究中。举个相对琐细的例子，即是否有海怪存在的疑问。显然，如果没有关于它们的某些摹状词，调查研究显然不能进行下去。再者，还有以太或原子是否确实存在的问题。除非这些词具有描述性内容，否则就完全没有东西可以指导观察，以图决定是否有该摹状词的对应物存在。另一个例子可见于发明的情形，计划和目标先于它们的执行， 357
事实上在任何时候都缺少关于它们的最终完整性。它们在此阶段并没有确定性的证明性指涉，但它们对于使得此证明性指涉成为可能的运作来说，是必要的。因此，我们得出结论：两种论点并没有为改变类属词项(它们被认为具有意义)和单称词项间存在严格的共轭性关系的观点提供任何依据，无论后者是不是专名或像这或它一样的指示词。

4. 外延、内涵和理解。传统理论认为，某些词项既有内涵又有外延，就像认为词项既是指示性的又是涵义性的一样。这一原则似乎传承自亚里士多德的逻辑学。因为在那个体系中，定义是实存性的，是对决定一个种的本质之把握。内涵则是对此定义的一个合适的名称，而此“种”是由具有外延的定义来规定的。

抛去这一观点的形而上学基础之后，就通过把外延和指示词相同一、内涵和含义相同一而不顾基本的考虑，即所涉及的词项是实存性的还是观念性的，而把混淆带到了逻辑学说中。这种混淆被加强了，而且在实践中通过以下两点得到了支持：(1)对象一词自身的矛盾性：它既意指实存性的事物，也指完全观念性的或数理性的实体；(2)未能在指称(*designation*)和指示(denotation)之间作出区分。两种混淆之结合可见于如下这个句子："圆锥截面意味着特定的特征和属性，并指示着所有拥有这些特点的对象。被圆锥截面所指示的对象都属于圆锥截面这个类。"在这一陈述中，对象指的是非实存性的实体。只有实存物才能被指示的事实忽视了，而通过把指示用作指称的同义词，遮盖了这种忽视。任何可理解的语词都指称着某物；否则，它就仅是声音或可视标志的结合，而根本不是一个词。例如，*Xypurt* 在英语中就什么也不指称，因为它不是一个语词。指示性或实存
358 性的词项和属性或观念性的语词在指称某物上是相似的：它们都有其意指(signification)，以使被使用的语词可以被理解。重要的逻辑问题是在所指称的是什么中的差异。[①]

现代逻辑学家认识到，被肯定为一个种类之中的一个的个体和作为一个更加广泛的种类中的相关成员的种类之间在逻辑形式上的差别。他们因此认识到，当一个词项的外延涵盖了这些情形时，困难就产生了。然而，他们不愿承认所讨论的"困难"相当于违背了逻辑的完整性，因此仍旧把个体性对象所指示的范围说成是词项的外延。于是，以船为例，其外延就被认为是过去、现在和未来的，船这个词项可以应用于其上的所有对象。这个结论既源自指示和外延的同一性，又使这种同一性成为永恒的。从逻辑上来说，它赋予个体和种类以相同的效力或形式，因为各式各样的船(单桅船、纵帆船、汽船、战船)都被认为是该词项的外延：而另一方面，这也未顾及对命题间之不同的明确认识，如希特勒是纳粹和意大利人(或德国人)是法西斯。

除了逻辑理论中的混淆之外，从物质上来说，混淆却是重要的。因为如果能始终认识到真正的差别，它就会被迫承认：(1)外延是某些指示性词项(即指涉种

---

① 之前对意指(signifying)和意义(meaning)所作的区分，至少有助于避免混淆。语词或符号的意义与由语词所意指的实存性事物之意指性力量是不同的，且在意图或指涉的意义上，唯具有实存性意义的语词，才是指示性的；而所有语词都是指称性的，或是实存性或观念性主题之"名称"。

类而不是个体的那些词项)的性质;(2)指示和外延并非同一逻辑形式或功能的两个名称;(3)非观念性词项既不是指示性的(即使它们可以指称),也不是外延性的。简单地说,或严格地说,船的外延只是正存在或已存在或将要存在的船的种类;它并不是单个的船只,即使后者被*船*所指示。从另一方面说,船的定义或
船的特性的*存在*,并没有外延。定义允许了限定船的相互关联的特征的联合,可 359
以有不同的*存在方式*,但这些不同方式并非不同种类船只的典型性性质。既然用法中没有*船性*(*shipness*)这个抽象的词项,那么,例子就不太好选。我们就举个相似的数学词项。圆锥截面是圆形、椭圆、抛物线或双曲线。作为一种语言表达,句子从语法上讲,是和关于船、花、金属的种类或任何实存性种类的形式一样。但作为数学词项,这些语词具有非实存性的效力。因此,圆形、椭圆并不是圆锥截面的种类,而是正在讨论的抽象的共相的存在方式。圆锥截面是锥度和截面度一种倍增性的结合,如*圆形*是圆性的,等等。*圆形*、*椭圆*等并不构成所讨论词项的外延,因为它们是"圆锥截面性"(sectionality)的范畴(抽象的共相),当范畴被确定的时候。

之前的叙述表明了对区别性语词的需要,以在范畴的意义上指称抽象的共相或"级类"的必要的概念性内容,以区别指示性词项的适用范围。为此目的而使用*理解*(*comprehension*)一词是任意的,仅就这个词而言。而就需要某个词以指称它的不同的逻辑形式而言,它并不是任意的。直角的、不等边的、等腰的,合取性地或析取性地构成了三角形的逻辑范围或理解。那种理解是必然的,并因此必须与种类的外延之偶然性区别开来。[①]

此外,并无必要对*内涵*作更多的说明。现在,它至少有三种用法:指称"意义"在(1)无论语词什么样的逻辑形式的语词含义(signification)的意义上;(2)作为构成指示性词项之描述效力的特征集合的同义词的意义上;以及(3)作为涵义性的或属性的抽象词项之逻辑意谓的同义词的意义上。它是三种用法的未定内容,在给定性的语境中,语词*内涵*的应用在给定性的语境中被限定于三种用法中
的哪一个都是任意的。但为了逻辑的一贯性,在相同的论著中,它被限定于一种 360
且只是一种应用,这不是任意的。和共相相关的对称词项的*涵义*(*属性*)和*理解*

① 参见之前有关把圆圈和括号作为两种逻辑形式的符号化的模式的评论;参见前文第 306—307 页。

是有效的。因此，在指示性词项的情形中，与外延成对的内涵的用法是由语言的对称性表明的；另外，也由否则就不存在区分性的词项以指称指示性词项所固有的不同种类的意义这个事实所表明，即用相结合的特点之集合来描述一个种类。无论如何，都需要某种语言来避免描述性和定义性之间的模糊性，以区分典型的逻辑形式，否则，歧义就会附着于意义这个词。这两对词项，外延和内涵因与指示性词项相关的应用——而理解和定义（因与涵义性词项相关的应用）满足了明晰性和完整性的要求。

5. 集合词项。“集合”(collection)一词的模糊性本质，在讨论命题的量化阶段时已被指出了。集合被漠然地应用于无限的单位聚合，由一堆或一叠来表明；作为一团而应用于受摹状词所限定的单位之组群，而且应用于一个质性整体，其中所构成的关于单位的特征被它们为其部分的整体所修饰——就像当说“在蒂耶里堡(Chateau Thierry)战役中，纽约第一军团英勇战斗”一样，在这个命题中，并不必然包含每个个体的战士都是英勇的。关于压垮骆驼背的最后那根稻草，或者失去它，那个人就变成了秃子的那根特别的头发这些古老的谜题，就是对质性含义的进一步阐明。

关于一般性假设的集合性词项的主题具有特殊的重要性，这有两个原因。一个是关于在数理逻辑中已产生的确定性的困难。例如，数被认为在总体意义上构成了一个无限的集合。这一看法倾向于将数比作实存性的对象，而“集合”一词常被应用于其上，而且在实存性对象的情形中，诸单位在理论上是可枚举的。因而困惑就产生了，但如果认识到数（是与一个数字相区别的数）是一个规定聚合和集合的操作性准则，那么，其自身既不是一个有限的集合，也不是一个无限的聚合。即使以那样一种方式定义数，以至于允许一个无限的聚合成为或
361 把这个无限的聚合规定为是数的一种模式或方式是必要的，也绝不可能推论出像那样被定义的数本身就是集合或聚合的任何种类。

第二个原因与某些所谓的悖论有关。有一个“自我代表的系列”的例子。英格兰地图被认为是一个反映性的连续性集合。一张英格兰地图被画出来了。声称为了完成此地图，其自身必须包含该被画出的地图，该情况要求不断地画另一幅地图，进而就成了一个没有终结的地图集合。画地图是一种实存性的操作。就其本身而言，它发生在一个给定的日期。在画地图行为中或其作品中，并没有什么要求画另一幅地图。如果为了某种实践的、非逻辑性的原因，希望画另一张

英格兰地图以代替旧的地图的话，那么，那种行为就是另外一个时间性事件。假定的悖论只有当存在从实存性到观念性的转换的时候，才会产生。当短语“画幅地图”代表纯粹观念性的东西或操作的一种模式时，它就是一个定义，或是要被施行的操作的准则。在这个情况下，要画的地图数量和将要成为地图的对象，就概念而言，仍是不确定的。因此，一张地图或一个地图集合要依赖于本质上是实存性的条件和操作，因而并不被概念所“应用”。

还有一种被称为是悖论的情形，即军人理发师被其长官命令给连队中不给自己刮胡子的所有人刮胡子。然后被问道：包含在这样的人的集合中的理发师，要不要给自己刮胡子？如果他属于不自己刮胡子的人的集合中，那么，他不给自己刮胡子就违反了命令。然而，在他遵守命令的情况下，他就是自己刮胡子的，因而同样违反了命令。一旦关涉到所引入的时间或日期，矛盾的现象就消失了，而且由于给一个特定的人刮胡子的行为是实存性的，那样的参照必然会被含蓄地甚或是明确地引入语境中。当对刮胡子的行为进行实存性的和时间性的解释的时候，该命令就不是模糊性的；而且在确定如何执行它的时候，也没什么困难。如果理发师过去没有自己刮过胡子，那他现在就遵守命令给自己刮胡子；如果他以前自己刮胡子，他现在就按命令不给自己刮。① 所谓的存在矛盾，仅在实存性 362
和观念性被混淆地同一时才会产生。

所谓的反身代词，被认为包含一种自我指代，因而是没有终点的集合。简单地分析一下。比如那种看似反身性的关系，像“爱之爱”、“恨之恨”。构成每对第一个成分的爱和恨都是具体名词，具有实存性的指涉。它们指示着在某时某地所实行的行为，不管是曾经的，还是反复性的。每对词组的第二个爱和恨有着不同的形式。它们仅是在用词上与第一个词项相等同。因为它们指示的是抽象的特征，当然，它们是观念性的特征，而非实存性的。换一下措词，读作“仁慈之爱”，“邪恶之恨”，则反身关系和自我指代集合的任何影子都消失不见了。“憎恨”(hating)是具体的行为；而“恨”(hate)作为行为的对象，则是抽象的。

集合从形式上对种类和类别在范畴的意义上作了区别。从一种观点上来

① 参见P·W·布里奇曼(Bridgman)：《数学手稿》(*Scripta Mathematics*)，第2卷，第111页。上面给出的解释与布里奇曼不一致，但他清楚地表明，刮胡子行为的时间性特质是不存在悖论的原因。

看，字典就是语词的集合。在给定的时间和地点，语词的数量是明确可数的，即使字典在其后或之前的版本中可能出现构成集合的语词数量有增或减的情况。就像邮票的集合，它在不同的时间可以有数量上的变化；但在一给定时间内，它就只能有它所拥有的单位数量。把应用于对象的类的类属词项，应用在所有无限数量的对象上，虽然这个类被具体特性所标志，但在其所指涉的个体数量上却是无限的而不是有限的。因此，就它所指示的特征集合而言，就完全是理想上的确定性。范畴是由两个抽象的共相的相互作用所构成的，其中每一个都可能是复合性的。因此，要重复一下，数并不是一个集合，而是一个为操作性地确定集合的准则；而一个数字，2 或 1 700，则是满足了数的定义所规定的条件的集合。然而，
363 该集合并不是对象的集合或实存性个体的集合，而是操作——即根据抽象的数之定义来决定单位的操作——的集合。因此，2 意味着构成 1 的操作出现了两次。

6. 特殊的词项。“特殊的”(particular)一词是有矛盾的。它有时在其明确规定的意义上，作为“确定的”(certain)的同义词，如在短语“你正与他说话的那个特殊的人”。在此用法中，“特殊的”(particular)是“个体”的同义词，并没有更进一步的逻辑意义。当区别于个体的“特殊的”被应用于实存性的事物，而这些事物作为证据性的材料还未根据其地位进行整理的时候，其逻辑效力就出现了。在探究的早期阶段，可能会有对观察材料的积累，其与所讨论问题的相关性及效力是不确定的。它们是零散的和局部的，在这种能力上来说，是特殊的。作为一种规则，复数形式的“殊相”指示的是可能的材料，而词语“特殊的”则指示具体的被确定的实存性主题。

结尾之时，我还要回到已讨论过的观点，并思考其更宽泛的理论意义。对于单称词项的内涵是存在争论的。如我们所见，穆勒认为专名并不具有“意义”；而其他逻辑学家则认为，指示词除了被描述性词项清楚地限定了，否则就没有什么意义。另一方面，杰文斯(Jevons)称：“逻辑学家已经错误地断言，单称词项在内涵方面缺乏意义，而事实是它们在那种类型的意义下已超过其他所有的词项。”①

对于穆勒的矛盾观点，我们可以引用他除先前所引之外的论述，即专名就像《天方夜谭》(*Arabian Nights*)的故事中小偷做的标记一样，是“用来使个体成为

① W·S·杰文斯：《科学原理》(*Principles of Science*)，第 27 页。

论说的主题的简单标记”。如果一个语词仅从应用性的听觉或视觉标记的意义来理解的话，那么，下面这种情况对任何语词来说，都是正确的，即它或者“只是一个标记，用来”使个体事物或类性事物被用作探究的主题，或者是在探究的进 364
程中所述及的某物的指示者——后者是语词指示观念性质料时的情形。但作为一个语词或符号，在其所代表的内涵和理解上，每个词都有意义——其所指物。指示个体的实存性词项，之所以能够使其所代表者成为论说或探究的主题，仅仅是因为它具备了某些有区别的或差异性的内涵；否则，它将是完全不确定的，以致不能以那样一种方式确定或标记出任何事物，甚至后者以此方式可以成为区别于其他成千上万可能性的谓词的、某种模式的论说或探究的主题。当穆勒承认“标记”具有特殊的含义时，实际上承认了他在语词中所否认的东西。

这就推论出，只有杰文斯的观点是可被采纳的。专名在其意义或内涵中（而非缺乏所有这些意义）所明确指示的是无穷无尽的。例如，伦敦、英格兰作为常规性的标记，使个体对象成为论说或探究的主题。其内涵上的意义首先是地行学上的，但它却远远地扩展到了物理范围或区域之外。其内涵上的意义是历史性的、政治性的、文化性的；它包括过去、现在和尚未实现的潜在性。其内涵的真理性，在于它在任何给定的时间内不能被任何描述性的限定性条件之集合所完全限制，即其内涵上的意义是无穷的。同样的表述存在于任何单称词项的原则中，因为那样的词项指示着一种时空性的经历。

已述的广阔的理论意义，使正在讨论的特殊性观点成了对逻辑学说的一个批评性观点。它与那种观点相联接，即判断的逻辑主题是对更大质性情境中某些因素的区分性的确定，所关注的材料被选择出来以描述问题，并为检验任何被提出的解决方案提供条件。其次，它和个体与种类是相互对应性的被确定的学说相关联，没有不属于某个类的个体（或拥有描述性地确定种类的特征），也没有哪个种类最终不是实存性个体的种类。第三，它与对原子性的殊相和原子性的命题的否定是一致的。因为在原子词项和原子命题中的信念的最终基础，是指示词缺乏全部描述性资质的那种观念。这也揭示了，那种认为在理想化的语 365
言中，每个单称都会有其自己唯一的、与其一一对应的名称的名称学说之毫无根据的本质。它也指出了如下学说——当类的概念和类属命题的概念在逻辑理论中具有一定位置的时候，关于后者的理论就应当是形式化的而不为具体的实存性主题提供余地——的谬误。当前的逻辑形式主义在逻辑学中宣称只与非实存性的命题同源，就如在数学中所例示的那样；而同时又认识到具有实存性内涵的命题，这些命题通过混淆类属和全称命题的两种模式而遮盖了不一致性。

第四部分　科学方法的逻辑

19. 逻辑与自然科学：形式与质料

人们普遍认为，在某种意义上，逻辑是与形式而不是质料相关的。像“和、或 369
者、任何、仅仅、没有、所有的、如果、那么、是和不是”那样的语词，就不是命题的物质性成分。不论我们怎样定义“逻辑的”，它们所表达的都是质料因逻辑上的目的而被安排的方式。“约翰爱玛丽”和“彼得讨厌琼”这两个句子具有相同的形式，却具有不同的实质性内容。“二加二等于四”和“三角形三内角之和与两直角相等”这两个句子尽管质料内容不同，但形式则是相同的。[①] 同样，命题“卡耐基是富有的”和“百万富翁是富有的”具有不同的形式，因为第一个命题关涉的是属于某个种类的个体，另一个命题所关涉的则是种类之间的关系。

逻辑主题中的形式的固有位置，并不只是老生常谈。它阐述了把逻辑主题区别于其他科学主题的特征。它提供了逻辑理论的基本假设。然而，承认这一事实，并不能解决形式和质料的关系是什么的问题；也不能解决是否有某种关系以及这种关系是什么，或者是否完全就没有关系的问题。这个问题是如此的基础，以至于处理它的方式构成了逻辑理论间之差异性的基本依据。那些认为形式和质料之间没有关系的理论，是形式主义的。它们自身存在着分歧：一些认为，形式构成了形而上学的可能性领域；另一些则认为，形式就是语词在句子中的语法关系。与逻辑理论相反的类型认为，形式就是质料的形式。本书中所阐 370
释的这种类型理论之多样性的差异性特点是：根据主题在探究中受制于为其目的——保证性结论的形成——所决定的条件而使自己获得了逻辑形式。

---

① 在上述引例中，“material”一词不是在存在意义上使用的。概念主题属于非存在性命题中的内容。

1. 引论。在这里没有必要重复或总结提出过用以支持这一立场的那些论据。但是,带有某种扩展性地重申以前提出过的一个观点,即所讨论的那种观念(即质料获得了最初并不具有的形式)是一种维拉假说(*a vera hypothesis*),而不是构造出来为某个专门的逻辑理论的特殊需要服务的概念。在许多实例中,最初的原生质料之所以呈现出限定性的形式,是因为操作要求那样的质料,以便能够促进明确的目的。事实上,这种事情总是发生在需要对最初的原始材料进行重新安排,以满足将其用作实现结果之手段而施加于其之上的要求。形式伴生于质料,这并不需要等到逻辑学出现之后。相反,逻辑本身不得不等到各种技艺已经形成操作,通过这种操作,原始材料呈现出新的形式以使它们适合发挥作为实现结果之手段的功能。这么说,是比较正确的。

关于这一点,有许许多多的例子可以给出,但这里将选择两个作为范例,即法律的形式和审美的形式。法律概念的形式性本质是如此显著,以至于在法律史上,有很多次,人们都有正当的理由去抱怨,形式性的程序已经变成控制性的因素,从而牺牲了实质性的内容。在这种情况下,它们不再是关于质料的形式,而是变得如此孤立,以至于成了纯粹的形式主义——这一事实对逻辑学来说,或许富有启发性,因为很显然,法律形式应该服务于为解决争端而提供手段这一实质性目的。而且,其客观的目标是尽可能地为行为预先提供规范的途径,以降低争端发生的可能性。通过规定人们进行交往的方式,处理人际关系的规则就出现了,以避免冲突;并在冲突发生时解决冲突,以及使受害的一方得到补偿。这
371 些法律规则提供了各种各样关于方法的事例,在其中,"自然的"行为模式由于受制于规则中所表述的条件而呈现出新的形式。当社会性的相互作用和社会交往的新模式产生新的社会环境的时候,以及当新的社会条件设置了新的交往类型的时候,新的形式就会出现,以满足社会的需要。例如,当一种新型工商企业需要大量资本时,被称为有限责任的形式就随着建构有关合作关系的法律规则的形式而产生。

一个更为简单的例子,可以在被称为契约的法律形式中找到。人与人之间的协定是"自然的"或原始的活动模式的范例,这些人为了共同的目的而联合他们的行动;在这个共同的目的中,一个人承诺作能够促使达成目标的事,而另一些人则同意做其他的事务。在社会生活的早期,这种互惠协定肯定就已经出现了。但是,由于协议成倍地增加及其执行问题变得迫切,并且直接的物物交换式

的事务越来越少,而关于商品和服务交换的协定在未来越来越多,于是就出现了某些形式,以在互惠协定的类型中进行区分。其中有些被视为单纯的承诺,若不能执行,也不会有强制性的处罚;而另一些情况则是:不执行约定的一方要承担法律上的责任,另一方则被授予了强制索赔的权利。

在单纯的承诺行为中,并没有什么能把一种协议和其他协议区分开来。因此在进行一种承诺时就不得不附加某种形式特征,以使其可以被强制执行,比如一个签章或一个"约因"证据。这些形式合起来,限定了一个契约。不过,虽然契约的概念纯粹是形式上的,但它是(1)一种物质形式,并且(2)是之前非形式化的物质为了使该物质所服务的目的,以稳定的方式在更广阔的范围内实现而获得的形式。随着商业交易变得更加复杂,合同的子类就产生了,交易的每一个种类都有它自身独特的形式特征。

正如人类没有等到契约法出现之后才开始进行互惠式的承诺一样,人类也并没有等逻辑理论产生之后才开始从事探究以获得结论。但是和在商业交易行为中一样,探究的经验表明,探究得以开展的目的无法大规模实现或有序化地实现,除非它的质料受制于一些条件,而这些条件把形式属性强加于质料之上。当 372
这些条件被抽象出来时,它们就形成了逻辑的主题。但是,就其各自的指涉和功能而言,它们并没有因此而停止成为主题的形式。

艺术的对象,绘画、音乐、建筑、诗歌、戏剧等的对象,之所以作为审美的对象而是其所是,就是因为先前的原始质料所呈现的形式,这一点显而易见,不需论证。对于建筑上的多利斯式和哥特式之间的区分,或者音调元素在交响乐和爵士乐之间的安排上的差异,熟悉其质料的人并不会有什么困惑。类似的,就土地而言,为了给土地所有者以法律上的身份,必须有记录等各种与之相对应的形式。没有人会怀疑,关于土地的这种形式和那种使景观作为审美对象的形式之间存在差别。诗歌通过某种特殊的形式而区别于散文式的描述。不可否认,诗歌的质料独立并且先于艺术性的处理而存在,而且其质料由之而呈现审美形式(例如韵律和对称性)的那些关系也是独立存在的。但是,为了把先前的天然质料与关系以能够形成一件艺术品的方式组合在一起,就需要建构艺术的刻意努力,需要构建各种各样的艺术的刻意努力。由此产生的形式,是可以进行抽象的。因此,它们成为美学理论的主题。但是,离开这些形式,就没有人可以孤立地构造一件艺术品。非常明确,就质料被重塑以服务于明确的目的而言,质料获得了审美的形式。[①]

2. *形式主义的失败*。严格的逻辑形式主义的观点，与质料的形式(forms-of-postulates)相对的、把形式假定为脱离于逻辑形式的质料的观点，在与自然科学中的方法的关系问题上，已十分尖锐。因为如果形式主义逻辑无法处理科学方法的特征，那么就获得了在这卷中所表达的立场的强有力的证实，即使是间接的。初看起来，似乎纯粹的形式主义会使接受该学说的那些人完全放弃对任何
373 自然科学方法的任何参照，因为那种方法所关注的，很显然是事实性材料。然而，情况并非如此。形式主义逻辑并不愿意对实存性科学中的方法的主题完全置之不理。经常所说的"逻辑学与科学的方法"这一短语，表达了对某种关联方式的信念。传达此种关联方式的另一种说法，是"应用逻辑"这一短语。

两种说法都在回避问题，或至少掩盖了有争论这个事实。就看似无关的短语"应用逻辑"而言，其真正的问题是：当逻辑学由完全独立于质料的形式来定义时，这种说法是否还有任何根本性的意义。因为它所问的正是：此种形式能否应用于质料。如果不能，应用逻辑就是一个毫无意义的说辞。因为问题并不是在探究中，逻辑形式是否被应用于(在"正在被使用"的意义上)实存性的主题，而是说：假若它们都是纯粹形式主义的，那么还能否被如此使用。当对自然现象的探究以科学的方式开展时，它就会涉及只能被纯粹形式化地证明的数学命题，这一事实可能被提出来(比如)作为应用逻辑的一个实例。这一事实不仅被认可，而且正如在前面的讨论中已经表明的那样，是必须的。然而，这种认可完全不能证明形式和质料之间缺少关系。它反倒提出了一个问题，即在什么条件下，才可以应用或使用非实存性的命题来决定那些具有质料内容和意义的命题。

正是在应用条件这个根本问题上，形式主义理论失败了。事情的本质似乎是显而易见的：一个与质料完全无关的形式，是不能说适用这个主题而不适用那个主题的，更谈不上以某种选择性的方式指出能应用于什么样的质料上了。如果所指的质料当其被给出时是完全以形式化的质料所确定的，那么就不会出现这个问题，而且有人甚至可以用一种看似合理的确定性说明来辩称，数学中就是这个样子。但对于自然科学的主题来说，不能作这样的辩解。要么逻辑形式与

① 我在《作为经验的艺术》第七章"形式的自然史"中的讲法，在经过必要的改动后，也可以适用于逻辑形式。

其毫无关系(这样就不存在可应用性的问题),要么它们在应用时把那些赋予其科学地位的性质引入原来的主题中,或促使那些性质伴生于原来的主题。要弄 374
清这种伴生性如何发生并不容易,除非逻辑形式能够在某种给定的科学探究中,以某种方式正好选定了它们应该应用于其上的特定主题,并且能够安排或整理那种主题,以便可以得到具有科学效力的结论。因为在物理探究中,能够被赋予"应用"的最小的含义就是选择(包含消除)和安排。此外,只有认识到,无论在什么情况下,选择什么样的实存性质料以及如何整理这些质料的难题总是一种区分上的难题时,人们才会直面这一问题的冲击。因为在纯粹的抽象中,如果形式应用于任何一个主题的话,那么,它们将可以同样地、无差别地应用于所有主题,尽管在自然探究中总是存在着在某种特殊的次序中确定某种特殊的质料的问题。无论人们怎样看待这种一般性的论证,它至少有益于解释确定纯粹而空洞的形式之可被应用的条件之必要性意味着什么。

于是,讨论又回到了这个难题。人们承认,为了在自然科学中得到有充分根据的结论,具有假言全称性质的非实存性命题是必要的。这种考虑在决定性地驳斥了认为足够多的单称命题将会"证明"一般命题的传统经验主义逻辑(穆勒那种类型的)。但是,对于此种立场的驳斥,远非是对关于那种命题的纯粹形式性特征的学说的证实,就像它们被应用于自然科学中那样。问题的症结是:在任何给定的情况下,所应用的全称命题是如何获得那种作为它们可被确定性应用的条件的内容的。应该看到命题函项"如果 Y,则 X"是为达成任何科学上有根据的结论所要求的形式,但这是不够的。必要的是,Y 应被给予一种确定的值,以便 X 也能被给出一个确定的值。此外,全称命题并不"蕴涵"单称命题,因此在任何情况下,全称命题都不能直接过渡到实存性命题,这是一个公认的原则。例如,假设纯形式"如果 Y,那么 X"以一些无法解释的方式获得了内容,就像是:
"如果什么东西是人,那么它是会死的。"认为这样的命题具有指向力,可用于进 375
行受控观察之操作,以确定某个现存对象是否具有用以刻画"人"类的那些典型特征,并可以从这种特征中保证性地推论出这个类的任何事物都是"会死的",这是一回事;但是,认为脱离开其在进行受控观察的操作功能时,它仍可应用于实存,这在逻辑上是另一回事。简言之,我们得出的结论是:应用是对实存性质料实施实存性操作的问题,因而至少在自然科学中,全称命题具有一种纯粹功能性的地位和形式。

在上面的例子中，我们假设了纯形式命题函项“如果 Y，那么 X”以某种方式获得了某个内容，以至于 Y 具有必然会与“有死的”这个值相关联的意义——“人”。毫无疑问，除非限定值是“可以插入”的，否则，形式上的命题函项即便从操作性上也无法做到只应用于某一实存性主题而非另一实存性主题。那么，这些特殊的值是以何种方式赋予 X 和 Y 的？为什么在具体的探究中，我们不能替换值项以产生命题“如果是天使的，那么是有死的”，或者产生命题“如果会生病，那么不朽”呢？这样的例子可以无限增加下去，它们让我们明白：所谓的必然关系是具有确定形式的诸多内容之一，而非脱离开内容的纯形式之一。带有附加效力的问题再次出现了：纯形式如何能获得相关的内容？它们在什么样的逻辑条件下，获得了那些无之便不可能应用于实存、标志着自然科学探究的内容的？

假设命题形式“$y\phi x$”（或 yRx）已经莫名其妙地以某种未指明的方式获得了足够的内容，以致可以表示为“x 被暗杀”。即使忽略质料内容“暗杀”是如何被引入的问题，仍旧存在一个问题：为什么是某个值而非无限多可能值中的任何其他值被赋予 x。凯撒大帝、林肯总统和加菲尔德被暗杀，而克伦威尔和乔治·华盛顿则没有，这无疑是众所周知的事情了。但它怎么成为一种公共信息的呢？认为这是因为命题函项这样的形式，将是荒谬的。备选项是：显然，它是通过观
376 察和记录而建立的。其中，必然涉及“暗杀”概念与其他死亡方式之间的不相容区分。从逻辑上讲，这里所指出的析取形式，以及假言命题“如果有如此这般的区分性特征，那么就是‘暗杀’这个特定种类”，具有逻辑上的必然性。但它们都是有待满足的条件，而不是固有的属性；并且，它们只有通过对存在质料进行广泛和复杂的实存性操作才能满足。

假设将形式性的逻辑关系在规定所需满足的条件方面所具有的功能性的和指引性的作用，混同于一种固有的结构属性，其再一个实例是：认为纯粹的形式可以设定所必需的应用。我们用一个常用在当代逻辑文本中使用的例子来说明。通常认为，当用 X 来代替苏格拉底时，“X 是有死的”就成为一个命题。现在“苏格拉底”在这里要么是一个毫无内容与指涉的空洞符号，要么(1)它具有意义，并且(2)它的意义是可被实存性地应用的。如果它是一个形式符号，那么用 X 来替换它，就不会获得任何东西。如果它在应用中具有意义，那么，该意义绝不是从命题函数得到的，而只能通过观察和可观察的记录得到——这些东西能

确定(1)有一个对象苏格拉底存在(或者已存在于某个明确的地方和时间),(2)该对象具有用以刻画人这一类的特点。

命题函项“X是人”是很模棱两可的表达式。只要它用适当的形式(如假言全称命题)表示,那么很显然,由作为要做某事的规则的公式所指示的操作,必然可以确定满足函项中所设定的条件的对象之实存性。换句话说,“X是人”提出了一个难题——要发现能够拥有“人”一词所规定的那些属性的一个对象或一些对象——这样的条件要求“人”的含义已经被确定了。由此可见,实存性上的“应用”必然涉及(1)和非实存性命题的内容已经被选定和整理了相关的一个实存性难题,以及(2)形式上的非实存性命题的操作性使用(以此作为观察手段,用来寻求一种满足所规定条件的对象)。

在这种语境下,有必要重申我们多次论及的对一般命题的两种形式(即类属 377
命题和全称命题)的学理性混淆。因为这种混淆,对于从全称命题直接过渡到有关属于某类的个体的命题以及有关种类之间关系的命题来说,是绝对不可缺少的。支持这种混淆通常的推理步骤如下:诸如“所有人都是有死的”的一般命题(在类属命题的意义上),意思是“曾经活过、正在活着或将要活着的每一个人要么已经死了,要么将要死”(显然是具有实存性涵义的命题)。它被非常正确地认为不涉及任何特定的个体,而只是涉及不定数量的个体中的任何一员,其实存性范围包括许多现在不能够观察到的个体。换言之,它肯定了用以描述人类的一组特征和描述有死类(或者会发生死亡事件的那些个体)的一组特征之间存在联系。它同时(正确地)肯定:最终能保证此种关联性断言的是一个断定“是人”和“是会死的”这些特征之间存在必然联系的命题。若缺少这样的命题,在实存意义上,命题顶多是一种概括,即把某些情形下所观察到的东西扩展至无限多的未观察情形。这样的扩展是通过观察大量实际发生的事件而被“经验地”证实的。但从理论上说,它作为一种概括,在任何时候都面临着无效性,就像“所有的天鹅都是白的”这个命题一样。事实上,使命题摆脱这种不确定形式的是生物学和生理学的探究,它们能表明,用以界定“活”的特征和界定“死”的特征之间在概念结构上有着必然的相互关系。

到目前为止,没有任何混淆。但是,“所有人都有死”这一命题并不是指涉任何特定的个体,也不是专门指涉某个人。这一事实被不合理地解释为:它不指涉任何个体,无论是什么。于是,该命题就被转换成非实存性命题,“如果是人,那

么有死。这一转换之所以不合理，是因为在逻辑上看，提出关于描述一个类的特
378 性或特征(它们是从该类中任何给定的个体中“抽象”出来的)的命题，是一回事；而提出一个命题是关于作为抽象本身的抽象物，则完全是另一回事。缺乏对某一个体而非其他个体的具体参照，不能成为一个命题没有任何实存性参照的理由。从“没有具体的个体”，到从实存性参照本身中进行抽象的意义上的“没有任何个体”，这在逻辑上是行不通的。然而，当一种逻辑学说把类属命题的形式同化为全称命题时，它所采取的就是这种不可能的途径。

在讨论逻辑形式的语境下，明确地指出单称命题和类属命题(具有I和O的形式的所有命题)都具有实存性指涉，而所有具有A或E形式的全称命题都没有实存性指涉。这一事实表明，我们所讨论的这种混淆并不是一个意外的失误，或者偶尔不小心的情况。这种混淆对于某种学说来说，在本质上是必不可少的。它主张：(1)逻辑形式在独立于事实性的内容或概念性的内容的意义上是形式的，(2)但逻辑形式能够有质料上的应用，如果自然科学本质上与逻辑有任何联系的话，那么，这一点就内在地包含在自然科学的方法之中。尽管所有一词出现在“所有人都是有死的”这个命题中(作为命题，它指称的是由分别确定“人类”和“有死”这些种类的区别性特征集合所描述的那一类中的每一个体)，但这一命题在逻辑上还是一个I命题——在明确表述的学说中所意识到的这一事实(在另一种语境下)，即认为只有具有I和O形式的命题才指涉实存。①

我再次回到早前的一种说法，即虽然没有非实存性的如果-那么命题就不可
379 能有科学方法，并且那样的命题是科学方法的必要条件，但它们却不是科学方法的充分条件。假说关涉的是什么才是可能的，而关于可能性的命题对于具有科学地位的探究来说是不可缺少的。假说以一种抽象的如果-那么命题表现出来。然后，它制定了一套实验观察的规则和方法。所指示的操作之施行的结果界定

① 我们所讨论的这种混淆的明显例子，在处理空级类时有所体现。像印度教皇、美国皇帝这些种类没有构件因此就属于“空级类”的例子，这种说法的逻辑形式与“圆的方”、“恶之德”之类的表达式极其不同。第一组是关于偶然性的例子；是指截至某给定的日期，没有那样的个体存在，或者如果它存在的话，也尚未被观察到。第二组的例子表达的是事例必然的排斥性关系，因为相关的概念相互矛盾。“恶之德”的例子或许特别具有启发意义。毫无疑问，存在某些习惯上被认为是道德的行为，而从某些特定的伦理观点来看，它们在本质上却是邪恶的。反之亦然。这一事实并不意味着，恶与德的定义是相互兼容的；而是说：从某一道德理论的立场来看，由其支持者所持有的恶和德性的定义与其他道德理论的支持者所持有的恶和德性的定义，是不相容的。

了仅仅具有逻辑连贯性意义的应用这一概念。因此,就自然科学中的方法而言,应用的一个不可缺少的条件是:假设命题的内容本身要由以前的实存性探究所确定,从而使那些内容能够指引进一步的观察操作。况且,即使在这种情况下,也会犯下因为后件被肯定而肯定前件的谬论,除非独立运作的广泛观察已经影响了内容与概率系数之间的被肯定了的关系。任何此种系数的有效性,都以其他实存性命题及其实质性结果为前提条件。

在有序论说中,所有命题本身都具有非实存性涵义;而且,这些命题根据蕴涵(与推理性的不同)功能构成了一种序列,这种有序的论说至多只是提供一种相对于形式是质料的形式这一原则来说的表面上的例外。因为任何那样的系列的连续性次序,在最终命题具有可应用性的所有情况下,都是被实质性的条件所决定的。从理论上或是在抽象的意义上说,就像在数学中一样,蕴涵命题系列的无限多样性是可能的。但是,正如出现在数理物理学中的情况一样,数学性的蕴涵系列,在所有应用性作为条件而出现于其中的例子中,都会使它们的内容和秩序(在确定最终的假设性命题的时候)总是受控于那些形成要求一般化解决之问题的、可被观察到的实存性条件。否则,内容的呈现和排列方式将无法确定,以至于即便该排列就蕴涵的严谨性来说是必要的,但也无法保证它有任何一种最终的可应用性。我们再次被迫得出结论:形式关系表述的是有待从物质上被满足的条件。

我们所提出的这些论证无可争议地表明:在应用在自然科学领域是必要的这种意义上,纯形式(其中,“纯”的意思是“完全独立于与事实性的和概念性的意义内容的关系”)不可能决定应用。一个特殊的例子在最近的逻辑论文中频繁出 380
现,这个例子被认为证明了全称命题能够直接决定有关实存性问题的推论。因此,它是值得审核的,因为这将揭露包含在所讨论的学说的所有实例中的典型谬误。它提到的例子如下:来自如果-那么命题,“如果镇上居民的数量比镇上任何一个居民的头发的数量还要多,那么某两个或多个居民的头发数量是相同的”。当然,毫无疑问,如果前件中语句规定的条件得到满足,那么,后件中语句所提出的事件也将随之出现。但就关于任何现实的城镇里某个人或某些人的实存性命题而言,这个命题不过是提出了一个疑问:这些条件被满足了吗?

这个问题属于质料事实方面的。它只能通过独立的、由正在讨论的如果-那么命题所指引的观察操作来回答。当如此使用这个命题时，它使我们不必细数镇上每个人头上的头发数量。我们仅需要对能够发现的头上有浓密头发的人的头发的数量有一个可靠的估计，同时对镇上居民的数量有一个可靠的估计。考虑到这些实存性对材料——某两个人的头发数量是相同的(或不同的)，这个推论命题就有了保证。在一个只有少量居民的小村庄里，结论很可能是他们没有相同数量的头发。在一个非常大的城市像伦敦或纽约那样的情况下，观测与料就足以担保实存性命题：两个或多个(非指定的)人的头发数量是相同的。但之所以这样，并不是因为这个命题“蕴涵”在所讨论的假设性命题中；而是因为通过对实存性材料的观察而进行的确定，同时把相关的假设性命题看作选择和排列它们的规则。

对这两种不同的逻辑形式的命题的相似性混淆，也出现在作为说谎者的埃庇米尼得斯和克里特岛人这个臭名昭著的例子中。克里特岛人埃庇米尼得斯根据一个实存性命题，断定“所有的克里特岛人都是说谎者”。因此，有人认为，矛
381 盾或“悖论”不可避免地出现了。除非埃庇米尼得斯说真话，否则就得不出所有的克里特岛人都是说谎者。但是，如果他说的是真话，那么就可以得出命题“某些克里特岛人说真话”，因此命题“所有的克里特岛人都是说谎者”就是假的。只要一点点分析就可以表明：如果命题“所有的克里特岛人都是说谎者”是类属命题，意味着说谎的性格是使作为一个类的克里特岛人区别于其他类的古希腊人(或其他人类)的典型性特点之一，那么，这就不能推出每一个克里特岛人都必然是说谎者并且总是说谎。因为说谎的特点只是在与其他因是实存性而成为偶然性的环境的或时空的条件相结合时，才是描述克里特岛人的。换句话说，如果这个命题是类属命题，某个克里特岛人有时也会说真话，而这并没有什么矛盾。另一方面，如果“所有的”这个模棱两可的词在是克里特岛人和是说谎者之间有必然联系的意义上被解释的，或作为一个全称而非类属命题的内容的意义上来解释的，那么，就任何实存性命题而言，它便提出了一个疑问。如果当埃庇米尼得斯说“所有的克里特岛人都是说谎者”时，他说了真话，那么根据定义，他其实并不是一个克里特岛人。因为对后件的否定，也否定了前件。另一方面，如果通过对充分的实存性材料的观察发现，他在撒谎，那么就必须修改正在讨论的这个全称假言命题——当把全称命题应用于实存性条件时，总是出现的这种事态产生了与全称命题要求不符的材料。分析的结论是：仅当这两种形式(类属的和全称

的)混淆时,才会产生所谓的矛盾。[1]

完全同样的分析也适用于这样的实存性结论:在一夫一妻制的国家,可以推论出丈夫和妻子的数量是相等的,而无需经过计算丈夫和妻子的实际数量那样的繁琐过程。这是因为,需要有独立的观察操作去确定某个给定的国家是否实 382
行一夫一妻制。同样的分析也存在于这样一种推论事例中:在一个给定的大厅中,座位的数量和人的数量可以被确定为相等的,而不需要计算每一方的数量。同样,这也是因为需要有独立的观察才能确定是否实际上每个座位都有人坐。在所有这些情况下,谬误的根源都在于:首先,这些情况中的材料已经由事先的实存性操作准备好了;其次,这些材料得以备好的方式被忽略了,而这里的忽略就等于否定。

到目前为止,我们的讨论已经从反面证明了逻辑形式乃是质料之形式这一理论,即矛盾在另一种选择的基础上才会出现。对这一理论的正面支持是这样一种事实:在科学探索中,事实性的或概念性的具体内容与它们得以安排的形式,都是在彼此严格对应中被确定下来的。在这一关节点上,若要证明这一说法的合理性,就是重述整个前两篇中的分析和结论。我们要通过考虑出现在类似主题中的原则来接近问题的关键点,而不是从事那个多余的工作。逻辑学的基本范畴是次序。这也是所有技艺的基本范畴。在每一种受到理智指引的过程中,质料内容的普遍秩序就是对应于结果的手段之秩序;实际的实存性质料提供了"填充物",而质料作为手段的地位,要求进行选择和重新排列的操作,以便建立特殊的相互作用以产生预期的结果。起初,当我们希望得到某一确定结果时,可能会使用到处于"自然的"或原始状态的某些实存性材料——就像手头的一根棍子,可以很方便地用来撬石头。在这种情况下,所需的观察操作仅仅是对合适的棍子的直接选择。但是,当我们对某类结果的需要是复发性的时候,选择能够使它们自身构成工具——这种工具能够在各种各样的时空环境下极为迅速而经济地产生预定的目标——的那些材料,就是比较明智的了。于是,材料被选择并塑造成为各种杠杆。在特定的文化水平上,杠杆可能仅仅是一个撬棍。但随着

① 相似的分析,也适用于那种所谓的"自指词"(autological)和"他指词"(heterological)悖论中。在一组命题中,这些语词与概念或范畴有关;但在其他的情况下,却与一个实存性的语词有关。只有当利用了"级类"(既作为种类又作为范畴)的逻辑含糊性时,这些"悖论"才会出现。

需要的发展，需要在更广泛而多样性的环境下产生结果，此种杠杆原理就会被扩
383 展和完善，以包括各种物理设施；用科学的方式来表述的话，就是这些设备利用动力法则获得了机械上的“优势”。因而带有各种技巧的专业技工就出现了，即使没有理解用科学的方式表述出来的法则，而这些东西全都是杠杆，因为尽管它们有不同的大小和形状，但仍拥有作为与特定的独特种类之结果相对应的手段的功能性关系。

因此，每一种工具，每一种器械，每一种家居装饰品，每一件服装，每一种用于传输和通讯的设备，都在实践性和实存性地体现了从原材料到有意选择和整理之手段的转化。因此，它们都是*形式化的质料*；或者说，它们是从形式方面进行的表述，以便有质料的形式。形式和质料可以彼此颇具整体性地联系在一起，以至于看起来椅子就是椅子、锤子就是锤子，与我们说石头就是石头、树就是树的意义相同。因此，这里的情况类似于说：先前的探究已具有如此标准化的意义，以至于认为形式是质料固有的，从而摆脱了后者的功能；或者说：质料被认为好像其自身就是纯形式的一样（就像在我们已经批评的那些形式主义争论中的某些情况一样）——之所以得出这样的结论，正是因为形式与质料实现了完全的整合。

这些实例体现了本章第一节所陈述的那条原则，即由于质料与操作为服务特定的目的而彼此适应，质料便常常获得了形式。然而，在这里把它们提出来，是为了一个虽然不同但却相关的目的——即为了阐明这一原则：在所有关于形式化质料的情况中，形式与质料的建立、发展和功能的建立，都是彼此严格对应着的。每一件工具（在广义上使用这个词，以包括任何一件所建构的器械和设备，并用它们来达到特定的结果）都严格地属于*关系性的*，这种关系性的形式就是对应于结果的手段的形式，而任何能充当有效手段的东西都具有某种物理性的存在。

1. 可以对抽象的手段-结果关系进行形式上的分析。它涉及质料性的手段和程序性的手段的对应，这种对应性在工具、器皿、服饰制品等领域中被表现出来，在材料和技术彼此相互适应的事实中表现出来。对原材料进行技术性的重
384 塑的过程被发明了，以至于它们能够重塑原始材料，以使后者的功能成为一种手段。这些过程的应用方式，必须正好能够应用于所处理的那些质料。技术一旦被发明，就能够独立地发展。随着这些技术的完善，它们不仅能迅速而经济地转

化旧材料，而且还能应用于那些以前不能用作手段的原材料。由此所产生的新的形式化质料就导致了技术的进一步发展，并且如此一直发展下去，从理论方面来说，没有设置限制的可能。

2. 任何一种技术或一套程序性手段都必须满足某些秩序性条件，以使其具有形式性的属性。在重塑原始材料时，最原始的技术程序也必然要有确定的起点、终点，以及连接两极的中间点。它在形式特征上有起始、终结和中间——后者非常重要，它甚至可以界定“手段”一词。首先、最后和中间的有序传递关系是形式性的并能够被抽象的，因为它构成了诸特征之间一种必然的相互关联性。改变它们中的任何一个，其他的也都必然要被修改。把这里得出的观点进行一般化，就会出现序列性次序这个概念，从所有理智活动的视角来看，这种序列性是作为形式化的质料所必然具有的一种秩序。

3. 因为所提到的第一点(材料和程序性的手段或技术之间的共轭相符性)，程序的序列性次序决定了技术应用于其上的那些材料中的形式性关系。即使用来产生客观结果的原始简单技术，也能在材料典型性属性上产生某种原始的差异性。某些材料被发现“有利于”服装制作技术；其他材料则被发现“有利于”制作储存或烹调材料的用具，等等。随着冶炼技术的发展，矿物材料之间的特性差异就自然地(可以说)被关注到，从而区分出不同种类的金属。这里体现的原则在下面这种说法中被一般化了：当且仅当材料被判定为与实现特定客观结果的操作相关联的手段时，用以描述不同种类的差别性特征才会被发现。一个实现了的目标(比如衣服)就是类属的。但实际情况却是：不同种类的衣服适合于不 385
同的季节、场合和社会等级。不同的质料可以“有利于”这些不同的目的：一种适合冬季，另一种适合夏季；一种适合战争时期，另一种适合和平时期；一种适合牧师，另一种适合长官，还有一种则适合“普通的”人。诸种之间相互区分又相互关联，它们彼此之间严格地对应。

如果我们回到之前关于探究生物学模式的一章中所举证的那些考虑，就应该注意到：序列性的次序的形式关系在有机生命中就有预示。有机生命有需求(在实存性张力的意义上)，而这些需求只能通过建立起一种经过改变了的客观事态才能被满足。这种结束或者说完满状态的实现，要求有操作的有序系列彼此相适应，以便它们能相互适应达到最终的结束。如果我们把有序关系中关于手段的这些自然有机体实例与结果相比较，就会发现一个重要的不同点。就活动与物质条件之间的关系而言，“终点”在前一种情况下有结束或终结的意思。而在后一种情况下，“终点”则有一种附加的特征。在被预知或打算的情况下，客观的结束变成了期待中的目标(*end-in-view*)，并因而可用于指引技术和材料的理智性选择与安排。但是，两种情况有一种共同的关系模式。

从实践方面看，我们已提出的那些考虑就像是老生常谈一样，让人感到十分熟悉。因此，在讨论逻辑理论时，它们可能看起来并不值得关注。但它们却是中肯的，因为它们产生了许多在逻辑理论中具有根本性意义的观点。其中的主要考虑可重申如下：(1)就探究而言，质料获得形式，这并不是一个毫无理由的假设。(2)每当质料变为形式化的质料时，一定会包含一种确定的秩序，即序列性的秩序。(3)这种形式性的秩序，可以通过那样一种方式而被抽象和表述，从而使其涵义在论说中得到发展。(4)从有机生命的有序关系，到文化艺术中刻意安排好的关系，再到可控探究的这些典型性特征，有着发展上的连续性。

在这种关联中，不要混淆潜在的与现实的范畴，这一点很重要。原始材料必
386 须具备那样一些特质以允许并促进特定操作的完成，以使形式化的质料成为目的之手段。但是，(1)这些特质只是潜在性的，并且(2)它们被发现为潜在性的，仅仅因为施加于它们之上的操作(为了它们能转化为通向结果的手段)，才算是潜在性的。在开始时，这些转化性操作可能是随机的和“偶然的”。在文化的发展中，它们变得如此具有可控性，以致成为实验性的(在这个词的科学意义上)。第一点可以在下述事实中得到阐明：随着动物生命的出现，某些质料成了食物。这样，我们或许会说，这些材料一直都是食物，甚至可以说，它们在本质上或者说“生来”就是食物。这种观点就混淆了潜在性与现实性。回顾一下，我们可以正当地断言：这些材料都是可食用的。但就现实性而言，它们并非食物，直到它们被吃掉和消化掉为止，也就是说，直到完成了某些操作，把那些可以构成某种特殊食物的新特性赋予原材料为止。第二点可以在下述事实中得到阐明：可食用、不可食用和有毒性之间的差异，只能通过尝试和检验的过程才能被发现。甚至被视为原始的部落也发现了进行技术性操作的方式，以把在天然状态下有毒的东西转化为补充营养。特质作为潜在性是通过实验性的操作来被确定的，这可以通过以下事实得到证明：随着物理化学操作的扩展和完善，可食用的东西的范围已经无限地扩大了。例如，不论以“人工”的方式生产牛奶的尝试成功与否，这都完全是否有可行技术的问题，而不是理论的问题，除非在用某种理论来指导实

践性的努力是必须的这种意义上。

正如我们前文所看到的，构成描述种类的典型性特征的那些特质与操作的这种相关性，以及这些特质与操作之施行的发现的相关性，对于那种认为是内在本性或本质界定种类的经典理论来说，是致命的。这在逻辑理论上，还有另一个重要的影响。前面的讨论，只针对明确划定形式与质料之间界限的理论。但也还存在一些逻辑理论，它们赋予逻辑形式以*直接*的本体论地位，虽然是以一种与 387
亚里士多德逻辑不同的方式。这些理论依赖于事实的基础。因为它们认识到，逻辑形式只能以一种完全无理由的、外部的和武断的方式应用于实存性材料，除非实存性材料自身就具有呈现这些形式的能力。但是，这种合理的洞察，因为刚刚提到的完全混淆了潜在性与现实性而遭到曲解。一般实存必须能够呈现逻辑形式，而且特殊实存则必须能够呈现差异性的逻辑形式。但是，为了赋予这些能力或潜在性以现实性，那些构成受控探究的操作就是必要的。

在最近的理论中，逻辑形式以一种特殊的方式被赋予*直接性能*的实存性地位（而不是通过它们在探究中的功能得到的间接实存性地位），这种特殊方式乃是对不变量的一种形而上学性的解释。在物理学探究中使用某些数学性地表述的常量，就其本身而言，是对不变量在逻辑学上的意义的解释。如果我们把其中所涉及的东西一般化，那么，逻辑形式就是不变量。例如，如果没有蕴涵关系作为常量的话，就没有有序的论说；同样，如果没有作为不变量的关于特性的形式合取关系的话，就没有理由推论到关于种类的描述性确定性。“不变量”对于产生有保证性的知识的探究行为来说，是必要的；但是根据这一事实，并不因此就能得出：它们在知识所*关涉*的那种*实存性*上或对于*实存性*来说，是必需的。在逻辑形式有实存性指涉这样一个有效原则的掩盖下，其实已经倒向了另一个相当不同的原则，即某一特殊的关于实存的形而上学概念；然后，这个具体的*先定*概念又被用于确定逻辑不变量的涵义。如此一来，逻辑便成为他律的，或依赖于一个本身并不能通过逻辑上的确定方法所达到的形而上学原则。此外，在科学的程序中，一个常量与一套特定的操作是密切相连的，而我们所批评的这种观点却假定不变量绝对地如此。

形而上学假设的外部特征特别明显，因为根据定义，它关注的就是实存；然而，对实存的探究却只能达到具有某种次序性*概率*的协同性因素的结论。而且，很明显，一个*可能*的常量的概念和一个不变的结构是自相矛盾的。此外，概念是

388 没有根据的。因为在(通过探究)获得保证性结论时,不变形式的必然的操作性存在,完全可以根据探究本身的充分受控行为来解释。可靠的知识之形式和实存之形式之间的一一对应性的假设,并非产生于探究逻辑内部的某些必要条件。它来源于某种外在的认识论的和形而上学的根源。

前面讨论的批判性和建设性部分的纯粹结论是:当"与"意指两个词之间的外部关系的时候,那么,短语"逻辑与科学方法"就没有任何有效的含义。因为科学方法既构成又揭示了逻辑形式的本质。它在现实的探究实践中,构建了它们;一旦得以形成,它们就能被抽象:自身能够用于观察、分析和表述。与此结论相关,简要地概括一下前面一些讨论的成果是恰当的。

1. 现实的科学进步史以物质设备及相关技术——复杂和精致形式的仪器以及明确相关的使用仪器的技术——的发明和应用为标志。即便是在上半个世纪中,天文学已经通过下述质料性探究工具的发明和使用而发生了革命性的变化:光谱仪、测辐射热计、紫外线玻璃、用于摄影的化学乳剂、使用铝代替水银来涂层镜片,以及那些使 80 英寸直径的镜片和 200 英寸直径的镜面的制造成为可能的技术。①

2. 因此而发现的新与料所做的,远不止是提供用于确认和完善旧观念的事
389 实。它们建立了一个新的问题次序,其解决要求一种新的概念性指涉的框架。特别是:正是通过新的工具和技术的使用,在以前被视为固定不变的东西里才会发现变化和变化的关系;自从 17 世纪以来,这一进程就在以一种加速度的方式进行着。与料性质上的这种变化既是普遍采用实验方法的源泉和结果,也是普遍采用新的概念次序(这些概念是实验方法的成功实施所要求的)的源泉和结果。

3. 从概念性的方面来说,这种科学革命伴随着数学概念的革命;同样地,在一定程度上是其原因,一定程度上又是其结果。只要欧氏几何被视为数学方法典范式的模型,数学的基本范畴就只能应用在固定于一定限度内的那些结构。

① 参见前文第 251—252 页。从理论方面以及从这种观点的重要性方面,下述段落作为关于认知的相当少的例子之一,都是值得引用的:"我们为什么正处在一个较高的想象力水平(在科学上)上的原因,并非是因为我们有更好的想象力,而是因为我们有更好的工具。在科学上,过去四十年中所发生的最重要的事情就是在工具设计方面的进步……这些工具使思想上了一个新台阶。"A·N·怀特海:《科学与现代世界》(*Science and the Modern World*),第 161—162 页。

只要什么地方承认了必然要有一般原则，那种基于最初而永恒真理的演绎逻辑就会保持为至高无上的。在科学探究中，由于从根本上开始强调变化的相互关联，笛卡尔的解析学、微积分及其后来的发展就得到了召唤；而数学概念的独立发展，在它们应用于实存的时候，就发现了关于相互关联之变化的新的、更为精致、更为广泛的问题。

与此同时，一个与实际科学实践相一致的、真正的逻辑经验主义理论的发展，由于固守某种在前科学时代所发展出来的观念次序而受到严重的阻碍和扭曲。这种概念框架与科学探究的实际进程和结论的不相容性，反过来强化了非经验性的先验论学派的立场。穆勒的逻辑学作为早期类型的经验主义的代表，一方面真正地把科学方法看作有效的逻辑理论的唯一来源；另一方面，由于倡导那些在现代科学方法兴起之前所提出的感知、殊相、概括等观念而误解了这种科学方法，它对这两者的结合值得关注。结果是：他否定了概念的重要性；把假说降低到次要的“辅助”位置；坚持认为仅凭殊相就可以“证明”概括性，等等。

本章里，不论批判性部分还是建设性部分，都是为详细考察那种体现于数学 390
和自然科学中的科学方法的逻辑而准备的。从一定意义上讲，本文讨论话题的次序与其内容的实际发展次序相反。因为正如刚才指出的那样，已提出的这些具体的逻辑解释表现了对科学方法之逻辑条件和涵义的分析结论，然而之前章节中的那些解释在大多数情况下，已经在它们的逻辑地位的基础上接受了它们。因此，在接下来的章节中，我们既要对先前所发表的观点的最终基础作出明确的表述，又要对其有效性进行检验。

因为数学在物理科学中的关键作用，也因为数学主题特殊的形式化特征，在我们依次讨论的话题中，数学论说的逻辑条件将首先开始。

20. 数学论说

391 任何逻辑理论对于区分数学概念的逻辑特征和关系的逻辑特征的能力，是对其主张的严格检验。像本文所提出的这种理论，尤其要满足和通过这种检验。因为它有着双重任务：一是公正地对待数学命题证明的形式特征；二是不仅要表明此种形式特征与探究广泛模式之间的一致性，也要展现数学主题乃是此种模式内在的发展结果。出于上一章最后一节所提出的那些理由，对于数学概念和关系之逻辑条件的解释，必须能够说明这样一种论说形式：它从本质上讲，并不必然有实存性指涉；但同时又能提供无限广泛的实存性指涉的可能性——数理物理学上有这方面的典型例子。

Ⅰ. *转换(transformation)之作为基本范畴*。探究的目的(这里的"目的"，意思既指是指期待中的目标或控制性意图，又指终结性的结束)是建立一个统一的解决了的情境。这个目的的实现，是通过建立分别为质料手段和程序手段——即事实与料和概念意义——的主题。这些工具性主题的建立，要通过一些操作，把既有的问题情境的实存性质料朝着给定的方向作实验性的修改。与此同时，由解决方案的可能性所组成的那些概念性主题被如此构成，以致能够指引实验性选择和安排的操作，并由此实现实存性质料朝向被解决了的情境之目标的转
392 换。此外，假若探究是受控制的，那么，那些代表解决方案之可能性的观念必须是通过命题表述的；而这些命题必须发展成有次序的系列，以便产生最终的一般命题，从而能够指导明确地适用于相关具体问题的质料的操作。否则，推理就很不成熟，以致会产生一个没有根基的命题。

简言之，有序论说本身就是按照严格(或必然的)而富有成果的意义替换规

则所开展的一系列转换。只有当一套彼此关联的抽象特征系统被建构起来时，才可能有这样的转换。例如，常识性概念就不能满足系统性关联的条件。于是，当它们在科学上被修改以满足这样的条件时，就会经历内容上的变化。因而，根据满足确定性、逻辑性条件的那些方法规则对概念内容所进行的转换，不仅包含在论说行为中，而且包含在概念的形成中（即便在论说打算拥有最终的实存性应用时，也会进入其中的概念）。

所包含的逻辑规则可以重述如下：(1)论说的主题或内容包含着诸种可能性。因此，这些内容都属于非实存性的，即便它们在建构和安排时根据的是实存性应用。(2)作为诸种可能性，它们要求以符号来表述。符号化在论说中并不是一个在实际中被发现不可缺少的方便之举，也不是对本身已完满的观念进行一种纯粹外在的装饰。它是关于可能性之论说的本质。然而，在其功能性的能力方面，符号与实存性材料有着相同的逻辑地位。就因为这个原因，它们自身就受制于转换。从历史上讲，符号意义借以进行转换的那些操作，最初都借用物理性操作并与其紧密结合——这显示在至今仍用于指代理性操作的一些语词中，大体上，这样的词有思虑（*deliberation*）、沉思（*pondering*）、反思（*reflection*），以及更为具体的词语计数（*counting*）和计算（*calculation*）。随着意义被修改以满足一个相互关联性的体系中的成员所施加的那些条件，操作也要被修改以满足新的概念材料的要求。这些操作变得如同它们所应用于其上的那些质料一样抽象，因此具有了一种需要以新型符号序列表达（而且只能够如此表达）的特征。 393

在本章之前的章节中，我们已经关注了意义和命题在论说中的关系；在那里，论说是对照着某种最终的实存性应用而展开的。在这一类型的论说中，应用性被搁置或保留起来，但关于概念的内容方面，其与应用性的联系并没有消除。然而，当论说的展开只是为了满足自身的逻辑条件或者（就像我们所说的）是为了其自身的缘故时，主题不仅就直接指涉而言，是非实存性的；而且其自身的形成基础也完全没有实存性指涉，甚至不涉及最为间接、迟缓和遥远的那种。这就是数学主题。该主题完全是抽象的和形式的，因为它完全摆脱了强加于概念材料（这种材料是根据最终的实存性应用而构建出来的）之上的那些条件的束缚。完全的自由度和完全的抽象性，在这儿是同义词。

探究语境中的变化，在其意向和内容上产生了变化。物理学概念不同于那些常识概念。因为它们的语境并非那种享有性的使用，而是要建立系统性的广泛性推理的条件。当对实存性应用的所有指涉都被消除时，更进一步的崭新的语境就被提供了。结果并不仅仅是一个更高级别的抽象性，而是一种新的抽象次序，对于它的建立和控制只能借助于抽象关系的范畴。然而，为了确定有保证性的实存性命题，论说中意义转换之必要性提供了数学与一般探究模式之间的关联性环节。

语境变化对于操作意向和内容的影响，在前一章所举出的一些例子中曾有过说明。拥有一种蕴含性的审美特质的选择和整理的范畴内，被包含在历史作品之中。当这些范畴从原来的语境中脱离出来时，便产生了历史小说。随着更进一步的发展，它们又会产生带有独特内容的“纯”小说。以相似的形式，音乐并不曾在自然中或者在言语中创造声音及其有序的排列。然而，音乐在具有其自己独特主题的活动中，形成了声音及其韵律性排列的潜在性。这与数学发展的
394 类比并不牵强。数值确定性最初是在以缺乏和过盛为标志的质性情境中，以作为对相对于物质性结果的物质性手段进行经济而有效的调节之手段出现的。①但是，在其中所涉及的操作中，不仅不存在任何东西阻碍它们自身的发展，而且它们促进了这样的发展。

对所涉及的抽象的完全实行，是一个缓慢的历史过程。无疑，数首先是与物紧密联系在一起的。例如，“2”，意味着两个手指或两头绵羊。就像词语几何仍然表示：几何概念是与测量物理面积的物理性操作联系在一起的。希腊数学家和哲学家部分地摆脱了实存性指涉，但是抽象仍没有完成。算术和几何概念不再指涉特殊事物，但仍未摆脱所有本体论参照。因为它们被认为指称了自然本身中所存在的界线，而正是通过这些东西，自然表现为一种可理解的结构；而且通过它们，界限才会发生改变。既然几何学是关于这些实存性的宇宙“尺寸”的科学，那么，数便从几何学上被构想了。数学主题从任何一种本体论参照中解放出来的故事，就是经过一系列诸如无理数、负数、虚数等等那样的危机后所获得的逻辑发展的故事。

Ⅱ. 全称命题的两种类型。前面导言性的评论旨在表明，转换范畴可以延伸至整个探究模式：从(1)为了保证最终的判断所要求的实存性转换，到(2)论说中的意义，再到(3)完全抽象主题的形式关系(在其中，转换作为抽象的可能性，

---

① 参见前文第 210—211 页。

采用了抽象中的可转换性形式)。作为最后所提到的那种发展的结果,全称命题的两种逻辑类型必须区分开。在前文的讨论中,我们已经提出:形如作为抽象特征之关系而被表述出来的物理定律,是一种全称假言命题。例如,万有引力定律就是对于质量、距离和“引力”这些抽象性特征之间的相互联系的表述。但是,虽 395
说该命题的内容是抽象的,然而由于该命题是根据最终的实存性应用的可能性而构建起来的,其内容就会受到那种意图的影响。此种假设的共相并没有穷尽它们被应用于其上的可能的实存性事件,因此可能为了支持其他更加胜任或适合当前主题的假设性共相,而不得不予以抛弃。这通过从牛顿的万有引力定律到爱因斯坦的公式的转变而得到了说明。尽管在这种意义上,两者都是假设性共相,但它们每一个在经验上都是另一个有重要意义的对立。在这样一些命题中(包括所有的数理物理学中的那些命题),严格的数学相位居存于和相互支持的命题的必然关联中,而不是它们的内容中。

但是,在数学命题中,比如 2+2=4,对内容所给予的解释是与任何质料上的考虑无关的。物理定律的最终应用,即便是作为全称假言命题表述出来的,也要求赋予相关词项或内容以某种被优先选取的,因而也是某种限定性的解释。数学命题的内容,摆脱了任何优先解释的必然性。以力的平行四边形这一物理学定律为例,它提供了最终可应用于实存性的确定性中的计算基础。在此定律中,“力”的地位影响着“平行四边形”的意义;它把其他方面的数学概念限制在具有方向和速度属性的主题之上。也就是说,它要求具有限制性的、所谓优先选择性的或特权性的解释。作为数学上的东西,数学命题的内容摆脱了那些要求进行任何限制性解释的条件。除非意义或解释是为满足系统内部的可转换性条件而从形式上被赋予的,而且没有任何系统之外的指涉,否则,它们就没有任何意义或解释。在“意义”在任何具有即便间接的实存性指涉的概念中所包含的意思而言,这些词项并没有任何意义——这样一个事实或许可以解释一种观点,即数学主题不过是一串任意记号。但是,在更广泛的逻辑意义上讲,它们具有一种意义:这种意义专门而且全部是根据它们彼此之间的关系——取决于对可转换性条件的满足性——而构成的。因此,这种类型的全称假设命题在逻辑上是可以 396
通过形式关系进行证明的,因为形式关系决定着词项或内容以及“质料”,虽然它们在任何具有最终实存性应用的全称命题中不能这样决定。在数理物理学中,存在于诸命题之间的这种类型的关系,在此就变成了内容的决定因素。

总结来说，意义及其关系的转换在被引导以在实存性转换中产生最终结果的论说中，是必要的。其中所涉及的关于转换的操作，其自身能够被抽象；当被抽象和符号化之后，它们便提供了关于质料的一种新的秩序，在那里，转换变成了抽象的可转换性。要对发生在这种新维度主题之中的转换进行控制，只能根据对抽象可满足性条件的满足进行。

Ⅲ. 可能性范畴。关于数学主题的这种理论所继续的重点，已经被完全置放在对探究主题的操作性的确定上。这种操作性确定在此特殊语境下的逻辑重要性，可以通过对比，对关于(与可转换性相关的)可能性的操作性解释与对其本质的另一种理论解释来阐明。这另一种理论的不同之处，在于它坚持对可能性的本体论解释而非操作性解释，因为它将数学(和逻辑)形式与被认为具有本体论地位的可能性世界(*a Realm of Possibility*)联系起来。可能性世界要比现实性世界更加无限广阔，而且由于凡是现实的东西都必定首先是可能的，因此在逻辑上，它就为任何现实之物提供了最终的限制性基础。逻辑和数学对于实存的可应用性，相应地被解释为可能性的存在世界与现实性的存在世界之间一般关系的一个特例。我们这里之所以谈论这一理论，是因为通过对比的方式，它使我们可以更清楚地阐明对可能性的功能性-操作性解释的内涵。因为我们的问题不涉及那个范畴的基本重要性，而是对于它的解释。

397 找到一种说明性例子，把我们的讨论领域由哲学理论之间的直接冲突转向专门的逻辑问题，这并不是一件简单的事。不过，一个可能的着手处是国家地图与地图所代表的国家之间的关系问题。这种说明不过是一个着手处，因为显然不能期望它提供一种直接的类比。这是因为，地图所绘制的国家是实存性的存在世界中的例子，而且地图把地图上的国家看作实际存在的。例证作为类比的效力在于别的地方，即在于地图和国家之关系的同构(*isomorphism*)中，而独立于后面这一关系的实存性本质。

显而易见，这里所讲的同构是关系的一种，这在它并非实际存在于地图上所标记的点与被绘制的国家、城镇、河流和山脉等要素之间，而是存在于为前者所维持的关系与后者所维持的关系之间。地图中的上下关系同构于国家中的南北关系，左右关系同构于东西关系。同样地，地图上的方向和距离关系与国家中的方向和距离关系是同构的，而并非对于现实存在的原样复制。这个例子将用来指明：维持地图中的各关系与国家间的各关系之间或关系模式之间的同构关系，应该在一种功能性和操作性的意义上来解释。①

一开始我们可以先指出“关系”一词的含糊性。它不仅代表实存性的关联、命题中词项之间的逻辑关系、命题对于实存的指涉或应用——而且代表关系。②含糊性的第一组与我们对数学中同构关系的讨论无关。因为虽然根据一般的逻辑原理，有必要在国家的实际关系与地图作为命题的逻辑关系之间进行区分，还要区分这二者与地图对于国家的参照关系；但是由于数学关系引起而被认为是同构性的那种*存在次序*是非实存性的，这些区分与现在的问题并不相关。然而， 398
关于地图和被绘制的国家之间的“关系”(参照)必须指出两点，因为这两点关系到同构性的本质。

1. 地图中的那些关系与国家中的那些关系相似(在该词的技术意义上)，因为两者都是由同样一套操作设立起来的。于是，就该关系间相似性乃是同构性的一个例证而言，它并没有阐明被认为居存在数学中的本体论同构。因为那种学说，正好处在对立的一极。它并不认为，决定数学主题之关系的那些操作也能确定“可能性世界”中的那些关系。然而，我们这里所采取的立场却认为，决定数学主题的那些可转换性操作就是或者说就构成了可能性世界(仅就逻辑上所赋予那个词组的意义而言)。

地图中的那些关系与国家中的那些关系相似，因为两者都是由同一组操作设立起来的。这一说法很快就能明白，只要注意到这样一个事实，即二者都是施行可用勘测以这个词语来总结的特定操作的产物。国家中的各个要素当然是彼此实际关联的。但是，就知识而言，就关于这些关联可以作出的命题而言，直到这个国家被勘测位置，它们都是完全不确定的。当或一旦国家得到勘测，地图便产生了。当然，在地图和被绘制的国家之间存在着一种共同的关系模式。因勘测操作不充分而在地图上导致的任何误差，也都可以在关于国家中诸关系的命题中被发现。认为地图中的关系和国家中的那些关系结构(在非操作性的意义上)相似的那种学说，是把在事实上已经通过开展有条理的勘测操作而被完善的那些地图与地图由以建构的那些操作分隔离开的结果。当命题不根据它们得以建构的那些手段而进行解释时，它就说明了总会出现的那种谬误。

---

① 换言之，争议点是同构性模式的意义，而非它们的存在性或重要性。

② 对于前者，参看前文第 60—61 页，对于后者，参看前文第 329—331 页。

2. 若把地图作为一种关系模式来看，那么，此种模式的“关系”对于被绘制的国家中的“关系”而言，就是功能性的。它是以它所指引的进一步操作为媒介
399 而建构起来的——而且，那些运作的结果提供了检验地图之有效性的手段。地图对于像旅行、规划出行路线、跟踪人货运行轨迹那样的操作来说，是工具性的。如果这样的考虑要运用在与数学相关的主题中，那么，当然必须注意：两个主题分别所指引的操作是分属不同形式的。在数学中，操作及其结果并不像地图与旅行等等及其结果的关系中那样，是实存性的。但是，就数学主题本身的发展而言，此种关于操作的功能性使用的类比是精确的。所给定的数学主题的任何指涉在任何时候都不是指向本体论的可能性世界，而是指向转换的进一步操作。

就地图可用作一种数学说明而言，同构关系可在基于不同投影系统所绘制的各种地图彼此之间的关系中得到明确的例示。基于麦卡托投影法绘制的地图中的关系模式，同构于基于椎形、圆柱形及立体投影法绘制的地图中的关系模式，尽管在理论上仍然可能有其他的同构投射系统。在麦卡托地图中，两极地区存在着形态学上的放大；在圆柱形地图中，它们的形状是歪曲的，尽管面积是正确的；在立体平面地图中，面积的摹制是正确的，但地图上各个部分的比例不是恒定的，等等。当地图的指示性功能不被考虑时，一定可以说：任何地图都不是“真的”，这不仅因为所提到的那些特殊的“歪曲”，而且因为在任何情况下，地图都是在把一个球形物表现在一张平面图上。根据功能性的解释，任何系统下的任何地图都是“真”的（即有效的），假若它的操作性使用产生了打算通过地图的服务所带来的结果的话。[①] 仅就它们的模式之间的关系而论，会有同构性的，因为一个典型性关系可以全面而专门地转换为任何一个其
400 他的关系。

就对数学主题的阐释而言，上一段的所包含的内容介绍了关系和关系在用语上的含糊性，涉及相关性和关系之间的形式区分。在相关的意义上，这两个词项相互关联，每当它们除了所指定的具体关系外，还包含个体或种类（它们具有

---

① 把“真”解释为原样复制意义上的符合，势必要求一种“真的表现”成为另一个就像地球本身一样的球体。这样一种复制，对于表现法所追求的意图来说，是无益的。事实上，它不过是增加了原来的难题。

在所指定的关系之外的一些特质和关系），也就是说，当所谈论的关系没有穷尽相关联词项的意义的时候。父亲和儿子是相关的词项，不论应用于两个既定个体还是两个种类。但是，作为个体的父亲和儿子，都有许多其他的特质和关系。实际上，它们之所以彼此联系，正是因为他们还有其他的特征。但是，父子关系是“关系”穷尽了词项的意义的词项。这里的不同之处，就是语言学上分别用“具体的”名词和“抽象的”名词所表达的东西。此外，并没有任何必然的关系，使那个作为父亲所关联的人同时作为哥哥所关联。他是不是哥哥的问题，是需要通过观察来决定的一个事实性问题。但是，可能存在一个关系系统，使得在该系统之内父与兄必然关联起来；同时，根据其系统结构，它们二者都同叔、侄等等相互关联，就像在抽象的族谱表中那样，毫无遗漏地把每一种关系都包含在一套关于亲戚的可能性系统中。在普通的麦卡托地图中，如果极地区域被认为是与赤道区域相关的（在界定的意义上），就会存在歪曲的陈述。但是，既然有了坐标来界定投射系统，那么，它们就在系统内部拥有了一种必然的关系。于是，当说到数学主题包含着关系的关系时，这种说法是含糊的。对于个体和种类来讲，“关系的关系”总是或明或暗地包含着对质料（个体的或种类的）的指涉——它们的存在与不存在，只能通过观察来确定。如果不是这样指涉那些作为所关联的关系词项的因素，它（关系的关系）就是一个荒谬的概念。不过，关系从其本质上看，是在系统中相互联系的——该系统的本质在数学上，是由假设集来确定的。

因此，属于既定序列的一套被界定的关系系统——就如地图投射法或抽象 401
的谱系图那样——构成了该系统内部转换操作的根基。实际上，这个说法太弱了，因为它没有指出：具有内在联系的意义系统，正是如此界定以使一组转换操作成为可能的；在其中，根据形式性的基础——那些由系统的假设所决定的——任何给定的转换在逻辑上都是必然的。在弱化的意义上，基于不同投射系统所绘制的地图中的关系和抽象的宗谱系统中的关系，都具有数学的性质。但是，专门的数学是通过对可能的转换（可转换性）操作的抽象而构成的，因此其主题是以在所举的例子中并没有体现的方式被普遍化的。虽然不能说：此种对于关系同构模式的操作-机能型解释反驳了那种认为数学具有本体论基础的解释，但可以说：它使那种解释对于逻辑理论是不必要的，让它留在任何形而上学理论的位置上，必须在形而上学的基础上去讨论支持还是反对。

Ⅳ. 公设法。前面的讨论旨在表明一般的探究模式反映在数学上，以及如何反映在数学上——那种包含在所有实存性探究中的抽象功能本身被抽象化和普遍化。接下来的讨论，将试图更加具体地表明此种模式如何在数学的公设法中得以展示。

1. 每一种探究的开始都是源自某个给定的问题主题的出现。在它的早期历史中，严格的实存性主题的问题提供了一种时机，让数学概念和程序成为解决这些问题的手段。随着数学的发展，这些问题被数学质料设定为给定时间下独立自存的东西。在数学内容概念性的、非实存性的本质和数学主题在任何给定的时间地点下的实存性地位之间，不存在矛盾。因为后者是一个历史产物和历史事实。处在给定时间下的主题，是相对而言“给定的”。当它被研究时，其现存状态便引发了一些问题，对这些问题的化解将导致一种重构。倘若在“给定”主
402 题的构件中不存在任何不一致或裂隙，数学也就不会一直受到关注，而是已经被完成和终结掉的东西。

2. 如早前的语境所示，质料手段和程序手段是共轭性地相互操作的。现在数学中有质料手段，虽然具有非实存性的特征，但*在功能性上*却拥有与料的地位。它们构成了操作规则所适用的“元素”或“实体”，而那些规则有程序手段的功能。例如，在等式 2+3=5 中，2 和 3 是加法运算元素，而+和=是所要执行的运算。在这个等同关系中，实存性与料和数学元素或实体的*逻辑功能*与后者的非实存特征之间并没有任何不一致。相反，数学内容所必须满足的那种可转化性条件要求有一些“与料”，是根据施加于其上的操作和操作规则专门而全面地决定的。

在任何实存性探究中也是如此，质料性的材料是参照所开展的操作而选择和整理的，那些操作正是在假言命题中所表述出来的可能性。但是，那些被选择和整理以作为证据特征的性质是从总体的实存性情境中选取出来的，并且它们自身都是实存性的。由此，它们只能被具体而限定性地解释，因为任何实存的东西在时间和空间上都是环境性的、地方性的。所以，正如我们所看到的那样，物理的非实存性概括的*内容*都是按照最终的实存性应用来决定的；它们被表述以便尽可能具有全面性（运用到最广泛的实存领域中），这一事实并不能否定它们是根据实存性的应用来作最终决定的。形成的一般性的确消除了对于所有可能限制一般性之应用的实存性特质和环境；但是，此种消除通过对于类属上更广泛

的实存性特点的选择而得到了弥补，而且实际上是通过那种选择而被建构的。[1] 403
数学质料性的与料的概念性本质意味着：它们专门而且整个是根据转换运作的可能性而被决定的，后者构成了程序手段。这个属性与我们已经提到过的摆脱了具体性因而也摆脱了限定性解释的属性，完全是一回事。

我们的讨论由此转入对数学中公设法的明晰考察。任何科学系统，当从逻辑上进行分析和整理时，都会被发现包含某些对那个系统而言初始性的命题。这些初始命题就是公设，因为它们通过系统所推导出的命题而陈述了要被满足的要求。在自然科学系统中，需要满足的要求包括：(1)由受控性或实验性观察所决定的元素，(2)能够从实存性上施行的操作。就如已经表明的，作为数学系统公设的初始命题摆脱了这两个条件。因为它们有关操作的元素和方法的内容都是根据可转换性而被单独地决定的。

换句话说，数学系统的公设以彼此严格共轭的方式，表述了伴随着它们的操作元素及其方式。以下述公设为例："如果 a 和 b 是 K 域的元素，那么，ab(a × b)也是 K 中的元素。"这里被假设的元素是 a、b，被假设的的运算由"和"以及"×"或"ab"所代表。这个初始命题并没有先假设某些元素，然后由此借助于另一个初始命题来假定两个单独公设之中的某种运算。其中的元素和运算被置放在一个个体性的公设中，彼此在逻辑上互相依赖。a 被定义为：如果由和所代表的运算是可应用的，那么，被×所系统化的运算必然也可应用。元素是结合着它们借以关联的那些运算而被建构的，它们的运算及规则是根据那些元素而被确定的。通过公设所引入的运算，唯有通过公设允许它们进入其中的那些组合才能被详
细说明。例如，"×"所代表的运算是随便什么样的一种运算，只要能满足与"+" 404
所代表的那种运算相关的交换律、结合律和分配律的条件即可。

正是因为这一点，在实存性质料的情况中属于不同逻辑形式的描述和定义，对于数学主题中的元素或质料性的与料来说却是一致的。同样，推论和蕴涵也是一致的。元素就是它们所被定义的样子；它们是由定义而且只由定义所构成的。另外，与元素具有共轭性关系的、被假设的那些运算方法却是解决(*resolutions*)而不是定义。定义和解决都不能等同于传统的、自明真理意义上的

---

[1] 这种确定性的具体含义在后文中，将按照 M、T、L 作为用以选取和安排与料的标准概念手段来考虑。参看第 23 章，第 475—478 页。

公理。解决程序方法看作是严格遵从的,而定义则把元素设定为通过组合的这些具体方法而与其或对其发生作用的运算,从而产生随后定理中所表述的转换。对它们的意义不存在其他任何控制,这意味着只存在严格形式上的控制。正如在早期有关数学的逻辑哲学中那样,它们并不因为从系统外参照某种"本质"而受到控制。

每一科学系统都由一组公设所构成,这些公设在逻辑理念上是相互独立的,或者说,在所要施行的操作上是不重叠的。因为关于操作的组合,是论说中的发展得以发生的唯一方式。以上提及的那个公设作为一种方式提出了一条原则,即任何受制于逻辑要求和条件的元素也都受制于交错运算的条件。另有一个公设说,如果 ā 是 K 域的一个元素,那么,ā 也是其中的元素。它所表述的是:可被肯定的任何假定元素也都受否定运算所支配,因而能够满足肯定和否定函数这一共轭关系的逻辑条件。既然一组公设中作为构件的初始命题指定了借以把一种运算结果与其他运算结果组合的复合运算,那么,一个系统中的公设可能在另一系统中作为定理出现,反之亦然。因为唯一需要满足的最终逻辑条件是:公设界定元素,同时结合运算中规定好了处理这些元素的方式,以便满足所有形式性的合取-析取条件的定理被遵循。

405 任何单个的操作独自来看,都是可无限循环的或非终止性的。这一点甚至适用于像步行或砍树一样的物理操作。单个操作并不能提供它们自身终止的条件。只有当被一个反向操作切断或阻止时,它们才会终止。换句话说,操作及其结果的组合可称作截取式的(*interceptive*),其典型的(尽管是有限制的)例子是我们已提到的肯定-否定关系。然而,正是在这一点上,我们要关注的是任何操作就其自身关于其身而言的无限重复性。因为这一特征为所谓的"数学归纳法"奠定了基础。它的本质可以作如下例示:第一个 n 加整数之和等于 n^2。因为,这个性质在 $n=1$ 时成立;而且,我们可以表明,如果这个性质在 $n=k$ 时成立,那么,这个性质也在 $n=k+1$ 时成立。因此,它对于每一个 n 值都是成立的,因为每一个 n 值都可以从 1 出发,通过重复的加 1 运算而得到。由于无法从其他命题推演出这条原则,它一直被(如被彭加勒)视为"心灵直觉"。事实上,它所表述的正是:任何运算都固有一种循环性,直到它被与另一个运算的组合所截取或被超限数那样的领域(其中,诸运算不再拥有此种归纳性质)所限定。它既不是公设也不是直觉,而是对一个给定系统中所假设的那些运作之本质的局部描述。

与另一些运算相整合同时被限制性运算所截取的运算组合，在数的体系内，会产生作为和（或积、差）的数；而且基于这样的运算整合，这些数也都是整数。[①] 因此，748 作为与它由之得以被构建的那些运算相关的一个和或差或积，同时又是一个本身可以在进一步的运算中被视为整数的数。如果不是因为在这个普通实例中所阐明的那种原则，那么，数学主题那种因为抽象而不明确的可转换性的典型特征也就不会存在。1、$1/1$、1×1、$\sqrt{1}$、1^{1}、$\sqrt[1\times 1]{1}$ 都是不同运算的结果，而且相 406
对于它们由之得以建立的那些运算都是分明的，其中比较明显的例子是：1 作为无限序列 1/2、1/4、1/8、……的极限和。但是，进一步的运算可以同这些结果中的任何一个进行运算，根据当下问题的迫切性，既可以涉及它由之得以建构的那些运算，也可以不涉及，只要不违背系统内的公设就行。如果不这样的话，抽象可转换性这样的条件便无法得到满足，因为那将设置起障碍，就像曾经应该在“无理数”的情况下所存在的那种障碍一样。

这条原则是在数学中扮演着重要角色的收缩（简化）运算和扩充（合成）运算的基础。各种不同运算的运算组合，其符号形式是括号或括弧。运算组合的结果可以是一个简单的表达式，随后可以对其进行运算，而不必涉及括号里的内容所象征的那种复合运算。这种简化是对那种原则的另一种例证，即可转换性是最终的逻辑范畴，并且所有的数学运算必须维持或促进与系统公设相关的转换。[②]

因此，在一个给定的系统内部，等价总是期待中的目标（end-in-view）或要被获得对象。根据我们之前所提出的立场，作为期待中的目标，它也作为对其获得的条件作甄别性整理的手段而发生作用。在数学中，等价是以等式的形式出现 407
的。在实存性探究中，等价和可替换性的实现是根据最终的实存性应用被实现的，因而受到如此所施加于之上的条件的限制。在数学上，由于等价（等式）是给定系统内所要达到的思虑中的目标，而且是对元素作甄别性整理的一种操作性

---

① 拉特纳博士让我认识到，“超穷数”也是这样的，因为它由之得以设立的那些运算都是非整合性的(non-integratable)。根据定义，它并非整数。但是，这并不意味着转换运算不能用在超穷数上面。

② 熟悉当前逻辑文献的读者可能已经注意到，第 17 章所讨论的那些准则局限于同一律、矛盾律和排中律，而现在通常在此之外还包括重复、结合、分配、简化、吸收、合成等等。后面的这些略去，是有意的。因为前三条准则代表了最终判断所必须满足的条件，而其他所提到的那些则属于命题演算，讲的是有关命题的抽象可转换性的规则。因此，它们的应用性是相对于给定系统中的公设而言的。譬如，关于向量组合的交换性就是一个独特的数学内容。

规则，借以决定系统中诸内容的那些操作上的差别与进一步的操作无关（就像它们在论说中，并不打算产生那些在实存性上具有可应用性的全称命题）。倘若它们的结果满足一个最终所获得等价或相等的条件，那么，它们就能够在简化或扩充的形式上被看作转换之进一步操作的材料。

等价在为一组给定的公设所决定的系统之内，是期待中的目标。当不同的公设集合决定不同的系统时，存在于它们之间的那些等价满足条件就找不到了。但是，普遍的可转换性要求任何一个系统的定理都可转换为其他系统的定理。这种相互可翻译性是通过建立同构来实现的，即同构（就像是不同投射系统下的地图的同构那样）对于系统之间的可转换性，如同等价相对于系统内部的转换一样。然而，系统之间的可转换性的建立，要求建立一个新系统作为媒介。这就像希腊文、拉丁文、德文、法文、英文等等之间的相互翻译要求建立一种新语言或一套新符号一样。譬如，代数和几何的独特结果因为解析几何的建立而变成同构的了。用以界定数学主题的可转换性范畴的那种抽象普遍性，其典型特征就是：任何给定的数学系统的建立，迟早都会解决要求建立新的数学分支的问题，借此其典型性定理就可被翻译为其他系统中的那些定理——这是有助于说明数学发展的不定性繁殖力的一种思考。

诸运算的截取式组合，决定了数学中一个重要的范畴，即周期或群分（grouping）。周期性排列的最初历史渊源，无疑是实存性的。例如，已经有人推测：最初对于 2 的名称起源于某种自然的群分，如鸟的两翼，而 3 的命名则起源
408 于比如三叶草叶面上的对称排列。不管这些如何可能，可以确定无疑的是：构成十进制的周期性群分源自十个手指或脚趾这一实存性事实的暗示。虽然从历史源头来看，十进制是约定俗成性的，但某种形式的周期性群分（当然是独立于实存性上的考虑）却是必然而非约定俗成的。除非组合采用了运算的循环式群组的形式（或者说，若只是局限于各个运算的单独循环），否则就没有已经完成的运算之整合了。尽管在十进制中 10 循环出现，其中的群组尤其明显，但此种原则体现于任何数字中，比如 2。否则，只会出现非数值性的连续性，就像在没有彼此整合时钟表连续的滴答声那样。在无穷序列中，周期性依赖于由之得以建立的那些运算的局部非整合性特征；反过来，作为整数的任何数，都是用以表达和确定某种排列周期性的运算的整合。线、面、体的概念及其子范畴都是整合性群分的例子。如果初看时，对于点的概念似乎不能这样说；但当注意到其概念完全

相对于线、面、体概念来说的完整相关性时，其中的同一性便能显现出来。实际上，我们可以说，数学上的点就像数学上的瞬间一样，阐明了包含在抽象周期性之中的抽象间隔这一概念。

所获得的结论可应用于对零和无穷的解释。在确定任何被充分保证的结论时，肯定和否定（认同-分界、包容-排斥）的共轭性关系已经在讨论多种不同的逻辑话题时被反复地指出来了。这个条件在实存性探究中不能被完全满足，因为任何推论所得的命题，其实存性条件都未构成一个封闭系统。因此，这些命题具有或然性而不是必然性。数学主题从形式上得以建立，从而能满足此种条件。正和负彼此具有完全的共轭性，因此可以说，一个首要的持久的法则就是：一种运算所作之事都可以被另一运算取消。所以，0 并不是一个纯粹为了令运算无效的符号，也并非像实存性命题中的空类那样，是表示在给定时间为空的一个种 409
类的符号。它作为一个符号，是为了实现认同-划界、包容-排斥运算的充分而必要的平衡。在像 $a-b=0$ 之类的等式中，可以找到关于这种共轭性的简单表达。

0 所发挥的积极的逻辑功能是：如果没有 0，就会缺少能实现完全可转换性的运算。例如，在整数序列中，没有 0，负数就没有合法的保证，因为 0 作为一个数引入了方向功能。一个更好的例证出现在解析学中：0 在系统内部是所有矢量的原点。由它作为坐标系统的正中心，在所有方向上自由而一般化的运算可能性得以建构，并伴随着被如此确定的结果，以至于这些结果成为被限定了的转换系统内部的相关联内容。另外，0 作为代表坐标上确定好的系统的正中心的符号，也是代表肯定和否定功能必须具有的那种充分整合关系的符号。

从非终结性的意义上讲，无穷是一个代表随便任何运算单独具有的内在循环性质的符号。因而，数的无穷或线（有别于欧几里得几何中的那些典型的线段）的无穷，并非指一个无穷数或一条无穷线。现代的数学哲学对于无穷概念给出了另一种更具一般性的意义。这个意义就是对应，尤其是一个真的（proper）部分与它为其部分的整体之间的对应。既然对应范畴包含在转换可能性中（在既有系统内部的等价关系、又有系统之间的同构关系的情况下），一个逻辑问题便被提出来，即在这个关于无穷的定义中，对应是否要从操作上进行解释，或者还是需要其他某种方式。在其操作性的意义上，那种认为无穷意味着集合与其真子集“相等”的学说，提出了一种可能性，即从操作性上建立具有同构性的对应。它差不多可以被解释为代表着抽象的“对应”。

“相等”在这个例子中并非意味着作为期待中的目标和给定系统内部之运算的控制的等价。例如，奇整数序列中的 7 对应于奇偶都包括的全整数序列中的
410 4。这里的对应是真正的，犹如在 9 与 5 对应、11 与 6 对应等等的情况中一样。虽然说所谈到的这些奇数仅仅是同时包含偶数、奇数的那个“整体”中的一“部分”，这是正确的；但由此并不能得出：这两个集合之间的关系，是在所有整数集合内所例示的“整体”和“部分”的关系的那种意义上的整体与部分的关系。奇数的连续性是整数整体集的一部分，因为它正是根据那些决定该集合的运算而发生的。但是，作为这样的一个奇数集，它们是被一种不同的运算所确定的，正因为如此，它们不是另一集合的一部分。把这种关系当作通常意义上的“整体-部分”关系，就像是说一张存在于英国的英国地图是这“整个”国家的一“部分”，但其中的重要关系是同构关系。两个集合诸构件之间的一一对应关系应该能够被构建起来，这是可转换性的一个特别的例子。在整理奇数时所执行的运算数目，总是等同于包含在全部奇数、偶数集合中的某某数之中的运算数目，例如 7 和 4、9 和 5，等等。但是，就 1、2、3、4 等等来说，它们是譬如“10”这一整体的诸部分，虽然它们“作为部分而言”，其间的不同在于运算的整合性上，但这里的运算方法也不同于从奇数集中甄别 1、3、5、7 的方法。因此，这些数在运算上来说，不同于另一整数集中的 1、3、5、7。它们之间的对应(虽然不是等价的一种)，可看作同构性的对应。正如上文我们一般性地所关注到的同构性那样，它构成了数学概念之新次序的可能性。因此，无穷范畴可被视为在抽象中的对应性表述。

我将根据物理探究和数学探究各自中的“函数”(functions)意义，对这部分的讨论作一个总结。当说到“气体体积是温度和压力的函数”时，就断定了任何体积上的实存性变化都与温度或/和压力的变化相关。这一公式是通过实验观察的操作获得的，并以此来进行检验。故而，它是偶然性的，结果(上文引用的)波义耳(Boyles)的表述又被进一步完善，以满足范特·霍夫(Van't Hoff)表述中新被
411 确认的事实。考虑到函数的表述，只有借助于实存性观察的独立性操作，才能赋予体积、压力、温度以具体的值。这些值并不能在被它们所蕴涵的意义上，从公式中“得来”。在命题 $y=x^2$ 的情况中，任何为 x 或 y 赋值的操作都必然对等式的其他成分的值形成相应的改变；赋值的这种操作，完全被该等式为其中一部分的那个系统所决定，而不是依赖于系统外的操作，比如那些观察的操作。因此，要通过引入命题函数和数学函数的形式来解释物理性的一般化(它们是可表述为

函数上的相关性的)的形式，这在逻辑上是不可能的。

对于前面几段所隐含的意思的说明，可以通过“外延抽象”的方法，从对点和瞬间的解释中得出来。数学意义上的点不能在选择性的抽象思考的意义上，从物理上的线、位置或体积的关系中“抽象而来”。点在逻辑维度上不同于任何物理上的面积，不论这物质多么细微。点也不是对于外延的纯粹否定。除了伴随着纯粹的否定或者说否定的“无限”的逻辑困难以外，点还发挥着一种积极的作用。0并非数的缺乏，同样地，点也并非外延的缺乏。它是严格的关系性词项(而非相关的)。在“外延”的字面意义上看，不论如何外延，它都不可能根据抽象衍生出来。点代表的是*关系*，而封闭-被封闭这样的*关系*则不可能通过选择那些彼此封闭的事物关系而从逻辑上得以设立；尽管后面这种关系可以*暗示*抽象的关系。它与那些被封闭的和封闭性的物理体积之间的关系，如同父亲身份与那些是父亲的人之间的关系。“线由点组成”的说法，不过是说截取操作可以与那种设立数学上的线的操作相组合，从而使点得到确定的一种方式而已；而说“线由无穷的点组成”，也仅仅是在说：所谈到的这种复合性操作就像该领域内的任何操作一样，并不是终结性的。

V. *实存性指涉的可能性*。一开始，我们曾说过：数学的逻辑理论必须能说 412
明何以缺乏实存性指涉的*必要性*，从而使数学命题能够得到形式证明；还要能说明此种指涉的一般化的*可能性*。至此为止，我们一直都在专注这两种考虑的第一种。算术在一般商业交易中的运用以及数学在物理科学中所扮演的角色足以表明：可适用性是一种可能性，而可能性是在一个广阔的范围内现实化的。关于可能性，我们将讲到两点。

1. 可适用性是无限广泛的，而这正是*因为*它缺少应用的必然性。数学主题的实存性应用的范围与它的抽象性程度成正比，这一点在物理科学史与数学科学史的关系中有所显现。只要欧氏几何被认为有直接的本体论参照，几何学在物理学上的应用便大受限制；而且一旦被应用，它常会把物理学引向歧途。黎曼几何与罗巴切夫斯基几何(Riemanian and Lobechewskian geometries)不仅使几何学摆脱了所谓的实存性参照(这不仅为古代人所设定，而且出现在康德关于几何学和空间的联系，以及空间与先天概念形式的联系的理论中)，而且如此一来，它为广义相对论的物理理论的发展提供了帮助。像张量代数和恒量代数这些数学分支在刚产生时，无法想象会有什么物理学上的联系；但若没有这些分支的先验地独立发展，狭义相对论和量子论方面一些极其重要的发展就无法成为可能。

类似这样的例子还可以有很多，它们并非偶然巧合。如果没有本身即为可能性并在此范围内是抽象的观念的话，那么，实存性的转换就唯有通过机体手段才能产生。低等动物受限的活动范围，就说明了这样的结果。抽象概念的范围越是广泛，概念在论说中借以形成的操作越是广泛和抽象，可以用来开展物理性操作的可能性方式就有越多的工具，从而把与料作为广泛的系统推理的适宜基础。这些可能性在给定时间内在多大程度上成为现实，取决于当时的物理知识
413 状况，尤其是当时可以获得的物理手段和技术。但是，那里的可能性，正等待着让它们操作性地展现的时机。

已经有人指出，亚历山大学派的数学家们拥有所有用以处理运动速度和加速度问题所需要的概念。因此，从理论上看，他们可能已预见到了现代物理学中的一些主要概念。[1] 但是，欧几里得几何带来了强制的限制性的影响，而这种影响之所以产生，则是因为它认为必然要根据本体论上的本质而解释数学概念。数被局限于几何比率这种作为结果的限制，赋予了公理和定义以具体的内容，并因此赋予了所有定理以具体的内容，从而使对于空间、时间和运动的设想无法摆脱性质上的考虑；但只有摆脱这些东西之后，才能使空间、时间和运动得到自由的、能够极大地拓展应用范围的数学处理。

2. 当数学概念对实存性的指涉发生了的时候，并不是直接性的。指涉是通过概念所指示和指引的实存性操作而被形成的，这是这部作品的一条基本原则。这里所补充的是：在许多情况下，数学概念都是用以指导计算的工具，而只有通过这些计算结果，才能促进对于实存与料的解释和整理。在这些情况下，对于与料的建构，不存在任何直接应用，即便是操作性的那种也没有。例如，无理数的获得，没有通过任何仅包含直接的物理测量的过程。这样的数并非那样一些操作的直接结果，也不管那些操作是不是在包含无理数的概念框架下开展的。无
414 理数不是在描述测量操作的直接结果。但是，无理数的确使计算方法的使用成为可能，这些计算方法的结果方便了人们对于实验结果的整理。对连续函数，同

---

① 这里参考的是米德的一篇文章《科学方法》（“Scientific Method”），选自《创造性智慧》（*Creative Intelligence*）论文集。应该对第179至188页上的整个一节进行思考，因为在我看来，它第一次清楚地阐释了必然实存性指涉的缺乏与此种指涉的广泛可能性之间的联系。

样可以这样说。它们以及无理数都不允许根据直接的操作性应用来解释，即便在有些情况下，凭借它们使之变得可能的那些计算，它们进入对实存命题的最终表述中。诸如这样的一些实例，明显地说明了数学概念应用在自然科学中时所具有的功能性、非描述性的特征。它们在逻辑上的重要意义在于：它们具体地表明了全称命题的中介性、工具性地位。除非把这样的解释赋予许多计算的结果，否则所得到的命题都不得不失效，因为找不到有什么实存性东西与它们的内容相对应。

这里提出的这些思考，显然关系到检验和证实的本质（参看前文第 159—160 页）。它们所证明的是：在探究实践中，对于观念或理论的证实，并不是要发现一个实存性的东西来满足观念或理论的那些要求，而是要借助该观念或理论作为工具，去对复杂的一组与料进行系统性的整理。

21.
科学方法：归纳和演绎

415 无论科学方法是什么或不是什么，它都致力于探明：在相互关联中叙述性地决定种类的典型特点之间的结合，以及构成广泛应用的抽象性概念的那些特征的相互联系。由此所产生的命题是两种形式的概括：类属的和普遍的；一个具有实存性内容，另一个则是非实存性的。借以达到概括的那些方法，已经被命名为"归纳法"；借以使已有的现存概括被使用的那些方法，已被称为"演绎法"。这些考虑至少限定了讨论的范围。任何关于科学方法的说明都必须能够提供一套关于归纳和演绎的本质，以及它们相互之间的关系的连贯性学说，而且这套学说必须与在现实的科学实践中所发生的一致。

不论对于归纳还是对于演绎来说，逻辑领地上仍旧充斥着科学方法发展之前所形成的逻辑概念的残余，它们中有些或多或少连贯化，有些则或多或少碎片化。因此，就逻辑主题来说，任何领域都没有像归纳和演绎这样迫切需要有一场彻底的理论变革(前面章节中的论题)。反复地说归纳是从特殊到一般而演绎是从一般到特殊，这已经成为一种传统。这些概念在多大程度上有效，即与科学实践相符，并没有受到批判性考察。其结果通常是：现实的科学程序被迫受到不相关的先入之见的约束。要从这个程序中逃离出去，就要依靠我们对于归纳和演
416 绎从探究的现实性方法的角度进行分析。

传统性的但仍旧是当前的归纳和演绎概念，源自亚里士多德逻辑学。就如已经表明的那样，它是一种基于某些宇宙论信念而对逻辑形式的系统化。既然科学探究的现实性发展已经导致那些自然结构的潜在信念被抛弃，那么，或许可以预期：出现在亚里士多德逻辑中的那些归纳和演绎学说会与现存的科学实践

如此的不相关，以至于当它们被用作解释的评估准则时，会成为混乱和不确定性的源头。然而，我们的讨论不会建立在这种先定的可能性之上。首先，我将简要地提出最初的亚里士多德学说中的宇宙论根基；然后，简短地概述归纳和演绎如何根据本书已形成的那些逻辑原理来理解；最后，将给出一个独立的分析。

Ⅰ. *亚里士多德逻辑学中的归纳与演绎*。归纳作为一个从特殊到一般的过程，而演绎则作相反的运动，这样的观念最初出现在亚里士多德的表述中。比单纯的历史起源问题更重要的是这样的一个事实，即这些亚里士多德式的概念关系到并建基于自然科学的主题，*虽然其主题那时是被理解为自然结构*。在这一点上，没有必要详细地阐述亚里士多德所拥有的自然概念的典型特征。永恒存在（以同一的形式存在于所有时间中）与变易（它的易变性被认为是部分的和不完整的存在的证据）之间的区别，为归纳与理性上的完满、科学证明或演绎之间的区别提供了基础。由于永恒性是由固定的种组成的，各个种都被界定为一种本质，那么可以得出：严格科学性的或示范性的知识存在于对固定的种作类别性的整理中，其中包含性的种在等级上决定了更受限范围的被包含性的种。这种整理是在示范性的三段论中实现的。相反，有关变易事物的科学知识，只有当这些事物被把握并被放置于由用以界定种的本质所设定的固定限度之内时，才是可能的。这里的结果也表现在三段论中，但是在有条件的三段论中，有别于示范 417
性三段论的理性必然性。①

1. *演绎法*。在这些形式的每一种中，演绎与三段论都是同一的。鉴于其潜在的宇宙论假设，那种从一般到特殊的观念有着真正的意义。对于示范性的三段论来说，运动方向是从更具包容性的到较少具有包容性的，其中的“特殊”要在严格的逻辑意义上理解为：与普遍包容性的种相区别的、更为具体的东西相等同。对于条件性三段论来说，“特殊”有不同的涵义。凡是变易的事物，在“局部、不完整”的意义上，都是特殊的。现在，感官知觉对象是单独被观察到的事物，有别于它们所属的那些种。如刚刚所指出的那样，仅当它们被归属在规定种之固有性质的那些全称命题之下时，才算是被真正地知道。经过如此归类之后，它们

① 为了表达此种形式的三段论的条件性本质，亚里士多德经常使用“辩证三段论”（dialectic syllogism）这一说法。它们的结论作为一种规则，“在整体上”，通常都是真的；但并非总是为真，因为它们并非得自本身为必然的主题。

作为特殊便由一般“得出来”了。

在这一点上，我将简要地指出此种关于理性证明的观念与那种与现有科学实践相符的观念之间的不同。数学论说在目前是演绎证明的范本，但是，(1)没有数学家会认为把相关的数学命题链还原为三段论形式有什么逻辑上的重要性，也没有数学家认为这样一种还原会为他的证明增添什么效力；(2)这样的演绎并不必然是从更具一般性的推向具有更少一般性的，即便是与概念相关的；(3)就像已经表明的(实际上是公认的一点)，不可能直接从一个全称命题推到一个有关实存性的殊相或个体的命题。的确，(关于第二点)有时在数学推理中，最终的命题比起它由以“得出”的前述命题有着更少的范围或“内涵”，即较为狭窄
418 的应用范围。例如，当椭圆被定义为这样一条运动曲线，即它与固定线的距离同它与固定点的距离保持不变的比率时，逻辑运动就是从一个更广泛的应用性的概念到一个因为引入具体限制条件而受限的概念。但是，假如椭圆的属性是通过对圆锥曲线截面的属性的推理而得到界定的，那么，逻辑运动就是从更窄的可应用性范围到更宽的可应用性范围。当等边形由等角形衍生而来时，在内涵或范围上既无增益也无损失。事实上，以数学推理作为演绎的一个例子，无论怎样，都不会有与结论之广度相关的前提之广度的任何一般性的说法。所出现的那种差别，取决于所采用的具体方法，以及所处理的问题的性质。关于亚里士多德的演绎概念与现代科学实践的不相干性，我们总的就讲这些。①

2. *归纳法*。对于有关古代和现代科学中各自的归纳程序的表述，存在着措辞上的相似性。二者都是从散乱的与料(或殊相)开始，而朝向一般化的建构。但是，此种相似性不能超出“从特殊到一般”这种模糊公式之外。因为(1)殊相是从极为不同的方式上被构想的；(2)从特殊到一般的“行动”过程或路径是非常不同的。归纳程序在目前科学中的本质，是我们后面分析的一个特别题目。但是，抛开这种分析的结论，概览一下亚里士多德的归纳概念就足以表明，它本质上不适合为当前科学的逻辑条件服务。亚里士多德的宇宙论假定，每一个可知的东西都属于一个种或类。即便感性认识作为低级知识的式样，也是因为所见所闻所触之物被理解为某个类的*存在*。最低级的知识，即纯粹的感知，直接理解由

---

① 前几段中未触及的一个重要差别是：在古典系统中，一般命题的地位和效力代表了对固有静态结构或本质的一种直接注释；而在(正如我们所看到的)数学中，这些命题都是操作性的。

"感觉形式"所决定的那些特质,譬如触觉上的软硬。感觉和感性认知是知识的样式,在这个"物质"中,占据主导地位的是关于变易的因而也是存在之缺失的原 419
则,就像干变成湿时那样。一般来说,在感性知识中,"被认知"的"殊相"是受制于产生与消解、"生"与"死"的,就像一棵树由种子长成,逐渐腐败,最后到灭亡。知觉的反复出现,于是构成了经验。在天资优越、具有哲学和科学冲劲或潜力的人那里,形式也是像那样被逐步理解的,先是征服材料,最终完全摆脱与质料的任何关系。定义和分类如此便被建构起来,并有了基于理性理解或注解的科学知识;简言之,普遍性就在它自身的内在本性中获得了。这一过程构成了古代系统中从特殊到普遍的"运动",那就是归纳法。不变、必然且普遍的"形式",从一开始便出现在感觉和感性认知的特质与对象中。归纳的过程仅仅是将这些形式从它们与"质料"的纠缠中抽出来,以致在其自身的本质性的本质上被理性所认知;而"理性"在关于存在的纯粹形式的知识中,就被定义为这种现实化。

以此为基础的"归纳法"是一个心理学过程,虽然不是支配现代思辨的大部分的那种主观意义上的"心理学过程"。这里谈到的这个过程不如说是一个生物学的过程,而生物学过程是宇宙论过程的现实化。因此,可能最好是把它理解为一种教育的过程,在这个过程中,借助潜藏在经验对象之中的那些形式,把其理性潜能变成现实的那些被挑选出来的人被引导或诱使去理解普遍性,而这种普遍性已经被必然地、始终如一地包含在经验性认知的感性特质和对象中。于是可以说,为我们的"induction"(归纳)一词所翻译的"Epagoge"这个词,正是这样一个被引导或被带领(led or brought up to)去理解那些稳固而本质性的形式本身的过程。[①] 即使抛弃我们后文所要进行的对归纳程序的详细检查,也没有必 420
要指出,这与现在通常所理解的归纳有显著的不同。它们唯一的相似性在于"从特殊到一般"这样的说法,但该说法中的每一个词项都是不同的。

---

① 我所知道的对于亚里士多德实际所持有的归纳理论作出最好说明的人是约瑟夫。他说:"有两节出现这个被动动词带有人称主语的地方;它似乎是指:在此过程中,一个人被带来与殊相面对面,或者是被带过来并(我们可以说)被诱导通过殊相的帮助,认可一般命题。"就像他指出的,在其他一些情况下,结论被称作被诱发的东西(约瑟夫:《逻辑》,第378页n;原文无着重号)。如果可以说,所提到的这个人以那样一种方式被带来与殊相面对面,结果这种方式诱发了对于一般形式的理解,那么,当我们说一个人被诱导时与说结论被诱发时,并没有任何逻辑分别。其中任何一种情况下的过程,都是一种自然的引出(e-duction)或诱发(eliciting),而不是现代科学方法中所出现的那种归纳法。

Ⅱ. 先前分析基础上的归纳的本质。在从质料的角度对归纳进行分析之前，我将根据先前的讨论，对归纳的本质给予一种简要的形式上的陈述。

1. 殊相被选择性地区分，以便确定其本质指示着可能的解决方式的问题。对于认知对象及其性质的这种选择性的重新确定，必然涉及对象及其性质在给定的“自然”状态下的实验性转换；而在古典逻辑中，它们是“照原样”(as is)地被接受的。根据后一理论，所产生的任何实验性的改动，其本身都属于变化的本质。它因此属于低级的不完整存在的领域。所以，将实验作为获取“真正”所是的知识的手段，是自相矛盾的。此外，从社会文化的角度看，被给定的对象和性质的转换，发生在工匠、技工、手艺人一些低等级的活动中。因此，这样的活动和过程从一开始就被作为纯“经验性的”和“实用性的”，因而与欲望和爱好、需要和缺乏相联的东西被排除在外。它们明显地区别于知识，因为知识是“理论上的”并具有内在的自足性，是对于最终而完满的存在的直接把握。

2. 从实验上所建立的对殊相的观察，不仅形成了问题之主题从而指明了适
421 当的解决方式，而且对所指示的解决方式具有证据性和检验性的价值。谨慎地施行操作，实验性地修改先前给定的认知对象，以便在新次序的排列中产生新的与料。与假设拥有的任何结论相关或对其发生影响的新与料的建构，形成了自然科学探究中最不可或缺、也最困难的部分。对象和性质，当它们自然地呈现自身或是“给定”的时候，不仅不是科学的与料，而且对那些真正相关且有效的观念和假说的成形来说，构成了最直接而重要的障碍。

观念和假说最主要的意义和关联都源于它们在常识性使用-享乐情境中的位置和效力。它们通过社会性的交流而非服务于可控探究的条件而发展的符号被表达出来。这些符号所承载的意义，与为了获取知识本身而进行的探究无关。这些意义因其所建立的关联而为人熟知，并有着重要的说服力。结果是：历史上的科学进步都伴随着对那样的词项的刻意消除，取而代之以一套能构成新型技术语言的新符号，或以此为标志。每一门科学（物理学、化学、生物学甚至数学）的进步，不论是总的来讲，还是单个来讲，都证明了建构一种新次序的与料的困难以及必要性。

因此，所提供的任何具体例示，由于其局限性，都可能会妨碍而不是有助于我们的讨论。但是，我要冒险地引用一种典型情况：考虑一下天文科学的发展如何，就是因为地球作为直接知觉的对象，被认为是固定的；太阳却被发现，每天穿

过天空,并与那些“反复无常的”星体一同,从北到南,从南到北,每年往返一次,而被阻碍的。考虑一下现在的天文学观念被获得之前,大量的阻碍不得不被移除,并伴随着广泛而精致地建立新的观察与料(这要依赖新的工具和技术发明)。这并非是因为在整理与料方面缺乏创造力,而是因为那些曾经被视为与料的东西,使天文学理论那么离谱了很多世纪。任何理论,只要没有把所给定的认知对 422
象的转化的实验性操作以及新型与料的构建作为其归纳概念的基础,它就在根本上有缺陷,这一点应该是不证自明的。

3. 借以重构常识性的质性情境的给定质料(以便提供能够限定某一问题并同时具有证据性的主题)的那些操作,已被表明就是那些彼此相互对应的肯定-否定的操作。准备好的结果是:一组相容性和排斥性的事实质料互为条件并彼此相互支持。科学探究借助关于同一和差异的实验性的确定性来为它们的问题找出相关与料,此乃关于普通知识的问题。因此,在这一点上,只需要指出:对所认识到的这种科学程序,与已经提出的理论的逻辑要求是完全一致的。还要注意到的是:包容性和排斥性操作是主动的、实存性的(而非“精神上的”),它们用作为*相互作用*的产物的性质取代被直接知觉到的那些性质。

Ⅲ. *归纳性的科学程序*。前两节的材料为的是:首先表明,传统逻辑不适于提供现实中借以实现归纳法的那些原理,并且不适于提出归纳程序的某些方面,这些方面都是根据本文所持立场在形式上得出来的。现在,我要分析一下“归纳”之名(如果这个词语在根本上可以有任何应用的话)所适用的那些科学程序。因为问题并不是关于一个词的意义,即便是已经被长期用法所认可的一个词,而是关于自然科学中借以确立一般性的那些实际程序。此外,一般性有两个形式:有一些建立了关于包含和被包含的种类的关系,而另一些建立的是作为假说和理论的普遍的“如果-那么”命题。因此,任何对于科学方法的充分解释,要用作实现保证性的一般性的手段,必须同时适用这两个形式。实际上,这种考虑预先警告我们:要想截然划分“归纳”之作为借以确立*实存性*的一般性的操作,与“演绎”之作为有关论说中全称命题的关系相关的操作,是不可能的。至少,就物理 423
学探究而言,归纳和演绎必须被如此进行解释,以致可以被看作相同的最终操作的合作性阶段。

我首先概述一下将要得出的结论，而这些结论是关于探究中不同的归纳和演绎阶段，以及它们的相互关系或功能对应性的。(1)归纳阶段包含着实验操作的复合，通过这些操作，先前存在的条件就被修改了，以便获得能够指示和检验所提出的解决方式的与料。(2)任何所暗示或指示的解决方式都必须表述为一种*可能性*，这样的表述构成了假说。这样产生的*如果-那么*命题必须与其他类似形式的(或在论说中的)命题形成一种有序的关系，直至相关的内容被获取，从而构成一个具体的"如果-那么"命题来指引实验观察，以产生新的与料。这样一些假说之有效性的评判标准，是它们所产生的新与料能否结合早前与料(用以描述问题的那些与料)以构成一个具有统一化涵义的整体。(3)直接可以得出探究的这两种状态之间的相互关联性或者功能上的对应性。表述与料的那些命题要满足探究的条件，就必须那样，以能够指示可能的解决方式的形式确定问题；而那些借以表述后者的命题，必须能够在操作性上提供新的与料，以便充实和整理先前所获得的与料。在那一组有关与料的实存性命题与那些关于相关概念的非实存性命题之间，存在着连续不断的"往返"运动。

这样的说法在一定程度上，符合当前关于科学探究在本性上属于*假说演绎法*的论述。但是，它强调了该立场在陈述中通常被略过的两个必要条件：(1)为了指示相关假说，有必要有观察的确定性；(2)为了设立能够检验假说的实存性材料，有必要有假说的*实存性的*操作性应用。这两个条件，把探究的假说演绎阶
424 段处理为中介。当这一阶段脱离开探究的起始阶段和终结阶段(关系到实存性观察)时，它便断开了其在问题中的机缘，以及在解决问题中的应用。在立场的当前表达中，这些阶段是被视为理所当然的或"已得到理解的"，这是可能的。但是，有必要对它们进行明确的表述，以便假说演绎阶段在其内容上或其关系次序上是相关的，并可以被控制。否则的话，就是预定：(a)实存命题是被全称性命题所"蕴涵"的；(b)当肯定后件或因为肯定后件而肯定前件时，是有效的。(3)归纳和演绎的共轭关系可以通过推论和论证(proof)的相互关联性的本质得到说明，"论证"在这里的意思是*明示的*证明(*ostensive* demonstration)。从实践的角度，将推论和检验这两种功能分离开来是非常不经济的，这一点显而易见，无需过多论证。*由以*开展推论的材料，也应该尽可能地对所作的推论进行检验，这单从经济角度看就很重要。因为很重要的一点是：所作的推论应该能指示要求有什么样的新型与料，并能指示*如何*获得它们。但是，把那些产生同时具有证据指示性

和检验性的材料的操作包含在同样一套组织程序内，其重要性绝不仅仅是实践的经济性的问题。它在逻辑上是必然的。因为凡是未建基于由以开展推论的那些材料的证据性之上的“推论”，都并非推论。它有点像是胡乱的猜测。说推理在一定程度上有基础，相当于说，由以开展推论的那些材料能够充当其有效性保证的一个因素：不是孤立的，而是结合所获得的新与料——它们是该推论作为假说所引起的那些操作的结果。于是，任何分支中的探究所实现的进步，都可以根据它成功地发展出探究方法的程度来衡量；在同一个相同的时间，这些方法所提供的物质性与料要同时既具有推论的效力又具有检验效力。[①] 对这个条件的满足，就提供了归纳程序的定义。 425

在这个关于质料的导言之后，我现在要回到主论题：从质料的观点来分析归纳程序。为了一开始的说明目的，所采用的材料已经把我们引导到对有关露水的形成及本质的概括的那些探究。在这个例子中，常识上的观察在很大程度上，足以识别被赋予“露水”之名的那个独特现象。用以区分出把这个现象作为一种类(即不同于其他类)来进行区分的足够典型的某些特点，很容易而且可以反复地被观察到。发现露水滴的时间、它们在地面上的位置和分布情况、它们的形状等等，都是这样的特质。有关该现象的首要问题，并不是发现某些识别性的特点，而是确定露水这个类包含于其中那个包含性的类。自从亚里士多德时代以来，或许更早一些，一个广为接受的想法是：露水是外延更广的雨水类的子类；换句话说，露水滴是滴下来的。这种信念一直延续至19世纪早期。

值得注意的是：一方面，这样的推论结论实际上是不可避免的，只要认为直接给定的那些性质足以确定一个类；另一方面，类概念的改变，只有在关于热传导和放射的某些一般结论建立之后才会发生。因为那样的一般化结论要求：用以从描述性上确定一个类的实存性特征，应该是根据相互作用的模式而非直接的知觉性质来构想的。(1)关于露珠的新概念的提出，是在不同温度的物体之间，有关热、传导和放射的结果作为具体特质被确认与液态、固态和气态物体的特质有联系之后。关于露珠的新假说，是直接通过这个主题提出来的，而不是通

① 就像已经评论的，“论证”一词很不幸是含糊性的。它经常专门用来表示交谈中的证明，但这在实存性探究中最多不过是中介性的。

过先前观察到的任何与料。(2)随后,那些明显观察到的性质被当作所要解决问题的条件,而不再是解决问题所可能依赖的那些特点。因为放射、传导、热、压力等概念都具有严格的关系性内容,是根据变化模式之间的关联而构建成的。(3)最后,虽然关于温度和压力的一般性结论具有充分的保证,可以在总体上接受,
426 但它们与露水现象的相关性仍是可疑的,仍是假说性的。露水可以通过这些概念来说明,这似乎是一个非常合理的假说。这个假说能够以使演绎出来的命题与观察所得的现象高度和谐的方式,在论说中发展。夜间没有太阳的热,这意味着大气温度的下降。反过来,按照公认的一些法则,气温如此降低,意味着大气中水蒸气被压缩并沉淀在附近的物体上面。这个结论是可以在论说中得到的。根据旧式逻辑,该结论中的内在“合理性”本该导致让我们立即接受和肯定它。而在科学探究的逻辑中,重要的事情是:它只是被当作一个用于指引观察操作的假说、一个需要根据这些操作之结果来检验或“证明”的观念。在关于露珠的新概念的内容中假设了某些条件,必须确定这些条件是否能在可观察到的事实的情况中得到满足。

例如,这个假说假定大气中有大量看不见的水汽,这足以解释沉积而成的露水。进行详细的实验性观察,以看这一条件是否能够被实现。观察显示:通过独立的观察和测量,露珠大量沉淀于一些物质之上;而根据独立观察和测量知道,这些物质都有较差的传导性和较好的放射性;所确认的放射-传导性与测量所得的水汽沉积量之间,尽可能地建立了一些数值上的关联性。同时需要通过实验观察来确定的是:在其他情况相同的情况下,空气温度的变化量与表面上沉积水汽的物体之温度的变化量之间,有一个不变的比率。此外,开展了其他一些实验,其中发现:人为产生的温度变化与玻璃和抛光的金属片上出现的水蒸气相关。

即使如此,虽然貌似可信地推论出露水是与所持假说相符的那一种类,但所“证明出来”的只是:露水或许是由这种形式形成的。它并没有表明,这是露水形成的唯一方式。由对肯定性函数的多重满足而建立的一致性条件,为假说提供
427 了强有力的印证。但是,在否定性(排除性)条件一同得到满足之前,一直存在一个因为肯定后件而肯定前件的谬误。虽然这个例子在本质上不会完全满足逻辑要求,但是,关于条件的改变和消除的操作的展开,使得推论而来的结论具有高阶概率。这些限制性条件都是通过实验产生的,而某些熟悉的例子,如有风的夜

里露水量少、云出现之后的影响等等，就它们消失而言，有能力产生消除。[①]

1. 在举出另一个例子进行说明之前，有必要总结一下我们目前分析所得到的一些结论。显著的结论是：归纳程序是在准备实存性材料，以便这些材料对于推论所得的概括性具有令人信服的证据力。认为归纳在于从“一些”情形（不论“一些”在逻辑上是指单个，还是多个）出发的运动，这种说法充其量是无足轻重的。因为只要探究确定了那些足以保证结论的实存性与料，结论就已经达到了。其中不再有任何进一步的“运动”了。另一方面，如果由以推论概括性那些实质与料没有通过先前的实验观察，那么，不论事例多么广泛，都无法为推论提供根据，或者说，所引发的顶多是带有些许幸运的猜测。用以准备材料的那些操作必须是受观念（作为假说）所指引的，以便既能合取式、又能析取式地满足肯定-否定功能。这种满足唯有通过操作性的比较和对照，才能获得。在实验中施行的 428
这些操作，揭示了那些在实质性上或实存性上彼此独立的现象之中的一致性，并且还能检查通过系统性的消除或对差异的确认所获得的那些一致性（同一性）。如果归纳在现实性的科学实践方面有任何可证实的意义的话，那么，探究的归纳阶段在此，就只能根据把先前给定的知觉材料转换为准备好的材料那样一些操作来界定。当材料得以准备从而能满足所指出的那些条件时，归纳工作便全部完成和结束了。一般性因此也就达到了。

2. 用以准备标准化材料的那些实验观察操作，需要有概念的指引。在这些概念表述为假说并在有序论说中展开其意义以前，对于与料的观察和聚集都是胡乱地进行的——即便是那样，至少仍会存在某种模糊的预知或猜测，从而可以优先观察某些现象而非其他现象。无论如何，这些多少不太确定的探查，其价值在于它们有能力提供一些暗示，以指导更具确定性的实验观察。所包含的指导

① 我们已经选择了相对简单的例子来作为说明性材料，但这里的讲法与现实的科学研究相比，存在着大幅的简化；而且，即便不像我们以上讨论中用几句话而是用很多页的篇幅来描述现实的实验观察，仍会在某种较低程度上存在这样的局限。最具欺骗性的，莫过于逻辑文献中所讲述的科学程序表面上的简单性。当采用字母表中的字母时，这种华而不实的简单化达到了极致。那些字母工具有效地模糊了一个事实，即所谈论的那些材料都是预先经过高度标准化的，因而它们也隐藏了一点，即归纳-演绎探究的全部重点，实际上是借以实现材料标准化的那些操作。可以不过分地说，这样的符号工具虽然是无意识采用的，却源自那种认为归纳乃从“部分推论全部”的过程的学说（后文将有详细的论述），并在随后成为该错误学说的主要支持力量。可以说，在这一点上犯错的人，远不止穆勒一人。

性概念在论说中的发展，为识别科学方法的演绎阶段提供了独一无二的可证实材料。这样，科学方法的归纳阶段和演绎阶段的功能性对应就很明显了，但可能需要再一次指出："科学方法"所意味的东西，就是充分满足探究控制所提出的逻辑条件。

就刚刚分析过的关于科学方法的例子来说，所包含的一般性问题主要涉及类属命题的建立。主要的问题是：查明露水现象所属的那个相关类。其中涉及全称假言类型的那些一般性，比如温度和压力法则。但是，它们被认为已经建立起来了，因此主要的问题是：决定露水现象是否属于它作为这些法则应用的具体
429 实例而被确定的那个类。现在要考虑的是：其中的主要重点都集中于在法则的意义上对一般性的确定，对于种类的确定变成次要的了。所要讲的这个例子就是疟疾。经过探究，已确定它属于带有特定种差的、归在寄生性疾病这一大类下的一个类。但是，该结论在科学上的(区别于实践上的)第一重要性在于：它由此所提供的对于有关一整类疾病的总的理论的印证。

关于导致疟疾的原因，人们长期所拥有的一种看法就表达在该词的字面涵义上，即"坏空气"。这样的看法曾有某种实践价值，因为它具有一些效果，如夜间关窗将影响疾病的实际发生。但是，它实际上没有什么科学价值。它对进一步探究疾病的性质，毫无助益；它没有能力整理疾病期间所呈现的那些现象。它仅仅是通过将它们整个包含在所采用概念之下，作了一下归类。虽然所持有的那种因果观念在逻辑形式上似乎构成一个假说，但它的内容不能完成用以界定是假说的操作性功能。反复发烧和打寒战这些症状非常明显，没有理由假定，不能理解疾病的本质就往往导致无法识别疾病的情况。但是，对于科学目的而言，这样的识别不会有什么结果。此外，这种失败是每一种试图通过实例发生时对它们进行收集、比较，然后"抽象出"所谓的共同属性来获得法则的典型特征。这样一种程序的结果，就是以一个词语为题，简单地重复关于个别现象所已知的东西。解释力实际上被赋予了这个词语。

在知道有某些疾病具有寄生源头之前，对于疟疾现象的科学理解几乎很难开始——这个例子说明了科学探究中假说及从其开始推演的价值。但是，该假说有一个实质性的内容，它是从某些实存性的情形下所发生之事的知识中得出来的；它并非单纯形式性的。而且，由于被视为一种由已知情况到未知情况的概括，它并没有产生一个结论。它是借以指导进一步的观察和实验的一个假说。

最初(即在那样的操作性使用之前)，它仅仅是一个暗示——单纯的一个观念，表达着一种不确定的可能性。为了把演绎放置于能够增强那种操作性的应用性的
形式中，要求演绎从假说开始。但是，它不能就其本身或独自确定有关疟疾本质 430
的结论。甚至拉韦郎[①]在疟疾病人的血液中(通过对血液的显微镜检测)，发现了一些寄生虫，这也是不充分的。它不能表明寄生虫的起源，也不能决定它们是原因要素，还是仅仅为附带的东西，或是疾病的产生物。

此外，在那个时候还发现了一些疾病具有细菌源，而且这个看法似乎可以适用于疟疾案例，从而削弱了从拉韦郎的发现而来的那种看法的效力。单纯从形式理论上看，这一个假说同另一个一样好，这再一次说明了单纯的演绎对决定一种观点来说的无效性。然而，寄生源的概念逐渐获得了充分的效力，它可以结合对血液中寄生虫的反复搜寻，去指导有关疟疾真实发病过程的系统性观察。这样便发现了疾病的改变与寄生虫生命期的改变严格对应，而且在疾病的不同阶段上出现不同形态的寄生虫。这些探究发现足以合理地建立关于疾病寄生性质的信念。它们还不能表明寄生虫的源头，因而有关疾病的本质或典型特征的问题仅仅部分地得到解决。后来发现，另一种疾病——丝虫病是由蚊子叮咬引起的，这说明蚊子或许是疟疾中出现寄生虫的活性因素。这个提议在进一步对蚊子的观察中，被用作一种起作用的假说。罗斯[②]发现，当蚊子吮吸患有疟疾的病人的血液时，在蚊子身体内形成了新的形态，最后变得不受约束。后来他发现，以疟疾病人的血液为生的蚊子变种形成了色素细胞，而这些细胞与在疟疾早期阶段寄主血液中的寄生虫一样。

然而，科学确定一种法则或全称命题的逻辑条件，仍旧没有被充分满足。它还必须满足排除可选择的可能性的某些条件。例如，必须表明：其他种类的蚊子
并不携带或引入寄生虫；并且，蚊子在之前仅仅以痊愈的人的血液为生的时候， 431
并未产生疟疾的那些标志性特征。即使那样，在这些可能性被清除后，科学工作仍然没有完成。我们必须在人的身上开展一些实验来表明，如果按蚊子叮咬疟

---

① 拉韦朗(Charles Louis Alphonse Laveran)(1845～1922)，法国生理学家和细菌学家，发现了疟疾是由一种原生动物造成的。这是人类第一次发现原生动物具有造成疾病的能力。他于1907年凭借对原生动物的研究，获得诺贝尔生理学-医学奖。——译者

② 罗斯(Ronald Ross)(1857～1932)，英国医学家，由于他在研究与治疗疟疾方面的重要贡献，于1902年获得诺贝尔生理学-医学奖。——译者

疾病人，然后在一定的时间（与已得到独立表明的寄生虫在蚊子体中的形成所需要的时间一样）后叮咬一位痊愈的病人，后者便有了这种疾病的典型特质。从否定的方面看，还要进行实验来表明完全避免蚊子叮咬的人群不曾发生疟疾，即使是在疟疾流行的地区里。当通过一些措施阻止按蚊繁殖，比如在按蚊繁殖的水面撒上油、排干湿地等等，会导致疟疾消失的时候，否定性的条件还需要进一步的被满足。最后，人们凭经验很早就知道：服用奎宁，可以在一定程度上对疟疾免疫，而且在感染疟疾后具有特定的疗效。当这个经验事实从实验上表明，可以从奎宁的化学性质与寄生虫的生命维持所需要的条件之间的关系得出来的时候，有关疟疾形成与蚊子在血液中产生寄生虫之间具有固定的联系的那个假说便最后确定下来了。最终，一个“如果而且只如果，那么”式的全称命题被建立起来，就那样的命题能够被决定性地建立而言。

在考察前述例子中所形成的那个理论性的结论，在此不必重复。不过，那里提到的关于“从一些到全部”这一公式的无用性，可加以详述。一般命题的内容和效力在整体上，依赖于它由之得以建立的单称命题的内容和效力。而这种建立反过来，有赖于借以构建那些内容的操作的性质。当肯定归纳推论从一些情况中所发生之事推向所有情况下都成立之事时，短语“所有情况”当然必须限定在特定种类下的所有情况。但是，如果这个种类是在推论由之得以开展的“一
432 些”情况下得到确定的，那么，所谓的推论就是纯粹的同义反复，因为类就是它所是的那个类。[①] 从正面来讲，任何事情都取决于在“一些”情况中确定下发生的事情。如果有理由相信当时所发现之事是代表性的东西，那么一般性就因此已经被确立了。如果它不是代表性的，那么在任何情况下都没有得到保证的推论。

我们又一次得到了那个结论，即“归纳”是方法复合体的名称；借此，一个被给定的情形可被确定为代表性的，可它是一个范例性的或样本性的情形的表述中的一种功能。[②] 归纳探究问题以及进行归纳时所不得不遵守的预防措施，都与探明所给定的情形是代表性的或者是范例或样本相关。毫无疑问，探究期间不得不检查一些（几个或很多）情形：这一点是探究内部的比较-对比功能必然包

① 当有人说这种推论适用所有“相似”情形时，可以进行同样的批评。其争议的关键点是相似性问题。

② “范例”(specimen)和“样本”(sample)两个词并非严格地相同。它们的意义之区别将在后文谈到。然而，就当前的目的而言，它们被视为完全的同义词。

含的。但是所推论的结论的有效性，并不取决于这些情形的数目。相反，对于几个情形的调查及操作性的比较，对于确定在任何一个情形下实际发生了什么，严格地来说，是工具性的。一旦任何一个情形被确定能够充当代表性的实例，正在进行的问题也就解决了。习惯上，人们的推论都是从实例和例证出发的，从皮尔士所谓的图式或“图示”(icons)出发。我们在之前的讨论中，也常常遵循这样的路线。但不证自明的一点是：这样一种推论模式，其全部价值都取决于那个情形是否真的是范例性的和操例示性的。如果这里再一次强调了这一点，那是因为其中的议题对归纳程序的性质来说，是关键所在。

3. 至此为止，我们都把那种流行的观点——科学探究的目标是要确立事实性的和概念性的一般性原理和法则——视为理所当然，因为毫无疑问，建构这样一种一般性是自然科学工作中不可分割的一部分。但是，有人经常进一步默默地假定或公开地表示：对于一般性的建构，穷尽了科学工作。这种说法，否认科学中有任何部分用来确定那些指涉像那样的个体的命题。当然，它承认要有属于一个类的个体的命题，以便达到一般性；也承认对于所提出的任何一般性，必须通过查明对个体事件的观察是否产生与这种一般性要求相符的结果。但是， 433
一般性一旦达到，便假定单称命题已经实现了其全部的逻辑目的。这种假设等于否定了使用一般性来确定个体有任何科学性的目的。当然，它意识到了一般性的确是如此来运用的，譬如工程师、医学工作者就是如此运用的。但是，这种用处被认为是科学之外的或纯粹是“实用上的”。这种观念模式不仅反映同时支持了理论和实践之间令人厌烦的那种划分，其所谓的差异体现在“纯”科学和“应用”科学之间一种固定的逻辑差异上。

我在这里不应该详述这样一个事实，即所谈到的那种令人厌烦的划分，完全是对适合古代的宇宙论、现在却被科学实践所遗弃的逻辑方法和逻辑形式的观念的继承。我最多指出它的武断性特征，因为在有能力的工程师或医师解决个体情形之确定性的问题时，所使用的程序与另一群人在确立一般性时所用的程序之间不存在任何逻辑上的差别。[①] 这里需要指出的是，此种观点把通常被称作科学的许多主题排除在科学之外。例如，历史学在很大程度上关心的是在给定时空下确立所发生的事情。问题并非是大体上历史学是不是一种科学，甚至

① 关于这一点，参看 K·达罗(K. Darrow)：《物理学的复兴》(*The Renaissance of Physics*)，第一章。

也不是历史学能否成为科学；而是历史学家所运用的那些程序能否从具有科学性质的程序中排除。所批判的这个学说从逻辑上来说，包含着这种否定的事实，至少是一个需要考虑的评论。然而，历史学的科学地位问题是一个如此备受争
434 议的主题，以至于这个例子或许不够令人信服。那么，地质学和生物学是不是科学呢？这个问题并不意味着贬低一般性在这些领域中的重要性。它要求我们注意的一个事实是：这些科学主要从事对个体的确定，而且一般性并非仅仅产生自对个体的确定，而是不断地在对个体的进一步解释中发挥作用。

事实似乎是：不加批判地固守亚里士多德哲学的观念，已经与物理学尤其是数理物理学的声誉结合起来，从而认为物理学不仅是最高级的科学探究形式（这是无可否认的），而且唯有它在本质上才是科学性的。从流行的观点看，物理学的一般性在电子与化学工程技术中的应用，以及在“医学科学”（如果可以用这个词的话）所用方法中的应用之所以具有吸引力，主要是因为它们的实践结果。但是，从逻辑的观点看，应用是一般性本身得以证实的不可或缺的部分。抽干滋生按蚊的湿地之所以受到重视，是因为它有助于消除疟疾。但是从科学的立场看，它是用来确证理论的一个实验。一般而言，物理和化学结果的广泛的社会应用性为所获得的结论，提供了新的安全性检验。

这其中所包含的观点影响深远。把科学教条式地限定于一般性，迫使否定每一种实践形式所具有的那些科学特点和价值。它在逻辑上消除了存在于常规活动与理智活动之间、一时冲动的行为与体现技术和技艺（它们代表着经过系统检验的思想）的艺术活动之间的巨大差别。更为关键的是这样一个事实，那就是即便对于一般性来说，它也意味着所有科学在逻辑上的自毁。因为没有任何理由可以在自然科学实验上的操作和技术与为着独特的实践目的所采用的同种操作和技术之间划出逻辑界线。难以想象还有什么会比实验的消除对于科学更加致命，而实验乃是做与制（doing and making）的一种形式。概念和假说通过做与
435 制的中介在实存材料上的应用，成为科学方法固有的组成部分。要在这样的“实践”活动形式与那些将结论应用于人类社会目的的活动之间作出硬性的区分，必然会对狭义上的科学带来灾难性的结果。

4. 本章论及的有些话题看似离归纳话题有点远。如果是这样，则看似的东西都是肤浅的。因为在当前状态下的逻辑学说中，其归纳理论由于来自两大源头的错误概念而受到根本性损害：一方面是现代科学诞生之前形成的那种逻辑

的影响；另一方面是试图使逻辑理论符合现代科学程序的那种经验主义逻辑的影响。这两种影响合起来支持着一种观点，即归纳作为一个过程，从一些已观察到的情况中所发生的推论，到在所有已观察以及未观察的情况中所发生的。在对这些理论进行批判性的分析之后发现，它们中唯一的真理成分是这样一个事实，即所有推论都包含着超出已观察到的对象的范围之外的*延伸*。两种理论在解释这一无可争辩的事实时，都忽略了有关科学归纳推理的一个明显事实——即对作为一般性之根基的个体的控制性重构。之所以要实现这样一种重构，是为了确定在个体情形下，什么东西会以相互作用的方式发生。*从一到所有*的推论完全且专门地取决于先前的实验性操作，通过这些操作，一已被确定为相互作用的次序的一种典范性的样本，或变化的功能性相互关联的典范性样本。当这种秩序被确定的时候，*就是*一般性。就变化的秩序被包含在一个更广泛的变化秩序内而言，根据*类的关系*结果就是一种一般性，因为所说的相互作用确定了可观察性的典型特征，而这些特征合起来描述了类。就相互作用的秩序是被抽象出来的而言，它是能够通过在论说中形成一种“如果-那么”的全称命题的符号的发展而得到理解。结果是非实存性法则或原理形式的一般性，通过实施它所表述的那些操作而组织实存性材料。

一般性的类属的和抽象的普遍性的两种形式的共同的逻辑根源，是它们的 436
共轭关系的另一个实例。传统经验主义逻辑的基本缺陷，是不能认识到抽象假说(其中有诸命题的演绎关系)对借以设立那些带有证据检验性的个体的操作控制的必要性。传统(形式上为理性主义的)理论的先天缺陷是：(1)不能认识到实验科学的程序对个体进行了转换，由之开展了归纳概括；(2)不能认识到假说对于个体的实验性确定来说，具有完全的工具关系。

在科学方法中，对相互作用模式进行确定的积极作用，包含名为*因果关系*的应用的过程。确定命题这是指定的类中的一个，和命题该类与其他类一起包含在一个更广泛的类之中的明显可观察性特点，为这些结论提供了保证性的基础；但唯有在所说的证据性标志是通过相互作用的模式建构起来的潜在性现实化的时候，才是如此。像那样的相互作用模式作为一种抽象的可能性的时候，才会形成一个全称命题的内容、一个假说的内容。

根据因果关系对这个论题的阐释，是随后一章的主题。为了认识到因果关系概念在解释归纳推理的那些理论中所扮演的基础性角色，需要略微熟悉一下归纳主题。然而,从穆勒时代或更早的时候起,因果关系的本质问题就与各类传统的形而上学和认识论问题捆绑在一起了。本章所作的这些讨论,将使我们能够不去关注这些中的大多数问题。因为承认相互作用的核心地位,能够让我们对因果关系范畴的讨论限定在相互作用概念所具有的逻辑功能上。

22.

科学法则——因果关系和承继性

Ⅰ. 引论：法则的本质。自从穆勒时代以来，已被广为接受的一种观点是： 437
科学法则是对一致性的和无条件的事件承继性的表述。根据那种承继性来界定因果关系，也是在遵循穆勒的学说。然而，采用这些立场并不意味着一般性地接受穆勒个人的解释。相反地，批评他观点的那些人可以轻易地表明：无条件性的或必然的承继性”这种观念从根本上不相容于他的那种认为像那样的个体是所有一般命题的基础和内容的观念；或更一般地讲，他所假定的那种必然性或不变联系，不相容于适用个体之间所持有的那种关系。因为穆勒自己承认，对于承继之严格一致性的确定，最终依靠或等价于对其无条件性的确定。显然，因果法则和作为无条件承继性的因果关系概念一旦被接受，就要求有一个与穆勒所提供的有所不同的逻辑基础。

许多独创性工作试图表明，如何在与穆勒有所不同的逻辑概念的基础上，把事件的承继性之一致性的观念与无条件性联合起来。但是，从对穆勒学说的批评之有效性中，并不能得出取而代之所提出的那个学说就是有效的，或者，它反过来摆脱矛盾。相反，几乎不需要什么分析便能表明，事件之必然的（或无条件的）实存性承继的概念（以及任何时间性事件的承继性，都被描述为实存性的），
是与其他通常被接受的基本逻辑原则相矛盾的。因为大家都认识到，只有具有 438
非实存性内容的普遍命题，才是必然性的；而且，任何具有直接的实存性能指涉内容的命题都是I命题或O命题，既非普遍，又非必然。

不过，当分开来看时，所批评的这种观点中，有某些成分显然是合理的。必然普遍命题的确包含在科学方法中，也不能否认，对于实存的承继性的确定，在

许多探究中都是不可缺少的，例如在前一章讨论的疟疾和露水例子中。同样，明显的是，在包含相互关联之抽象性特征的全称命题与对于有序的承继性的确定之间，存在着某种逻辑关系。但是，显而易见，在这两类命题之间存在逻辑上的区别。因为后者是实存性的，而且就像后来所呈现的，最终在指涉上是个体性的；而前者，则是抽象的。因此，我们所批判的这个学说自身内部包含着矛盾。那些其内容彼此必然关联的命题，它们的功能效力（在确定实存性的承继性方面的功能性）被错误地赋予所要确定的那个承继性，似乎它就是法则的内容；接着，那种只属于抽象的如果-那么式的全称假言命题并由之得以建构的必然关系属性，又被赋予这个承继性。

其中逻辑混淆的源头，我们已经反复地指出。它之所以发生，是因为类属和普遍形式的一般性被等同起来。让我们举一个典型的科学例子。物理学中有一些基本命题，其中时间、距离和质量彼此相互关联。用以表述这些内在关系的命题，是一些方程式或其他数学函数。它们声称规定了各抽象特征之间的必然关系，因此它们在内容上是非实存性的。T、L 与 M 的意思在定义中，并通过定义被决定。一旦被如此决定之后，它们便没有了日期、地点和质量等实质性的特征。另外，对于现实变化和变化相关性的探究，却有直接实存性意义的内容。它们关注的是事件的具体时空路线。所以，科学探究的核心所在是维持所提到的
439 两种类型的逻辑命题之间的区分和功能性关系（对应性）——这个说法中的“和”有“倍增”效力。使得科学法则是对变化之一致性的、无条件的承继性的表述这一观点无效的那个谬误，源于认为全称命题的功能似乎是实存性命题的结构性内容的组成部分。

作为法则的事实性的一般性与作为法则的假言普遍性，两者因各自的主题都不拥有事件的承继性。作为事实性的一般性的法则，因其内容而拥有一套相互作用。这些相互作用的方式，在任何给定情形下都被肯定性或否定性地选取，以便可以把那些全面而专门地决定诸类彼此关系的特质作为其潜在结果。从逻辑理想上看，它们合起来有非常广阔的范围，以至于发生的任何单个事件都能被确定为属于某个指定的类；而这个类与其他类的关系也能使广泛的推论成为可能。例如，对于各种金属，密度、比重、液化点、气态和固态转变等概念都是根据条件的某种相互作用而被一个又一个地确定的。然后，这些不同的行为模式彼此相互联系以便确定共同的一组属性，从而分别确定锡、铅、银、铁等类。另外，

抽象的或普遍的如果-那么法则因其主题而拥有关于特征的相互关联，这使得这些特征成为一个由相互关联的特征所组成的综合系统中的不可缺少的部分。然后，有序论说或“演绎”便成为可能。

在讨论某些论题时，普遍认同的一点是：全称命题的前件和后件之间的关系是完全形式的。至少就明确说法而言，有一点并未得到广泛认识，即关于自然科学中的此类命题（如数理物理学中的），每一个这样的命题的内容都是依照该命题在关联性命题系统中的可用性和效力而确定的。这样，理论理想上的广泛传递性是每一个这样的命题的一个关系属性，从而可以从一些较为基本的命题（如关于 T、L、M 之间关系的那些命题）得到具有较小应用范围的命题。然后，它们 440
以某种方式被应用于由具体存在变化所确立的那些问题，而那些具有更大应用范围的全称命题却无法如此应用。

Ⅱ.“因果法则”。由此来看，“因果法则”一词尽管有其一般用法，但仍然是一种比喻。它属于转喻的情况，其中用以指代法则的并非其内容而是执行其功能后的结果。正是通过这样的比喻法，金属杆被称作杠杆，一根木头与金属的某种组合被称作锤子，一种可见的白色物质现象被称作糖，如此等等。正如先前所提到的，甚至常识性的经验对象，也都是依据其与别的事物常见的相互作用的潜在后果而被习惯性地认定的。然而，常识倾向于把这些后果归因于事物自身所固有的某种“能力”（流行的物质概念中的一部分）。认识不到与其他事情的相互作用，才是决定性因素。由于法则被明确地表述为相对于结果的手段（分别有物质手段和程序手段），如果根据实存性的时空上的承继-共存秩序（这些秩序由其操作性的应用构建而成）来描述它们，那么，并不必然就导致什么危害。但是，当如此被确定的实存性秩序被当作法则本身的字面上的构件时，基本的混淆就产生了，而且注定要产生——当它们不仅被称作因果法则，而且被当作对规则性的承继性的表述的时候，这种事就发生了。

Ⅲ.变化承继性联系的涵义。对于任何两个事件之间“因果”联系的确定，并非终结性的，也非逻辑上完整的。它是一种手段，通过与其他类似联系的确定的关联来建立一个单一的连续的历史。作为科学探究的结果，那些之前已经被单独和独立经历的事件，变成了同一个连续发生的事件中的不可或缺的组成部分。于是，这后一种确定性就构成了作为最后的或终结性结果的已解决的、个体性的质性情境。当时间性和共存性的连续的个体情境被建构的时候，因果概念

已经达到了自己的目的，退出去了。只有在对某一组事件的时空联系是否在事
441 实上构成实存性的连续体有理由怀疑时，对因果关系的参照才会重新出现。

一幢大楼被烧了。就当时当地的直接经验来说，这是一个孤立的事件。问题是要将它与其他事件关联起来，以致成为更广阔的事件发展过程中的主要部分。常识对于问题的解决，是根据一个“先前”事件，比如某人因为报复或为了得到保险金而放火，或者被一根火柴无意间掉落所引起的大火，等等。科学把常识认为足以起到解释作用的所有质性事件转化为一组相互作用，其中每一个都非常精细，从而能够与其他的一起构成一个无缝隙的、不间断的共存性的承继性连续整体。因此，对于一般性来说，当探究确定好那些具体的相互作用模式及其借以彼此关联的普遍公式后，它便满意地停了下来。譬如，就金属的重力、密度、金属熔点而言，当这些在其中的每一个类的科学性描述中被发现时，一般性就获得了。然后，当需要时，它们被用来识别并划分出一给定物质，以作为某某种类中的一种金属。在全称命题中，重力、热和光根据内容得以被界定，以使对它们之间关系的表述成为可能。

接下来，当具体条件要求确定具体的实存现象时，还要对这些一般性进行应用。实际上，当机缘真的出现时，那些一般的确定性已经根据可用性得到了设定。这里要对此种说法补充的是：在经过如此应用时，它们可以确定那些细致精当的个体，使得它们联系在一起，从而构成一个在时空上属于更大个体形状整体的连续体。两种形式的一般性都是明确地依照其执行此种功能的能力来确定的，正是这样一个事实，解释了为何功能与内容紧密结合起来，从而使功能的出现被认为理所当然之后又被忽略——最终导致“理论”与“实践”的完全隔离。

通过一个例子，会把这种形式的考察变得更加具体。一个人被发现死在很
442 不寻常的场景下，从而引起了猜测、怀疑和探究。这是谋杀、意外还是自杀呢？这个问题作为决定性特质之一，将使所提到的那个现象被可靠地关涉到一个确定类。发现和判定那些具有充分的区别性进而可以确定种类的特点，就像我们通常所说的那样，其唯一的办法就是查明这次死亡的“原因”。不论“原因”一词在这个语境下可能意指什么或不意指什么，它至少都意味着让该事件不再像最初出现时那样孤立，从而将它与其他事件联系在一起。经过分析性的转化之后，它于是成为一系列更大范围事件中的构件之一。当这样联结起来时，最初环绕该事件的那种“神秘”也就消失了。在构建所要求的联系的那种探究中，都有什

么包含在内呢?

1. 首先有对于死尸及外围条件的彻底检查。这种调查完全是观察性的,用以指导它的是当时科学工艺所能提供的概念和技术。对于这些观察的指导,旨在对可能的死亡类型(突发自然死亡、自杀而死、谋杀、意外死亡)找到一些区别性特点,这一点在实践中已被确立为常规路线。从逻辑的观点上看,它们包含一组理论上可穷尽的析取命题,而每一个析取命题的表述都采取"如果-那么"的假说形式。然后,每一个假说在有序的论述中都得到了发展,譬如:"如果是自然死亡,那么会有如此这般的一些相关联后果。"之后会有对现存条件的考察,可以查明那些理论上演绎出来的结果是否实际上出现了。

2. 由此导致的有关死亡类型的命题,没有把那些探究所针对的问题化解掉。它倒是用一种能引发进一步探究并作为进一步探究的条件的形式,把它表达出来。假设命题是:"这是由其他某个人所造成的暴力死亡案件。"这个命题并非最终的或完结的,它是要引发一些探究去发现犯罪之人,寻找罪犯实施犯罪的一些条件。后面这种考虑,构成了通常所说的"动机";它提供了用以判定这个杀人者是什么类型的区别性特点:自卫杀人、激情杀人、预谋杀人,等等。确定其具 443
体类型之后,也就确定了与作为行为准则的现存法律概念系统相符的进一步的实存性后果——死刑、徒刑、释放,等等。

列出这些不同的探究阶段,其目的是要揭示明显事实的逻辑效力;这个事实就是:所开展的调查范围远远超出了对于死尸及其直接外围条件的考察。之所以有必要设立像查明死者先前的健康状况,他在确认死亡之前一段时间内的活动,他与敌人、因其死亡而受益的人等其他一些人的关系,其他被怀疑到的那些人之前的活动等等这些调查,是因为这样的必要性可以证明关于所发生的死亡类型的那个推论性命题,在逻辑上的不完整性、不全面性。从正面来讲,此种确定性是进一步探究的条件,这些探究把已被查明的那些事实与一组其他的相关事实关联起来,从而使作为结果的相关事件的复合体构成一个个体性的时空连续体。

仍然需要指明的,是这些考虑对科学探究中所用的因果关系概念的影响。从松散的常识信念中得出的常见看法是:可以挑出一个事件作为所谈论的那个事件的那个前件,而这个前件就是其原因。譬如说,被谋杀之人的死亡的那个前件是另一个人用左轮手枪进行射击。但是,检查后发现,这个事件在时间上并非在前，从而排除了它是那个前件。因为单单开枪射击，在时间承继性上还不能充分接近"死亡"的原因。开枪后，可能并没有完全射中那个人。只有实际射中身体某个致命部分并使机体过程停止的子弹，才与死亡之发生具有"因果上的"联系。这样的一个事件并非死亡事件的前件，因为它是该事件整体中的一个构件。

关于事件原因（作为选中的某个前情事件）的那种常识概念，其在理智上的
444 形成过程可以描述如下：一开始是死亡事实。这个被单独认知的现象设立了发现它与其他事件在时空上联系的问题。这个问题涉及一个实存性的个体情况，而非建立一种一般性，尽管不把一般性作为手段就无法解决问题。在确定其中的关联时，第一步是发现一粒子弹射中身体的某个要害部分，并且子弹是由另一个人所射。至此，一切都好。它的分析开始误入歧途的时候，是在它没有认识到此种确定性构成了事件之内容，然后该内容在探究中取代了最初所观察到的那个总体事件的时候。后者现在是根据一组相互作用来描述的，在这些相互作用中，正如最初所观察到的那样，死亡事件已经被分析性地解决了。

对这些相互作用的分析，是通过应用作为先前探究结论的某些一般化的概念而产生的，比如，一方面有子弹的速率等等的物理法则概念，另一方面有生理过程的标准化的概念。这些一般性都是关于那些在逻辑上彼此关联的特点或特征的。它们并非是时间上的承继性。子弹进入（譬如）心脏这件事，现在是所调查的那个死亡事件中的一个构成部分，而非后者的前件。

因此，那种认为因果关系由前后事件之间的一种关系所构成的学说，是把两种不同次序的观念胡乱地混杂在一起的结果。其中有效的观念是：被直接所知觉到的那个总体事件，只能通过将其转化为细微事件（相互作用），从而使中间某些细微事件变为一个时空连续体中的构成部件。但与此同时，它对于死亡之事的看法似乎仍旧是：它是基于另一总体事件即左轮手枪开火之后的一个总体事件。这两个不可相容的概念的组合，产生了作为那个前件的事件与另一作为那个后件的事件之关系的想法。

随后，此种混淆被那样一种想法所完成，即那些借以查明唯一的连续性事件的一般性，是对某个统一承继性的表述。这样的把程序的操作手段与其应用的实存性结果相混淆，代表了作为两个独立事件之间关系的那种常识因果关系的
445 概念与那种科学上从所发生之事到一个连续事件的转化的混淆。它的确标志着对于常识看法的一种精致化，但仍然保持内在的不一致性。因为根本没有统一

的事件承继性这种东西；而在另一方面，当典型的特性或特征的一般化合取被替换为“事件”时，承继性的属性也就被消除了。

在对这一点作深入讨论之前，要讲一讲该观念的历史起源。总体的质性对象（被直接认知的对象）被它们的个体性的质性本质彼此分离，这一事实当有哲学反思介入时，就会令人感到需要有某种东西来沟通它们之间的裂隙。譬如，把燃烧的火柴用到一张纸上，使这张纸开始燃烧之前，火柴的点燃已经结束了。火柴的燃烧和纸的燃烧是两个不同的质性对象。为了克服这种质性裂隙所造成的困难，引入了力这一概念。火柴被认为具有某种生热力。同样地，生命体被认为由于某种赋予生命的力量的消散，才死亡的。最终，这些力被一般化。重力造成事物向下运动；浮力造成事物向上运动；电力使摩擦过的琥珀块能吸引纸片；磁力能使磁石吸引铁；等等。实际上，力的观念深深地根植于大众文化的信念中，以致不需要举例说明了。

这种观念在理智上的根源，就是已经讲过的那些。一开始观察到的事件是成系列的（successive）；该系列由于其每一个质性本质而包含一种间隔或裂隙。然后，这些事件之外的某种东西被引入以解释这样一个事实，即这些事件虽然独立却是有联结的。当看到这些力根据定义是不能被实验所观察时，关键的时刻来临了。它们于是连同其他的“神秘”性质和形式（它们或许是其中最为显著的例子），一起被排除在科学之外。然后又产生一个混杂的想法，从常识中提取系列这个观念，从科学中提取联结的不变性这个观念。从表面来看，通过清除不被接受的、非科学的力概念，可以达到令人满意的结果，足以保护那些作为不变承继性的法则的新观念，否则，它们会受到批评说：那些在法则中恒久相联的内容 446
并非事件，它们之间的关系不是承继关系。这种观念一经表述出来（被休谟在怀疑性的指涉中所表述的，被穆勒带有建构性的意向所表述的），便作为仅次于自明真理的理所当然之事被接受下来。

我们有理由认为，科学法则是对不变的承继性的表述，这一观点在相当程度上产生于一种尝试，即在一些重要方面修改常识对因果关系概念的应用，然而却不抛弃此种应用背后的那种观念。常识中充满这样的信念，如“一场好雨会让种下的种子成长”；“水解渴”；“加热的铁更容易锻造”，如此等等。这些大众信念中，有一些现在被归到迷信范畴下，比如月亮的阶段性变化引起了植物生长的变化。但是，其他许多信念是在实践活动中经常被依赖的。这样一些“一般性”本质上所表述的，是习惯上的期待；它们属于休谟将整个因果关系概念转化而成的那种东西。作为对于期望的表述，它们的确涉及前后事件之间的系列关系。但是，关于期望的表述，不论在实践中如何有用，也不论如何常常得到印证，都不属于法则这一类。从科学探究的角度看，这些期望只不过是用以形成问题的材料。譬如，它们为何以及如何在实践中用得上？对此，只能作为期望之基础的客观条件来回答。那种关于行为习惯的说法，必须变换为关于客观主题间的关系的说法。

以命题“服用砒霜会致命”中所表达的这样一个非科学信念为例。在语言形式上，它是一种概括，指的是被认为至少相当于统一的一种承继性。但是，科学探究的进行是通过引入限定性。砒霜服的用量，必须被限定；砒霜剂量必须足够大。服用砒霜的身体系统条件也必须被确定下来。因为有些人坚持小剂量服
447 用，逐步增加用量；最后，对于其他人致命的剂量，他却能免疫。“抵消性条件”的有无必须考虑在内，因为(譬如)如果作为解毒剂来服用，就不会致死。

当探究仅仅进行到这一步时，所产生的命题并不是关于统一承继性的，而是类似“在某些条件下服用砒霜易于致命”这样的形式。这里仍旧是对一个问题的陈述，而不是最终的科学结论。科学探究在解决问题时要做的，是发现实存性的根据或理由以保证到目前为止所作出的命题。它们的确定在用以陈述问题的命题的内容和形式上，产生了根本性的改变。从流行的信念和有偏见的科学命题，到确定的科学一般性的转变，并不仅仅是增减某些成分的问题。它包含着对一种新型实存材料的建立。在这种变化中，总体的质性事件和直接观察到的性质，比如构成砒霜观念的内容和构成死亡观念的内容，被转变成*相互作用*的确定集合。其结果就是一种法则，这种法则规定了描述被指定的类的那些特点之间的关系。这些特点在逻辑上，是*合取-析取型*的。它们彼此之间没有承继性成分。据此，那种认为法则乃是对于统一(或不变)*承继性*的表述的观点，似乎在试图保留大众看法中的某些成分，然后结合科学看法中的某些成分，但它没有考虑到科学表述对于大众信念的材料所带来的根本转变。

此外，相互作用产生了一些特点，从而构成了那种用以组成科学概念的非时序性联结；而对于这些相互作用的确定，是通过实验来实现的。在一篇化学论文中，要用几页的篇幅来提出一些实验以及其中所涉及的仪器和技术。这些实验都是为了保证作为科学一般性之内容的合取-析取的特点集合所必需的。而现

在，用以建构所需要的一组相关特点的那些实验，依赖于以“如果-那么”命题所表述的假说。在化学论文中，需要一章或几章的篇幅来明确提出在实验开展中直接或间接包含的那些概念以及概念间的关联性；而正是凭借那些实验，才能保证性地达到所提到的那种法则或一般性。几乎不必多说的一点是：这些假言命 448
题（如物理法则）的内容并不包含对承继性的指涉。因为它们规定的是诸特征之间的关系，尤其适宜以数学等式的形式表达。虽然后者通过它们所指引的可能性操作而具有最终的实存性指涉，但它们在内容上是非实存性的（因而是非时序性的）。

尽管我们已经讲了这么多，但科学法则是关于承继性的这种想法，或许会在许多读者的心中继续存在。譬如，有人可能提出异议说，这里所提出的理论与事实相悖，因为因果承继性的确出现在有关自然事件的科学命题中。譬如（为了推进那种异议），在被怀疑中毒的情况下，会寻找那些显示有某种毒性（如砒霜）作用的征兆性特点。如果这些被发现，那么就会开展进一步的探究以确定一种特定的承继性——譬如，先前购买了砒霜，或某人先前有机会管理一剂砒霜。有人会说，正是因为一个封闭的事件承继性次序被确定了，那个最终结论才成为有效的。

现在，我们所讲的一切与这里所提出的事实毫无抵触。相反，它是唯一能对它们提供一致性的逻辑解释的一种观点，而且能指明承继确定性（sequential determinations）是在什么具体地方以及以何种方式介入并发挥作用的。因为所举的例子涉及个体事件，该事件具有唯一的个体性，发生在一个且唯一一个时间和地点上，因此，无论如何，该事件就个体性而言不会重现。此外，不仅没有两次砒霜中毒而死的发生时间和地点是同一的，而且总会有使它们不同的具体性质。（两种类型的）法则在对承继性进行确定时是工具性的，就像在探究中所建构的那样，承继性构成了个体情形下所发生之事的科学说明之内容。但是，这些法则虽然在给定的个体情形下，是确定承继性的必要手段，却不属于承继性的内容；而且，由它们所确定的那些个体性事件也不是可重现的。

能够重现的是事件的种类，譬如，死亡是关于中毒而死、暗杀而死、死于伤寒等等子类的一个包含性的类。我们现在所批评的那个观点，试图通过说重现的 449
并非事件而只是某些特点或特征，因而被断定构成法则的那个承继性就存在于这些特点或特征之间来满足情境事实。恒常性的因素，当然是不容否认的。[①]否则的话，就不会有任何特点的结合以描述一个类。但是，越是认可(或坚持)如此肯定恒常性是合理的，就越是清楚：所提到的那种统一或恒常的关系，并非时间性的或承继性的。因为那些特点是在逻辑上而非时序上结合在一起的。它们借助一些操作而得到选择和整理(彼此关联起来)，那些操作能把总体的质性事件转化为一组特定的相互作用。表达了由这些相互作用所确定的特点的组合的法则或一般性，并不包含时序性关系，更无任何承继性关系。

以上关于承继性的说法，其大意是：不论是确定类的那些特质，还是"如果-那么"公式中的那些特征，法则都是一些工具；它们通过其所规定和指导的一些操作，确定总体性的质性事件所要转化而成的那些有序的承继性。它也暗示了：这种解决方式解释了所谓因果承继性的实际所在及功能。然而，在考察这一点之前，我应该通过对另一个实例的思考来说明包含于法则之表述中的逻辑条件。这个例子就是我们所观察到的日夜更替。就总体事件中所可能发生的情况来看，它们更替出现几乎是恒久不变的。然而，即便某原始部落里的人把一个事件当作另一事件的"原因"，一旦开始从科学上解释此种更替，就已被认为是设定了问题，而不是提供了法则内容。人们曾根据托勒密理论，把所知觉到的地球固定性和太阳运动作为推论的基础。于是，该理论依据有关旋转和固定的一般性特征彼此之间的关系来解释昼夜更替。只有在它维护更替事件的意义上，它才是
450 关于更替事件的法则——而不是在更替性提供了法则的内容的意义上。哥白尼理论也把更替性视作问题(不过是包含了日夜更替之外的更多数量的更替性，以及太阳在一个回归年期间的系列位置等等)，视作所要探究的成问题的主题。它所追求的一种一般性能够涵盖所有的行星及其卫星的连续性位置，还有大量所观察到的其他更替性。由此所产生的天文学法则适用于大量不同类型的更替性，包括许多仅仅因为有了新型概念才被观察到的那些。从假设性的方面来说，法则是以等式的形式被表述的(譬如牛顿所表述的)，而没有时序上的连续性因素。就事实性或类属性方面来说，法则所包含的是关于时空延展的联合特质，它们本身不是被看作变化，而是被视作用以确定有关实际变化之关系的手段。牛顿的重力方程式，把哥白尼概念以及开普勒法则包容在一个更具综合性的理

① 这里的谬误是之前提到过的：将证据性功能的恒常性混同于实存性的重现。

论中。

从关于科学法则之本质的任何视角进行分析，都能证实这样一个结论，即它们是一些手段，通过推理（论说）操作和观察性操作的各自媒介，以实存性材料构成一个连贯的个体性情境的方式来确定具体材料的实存性（时空性）关联。当人们说法则乃是预言手段时，已部分地认识到法则的功能性。但是，只有在它们作为产生给定情境的手段，并通过对先前的问题性材料的转换而运作时，它们才是预言的手段，而那种转换通过它们所指引的操作才能产生。譬如，对于日食的预言，本身就是一个“如果-那么”命题。如果某些操作得以施行，那么具有确定特性的某些现象就会被观测到。其假言特征表明：它并非终结的或完整的，而是居间性的、工具性的。这样说，并不意味着那个可描述为（如果可知的话）日食的事件的发生，是因为施行了那些操作。它仅仅是发生，这并非议题所在。所预言的是：带有某些指定特质的现象，将会在给定的时间和地点被观测到。因此，预言
并非是完全有保证的命题，直到被要求的操作得到施行并发现有作为其结果的、 451
其出现已被预言的、可被观察到的材料为止。①

这个问题还可以从另一视角来处理，即“原因的多重性”角度。作为总体的质性事件，死亡具有许多前件或“原因”。但在具体的情况下，已知的死亡都不具有多重可能的原因；但在怀疑的情况下，多重的假说有助于确定它是其中一部分的单个的相继性统一体是什么。分别用以描述死亡的类，以及通过抽象特征的相互关系来界定何为死亡的法则，就其有效性而言，并非抽象地随着时间和地点的不同而变化。那些已经用来描述死亡及其子类的结合性特征，在历史上发生了变化；随着科学进步，它们有望在未来也发生变化。但是，之所以改变，是为了获得可以不加变化就能适用的特征集合。同样的说法，也适用于抽象死亡的定义。

穆勒的陈述——“一个效果必须与一个条件或条件集相连，这并不是真的”，当且仅当“死亡”整体上被当作一个总括性词项的时候，它才成立。没有任何实际的死亡情形属于这种模糊的本质。从概念的方面看，科学方法的目标是要达

① “科学中的预言包含着如果我们希望观察自然的规律性的话，要采取什么样的措施的规定。……预言一颗行星在某一确定日期会在哪里，等于是指示在某个特殊的时间要把望远镜放在哪里，如果我们希望看到它的话。因此，它是用于修正行为的一张处方。”霍格本：《逃离理性》（*Retreat from Reason*），第 49 页。着重号并非原文所有。

到关于相关种类综合的合取-析取系统，从而能够确定任何给定的死亡属于什么类。该系统包含多重的假说，每一个假说对于具体的实验观察之实行来说，都是一种规则。得到的所有结果，一起产生了一些总结性的和可供选择的逻辑特点，以用来肯定地或专门地描述某个类。因此，“原因多重性”对于逻辑理论的重要性就是它提供了一种证明，即用来确定大众常识中的类的特点是不确定的，因为
452 相对来说，它们产生自非甄别性的操作。诸如呼吸停止、身体温度之类的特征，足以表明死亡已经发生了。但是，它们并不能阐明所发生的是什么类型的死亡。

科学探究的开展是通过把相关的变化视作复合的相互作用，这些相互作用无论单个还是结合起来，都能够根据分析性的实验操作查明。作为这些操作之区分性结果的特征，决定了所发生的死亡之类型。相互作用特殊的包含-排斥性的集合借助全称命题与相互作用的其他模式，系统地关联起来。譬如，如果该死亡被推断为伤寒病的情况，那么发现某一种杆菌是相互作用的条件，就使那样一种形式的前述事件的推论成为可能，从而使正在寻求与料证实这种推论的探究得到了指引。这样的推论之所以可能是因为存在一种一般性，在这种一般性中，该杆菌在人的身体内出现就与喝水、喝牛奶等时它的出现关联起来。重申一下，那种认为此种关系为承继性关系的观点，再一次产生于把此种一般性之内容与根据其操作性的使用而成为可确定的现实的实存性历史之内容的混淆。由此，一般性所适用的实存性主题就构成了一个时序性的历史连续体，而每一种这样的承继性都恰好是它在个体性上所是的那个东西。

Ⅳ. *有序承继性的命题*。现在我回过来讲有关实存的承继性命题的现实性所在及功能问题。如果有序承继性不是法则或一般性之内容，它又是属于什么类型的命题内容呢？毫无疑问，回答这个问题的办法已经在前面的讨论中提出，现在只需要将其集合起来。有序承继性是这样一些命题的主题，即在其中，总体的质性事件的连续性被转化为*单个的连续事件*的组件。论述物理探究方法的作者已注意到，实验探究把直接观察到的总体的质性变化转化为非常细微的变化集合。然而，对于这个已被注意到的事实的理论性解释却因为一种观念而变得无效，这种观念就是：转化的效果不过是用更为完整、更为精确的有关承继秩序
453 的一般性，替换了为常识所持有的那些有关因果承继性的松散的一般性。相反，适当的解释则是：通过对那些包含非时序性事件关系的一般性做工具性的操作应用，所谈到的那些细微变化能够使性质上并非类似的事件变成单一连续性事

件中的组件。

我们之前指出过，总体上被观察到的事件在性质上的不一样，造成了这些事件之间的明显裂隙。那种由*相互作用*观念所确定的关于特质的一般性，提供了用以克服这些裂隙的手段；而且，所查明的那些相互作用的模式越是细微或“基本”，就越能彻底地消除裂隙，作为关于事件之科学认知的最终结果的单个的（因而最终是）个体化时空性实存连续体就越为平整。

这样一些考虑证实了理论上的一种结论，即作为有序承继性的因果关系是一种*逻辑*范畴，这是在那种意义上来说的，即它是科学探究中所确立的（通过把经过一般化的命题用作法则而确立）无限数量的实存的承继性的一种抽象观念。因为当严格地从实存性来看这些事件时，没有任何事件是前件或“原因”，就像它是后件或“结果”一样。此外，即便某一事件被看作前件或后件（这种解释从实存性观点来看，完全是武断的，脱离了探究程序），与之相连的也有无限多个前件或后件，因为每一事件都在实存性上无穷无尽地与某个其他事件相连。因此，基于对因果关系的实存性或本体论解释，唯一可能的结论是：宇宙间任何东西都是其他任何东西的因和果——这样的结论，使因果关系范畴在科学上完全失去了价值。

同样的观点换句话说，即我们所看到的任何事件都不是带有“因”、“果”标签的。事件必须经过深思之后，才*被作为*是因或果的。假若没有什么特别的或差别性的问题要解决的话，那样的作为就纯粹是武断的。考虑到把被观察到的质性事件的总的（gross）但不确定的连续性转化为单个的连续历史，就有充分且必要的理由，把一个事件当作“果”或后件，而把另一事件当作前件或“因”。因为对 454
于探究来说，前者是历史中非充分确定的最终事件，后者是同一历史中的开端事件或居间事件。这样一些事件都是从完全混乱的事件中甄别性地选取出来的，在这些混乱事件中，并没有实存性的开始或实存性的结局这样的东西。事件之作为实存性，它们并不是仅仅因为探究者的关注才开始或停止的。证据是决定性的，即实存主题作为一种逻辑形式获得了因果性范畴，这是当或因为有关这些主题的确定性问题出现了。对于这些问题的解决，只能通过一些方法，选取和整理比较基本和细微的变化作为相互作用——这些相互作用由于彼此关联而构成了一个独特的、有其自己的始终和过程的历史。虽然该范畴是逻辑上的而非本体论上的，但它并不是随意的逻辑假设。[①] 因为唯有通过使用它，先前的实存主题才能从一个问题情境转换为已解决的统一情境。变化的承继性秩序的确定，是每一个专注于个体现象的科学研究的目的。设立这样的时空连续性，是任何实存性探究的最终目标。当这个目标实现时，就有了判断——它不同于作为获得判断之手段的那些命题。

Ⅴ. 因果命题。刚刚所说的，提供了关于那样的命题种类的线索，即这些命题严格地说来具有因果内容，但不同于有序的时序性的或历史性的承继性事件的内容。因为在所说的内容中，包含了手段相对于后果的关系。如果命题明确处理的主题是一些彼此关联的、用以达到后果的手段，那么，这样的命题就有资格在一种特别意义上被称作因果命题。经常有人指出，常识使用的因果关系有着实践的和未来性的参照。每一种理智行为都牵扯到选择某些事物作为手段，以达到作为其后果的他物。如果铁要被加工，必须先被加热；如果一间房间要被照亮，一盏台灯要被点亮或一个开关必须被打开；如果发烧要被治愈，特定的治
455 疗必须被实施，如此等等。预计的后果就是结果，与其相关的所用手段是原因的。一般来讲，实践探究始于所要实现的目的，然后是寻找可借以实现目的的手段。结果这个概念，在本质上是目的论的；结果乃是所要达到的目的；所要运用的差别性手段构成了原因，只要它们经过选择并引起交互作用。

因此，因果关系之作为一种手段-后果关系，其重要性是预期性的。一旦确立，它就会被回顾性应用。如果为了杀一个人，要用弓和箭，那么，当一个人被发现死亡并有一只箭在其心脏上时，死亡就被称作结果，而射箭就是原因。这里没有必要重复已经给出的分析和批判。可以且应该被关注的是：在所有具有被考虑的目的（要被带进实存中的后果）的探究中，都要有选择地把一些现存条件整理为手段；而且在探究条件满足时，还要根据所能获得的手段去确定其目的。[②] 如果“因果命题”之名有任何指涉的话，那么，它所指的就是这一类的命题。

我们批评过的那套因果法则理论认为，关于因果关系的科学命题不同于刚刚举例说明的那些，因为前者有严格的回顾性的含义，因此是纯理论性的。实验进入对每一个有保证性的命题的确定中这个事实，足以证明这种观点是不正确

① “逻辑上”一词当然要在“探究内的增生物”意义上理解，而不是在先验的或康德的意义上。

② 参看前文，第16—18、107—111页。

的。做与制是被包含的。做与制的类能确定产生作为结果的期望的目的、统一情境的手段(质料上的和程序上的)。这种统一情境是每一个探究的终极目的(尽管并非最近的目的)。因此,因果命题(指这样一种命题:其内容是那些作为手段的条件与其他作为后果的条件之间的关系)包含在每一个适当开展的探究中。引起、生产、制造、发生就是产生(effect),而对这种目的发生作用的就是原因——在这个词唯一合法的实存性意义上。

确实,回顾性的调查在科学探究中比在常识探究中更明显,也更广泛。然 456
而,回顾性的指涉也出现在后者中,因为只有基于过去所发生的事情,才能估量或判断哪些条件有能力作为手段。同样属实的是:对于科学命题来说,预期性的指涉更为广泛而且在逻辑上更加明显。以类属命题为例。它是这样的命题,即具有一种形式,这种形式能使当某些条件被查明将会出现时,它就能被应用于每一个未来的探究场合。此外,产生于其操作性应用的命题具有内在的逻辑重要性。因为它们是借以检验并在被发现不充分时,借以修正和重述所说的那个类属命题的手段。

简言之,关于要采用的策略、要争取的目的、要获得的后果的所有命题,就是具有手段-后果这样的形式性关系的主题的命题,因而在这个意义上被界定为因果命题。关于最好观察什么以及最好形成和运用什么概念的那些命题,进入每个探究活动之中;只是在科学探究中,比在常识探究中更为严谨、更为广泛。然而,它们并非明显地出现在最终的结论中。但是有一些命题明显地关注这种关系,并且如果词项"因果命题"有任何指涉的话,它指的就是这样一些命题。在任何实存性的、非范畴性的意义上,因果关系自始至终都是实践性的和目的的。

结论。因果关系范畴是逻辑性的,是用以调节实存性探究的一种功能性手段。它不是本体论上的,所有可被称为因果性的实存性例子都是"实践的",像这样的一种观点不会很快就被接受。但是,种与本质一度曾被视作本体论的,意图或目的也一度曾被视作自然的本体论属性。再有,简单性一度曾被认为是自然的排序法则。当这些概念经过如此改变,从而被理解为具有指导意义的探究方法论原则(逻辑上而非本体论上的)时,在科学中什么也没发生,只是减轻了探究的负担。可以不冒险地作出预测,同样的事情也会发生在因果关系这一概念上。
在现实的科学发现中出现的困难,已经使一些人相信:整个因果关系概念必须被 457
完全抛弃。但这样做是错误的。所要得出的结论是:本体论的解读需要抛弃掉。

原因范畴可以作为实存性探究的一条主要原则，它在这方面的价值事实上已经被印证，而且那套因果性理论也变得与科学实践相协调。设立由有序承继性和共存性所组成的个体化的、实存性的质性情境，此乃所有实存性探究的共同目标。“因果关系”这个范畴，可以在问题情境下指引操作以获得这种目标。

23. 科学方法与科学主题

既然结论构成了一套有组织的主题，而且既然这套主题只是因为采用了获得这些结论的方法才有其科学地位，那么，科学实质上所包含的事实和原则的体系就应该揭示那些与方法所要求之条件相符合的特性。因此，对自然科学某些主要特征的检验，应该提供对逻辑方法的解释的检验。在考察主题之前，我将先总结出一些关乎方法的重要结论，这些结论直接关系到对科学主题的解释。 458

逻辑的与认识论的

Ⅰ. 实验的重要性。方法的实验性阶段让一种事实变得显明，即探究造成了对那种引发探究的实存性质料的实存性转换。实验不仅仅意味着实践上的便利，也并非仅是转变心灵状态的方式。实验在探究中的必要性，其唯一可以发现的理由是：它能把问题情境转变为已解决的情境。

1. 实验之所以被需要，是为了建立能为所推论的命题提供保证的材料。如果不对给定的实存性条件进行审慎的改变，给定的实存条件就不能对需要探究解决的问题进行限定或描述，也不能提供足以对所提方案进行充分检测的质料。故而，即使在对现实的科学主题进行详尽思考之前，我们仍可以认为，现实的科学主题将具有一些独特属性，以突显出那些准备用作有保证性的系统性推理之 459
根据的材料。换言之，其主题必然明显不同于任何直接的知觉领域中的主题。

2. 由于概念可以用作指引实验操作的程序性手段，那么构成科学主题的观念、概念、范畴之系统将具有一些特征，这些特征使它们建立质料得以区分和整理的操作。因此，构成科学主题的规则或原则，将具有独特的或区别性的特性。

3. 实验试图从先前既有的主题中排除所有与当前情境中特定问题之确定不相关的、从而阻碍问题解决的质料。除此之外，实验也提供了新的实存性质料以满足那些条件。否定-肯定、排除-包容、划界-求同因而就成为科学方法中固有的必然功能。因此，再一次地，我们可以预先指出：科学主题将得到区别性的确定，以满足联合性的否定-肯定的条件。

Ⅱ. 科学主题的所谓认识论难题。在直接谈论自然科学的主题以表明其如何满足探究方法的这些逻辑条件之前，我先来讨论一个问题；这个问题与目前的话题无关（如果提出的看法被普遍接受的话），但却与当今哲学观点的状态密切相关。从本文所持的立场来看，科学主题的（质料性的与程序性的）内容极为不同于直接感知领域和常识领域中的内容，在这个事实中并不包含什么一般性的问题。如果科学主题的内容在问题情境的解决中要满足可控探究之条件的话，它必定在具体方面与直接感知领域和常识领域中的内容有所不同。问题的确也会出现。但它们都是具体的探究问题；它们所涉及的，是对特殊问题的质料所需要引起的特殊转换。但是，在任何其他理论的基础上而非已提出的这个理论的
460 基础上，存在一个经常被冠以认识论的之名的一般性问题。因而，我将提出一些理由去支持，被赋予认识论之名的那些哲学问题是（当认识论不是被看成逻辑的同义词，而是其他的什么时）无根据的、人为的；并且，当我们从由可控探究所设定的逻辑条件之满足的视角来解读科学主题的典型特征时，这些“问题”自然就会消失。我将举两个实例进行说明：一个是关于日常知觉的材料与科学主题的实存内容之间的不同；另一个是关于概念性的主题在它与实存性世界的关系中的本质。

1. 在直接知觉的范围内，可看见天空中一些光点。借助望远镜，可以发现日常情况下看不到的其他光点。在这两种情况下，从所知觉到的事物中推论出一个具体的问题，以通过将其置于更大的时空连续体下来解释所观察到的现象。作为探究的结论，这些光点最终被确定为距离这个星球上的观察者数光年之远的星系中的恒星。而就其自身来说，或者直接来看，亮点就是它所是的那个性质。当直接性的质作为一种直接被给定的感觉与料，与构成科学结论的那个对象（主题）即遥远的恒星对立起来时，所谓的认识论问题便产生了。比如，有人指出光点存在于此时此地，而作为对象的那颗恒星可能在光线离开恒星“到达”观察者的这段时间内已经不存在了。由此，“问题”出现于实存性材料和科学对象

之间的根本性差异中——这个特殊的例子作为每一种科学工作的结果，可以用来明确地说明它们之间的差别。

当知识理论依据对科学实践中使用的探究方法的分析，或基于逻辑根据来构架时，所谓的问题也就不存在了。那种看得见的光点被当作证据性与料，由此出发，再结合其他证据与料，就得出了一个有根据的推论命题。它，即当前存在
着的那种光点，不再被认为是一颗恒星或“代表”一颗恒星：它呈现了一个问题。 461
一个关于实验观察技术的精致系统，受到一套同样精致的概念结构的指引，最终形成了一个更为广阔的时空连续体，并通过将光点放在此系统中的特定位置，从而解决实存材料中所呈现出来的问题。在这个推论而来的连续体中，数光年之遥的恒星被确定为起点构件，而此时此刻存在的光点则作为终点构件。在作此种确定的过程中，呈现出许多特别的问题及具体的探究，但其中并不存在任何所谓认识论类型的一般问题。从探究及其方法的视角来看，这里的问题及其解决方法如同一个地质学家依据此时此刻所存在和所感知到的岩石特征，推出几十万年以前有某物种的动物存在于此一样。从所观察到的孤立的岩石到所推论出的对象之间，没有推论是可能的。但当它通过复杂的概念结构并结合许多质料上独立的与料而得到整理时，所推论的命题就被认为有保证了。在以上给定的这两个例子中，在此时此地所观察到的东西与科学对象的主题之间的主题上的差别，是内在于可控探究的条件的满足的。只要它们在主题上是不同的，“认识论”类型的一般性哲学问题就会出现。

2. 在刚讨论的例子中已经提到，相互关联的概念（以命题的方式表述的）体系对于甄别性地设定相关与料以及整理与料都是必要的。现在要讨论的例子涉及根据探究的逻辑来解释这些概念，并与那种认识论的解释作对比。引出认识论解释的那个“问题”，当认为概念（一般情况下或特殊的情况下）都应该以某种方式描述实存性质料时，就出现了；而且，它是因此而出现的。当概念严格的中介性的工具功能（是通过操作而实现的）被忽略时，唯一可能的观点就是认为：概念应该是描述性的。下面引自普朗克（Planck）的一段话，说明实存性主题与科
学概念主题之间的差别：“关于声音、颜色和温度的物理学定义，与源自具体感官 462
的直接知觉没有任何关联，其中颜色和声音分别都是通过振动的波长频率来定义的，温度在理论上是通过对应于热力学第二定律的绝对温度标准来衡量的，或者，依据气体分子运动理论，通过分子运动的动能来衡量……它绝没有作为一种

温暖感来描述。”①

我们这里所讲的普遍地把握了科学概念主题与存在质料主题之间的对比。现在，除非我们对于概念主题的解释仅仅而且完全依据它在探究行为中的功能，否则，概念主题和实存性主题之间的维度差异会造成一个基本的哲学问题。因为唯一可能选择的解释要么认为（这种观点很不令人满意）概念仅仅是实践的便利工具，要么认为概念是对实际存在于所处理质料中的某种东西的描述。从概念主题在探究中实际具有的功能来看，这一问题并不需要“解决”；它根本就不存在。

所谓的认识论问题，更多地与以前提到的“抽象”一词的模糊性密切相关。因为如果概念在某种可指定的意义上是描述性的，那么，它们必定是在抽象意味着选择性的区分的意义上“抽象”出来的。以光滑的和光滑性（*smooth and smoothness*）为例，作为科学概念示例的光滑性是不能观察到的，故而并不能进行选择性的区分。因为在自然界，并不会完全缺少阻力和摩擦力。作为科学概念，光滑性只有在数学等式中才能被表述。这种概念无疑是通过自然界中所发现的摩擦力程度的变化的观察而被暗示得来的。但通过暗示而来的衍生，在维度上不同于逻辑上的衍生。在产生抽象的全称命题的意义上的“抽象”，与借以设立有关种类的类属命题的那种选择性区分，在逻辑形式上有所不同。正如皮尔士
463 所说：“将‘抽象’从传递割裂的、也不相关的观念和理性存在之创造的非常重要的观念这种双重的负担之下的摇摆中释放出来，是非常重要的……数学一半的力量都是来自这种实体性的抽象。”②认识到“抽象”之名被赋予的这两种操作之间的逻辑差异，可以帮助我们弄清那些关乎概念主题间关系的命题的内容之非实存性。当我们关注概念主题在探究行为中的功能时，所谓的认识论形而上学问题便被排除了。

我们再来看另一个说明性的例子。它涉及作为数理物理学概念的点（和瞬间）的本质，我们之前讨论过这个问题。点和瞬间概念的重要性如此的明显，以致无需再对其进行论辩了。但可以在实存中观察到的任何事物，无论是多么的小，都是在时空中延展的。除非依据那些被界定为点和瞬间的主题所具有的功

---

① 引自斯特宾：《逻辑学现代导论》（*A Modern Introduction*），第405页。

② 皮尔士：《论文集》（*Collected Papers*），第5卷，第303—304页。

能性工具的地位，否则在任何基础上，都会产生从实存性质料中衍生出它们的“问题”。我们长期所接受的衍生性方法（通过区分性的选择）是：点是通过选择性地抽取由两条线相交而确定的极限来获得的。既然数学上已然存在没有粗细的线这样的观念，这个极限就被认为代表了数学上的点；同时，数学之点被视作对实存性事实的概念性描述。当这种数学点的概念显示出其内在的困难时，一组方框之间的相互关系产生一系列正在封闭或已经封闭的体积，这可以视为数学之点概念由以导出的实存性源头。我们没有否认，那种包含和被包含的关系或许可用来定义点。我们所要讨论的是：关系在逻辑维度上，不同于一组包含和被包含的对象彼此所具有的那些关系。它就是所指的那样一种抽象。它或许可以通过暗示从所提到的那些质料中“衍生出来”，但这种衍生方式并不具有任何逻辑意义。从逻辑上说，它被暗示的特殊方式是无关紧要的。争论点是关于这个概念在探究中的功能。它的正当性，存在于其操作性使用所产生的结果中。464
关于其起源意义上的衍生性的理论，可能会有心理学上的价值。但从逻辑上来说，它们是不相干的——除非是认为概念性的主题必须在某种意义上，或其他意义上，以对实存主题的描述性方式成为有代表性的——这样的看法最终可追溯到亚里士多德的逻辑学，以及此种逻辑得以形成的科学状态。

Ⅲ.有关探究连续体的主题。众所周知，科学主题在细节方面不时地（几乎每天）经历着修正，而每隔一段历史时期，还会有根本性的修正。这一事实被某一逻辑学派解释为那样的证据，即唯一可靠且真实的逻辑要素是形式上的。这种形式性的特征，被认为是根据作为最后前提的某个最终的恒定的先天真理而依次证明的。甚至是穆勒，他尽管认为自然的统一性概念是通过归纳获得的，但也主张这条原则在所有归纳的过程中必须被处理为最终的前提。然而，正式地说来，他所隶属的那个学派认为证明价值只存在于实存性的质料中。

然后便产生了关于主题与形式之关系的问题，而在我看来，只有在探究之连续性的基础上，才能解决此问题。因为唯有那样，才能在修正科学主题时解释形式和主题相互之间所承载的现实性关系。其中的那个问题，可以通过引自皮尔士的一段话来表明：“没有事物的确定性，没有事实，可以产生或然性论证的有效性；另一方面，也没有那样的论证可以被还原为无论在什么样的事实中都能有效的形式。”[1]在这里，我们如果不是两难境地的话，当然会拥有关于问题的材料。

因为如果物质与形式都不能为关于实存性主题之一般化命题提供保证，那么，据其可以为归纳结论提供合理的保证的，是它们之间的何种关系呢？来自皮尔士的另一段引言揭示了答案，他说：“关于它（或然性结论）的正当性在于，尽管结论在任何给定的调查状态下多少存在着错误，然而对相同*方法*的进一步使用，
465 必然可以纠正这些错误。”[2]或者，就像他在另一种关联中对物质的陈述一样，“我们不能说，归纳的一般性可能是真的；只能说，从长远来看，它们近似于真。我们只是知道，通过接受归纳的结论，从长远来看，我们的错误会相互抵消”。[3]

结合皮尔士关于指引性或指导性探究原则的理论来看，这些引文意在表明形式要素是由*方法*提供的。形式与质料的关系，就是方法与通过方法所构建和整理的实存性质料之联系的关系。并且，方法与材料的关系问题是一个*长远性*的议题。因为在我们称之为探究的经验连续体那里，方法是自我修正的，故而它们所产生的结论也是*累积性地*被确定的。因此可以说，实存命题的有效性是*概率*上的事情，而所拥有的概率的等级则是连续探究的功能。这些思考为我们转向适当的科学主题所要讨论的第一个议题提供了基础。

概率及其与频率的联系

早前已经表明，实存性的类属命题并非是*必然的*。因为它们是建基在可观察的质料之上的。这种材料得以被选择和整理的实验性操作，就像它们的逻辑基础及意向一样，在合取-析取系统中拥有对可穷尽的包容-排斥的满足。但是，逻辑条件都是*指示性的原则和理想*。在对实存性主题的确定中，它们指导着实验性的操作；但是此种主题的本质，使它们的实现只能不断地接近而不能完全地达到。故而，所有那样的命题都具有某种等级的概率。基于此，本节对于主题的讨论，主要是根据其与探究中的长远性范畴的联系来讨论实存性命题的概率特
466 性。从否定方面来说，这里所持有的立场与任何依据无知或任何“主观的”因素去解释概率的理论相反。因为它被认作是对所处理的实存性材料的独特本质的

① 皮尔士：《论文集》，第5卷，第217页。
② 同上书，第90页；原文没有着重号。
③ 同上书，第218页。

表现。从肯定方面来看，概率范畴被认为只能根据频率进行逻辑性的解释的认可。因为如果有保证的实存条件是在连续的探究中被确定的，而借助于此种探究，具体情形下的差错就趋于相互抵消，那么，其中便会包含某种方式的频率解释。我们接下来的探讨并非旨在从技术层面上发展概率和频率概念，而是力图表明，它们与已详述的关于自然科学方法的立场之间的内在关联。因此，讨论的开展将是基于大量有关概率命题的说明性例子。

1. 以“有可能尤里乌斯·凯撒去过大不列颠”这一命题为例。毫无疑问，以此为典型的这类命题的级类中，包含着某种无知；但其并不是一般而言的无知，而是指作为现有与料具有明确的不充足性的一种名称的无知，因为缺少与这个特殊的推论命题明确相关的记载。尽管缺乏这些具体与料，这个有关概率的命题还是具有一定的逻辑性；完全拒绝做任何推论，也不符合逻辑的要求。在什么基础上，那样的命题才能被证明是正当的呢？有一种观点认为，它们最终依赖于对所指的那种概率形式的一种“直观”。

显然不能认为，所提到的这种概率形式依赖于给定情形下所确定的质料基础，因为根据描述来看，这些东西是缺少的。同样明显的是，这一命题在逻辑上不同于“有可能尤里乌斯·凯撒在各种不同战役期间如此这般地去过大不列颠”的命题，因为在后一命题中明确包含了频率-比值。然而在这里给出的例子中，与料中并没有任何频率系数。该如何在逻辑上说明这类命题呢？

这里提出的解释是：所涉及的情境种类才是那种能够在探究连续体中保证概率命题的东西。这里所谓的概率，是纯质性上的。它不能被赋予数值测量指数，即使是粗略的也不可以。它的度量是质性的，且以类似“所有的事情都考虑 467
了，很有可能是而非”的形式自然地表述出来。频率因素既不出现在这个命题本身中，也不会出现在它的与料中。它存在于总体情境与其他质性情境（之所以是质性，因为尚未或不能被分析为明确的物质与料）在质性上的相似性中，而从长远来看（时常而非偶尔），其他的质性被情境产生了可以信赖的结论。因此，频率因素或许可以表达为以下这样的形式：“尽管缺乏充分的物质与料，但仍可从以该特例为典型的且已被证明富有成效的这一情境种类中时常得出一些推论。”简言之，频率因素隶属于在这类例子中所使用的那种*方法*。

这样的解释方式给被认为包含于其中的“直观”，提供了一个简单的解释。在心理学意义上，有一种所谓直觉的东西。这里所运用的方法体现在那些彼此相似的质性情境(就从中所作出的推论而言)中进行操作的习惯中。在这种习惯的情况下与在其他习惯的情况下一样,习惯都是被依赖的东西,直至有条件明确地阻挡它。因此,我们可能会说:"直观"属于所涉及的情境的性质,或者属于该情境与其他能从中作出推论的情境在性质上的相似性;或者也可以更直接地说,它就是正在运作的那种习惯的一种意义。但是,能使这样一些命题拥有任何逻辑地位的,是方法而非直观。

2. 我现在要转向另外一种命题,它与刚才所考虑的命题一样,是关于个体的,但有两个方面是不同的:(1)它建基于明确的观察与料之上,而且这些与料的收集和整理都是特别为了建立一个关乎具体事件概率的命题;(2)其中,与料的整理和解释都是借助明示的概念命题或理论命题。对明天天气之类的事情的概率的预测,是一个典型的样本。该例子中的与料是在较大的地域范围,通过对诸如温度、风向和风速、雨和云等实存条件进行长时间的观察而获得的。然而,因
468 此而获得的与料所指向的重要性,并不在于那些孤立的单纯事实。它们通过一套系统性的概念结构(高低压区的概念便是其中的例子)得以整理从而相互关联,而经过如此整理所得到的那些与料,其指示性效力是由确定的物理法则——关于热量、压力、运动之间关系的那些公式就是其中的例子——所决定的。

由于物理法则的内容是抽象特性之间的相互关系,故而其具有普遍命题的形式。没有人会真地认为所提到的那些法则,"蕴涵着"第二天会在某个地域发生的某种天气状况。因为它们并不是描述性的,而是工具性的。在经过操作性的应用后,首先,它们能够决定经由观察获得的那些与料是什么特殊类型——将那些特殊事件从实际发生的事件之杂乱整体中区分出来;其次,它们能够解释所记载的那些事件到底表示什么。但这两种情况下的应用,都不可能单单依据某一天观察所得的与料而进行。后者只有在与过去相似的观察记录关联起来时,才变得重要。只有长时间地对较广区域内发生的事件进行记录,其所作的预测才是可靠的。当所作的命题是关于个体时,过去所观察到的合点之频率分布,便成为决定概念材料如何具体应用于当前情况的关键因素。

因此,该例子不仅阐明了理论以及由理论概念所衍生出来的那些计算和论说的工具性功能,而且与概率范畴的本质有一种明确的关系。一方面,它表明例子中的概率所依据的,是对频率分布所实际发生的事件的了解,而不是对其一无所知。从正面来看,关键的一点在于,它揭示出此类命题为什么及如何为概率系

数所影响。这应归因于这样一个事实，即（此处的或任何例子中的）与料都是一些从整体性的存在感知领域甄别性地选择出来的实存性事件和特性；而且，选择所依据的，是它们对具体问题的证据性价值——即决定在某个特定时间及地点将要发生什么。

对诸如月食这类的天文学现象进行预测，较之对明天旧金山的天气作出预 469
测更为简单。因为对前者而言，选择与所推论的命题相关联的某些条件和排除与之不相关的某些条件更为容易。换言之，对于一个封闭系统而言，能够得出更大的相近性，故而月食预测中的概率具有更高的等级。然则，在关乎月食的时间和地点的命题的情形中，存在某种任意的或偶然的成分。举一个极端的例子，该命题并没有从理论上保证在预测所指的那个时段，月亮仍旧存在着。月亮仍会存在的概率，具有非常高的等级。但它并不具有逻辑必然性。毕竟这个命题建基于过去探究中所获得的实存性时空之连结上。因此，它受制于内在于存在条件之本质中的那种条件。因为实存性条件可以是这样的，即不同的结合，可以从作为预测之根据的那些过去所发生的事件中产生。换句话说，概率系数根植于实存性条件的本质中，而不是在探究者对待它们的态度中。

即使可以绝对保证所使用的与料确实是实存性的事实，并且是就过去而言的全部事实，但它们与新情形的证据性的关系并非因此得到完全的保证；从这一事实中可以明显地看出，概率是与实存性合取的频率分布之确定相关联的。如果条件保持着精确的一致性，那么，重复地说，所预测的问题就像在过去的情形一样。但是，如果从句中的内容在实存性上是偶然的；它在普遍的假言命题中并不具有如果从句的逻辑效力。

假若提出了异议，即认为它最终还是回到无知，因为如果（根据实践中不可能的东西）整体的宇宙状态已被认知，那么，偶然性和概率因素也就会消失。这种假想中的异议包含两个要素，它们一旦被明述出来，将有助于我们理解相关的问题。首先，其中预设了宇宙真的是一个完全的和封闭的整体。这一命题是纯粹形而上学的。它并没有建立在经验的证据之上。它从逻辑之外被引入，然后又被用来证明某一确定的逻辑学说的正当性。其次，即使有了这个形而上学预 470
设，它也不能应用到在特定的时间和地点或领域所发生的事件上。即使宇宙是封闭的完全无条件的整体，并且即使（在实践上不可能）宇宙被完全认知，那么由此得出的命题也只能是一个关于在随后的时间里的宇宙整体状况的命题。然而，问题是要确定在指定的时间和地点可能会发生什么。想要确定这一点，需要知道在其他时间和其他地点发生了什么。对这种知识的整理与解释，需要有对大量次数下发生在其他大量地区的连结性事件的详细观察记录——这让我们又回到基于现实性的实存上的概率以及那种频率型的解释。

这些考虑肯定性的逻辑意义在于，任何对于与料的确定都关乎到选择，受控于其在某一确定问题中的证据功能。与料之作为与料，要经过有甄别地选择，这一特征内在于关注实存的那些探究的本性中。它并不产生于任何情形逻辑之外的源泉中——比如，由于探究者的能力及知识所限而产生的某些心理学认识论的事态。既然对于能提供证明性与料的质料进行选择之必然性是内在固有的，那么推论而来的命题就会受制于由此所施加于其上的那些实存性条件。在决定隶属于一个被给定命题的概率的等级的过程中，概率的特性以及那些关于频率分布的命题的地位都随之而生。因为这种类型已被确定的结合，为选择某些而非其他的实存和性质以作为与料而发生作用提供了最终的基础。

3. 我们现在来看这样一些例子，其中的命题都显然是与关于概率的频率比值相关的。我们将要考察的，是与正反面的概率相关的掷硬币或骰子的例子。经过一系列给定次数的投掷后，硬币正面或反面出现或者骰子出现的点数就会有一个概率。就主题而言，该例子在两方面不同于我们已考察过的那些例子：(1)实存性与料是相对确定和完整的，(2)从概念开始的演绎将起到更为重要的
471 作用。在多次投掷骰子的情况下，其实存条件以不同寻常的程度满足包容-排斥的逻辑条件的方式得到确定。硬币只有两个面；骰子只有六个面；而且有一些条件，使得在某一给定时间点的投掷只能有一个面而不能有其他面出现。当这些条件被假定，同时也假定了硬币或骰子在构造上是同质的(或者说，没有灌铅)，而且经过连续的投掷后，影响某一结果的那些特殊性，将由于其他投掷行为的特殊性抵消(或者说，用以投掷的机制没有欺诈性)，那么数学理论将开始发挥作用，而且从理论上来说，连续投掷之后的频率比值也能被计算出来。

如果以上条件是最终的条件，数学理论就可以在有序论说中，作为一个在无限的组的投掷中的频率分布问题，得出什么将会必然发生的确定命题。但是，今天没有人会认为，这些命题“蕴涵着”将会实存性地发生什么；或者认为，这个理论保证了所假设的那些条件的现实性存在。它们是彼此间必然关联的“如果-那么”命题。但它们并不能保证如果从句中的那些条件，在实存性上被可获得。这

是一个事实问题，只能通过独立的实验观察操作才能加以确定。这里所提出的观点可以在学术上表述为：关于C的A或B概率，等于关于C的A概率加上关于C的B概率，再减去关于C的A和B概率。这是概率演算中的一个命题。根据频率型解释，这个命题的内容彼此之间具有必然的关系。但是，关于C的A或B概率是3/4，关于C的A或B概率是1/2，这些命题在本质上都是事实性的。它们因其内容而依赖于事实信息。

一个重要的逻辑性的思考是：从数学的角度看，计算得来的那些频率分布代表着一个数学无限序列的极限，而那些实存性分布的比例所涉及的则是一个长远的有限序列。比如，假设在第n次投掷（n是一个有限的数）结束时，实际结果 472
与理论上所得出的那些结论百分之百符合。在那一点停下来说，理论性的结论已被完全地证实了，这其中的谬误是显然的。因为下一次的投掷，可能会推翻根据依赖于之前投掷的数量的程度的完全认可而得到的“证实”。因此，对数学概念和命题不能赋予叙述性的（*descriptive*）价值。它们具有工具性的和功能性的身份。在关于条件的这个例子中所应用的，被如此地预先准备以尽可能地接近封闭的系统，不用说也适用于那些不能对实存性条件在同等程度上进行预先准备的情况。

4. 我现在来探讨保险公司的寿命预期表，它们在所发挥的作用方面代表着一类例子。同样，此处的主题不是个体事件的概率，而是指定种类的事件相对于其作为子类包含于其中的某类事件的可能的频率比值。包含性的类，是通过描述死亡这个类的诸特点的结合而被建构的。被包含性的类，是在包含性的类之内根据死亡发生时的年龄（在某些规定限度内）而彼此相互区分的死亡。一个正为约翰·史密斯作检查的医师，可能形成一个与约翰·史密斯所可能存活的时间长度相关的命题。作为一个保险人，约翰·史密斯只是通过相同年龄下所存在的特点而被区分开的个体集合中的一员。作为类而非个体的某类中的一分子，他具有某种可能的寿命预期。命题是：就特定年龄的人们来说的命题、关于下一年内一定比率的死亡的命题、下两年内其他某个死亡比例数值的命题，等等。

可由之进行推论的与料及从中推论而得出的命题，都与频率分布相关。与料的有效性，依赖于此前观察的广度及记录的完整性和准确性。对它们从质料上进行检查，可以通过这样一个事实，即人寿保险公司长期以来一直都在运营，因而相比于通过死亡记录所能提供的与料，这些公司筛选出了一套更加精致的、可用作推算基础的与料。众所周知，保险业务的保险统计阶段具有数学性的特征。但稍加分析便可表明，其中的数学是以工具性而非描述性的方式在起作用。
473 就这套关于主体的理论来说，很显然，对于相关与料知道得越广越精确，所形成的概率命题就会越精确。

5. 说一下常常被讨论的一个问题，即某个给定理论或给定法则为"真"的概率，大概是比较明智的。根据这里所持有的立场，谈论某个给定法则或给定理论的概率程度是毫无意义的，除非那种语言表述是表明主题之概率系数一种简略的（也是笨拙的）方式，而法则作为转换的手段，能够在这些主题之间建立起关系。某些法则比其他法则更具全面性；它们可应用于范围更为广泛的情况中。如果一条法则的概率程度具有任何字面意义的话，似乎只能用来指那些不够全面的法则，在其所属的总体法则体系内的有效应用性的相对频率。很难找到什么例子可以看出此种确定性是重要的。如果它确实有意义的话，也是例示了我们讲过的一条原则，即对于一个理论的概率的衡量，是通过它的结果与探究连续体中其他理论结果之间所维持的那些关系。

在结束这个部分对主题的讨论之际，有必要回顾一下本章的意图。这一章的目的是力图表明：构成实存性科学之主题的命题主体的典型特征，与先前对逻辑方法所作的说明是相互关联的。所以，我们对于概率的探讨，只是为了表明个体、集合与类的科学命题所具有的概率特性如何证实所获得那些关于方法的结论，而不是获得关于提供了整个主题的技术性讨论。它与在第 15 章所发现的、对具有实存性参照的那些命题之间，有着密切的联系。

代表性的实例

关于探究的归纳阶段的讨论所得出的最后结论是：它所关注的是以能够保证一般命题的那样一种方式，设立作为各种现象之代表的情形；或者从否定方面
474 来说，归纳并不是由某些到全部的推论。从主题方面看，关于方法的这种观念解释了范例和样本范畴所扮演的角色。在通过条件的实验性变化对命题进行检查之后，以下命题就被肯定了：该物质的熔点是 125℃。这个命题，加上其他具有独立质料性内容的命题，产生出一种概括性，即"任何具有这样一组联结特性的事物都是硫磺"，也即它是被称为硫磺的那一类中的个例。把个体确定为一种一

般性或法则的个例，是通过选择和整理那些在确定性上具有重要功能的特质，即代表性特质而产生的操作结果。“现象是法则的实例”的表述，是一种省略性的。不能把它的意思解释为法则内在地和本体性地体现在现象中，或者现象是由法则所“蕴涵”的。它的意思是说：关于联结起来的特征的确定性选择和整理是或被认为是一种恰当的基础，由此进行一种一般化，而当这种一般化被表述出来的时候就具有了法则的形式；而且考虑到法则，由此所设立的个例便是一种可靠的推论基础。

在这一点上，对作为*范例*的个例与作为样本的个例进行区分，是很恰切的。一个例子之为样本，是指当它的内容被如此设定，以致能从它的类，可靠地推出并没有在那里进而也没有被观察到的特征和对象。例如，这个事物被确定为黑麦、小麦或燕麦的样本，即当它确定能通过某些联结的区别性特征所标识出来的时候。它之作为样本的特征，并不能保证可以推出其类之外的事物及属性——例如，时空上相临近的那些东西。然而，当相关的物质被确定为符合规则的*范本*时，物质便不仅仅是某个类的标本性的示例或样本了。某一给定之物只有当被确定为同质连续体中的要素时，才能称其为样本。不论从容器里面选出来的一部分谷粒是不是容器内的物品的样本，这一问题都不同于它是不是*小麦类*或小麦的某种子类的合适样本的问题。唯有同质性已经通过彻底混合容器中所有的物品，以致给定的任何一把谷粒在*比例分布*上都能体现容器中的谷粒的所有成分而被建构起来的时候，它才是一种适当的样本。这样，它就成了它们的*代表*，意思也就是说：从它可以推出其他任何一把谷粒的属性，无论这一把谷粒属于哪 475
一类，或是哪些类的组合，还是取自容器的哪一部分。

由此来看，把某些个例确定为样本，这具有独特的逻辑功能。由我所谓的样本式的例子所推论出的范围，有着明确的限制。因为确定某些个体属于某类，有赖于对*性质*的选择和整理。正如我们所知，性质并不是直接接受的，因为它们被选择和整理为一些标识或记号，并以此来发现它们由之产生的那些*相互作用*。建立具体的相互作用，是与确定诸变化或变动之间的相互关系相一致的；并且，法则或类属命题中关于相互作用的公式在其内容上，并非是对所观察到的性质之符号的表达。但是，必然要*指涉*性质。这种指涉并不会妨碍对于现象的测量或者基于测量之上的计算，因为法则的内容本身能够促进和引导对那些使计算成为可能的所选物质的测量。不过，它确实妨碍了所提到的那些抽象的全称命题或数学公式的应用。因为类都是异质的，它们依据性质而得以区分开来；甚至包含性的类之下的各子类，也通过性质上的指涉而得以界分。因此，计算的应用受制于诸类内部的关系。建构一个时空连续体，使得其任何一部分都与其他部分同质，这等于是构建一个新型的类；这种新型的类在实存性上如此具有包含性，以致其内容不是作为性质上有别的类，而是作为复杂的相互作用的体系内具体相互作用而相互关联的。对于后者的明确表述，只是涉及为每一种相互作用所共有的那些属性。这种改变与自然科学主题的相关性，是我们下一节的具体论题。

科学主题的标准化概念

Ⅰ. 物理科学主题尽可能根据一些组件来建构，这些组件可用于那样一种
476 类型的数值性测量，即所谈论的测量能够彼此系统地关联起来，即确定同异的那些对比也是以数值形式表述的。但是，仅仅测量是不够的。在科学理想中，测量必须可以明白无误地表述，以致可以系统性地相互对比，即可以在计算中相互关联。

1. 在科学探究中，这个目的是通过时间、空间和质量范畴来实现的，这些范畴相互关联，从而使所发生的变化（其自身可以被数值性地测量）可以根据运动之差异而被表述为一种包含性的范畴。因为把变化确定为运动，这意味着，根据可被数值测量的质量，结合可被数值测量的时间与距离或“长度”对其进行表述。M、T 和 L 是确定借以测量自然现象的那些单位的标准手段，因为正是通过使用它们，我们才可以依据作为矢量的运动速度及加速度来表述任何变化。它们是同质性的与料得以建立的手段，由此时空连续体中的任何部分才可以被视为相互作用的体系的一个样本。因此，与广延性的推论功能相关的与料的自由交换，才是可能的。

从否定方面来说，这种说法所意味的是：这些概念的身份是逻辑性而非本体性的。实存性的相互作用必须具有潜在性，以致它们可以根据通过应用 M、T 和 L 这些概念所界定的运动来表述。然而，在根据性质变化而进行的经典式表述中，空间位置的变化以及此种改变所耗费的时间并不具有特别的重要性；而那种表述，比现代物理科学更能忠实地描述直接的知觉领域。在其特殊对象几乎是完整样本的种类的基础上的解释，较之那种同质的时空连续体的观念，也更能贴

近表面上的常识报告。但是,依据这些说法所构建起来的“科学”,并不曾有助于取得理论性的丰硕进展,也不曾有助于对质性变化进行广泛的实践性控制。科学之建设性的发展,是在系统性探究之促进性的和可控制的过程中,通过对知觉世界的物质进行处理而获得的;这种处理是根据自然对象在其功能的基础上所获得的属性而进行的,即所依据的是逻辑的而非直接的本体论属性。质量、时间 477
和长度这些概念是全称命题的内容,而全称命题在应用于实存时是功能性的。

2. 依据同质的时空连续体所进行的陈述,使得在论说中对命题进行广泛的系统性整理成为可能,而且使得在广泛的推论中对可测量的与料的建构成为可能。就像已经说过的,消除作为科学命题基础的性质之后,使得测量以及基于这些测量的计算成为可能。然则,并非只是测量和计算本身能够提供对所获得的与料进行完全系统性地解释或整理的手段。这是因为,为了实现与料的完全组织化,与料和概念(已被时常地指出来的)的共轭关系要求有一个关于相互关联的概念的对应性体统,而这些概念是与被排斥性的或包容性的(穷尽的)使用的相互关联的。质量、时间和长度这些彼此关联的概念,可以满足这一条件。对根据它们的关系所表述的内容的转换,在论说中是可以无限制的;或至少其逻辑理想是:有关物理探究的最终范畴,能使无限的可转换性成为可能。就像热、光和电的现象一样,在性质上不相似的现象都能以等式的形式表述出来,这些等式可以无限定地演绎性发展。

3. 然而,在选择 M、T 和 L 作为标准概念时包含双重的约定。其中之一,我们先前已经讨论过了。就目前的论题而言,它并不是很重要。选择一块铂条,将其保存在指定条件下的某个地方,以用来作为度量长度的单位。这显然是一种社会性的协定。但正如已经为我们所指出的那样,这种特殊的内容虽然是一种协定,但它的功能却不是约定性的,因为测量的操作具有内在的重要性,必须为其实行找到一些有效的手段。

还有另外一种具有直接的逻辑重要性的概念性约定。M、T 和 L 在本质上是逻辑的而不是本体论的,这一事实表明:选择它们并不具有实存性的必然性。
例如,可以选择质量、能量和密度,而长度和时间在这种情况下便成了派生概念。 478
有些人相信,因为量子物理学的发展,质量、电荷和角动量在有些时候将成为标准概念。对于探究的推进和控制,才是标准概念得以建立的准则——这进一步表明了它们作为程序方法的地位,也表明了那样一种事实,即所包含的约定并非是独断的。

对于当前主题的讨论，将通过回顾科学探究中的归纳操作和演绎操作之间的关联而进行总结。物理科学主题以明显的形式，展示了此种关联性的意义。实存确定性是归纳式的，它是以能使数学概念及关系在演绎性的有序论说中有效地发挥作用的方式而进行的。就其本身而言，实存性的世界，是选择性的甄别之无限制的变化得以可能的世界。在任何给定的情形下，问题决定着现实中被建立的选择。在所谓的常识中，问题就是使用-享有的问题。在科学中，类属的问题就是对于受控探究的促进。所要求的控制只能通过相互关联的抽象概念的中介作用才能获得，那么，归纳性的实存性确定性的开展就要不变地参照演绎性地彼此关联着的概念的建立和应用，而概念的选择和整理又要参照最终的实存性的应用。

这样的考虑赋予归纳和演绎在其方法论意义上的含义。就探究的过程而言，归纳和演绎并没有差别。无论是观察性的主题，还是概念性的主题，即不论所讨论的主题的功能是归纳的还是演绎的，它们皆需要睿智地评价，谨慎地表述和记录，珍视并发展建议，对相关类比保持敏感，进行尝试性的实验，对质料进行物理的和想象的塑造，以使它获得图式表象的形式。于是，归纳与演绎的差别并不存在于探究的过程中，而存在于探究过程所选取的方向——根据其目标是要确定相关且有效的实存性与料，还是要确定相关且有效的关联性概念。某人从
479 纽约到芝加哥和从芝加哥到纽约，可能经由相同的路线，并且每一段路都采用同样的交通方式。造成差别的，是他所意指的目的地及行进方向。就归纳和演绎中所包含的过程而言，这里的情况并无不同。

存在一种归纳逻辑和一种演绎逻辑，以及这两种逻辑彼此独立的观点，这表现了理智发展史上的某个阶段。它成形于这样一个时期，即当时古典逻辑仍被期望为证明式论说提供范式，但却发现它对实存性探究的目的来说已远远不够的时候。随后，它被当作有效的演绎逻辑保存下来，并加入一种被认为可以表述物理探究中所用方法的归纳逻辑作为补充。结果，所谓的归纳逻辑和演绎逻辑在各自内容上皆遭遇困难。将其中一个与另一个孤立起来，这便难以依据它们分别所发挥的功能来规定它们。试图把两个扭曲的、有缺陷的逻辑加起来获得一个完整的逻辑，是不可能做到的。

演绎功能的逻辑的新近发展，具有现实重要性。对此，引用下面一段话是十

分恰当的:“新的逻辑所提供的演绎过程不是一种证明方法,而是一种分析方法。它并不是把算术或逻辑的领域看作那样一种领域,即在其中,必要的前提将通过证明过程推出先前不确定的或尚未发现的结论,而把那些一般性地接受的算术或逻辑事实作为需要进行分析和有序安排的问题。在作出那样一种分析和基于分析结果对我们的事实进行重构的过程中,我们可能——而且常常就能——获得一些先前未曾怀疑过的事实或原则,而它们是被更加平常地意识到的那些事实所要求的。但是,通常我们都接受先前经验的结果;所需要的不是对这些结果的证实,而是对这些结果的理解。”[①]该说法包含着两点与当前的探讨相关的思
考。首先,在我看来,对已接受的质料的分析和重组工作中所包含的过程,不能 480
与任何严格意义上的实存性探究所包含的过程不同。这两个过程皆要求:完全熟悉质料,睿智地作出区分,敏锐地发现头绪或线索,坚持把头绪或线索贯彻到底,珍视并发展所提出的建议。这并没有任何固定的规则可循。唯一的“规则”可以说,是尽可能地做到明智和诚实。另一点是:逻辑——以及数学——在任何给定时期都拥有主题实体,在历史的意义上,这种主题是实存性的,并且是与它一起发生作用的。通过分析和重组所产生的那些形式,都是与所说的主题相关的。从作为理性证明的演绎理论(古典理论所特有的一套理论)转变为上述引文中所阐述的那样一种解释,其本身并非源自形式逻辑上的思考,也不是顺着它发展而来的。相反,关于逻辑形式概念的这种变化是因为这样一个事实,即探究中所用的方法因而也包括所获得的主题都已经发生了变化。对主题方法和结论的分析性考察和重组,产生了许多新的关乎形式和形式关系的知识。但是,形式仍是与探究的连续体相关的,这些形式派生于此种连续体;而且即便形式是从其中抽象出来的,并且得到了独立的表述,但它们仍旧与其相关。

---

① C·I·刘易斯:《论逻辑的结构及与其他系统的关系》(“On the Structure of Logic and Its Relation to Other Systems”),《哲学杂志》,第18期(1921年),第514页。

24. 社会探究

481 有社会问题的主题是实存性的。就广义的“自然的”而言，社会科学也是自然科学的分支。然而，社会探究相对落后于物理和生物的探究，故而需要特别的探讨。问题并非人类关系这一主题是否或能否成为今天的物理学意义上的科学，而是它能否允许那些满足逻辑条件(其他探究分支必须满足的逻辑条件)的方法发展。从社会探究落后的状态，可以很明显地看出，其中存在着严重的困难；困难的根源之一，即社会探究的主题是如此的“复杂”和如此的杂乱，以致加大了建构一个相对封闭的系统(在自然科学中，也存在着这一困难)的难度。然而，社会探究的落后状态或许可以用来检验已经获得的那些一般性的逻辑概念。因为对主题的讨论结果可能会表明，正是与已指出的那些逻辑条件不一致的行为，阐明了社会科学的落后状况。

Ⅰ. 导论。某些业已获得的结论，构成了我们讨论的导论。

1. 所有的探究都在文化母体中展开，而文化母体最终为社会关系的本质所决定。物理探究的主题无时无刻不是处于更大的社会领域之中的。在一个给定的时期，技术的有效性取决于物质性的和理智性的文化状态。当我们回顾早期的情形时，显然，某些问题根本没有出现在当时所存在的制度、习俗、职业和兴趣
482 的语境中，并且即使(从不可能性上看)这些问题能被探测到并被表述出来，但也不存在有效的手段去解决它们。如果我们没有看到这种正反两方面的条件在当前存在着，那么未能看到的原因是一种视觉幻象。因为既然先前文化中的标准化概念提供了借以表述和处理问题的概念性手段，那么，即便某些问题在特定的时期(过去或现在)被感觉到了，也没有所要求的假说来暗示并引导问题的解决。

"有一种不可剥夺、不可磨灭的概念框架，它不是我们自己创造的，却通过社会现成地给予我们——这是一整套的概念和范畴工具，不论多么大胆和多么具有特创性，个体思维都被迫在其内部并借之运行。"①

a. 文化条件显然对社会探究有影响。种族、民族、阶层和宗派的偏见在社会中起着如此重要的作用，以至于任何一个社会领域的观察者都会看到这些因素对社会的影响。我们只需回顾关于天文学的故事和更近一些的进化论事件，便能意识到过去已获得的建制性的利益，影响着物理学和生物科学的发展。如果说它们在今天不再有同样程度的影响的话，那多半是因为物理学现在已经发展出了专门化的主题和技术。其结果是：对于许多人来说，"物理的"似乎不仅是相对独立于社会议题的（它确实是），而且本来就是与所有的社会语境相分离的。在一定程度上，冲突缺乏的表象便是此种分裂的功能。然而，实际上所发生的事情是：文化条件的影响已经变成了间接性的。那些最重要的物理问题的一般类型，决定着仍然占主导地位的概念次序。而社会倾向以及与之伴随的问题，使人们特别重视某些物理问题的次序而非其他的物理问题的次序。例如，把 19 世纪
对于专门的机械概念的钟爱分离于那个时期的工业需求，就是不可能的。另外， 483
在应用于生物学之前，"进化的"观念便被积极地应用于对文化性的社会质料的处理。将科学从社会环境中完全分离出来的看法是错误的，它只会助长科学家们对其工作所产生的社会后果不负责任。

b. 毫无疑问，自然科学及其结论事实上的确对社会条件产生了巨大的影响。技术的发展是自然科学应用的直接结果。这些技术上的应用，对人类关系产生了深远和广泛的影响。对于每一个发达的工业民族来说，生产、分配和交际方法上的改变，是社会关系的主要的决定性条件；而且在很大程度上，也是现实的文化价值的主要决定条件；同时，它们强烈地反映到了所有"落后"民族的生活中。此外，只有武断的或纯传统性的观点（它自身便继承自早期文化），才会将这些结果排除在科学本身的范围之外。这里所谓的传统，假定了"纯粹的"和"应用

① 康福德：《从哲学到宗教》(*From Religion to Philosophy*)，第 45 页；被斯特宾：《逻辑学现代导论》，第 16 页注释所引用。斯特宾附注道："没有思想家（更不用说物理学家）完全独立于他所身处的社会所提供给他的经验环境。"虽然这一点对于某一特定的物理学家与他所工作于其中的较小的科研社会的关系来说尤为正确，但同样为真的是：此种团体的活动之为整体，在主要特征上仍然是由更大的同时代共同体"所提供的经验环境"决定的。

的"科学之间的完全割裂。① 但是，所有有效命题和正当性判断最终都必须建基在最终所引起的某种实存性的重构上。面对由物理发现所产生的那些重构，逻辑学家或哲学家不可能像克努特国王命令潮汐时说的那样："你只能到达这么远了，不可以再进一步了。"

2. 经验的连续性和探究的连续性是前一章所探讨的要点之一。这表达了知识"长远"时期的原则，这种原则关系到科学探究之自我发展和自我修正的本
484 质。正如论述中的命题的有效性或一般的概念质料的有效性不能离开其功能性使用所产生的结果来确定一样，对于作为对知识（在颂扬的意义上）的原告的判断的充分保证，也不能离开范围不断扩大的结果来确定。某给定的特殊领域内的探究者，总是诉诸他同行内的共同体经验来对其结论进行确证和修正。直到那些恢复所提出的条件的人对结果达成一致时，个体探究者所提出的结论才具有假说的地位，尤其是在个体探究者所发现的结果不符合已接受的成果的基本走向时。② 当活动与其在更广阔的（学术上来说是非科学的）公众那里所产生的结果之间的一致性处于不同层面上的时候，此种一致性就是对物理结论进行完整性检测的必要部分；无论在什么情况下，这些结论的公共关系都是相关的。③当科学结论的社会性结果激起严重的社会冲突时，我们这里所涉及的观点就明白地显示出来了。因为这些冲突提供了那些结论本身的不充分性或偏狭性，以及不完整性的推定性证据。

---

① "自然科学中，纯粹的研究和应用的研究之间唯一有效的差别，存在于对最终可能会产生的人类社会实践结果的探究，以及对已经出现在人类社会实践中的结果的探究之间。"霍格本：《逃离理性》（*Retreat from Reason*），第 8 页。下面一段话出自同一作者，对于我们早前关于将物理探究的领域脱离于"人类社会实践"中固有的那些需求和可能性就会引起的理智上的不负责任的倾向的评论来说，是比较合适的。这段话就是："科学家和技师所接受的教育，使他们对于自己的活动的社会结果漠不关心。"（同上书，第 3 页）

② 在关于逻辑理论的作家中，查尔斯·桑德斯·皮尔士特别值得关注，因为他明确地意识到社会因素对于确定证据及其证明力的必要性。其代表性段落引述如下："现代科学方法下一个极其重要的因素是它已经成为社会性的。一方面，假若科学家满足了必要的外在或内在的条件，那么，他视作科学事实的东西必须是任何人都可以观察到的。如果仅有一个人能够看见金星上的标记，那么它就不是一个已确定的事实。……另一方面，现代科学方法的社会性是指其所付努力的团结性。科学世界有一点是与昆虫群体一样的，即个体努力产生出那种他自己不能希望享受到的东西。"——《哲学和心理学词典》（*Dictionary of Philosophy and Psychology*），第 2 卷，第502 页。

③ 这里所指的"一致性"是说活动上的一致性，而不是说在理智上接受同一组命题（参见同上书，第 57—60 页）。一个命题并不会因为接受它的人多了而增加其有效性。而且，我们必须考虑到的是探究作为一种持续性的关注具有一种连续性，而非某一给定时刻精准的信念状态。

3. 活动与其结果之间的一致性,是科学进步的一种检验和不竭动力。这种说法符合这样一种立场,即所有探究的最终目的和检测是将问题情境(其中包含困惑和冲突)转变为统一性的情境。在社会探究中完成这个目标,比在有限制的 485
物理探究领域中更为困难,这是事实。但这一事实并不意味着在这两种探究之间,有先天的逻辑上的或理论上的差异。相反,如同在物理探究中一样,实践中出现的困难应该当作对进一步应用的一种理智上的激励和挑战。

4. 十分显然而无需详细论述的一点是:社会探究必须满足关于对事实的观察性确认的结合性条件,还要满足关于适宜的操作性概念的条件。因为这些条件显然是关于实存性主题的所有科学成就的条件。而没有满足对事实主题和概念主题在共轭性的相互对应中建立的要求,是当前社会学科状况的一个显著特征(这在后文将有详细的探讨),因而有必要对其证明。从正面来看,此种共轭关系的必然性,表现了物理科学作为社会探究的一种模式而发挥作用的最为重要的方式。因为如果只存在唯一一条由物理科学方法所给的教训,那就是事实和观念之间严格的相互关联性。直到社会探究成功地建立起观察、区分和安排能够引起和检验相关观念的材料的方法,并且另一方面,直到所形成和使用的观念能够(1)用作假说并能够(2)作为一种形式来指导和规定有关事实的分析-综合性的确定的操作,否则,社会探究便不可能满足逻辑条件从而获得科学地位。

5. 在我们以其自己的表达方式来讨论社会探究之前,还需要提及一个更进一步的观点。社会现象比之于物理现象有着广阔的领域和复杂的构成,这在科学处理中不仅仅是实践困境的根源,还具有特定的理论涵义。因为构成自然环境的那些存在条件,总是渗透到社会文化现象的构建中。任何个人及组织脱离了与物理条件的相互作用,将什么也做不了。发生的任何结果、任何社会事件,都不是专门涉及人类因素的。假设欲望、技能、目的、信念是它们将是的样子,那么所发生的,是诸如土壤、大海、山川、气候、工具和机械之类的各式各样物理条 486
件与人类因素相互作用的产物。[①] 这种思考的理论相关性在于,除非有对物理条件及其相互作用的法则的先行理解,否则,对社会现象的理解将不可能。作为社会性的社会现象,不能被直接地处理。对于社会现象的探究,不论是对于那些重要的材料,还是对于它们的关系或适当的秩序,都是以对物理现象及其法则广

① 这一点对于认为社会科学仅仅甚或主要是心理学的观点来说,是致命的。

泛性的优先认识为条件的。这一事实部分地说明了社会主题的发展迟缓和不成熟的状态。只是到最近,才有对物理关系(包括这一类目之下的生物关系)的充分理解,进而为社会现象之有效的理智性地处理提供了必要的智力工具。没有物理知识,便无法将复杂且宏观的社会现象分析性地化解为简单形式。现在,我们开始讨论探究的逻辑原则与独特的社会主题之间的关系。

Ⅱ. *社会探究与实践判断*。之前的讨论已表明,有一些判断在形成时就明确地关涉着完全参与到对它们最终所关指的或关注的那个实存性质料的重构过程中。其中还指出,这个阶段在其中比较明确的那些判断——即实践判断和历史判断——是对先前的问题性主题的重构性转换的具体实例,这种转换是所有探究的思虑中的目的和客观的结果。这些思考与现有条件下的社会探究具有特殊的关系。因为普遍流行的观念认为,只有当那样的探究有意且系统性地放弃所有对社会实践的关注时,它才真正是科学性的。由此可见,物理探究方法在逻辑上给予社会探究的特别教导是:社会探究*之作为探究*,包含着操作的必然性,这些操作在实存性上修改了现实性的条件;当这些条件存在时,就是真正探究的
487 契机,并提供了它的主题。因为正如我们所看到的,这种教训就是经验方法的逻辑涵义。

现在,物理探究在很大程度上,而且数学已在更大程度上所达到的一步是:问题主要是由先前探究结果已经准备好的主题所设定的,因而进一步的探究已经掌握了一大堆科学材料、概念和方法。社会探究的材料却并非如此。社会探究的材料主要是以原始性质的状态存在着。因此,社会探究首要且紧迫的问题就是:要建立一些方法,将实存性情境的材料转换为可以促进和控制探究的已经准备好的材料。那么,接下来,我们的讨论将特别围绕社会探究之逻辑中的这一方面。

1. 就像分析性的考察将会揭示的,当前大多社会探究的标志是:过程中的两种模式或彼或此占据着支配地位,这个过程在这两种模式的相互对照中例示着实践与理论之分裂。在实践层面上,或者对于直接从事实践事务之管理的人来说,通常会认为,现存的那些问题已在其主要特征方面进行了限定。当这个假定出现的时候,便得出探究之事不过是确定解决它们的最好方法。此种假设的结果就是:分析性的甄别工作很大程度上发生在过去,但该工作对于将问题情境转换为一组可以构成确定性问题的条件来讲,是十分必要的。不可避免的结果

是:解决问题情境的方法被提出,却没有关于材料的任何清晰概念;而项目和计划在概念中,才能被应用并进而发生作用。进一步的结果是,往往发现困难增大了。这是因为,对于理智行为造成了额外的障碍;或者是,在减轻某些症状的同时,却导致了新的麻烦。对无论国内领域还是国际领域中的政治问题及其解决方法进行调查,就会发现许多相关的例子。

在这一点上与物理探究方法进行对照,就十分突出。因为在后者中,所使用的大部分技术都与借助方法来确定问题的本质相关,这些方法能够获取广泛的材料,并能确定它们作为证据的切合性,能够通过测量仪器来确保它们的精确性,还能够以过去探究所表明最有可能指出正确程序式样的秩序来安排它们。 488
因此,包含有系统性对比的受控性的分析观察,在所有已取得科学地位的主题那里都是必然之事。试图解决一个其条件尚未确定的问题是无用的,这被认为是理所当然的。

社会实践与临床观察和记录技术兴起之前所开展的医学实践很相近,可以将它们作有益的类比。两者都假定粗略的观察,便足以确定困境之本质。除了异常难解的情形以外,症状都非常突出和普通,很容易被观察到;这些观察在医学实践中,足以提供用作诊断的材料。人们现在才意识到,为恢复健康所选择的治疗方式都是偶然的,除非那些构成麻烦或疾病的条件尽可能完全和精确地得以确定。因此,首要的问题就是建立一些观察和记录技术,以便提供证据性的、可用作检验的材料。就社会探究的方法而言,教训就是:很有必要发展一些分析性的观察和对比的技术,以便有问题的社会情境能分解为可被明确表述的问题。

在妨碍科学方法之逻辑条件得到满足的诸多障碍中,有一点需要特别注意,即重大的社会难题倾向于用道德方式来解释。无需否定的是,这些情境本身就其原因和结果而言,在真正的道德意义上具有深刻的道德性。但是,将所要研究的情境转换为可以得到理智处理的明确的问题,要求对条件进行客观的理智表述;而这样一种表述形式反过来,则要求完全抽离于罪恶和正义、恶意的动机和善良的动机这些很容易被归因于个人、群体、阶级、国家的性质。曾经一段时期,令人满意的或令人憎恶的物理现象被归咎于统治力量的善意和恶意,疾病被归咎于人类天敌的阴谋。斯宾诺莎的论点,即道德上的恶的发生应该在与雷雨的发生同样的基础和层面上看待,在科学方法的要求的基础上而不是在斯宾诺莎 489
的哲学体系中的语境中来看,是有道理的。因为它们要获得客观表述或根据经过选择和排序之后的条件来表述，其唯一的途径就是这样的程序。而且，这里所讲的表述形式是治疗方案得以客观规划的唯一着手方法。根据道德上的谴责与认可或根据邪恶和公正来解决人类问题，这或许是今天社会主题领域要形成正确方法所面临的一个最大障碍。

2. 当从当前考察的政治和行政事务上所采用的探究方法转向那些自称社会科学者所采用的方法时，我们发现了正好相反的事态。我们碰到了一个假设，这个假设在经过清晰表述之后的大致意思为："事实就在那里，我们所要做的只是对事实进行观察、收集和安排，从而形成适宜的、有根据的概括。"物理现象的研究者们在讲话和著作中，常常用相似的方式。但分析之后发现，他们真正所做的并不同于他们事实上所说的，由此导致一个完全不同的结果。然而，在开始讨论这一点之前，我将探讨一个与之紧密相关的假设，即为了将结论建立并且仅仅建立在事实的基础上，所有评价性的过程必须被严格地排除。

就那部分以科学名义从事社会研究的人而言，这种假设源自那些基于合理的原则而持有该假设的人的心理。该假设的出现至少在很大程度上，是因为认识到了那种危害，即依据道德先入之见，有关对错、善恶的观念形成社会判断的过程中所带来的危害。正如刚指出的那样，此种做法不可避免地会对建立相关的重要材料、陈述有待解决的问题以及解决问题的方法形成偏见。原则的合理性，即道德谴责和赞扬应该从为获得和衡量物质材料所采取的操作以及为建立处理材料所需的概念而进行的操作中排除出去；然而，这种合理性却常常被转变
490 为所有的评价都应该被排除这样的观念。然而，这种转换唯有通过一种完全错误的观点的中介才能产生；这个观点就是：我们这里所指的道德指责和认可就是评价性的，它们穷尽了评价的领域。因为它们并非任何逻辑意义上的评价，所以甚至也不是逻辑意义上的判断。这是因为，它们依赖于某种有关应该或应当达到的目的的先入之见。这种先入之见将目的（结果）排除出探究的领域，从而力图将探究还原为一种经过裁剪和歪曲的工作，只是为已事先决定好的目标寻找实现之手段。现实中的判断（即满足判断之逻辑条件者），在相互间严格地共轭性的关系上建构了手段-结果（目的）。目的必须在有效手段的基础上进行判定（评估），通过这种手段，它们才能被获得，就像实存性的材料不得不根据它们作为产生被解决了的情境的物质性手段的功能而被判定（评估）一样。因为思虑中的目标本身就是一种手段，也即一种程序性手段。

"目的为手段辩护"这种观点在道德理论中的坏名声，就像它在政治实践中的使用一样，是司空见惯的。这套理论可以被给予一种严格的逻辑表述，而经过如此表述之后，它的内在缺陷也变得十分明显。从逻辑的观点来看，它建立在这样一种假设之上，即某个目的已事先明确地被给定了，不属于探究的范围。因此，对探究来说，唯一的问题即是要找到并利用那些可借以达到目的的材料。这样一来，思虑中的目标作为程序性的手段所具有的假言性的引导功能便被忽略了，探究的基础性的逻辑条件也被违反了。只有被看作假说的思虑中的目标（借此对实存性材料的甄别和整理才能有效地产生），才能在任何逻辑可能性上确定作为手段的实存性材料。在社会领域之外的所有其他领域，认为正确的解决方案已事先给定了因而只需要寻找事实来证明它，这是非常不可信的观点，以至于凡是依此行事的人要么被视为骗子，要么被视为试图将某种自己所喜欢的看法强加给事实的怪人。但是，在社会事务中，那些声称拥有了关于社会问题的唯一合理的解决方法的人，常常自视有特别的科学性，而其他人只是在"经验的"泥沼中挣扎而已。不仅要从理论上而且要在实践中认识到，任何所欲达到之目的（思 491
虑中的目标）都具有假说之本性，而假说在形成和检验时必须与作为手段的存在条件严格地对应起来。唯有如此，才能转变当下处理社会问题的那些习惯。

我们所说的这些内容，指出了评价在一般探究中的有效意义，同时表明了在社会探究中评价性判断的必要性。需要从特定的实存性或事实性的物质中有选择地区分出材料，这本身就证明了评价性的估测正在起作用。因此，认为评价只关乎目的，而随着道德目的被排除，评价性判断也被排除的观点，是建立在对所有科学探究之逻辑条件及构成成分的深度误解之上的。所有合格和真实的探究都要求在错综复杂的实存性的、潜在地可观察性的和可记录的质料中，选择和衡量出作为材料或"案情事实"的确定性材料。这一过程是一种裁决，是一种评估或评价。从另一方面来看，正如刚才指出的那样，当目的被视为是给定的时，也就无所谓评价了。把实存性质料区分为情境的证据性事实和检验性事实的过程中，在逻辑上不可或缺的观念就是*所要获得之目的即是思虑中的目标*。无之，观察便没有了方向；无之，我们便不知道应该寻求什么，甚至连自己正在寻求什么也一无所知。一个"事实"将同其他事实一样好——也就是说，对探究的控制和形成以及问题的解决毫无价值可言。

3. 我们所讲过的这些内容直接关系到另一个假设，它隐藏在相当多自称科学的社会探究之中。这个假设就是：认为事实就在那里，我们只需要对其进行精确的观察，并聚集到足够多的事实，以便为一般化提供保证。以假说形式出现的一般化，是对作为事实的材料进行选择和整理的一个先决条件。一般化既是事实之观察和聚集的前件，又是事实之观察和聚集的后件。或者更准确地说，除非假说形式的一般化已经提前对鉴别性的选择和（综合性地）整理材料的操作进行
492 了控制，以形成关于问题的事实以及问题所需的事实，否则没有作为保证性的结论而出现的一般化。回到之前我们提到的观点：科学探究者所做的不同于他们所说的，是要施加某些实验性的操作——即有关制与做的操作——提前转换给定的实存性条件，从而使转换结果成为与解决既有问题相关的并且重要的事实。实验操作除非是本身受到有关解决方案的假说的指引，否则将只是一些盲目的试错法，至多是提出一个有待尝试的假说。

认为如果采用了适宜的观察和记录（最好是统计性的）技术（这里的适宜性标准，是从自然科学的技术标准中借用过来的），社会探究便是科学；这样的假设并没有遵守那些使物理科学中观察和测量技术富有价值和力量的逻辑条件。为了展开这里所讲的要点，我们将考察当前流行的一种观念，即认为社会探究唯有事先完全摆脱实践事宜之后，才能成为科学。对此种谬误（从严格的逻辑角度来说的谬误）的探讨，将从对社会探究中那些问题的本质的考虑开始。

Ⅲ. *问题的建立*。真正的问题都是根据实存性的问题情境所建立的。在社会探究中，真正的问题只有通过自身，即充满着冲突和困惑的现实社会情境才能建立起来。事实上，社会冲突和困惑的存在，要先于所要探究的那些问题的存在。后者是在探究中对这些“实践的”难题和困境的理智化。这些理智上的确定，要想得到检验和担保，只有对它们由以产生的实存性的问题情境做些什么，以便将其朝着有序情境的方向进行转换。就社会材料和概念上的一般化而言，社会探究与实践的关联是内在的而非外在的。科学探究的任何问题都是人为的，它是从现实的（“实践的”）社会条件里产生出来的；它是由探究者武断设定的，而并非是客观产生的和受控制的。在先进的科学中所应用的所有观察技术，包括使用计算错误概率的最好的统计方法等等，都是需要被遵守的；然而被确定的质料在科学上却是“死的”，即与真正的议题毫不相关，以致对它的关注几乎只
493 是理智性的繁忙工作的一种形式。所观察到的东西，无论观察多么仔细，也无论记录多么精确，只有根据所计划的活动后果才能被理解。总而言之，如果社会主

题的探究所关注的那些问题满足了科学方法的条件，则它们必须(1)是从现实的社会张力、需要、“难题”中产生出来的；(2)拥有其被条件所确定的主题，这些条件是产生统一化情境的物质手段；(3)与某种假说相关联，这种假说是对冲突性的社会情境进行实存性地解决的一种计划和对策。

Ⅳ. 社会探究中对事实的确定。这个话题在前文的讨论中，已经必要地预先提到了。它已表明，在逻辑的意义上，事实只有在它们被用来以那样一种方式限定一个问题时，才是事实，即为所提出的解决方案提供征兆和检验的方式。然而，其中有两点是我们这里必须明确地论述的。

1. 由于实现对一个问题情境(一个混乱的情境，其中各要件彼此冲突)的转换需要有特殊甄别出来的那些实存条件之间的相互作用，事实就必须在其作为障碍和资源的双重功能上被确定，即同时涉及否定性(排除性)和肯定性的操作，后者是把材料确定为彼此相互一致或相互加强的质料。如果没有对阻碍性的和偏转性的力(使给定的情境产生混乱和冲突)的反作用，就没有实存着的情境。排除性的操作是必不可少的。除非实存着的条件中的积极因素得到释放和整理，从而朝向所期待的客观结果行进，否则被客观地统一起来的情境也不会存在。另外，思虑中的目标就是乌托邦式的和“空想主义的”，后边的这个词是感情意义上的。

实在论的社会思考恰恰就是那种能够甄别现存情境中不利和有利条件的观察模式，“不利”和“有利”要结合所提出的目的来理解。“实在论”并不意味着完全把握了实存情境，而是将诸条件选择性地区分为障碍和资源，也即区分为否定性的和肯定性的。当说“我们必须接受原样的条件”时，这种说法要么是逻辑上的自明之理，要么是不作为之借口的谬误。如果将其理解为实存条件是分析性
观察的质料且是唯一的质料，那么，它便是自明之理。但如果将其理解为“原样 494
的条件”就是用以判断什么可以做或什么应该做的最后依据，那么，这将导致完全放弃对于观察和行动的理智指引。因为，任何未确定的和不理想的情境中的条件永远都不是一个整体——否则，其中便不会有冲突或混乱——而且，条件也并非永远如此固定，以致其中不可能引起任何变化。就现实的事实而言，它们自身总是以某种方式在朝着某个方向变化，因此问题就在于在它们之间建立相互作用的模式，以使所产生的变化能够导致所预想的客观结果。

2. 条件永远都不是固定不变的，这是指它们处在过程当中——即任何时

候，它们总是在产生将在某个方面有所不同的事态。观察性操作将条件区分成阻碍因素和积极因素，其目的恰恰就是指明中间性的活动；这些活动将会给予运动（因而其结果）以一种不同于当它单独存在时所具有的形式，也就是朝向所预想的统一的实存性情境的运动。

在对社会现象的探究中，将事实视作已完成的或已结束的，其后果要比就其于物理对象而言更加严重。因为社会现象从本质上来说，是历史性的。但是，在物理学上，尽管在界定普遍概念和描述种类时要关涉某个最终的实存性应用，但它们并不必然有任何直接的应用。然而，所有社会现象本身都是一个连续的变化过程，因此事实一旦脱离开它，作为动态的组成部分所在的历史便失去了使其具有独特社会性的那些性质。为了确定独特的事件序列，类属命题是必不可少的；但只要那个独特的事件序列整个是以一般和全称命题的形式来解释的，它便失去了由此方成为历史性社会事实的那种独特个体性。物理事实都可以作为“个例”来看。譬如，任何对尤里乌斯·凯撒被谋杀事件的解释，都肯定会包含谋杀、阴谋、政治野心、人类这些类属概念，而凯撒被杀只是这些概念的一个说明性
495 个例。没有这些一般性概念的使用，将不能报告和解释这个事件。但是，仅仅将其作为一种个例，就消除了使它成其为社会事实的性质。概念是必不可少的，但当它们作为确定不可重现的时间序列的手段时，才是必不可少的。即使在物理学中，“法则”在其逻辑涵义上，也是最终把构成个体的时间性序列之事件挑选出来并连接在一起的手段。[①]

刚才断言社会现象是历史性的，或者说在本质上是个体性的时间序列。如果将“历史”理解为包含现在的，则没有必要进行支持此种设定的论证。没有人会质疑，造成教皇制的产生、工业革命的爆发及文化和政治意义上的民族主义的产生的这些社会现象，都是历史性的。不可否认，现今发生在世界上各个国家及其国内机构和外交关系上的事件都将在未来成为历史质料。认为历史只是包括昨天及之前发生的事情而不包括今天正在发生的事情，这种看法是荒谬的。正如在历史上的一个确定化序列中没有任何的时间间隙一样，在探究所确定的社会现象中也没有任何的时间间隙，因为这些社会现象设立了一个发展着的事件过程。因此，尽管在观察和收集质料时将其脱离开其朝向最终结果的运动，也可

---

① 参见前文，第 440 页，第 2 节。

能产生某种“事实”，但由于此种事实将是非历史性的，故而不是任何社会意义上的事实。

这种思考强化了之前所得到的一个结论：对社会现象的探究包含评价性的判断，因为它们只有根据它们所能够通达的最终结果才能被理解。因此，抽象地说，有多少种可能结果，便有多少种可能的解释。这样说并不意味着要将对物理现象来说已过时的目的论引入到社会现象中。并不是说，有某种目的支配着社会事件，或者它们在朝向一个预先确定的目标运动。其真正意思是：任何问题情境，当对它进行分析时，与所要施行的操作观念相关，会出现可选的可能性目的（在终结性结果的意义上）。即使在物理探究中，探究者所观察到的东西及其拥 496
有的概念都受控于一种客观目的——即要达到一种已解决的情境。物理探究和社会探究的不同，并不在于根据可能的结果所表述的思虑中的目标的有无。二者的不同，包含在各自的目的*主题*中。这种不同对探究行为造成了极大的实践上的差异，即在建构那些通过相互作用，将会解决情境的主题时所要施行的操作类型上的差异。就社会探究而言，相关的活动直接包含在所要施行的操作中；这些相关的活动，参与到所提出的任何解决方案的观念中。在确保现实性关联中的、对所要求的活动来说是必要的那种一致性的道路上，实践性的困难很大。在物理问题上，探究者可以在他的实验室或观测台中获得结果。对于其他人的结论的应用是不可避免的，而且其他人也必须在使用与个体研究者所采用的相似质料和方法时获得相似的结论。他的活动自始至终有着社会性的制约。但是，在物理探究中，社会制约因素是相对间接的；而在解决社会问题时，它们却是直接相关的。任何有关社会目的的假说，必须包含作为其自身一部分的、那些施行由假说所表述和指引的操作之人所具有的组织化关联的观念。

评价判断，即有关所应用的物质性和程序性的手段之好坏的判断，是有所要求的。正如已经指出的，当前有关目的及政策的社会判断中的恶，产生于外在于探究的价值判断的输入。那些恶源自一种事实，即所运用的价值并非根据探究和在探究之中被确定的：因为它假定了某些目的具有内在的、无可置疑的价值，因而可以调节和验证所使用的手段，而不是基于现存的作为障碍或资源（obstacles-resources）的条件来确定的目的。为了满足科学方法的条件，社会探究必须把某些客观的结果判定为在给定的条件下值得获得的目的。但是，再重复一遍：这种表述并非意味着经常被认为的那样，即目的和价值可以在科学探究

之外设定，以致后者被限定在对最好计算的手段的确定上，以实现这些价值。相
497 反，它的意思是说，目的就其价值能力而言，唯有建基于经过受控观察所能发现的、存在于现实情境中的张力、障碍及积极的潜能，方能得到有效的确定。

V. 社会探究中的概念主题。这个话题是我们在讲第一点即问题的本质时所必须涉及的。它也在前文关于脱离所要获得之目的的概念而进行的“事实认定”(fact-findings)一节被处理过。因为我们曾指出，这样的概念，当它们需要根据观察到的事实来检验和修正时，却被要求对事实之选择、安排和解释进行控制。因此，本节的讨论将主要限定于指出那些将概念主题看作似乎是由第一且终极的自明性真理、原则、规范所组成的方法之逻辑错误。正如相反于片面性观念所经常发生的那样，所谓“实证主义”的事实学派及观念学派所具有的缺陷提供了争论，根据这种争论，一方引出并支持另一方的观点。不能说观念学派或“理性主义”学派无论怎么样，都不关注事实。但可以说，它将其全部关注点放在了观念上，以至于事实被直接归入“原则”之下，后者被视为固定不变的规范，决定实存着的现象的合法性与非合法性，并规定努力应予指向的目的。

毋庸置疑，过去的社会思想史已被观念方法以某种或其他种形式支配着。首先，观念已经存在于目的本身的古典道德和政治理论中了(这里只指出某些突出的方面)，这些目的被固定在自然之中，并通过自然被固定(因而是本体论的和宇宙论的)；其次，“自然法则”学说也存在于其中了，它在连续的时期中设定了各种各样的形式；再次，先天必然真理的直觉理论，以及最后就像在当代思想中一样，关于固有价值之内在等级的学说也都是如此。我们现在不准备考察历史上这些各式各样的表现形式，它们都把具有客观地位的目的等同于先天的概念质料。我们将给出一个例子，作为所涉及的逻辑的典型，尽管不是关于其质料的典型。

498 就其逻辑形式而言，古典政治经济学自称是科学，其根据首先在于某些终极的第一真理；其次在于它从这些真理出发，对现实的经济现象进行严格“演绎”的可能性。由这些“前提”可以得出第三方面的根据，即第一真理为经济现象领域中的实践活动提供了规范；或者说，现实衡量的对错以及现实经济现象是否异常，要依据它们在多大程度上，与组成那些前提的概念系统所得出的推演相符。该学派成员从亚当·斯密到穆勒及其当代的追随者们，显然与传统的理性主义学派不同。因为他们认为，第一原则本身是由归纳得到的，而不是由先天直观建

立起来的。但第一原则一旦被得到，便被作为无可置疑的真理，或是关于其他进一步真理的公理（其他真理都是由这些公理演绎出来的）。这些固定前提的现实性内容都被认为是关乎人类本性的某些真理，比如每一个个体都普遍渴求改善自身状况，都渴望以最少的努力改善自身状况（由于努力在痛苦最小化的意义上构成了成本），都有交换物品和服务的冲动，以便以最少的成本获得最大限度的满足，等等。

我们不关心这些前提的内容是有效还是无效的问题。问题的关键是其中所涉及的方法之逻辑的涵义。古典经济学过程的最终结果就是通过对“自然法则”的内容的重新解释，恢复其陈旧的概念。因为它所得出的结论是：从理论上可推演出的人类活动的“法则”，在经济学领域就是判定该领域中人类行为恰当或正确的规范。这些法则被认为“统治着”那些现象，也就是说，所有不能与该法则相一致的现象都是反常的或“不自然的”——都是恶意地企图延缓自然法则的作用或者企图逃避其不可避免的结果。任何通过控制生产和分配物品与服务得以产生的社会条件来调节经济现象的企图，都是违反自然法则的，都是对正常秩序的干涉，故而由此所带来的结果注定是灾难性的，就如同试图中止或干涉任何物理 499
法则（如万有引力定律）起作用一样。

对于此种立场的讨论，只关注其内在逻辑，且不管事实上，它如何在实践上产生了自由放任的“个人主义”体系，以及如何否认了对经济现象进行社会控制的效力。从逻辑方法的观点来看，所包含的观念并不被看作用于观察和整理现象并因而根据作用于它们之后所产生的后果来被检验的一些*假说*。它们被视作已经被建立起来的*真理*，因此是毋庸置疑。还有，很显然，这些观念的构建并不是根据特定时间和地点所存在的需要和张力，或者说，不是作为解决彼时彼地所存在的麻烦的一些方法，而是作为可适用于任何时间、任何地点的普遍原则。一个或许可以得到强有力辩护的立场是：如果依据对特定时空（如 19 世纪上半叶的英国）之存在条件的适用性来解释和建构观念，则这些观念在很大程度上，就是关于那些历史条件具有引导性操作的假说。但是，所使用的方法不允许用具体的时空性的词项来解释。

因此来看，在科学方法中，观念性主题三个必不可少的逻辑条件被忽略了，即(1)作为假说的理论观念的地位，(2)在对先前现象的观察，以及最后的实践性转换所进行的控制具有一种引导功能，并且(3)理论概念要依据其在实存性应用中所产生的结果进行检测和不断地修正。

为了进一步说明逻辑方法的这些要求，我们可以找到当前其他社会现象的理论，如关于“个人主义”与“集体主义”或“社会主义”，或认为所有的社会现象根据资产阶级与无产阶级之间的阶级斗争才可以被正视的那种理论之间所设定的争论。从方法上来看，不论采纳这些对立观念中的哪一个，此种概念上的概括都预先判定好了所提出的活动方案会涉及什么样的特有形状和哪些种类的现实现象。因此，通过分析性的观察，把现实性的现象化归为特定问题的词项；而这些
500 问题可以通过对具体操作的确定而被处理，分析性观察的这种做法从一开始就被内在地折中了。这些“一般”属于要么全对、要么全错的矛盾性“真理”的本质。像所有此类彻底的普遍性一样，它们并没有划定领域，从而确定出可以一个一个地加以处理的问题；而是属于那样一种本质，即就理论而言，必须接受其中一个理论而完全拒绝其他理论。

把握依赖于固定的观念性原则的社会探究与物理探究之间的逻辑上的不同，一个最简单的方法就是要注意到，在后者中，现实的理论争议涉及的是关于过程的不同观念的效用；而在前者中，理论争议关注的问题却是所谓的内在真假。这样的态度造成了意见上的冲突以及行动上的碰撞，而没有促进对于可观察、可验证事实的探究。如果我们看看现在构成物理学、化学、生物学和医学的那些事实和观念的主体的早期阶段，就能发现，这些领域中较早时期的争论也主要是关于某些观念内在的真假。当这些学科在真正的科学品质上获得进步的时候，怀疑和探究已经集中在过程的不同方法的效用上了。其结果是，假说的多样性受到人们大力的追捧；而不是说在固定选项中必须接受其中一个而拒绝其他。因为选择的多样性作为一种有效手段，可以使探究更为广泛（充分）和更具灵活性，更具有能力去认知被发现的所有事实。

总而言之，事实认定的过程对于(1)确定问题，以及(2)提供用以预示和检测所假设的材料来说，是必要的；同时，对指涉的概念性结构及框架的表述，对于引导观察以甄别和整理材料来说，也是必要的。因此，社会探究的不成熟状况，可以通过事实认定和理论性目标的建立这两种相互独立的操作所实施的程度及其结果来进行衡量。这种结果即一方的事实性命题和另一方的观念性或理论性结构，各自被这个或另一个学派看成是最终的和自身完整的。关于概念框架，我们

需要加入一些额外的思考。

1. 一旦引导性的概念成为一般性的货币，它们就会倾向于被视作理所当然 501
的。因此，它们要么仍是含糊的或是未明述的，要么其命题的表述方式是静态的而非功能性的。未能考察概念结构和指涉框架，是任何探究领域中都能发现的一个最大不足；而即使在看似最为简单的事实探究中，也会不自觉地包含这些概念结构和指涉框架。即使在物理事件中，一旦某种指涉的概念框架成为习以为常的，那么，它就倾向于成为探究的新路线上的最终阻碍。在生物学以及法律、政治学、经济学和道德等社会学科中，这种危险性更为突出、更具灾难性。不鼓励作为指涉框架的假说在形成过程中具有丰富性和灵活性，这比其他任何东西都更接近科学的死亡令。

2. 尤其对社会主题而言，不能将有影响力的概念转换成能被表述的命题，是极其有害的。因为只有明确的表述，才能刺激根据它们所引出的结果去检验其意义，并促进对其可选择的假说的批判性对比。没有对支配性观念的系统表述，探究将停留于意见领域，而行动则停留在冲突之地。因为最终从命题上开放而率直地表述观念上的可选性（要尽可能多），在逻辑上唯一的选择就是：要么依据习俗和传统，要么依据某些特殊的兴趣，从而形成支配性观念。其结果就是把社会领域二分为保守派和改革派、“守旧派”和“激进派”等等。

3. 对于社会探究发展的主要实践性障碍之一，即把社会现象实存性地划分成大量隔间式的、被认为互不作用的独立领域，比如把经济学、政治学、法学、道德、人类学等等分派到不同的部门中。指出有什么具体方法和策略能够打破这些现存的壁垒，这不是一般逻辑理论所要做的。那个任务是探究者们在各自领域中的事务。不过，从逻辑视角对各社会学科的历史发展所进行的调查，富有启发性地揭示了把社会现象分割为众多相对封闭的部分的原因，以及此种分割所带来的有害影响。提议现在迫切需要冲破这些观念壁垒，从而促进观念交融以 502
及增强假说的宽泛性、多样性和灵活性，这是具有合法性的。

4. 相较于物理研究而言，在社会现象的情况下，采用实验方法所遇到的实践困难无需多言。然而，对任何付诸行动的政策的每一次衡量，在逻辑上而且在实际上应该是具有实验性的。因为(1)它所代表的，是从作为可能的行动计划的众多可供选择的观念中所采用的一个，并且(2)其执行所产生的结果在一定限度内仍是可观察的，因此可以用来检验那个被执行的观念的有效性，尽管不能像在物理实验中那样可以限定或排除差异。阻碍对实验方法在切实可行的范围内加以充分利用的观念是，认为因为社会现象不允许通过逐个序列的操作来实现条件集的可控性变化，所以实验方法于此毫无用处。例如，设想这是某种立法政策的推行问题。就它的内容而言，认识到其经验特征，便意味着把它的那些内容理解为从大量精心设计的可能选项中明确选出的一个，或者理解为某一析取系统中的一些成分。就是说，若不能认识它的实验性特征，就会鼓励把政策处理为一种孤立且独立的措施。这种相对的孤立又促使政策在直接的条件和压力的影响下，以一种相对简易的方式来形成，而不是通过考察条件和后果来形成。另一方面，若考虑不到所采取的政策的实验性本质，将造成对政策所产生之结果的甄别性观察的松弛和不连续。其结果只会是，要么这个政策总体上有用，要么总体上没有用，于是临时拼凑出其他的政策。对于条件缺乏谨慎的、选择性的、持续性的观察，将加大政策形成中的模糊性；而这种模糊性反过来，将导致与该政策之检测和修正相关的那些观察也模糊不清。

最后可以指出的是：社会探究的当前状态为一般逻辑理论的充足性提供了
503 一种检测；而且就此而言，确认了已发展出的这种一般性理论的有效性。详细地探讨它在检验事实和概念及二者关系的那些逻辑理论方面的价值，等于将我们已经说过的东西再重复一遍。关于它的价值，可以再补充一点，即对形式主义逻辑理论的检验。孤立于质料的形式逻辑，在社会探究中勘定论述中的形式错误时被限定在形式的功能上，尤其是警告我们不要把那些具有客观意义的语词混同于那些具有直接的情感性实践效果的语词（所谓的"富有表现力的句子"）。这种将推理从形式谬误中排除出去的做法，是有价值的。但是，它却几乎没有要求任何精致的形式图式，以使它们能够被清除出去。其中，重要的是关于质料的谬误。它们的产生一方面是由于缺乏恰当的观察方法，另一方面是由于缺乏形成和检测假说的方法。对于这些质料上的思考，形式主义逻辑必然沉默无语。有时，对此种沉默无语的辩护，是在关于社会事宜的命题以及社会事宜需要做什么的命题都包含评价（这样说是正确的）这个基础上的，并进而认为关于价值的命题都是伪命题，仅仅表达了以某些方式行事的决意。实践性解决的因素的存在是不需要被否定的；它在物理科学中关于如何操作的观念中，也可以被找到。重要的一点在于，形式主义的逻辑没有提供任何可能的根据来选定某一实践政策而非其他政策，也没有任何根据来探查为了检验其效力而把一个政策付诸运行时所产生的结果。其最终的后果是:将理智性的控制在其中具有最高重要性的领域完全排除出科学方法的范围。有些人认为,这样的后果是以归谬法理论来展现自己。无论如何,形式主义的立场很可能会激起一种反应,即强化关于经由直接的理性直觉所认知的、有关价值的固定的先天图式的理论。因为在如此重要的事宜中,任何对科学方法应用之可能性的任何否定,都必将导致非科学甚至反科学程序的使用。

我将通过再次提及前文探讨中的一个基本点——其对实践的内在地指
涉——来对社会探究的逻辑这一话题作一个总结。这种指涉已经表明,在确定 504
真正的问题时,在将事实甄别、衡量及整理为证据时,以及在对所持有的假说的形成和检验中,全都包含此种实践指涉。我对*理解*事实这一特殊论题多讲几句。理解或解释是对那些确定为事实材料的*秩序化*,即确定它们之间的*关系*。任何既有的主题中,都存在许多不同种类的关系。我们必须确定与当前问题相关的那一组特殊关系。只有在当前问题清晰而明确的时候,相关的*理论*观念才能起作用;也就是说,只有理论,并不能决定所要设立的是哪一组关系或者该如何理解既定的一组事实。例如,一个机械工,当且仅当他了解一台机器如汽车各部件是如何*共同作用*时,才算理解了汽车的各个部件;是它们共同作用的方式提供了一种秩序原则,使得它们彼此关联。"共同作用"的观念包含着结果概念:事物的*重要意义*在于当其与别的具体事物相互作用时所产生的结果。实验方法的核心就是,通过周密地建构相互作用的模式来确定所观察事物的重要意义。

由此可知,在社会探究中,没有被理解的"事实"也可以被仔细地探知和收集。只有当明白事实的*关系*而且"关系"是指与结果的关联时,它们才能以被理解的方式被整理或被关联。社会现象相互交织在一起,我们不可能将特定结果(因而也包括关系及意义)分配给任何给定的事实,除非这些特定结果是属于经过*差别性地*确定的事实。这种差别性的确定,只能通过根据作为计划的观念所进行的积极的或"实践性的"操作才会被影响。处于纷繁交错状态的,不只是社会现象;所有的实存性事件之为实存,也都处于类似状态。但现在实验方法及其指导性观念,就物理现象来说,已得到完好的确立,以至于大量的事实一旦被确
认下来,它们的意义看起来几乎都是外显的。因为先前的经验性操作已经表明, 505
它们在指定的高度精确的条件下可能有什么样的结果。这种事态在社会现象和事实中并不存在。只有当社会性的事实在与不同结果相关联的基础上被关联在

一起并因而被理解的时候，相似的事态才能实存性地出现，即使是大致地出现。而那些不同的结果是通过实践性地处理现象的明确计划而产生的——重申一遍，那些计划是指引实践操作的假说，而不是真理或信条。

25. 探究的逻辑与关于知识的哲学

逻辑和哲学体系之间有一种双向关联。一方面，哲学史表明哲学体系的任 506
何主要形态都发展出了自己对逻辑形式及逻辑关系的独特理解。确实，将一般性的哲学与具体的体系划分为本体论或形而上学与相应的认识论或关于知识的理论，几乎已成惯例。换一种视角看，逻辑、美学和伦理学乃是哲学主要的传统分支。唯灵论与唯物论，一元论、二元论及多元论，唯心论与实在论，这些哲学都已明确地表现出对这种或那种逻辑学说的偏好；而且由于他们已意识到其第一原理与其方法之间的关系，已经发展出与其自然和人的理论相一致的逻辑理论，这一切并非偶然。试图澄清其内在的逻辑，就是为了各主要类型的哲学的信誉。

然而，本章所思考的是另外一种关联。为了获得拥护者并能维系下去，哲学体系不仅必须保持一种合理的内部辩证的一致性，而且必须使其自身与借以持有已获得的关于世界的信念的*方法*的某些状态及条件相一致。然而一个体系仅仅具有论述上的逻辑一致性是不够的。如果想赢得并保有支持者，它还必须在应用于世界万物时具有相当大的可信性。由此得出，关于知识的每一种主要的哲学理论都不但必须避免从自身视角所产生的谬误，而且必须从探究的逻辑模式的某个阶段借取自己的引导原理，以便其结论看起来能够避免*实质性的*谬误。为了产生和维系不断出现的关于知识的哲学类型，所需要的不仅是论述上的严
格一致性。存在有限数量的类型并且这些类型确实在历史上重复出现(带有适 507
合于时代文化的主题变动)，这样的事实本身就表明：这些类型已经把所掌握的有能力的探究的某些逻辑特征作为其诉求的基础。在选择的那些具体特征中会出现一厢情愿式的思维；那些特征而非其他特征被挑选出来，以预先支持特定的

结论。但是，逻辑特征本身并不能为此目的发明出来。如果是的话，这些理论将成为妄想式的解释。

因此，本章旨在思考以某种看法标识哲学路线的某些主要的认识论类型，以便表明每种类型代表了从实际的受控探究模式中，选择性地抽取的某些条件和某些因素。我们将看到，这样的借用正是它们的可信性和吸引力之所在，而它们之所以无效，则是因为将所选定的那些要素与其发生作用的探究语境任意地割裂开了。于是，它们受到的批判并不是因为违反了作为获得知识之手段的所有探究条件，而是因为它们的选择如此地片面，以致忽略乃至事实上否定了其他条件；但正是这些其他条件，为那些已选条件提供了认知力，并且为已选要素之有效运用划定了界限。

完全阐明使各个类型的知识理论是其所是的那些被选择的逻辑特征，需要一本书的篇幅，而不是一章就可以做到的。然而，知识于其中并藉之得以建立的探究模式，关注的是知识必须满足的逻辑条件，这就为我们提供了引导我们穿越理论迷宫的线索。如果这些理论不是完全任意的，而只是片面地强调了从探究模式之整体语境中所选择的某些东西，那么，探究模式便为我们展现了一种总体上的探究条件集：其中，某些条件被抽取出来，然后又彼此对立。这种选择方面的可能性已经成为现实，其结果就是标示着思想史的各种各样的认识论理论。因此，虽然下一步探讨的材料必然是批判性且争议性的，但该探讨的目的却毫无争议。那就是阐明指引各个体系的逻辑主旨，并间接地证实已经提出来的那些结论。

508 1. 探究模式涉及知觉主题与观念主题之间积极的协作分工。强调这些条件中的某一方而排斥另一方，将必然导致知识理论之争。那些将某一因素作为至高无上且终极的理论家们，必将试图以该因素来阐释其他因素或者将其消解掉。此外，每一种观点的不充分性，也必将为对立一方的理论带来新的生机和活力。自希腊时代以来的思想史，其显著特征便是感觉经验主义与抽象理性主义之间的不断论战。

2. 探究模式既以直接的质性要素的出现为标志，这些要素确定了探究的问题，确定了相关的材料，并检验所提出的任何解决方案，也以中介性的因素为标志。这里，同样可能出现片面的选择。

虽然对直接知识的理论已经得到探讨并对其予以拒绝，但那种探讨并没有完全涵盖所有与当前议题相关的要点。因为仍有理论认为中介过程虽是获取知识的初步条件，但其本身却处于逻辑之外；举例来说，有理论认为归纳和推论只是预备性的心理调试。另外，一些理论虽然认识到中介的必要性，却得出结论说：在知识的终极对象中，任何事物都与其他事物处在中介关系中。按照这种观点，唯一真实的知识对象便是作为无限整体的宇宙，从而包括科学在内的通常认为属于知识的东西都是一些"现象"或表象，因为它们只是终极"实在"的碎片而已。虽然其最终结论是形而上学性的，但在近代，形而上学结论的获得都是通过对于只是可能性条件的批判性考察而实现的。唯心主义知识论与实在主义知识论的区别，最终依靠于它们对待知识中直接要素和间接要素的态度。

3.形式与质料之间的关系问题。该问题的一个方面已经进行过探讨，即逻辑关乎的是排除质料的形式的观点。然而，这种观点并没有穷尽议题。有些理论认为，形式可以完全决定知识的终极质料，比如传统的理性主义；也有理论认 509
为，虽然形式作为本质完全独立于物质性的实存，但它们中的一部分形式会时常屈尊而将实存把握为纯粹的变动，由此使它（在这个范围内）成为知识。一种传统的理性主义即绝对唯心论认为，逻辑形式只是人类认知的特性，并且它们在绝对知识的质料内部被完全吸收。

议题的这个方面使我们注意到一个事实，即对于探究总体模式的各种条件，存在着各种排列和组合，因此，（除去形式是抽象可能性领域的特性这一观点）形式与质料的问题在历史上已成为其他理论的限定因素，而不是一种独立的理论基础。例如，对逻辑形式之必要性的否定，是传统经验主义和唯物主义的共同特性；而它们在形式之本质上的不同观点，对一元论、二元论及多元论之间差异的产生扮演着重要的角色。

*Ⅰ. 传统经验主义与理性主义。*这些知识理论可以放在一起探讨，因为它们每一个都作为典型例子，选择性地强调两种主题（任何完整的探究行为都在形式上包含二者）之一。经验论的每个变种都坚信知觉材料在知识中的必要性；历史上的理性主义却认为，只有概念主题才能为我们提供完全意义上知识。这里没有必要重述，我们先前的分析已经表明，观察得来的材料和引导性观念之间的差别及关系代表着劳作在探究内部的功能性划分，以便后者能满足有保证的可论断性的逻辑要求。正是因为这个原因，争论才无休无止。每种知识理论都是在其他理论论述不足的地方发展开来。传统经验论所独有的特性，是其极端的

直接论。传统经验论片面选取知觉材料，同时以未加限定的殊相主义方式解释此种材料。它认为，直接的所予在于性质上离散的原子，它们彼此之间并没有内
510 在的关联。我们之前的讨论已经表明，直接的所予是某个延展的质性情境，而之所以出现单独的性质，则是由于有一些观察运作甄别出某些要素，用于限定其中的具体问题，同时用于为所提出的解决方案提供检验。换句话说，它们是为了控制结论而在探究的整个领域中作出的功能性区分。因此，传统经验论突出地展现了：当把受控的探究模式中的真实条件与它们的情境相脱离，并给予它们一种非功能性解释时，将会发生什么。

此种经验论的发展，加上其对关系（除了外部接触的关系）之实在性的否定，导致了近代理性主义的产生；这种理性主义选取了关系功能，并将关系作为所有知识的核心。既然这种理性主义承认了感觉论的前提（即性质本身是离散的单位要素），而关系之所以必然出现在知识中，就被归因于作为独立因素的“思想”的“综合”活动。这种理性主义很难对相关要素的出现作出解释。我们随后将会了解到，这个严重的困难是早期理性主义转向后期唯心主义的一个主要原因。仔细地阅读过穆勒的《逻辑学》（所谈论的这种逻辑经验主义的典型代表）的人，都能看到其中反复出现的一种对照，即他关于感觉性质是独立给定的、互不关联的学说，以及不断地回到作为相关联的性质之群组或集合的那些对象。与此同时，读过 T·H·格林对感觉主义经验论的毁灭性批判的读者，同样也会看到，当他被迫处理关于“思想”的那些“要素”时反复出现的一种困窘。①

511 当康德断言概念无知觉则空洞，知觉无概念则盲目，因此二者的结合对于任何自然知识来说都是必需的时，他开始脱离其早期的理性主义倾向。然而，他的学说认为，这两种质料是从两个不同且相互独立的来源中产生的，然而没有认识到它们在探究过程中相互协作的共轭性功能；而正是在这些探究过程中，问题情境得以从某个角度进行分析，从而转变为统一的情境。结果，康德不仅被迫诉诸一种人为机制才能使两种完全不同的种类的主题相互关联，而且得出结论说（基

① 直到威廉·詹姆斯时期，感觉经验主义和所讨论的此类理性主义所共有的前提才受到公开的挑战，即否定了经验上的所予由互不关联的要素构成。参看《心理学原理》，第 1 卷，第 244—248 页。在这种语境下可以回忆起：实在论的逻辑原子主义也依赖于对互不关联的要素乃最终的（尽管其不是精神性的）材料这种学说的接受，因而它必须引进形式上在先的理性逻辑因素来解释一般性的存在。（同上书，第 149—153 页）

于他的前提)：知觉材料虽然是必要的，但却完全阻碍了我们对于事物之为“真正”所是之事物的认识，因而任何声称为知识的东西都只不过是现象性的表象而已。

值得注意的是，当传统经验论的殊相主义运用到社会领域时，它的发展导致了原子“个人主义”的产生，这就消解了关于关联的所有内在的纽带，仅留下经济事务上的利己主义和政治事务上的强权维系着人类之团结。片面的经验主义引出片面的理性主义并为之提供主要论证的方式，在社会领域中尤为明显。将所有人的关系归为政治关系的国家“有机”理论，正是对该原子个人主义的逻辑反应。此种哲学为独裁主义的复兴提供了根基，并为现代极权主义国家提供了一个理论基础。另外，国家民主理论与陈旧的“个人主义的”原子主义的历史性纠缠，已经成为“自由”国家社群和地方社群不断衰落的一个主要原因。

声称具有严格的科学性的大众实证主义，是传统经验论的衍生物。像它的前身一样，指出并根除了常识和科学观念中有害的存在因素，因为不能为这些因素找到任何可证实的经验性的意义或经验性检验。[①] 然而，此种实证主义的优点是：摆脱了高度可疑的关于感觉的心理学理论，以及所包含的关于殊相的认识论学说的纠缠。它愿意承认，倘若一般化能得到科学的支持，就是有效的。但 512
是，它从传统经验论那里继承了对一般观念以及伪装成其他任何事物而非已确认的事实的总结性记录的理论的蔑视。实证主义逻辑并没有意识到假说的地位，即假说在某一给定的时间内超出了已确定“事实”的范围，或者实际上不能在当时得到证实或在任何时间获得*直接*的事实性的证实。

大众实证主义所把握的探究方法的片面性是很明显的，这一点体现在：当注意到科学史所表明的，许多对科学进步起到重要作用的假说最初都只是纯粹的猜想，却被一贯(consistent)的实证主义谴责为只是“形而上学性的”，比如能量守恒观念及进化论的发展观念。作为探究方法之范例的科学史表明，假说的可证实性(实证主义所理解的那种)远没有假说的引导力重要。在宽泛的意义上来说，任何已得到证实的重要科学假说都不是最初提出时的那种形式，而是经过相当大的修正和修改。这些假说的正当性，在于它们能够用自己的能力指引新的

---

① 引入“大众”(popular)一词，是因为许多对于实证主义的批评并不适用于较新的一些表述更为精致的类型。

实验观察次序，并开发出新的问题和新的主题域。在这样做时，假说不仅提供了新的事实，而且常常从根本上改变之前被视为事实的东西。尽管大众的实证主义自称是严格的科学，但它在某些方面还是承续了一种陈旧的形而上学观点，从而赋予观念以内在的真假属性。探究之现实模式的意义，将会把作为操作手段的内在功能赋予作为观念的观念。单凭这一点，有关知识的实证主义理论就有缺陷。这样的批评也可以应用于那种形式的实证主义理论，即将逻辑范围限制于对先前存在的质料进行转换，而不用于产生新的假说；而对新假说的操作性使用，可以提供新的质料来重建当前已存在的那些质料。它适用于“逻辑实证主义”，就这种理论将逻辑理论限定于对于命题的转换(*trans*formation)，而将其脱离于命题借之得以形成的那些操作而言。

513 Ⅱ. *实在论的知识论*。我们前文对于探究的主题、内容和对象进行了区分。[①] 作为一个广泛的术语，被研究的“主题”是指问题情境及所有与其解决相关的质料。“内容”一词则是在限制性的意义上使用的。它指的是在调查探究过程中临时采纳和使用的实存性主题和概念主题。它们在其指涉上或许是真正客观性的，但作为通达解决性情境的质料性和程序性的手段却是条件性的，或者说在解决性的情境建立起来之前都是假设性的。因为它们可能在某个语境中是真正客观性的，然而却不能发挥功能以实现既有情境所需的转化。从逻辑上说，对象是相关联的特征或特性的集合，它作为已解决了的情境中的特定成分而出现，并在连续性的探究中得到确证。这种定义适用于实存性的对象。当相互关联的抽象特性集合出现并在与那些实存性对象的共轭中被反复地确证时，观念性的或“理性的”对象便产生了。

现在，这样的实存性和观念性的对象经常被应用在更深层的探究中。实际上，探究的连续性依赖于它们在随后的探究中被采纳并被用作手段。旧对象通过把它们放在新的问题中被检验而可能发生改动——就像相关的特性集合一旦被毫无疑问地当作对象，就已经随着科学知识的发展而发生改变了。然而，基本上，在先前持续的探究中建立起来的对象都将“照原样”被接受，正如已经被反复证明为有效的工具都会在新任务中使用一样。现在，当这种直接的采纳和使用本身被视作一种知识时，其逻辑结果便是关于知识的“实在论的”哲学。被使用

① 参看前文，第121—122页。

的对象就是已知对象。于是，如果对象由之得以作为已知被确立的探究操作而遭到忽视的话，就会存在对探究的现实模式之某一状态的选择性强调。这样做虽然就其本身而言是有效的，但却是片面性的，会导致错误的理论。对只是因为完全独立于指涉行为的操作而成为已知对象的对象的指涉行为，因为知识论的 514
目的，其本身就被看作表征知识。

特定的对象被重复和随便地用作手段以获得进一步的知识，这种现象的必然出现赋予实在论以看似的正确性；这种看似的正确性如此的强劲，以致任何其他的理论看起来，都倾向于摆脱只是为了满足某种先定理论的紧急状态而建构的常识。石头、星辰、树木、猫和狗等等独立于认知者在某一时间内的特殊的认识过程而存在，就像任何能够很好地存在的事物一样，这是关于知识的被充分建立起来的事实。因为作为相关联的实存特性，它们已经在个体性的探究乃至种族性的探究中出现了，并反复得到了检验。在很多情况下，对它们由之建立和证实的操作进行重复，就是无端地浪费精力。因为个体认知者认为，在其瞬间的心灵过程中构建了它们，这是荒唐的，就像认为当他旅行经过一个城市时会创造出他所看到的那些街道和房屋一样。然而，那些街道和房屋都是已经建造好的，尽管不是通过“心灵的”过程，而是通过在独立的实存性的质料基础上进行的实存性操作实现的。像街道和房屋那些对象一旦建立起来，便可以在新的事物中直接使用。

正是在这一点上，对“所予”之本质的混淆使实在论的理论看似更为可信。[1]实存是在经验中被直接给予的；此乃经验主要之所是。它们并没有被给予经验，而是其给予性就是经验。但是，这种直接的质性经验本身不是认知性的；它并不履行关于知识的逻辑条件，以及作为已知对象的逻辑条件。当探究开展时，这些质料被给予以便被认知——这种说法是不言自喻或同义反复的，因为探究就是为了建立已知对象，把给定的经验进行探究性的操作。由此，实在论的知识论就代表了对两种本身皆有效的思考的一种合并。其中之一是指涉对象的必然性（刚刚提到过的），而那些对象在进行关于探究的操作以便获得进一步的知识中
已经被认知了。另一个思考是：探究总是依赖于直接（但并非认知的）经验到的 515
实存性主题的直接呈现。假若对实在论的知识论的认定局限于后一点，则它将

① 参见前文，第 127—227 页。

如其声称的那样，是朴素的且理由充分的常识问题。但通过把非认知的（即直接的苦乐）主题的领域和直接指涉（即采纳和使用）已知的对象（因为先前探究运作的检验而获知）的行为相混淆，从而产生的实在论是误置的。

目前为止，我已经探讨了原始的实在论的理论，或者有时所谓的"一元论的"实在论。刚刚提到的对于两种不同事物的混淆，源于把两种东西搅合在一起，然后说成是简单而唯一的认知活动，这导致了一些困境。错误、误解、假象及幻觉的存在，都是其主要的困境所在。我们刚刚所批评的那种始终如一的实在论者，在逻辑上被迫将独立的存在——如果不是实存的话——赋予所有真知识及假知识的主题，从而抹杀了知识所独有的逻辑涵义。因为根据这种理论，错误的认知也是通过认知主体而直接指涉或"指向"独立于认知操作的那些主题的一种情况。通过进一步的批判，我将不再讨论这一点，因为这就是已指出的那种混淆性的合并在逻辑上的必然后果。我将结合另一种实在论（所谓的二元实在论或"表征"实在论）来关涉它。

根据这个观点，直接或给定的认知对象总是一种精神性的状态，不论是"感知"，还是"观念"；而实存性的物理对象，是通过某种被视作为外在对象之表征的精神性的状态而被认知的。与在检验其他理论时一样，当前的讨论之所以涉及这样一种观点，是因为它在现实的探究模式中有其基础。它抽取了探究中的推论阶段，却将此阶段与总体的探究情境相割裂，从而导致其功能性价值转换成某种所谓精神性的本体论实存。在探究中，对于直接性质的甄别是根据它们能用来示意或指示一种可能的推断结论。比如，直接感到的一种痛。它被解释为牙
516 痛，进而被判定为某一具体类中的个体。疼痛，与一组其他的可观察性特质相结合，就被认为设立了一个对象，而疼痛正是该对象的证据性标识。就此而言，疼痛这一性质代表了一个对象。现在，如果它在探究中的独特功能被忽略，这种表征功能便被实体化了。于是，疼痛不再被认为是它本来之所是，即最初指涉一种问题或怀疑的那种性质，而是被作为是以某种方式表征物理对象的精神性实存。借用形象的说法，它在问题解决中的表征性的（representative）功能被转化成了一个表象（*a* representation）。

这一思路也可以运用到与直接性质相区分的观念上。当一个观念在探究中发生作用时，就是给定性特质的可能的意义，而这些特质在自身的意义上是有问题的。同样地，由于它代表着一种可能的解决方案，因此就具有表征性的能力。

作为一种可能性,它并非是真正的探究发生时就直接被接受的,而是用来指引进一步的观察操作以产生新的材料。如果它的操作功能被忽略,那么,该观念也将被视作对象所固有的一种精神性的表征。在刚才所给的说明中,疼痛暗示着牙痛。不成熟的判断(很不成熟,以至于在逻辑意义上根本就不是判断)则会接受并肯定这一暗示。但是,探究却是要用它来发起和引导更多的观察,以确定是否有其他描述牙痛特征的性质存在。就此而言,对牙痛的暗示乃是一种观念、一种可能的假设性意义。它是表征性的,但并非一个表象。其假设性的地位正是称它为观念所表示的意义。但这一状态是一种逻辑属性,而非作为精神性实存与对象相对立的本体论属性。

表征实在论的基本错误在于,虽然它实际上建基于探究中的推论阶段(就像所限定的),却没有根据它们在探究中的功能来解释直接的性质以及相关的观念。相反,它将表征力看作感觉和观念本身的内在属性,认为它们都是自身独立的“表象”。其必然结果就是精神性的实存和物理性的实存的二元论或分裂,尽管这并非表现为结果而是表现为一种给定的事实。未能处理好直接性质在探究语境中作为指号的表征性的能力和意义在探究语境中作为可能的涵义的表征性能力,导致它们的存在被视为是心理性的实存或是精神性的实存,随后又被赋予 517
一种神奇的力量以代表和指示不同阶层的实存。

对于谬误、虚假信念及虚幻的问题,表征实在论解释了它们的一般性发生,但并未被追诉诸栖居于存在的领域的各种类型的生存,这些类型的生存据说被认知主体所指向,正如真实的事物正巧被指向一样。依据这里的表征理论,错误的可能性内在于作为表征的感觉和观念之中。由于存在物与其所表征的外在对象属于不同的阶层,因此无法确保它们被看作外在事物的表象,实际上,它们是那些外在事物的精神性的替代物。这种观念虽然能说明错误和虚假的抽象可能性,却不能解释任何特定场合下的真假信念之别。比如,在确定某个给定的观念所表征的到底是海蛇还是鲸鱼、是幽灵还是一大片图形时,这个理论就不得不走出这个观念,走出对于观念的检验所要揭示的任何事物。它不得不求助于普通的有能力的探究操作,而这些操作完全独立于所谓作为精神性表象之观念的本质。现在,重要的事情总是赋予直接的性质和所暗示的意义的具体解释是有效的,还是无效的。由于要确定这个问题,表征实在论必须求助于正常的探究操作,它在这个具有逻辑重要性的事情上便毫无用处、毫不相干。至少可以说,一开始就考察那些作为最终支撑点的探究操作，将会更简单、更直接。如果做到这一步，作为精神性实存之模式的性质和理念的整个观念就会自动地被抛弃。

更为详尽的考察将可以证实我们多次提出的一个观点，即所谓的认识论，只是一些源自对有能力的探究的分析而得到的逻辑概念与不相关的心理学及形而上学偏见的混合产物。它将证实一种立场的有效性，即在任何典型的“认识论
518 的”理论中，真正的要素都是逻辑上的。或许可以补充的是，如果有谁想要将“精神性的”解释为那种在探究及其运行方面具有严格的条件性及假设性地位（这种地位必须赋予性质和意义，只要是探究仍在进行中）的经验主题，就不会有人反对。但这种对“精神性”的解释与另一种学说完全不同，那种学说认为，在知识中包含一个其本身为心理或精神的实存序列。说存在某些像情感一样的实存性的性质，它们是由作为一种独特的存在种类的人所产生的（在相同的意义上，石头、星辰、牡蛎和猴子都属于各有其独特性质的实存种类），这是有效命题。但此种*差别性*的客观指涉，与在知识中发挥作用的、所谓的特质和观念的主观特征并不相关。尽管因为人有探究能力，可以认为人有心灵；但是，人是一个对象，而不是“心灵”，也不是意识。

在情感这个例子中，“主观性”只是*个人性*的同义词罢了。至于用以描述希望、恐惧、生气、爱的性质是否描绘了某类独特的个体对象，这是一个事实问题，需要借助于与确定是否有独特的特点能将蛤蚌和牡蛎区别开来的方法予以解决。标示探究的那些属性，使知识区别于无知、纯粹的意见以及幻觉。人或更一般地来说有机体，是因为参与到受控的探究操作中才成为认知主体的。我们这里所批评的理论却认为，存在一个先于和独立于探究的认知主体、一个内在地属于认知者的主体。由于这个假设并不能通过任何经验的方式而得到证实，故此是一个形而上学的偏见，其随后与逻辑条件一起混合起来，便产生了“认识论”这种模式。

Ⅲ. *唯心主义的知识论*。目前适用于词语“唯心论者”的知识论有三个类型。它们即是以贝克莱为代表的知觉唯心论；唯理论的唯心论和绝对论的唯心论。前两者的区别在于：通过不同的唯心论的本体论来分离我们所讨论的经验
519 知觉之物与概念构设之物。第三种理论所代表的是，试图通过把知觉的和理性的完全融合于其中的经验、一种绝对的经验来克服划分。

1. *知觉唯心论*。在贯穿整个中世纪的经典理论中，种（species），或用以确

定种的那个本质形式被称为理念(Idea)——事实上,species 就是希腊语 eidos 或 idea 的拉丁语音译。近代思想中的心理学偏向倾向于视观念为精神状态。洛克固定了一种看法,即观念或种是心灵或思想的“直接对象”,并将其与真实的外在对象相对而立。真正的知识在于各观念之间的关系,这种观念可以呈现为各种不同的形式。洛克由此提供了表征实在论的场景。在其理论前提的基础上,洛克试图寻找一种基础,以此来相信观念之外的世界的实存性。他的办法是区分诸如体积、大小、运动等第一性的质与诸如颜色、声音、气味及疼痛等第二性的质,其中第一性的质就是对象的属性,第二性的质仅仅是第一性的质作用于主体而产生的影响。贝克莱则通过指出在知觉中不可能区分第一性的质和第二性的质而驳倒了该理论。其结果即否定任何在观念之外的物质实体的存在,因为它不是知觉描述的对象。

如此,心灵就被当作唯一的实体,观念从属于它,而且观念是心灵的属性。贝克莱接受了洛克的那种理论,即知识对象就是观念之间的关系。他的独创性在于将这一关系解释为意谓或意指——如烟的特质指向火的特质。于是,自然作为知识的对象就是一本书或一种语言,而知识便是对书中所记载的东西的理解。此外,某些观念被强行加给我们,而在这些观念之间存在的那些指示或意指关系是永恒的、稳定的。原初观念以及存在于它们之间的关系是我们所不能操控的,这一事实表明:它们并非源自我们的心灵而是神圣心灵和神圣意志的显现。

就“观念”原始的精神性本质的基本假设而言,由表征实在论所构成的批评同样适合于这种理论。知觉唯心论的独特逻辑特性是:把构成知识的那种东西 520
等同于意谓关系。该理论的这一面显然代表着它真是领会了受控探究的一个必要条件——即探究中直接得到的那些性质,是有关它们之外的东西的证据性指号。如此选择性强调的片面性在于忽略了一个事实,即所谈的那些性质都是为了发挥其在探究中的特殊功能(即确定所需解决的问题)而从一个包含性的领域中甄别出来的。由此,所感知性质的纯功能性地位被视作某种存在于它们之中的、为它们本性所固有的东西。故而,这种理论作为例子说明了:如果某些逻辑条件脱离了其探究情境,会在知识理论上产生什么结果。

值得注意的是:放弃原初“观念”或性质是精神性的这种假设,该理论就可以被给予一个纯粹实在论的认识论版本。因为那样便可以得出:性质及其间的意谓关系存在于事物本性之中，并且二者皆可以被直接理解。然而，这种解释忽略和否定了探究情境的以下特征：(1)指示性或意谓性的性质是为了从经验所直接拥有的复杂事物中摆脱出来的探究的目的而审慎地选择出来的；(2)待解决之问题情境的存在，支配着作为手段的相关而有效的证据性特质之选择性甄别。当注意到这两点时，就可以立刻明白，那种意谓性的属性并非内在的，而是根据它们在探究中的特殊功能而获得的自然性的特质。

仍然以前面提到过的烟预示火作为例子。因为常识中某个问题的不断发生，这种特殊的意谓性关联就变成了熟悉的和习惯性的。因此，在要解决新问题时，就会把它们出现时的样子视为理所当然并直接指称(或采纳并使用)。但是，(1)需要有甄别性的观察探究来确定所提到的那些性质就是烟的性质，例如，它们有可能是蒸气的性质。而且，(2)被指示的火也不是一般的火而是某种特殊的
521 火，而特殊的火可以是彼此不同的，比如森林火灾、点燃的雪茄，以及从薄暮中冉冉升起的、使人想起家中欢笑的炊烟。需要由探究来确定那一类对象的指号，就是受控观察确定为烟的那个东西。无论如何，(3)烟并非保证就是火的指号。比如，科学中把火定义为燃烧。在这个最终得到保证的例子中，烟根本就没有出现。科学上对火之特性的描述，可以表明：对象的意谓功能是相对于探究而言的。认为这一功能是自然构造本身即有的一种关系，这种想法源于一种事实，即在人们熟悉的使用和享乐之事上，过去的习惯已经设立了一种可以直接指涉的关系。然而，在常识用法的限度之外，一些对象同样可以在不同文化中意谓不同的东西——这一事实足以表明，意谓功能并非能被直接领会的内在的结构关系。意义是内在的，这是唯心论的残余。

2. 唯理论的唯心论。古希腊本体论和形而上学在知识论上是实在论的。但是，自然中的“真实”成分被认为是理性的或观念的。以流变事物为典型特征的感觉性质以及变化本身，标志着非存在要素——不完全或不完满的存在要素——的出现。现代物理学的发展将观念形式和理性目的排除出已知的自然。与近代哲学的主体性倾向一致，理性主义哲学家们试图通过考察，使知识成为可能的条件来恢复宇宙中的内在理性。这些哲学家很轻松地表明，若没有概念出现，知识便不可能；而且，概念不可能来自感官性质，不论是作为后者的弱化副本，还是作为后者的复合。其结果，便是唯理论的唯心论。它认为，现实世界包含一个关系系统，这些关系属于客观而全面的心灵或精神的本质，而人类主体的

认知则存在于这个客观的心灵构造的零散地复制中。

作为传统唯理论的产物的理论就像传统唯理论一样，代表着对受控探究中
的观念性功能的选择性强调，令这些功能作为问题情境之转换手段而分离于它 522
们的操作。因此，就理论的这一层面，我们无须再作进一步探讨。该理论与我们当前的讨论相关的特点是：它通过有关知识过程的逻辑理论，获得了其最终的唯心主义本体论。我们将要考察的，就是该理论的这个方面。

从这个角度看，唯理论的唯心论已经认识到，判断是获取知识的手段；而且，判断通过调整而行进，判断的运动方向就是要将先前既有的质料朝着统一的方向转换。至此，它的结论所依赖的还是对于真正标识探究模式的逻辑条件的选取。但是，正如刚刚所观察到的，它忽略和否定了个体的质性情境的实存性，而正是该情境中成问题的性质唤起了探究。由于对知识的基本条件的这种忽视，因此就没有考虑到(1)观察的实存性操作，以及(2)观念性主题在实验中的引导性功能。因为这种理论并没有建立在对获得知识的现实性实践的考察基础上，因此被迫将"思想"实体化，而"思想"严密的"精神性"活动按照其自身固有的构成而被当作宇宙结构及其知识的来源。被称为思想的事物从一开始便被假定为独立的、原初的、包容一切的活动或力量，而不是根据对探究的现实性操作(正如它们被经验性地确证那样)进行检验来解释"思想"。这种假设的纯粹形而上学本质或经验上不可证实的本质，被坚称思想具有严格的先天性的理论本身所承认。

理论在获得知识的过程中，对于中介性的认可必须予以赞扬。它的优势在于，坚持认为在所有知识中都存在反思(其正是探究的中介性的一面)，并附带着对所有直接的知识理论或明或暗的批评。但是，因为刚刚所表述的那种理由，反思却被视为意外地降于实存之上的，而且以整体作用方式所进行的操作。在该理论看来，先天范畴或综合的概念样式构成了"思想"的结构，以一种整体的方式
发挥作用。它们既降临于最终确定为有效知识的事物上，也降临于貌似有理但 523
最终却证明为假的事物上——正如天上的雨水会同等地降落在正义的和非正义的人身上一样。把"思想"实体化为一种物质存在，这种结果之所以出现，是因为忽略了唯有借之才能在经验中识别"思想"的那些探究操作。这种实体化阻碍了理论对于真假信念的解释(基于其前提)能力，因为"思想"的范畴在这二者之上具有同等的操作性。现在，真正出现逻辑问题的正是这一点——关于具体信念

的奠基与检验的保证性。由于我们所谈到的这个理论必须超出其自身的前提才能实现此种甄别，并且必须回到信念得以奠基和检验的现实性的探究操作中，所以很明显，它的前提是无根据的，这个理论应该从其被迫结束的地方开始思考。

理论所诉求的经验性的确证性，源自那种事实，即反思或中介性的确包含在任何声称为知识而非纯粹意见的事物的获取过程中。但是，它忽略了那些用以规定反思性操作、构成探究的实际效力的基本思考：实存性问题情境的发生，以及实存性操作（它们由观念所指引，但其结果可以检验观念的有效性）的发生。因此，该理论完全曲解了探究在其中介性的反思状态下的统一性倾向。在现实的探究中，运动是朝向统一而有序之情境的，但它总是对构成个体性的问题情境之主题的统一。它并非大体上的统一。但是，因为反思性的操作实体化为一种被称为思想或理性的整体性本质的实体，所以一般化的统一性特征超出了对具体的问题情境进行解决的限制。由此，知识便被假定为存在于最终达到的无所不包的统一中，相当于作为无限整体的宇宙——这种要求解释了我们后文将要探讨的绝对唯心论。确实，问题情境是因为其中存在有与其意谓相冲突的条件，
524 才构成了一个种序情境。因此，任何探究的一个普遍属性就是将问题情境转化为在意义上具有统一性或连续性的情境。但是，我们所考察的这套理论一般化了超越经验性的可证实性限制的这种运动。

唯理论的唯心论认为，世界是完全理性的，因为科学就是要揭示那些因为必然而具有统一性的法则。不考虑那些关于统一性关系的法则最终都是用以控制个体化情境的工具性这一事实，单就理性主义唯心论这一观点本身而言，所谓作为整体的普遍理性，是一般化超出了有根据的探究之限制条件的又一种情况。问题情境是可解决的（尽管在给定的时间内，我们或许在现实中还找不到解决手段），这显然是探究中一个行之有效的假定；并且，那样的解决赋予那些原先不可理解的事物以可理解性，这是正确的。但是，若把这些原则拓展至大量问题情境的边界之外，就没有保证了。问题情境的存在是对探究的挑战——即对操作性的理智的挑战。认为由科学探究或受控探究所产生的可理解性证明了预先存在着一个先天理性世界，这是本末倒置的。而且，它使得盲目无序的情境的出现变成一个不可解决的问题，除非是在现象呈现的世界和实在世界之间作出固定不变的形而上区分。最后，对让世界更加合理化的挑战，是一个常新的挑战，因为它所挑战的是在特定时空中所进行的具体操作。相信对于客观持续探究的关注

以及勤奋而勇敢地开展此种探究，能够成为越来越多的人的习惯，这信念就是发生着作用的科学信念。但是，认为此种科学信念就是要相信世界本身已经完全是理性的了，这与其说是对工作的一种激励，不如说是在为默从作辩护。

3. 绝对唯心论。我们已经指出，刚刚所考察的那一类唯心论很难解释直接性质要素的存在。每一种源自康德的理论（即使离康德有点远）都不得不承认，先天思想的“范畴”所作用的是那种只能作为所予而被接受的、被给予的感性质料。由此所引发的一种困难，是第三种唯心论的知识论的源泉。这种理论对抽 525
象的概念性的反思功能持贬抑态度。根据这个理论，作为无限整体，作为在其逻辑的适当意义上的知识对象，以及作为人类认知目标的绝对，是直接要素和概念性的反思要素之完全的相互贯通和相互融合。由于我们所讲过的那个无所不包的统一性的谬误同样适用于这个理论，因此以下讨论就限定于说明作为判断的直接（以感觉和感性特质为代表）思想与作为判断的关系性的思想之间的相互贯通的观念。

此种类型的唯心主义认识论对于理性主义唯心论的批判，其主旨所关注的是属于判断本身的关系性特征。依据绝对唯心论，所有的反思和判断本身都包含自相矛盾的过程。因为判断在关系中展开，而每一种关系都既设立了一种关联，也设立了一种区分。所以，虽然判断是人类主体可以行进的唯一方式，但它必然成为通达所要求的最终统一性目标的障碍。故而反思被认为预设了一个无所不包的经验，即绝对经验，其中没有任何直接性与中介性之分。这种经验在本性上属于质性的感觉，这些感觉把理性的和关系性的属性完全吸收在自身之内，以至于后者没有任何实存性。但是，这个终极整体（唯一的“实在”）的质料内容是我们完全不能达到的，因为我们只能通过反思性和中介性的判断来“认识”。

这种理论也依赖于对在可控的探究中所现实地发生的事物的片面选择。因为每一个作为探究终点而被解决的情境，都是像其被经验到的那样，是直接存在的。它是一种质性的个体情境，其中合并和吸纳了中介性探究过程的结果。作为一个实存性的情境，它是作为探究操作之完成和实现而出现的。[①] 由探究操作所产生的相关区别，是作为在探究中以及为了探究的目的而区分出来的特定对象而存在的。但是，作为质性情境而被经验到的情境并不是一个对象或是一

① 参见对鉴赏的讨论，前文第 176—178 页。

526 组对象。它就是它所是的那个质性情境。它可以在随后的探究中被指涉、采纳和使用，然后作为一个对象或有序的对象集合而表现自己。但将其处理为对象，包含着把经验上不同的两种事物——即认知的对象和以非认知方式出现的情境——混淆了。因此，我们所考察的这一类唯心论表现了对任何成功的探究中不可否认的方面的选择。但是，它犯了一个基本的谬误，即对于这个方面的一般化，超出了探究之圆满结果的限制。因为这些问题是唯一的实存性的问题情境的解决方式。

本章的探讨和总结为已经提出的探究模式理论所控制。如果脱离那种理论，它们的含义就不能被理解。进行这些讨论和总结，是为了对本书中所采取的立场提供间接的证实。对于探究的现实性模式的选择性强调是荒谬的，因为它们的质料是从其语境中抽取出来的，从而成为结构性的而非功能性的、本体论的而非逻辑性的东西。对于这个结果，我不会重申已经说过的。根据完全忽视进而否定探究的操作性条件以及结果而进行总结，是合适的。在常识和科学层面上产生稳定信念的探究的所有过程和技术，都是在实存性上实行的操作。常识中的操作是有局限的，因为它们依赖于有限的工具，即被为了获得实践上的使用和享乐而非为了开展探究而发明的工具性器械所武装的身体器官。为着实践目的所开展的这些操作的累积效果，将赋予权威以一套在给定的文化中所形成的熟悉的观念。当在探究的操作中所使用的工具被改进和发明出来，包括特殊的语言或符号集合的发展，以服务于探究本身的目的时，合格的科学便开始了。

构成现在所谓认识论的那些知识理论已经出现了，因为知识和知识的获得并没有根据那种操作被建构，而根据那种操作，在经验探究的连续体中，稳固的
527 信念被逐渐地获得和利用。因为它们并不是建构于操作的基础之上，也没有依据实际过程和结果而产生；它们的必然形成是根据产生于各种根源的先入之见，在古代主要是宇宙论的根源，在现代主要是心理学的根源（直接的或间接的）。如此，逻辑学便失去了它的自主性。这个事实所意味的，不仅仅是形式理论被削弱了。这种失去意味着，逻辑作为对任何学科的合理信念借以被获得和检验的方法的一般化说明，已经脱离了这些信念得以确立起来的现实的实践。没有在探究操作的基础上（包容性地或排斥性地）建构逻辑学，这导致了令人无法忍受

的文化后果。它催生了蒙昧主义；促使人们接受在探究方法达到现有状态之前所形成的许多信念；还倾向于将科学的（即有能力的）探究方法归入专门化的技术领域。由于科学方法只是展示了在给定的时期以可用的最好方式发挥作用的自由理智，因此未能使用这些方法而在与所有问题相关的所有领域中产生的文化上的浪费、混乱及扭曲，不可胜数。这些考虑强化了那种主张，即逻辑理论之作为探究理论，承担并掌握着对于人类具有第一重要性的位置。

文本研究资料

文本注释

下述注释以当前的版本的页和行的数码为线索，讨论的是关键文本部分所采用 531
的有异议部分的文本。

63.27,30;64.21;135.5;155.39-40;173.23;178.34;179.28;523.3-4,6　hypostatization]就像这个注释和下述很多注释所解释的一样，在很多例子中，杜威都给多音节词添加了后缀，杜威或打印者漏掉、添加或者调换了音节，并且这些错误都被印刷出来了。既然这些拼写错误出现在爱丽丝·戴维斯(Alices Davis)的打字稿(TS)中，那么她可能是从杜威的原始手稿中抄录了这些错误的拼写，也可能是自己造成了这些错误。在这个例子中，当"hypostatize"变成"hypostatization"时，"at"经常被漏掉。当前的版本在"hypostatization"出现的十个地方恢复了"at"。

112.6　mis-take]在TS中，当"mis-take"处在打字稿的行末时，杜威使用连字符的意图就变得很模糊，当前版本保留了连字符。

320.18-19　inversion and contraposition.]在"conversion, obversion, obveted converse, inversion, contraposition and obveted converse"的顺序中，杜威很明显忽视了打字者对"obveted converse"的重复。当前版本删除了这个词项的第二次出现。

334.22,22－23,26,29－30　connexity]杜威在327.17中第一次使用“connexity”时对其正确的拼写表明了他有意进行这种拼写。当前版本中对延长形式的“connexitivity”的恢复，参照了相同段落中的其他几处“ivity”(状态词)的使用，如“transitivity”和“intransitivity”。

339.14　scaleneness]杜威或打字者在将“ness”添加到“scalene”上时，忘记添上完整的后缀，仅仅添上了“ss”，这就造成了错误的“scaleness”。当前版本给
532 “scalene”添加了完整的词缀。

347.5;370.2　part]在打字稿中，杜威开始将《逻辑》的四个部分称为“部分”而不是“册”，但在347.5和370.2中却忘记了这样做。当前版本将这些情况改正为“部分”，因为他明显指的是第三部分和第四部分，而不是整本书。

350.1　rectangularity]这个词以“rectilangularity”的形式出现，或许是因为杜威或打字者想要指的是“rectilinearity”。当前版本从“rectilangularity”中删去了“il”。

351.14－15　calorificity]当“ity”被加到“calorific”上时，“or”和“if”这两个音节就被换位了。当前版本把“califoricity”修改为“calorificity”。

404.1　associativity]当添加上词缀“ivity”的时候，一个多余的“at”就出现在“associayativity”中。当前版本删除了“at”。

405n.2;408.14－15　non-interable]当“able”被添加到“non-interate”中时，杜威或打字者忘记删除“at”。当前版本把“non-interatable”改为“non-interable”。

514.27　giveness]与339.14中的“scaleneness”一样，杜威或打字者忘记给“given”加上完整的词缀“ness”。当前版本将“giveness”改为“givenness”。

文本说明

文章的创作和布局

约翰·杜威对逻辑领域的终身兴趣始于1882年,那时他在约翰·霍普金斯大学 533
作为研究生跟随乔治·希尔维斯特·莫里斯(George Sylvester Morris)学习逻辑。密歇根大学的莫里斯教了他逻辑课程的第一个半年,G·斯坦利·霍尔(G. Stanley Hall)教了他第二个半年。当杜威在约翰·霍普金斯大学完成了博士学位时,莫里斯给他提供了一个密歇根大学的讲师席位,杜威接受了。莫里斯喜欢将亚里士多德和黑格尔的"真正的"逻辑与形式逻辑相比较,杜威给莫里斯做了几年的助手的经历,使他提出了他自己的中间型的逻辑的观点,即知识据以被获得的关于过程的逻辑。终其一生,杜威始终坚持这种观点;另外,他也通过在演讲中陈述自己的观点和将这些演讲扩展成书的方式继续改进并且大幅修改自己的理论。1938年的《逻辑:探究的理论》就产生于这个过程。

离开密歇根大学之后,杜威去了芝加哥大学,在那里他教了一些有关逻辑的课程:"伦理逻辑"、"心理伦理学"、"社会伦理学"、"逻辑理论"和一个关于黑格尔逻辑的讨论班。这些课程对他在1903年出版的《逻辑理论研究》(*Studies in Logical Theory*)大有助益。同样的观点在《我们如何思维》(*How We Think*)一书中得到总结并被应用于教学。出版于1910年的《我们如何思维》一书是对他在1904—1912年在哥伦比亚大学教师学院所教课程"用于教学问题的逻辑"的一种扩展。1916年,这一思想在《逻辑理论研究》中再次得以表达,之后在《实验逻辑论文集》(*Essays in Experimental Logic*)中得到某种程度的修改。1938年的《逻辑:探究的理论》以他"非

常著名的"[1]研究生课程"逻辑理论类型"作为直接资源，这门课程是他 1914 到 1918
534 和 1924 到 1928 年在哥伦比亚大学教授的。

在杜威继续完善他的理论的过程中，他并不把《逻辑：探究的的理论》看作一个终点，而只看作进一步发展他的哲学的一个阶段。就像在 1943 年，当他与亚瑟·F·本特利合作《认知与所知》时(Knowing and the Known)，对其所说的关于逻辑的看法那样：

> "我想说的和我所能做到的一样强烈。我不会停留在逻辑中的任何东西上——当然也不会停留在它的词汇上——我自己的发展是缓慢的和尝试性的。我所能说的仅仅是我绝不允许自己满足于过去所写的东西而停止探究。事实上我很少看我过去所写的东西。当我这样做的时候，我只是为了某种特殊的原因，并且这时我也发现了我仍然喜欢并仍然坚持的东西，我满足于这种呆板。而且，我主要是以在班级上课的过程中形成的习惯进行着我自己的工作——尝试不同的陈述方式，但愿由于上帝的恩赐，我能得到一些——并且从哲学的毁灭中得到解脱。"[2]

此外，他对悉尼·胡克写道："我或许可以花费另一个十年的时间来写补充的章节，但我想我应该去做其他的工作。"[3]对其他人而言，《逻辑》是"杜威一生中最重要的工作"[4]，但对于杜威来说，它是得以前进的基石。

《逻辑》这本书杜威至少在其出版 13 年前就开始写了。他第一次提到它，是在一封 1932 年 12 月 4 日写给他终生的朋友阿尔伯特·C·巴恩斯(Albert C. Barnes)的信中，杜威说："我正在给'逻辑理论'写导言；即我正在开设一门课，在这门课中我试图总结并完善我关于此问题的分散思想，并且顺便试图把这些讲稿作为著作中主要观点的基础。"[5]在这封信中，杜威还提到了一篇他从写作《逻辑》的材料中拿出的一

---

① 恩斯特·内格尔口述的历史评论，1966 年 10 月 10 日，第一页，杜威研究中心，南伊利诺伊大学卡本代尔校区。

② 杜威致本特利，1943 年 12 月 27 日，亚瑟·F·本特利书信，印第安纳大学布鲁明顿校区，里利图书馆特别馆藏。

③ 杜威致胡克，1938 年 9 月 1 日，南伊利诺伊大学卡本代尔校区，莫里斯图书馆特别馆藏，悉尼·胡克/杜威文集。

④ 埃文·爱德曼(Irwin Edman)：《自由智能的新篇章》("A New Chapter for the Liberal Intelligence")，纽约通讯论坛书局，1938 年 12 月 11 日，第5 页。

⑤ 杜威致巴恩斯，约瑟夫·拉特纳/约翰·杜威文集，南伊利诺伊大学卡本代尔校区，莫里斯图书馆特别馆藏。杜威和巴恩斯都授权由约瑟夫·拉特纳负责出版巴恩斯-杜威通信，其在巴恩斯基金会的原本还不能用来研究。这里参考的是拉特纳/杜威文集中的复印本。

篇文章——《逻辑和绘画中的感性思维》(“Affective Thought in Logic and Painting”)①:

> “我给你的文章的所有第一部分都是从上下文中几乎整个地摘出来的。正 535
> 是我在完成我所称作的“思想的生物学基础”时,我准备了这些材料,并且也正是在这一过程中,我感觉它与你所研究的绘画有某种真实的联系。换句话来说,这两种经验在我的思想中以某种方式调和了。”②

他在1925年写的“思想的生物学基础”能够在13年后的《逻辑》的第二章“探究的存在母体:生物学的”中找到。把1926年的文章和第二章加以比较可以发现,杜威保留了那篇文章对于欧金尼奥·里根纳奥(Eugenio Rignano)关于一个有机体的“平衡”被干扰的状态的例子的参照,正如在里根纳奥的《推理的心理学》(*The Psychology of Reasoning*)中所发现的一样③。

整个1926年,杜威都没有提过他从事有关逻辑的工作,他的时间都用在了其他方面。这一年他除了在杂志上发表了十九篇文章,在一月份还在凯尼恩学院(Kenyon College)进行了一次演讲,后来他把演讲内容修改并扩展为1927年发表的《公众及其问题》。他还到欧洲旅行,对墨西哥进行了一次教育调查。此外,他还照顾那时正在重病中的妻子。

1927年5月,杜威又回到了《逻辑》的工作上。那时杜威开始与悉尼·胡克通信,并且这伴随着这本书的各个阶段,从关注于各个章节的不同草稿到文章的排版校样。从胡克在哥伦比亚大学成为杜威的学生开始,他俩的关系就一直很亲密。他在一封推荐胡克获得哥伦比亚大学奖学金的信中高度赞扬了胡克的才能:

> “他把独创性以有序的方法融入到学习和表述中。他对思想史的掌握……更是广博的、准确的、深刻的,并且能够清楚的表达,就像我所看到的考察过的所

---

① 《巴恩斯基金会杂志》(*Journal of the Barnes Foundation*),第二期(1926年4月),第3—9页[《杜威晚期著作》,乔·安·博伊兹顿编,卡本代尔和爱德华兹维尔市:南伊利诺伊大学出版社,1984年,第2卷,第104—110页]。

② 杜威致巴恩斯,1925年12月4日,拉特纳/杜威文集。

③ 参考《逻辑和绘画中的感性思维》,巴恩斯基金会杂志,第二期(1926年4月),第4页[《杜威晚期著作》第二卷,第105页];也可参考本卷第34页。

有学生那样。我认为他是我40年的教学生涯中所遇过的在哲学方面最有希望的学生之一。”①

完成博士学位后，胡克继续住在纽约市；他与杜威的邻近保证了他们在《逻辑》上的长久合作。

整个1927年，杜威花了大量的时间用在《逻辑》上，这可以从杜威和胡克关于《逻辑》的详细意见的交换数量上得以证明。材料有的只有一到两页，“我没有保存任何
536 副本，所以请把这两页还给我”②；有的则有好几章，“很高兴见到你……并且听到你关于你的章节的报告，如果你能承担更多的话，我就可以把另一个关于定性思维的长的章节交给你。”③我们有理由相信，杜威为了使自己的心思从他妻子糟糕的健康状况中转移，已经迷失在自己的工作中了。1927年的春季学期，为了陪伴妻子，杜威请假离开了哥伦比亚大学。爱丽丝·杜威于1927年7月14日逝世。

在1927年12月8日的一封信中，杜威告诉胡克他在接下来的几个月中关于《逻辑》的工作计划：“不，我不会在春季休假，我会授课。我认为首先以讲稿的形式完成《逻辑》很好——我发现自己的观念在这个秋季的教学中清晰了很多，并且我也不想匆匆地完成这本书。”④杜威知道他不能匆忙完成这部作品。就像他在1928年的杂志上对胡克所说的那样，“我正跳过生物学和社会学阶段，因为对于写作这本书而言，后者特别需要我花费大量的时间来阅读和思考；我觉得我可以先跳过这一部分，把它留作下一年的讲授内容，而先把重点放在今年的内容上”⑤。杜威觉得《逻辑》就像《作为经验的艺术》(*Art as Experience*)一样：他需要时间来“沉浸其中并深入发掘”⑥。

从1928年的早期到1932年的中期，杜威似乎沉浸在《逻辑》的写作中。然而他确实在爱丁堡·吉福德大学的课程上使用了《逻辑》的某些内容，它们以“确定性的寻求”为题出版。他给胡克写了这些信，“由于事情已经完成，我要以超出预期的速度赶写《逻辑》”⑦。他想重新回到《逻辑》，但其他的任务又突然到来了。他在1929年1月

---

① 杜威致哥伦比亚大学哲学部，1926年2月4日，胡克/杜威档案。

② 杜威致胡克，1927年6月21日，胡克/杜威档案。

③ 杜威致胡克，1927年6月30日，胡克/杜威档案。

④ 杜威致胡克，胡克/杜威档案。

⑤ 杜威致胡克，1928年1月10日，胡克/杜威档案

⑥ 杜威致巴恩斯，1933年9月5日，拉特纳/杜威文集。

⑦ 杜威致胡克，1929年4月7日，胡克/杜威档案。

4 日对胡克写道："我还没有公开，但我正在认真地考虑下一个秋天退休的事。我认为除非我退休，否则我便不能写作——特别是《逻辑》。有大量的阅读任务需要我来做。"[1]杜威确实在 1930 年的 6 月，从哥伦比亚大学退休了，但那时他的兴趣已经有一些改变。1930 年 3 月 10 日他对胡克写道："我仍然想要进入到一个我以前没有系统对待的领域，并且艺术和美学已经向我走来了。"[2]1931 年春季在哈佛大学举行的威廉·詹姆斯讲座以及后来出版的《作为经验的艺术》就是这种追求的结果。[3] 537

杜威下一次提到《逻辑》是在 1932 年 6 月 4 日，因为他已经和胡克讨论了"第五章，肯定和否定"和"第三册，论命题"[4]。我们可以假定他在那段时间之前在写作《逻辑》。在写作《逻辑》的同时，他也这样对《我们如何思维》进行修订。关于这个工作他对胡克说过："我对逻辑的强烈渴求使我能够兴趣盎然地完成这个工作。"[5]

在杜威返回到《逻辑》的创作之前，他受到了两年的干扰。他计划在 1933 年的夏天完成《作为经验的艺术》，他认为这可以"为《逻辑》的工作清理甲板"[6]，但这项工作比预计的花费了更长的时间。他在 11 月写给查尔斯·W·莫里斯的信中说："很遗憾地告诉你，我不能按时返回到关于逻辑理论的预定书目的创作中了，我把我的空闲时间用在了把我在哈佛大学关于'艺术哲学'[7]的讲座扩展成书上。"他在 1934 年 1 月完成了《作为经验的艺术》[8]，于当月在耶鲁大学的特里讲座中作演讲（这后来成为 1934 年出版的《共同信仰》），并且在 5 月离开耶鲁到南非进行了一次三个月的旅程。

杜威是在 1934 年秋季回到《逻辑》的创作的。从那时起直到完成手稿的 1938 年 6 月，他才得以把大多数时间用于他"始终热爱的逻辑"[9]。

1934 年秋季，杜威也开始与约瑟夫·拉特纳就《逻辑》进行通信。就像胡克一样，拉特纳也是杜威在哥伦比亚大学的学生，并且这期间和他保持了密切的联系。1934 年的 12 月 7 日，杜威很高兴地告诉拉特纳："我现在所做的关于逻辑的工作比以

---

① 杜威致胡克，胡克/杜威档案。

② 杜威致胡克，胡克/杜威档案。

③ 除了在星期二讲授詹姆斯，杜威还开了一个逻辑理论课程，这可以在星期一的讲座部分和星期二的研讨会上看到。

④ 杜威致胡克，胡克/杜威档案。

⑤ 杜威致胡克，1932 年 8 月 22 日，胡克/杜威档案。

⑥ 杜威致查尔斯·W·莫里斯，1933 年 7 月 18 日，皮尔士版，印第安纳波利斯的印第安纳大学-普渡大学。

⑦ 杜威致莫里斯，1933 年 11 月 15 日，皮尔士版。

⑧ 杜威致巴恩斯，1934 年 2 月 1 日，拉特纳/杜威文集。

⑨ 杜威致巴恩斯，1934 年 11 月 30 日，拉特纳/杜威文集。

前的任何工作都要稳定。这是第一次当我停止授课时抽出时间做我心里所想的事情。”在这封信中他附上了这本书的大纲，并说明“这份大纲必然会随着写作的进行而改变”①。从那时起，杜威与拉特纳的交流（尽管不像胡克那么频繁）就像他和胡克的交流一样细致深入。

1935 年 3 月，杜威对哲学俱乐部的成员尝试了《逻辑》的第 1 章。这个群体通常由十二到十八个成员组成，每个月都会在纽约市聚集一次，用来阅读和讨论他们的哲
538 学论文。杜威谈到他们对第 1 章的反应，“总体上它是失败的——特别奇怪[莫里斯·R]·柯亨似乎比其他人更能理解我的观点，除了[赫伯特·]施奈德和[欧文·]艾德曼，因为他们已经熟悉了我的主要观点”②。这种感受和恩斯特·内格尔所描述的感受形成了很有意思的对比，他在之后的一个场合中，读了杜威的《逻辑》的第 25 章：

> “在那个场合下，我们所有在场的人都被杜威的文章极大地感动了，因为它揭示了杜威在吸收和有效利用逻辑理论中不同的和明显冲突的观点方面的杰出才能。我不记得那些在场的人对他的文章提出过任何详细的批评性的反应。我倒是能生动地记起那种共同的感觉，即在杜威安排和关联关于基本的逻辑学说的多个世纪的思想实质的能力中，见证了一种关于精湛技艺的非凡行为——这一技艺因为杜威当时已不再年轻而让我们所有人更加印象深刻。”③

在 1935 年的秋天和 1936 年的春天，为了获得关于《逻辑》的不同看法，杜威把部分材料扩展成三篇论文发表在《哲学杂志》上。正如在一封从 1935 年 10 月 26 日写给胡克的信中所讲的那样，“我正短暂离开这本书，并且带着我可能会得到某种能帮助我的新材料的希望去开辟一条新的路径”④。这三篇文章分别以“特征与特性：类与类级”（Characteristics and Characters: Kinds and Classes），“什么是共相”（What Are Universals?）和“一般命题：类与类级”（Gereral Propositions: Kinds and Classes）为标题分别发表于 1936 年的 5 月 7 日、21 日和 12 月 3 日。

杜威想要把 1936 年夏季在新斯科舍省的时间集中在《逻辑》上，就像他 1935 年做的那样，但在准备 9 月将要在哈佛演讲用的稿件时遇到的困难打乱了他的计划。

---

① 杜威致拉特纳，拉特纳/杜威文集。

② 杜威致胡克，1935 年 3 月 16 日，胡克/杜威档案。

③ 内格尔口述的历史评论，1936 年 9 月 29 日，杜威研究中心。

④ 杜威致胡克，胡克/杜威档案。

杜威向一个朋友哀叹道:“我的哈佛讲稿,除了最后一次,仅仅开头就写了五次还不包括修改。昨天完成了,但直到今天早晨才敢看它,因为害怕需要再一次开始,结果关于逻辑我什么都没做,我甚至都没打开我所借的书”①。直到九月底他才回到《逻辑》
的工作,“一天工作好几个小时”②。杜威仍然不肯匆忙完成这一工作,就像他在 1936 539
年 9 月向科琳恩·福罗斯特(Corinne Frost)指出的那样,“至少还需要一年我才能完成这本关于逻辑的书,修补工作充满荆棘,我们会尝试任何所能尝试的方式,而这将十分有趣”③。

到了 1937 年 3 月,杜威认为《逻辑》的前五章已经足够成型,可以寄给专业打印人员了。他安排埃德加·李·马斯特斯(Edgar Lee Masters)的同事和秘书爱丽丝·戴维斯(Alice Davis)来打印。从戴维斯那里收到这五章的返回稿和她的建议及更正后,他觉得把这件事全权委任给她是可靠的。他在 3 月 25 日写信给她道:

> “关于用连字符连接等事,我比较笨,而且带有疑问的校样总是返回给我。尽管使用你经常使用的标准方法吧,我在心中祝福你一定能很好地完成工作。句子的拆分是一种改进,并且也恢复了一方面另一方面这种情况中的平衡。你甚至比我所想象的都要优秀。④”

除了四月的一次到墨西哥城答复处理委员会关于控告列昂·托洛茨基的问询的旅程外,1937 年的整个春季和夏季,杜威都在继续写作并修改《逻辑》;同时经常和胡克及拉特纳交换意见。到八月末他就开始准备数学那一章了,这是他认为“整本书中最难的一章”⑤。

由于杜威将数学看作是自己逻辑中最弱的领域,他寻求恩斯特·内格尔的建议。内格尔参加过杜威在哥伦比亚大学关于“逻辑理论的类型”的研究生课程,他甚至安排一个参加杜威 1927 到 1928 年课程的学生玛丽恩·E·德怀特(Marion E.

---

① 杜威致默特尔·麦克格劳(Myrtle McGraw),1936 年 8 月 24 日,“约翰·杜威 1928—1942 年的书信”,南伊利诺伊大学卡本代尔校区,莫里斯图书馆特别馆藏。

② 杜威致拉特纳,1936 年 9 月 29 日,拉特纳/杜威文集。

③ 杜威致佛洛斯特,1936 年 9 月 19 日,“约翰·杜威 1930—1950 年的书信”,纽约:哥伦比亚大学,巴特勒图书馆特别馆藏。

④ 杜威致戴维斯,1937 年 3 月 25 日,“约翰·杜威书信”,南伊利诺伊大学卡本代尔校区,莫里斯图书馆特别馆藏。

⑤ 杜威致默特尔·麦克格劳,1937 年 8 月 28 日,“约翰·杜威 1928—1942 年的书信”。

Dwight)把她的上课笔记打印出来送给杜威，以作为对杜威准备《逻辑》的“一个可能
540 的帮助”①。内格尔曾留在哥伦比亚大学教学。当他最开始执教时，学校并没有数理逻辑的课程，所以开设这门给研究生的课程成为他的一个任务。正如他在1966年所说的那样，“杜威很明显是想得到关于这些问题与他有不同思路的人的意见或评论”②。内格尔这样描述他对《逻辑》的参与：

> “我和他联系最密切的时候就是他在写他那本关于逻辑的书的那段时间，并且他要我阅读其中的一些章节，我都很认真地阅读了，还写了一些评论，同时和他讨论了一些他在其中提出的问题。他很乐意接受批评，并且他还对他写的东西做了一些修改，尽管我已经不记得细节了。然而，我认为文中的主要思路并没有根本的修改。我的意思是，他知道他要得到什么结果，他愿意修改的是细节而不是他所采用的贯穿他整篇文章的工具主义立场。”③

杜威一直在写数学那一章，直到1938年2月，他决定“继续修改第三版的章节并把数学那一章暂时放下”④。他在3月重新开始写作数学那部分，他告诉胡克：

> “在我收到内格尔的建议以前，我已经完成了数学那一章的重新写作——尽管两个版本包含有一些相同的材料，但这绝不仅是一次修改。很多他批评的观点都很自然地被抛弃了，由于得到了他关于地图实例的评论，我也修改了几页。尽管我已经在他批评的一般方向上修改了观点，这导致在阅读他的评论后我关于“可能性”的双重含义的观点走得更远了。我不知道这一观点现在是否已经清楚。”⑤

手稿到4月接近完成了。杜威告诉胡克，“我认为无论如何我应该能在6月中旬

① 一个学生在杜威1927—1928年在哥伦比亚大学开设的关于逻辑理论的类型的课程的笔记：笔记由玛丽恩·E·德怀特女士手抄并在秘书的帮助下打印。第二页的解释性评论如下：“在恩斯特·内格尔先生的建议下，构成这些关于逻辑理论（包括提纲和一页特别添加的“使用规范”）的注释的仅有的复写的副本被交给杜威教授，用来帮助他完成他题为“逻辑：探究的理论”一书（出版于1938年）的决定性的工作。”纽约，哥伦比亚大学，洛氏纪念图书馆，哥伦比亚档案。

② 内格尔口述的历史评论，第5页，杜威研究中心。

③ 同上，第3—4页。

④ 杜威致胡克，1939年9月9日，胡克/杜威档案。

⑤ 杜威致胡克，1938年3月16日，胡克/杜威档案。

完成修改工作并把全部稿件交给霍尔兹(Holts)"[①]。6 月 27 日,他把打印的最后报
酬寄给了爱丽丝·戴维斯,对她说,"感谢你做这份工作的细心和才能。它做得十分 541
完美"[②]。他在 1938 年 6 月 3 日将手稿寄给了亨利·霍尔特出版公司。[③]

早在 1929 年,亨利·霍尔特出版公司就要求由他们出版《逻辑》。当霍尔特不尽力推销 1927 年出版的《公众及其问题》时,杜威在女儿伊芙琳的要求下把他的下一部作品,即《确定性的寻求》交给了伊芙琳的朋友——明顿-鲍尔奇公司的厄尔·鲍尔奇(Earle Balch)出版。然而,由于对霍尔特公司的信任,杜威同时将均由约瑟夫·拉特纳编辑的两卷《人物与事件》和《约翰·杜威的哲学》安排给他们印刷出版[④]。霍尔特公司的理查德·H·桑顿(Richard H. Thornton)渴望与杜威继续合作,他在 1929 年 1 月给杜威写信说:"我能就您正准备做的《逻辑》的出版事宜和您沟通一下吗?如果这本书交由其他公司出版,我们将十分失望。如果不耽误您太多宝贵的时间的话,我想要就这本书和您的其他书的出版问题与您交谈一下。"[⑤]并且他在 2 月又一次写信给杜威,"我们愿意推迟签订关于您的《逻辑》著作的出版协议。只要您愿意,您可以随时告知我们您确定的专门处理您著作的出版事宜的出版商"[⑥]。

为了防止杜威像《作为经验的艺术》(明顿-鲍尔奇出版公司,1934 年)和《自由主义和社会行为》(Liberalism and Social Action)(G·P·普特南之子出版公司,1935 年)一样把《逻辑》交给另一个公司出版,霍尔特公司在 1937 年还表达了关心。霍尔特公司的 T·J·威尔逊在 1937 年 5 月再次表达了公司的要求:

> "我们都希望能说服您把《逻辑》交给我们。我们相信,由于我们拥有高度发达的学院部门和贸易部门,我们对它的运作能让您完全满意,并且我们认为我们比普特南的公司更有优势,因为就像我们以前提到的那样,那个公司没有学院部门,也没有提高书籍销量的能力。我们认为很明显,您关于《逻辑》的书将广泛地应用在大学里。"[⑦]

---

① 杜威致胡克,1938 年 4 月 3 日,胡克/杜威档案。

② 杜威致戴维斯,1938 年 5 月 27 日,杜威手稿。

③ 杜威致胡克,1938 年 6 月 3 日,胡克/杜威档案。

④ 查尔斯·A·麦迪逊,《一个编辑对约翰·杜威的看法》,《杜威通讯》,第 1 卷(1967 年 4 月),第 10 页。

⑤ 桑顿致杜威,1929 年 1 月 29 日,霍尔特出版公司档案,普林斯顿,普林斯顿大学图书馆。

⑥ 桑顿致杜威,1929 年 2 月 11 日,霍尔特出版公司档案。

⑦ 威尔逊致杜威,1937 年 5 月 25 日,霍尔特出版公司档案。

542 杜威遵守了1929年对霍尔特公司的承诺，并且在1938年4月30日收到了以下述约定为建议性协议的内容：

> "您会注意到这些信任条款是以前您与我们一致同意的那些。手稿的完成日期、手稿的建议字数，甚至推荐的标题，到目前为止都是尝试性的，并且如果您愿意，您可以做任何改动。我希望您能在这周末看一下这份协议。如果您满意的话，请将两份副本都签了，并且在周一去见麦迪逊先生时带上一份给他。"[①]

查尔斯·A·麦迪逊在1924年加入霍尔特公司做编辑，自那时起他就全权负责杜威手稿的编辑工作。几年来对杜威作品的编辑工作使他对杜威的思维过程产生了一种敏感性，这使他不致严重损害杜威的风格。就像麦迪逊在1967年表述的那样，"我经常意识到他推理的严密性和不改变句子含义而改进某个句子的困难"[②]。然而，对于《逻辑》麦迪逊确实比杜威的其他作品进行了更多的实质性的编辑工作，他这样说："为了不改变原意，我如履薄冰。但在这本书中，我还是对很多句子进行了重写，比以往任何书都多。"[③]

杜威在1938年6月3日将手稿寄给了麦迪逊。6月19日，他写信给悉尼·胡克，告诉胡克他对校样还没到一点也不吃惊，因为"麦迪逊在手稿被打印前会进行细致的查看"[④]。第一次校稿在7月13日到达[⑤]，还有一个副本给胡克。他们用了两周的时间独自修改校样，杜威收到胡克的修改之后，把它们拼到自己修改的那份校样中。到7月26日杜威已经将最后一部分校样交给打印者，对胡克说，"我现在觉得我应该已经再次完成了对手稿的仔细检查，它甚至花费了我整个夏季的时间，但它现在完成了。我阅读校样的时候，经常受到打击，有时还会十分沮丧。我只希望在将来的某个时候，它看上去能更好一些"[⑥]。

543 因为霍尔特公司从未因超过作者被允许修改的数量而指责杜威[⑦]，所以杜威很

---

① 威尔逊致杜威，霍尔特出版公司档案。

② 麦迪逊："编辑的看法"，第10页。

③ 麦迪逊口述的历史评论，1967年11月8日，第5页，杜威研究中心，南伊利诺伊大学卡本代尔校区。

④ 杜威致胡克，1938年6月19日，胡克/杜威档案。

⑤ 杜威致胡克，1938年7月14日，胡克/杜威档案。

⑥ 杜威致胡克，1938年7月26日，胡克/杜威档案。

⑦ 麦迪逊口述的历史评论，第37页，杜威研究中心。

自由地做了大幅度的修改。根据查尔斯·麦迪逊所述,“如果他觉得他可以将某些内容表述的更清楚,他就改动,他可能会改动一个句子、一个短语或一个从句,并且有时他会实质性地改变某个句子,但所有这些他要求的改动,我们都照做了”①。

9 月 1 日,杜威已经改完并归还了最后几页校样的完整部分。那一天,他收到胡克的另一些修改,这些他都提交给麦迪逊了。他向胡克建议,“如果你有更多的改动,你可以直接发给麦迪逊;我希望还不算太晚”②。在这前一天,他完成了索引。③ 既然已经准备好将索引装订在校样后面,他就顺着校样的页码为索引编了页码④。杜威本来考虑接受爱丽丝·戴维斯提供的索引,因为他把它看作是“一项完全单调乏味的工作”⑤,但是在收到校样后,他就改变了主意,决定自己去做这份工作⑥。

尽管杜威曾经有两次考虑过他或许可以快速地完成《逻辑》,就像他告诉胡克的一样,他也曾这样对默特尔·麦克格劳说过,“我只希望在很久以后的某一天,它看上去会更好”⑦,这本书被别人广泛地认为是迄今为止对工具主义逻辑最完整的叙述⑧。 544
1939 年 10 月 12 日,《哲学杂志》用了 23 页的篇幅发表了伊凡德·布拉德利·麦克吉

---

① 麦迪逊口述的历史评论,第 38 页。

② 杜威致胡克,1938 年 9 月 1 日,胡克/杜威档案。

③ 同上。

④ 杜威致爱丽丝·戴维斯,1938 年 7 月 23 日,杜威手稿。

⑤ 杜威致默特尔·麦克格劳,1938 年 7 月 21 日,约翰·杜威 1928—1942 年的书信。

⑥ 杜威致爱丽丝·戴维斯,1938 年 7 月 23 日,杜威手稿。

⑦ 杜威致麦克格劳,1938 年 8 月 11 日,《约翰·杜威 1928—1942 年的书信》。

⑧ 关于对《逻辑》的评论,可以参考 For reviews of the *Logic*, see *Boston Evening Transcript*, 21 January 1939, p. 2 (Leonard Carmichael); *Common Sense* 8 (October 1939): 26 - 27 (Horace S. Fries); *Communist* 18 (February 1939): 163 - 69 (Philip Carter); *Congregational Quarterly* 17 (1939): 377 - 78 (Robert S. Franks); *Ethics* 50 (October 1939): 98 - 102 (W. H. Werkmeister); *Johns Hopkins Alumni Magazine* 27 (November 1938): 33 (Albert L. Hammond); *Journal of Philosophy* 36 (12 October 1939): 561 - 84 (Evander Bradley McGilvary, G. Watts Cunningham, Clarence Irving Lewis, Ernest Nagel, Wendell M. Thomas); *Mind* 48 (October 1939): 527 - 36 (John Laird); *Nation* 147 (22 October 1938): 426 - 27 (William Gruen); *Nature* 144 (25 November 1939): 880 - 81 (Karl Britton); *New Republic* 97 (23 November 1938): 79 - 80 (Paul Weiss); *New York Herald Tribune Books*, 11 December 1938, p. 5 (Irwin Edman); *New York Times Book Review*, 20 November 1938, p. 16 (Clifford Barrett); *Philosophical Review* 49 (March 1940): 259 - 61 (William R. Dennes); *Philosophy* 14 (1939): 370 - 71 (W. Kneale); *Philosophy of Science* 6 (January 1939): 115 - 22 (Jerome Nathanson); *Saturday Review of Literature* 19 (5 November 1938): 18 (Eliseo Vivas); *Social Research* 7 (May 1940): 243 - 46 (Felix Kaufmann); *Southern Review* 5 (1939): 105 - 20 (Lyle H. Lanier); *Survey Graphic* 27 (December 1938): 615 - 16 (Eduard C. Lindeman); *Times Literary Supplement* (London), 29 April 1939, p. 224.

瑞(Evander Bradley McGilvary)、G·沃特·坎宁安(G. Watts Cunningham)、克拉伦斯·伊文·刘易斯(Clarence Irving Lewis)、恩斯特·内格尔和温德尔·M·托马斯(Wendell M. Thomas)等人的专题评论论文集。杜威写信给麦克吉瑞感谢他的文章,说道:“你慷慨的言辞……以及它们的不同意见,比那些伴有完全认可的语言的满心称赞的短评更能温暖我的心。”[①]

因为约翰·杜威将自己逻辑理论的精炼看作是一个不间断的过程,他直到去世前的第三年,即 1949 年,还在考虑用另一种方式研究逻辑和写另一本书。他写信给本特利说:“你曾经建议我写《逻辑》的压缩版本,我现在比以前任何时候都想做这件事。我时常觉得这是一个好主意,但我却有其他想要先做的事。现在我觉得我好像应该去做了。”[②]曾经的实验者杜威又要准备开始了。

文　本

1967 年,查尔斯·麦迪逊访问了在南伊利诺伊大学卡本代尔校区的杜威研究中心,讨论他在亨利·霍尔特公司做杜威编辑的角色。当被问到《逻辑》的手稿是否还存在时,他回答:“没有,你们都明白,过了这么多年,他的手稿已经被丢掉了,我们什么东西都没有保留。由于某些原因,特别是教育领域的原因,一旦手稿被印刷,就没有人再在意它了。”[③]既然霍尔特公司什么都没有保留,那么杜威修改过的校样也已经被销毁了。此外,杜威和麦迪逊之间没有留下有关手稿和校样之间变化的信息,因为麦迪逊说,他们“以电话和私人会谈的形式进行讨论”[④]。

然而在悉尼·胡克和约翰·杜威档案中确实有一部分《逻辑》的手稿,它清楚地显示《逻辑》在付印之前曾被大量地修改过,胡克保存的手稿是杜威做的[⑤]几个复写
545 的副本之一,并且来自最终打印的副本。一封爱丽丝·戴维斯写给杜威的信证实了这一假设;她在 1938 年 2 月 17 日写给杜威说:“悉尼·胡克今天来把第 17 章给了我,我把完成了的第 15 章和第 16 章交给了他,最后一页的页码是 392,这样你就知道我们进行到哪了。”[⑥]胡克所拿的手稿第 16 章的最后一页就是第 392 页。但是,通信

---

① 杜威致麦克格劳,1939 年 10 月 26 日,拉特纳/杜威文集。

② 杜威致本特利,1949 年 1 月 18 日,本特利手稿。

③ 麦迪逊口述的历史评论,第 38 页,杜威研究中心。

④ 同上,第 37 页。

⑤ 杜威致爱丽丝·戴维斯,1937 年 3 月 31 日,杜威手稿。

⑥ 戴维斯致杜威,杜威手稿。

并没有表明戴维斯再次打印了材料。

第22章从胡克的手稿(TS)中遗失了。关于这一章的遗失，爱丽丝·戴维斯曾于4月23日写信给杜威解释说："当胡克说我不能拿到第22章时我很失望，他把第23章给了我。但我却给延迟了，因为我希望得到下一章——最后来加页码真不是一件明智的事。然而我会马上开始。"①杜威回复："我必须对第23章做一些工作了。"②我们知道第22章被打印了，因为第21章以528页结束，而第23章则从559页开始，这中间有31页的断层。在某段时间，可能是在杜威和胡克讨论修改问题的时候，胡克的第22章的复印稿被拿走了，并且从未归还。

杜威、胡克和戴维斯手改部分出现在TS中。戴维斯的修改纠正了排版错误和拼写错误，并且在几处例子中纠正了打印中的漏字。整个TS中都有她的修改。所有戴维斯的修改都出现在出版的版本中。杜威的修改主要在前五章，都是一些非实质性修改和很多附带性的修改。大多数杜威的修改出现在了印刷版中；然而有些他又在最终的手稿和校样中对其他版本的部分做了进一步的修改。胡克的修改也主要在前五章，绝大多数都在第4章。他的修改主要包括一些非实质性的改动和几处去掉一些难处理的措词并紧缩句子结构的很小的非实质性修改；胡克的一些修改出现在了打印版中，有一些则被拒绝了，并且有一些被进一步地修改了。杜威一定是在把胡克的大多数修改意见吸收进了打印版之后，才给胡克前五章的复印稿的。

将打印稿的校勘稿与《逻辑》初稿比较来看，就显示出两者无论在实质层面还是在非实质层面都存在巨大差异，以至于打印稿不能被看作是范本。修改的范围从成百上千个附带性改动到对句子和段落的大量重写，以致某些章节部分的完全重写，比 546
如说从446.7到450.18的4页和从489.12到493.24的5页改动。然而作为历史性的记录，打印稿具有重大价值，因为它显示了《逻辑》出版之前所做的修改程度和规模。也正是由于这个原因，在《逻辑》的第一版和打印稿之间完整的变动列表才会出现在"打印稿上的修订"这部分之中。

到1938年4月底，杜威已经停止和胡克、拉特纳交换修改的章节了，但他继续做最后的修改。他在5月上旬一收到拉特纳详细修改的信件之后，就写信对他说：

"非常感谢你这么长时间的不辞辛劳。如果我对你说某些章节我已经写作

① 戴维斯致杜威，1938年4月23日，杜威手稿。

② 杜威致戴维斯，1938年4月25日，杜威手稿。

和重写了六次，请不要以为我不是心存感激的，我只是决定在最后一次的修改中将改变限定在风格的转变上，并且更重要的是要将修改限定在句子模糊和不成熟的地方。从我过去的经验来看，我害怕一旦我开始改变，就又要开始重写整本书。

这并不意味着，我将比过去所做的更加仔细地检查你的建议，以致不采纳你的某些建议。但是大体上，我将让问题更简单地处理并使其尽快完成——但这并不适用于那些已经明确地离题的或我不清楚或与自己的观点不一致的段落。”①

正如在 5 月 19 日对拉特纳所表明的那样，他在最终的修订中做了很多非实质性的修改，“在我弄明白你关于风格上的建议后，我会考虑修改的，我正在考虑修改很多”②。在 5 月 24 日他又写信给拉特纳说：“我已经带着你的建议把所有的章节都检查了。在所有这些情况中，我已经预料到你会有修改，不是具体文字上的，而是相同的思路。对于许多例子我都做了进一步的修改。”③

这些陈述很清楚地表明，在最后一个月中杜威忙于对手稿进行大量的修改。当手稿寄给出版社以后，我们从查尔斯·麦迪逊那里知道，他自己对《逻辑》的编辑比杜威的其他作品要多很多。在排版校样期间，杜威和胡克之间的交流进一步表明杜威在校样稿中做了大量的修改，这可以由查尔斯·麦迪逊说霍尔特公司允许他自由处理作者的修改得到证实。哪一个修改出现在最终的草稿中，哪一个出现在校样稿中
547 不能确定。这种出现在手稿中的修改从几页到某一章的很大一部分不等。即使有霍尔特公司的宽大政策，杜威也不大可能在校样阶段进行如此大幅度的修改。就像有成百上千个非实质性修改一样，短一些的实质性修改也同时出现在手稿和校样稿中。由于《逻辑》的第一版反映了在手稿和校样稿中的这些大量的改动，又因为 TS 不是副本，那么第一版就作为副本了。

尽管《逻辑》准确的印刷数量不能确定，但在杜威生前的唯一版本至少有四次印刷：1938、1939、1945 和 1949。1938 年的第一次印刷是在英国由乔治·艾伦和安文分销。第一次印刷本的一个复印版，在 1938 年 10 月 20 日由亨利·霍尔特公司以版号

① 杜威致拉特纳，1938 年 5 月 7 日，拉特纳/杜威文集。

② 杜威致拉特纳，1938 年 5 月 19 日，拉特纳/杜威文集。

③ 杜威致拉特纳，1938 年 5 月 24 日，拉特纳/杜威文集。

A123226 注册版权。由于著作权缴存副本不存在了[①]，检查 1938 年出版的五个副本，发现是没有改动的。这一组(DCIe)样本被作为打印者的副本。

这四次印刷在版权页上有下述日期：1938 年；1939 年 1 月；1—45；1949 年 8 月。从 1945 年的印刷开始，页边被缩减了，宽度从长 9 又 3/8 英寸、宽 6 又 1/8 英寸缩小到长 8 又 1/2 英寸、宽 5 又 1/2 英寸。

因为重新修正损坏的印板痕迹而对印刷本进行的检查，表明没有任何更新出现。比如 231.37 的“through”中缺少的“t”在所有的印刷本中都出现了；479.8 - 9 的“develop”的线状连字符在所有的印刷本中都是这样；在 1939 年出版和那之后的所有印刷本的 409.27 处“part”之后的一段内容都消失了，并且下面几行直接在页末，“possibility”中的“y”依旧是分开的。

将 1938 年的副本和 1939 年、1945 年和 1949 年的印刷本对比一下，就可以看出下述修改过程：1929 年的印刷版没有修改；1945 年的印刷版中首先出现了 9 处实质性修改和 23 处非实质性修改；1949 年的印刷版中又新出现了 35 处实质性修改和 9 处非实质性修改。

1945 年和 1949 年版的非实质性修改都是简单的拼写错误、连字符错误和一些标点符号的添加与删除。1945 年版的实质性修改主要是改正了一些明显的错误。比 548
如在 288n.1，“of”被加到了一个短语中，这个短语如果没有“of”就毫无意义；在 346.30 中，把“ⅲ”改为“ⅳ”，以指涉《逻辑》的第四部分；在 361.25 处由“office”到“officer”的改变则使句子变得可以理解。

1949 年的版本修正了一些 1945 年版中的实质性错误，并且进行了更多复杂的修改。比如在 140.5 - 6 处，“right-angle triangles”被修订为“equilateral triangles”；在 144.7 - 8 处“submit the conclusions of even the best grounded conclusions to reinquiry”被修订为“submit even the best grounded conclusions of prior inquiry to reexamination”；在 154.17 处为了准确说明“to be acquainted with”的定义，“können”被改为“kennen”；并且在 372.31 处，短语“to method in the natural sciences”被改为“of logic to scientific method”。

很可能查尔斯·麦迪逊是在杜威的批准下对 1945 年的版本做了这些改动，并且 1949 年的版本是杜威自己动手改的。所有的这些改动都被当前的版本采纳了。

---

① 《图片复制服务》，华盛顿国会图书馆，《给凯瑟琳·保勒斯的信》，1984 年 9 月 12 日，杜威研究中心，南伊利诺伊大学卡本代尔校区。

当前版本恢复了不同于打印稿的 17 处文本。其中 3 处是在打印稿中正确却在所有四个版本都拼写错了的词语：26. 37 处的“amebae”；30. 12 处的“epistomological”和 216n. 1 处的“hypostization”。有 8 处修改的文本是由于误读造出了另外的词：59. 18 处的“he”恢复为了“we”；118. 16 处的“recognizes”恢复为“recognized”；120. 6 处的“inquiries”恢复为“inquirers”；177. 17 处的“casual”恢复为“causal”；198. 28 - 29 处的“In”恢复为短语“It neither”中的“It”；385. 38 处的“these”恢复为“those”；416. 12 处的“doctrines”恢复为“doctrine”；472. 36 处的“selected”恢复为“selective”。

6 处其他的手稿中所恢复的异文是：在打印稿 32. 19 处的“that is drawn”变为“that is drawn in”；在打印稿 141. 13 - 14 处的“there are no fixed and ready-made determination”变为“there is no fixed and ready-made determination”；在打印稿 202. 21 - 22 处的“they are not”变为“they are not complete”；在打印稿 265n. 1 处的“Book Ⅰ”变为“Book Ⅱ”；在打印稿 292. 14 处的“This is of specified kind”变为“This is of a specified kind”；最后，在打印稿 364. 15 处的“or intension”变为“in intension”。

当前的版本做了几处实质性的和非实质性的修改。非实质性的修改主要是修改了拼写错误，比如在 47. 18 处的“corrollay”，138. 23 - 24 处的“rearrangement”，192. 18 - 19 处的“bourgeoisie”，240. 17，19 - 20，22，24 处的“Waverly”和 430. 24 处的“filiarsis”。其他的遗漏，添加或音节换位之类的拼写错误也都被改正了，这些会在
549 “文本注释”中讨论。

当前版本所做的实质性修改可以由下述例子得以说明：117. 28 处的“orders of facts”被改为“order of facts”以与 117. 23 处的“order of facts ”相一致；177. 35 和 251n. 4 处的“illustrative”和“negative”被改为“illustration”和“negation”；此外，因为杜威很明显强调最后一个“of”，305. 29 处的短语“the class of which they are of”中的第一个“of”被删掉了，而用斜体书写的“of”则被保留了。

K. P.

校勘表

除了下面所叙述的形式上的变动外，所有用作范本的实质性的和非实质性的校 550
勘都被记录在下列表中。所有列出的标题都校订了。每篇文章的范本都与校勘表开始所列的文章一致。左边页-行编码出自本卷；除页眉章节名外，所有行数都纳入计算。方括号左边的内容来自本卷；方括号后面为该文第一次出现的原始资料的缩写。W 代表著作（Works）——当前编辑的版本，并首次用作本卷校勘。WS（Works Source）用于表明杜威引用材料中的校勘，恢复拼写、大写以及他的原始资料中的一些必需的实质性改动（见《引文中的实质性改动》）。在有些情况中，爱丽丝·戴维斯所打印的实质性改动已经被接受。这些是与 TS 一致的。这份手稿中的一个碳写复印件在南伊利诺伊大学卡本代尔校区莫里斯图书馆特别馆藏，悉尼·胡克/约翰·杜威档案中收藏（对于 TS 的完整描述参见“文本说明”）。

《逻辑》的范本是其第一个版本（纽约，亨利·霍尔特公司，1938 年）。这个单行本在杜威生前有四个版本：1938 年、1939 年、1945 年和 1949 年。由于 1938 年和 1939 年的版本之间没有任何变化，后者并未出现在名单中。其后三个版本由其出版年份的后两个数字标识。如果 38、45 和 49 之间没有改变，那么它们的标志就不会在 W、TS 和 WS 的改动中使用。

对于标点符号的修改，弯曲线～代表方括号之前相同的词。下脱字符号 ‸ 代表缺标点符号。缩写[rom.]代表罗马字，用于标记省略的斜体。[*ital.*]代表斜体，用于标记省略的罗马字；校勘页-行数前的星号代表这一内容在“文本注释”中进行了讨论。

全书做了许多形式上的或规范性的改动： 551

1. 章节篇目被删掉了，阿拉伯数字放在章节标题之前。

2. 杜威对《逻辑》的章节的称呼由罗马数字变为阿拉伯数字。

3. 对杜威全文的脚注按照顺序加了上标序号。

4. 书的标题用斜体表示；书的章节用引号标注。

5. 在插入语中删除了句号并在需要的时候加上。

6. 引号内添加了句点和逗号。

7. 处在引述材料内的双引号改变为单引号。

8. 在如下和参见之后添加了句点。

下述拼写已经被改写为有规则地出现在括号前的我们所熟悉的杜威用法：

centre] center 43.6,409.11,409.15,510.13
coordinates] co-ordinates 409.11

12.18–19 employed] 49; engaged 45,38
17n.5 par.] W; p.
21n.2(2) pars.] W; pp.
22.25 are] 49; is 45,38
26.37 amoebae] TS; amebae
30.12 epistemological] TS; epistomological
32.19 drawn in] TS; drawn
33.18 in which] 49; to which 45,38
39.21 to future] 49; of future 45,38
47.18 corollary] W; corrollary
51.18 projects which] 49; beliefs which 45,38
55.8 of the] 49; the 45,38
58.2 actual] 45,49; acutal 38
59.12 round] WS; around
59.18 we] TS; he
*63.27,30;64.21;135.5;155.39–40;173.23;178.34;179.28;523.3–4,6
hypostatization] W; hypostization
66.16–17 is signified] 49; it signifies 45,38
67.39 judgement] WS; judgment
552 75.6 of experience] 49; of discourse 45,38
78n.1 *Million*] 45,49; *Millions* 38
83.30 Inventions] 49; Invention 45,38
84.27 in their] 49; to their 45,38
87.9 to-day] WS; today
87.28 fourth] 49; fifth 45,38
87n.1 386–7] W; 387–8
88.31 then] 49; there 45,38
89.36 Change$_{\wedge}$] 49; ~, 45,38
92.6 consist] 49; persist 45,38
99.26 method] 49; methods 45,38

107n.1 Cf.] W; [*ital.*]

117.28 order of facts] W; orders of fact

118.16 recognized] TS; recognizes

120.6 inquirers] TS; inquiries

131.16 consequences] 49; consequence 45,38

133.19 judgement] WS; judgments

137.26 of conditions] 49; of consequences 45,38

138.23-24 rearrangement] W; rearrangment

140.5 scalene and equilateral] 49; scalence and right-angle 45,38

141.4 “accidents”] TS; “ac/cidents”

141.13-14 is no] TS, 49; are no 45,38

141.21 talk] 49; take 45,38

144.7-8 submit ... with] 49; submit the conclusions of even the best grounded conclusions to re-inquiry with 45,38

147.27 to-day] WS; today

148.38 latter] 49; former 45,38

149.9 “For] W; $_{\wedge}$~

149.11 constitution.”] W; ~.$_{\wedge}$

154.17 *connaître*] W; *connaitre*

154.17 *kennen*] 49, *können* 45,38

157.27 premisses] WS; premises

160.12-13 not, as$_{\wedge}$ it is for example$_{\wedge}$ in] 45,49; not$_{\wedge}$ as, it is for example, in 38

177.17 causal] TS; casual

177.35 illustration] W; illustrative

177.36 forms] 45,49; form 38

179.38 while it is] 49; while is 45,38

189.10 possible] 49; impossible 45,38

192.18-19 bourgeoisie] W; bourgoisie

193.8 propositions] W; proposition

198.28-29 It neither] TS, 45,49; In neither 38

201.22 not complete as] TS; not as *553*

216n.1 hypostatization] TS; hypostization

227.37 are estimates] 49; estimates 45,38

230.5 data] 49; date 45,38

240.17,19-20,22,24 Waverley] W; Waverly

251n.4 negation] W; negative

251n.5 *et seq.*] W; *seq.*

262.5 is of the] 49; is the 45,38

263.18 effected] W; affected

265n.1 II] TS; I

266.8 in no] W; no

268.13 set] W; sets

273.34 *raison d'être*] W; *raison d'etre*

278.36 transforms] 45,49; transform 38

285.3 - 4 predicate$_\wedge$] 49; ～, 45,38

288.26 intent, as$_\wedge$] 49; ～$_\wedge$～, 45,38

288n.1 of the] 45,49; the 38

292.14 a specified] TS; specified

305.22 isosceles] 49; right-angles 45,38

305.29 which] W; of which

314.38 and] 49; and of 45,38

*320.18 - 19 inversion$_\wedge$ and contraposition.] W; inversion, contraposition and obverted converse.

321n.1 Cf.] W; CF.

325.2 co-existence] WS; coexistence

325n.1 *Ibid.*, Chap. 2, Sec. III] W; *Ibid.*, Sec. IV

329.14 word] 49; words 45,38

*334.22,22 - 23,26,29 - 30 connexity] W; connexitivity

336.6 *but-*] W; ～$_\wedge$

336.9 propositions] W; proposition

*339.14 scaleneness] W; scaleness

340.2 -both] W; $_\wedge$～

346.29 IV] 45,49; III 38

*347.5 Part] W; book

*350.1 rectangularity] W; rectilangularity

*351.14 - 15 calorificity] W; califoricity

360.23 Château-Thierry] W; Chateau$_\wedge$ Thierry

361.16 When$_\wedge$] 49; ～, 45,38

361.25 officer] 45,49; office 38

362.12 named] 49; terms 45,38

362.26 term] W; terms

362n.1 *Mathematica*] 45,49; *Mathematics* 38

362n.1 111] W; 113

554 364.15 in intension] TS; or intension

369.10 the three] 45,49; three 38

369.11 is] 45,49; equal 38

*370.2 Part] W; book

372.29 - 30 matter, or] 49; matter$_\wedge$ of 45,38

372.31 relation . . . method.] 49; relation to method in the natural sciences. 45,38

372n.1 *as*] W; *and*

380.14 is] 49; are 45,38

385.38 those] TS; these

388n.8 pp. 161 - 62] W; p. 166

392.38 Operations] 49; They 45,38

392.39 apply] 49; are applied 45,38

395.14 which] 49; with 45,38

398.37	of the] W; of the the
403.28	then by] 45,49; thereby 38
*404.1	associativity] W; associatativity
404.2	"×."] 45,49; "+." 38
405.12	odd] 45,49; add 38
405.27	yields] 45,49; yield 38
*405n.2;408.14－15	non-integrable] W; non-integratable
410.39	Boyle's] 45,49; Boyles' 38
410.40	van't Hoff's] W; Van't Hoff's
412.19－20	Riemannian and Lobachewskian] 45,49; Riemanian and Lobechewskian 38
414.5	where,] 45,49; ～∧ 38
414.6	enter∧] 45,49; ～, 38
416.12	doctrine] TS; doctrines
420n.2	378*n*] W; 378
423.27－28	to-and-fro] 45,49; ～-～∧～ 38
429.15	*en gros*] 45,49; *en gross* 38
429.23	failure∧] 45,49; ～, 38
430.24	filiariasis] W; filiarsis
433n.1	*Renaissance of Physics*] W; *Scientific Renaissance*
436.10	borne] 45,49; born 38
453.10	"elementary,"] 45,49; "～,∧ 38
453.19	generalized] W; generalizationed
456.29	ontological,] 45,49; ～∧ 38
457.2	of causation] W; or causation 49; or conception 45; of conception 38
461.37	realized,] 45,49; ～∧ 38
461.40	colour] WS; color
462.2	colour] WS; color
462.3	and wave-length of oscillations] WS; of wave lengths of oscillation 555
463.1	prescission] WS; precission
463n.1	pp.303－4] W; p.304
472.36	selective] TS; selected
479n.1	Its] W; its
481.31	*per impossibile*] 45,49; *per impossible* 38
483n.2	enquiries] WS; inquiries
484n.6	fulfils] WS; fulfills
484n.14	*ante*] W; [*rom.*]
489.16	explicit or] 49; explicitly 45,38
490.13	to be] W; to
491.26－27	in formation and] 49; formation and in 45,38
493.17	with.] 45,49; with it. 38
502.15	therefore∧] 45,49; ～, 38
*514.27	givenness] W; giveness
520.37	vapor] 45,49; steam 38

打印稿上的修订

556 下述列表记录了《逻辑》的 1938 年第一版与打印稿之间的所有[1]改动，包括打印稿中杜威(D)、悉尼·胡克(SH)和打字者爱丽丝·戴维斯(AD)的所有修改。

1938 年第一版的范本出现在括号前；如果异文在当前的版本已经被修改，那么词条前的 # 会提醒读者注意校勘表中修改的异文和改动的来源。如果范本的异文在当前版本中并没有被修改，那么词条前的剑号 † 就提醒读者注意校勘表的批注中的未修改表。

括号之后是打字稿的异文。如果打字稿改变了，这一修改会收入打字稿异文中。被改变的词放在星号之后。在修改的词和最先做这种修改的人之后，这一修改在括号中得以说明。多于一个词的修改，星号放在第一个词的前面，其解释在括号之内。修改之后的再次修改在小括号之内。

由于 1938 年版的《逻辑》反映了改动的手稿，相同的改动就没有在括号内重复，而是仅仅放在对改动的解释之后。

除非笔和字体是确定的，改动通常以墨迹标出。Del. 表明内容被删掉了；alt. 意
味着内容是从这个词的早期形式改过来的；undrl. 是下划线；tr. 表明内容置换了。
Ab. 和 bel. 代表向上和向下。Intrl. 表示行间书写并且公式是 intrl. 或 intrl. w. caret。
557 当行间书写被删除了，intrl. 就被丢掉了并且公式读作 ab. del. ‘xyz’或 w. caret. ab.
del. ‘xyz’。Ov. 表示是写在原来的正文中的，不是在行间的。Insrtd. 表明是页边添
加的，它虽然不是行间写的，但性质相同。

---

[1] 脚注中的正式改动没有记录。在打印稿中，脚注都被加上了星号并在文本中以一个上下方的类型线标出。

使用 bef.(before)和 aft.(after)的时候,词条并未改变,它只是引导读者注意改动在文中真正发生的地方。比如:14.4 处的 false] bef. del. comma. 中的词条 false 并未改动,它只是指示杜威的逗号删除的地方。

对于标点符号的改变,弯曲线~意味着和括号之前的词一样。∧表明标点符号的缺失。Not present 表明没有出现在草稿中。缩写 rom. 表示罗马字体,用来指明草稿中下划线的遗漏。

7.1 Part One] B-O-O-K O-N-E

7.2 Introduction . . . Inquiry] INTRODUCTION

†9.1 I] ~.

9.7 abating. Proximate] being cleared up. By proximate

9.7 is] is meant

9.10 - 11 *is . . . some-all*] *rom.*

9.12 off a] off its

9.17 *of* subject-matter] of a subject-matter that is other than the forms

9.18 - 19 forms . . . why] forms

10.3 about] of

10.5 and that] and also that

10.8 relations:] ~.

10.8 (1)] *not present*

10.9 (2)] *not present*

10.10 be] be the

10.10 forming . . . nature] of existence as such

10.11 (3)] *not present*

10.12 status, while] category, while they are

10.12 - 13 are said to] *not present*

10.13 - 14 is . . . by] controls right

10.14 reason] thinking

10.15 processes] those processes

10.20 the theory] a theory

10.20 transformation] a transformation

10.21 expressions, the] expressions∧ whose

10.21 of transformation being] is tautological

10.25 *ultimate*] *rom.* 558

10.25 is] is now

10.31 it] there is something in this fact that

10.38 another] *alt. fr.* 'other' JD

10.38 system] *alt. in pencil fr.* 'systems' JD

11.1 exhaustive . . . justify] exhaustive. It justifies

11.3 the ultimate] ultimate

11.5 that.] that subject-matter.

11.8 can,] *not present*

11.9 be] can be
11.9 hypothesis and] hypothesis, or as
11.9 to] that is to
11.25 arguments] considerations
11.28 fulfilled,] ～∧
11.32 is] is taken and
11.33 work] volume
11.35 control] such control
11.35 - 36 inquiry ... may] special operations as will
11.36 assertions] assertions in the material of these inquiries
11.39 the forms] they
11.39 *originate*] *alt. in pencil fr.* 'originated' JD
12.1 while] *not present*
12.1 is] is not only
12.2 primary] but that
12.2 is itself] itself is
12.2 - 3 *essendi* ... discloses] essendi
12.6 work] book [*in pencil ab. del.* 'volume' JD]
12.8 conception, an] conception:
12.8 that is] being
12.14 - 15 unfamiliar] seemingly absurd because of unfamiliarity
#12.18 - 19 constantly engaged in] engaged in constantly in
12.20 doubt] doubts
12.22 meaning] meaning
12.22 will] will naturally
12.23 objections] the objection
12.25 - 26 , it will be said,] *not present*
12.27 is a] is, it will be said, a
13.1 not be inherent] be due to other causes
13.3 to] to an
13.4 both of] of both
13.4 and] and of
13.7 not] not here
13.11 Since inquiries] Inquiries
559 13.11 worse, logic involves] worse. This fact implies
13.12 criticizing] *alt. fr.* 'criticising' AD
13.15 (as ... does)] ,∧～ ... ～∧,
13.20 sought] found
13.26 not] that has not been
13.27 ; a single instance] *not present*
13.27 is] has been
13.28 a retort needs] retorts have a dogmatic sound and they need
13.37 presents] *alt. fr.* 'represents' JD
13.38 Earlier methods] They

13.39 of this] of
14.2 could] *alt. fr.* 'would' JD
14.3 investigation] *alt. fr.* 'investigations' JD
14.4 false] *bef. del. comma* JD
14.5 inquiry were] inquiry * which [*in pencil w. caret ab. del.* 'that' JD] at given times yielded unsatisfactory results were
14.11 within] from within
14.15 metallic ores] metals
14.16 treated] cooked
14.18 old] the old
14.18 re-made] devcloped
14.18 satisfy] meet
14.24 are] *alt. fr.* 'were' JD
14.27 used;] ~,
14.29 provided] was
14.35 decision] judgment
15.4 state later] later state
15.5 words] *bef. del.* 'to' JD
15.5 "warranted] *quots. added* JD
15.5 assertibility."] assertion." [*quots. tr. fr. bef. period* SH]
15.15 condition] discondition
15.24 as that is] *not present*
15.25 dimmed ... out] precluded
15.31 satisfactorily] *not present*
15.32 knowledge;] ~:
15.32 knowledge] such
15.34 - 35 of a tautology] being tautological
15.35 truism,] ~∧
15.38 own] ~,
15.39 - 16.1 The theory of inquiry] Inquiry
16.5 can be defined] *pencil intrl. w. caret* JD
16.7 have] all have
16.8 diverse conceptions] conception 560
16.8 - 9 consequence,] ~∧
16.10 preconceptions,] *comma added in pencil* JD
16.10 so that] *in pencil ab. del.* 'and' JD
16.11 with] with the
16.14 the conception] it follows that the general conception
16.14 as ... be] is
16.15 discovered ... are] of special cases as
16.19 The general] Defined in terms of the outcome of inquiry, the resulting general
16.19 - 20 ,when ... inquiry,] *not present*
16.21 say] offer

16.30 settled,] *comma added* JD
16.30 knowledge,] *comma added* JD
16.30 that it is] as to be
16.31 inquiry;] *semicolon ov. comma* JD
16.31 not] not in
16.31-32 as not to be] that it is not
16.34 *knowledge*] knowledge to designate the end of inquiry
16.36-37 knowledge] it
16.38 means] becomes
17.1 renewed, or] renewed; *or [*intrl. w. caret* JD]
17.1 or is] or *is [*alt. fr.* 'as' JD]
17.6 undeniable] undeniable from the standpoint here taken
17.8 standing] support
17.10 conclusions] consequences
17.10 as their consequence] *not present*
17.15 or as] or the
17.21 means] ~, [*comma added* JD]
17.21 without reference to] with
17.21 standing] that stand
17.22 is] is also
17.24 which] that
17.25 means,] *comma added* JD
17.26 which] that
17n.3 [later]] *brackets added* AD
18.6 was] is
18.17 demonstrative] demostrative
18.23 postulates] postulates and definitions
18.25 their implicatory] the implication
18.27 postulates] definitions and postulates
18.31 the fixed] fixed
18.38 deduced] *alt. fr.* 'deducted' AD
561 18.40 here] *not present*
19.5 of a] of the
19.6 inquiry,] ~. [*period ov. semicolon* SH]
19.6 the] The ['T' *ov* 't' SH]
19.7 for the] for such
19.7 that] as
19.18-19 ultimate ... with] canons of pure logic to
19.19-20 are ... inquiry] *not present*
19.21 conditions] the conditions
19.22 during] in
19.23 The] Practically speaking, the
19.23 statements may seem to] statements *seem to [*intrl. w. caret* SH]
19.26 very process] process

19.27 continued inquiry] inquiry continued
19.27 while,] ~∧
19.35 habit (either] habit, whether
19.35 it)] ~; [*semicolon ov. colon* SH]
19.35-36 in the *organic*] an organic
19.36 habit,] habit, always by way of expression or manifestation,
19.37 properly named] called
19n.1 discussed] discussed in some detail
†19n.1 Ch. XVII.] Ch. *space for number*, pp.
20.4 moreover] indeed
20.12 ¶ Since, moreover,] Since
20.14 either] *not present*
20.14 Peirce] ¶~
20.21 when] if
20.23 when] if
20.24 guiding] general guiding
20.25 tend] *alt. fr.* 'tends' SH
20.26 and productive] *not present*
20.28 of] of dealing with
20.28-29 material . . . inquiry] materials
20.30 Validity] The validity
20n.2 involved] in question
20n.3 not] not do
20n.4 ultimate] ultimate and
21.9 there] these ['s' *ov.* 'r' SH]
21.9 such habits] habits such
21.10 necessary to conduct] involved in
21.17-18 such . . . testing] *not present*
21.21 inquiry] ~,
21.31 certain] the 562
21.32 theory of logic] nature of logical theory
21.33-34 The . . . logic] For it
22.1 theory] theory in consequence of the development of mathematical and physical science,
22.2 in its] at that
22.3 It has occurred] *not present*
22.7 treatise] book [*in pencil w. caret ab. del.* 'volume' JD]
22.8 When] As
22.8 future] ~,
22.12 *eidolon*] *undrl.* JD
22.15 restatement] re-statement
22.15 was earlier] has already been
22.26-27 *possible* final] *not present*
22.32 these] *not present*

22.32–33 conditions] activities

22n.1–8 [5]The ... inquiry.] *not present*

23.2 techniques.] *bef. del.* 'The more the operations performed are controlled,' JD

23.2 The] 'T' *ov.* 't' JD

23.4 conjunction] *bef. pencil del.* 'in the production' JD

23.4 with each other] *not present*

23.4–5 consequences,] *comma in pencil ov. period* JD

23.5 the better ... controlled] *pencil intrl., 2d* 'the' *not present* JD

23.5–6 Refined steel, which] The refined steel that

23.7 formed,] ~∧

23.8 operations] operations that were

23.9 of] means of

23.15 from] than

23.20 ¶ The] ~

23.22 proceed] proceeds

23.23 the] *added* SH

23.24 on the other hand] *moved w. pencil guideline to aft.* 'development'; 'tr' *pencil insrtd.* JD

23.28 directly operational] operational in a direct sense

23.30 both] first

23.30 and] and secondly

23.30 *to*] *rom.*

23.35 makes ... methodology] has been criticized

23.38 postulational] postulates or postulational

23.39 ground] meaning

23.40 *priori* and are] priori, being

563 23.41 holds] implies

24.1 conditions] the conditions

24.2 which] that

24.4 ¶ Stated] ~

24.6 Certain] There are

24.6 have] *not present*

24.7 by] in effecting the products of

24.8 bridge,] *comma added* SH

24.9 operations,] ~∧

24.16 the inquirer to] us to the

24.28–29 or ... consideration. ¶ In] to receive due consideration or has authority. In

24.30 implicit; for] implicit. Just as

24.31 previously only] at first

24.32–34 in ... One] recognition of the responsibilities assumed when inquiry is engaged in. For example, one

25.1 ¶ A] The

25.1 thus] *not present*
25.2-3 relation . . . end] end
25.7 in advance] *not present*
25.8 from] from analysis of
25.12 postulates] postulate
25.18 forms which hold] forms holding
25.18 *every*] *rom.*
25.32 and discourse] *not present*
25.36 as] as to
26.4 ¶ The] ∼
26.6 alter] change
26.12 stipulations,] ∼∧
.26.19-20 "Continuity,"] "∼∧"
26.25 come to make] arrive at making
26.26 the] with the
26.26 being] *not present*
#26.37 amebae] amoebae
26.39 possessing] possessed of
26.40 enjoying] having
27.6 While the relations of] Nevertheless,
27.6 to] are related to
27.7 is important] *not present*
27.7 finally] *not present*
27.8 which] of
27.8 serves] *not present*
27.9 (which], ∧∼
27.9 include] includes *564*
27.9 speech)] ∼,
27.14 meanings] such meanings
27.14 that] as
27.16 for] of
27.16 meanings — in] ∼∧∼
27.16 used,] ∼;
27.31 — that is,] , that is∧ as
27.33 arts —] ∼,
27.35 discussed. Language] discussed; language
27.35 record] means of the record
27n.2 Stebbing] *alt. fr.* 'Stebbins' JD
28.5 taken,] ∼∧
28.15 is] be
28.20 "foundation."] "foundations."
28.29 just] *not present*
28.30 in] only in
28.32 given] ∼,

28.36 word] term
28.38 sufficiently known] known sufficiently
28.39 a] the
29.8 "thought"] ∧~∧
29.9 ¶ Either] ~
29.9 word "thought"] term
29.10 determined] then determined
29.20 Occasional] *in pencil w. caret ab. del.* 'Some' JD
29.21 case; for] *semicolon in pencil ov. comma* JD; for [*in pencil w. caret ab. del.* 'since' JD]
29.24 have become] became
29.24-25 current,] current∧ and
29.25 tradition,] ~∧
29.25 are] were
29.26 if they were] being
29.27 Part One] this first and introductory book
29.29 (1)] *intrl.* SH
29.29 that] *bef.* '(1)' *pencil intrl.* JD, *then del.* SH
29.30 (2)] *pencil intrl.* JD
29.31 control that] the control which
29.31 which] that
†29.35 Chapters II and III] The two first ensuing chapters
†29.37 Chapters IV and V] The two chapters following
†30.1 II] ~.
30.4 development] *aft. del.* 'the' JD
565 30.8 Hence] ¶~
30.9 although] while
30.11-12 supposed to pose] regarded as
#30.12 epistomological] epistemological
30.19 factors in] factors of
30.21 biological] *aft.* 'and' *intrl. w. caret then del.* JD
30.21 prepare] *aft. del.* 'do' JD
30.23-24 continuity] *aft. del.* 'that of' JD
30.27 repetition] repitition
30.27 other; it] other. It
30.32 It] This
31.10 as a] as [*bef. del.* 'the' JD]
31.10 changes] the changes
31.13 *ad hoc*] *alt. fr.* 'ad hock' JD
31.16 confirmed, is] confirmed, [*bef. del.* 'it is' JD]
31.16 found] found to be
31.16 to occur] present
31.16-17 phenomena and to be] phenomena * and [*intrl. w. caret* JD]
31.25 the] its

31.25–26 characters . . . subject-matter] character

31.30 not] *aft. pencil del.* 'which are' JD

31.39 supernatural,] ~‸

32.1 continuous] continuity of

#32.19 drawn] drawn in

32.22 are] *in pencil w. caret ab. del.* 'may be' JD

32.24 *its*] *rom.*

32.24 environment] environment, save potentially

32.31–32 jelly fish] ~-~

32.35 the characteristic] *in pencil w. caret ab. del.* 'the' JD

32.35 of these animals] *in pencil w. caret ab. del.* 'which are characteristic' JD

32.37 enter] enter directly

32.38 differentiation] *alt. fr.* 'differentiations' JD

32.39 them;] *comma alt. to semicolon* JD

33.7 effect] effect

33.9 This] *alt. fr.* 'The' JD

33.10 is] *ab. del.* 'are' SH

33.14 environment.] *bef. del.* 'The important principle just illustrated defines a distinguishing characteristic of life-activities.' JD

33.14 inanimate] inanimate [*undrl.* JD]

33.15 not] *bef.* 'however' *intrl. in pencil w. caret then erased* JD

33.15 maintain] guarantee [*pencil intrl. ab. del.* 'maintain', *then interlineation and deletion erased* JD] 566

33.15 a stable] the stability of the

33.19 the] *intrl. w. caret* JD

33.20 needed] *intrl. w. caret* JD

33.23 Capacity] This capacity

33.23 maintenance] production [*alt. fr.* 'reproduction' JD]

33.25 reproduction] *alt. fr.* 'production' JD

33.26 presumably] *alt. fr.* 'presumable' JD

33.31 to] *moved w. guideline fr. bef.* 'continuously' JD

33.31 the enduring] their typical

33.31–32 which . . . organism] *not present*

33.35 life activities] ~-~ [*hyphen added* JD]

33.38 proportionate] proportinate

33.39 need] a need

34.4 organism,] organism is

34.6 necessary] *not present*

34.10 is a manifestation of] represents

34.12 life] *alt. fr.* 'living' JD

34.12 is a consequence of lack] takes place * because of [*ab. del.* 'through the' JD] absence

34.14 The] 'T' *ov.* 't' *bef. del.* 'More specifically,' JD

34.14 fails to] fails * for example [*intrl. w. caret* JD] to
34.14 it] ~, [*comma added* JD]
34.15 which] that
34.17 and] and indirectly fails to meet
34.17 indirectly made by] of
34.17–18 activities] activity
34.19 and] *ov.* 'or' JD
34.30 that] that the
34.30 their] the
34.36 this] *w. caret ab. del.* 'the' SH
34n.1 6] 6x
35.1 *relation*] *rom.*
35.1 the] *alt. fr.* 'this' JD
35.1 latter] *intrl. w. caret* JD
35.5–6 Hence . . . importance.] *not present*
35.7 as an example] *not present*
35.8 appears clear] appears, I think,
35.9 often leads] may lead
35.13 development] development [*undrl.* JD]
35.13 becomes] *bef. del.* 'an' JD
35.14 abnormal] ~, [*comma added* JD]
567 35.14 or at least unusual] *intrl. w. caret* JD
35.14 matter] *del.* JD
35.15 life activities] ~-~ [*hyphen added* JD]
35.16 change] *aft. del.* 'the' JD
35.16 need] *bef. del. comma* JD
35.23 is the source of] constitutes
35.24 called] *w. caret ab. del.* 'that is' JD
35.25–26 for satisfying] in satisfaction of
35.26 needs] *bef. del. comma* JD
35.26 environment] *bef. del. comma* JD
35.27 change] changes
35.27–28 of the organism] *not present*
35.35 demands that] shows a marked need for the
35.35 be] to be
35.36 the later] later acts
35.37 the occurrence of] *not present*
36.2 of intermediate] intermediate
36.2 of final] final
36.2 thus] *alt. fr.* 'then' JD
36.5 material] *w. caret ab. del.* 'means' JD
36.12 In . . . creature] *not present*
36.12 activities] Activities
36.12 become a definite] now [*aft. del.* 'are' JD] become [*intrl. w. caret*

JD] an [‘n’ *added bef. del.* ‘definite’ JD]
36.13 or] *not present*
36.23 as when] as, if
36.28 an act of] *intrl. w. caret* JD
36.32 a state] that
36.33 difference] *aft. del.* ‘enormous’ JD
36.35 pursuit] *aft. del.* ‘act of’ JD
36.37 has] *alt. fr.* ‘have’ JD
36.38 stimulus and] stimulus- [*hyphen added bef. del.* ‘and’ JD]
36.38 only] *intrl. w. caret* JD
36.40 itself,] ~;
37.1 are called] we call
37.5 ignored,] *comma added* JD
37.6 view. Behavior then] view; behavior
37.10 the tension] the [*ov.* ‘a’ JD] tension
37.10 in] *ov.* ‘of’ JD
37.12 distance-receptors),] a distance-receptor)‸
37.13 that the stimulus] to endure
37.13-14 *relationship* ... persists] formal relationships
37.15 content] *alt. fr.* ‘contact’ JD
37.16 contact] *bef. del. comma* JD *568*
37.16 those that are] *w. caret ab. del.* ‘the’ JD
37.20 also] *intrl. w. caret* JD
37.24 stimuli] *ab. del.* ‘stimuli’ SH
37.25 unified] *w. caret ab. del.* ‘single’ JD
37.26 On ... the] The
37.27 at each stage] *not present*
37.28 to ... path] *not present*
37.30 ground] ~,
37.33 Because ... fact] In fact, because behavior is
37.35 functionally] *alt. fr.* ‘functional’ JD
37.35 constant] *alt. fr.* ‘constants’ *bef. del. comma* JD
37.36 fact,] ~‸
37.36-38 behavior ... occurs] behavior ... occurs [*undrl.* JD]
38.1 direction] direction [*undrl.* JD]
38.1 cumulative force] cumulative force [*undrl.* JD]
38.3 through] *alt. fr.* ‘though’ JD
38.7 development,] ~;
38.9 behavior-development] ~‸~
38.10 earlier] beginning
38.10 phase] end
38.11 phase] outcome [*ab. del.* ‘end’ JD]
38.12 organism] *alt. fr.* ‘organic’ JD
38.26 repetition,] repitition, [*comma added* JD]

38.28 Developmental] 'D' *ov.* 'd' *aft. del.* 'The evidence of' JD
38.29 so] so loosely and
38.32 repetition] repitition
38.33 energies —] ~; — [*dash added* JD]
38.34 consummatory] *ab. del.* 'fulfilling of' JD
38n.3 But this] This
38n.4-6 since ... whole] *not present*
39.3 agency,] *comma added* JD
39.3-4 patterns,] *comma added* JD
39.8 activity,] ~;
39.10 activity,] ~∧
39.13 draws] *bef. del. comma* SH
39.17 repetition] repitition
39.18 of a] of [*bef. del.* 'the' JD]
39.19 a habit] a [*intrl.* JD] habit
39.21 giving some] a
39.23 repetition] repitition
39.23-24 But even then repetition] So far as conditions differ, repitition
569 39.24 as far ... differ] *not present*
39.25 repetition] repitition
39.25 is,] *comma added* JD
39.25 organism,] *comma added* JD
39.28 are] are usually
39.35 ¶1. Environmental] *aft. del.* 'The first of these general conclusions is as follows:' JD
39.38 qualities] *bef. del. comma* JD
39.38 ideas,] *comma added* JD
†39n.1 Ch. VI.] Ch. ......
40.2 as] *bef. del.* 'a' JD
40.2-3 isolation ... which] an account
40.6-7 "subjectivistic"] *not present*
40.11 or *inter*-act] *not present*
40.19 out of] in
40.20(2) a given] that
40.27 than is] than
40.27-28 designated by] and
40.28 organism *and* environment. The] organism-environment; the
40.28-29 is indicative of] presents
40.31 toward] to
40.34 For inquiry] For the latter
40.34 an earlier] 'n earlier' *intrl. w. caret* JD
40.35 because ... is] when it is disturbed, becomes
40.37-38 (corresponding] ∧~
40.38-39 organism)] ~∧

40.39 when] *aft. del.* 'and,' JD

40.39 successful,] successful$_{\wedge}$ it terminates in

40.39 is the] as the

40.40 counterpart] manifestation

40.40–41 redintegration . . . level] organic redintegration

†41.2 VI] V

41.4 a.] (~$_{\wedge}$)

41.4 inquiry] *aft. del.* 'complete' JD

41.4–5 the making of *some*] making some

41.5 exemplified in] exemplified by [*bef. del.* 'competent inquiry in' JD]

41.6 in inquiry] *not present*

41.6–7 since . . . deliberate] with its

41.10 such] these

41.11 in] in his

41.15 b.] (~$_{\wedge}$)

41.17 and of] and 570

41.17–18 the neural apparatus necessary] the [*bef.* 'necessary' *moved w. guideline aft.* 'apparatus', 'tr' *insrtd.* JD] neural [*w. caret ab. del.* 'nervous' JD] apparatus

41.19 the] *insrtd.* JD

41.19–20 mechanisms which are] *w. carets ab. del.* 'apparatus' JD

41.25–26 end-in-view,] *comma added* JD

41.26 is] *aft. del.* 'which' JD

41.27 recollection;] *comma alt. to semicolon* JD

41.27 it] *intrl. w. caret* JD

41.27 in conjunction] together

41.30–36 c. The . . . inquiry.] *not present*

41.37 d.] (c$_{\wedge}$)

42.5 make] are equivalents to

42.8 every] even

42.8–9 the conditions of] *intrl. w. caret* JD

42.10 deliberate] *aft. del.* 'the' JD

42.11 an objective] one aim

42.13 formulation of] *not present*

42.14 philosophy] it

42.15 can] *intrl. w. caret* JD

42.15 find] *alt. fr.* 'fjnds' JD

42.17 e.] (d$_{\wedge}$)

42.17 postulate] *aft. del.* 'position or' JD

42.17 its] *ov.* 'the' JD

42.29 But the] The

42.31 The] *ov.* 'A' JD

42.33 succeeded] resulted

42.37 which] that

42.38 one] *bef. del. comma* JD
42.38 the] *intrl. w. caret* JD
42.38 *organization*] *undrl.* JD
43.1 wrought] *bef. del.* 'out' JD
43.4 general,] ~‸
43.4 theory] general theory
43.5 logical] *not present*
43.9 - 10 as . . . said,] *not present*
43.12 stated] stated in the previous chapter
43.12 kind] ~,
43.14 all] *intrl. w. caret* JD
43.20 that have been] *not present*
43.20 together] together in general form
43.22 intensified] *intrl. w. caret* JD
571 43.22 - 23 ambiguity, . . . attached to] ambiguity attached [*bef. del.* 'to its ambiguity that is intensified' JD] to [*ab. del.* 'in' SH] the term
43.26 guess and from] guess, or
43.29 to] *bef. del.* 'mean' JD
43.34 *rational*] *undrl.* JD
43.37 to] *bef. del.* 'the' JD
43.37 principles] principles and understanding of them
43.38 may] might
44.1 etiology] causation
44.1 and] or
44.1 - 2 reasons for the kind] etiology
44.2 employed] *not present*
44.5 meaning,] ~‸
44.8 intended or] *not present*
44.9 scientifically reached] *not present*
44.11 - 13 expressed. To . . . only] expressed; not upon mere repeated
44.15 artisans] ~,
44.20 Unfortunately, this] This
44.20 - 21 many interpretations of] *not present*
44.22 and,] or,
44.24 honorific] favorable
44.24 - 25 "experience" . . . overweighted] "experience" was undoubtedly overweighted, [*comma added* JD] when it first appeared, [*comma added* JD]
44.26 in the case of] with
44.26 overweight] overweighting
44.28 was] *not present*
44.30 alone;] ~,
44.33 led] *alt. fr.* 'lead' JD
44.36 moreover] however

44.36 - 37 according to him] *intrl. w. caret* JD
44.39 "sensations"] "sensation"
44.39 and] and a reduction of
45.1 elements,] ~;
45.2 being] were
45.3 observed] ~, [*comma added* JD]
45.4 of] ~, [*comma added* JD]
45.9 logical] *intrl.* JD
45.9 problem,] *comma added* JD
45.9 a separation] *a difference [*ab. del.* 'something' JD]
45.10 given] offred, [*aft. del.* 'given' SH, *ab. del.* 'allowed' JD]
45.11 discussion] ~, [*comma added* JD] 572
45.11 the belief] holding
45.11 that,] ~∧ [*comma del.* JD]
45.11 - 12 experience,] *alt. fr.* 'experiences'; *comma added* JD
45.13 is] *intrl. w. caret* JD
45.13 and that] and [*w. caret ab. del.* 'or' JD] that
45.16 there is a problem, which] the problem
45.21 chapter] *bef. del.* 'will' JD
45.21 lays] 's' *intrl. w. caret* JD
45.21 answer.] *period added bef. del.* 'to this question.' JD
45.21 - 22 repeated] repeated here
45.33 - 34 in . . . is,] *not present*
45.36 a reference] reference
45.38 means] the means
45.38 - 39 consequences] the consequences
45.39 ensue; sometimes] ensue, and sometimes
46.7 (1)] (i)
46.8 which contributed in] of
46.8 - 9 to . . . habits] in which habits were formed
46.9 (2)] (ii)
46.14 inertial] inertia
46.15 strong,] *comma added* JD
46.18 have] *not present*
46.19 example] equivalent
46.20 by] *not present*
46.21 provisional and conditional] provisional [*w. caret ab. del.* 'conditional' JD]
46.21 nature (as] ~, ∧~
46.22 process)] ~,
46.22 into it,] in [*bef. del. comma* JD]
46.26 religion,] religion, *economics, [*added* SH]
46.30 available for use] usable
46.31 that] to

46.32 mere] the mere
46.33 although] while
46.34 with peculiar force] *not present*
46.35 - 36 the ... treatise.] the present undertaking. A somewhat pioneer venture like the present is peculiarly exposed.
46.36 must be used] it must use
46.37 have] *not present*
46.39 what is] the meanings that are
47.3 aim] *aft. del.* 'only' JD
47.4 that of being] *w. caret ab. del.* 'to be' JD
573 47.6 continues)] continues) *needed to test and fill in [*ab. del. comma* JD]
47.7 which] *aft. del.* 'of' JD
47.7 book.] *aft. del.* 'volume.' JD
47.8 - 19 The ... procedures.] *not present*
†48.1 III] ~.
48.1 of Inquiry] *not present*
48.8 living,] *comma added* JD
48.8 with the ways] *ab. del. comma bef. del.* 'that have developed' JD
48.9 with] in
48.9 its] *bef. del.* 'varied' JD
48.11 I.] *not present*
48.12 even to] to *even [*insrtd.* JD]
48.12 are] is
48.12 influenced by their] influenced, often determined, by the
48.13 environment] environment in which they live
48.14 physical in] physical [*bef. del.* 'and' JD] in
48.15 - 16 are the] are illustrated in the
48.18 light,] *bef. del.* 'an' JD
48.18 -like] *intrl. w. caret* JD
48.22 music;] ~,
48.23 warm;] ~,
48.23 to] in order to
48.24 occupations and social enjoyments: — these things are] activities — are
48.26 To indicate] The examples given are few and feeble in comparison with
48.26 of cultural determination] *not present*
48.27 living one] living that is determined by cultural conditions. One
48.27 have] have only
48.27 an] any
48.28 at least] *not present*
48.28 whether] from
48.28 laborer,] laborer to that

48.29–30 and . . . be] from that of
48.30 or] to that of
48.30 parent. For . . . show] parent; to see
48.32 distinctively] *not present*
49.3 it,] it as physical
49.4 are] *w. caret ab. del.* 'is' JD
49.5 incorporation] the involvement
49.5 environment] *not present* 574
49.5 cultural] cultural environment
49.6 animal.] *period ov. comma bef. del.* 'and' JD
49.6 This] 'T' *ov.* 't' JD
49.10 an] *not present*
49.11 man does] *intrl. w. caret* JD
49.11 he] *w. caret ab. del.* 'man' JD
49.13 embedded] carried
49.14–15 they . . . inspire] embodied in them
49.17 upon the] upon
49.17 acquisition] acquisition of use
49.18 language with] language,
49.18 (that] ∧~
49.19 men)] ~,
49.19 incorporation] incorporation of the effects of cultural conditions
49.20–21 beings . . . so] beings so
49.24 modifications] the modifications
49.25 *within*] in
49.26–27 This . . . environment] It is this fact which
49.27 is, the] embodies [*ab. del.* 'which is'; *comma aft.* 'is' *undel.* SH] ['that' *del.* SH]
49.29 with . . . concerned] *not present*
49.32 exemplify] ~,
49.32 fulfil] execute and fulfil
49.33 that] *del. then undrl. w. broken line* SH
49.33 rests] *ab. del.* 'stands' SH
49.33 naturalistic] *bef. del.* 'foundational' JD
49.36 that] *ov.* 'which' JD
49.37 separated from other animals] marked off
49.38 that come] *which derive [*ab. del.* 'that come' SH] .
50.1–2 , in . . . forces,] *not present*
50.2 this] *alt. fr.* 'the' JD
50.5 it —] ~:
50.6 *A*] *ov.* 'a' JD
50.8 the] *intrl. w. caret* JD
50.8 activity — the] activity. [*period added* JD] This [*w. caret ab. del.* 'which' JD] is the

50.9 any] every
50.11 certain] certain special
50.12 organisms.] organisms. [*period ov. comma bef. del.* 'which in spite of similarities of behavior in different individuals and the presence in each of general ways of acting, are what we term individuals.' JD]
575 50.13 activities] acts
50.14 valid, the] valid, ˄the [*intrl. w. caret* JD]
50.15 the operations] the [*intrl.* JD] operations [*bef. del.* 'that are' JD]
50.16 identical] *aft. del.* 'common' JD
50.21 so] *not present*
50.21 that it] and
50.25 cook] ˄tend to [*ab. del.* 'then' SH] cook
50.25 that is] *del.* SH
50.26 That is,] *del.* SH
50.26 upon] Upon ['U' *ov.* 'u' SH]
50.30 and yet] but [*w. caret ab. del.* 'while' JD]
50.31 precluded] *alt. fr.* 'excluded' JD
50.40 *intellectually*] *undrl.* JD
50.40 formulated] *underlining del.* JD
51.1 and] *bef. del.* 'to' JD
51.9 to] and
51.12 problem just] problem,
51.12 some of its phases] its three related phases
51.13 cultural] *w. caret ab. del.* 'the' JD
51.13 subject-matter.] *period added bef. del.* 'noted in the intro-ductory paragraphs.' JD
51.13 Transformation] The transformation
51.14 organic] *moved w. guideline fr. aft.* 'behavior'; 'tr' *insrtd.* JD
51.14 behavior, marked] behavior [*comma del.* JD] ˄that is [*intrl. w. caret* JD] marked
51.15 properties,] ~˄ [*comma del.* JD]
51.20–52.12 II. Language ... voice.] Language, in its widest sense, is the means by which culture is amassed and is transmitted. In this wide sense, it includes not only speech, oral and written, but rites and ceremonies, memorials and monuments, and the products of art. A tool, in a given cultural group, is a mode of language. It says or tells something about a certain mode of ['language. I' *del.* JD] use and ˄about [*intrl. w. caret* JD] the consequences that will ensue because of that use. ˄To [*ov.* 'In' JD] a primitive savage community [*comma del.* JD] a loom made to run by steam or electricity so as to weave cloths of complicated patterns, would say nothing. It would be merely a curious physical object. A typewriter would have a like status. In another cultural setting, loom and type-/writer ['would have' *del.* JD] are so bound up with current interests, purposes and customs that

they have an eloquent voice.

52.13 necessary,] ∼∧ *576*

52.14 condition] ground

52.16 that,] ∼∧

52.16 side,] ∼∧

52.18 other hand] other, [*comma added bef. del.* 'hand' JD]

52.20 but is] but * is [*intrl. w. caret* JD]

52.20 them as] *w. caret ab. del.* 'various' JD

52.21 in a conjoint undertaking.] *intrl.* JD

52.21 may] *bef. del.* 'finally' JD

52.22 it first] first [*w. caret ab. del.* 'directly' JD] it

52.24 the making of] making

52.24 common. Hence,] common. [*period ov. dash* JD] Hence [*intrl. w. caret* JD] it becomes

52.25 extent] *bef. del. comma* JD

52.25 its reference becomes] *not present*

52.26 Language is made up of] *ab. del.* 'Words are' JD

52.26 existences;] *comma alt. to semicolon* JD

52.26 sounds, or] *comma added bef. del.* 'or' JD

52.27 paper,] *comma ov. dash* JD

52.27 or] *ab. del.* 'as' *bef. del.* 'a' JD

52.27 temple] temples ['s' *added* JD]

52.27 statue] statues ['s' *added* JD]

52.27 loom] looms ['s' *added* JD]

52.27 these] *alt. fr.* 'they' JD

52.28 when] *w. caret ab. del.* 'in so far as' JD

52.29 their] *not present*

52.29 - 30 capacity] ∼, [*comma added* JD]

52.34 *action;*] *comma alt. to semicolon* JD

52.34 of shared] of [*alt. fr.* 'or' JD] shared

52.35 their] the

52.37 or] *ov.* 'and' JD

52.38 meaning] juridical meaning

52.39 legal] *not present*

52.39 is] *w. caret ab. del.* 'may be' JD

52.39 - 53.1 by a court] in the latter manner

53.1 not the] not this

53.1 of the judges] *not present*

53.1 is] is conclusive and

53.2 For such] Such

53.2 does ... occurs] and agreement are not final and complete. They occur

53.3 associated] *aft. del.* 'common' JD

53.3 *behavior*] *undrl.* JD

577 53.4 this] *not present*
53.5-7 Agreement ... action.] *not present*
53.8 considerations] rather obvious facts
53.10 the meaning] it
53.11 having] *w. caret ab. del.* 'with' JD
53.13 is] has an
53.14-15 in ... it.] character.
53.16 meaning] meaning [*undrl.* JD]
53.16 common,] *comma ov. period* JD
53.16-17 because ... conditions.] *intrl.* JD
53.17 a ... meaning] the meaning varies
53.19 and ... results] *not present*
53.19 Indeed, there] It
53.22-24 Whenever ... result] There is misunderstanding whenever communication is blocked and yet is supposed to exist
53.29 the consequences of] whether
53.30 activities. ... effects] activities lead to harmony *or the opposite [*intrl. w. caret* JD] in the consequences
53.31-32 are ... used] combine to produce them
53.33 III.] *not present*
53.33-34 as the determinant of] in determining
53.34 sound] existence
53.34-35 communication shows] communication, is peculiarly important. It shows
53.36 symbol] language
53.39 in fact] *intrl. w. caret* JD
54.1 second. The activities] second case. Activities
54.1-2 the consequences] consequences
54.2 result] ~,
54.5 a means of] an agent in
54.5 different] the
54.6 performed by] of
54.6 so as to produce] in a way that produces
54.7 shared] *alt. fr.* 'shaded' JD
54.11 their] *alt. fr.* 'the' JD
54.11 model] *bef. del.* 'of the latter and' JD
54.11 The] 'T' *ov.* 't' JD
54.12 then] *intrl. w. caret* JD
54.13 Language] 'L' *ov.* 'l' *aft. del.* 'Then' JD
54.13 then] *insrtd.* JD
54.13 supposed] thought
54.16 communal] *intrl. w. caret* JD.
54.17 enjoyment,] *comma added bef. del.* 'or' JD
578 54.20 immediate] an [*intrl.* JD]

54.21 to consequences] to [*intrl. w. caret* JD] consequences

54.23 author; that is, in reading that is] author: that is, reading that may be termed

54.24 mere] *intrl. w. caret* JD

54.26 produce] produce certain

54.27 immediately and personally] *not present*

54.31 of following through conditions] of the imaginatively reinstated conditions

54.31-32 operations . . . reinstated] operations

54.33 in such a case] *not present*

54.35 reached, an attitude is formed] reached there results an attitude

55.3 of,] *comma added* JD

55.3 in,] *comma added* JD

55.6 possible] *not present*

55.7 something] something of the same sort

55.7 but more] *w. caret ab. del.* 'only less in' JD

55.8 happens] *ab. del.* 'takes place' JD

55.13 of a] *bef. del.* 'system or' JD

55.19 community,] *comma added* JD

55.19 the] *intrl. w. carel* JD

55.20 restricted] *not present*

55.20 the] *not present*

55.20 one] *w. caret ab. del.* 'that' JD

55.21 only] *intrl. w. caret* JD

55.22-23 distinction just drawn between] point just made about

55.23 respectively] *del.* JD

55.25-26 hand, and . . . the] hand$_{\wedge}$ and for possible use in remote situations, indicates the

55.29 language or symbol-meanings] language- [*hyphen added* JD] meanings

55.30 have been] are

55.31 such members of] members of such

55.31-32 system;] *comma alt. to semicolon bef. del.* 'and' JD

55.34 Its meanings] Common sense meanings are of this kind. They

55.34 together] *bef. del. comma* JD

55n.2 activity] *bef. del. comma* JD

56.1 set of] *not present*

56.1 habits and expectations.] *w. caret ab. del.* 'as with the same means of determined' JD

56.1-2 They . . . of] *intrl. w. caret* JD

56.2 activities,] ~$_{\wedge}$[*bef. del.* 'and the relationship of individual behavior to common' JD] 579

56.2 customs] *w. caret ab. del.* 'concerns' JD

56.4 criterion] *intrl.* JD

56.5 in] by

56.6 system.] *period ov. semicolon* JD

56.6 In] 'I' *ov.* 'i' JD

56.6 all] *not present*

56.7 instituted by] of

56.8 cultural habits] group customs

56.9-10 language-meanings fundamentally fixes] language-meanings is fundamental in

56.12 spirit] *bef. del. comma* JD

56.14 sense] ~,

56.14 an] *not present*

56.14 intellectual] *ab. del.* 'the' JD

56.15 sense] *bef. del.* 'of an intellectual system' JD

56.17 intelligent control of] intelligently controlled

56.17 meanings] meanings in any case

56.17 and] while

56.18 logical] *ab. del.* 'generalized' JD

56.20 another,] *comma added* JD

56.22 an] any

56.22 sense,] ~$_\wedge$

56.25 our] *intrl. w. caret* JD

56.27 of] *ov.* 'in' JD

56.28-40 There ... relation.] The ideal of scientific-language on the other hand is the construction of semantic wholes. This ideal is better satisfied in mathematical language than elsewhere, although not as yet fully attained even there.

57.2 *as*] *undrl.* JD

57.5-6 the means by which] a

57.6 by it] *not present*

57.6-7 what is now often] that [*bef.* 'which is' *intrl. w. caret* JD]

57.7 designated by] designated [*bef.* 'a' *intrl.* JD]

57.7 *sign.*] *period added bef. del.* 'in the sense now to be assigned to it.' JD

57.8 in distinction] *ab. del.* 'and are distinguished' JD

57.10 IV.] *not present*

57.10 by] *bef. del.* 'social' JD

57.10 agreement] *bef. del. comma* JD

57.10 in conjoint action] ~, [*intrl. w. caret* JD]

57.13 vocable] sound

580 57.13 different, and] different, while

57.14 stand] stands

57.15 the word] *not present*

57.15 applies] apply

57.17 fire.] *period ov. semicolon* JD

57.17 Similarly,] Similarly$_{\wedge}$ [‘S’ *ov.* ‘s’ JD]
57.20-21 marks whose meaning depends] those dependent
57.25 words.] *period ov. comma bef. del.* ‘and’ JD
57.25 For] ‘F’ *ov.* ‘f’ JD
57.29 I call] *intrl.* JD
57.30 fact,] ~$_{\wedge}$ [*comma del.* JD]
57.34 in discourse] *not present*
57.34 which] *w. caret ab. del.* ‘that’ JD
57n.5 about] *w. caret ab. del.* ‘in’ JD
57n.5-6 *subject-matters*] subject-matter [*undrl.* JD]
57n.6 to] *bef. del.* ‘designate’ JD
57n.6 applies] is given
#58.2 acutal] actual
58.5 restricted,] *comma added* JD
58.5 for] *intrl. w. caret* JD
58.5 it] ‘i’ *ov.* ‘I’ JD
58.5 under] under the
58.5 limited] *intrl. w. caret* JD
58.5 conditions.] conditions stated.
58.7 like] *w. caret ab. del.* ‘such as’ JD
58.7-8 quality found in existence] existence
58.8 subordinate to a] subordinated to its
58.8 representative] *intrl. w. caret* JD
58.8 office] *bef. del.* ‘as a representative’ JD
58.10 object;] *comma alt. to semicolon* JD
58.10 but,] *comma added* JD
58.11 when] *not present*
58.12 or neutral] *not present*
58.12 is *liberated* with respect to] liberates the meaning in
58.13 function] force
58.16 and] and even
58.18 in what follows,] *not present*
58.18 connect] relate
58.19 *meaning,*] ~$_{\wedge}$ [*bef. del.* ‘to’ JD]
58.19 respectively,] ~$_{\wedge}$
58.19 with] to
58.20 designate] *bef.* ‘these’ *alt. to* ‘the’ JD
58.23 consideration] *w. caret ab. del.* ‘fact’ JD
58.24 words by] *w. caret ab. del.* ‘terms to’ JD *581*
58.24 which to] *intrl. w. caret* JD
58.25 function] *alt. fr.* ‘functions’ JD
58.28 *inferred* rather than observed] inferred, not observed in actual presence
58.29 But words] Words

58.30 Yet] But

58.30 creation of] *not present*

58.32 reasoning. For this] reasoning, which

58.33 symbols] they may

58.33 present:] *bef. del.* 'indeed,' JD

58.33 without,] *comma added* JD

58.34 indeed,] *intrl.* JD

58.34 anywhere] *not present*

58.36 all.] *period ov. comma bef. del.* 'actual or possible.' JD

58.38 - 39 significances] significance

59.4 when it is brought into] in

59.10 defined)] ~,

#59.18 he] we

59.27 common,] *comma added* JD

59.27 in,] *comma added* JD

59.32 alone] ~,

59.35 or] and

59n.1 p.] p.

59n.4 object] act

59n.4 "*this.*"] *quots. added,* 't' *ov.* 'T' JD; *bef.* 'See pp. ...'

60.2 discriminate] 'criminate' *intrl.* JD

60.4 by] *bef. del.* 'the' JD

60.6 existence.] *period added bef. del.* 'with respect to its signifying or evidential force.' JD

60.9 the story illustrates how,] *moved w. guideline fr. aft.* 'instituted,' JD; *comma aft.* 'how' *not present*

60.9 - 10 in case] if the discovery of

60.10 discovered,] successfully instituted, the story illustrates how

60.12 presence] present

60.14 defines] *alt. fr.* 'defined' JD

60.14 - 15 that constitutes propositions] in discourse, if it satisfies the intellectual conditions for which it is instituted,

60.15 - 16 *implication* ... instituted] implication

60.16 - 17 Unless there are] Without

60.19 danger] always danger

60.26 V.] *not present*

60.26 rather] *intrl. w. caret* JD

582 60.30 different] different logical

60.30 which] ~, [*comma added* JD]

60.31 doctrine] ~, [*comma added* JD]

60.33 to existence] *not present*

60.33 mediating] *not present*

60.34 operations;] operations to existence;

60.34 are] are logically

60.36 of] *bef. del.* 'the' JD

60n.1 A farther] An

60n.3 *implication.*] *bef. added* 'See pp . . . . and pp . . . . . .' JD

61.1 thereby] thus

61.3 avoid,] *comma added* JD

61.5 possess] have

61.5 linguistic] the linguistic

61.5 means] *alt. fr.* 'meaning' JD

61.10 words] 's' *added* JD

61.10-11 (and involvement)] *intrl. w. caret* JD

61.14 Consider] One may consider

61.15 (1)] *not present*

61.17 (2)] *not present*

61.19 (3)] *not present*

61.19 The] *bef. del.* 'original source and the' JD

61.19 *valid*] *rom.*

61.20 or applicability] and application

61.20 the] *not present*

61.21 things.] *period ov. semicolon bef. del.* 'for' JD

61.21 Existential involvement] The [*intrl. w. caret* JD] existential connections

61.22 warrants] warrant

61.22 inference] *alt. fr.* 'inferences' *bef. del. comma* JD

61.22 so as to] and

61.23 among things themselves] among *them [*w. caret ab. del.* 'existences' JD]

61.24 raised] *bef.* 'as to' *intrl. w. caret* JD

61.29 of other things?] *ab. del.* 'and from which other unobserved things are inferable?' JD

61.29 rhetorical] a rhetorical one

61.32 did not] were it not that

61.34 ground] gound

61.34 Without, for example,] Without

61.35 that] that, for example,

61.36 "smoke,"] "$\sim_{\wedge}$"

62.2 supposing an anticipation] if it

62.3 compare] contrast [*w. caret ab. del.* 'compare' JD] 583

62.3 and contrast] *not present*

62.5 group] ~,

62.5-6 and the . . . inference,] *intrl. w. caret* JD

62.6 it] them [*ab. del.* 'it' JD]

62.6-7 scope and the intimacy] scope [*bef. del.* 'and intimacy' JD]

62.9 communication] *bef. del. comma* JD

62.9 in order] *w. caret ab. del.* 'worded' JD

62.10 in] *w. caret ab. del.* 'with respect to the consequences of' JD

62.11 has] *alt. fr.* 'have' JD

62.11–12 or evidential] *intrl. w. caret* JD

62.13 VI.] *not present*

62.13 namely,] The

62.14–15 having] which has

62.15 which] that

62.15 nature.] *bef. del.* 'Language did not originate associational behavior.' JD

62.16 Associated] *w. caret ab. del.* 'Such' JD

62.18 did] *alt. fr.* 'does' JD

62.18–19 association, but] *comma ov. period;* 'b' *ov.* 'B' JD

62.19 it] *ab. del.* 'language' JD

62.19 supervened,] 'd' *ov.* 's'; *comma added* JD

62.20 reacted] *alt. fr.* 'reacts' JD

62.20 transform] transform

62.20 prior] *intrl. w. caret* JD

62.21–22 in . . . dimension] *not present*

62.23 1.] (~∧)

62.23 and . . . involves,] *not present*

62.24 "nature,"] "nature," and all that culture involves,

62.24 both . . . and] *not present*

62.24 product] result

62.25 Since] For

62.28–29 it . . . former] *not present*

62.30 2.] (~∧)

62.35 3.] (~∧)

63.1 deliberate] *not present*

63.1 thereby] *w. caret ab. del.* 'thus' JD

63.3 having] *w. caret ab. del*, '.past and future, acquire' JD

63.4 4.] (~∧)

63.6 by representation] or represented

63.9 the way of acting] may

63.9 replanned] 're-' *intrl. w. caret* JD

584 63.12 accrual] the assumption by behavior

63.12–13 to behavior] *not present*

63.13 requisite] *aft. del.* 'the' JD

63.14–15 for deliberation] for [*w. caret ab. del.* 'along with' JD] deliberation

63.15 a] *intrl. w. caret* JD

63.17 connection with] *not present*

63.21 implicit] *intrl. w. caret* JD

63.22 made] *w. caret ab. del.* 'implicit, and as soon as they are made' JD

63.22 explicit] ~,

63.22 and then] *intrl. w. caret* JD

63.23 will be] *w. caret ab. del.* 'is' JD
63.24 inquiries] *aft. del.* 'kind of' JD
63.24 and] *bef. del.* 'of' JD
63.27 its wealth of] its [*bef. del.* 'content of' JD]
63.27 meaning] *alt. fr.* 'meanings' JD
63.27 contents.] content. [*intrl. w. caret* JD].
63.28 result,] ~; [*semicolon ov. comma* JD]
63.28 and] *del.* JD
63.28 it] It ['I' *ov.* 'i' JD]
63.32 and,] *comma added* JD
63.32 application] *aft. del.* 'the final' JD
63.34 consider] note
63n.4 symbols-meaning, or language,] ~∧~∧
64.1 gathered in a system] held
64.2 which] that
64.2 consistently] consistently and systematically
64.2-3 discourse, was taken to be] discourse —
64.3 logic and thereby] logic —
64.4-5 existence, preventing] existence and thereby prevented
64.5 necessary] *intrl. w. caret* JD
64.6 used in] *w. caret ab. del.* 'proved relevant to' JD
64.6 For when] *del.* JD
64.6 these] These ['T' *ov.* 't' JD]
64.8 they] *and then [*w. caret ab. del.* 'they' JD]
64.8 upon] upon both
64.8 nature.] nature and ['interpretation of' *del.* JD] human relationships.
64.9-10 for application of meanings] *not only [*moved w. guideline fr. aft.* 'regulate'; 'tr' *insrtd.* JD] to regulate their application
64.10 existence] existence, but also to make the meanings as meanings worthy of acceptance, 585
64.10-65.7 This failure ... conditions.] Acknowledgment of the need was crowded out by the assumption of the finality of rational discourse for all purposes of knowledge. Slowly, the importance of existential operations (like those of scientific experiment) was recognized. The recognition brought with it an enormous revision and extension of the symbols and meanings that previously figured in discourse itself. For *now [*intrl. w. caret* JD] they had to be so formed that they would be relevant to the direction of the operations performed.

['The work is as yet far from complete.' *del.* JD] Nevertheless, the idea of logic was discovered [*comma del.* JD] *where ['log' *del.* JD] language as logos was discovered. [*w. caret ab. del.* 'and' JD] With ['w' *triple undrl.* JD] it came the first generalized acknowledgment the world *has [*alt. fr.* 'had' JD] experienced [*comma del.* JD] of the potency of ordered intelligence. This step having been taken, the development of the idea and ideal of fogic can never pass away.

†66.1 IV] ~.

66.1 Common Sense and] THE LOGIC OF COMMON SENSE AND OF

66.2–24 Upon ... inquiries.] There are situations in which human beings are obliged to engage in inquiry in order to straighten out and settle their interactions with the environing conditions in which they find themselves. That this result can be achieved only by responsive activities that modify the conditions in question, was shown to be the case in discussing organic-environmental interaction upon the biological level. When communication and symbols intervene, the environment becomes a cultural one. It is modified by the customs, traditions, demands and expectations of a group. Ways of response are correspondingly changed because of ability to employ the meanings that are carried by a symbol-constellation. I shall refer to such situations as the common sense environment or "world," and the inquiries that ensue [*comma del.* SH] as *constituting [*intrl. w. caret* SH] those which terminate in common sense judgments.

66.25 is] will be

66.26 the] *not present*

66.28 ideological] cultural

586 66.28 (or "ideal")] *parentheses added* SH

66.30–31 some things] certain matters

67.1–4 In ... practical.] *not present*

67.5 term] words

67.10 day-by-day behavior] behavior day by day

67.10–11 constantly arise] offer themselves

67.13 and recur] *not present*

67.15 parent] parent in a family

67.15 very] *not present*

67.17 facts] conceptions

67.20 word] *bel.* 'term' *intrl. in type* AD, *then del.* SH

67.25–26 Common ... things.] *not present*

67.28 Sagacity] Sagacity

67.29 to discriminate] of discrimination of

67.30 in significance] *not present*

67.30 it is] *not present*

67.32 cheese,] *comma ov. semicolon* SH

67.32 and] *bef. del.* 'then' SH

67.32 discriminations] *bef. del.* 'that are' SH

67.33 from,] *comma added* SH

67.34 paragraphs,] 's,' *added* SH

67.35 dealing] *alt. fr.* 'deals' *aft. del.* 'that' SH

67.35–36 enjoyment] *bef. del.* 'arising in the interaction of human beings with their cultural environment' SH

67.39 - 68.2 It . . . accepted.] *not present*

67.5 limit. The reference to practical] limit. "Common sense" in this signification means something much more general than does ['that of' *del.* SH] the usage first quoted. The meaning of practical

68.6 with] with direct

68.7 now] *intrl. w. caret* SH

68.7 "Common"] The word

68.8 "*general.*"] "general sense or judgment."

68.9 group] *bef. del. comma* SH

68.11 *sense,*] ~$_\wedge$

68.17 set] certain set

68.17 which] *ab. del.* 'that' SH

68.17 its] their

68.18 its physical] their physical

68.19 - 20 form . . . they] are accepted without question, and *hence [*intrl. w. caret* SH]

68.22 - 23 meanings of common sense.] meanings. The first is particular; the *587*
second is general.

68.24 of them] *not present*

68.25 - 28 environment: . . . judgments] environment

68.28 - 32 are, . . . authority] of a primitive group may appear to us ['absurd' *del.* SH] superstitious fantasies. To the group that holds them, they are authoritative

68.34 configuration,] ~:

68.34 - 35 so . . . of] *they control the behavior of [*intrl. w. caret* SH]

68.35 females] *bef. del. comma* SH

68.39 objects] *ab. del.* 'situations' SH

68.39 set the standards for] *set the standard for [*ab. del.* 'controlled the proper way of' SH]

68.40 and] *bef. del.* 'of' SH

68.40 today, along] even today, *along [*intrl. w. caret* SH]

69.2 some unified] *ab. del.* 'a certain' SH

69.2 - 3 activities and of meanings] meanings and beliefs

69.3 in] *ab. del.* 'that are' SH

69.3 *mankind*] *rom.*

69.4 basic] *moved w. guideline fr. bef.* 'matters' SH

69.7 phases] those phases

69.9 place] ~,

69.10 all] *not present*

69.11 in . . . behavior] acting properly in ['such' *del.* SH] direct situations

69.14 a] *not present*

69.16 for] in

69.16 Use and enjoyment] They

69.17 ways] two generic ways
69.22 is] *moved w. guideline fr. aft.* 'Use' SH
69.29 direct] a direct
69.29–30 concern of common sense with] *w. caret ab. del.* 'considerations adduced in the previous chapter regarding' SH
69.30 *qualitative*] *undrl.* SH
69.32 foodstuffs, for example, are told] food stuffs are told
69.33 that] which
69.36 for] to
69.39 qualitatively] *moved w. guideline fr. aft.* 'death' SH
70.4 these] *bef. del.* 'evident and' SH
70.4 is] ~,
70.5 out the] out *first, [*moved w. guideline fr. aft.* 'is,' SH] a
588 70.5–6 subject-matters] *alt. fr.* 'subject-matter' SH
70.6 characteristic] *moved w. guideline fr. bef.* 'subject-matters' SH
70.7 and they also indicate] and, secondly, [*alt. fr.* 'second' SH]
70.8–9 common sense] common sense ['itself' *del.* SH], as it operates
70.12 alter from time to time] change
70.15 enjoyed] ~,
70.16–17 , with ... meaning] *not present*
70.21–22 respectively] *not present*
70.25 continue] may continue
70.28 which] that
70.29 later] later maintained but are
70.32–33 continue to be] are
70.37 call attention to] state
70.38 Aristotelian] Aristotleian
70.38–39 organon in respect] formulation
70.39 a certain group in] *not present*
71.1 even of] *not present*
71.2 cultural] *not present*
71.4 operations] *bef. del. comma* SH
71.5 distinction] *ab. del.* 'difference' SH
71.6 distinction] *ab. del.* 'difference' SH
71.6 brought out] *ab. del.* 'stated' SH
71.6 the previous] *w. caret ab. del.* 'an earlier' SH
71.6 chapter:] *colon added* SH
71.6–7 Namely, that] *namely that [*w. caret aft. del.* 'as the difference' SH]
71.7 between significances and] *del.* SH
71.8 and] *w. caret ab. del.* 'of' SH
71.8 that] which
71.13 both] *not present*
71.14 science] *bef. del. comma* SH

71.14 prove] both prove
71.16 qualitative], [*comma added* SH]
71.16 as such] *not present*
71.16 upon] *intrl. w. caret* SH
71.17 formulation] formulations
71.21 often] *not present*
71.22 material] *bef. del.* 'its' *ab. del.* 'and the connections' SH
71.22 a] *ab. del.* 'the' SH
71.23 constituted, in recent] constituted∧ for several
71.26 (save] *parenthesis added* SH 589
71.26 the] *bef. del.* 'same as' SH
71.26 *logical*)] ~), [*parenthesis added* SH]
71.29 *problems*,] ~;
71.29 since] a [*ab. del.* 'the' SH]
71.29 the] *not present*
71.30 demands] demanding *a [*intrl.* SH]
71.30 emphases] emphasis
71.31 - 32 accrue . . . objects.] *accrue to common sense and to logical objects.
[*w. caret ab. del.* 'accue' SH]
71.35 the subject matters] that
71.35 domains] ~,
71.37 to] *ab. del.* 'that will' SH
71.37 later] *not present*
71.38 discussion. (1) Scientific] *period ov. colon*; '(1)' *intrl. w. caret*; 'S' *ov.* 's' SH
72.1 (2)] *ab. del.* 'finally' SH
72.2 liberates] *bef. del.* 'both' SH
72.7 bear] *bef. del.* 'that' SH
72.8 common sense] *bef. del.* 'just set forth' SH
72.15 events. For] *period ov. comma*; 'F' *ov.* 'f' SH
72.16 form] *bef. del.* 'propositions or' SH
72.17 but only] *w. caret ab. del.* 'nor save' SH
72.27 no matter how] *w. caret ab. del.* 'however' SH
72.28 may be] *w. caret ab. del.* 'is' SH
72.32 the psychological treatment] this psychological treatment necessarily
72.33 the] *ab. del.* 'its' SH
72.33 of its analysis.] *intrl. w. caret* SH
72.35 phase,] ~∧
73.1 *this or that*] *rom.*
73.1 occurs. Observation] *period ov. semicolon*; 'O' *ov.* 'o' SH
73.3 some] *ab. del.* 'the' SH
73.7 obstructive,] *comma ov. period* SH
73.7 in] *and in [*ab. del.* 'In' SH]
73.8 follows.] ~:

73.11 are taken to be] become
73.12 whatever,] *comma ov. semicolon* SH
73.15 or “known”] *not present*
73.16 bchavior;] *semicolon ov. comma* SH
73.19 or . . . obviated] *not present*
73.24 “realities.”] ∧~.∧
590 73.26 *as such*] *rom.*
73.27 with respect] as a clew
73.28 do] does
73.30 itself;] *comma alt. to semicolon bef. del.* ‘and’ SH
73.30 rightly (validly)] rightly or validly
73.31 and when] *not present*
73.33 even] *intrl. w. caret* SH
73.33 though] although
73.34 total] the total
73.37 immediately] ‘ly’ *intrl. w. caret bef. del.* ‘and’ SH
73.39 *felt*] *rom.*
73.40 expression] ~,
74.4 , sensation] *not present*
74.7 ¶ The] ‘¶’ *intrl.* SH
74.7 pervasively] pervasive
74.9 - 10 unduplicable.] *bef.* ‘No ¶’ *intrl.* SH
74.12 by] in
74.14 much less a sentence] *not present*
74.29 said,] *bef.* ‘even’ *intrl. w. caret* SH
74.30 *has*,] *comma added* SH
74.33 situation.] *period added bef. del.* ‘of which he is an involved part.’ SH
74.33 situation] ~,
74.36 *specific*] *undrl. bef. del.* ‘individual’ SH
75.3 contradiction by . . . to] contradiction to
75.3 - 4 *invite* the] invite [*comma del.* SH] by means of discourse [*comma del.* SH]
75.8 ¶ There] ‘¶’ *intrl.* SH
75.11 - 12 intended contrasting meaning] contrasting meaning intended
75.17 events] ~, [*bef. del.* ‘having qualities’ SH]
75.20 - 21 qualities of Locke and] qualitie of Locke,
75.22 applies] *bef. del. comma* SH
75.24 *quality,*] *comma added* SH
75.26 constitute] constitue
75.28 is] is sometimes
75.34 *had*] *undrl.* SH
75.36 discourse] *bef. del.* ‘and the discoursive operations of distinct observations and relations that determine it are’ SH

75.36 is] *intrl. w. caret* SH
76.8 that] *bef. del.* 'may' SH
76.8 marks] *alt. fr.* 'mark' SH
76.12 tirelessly] *bef. del. comma* SH 591
76.17 overlooked. Everything] *period ov. comma;* 'E' *ov.* 'e' SH
76.19 escape] excape
76.22 that regulares] which regulates [*bef. del.* 'both' SH]
76.22-23 and the] and * the [*intrl. w. caret* SH]
76.25 methods] ~,
76.32 every-/day] ~∧~
76.33 into] ~,
77.1 should] can
77.3 occasions] occassions
77.10 tortuous] ~,
77.13 amassed,] *bef. del.* 'that is,' SH
77.13 independently] *alt. fr.* 'independent' SH
77.15 situations] *alt. fr.* 'situation' SH
77.17 the] *not present*
77.22 groups] *aft. del.* 'herding' SH
77.22 with herds in] *ab. del.* 'such as,' SH
77.29 observations] observation
77.29 made;] made, and
77.33 speculative] hypothetical
77.39 thought,] ~, — [*comma added* SH]
77.40 were] were still
78.3 "higher"] ∧~∧
78.15 was] *alt. fr.* 'were' SH
78.19 dualism] *intrl. w. caret* SH
78.20 form.] *penod ov. comma bef. del.* 'modern dualism.' SH
78.21 of theory] later theory
78.22 of] *not present*
78.30 constituted] consituted
78.30-31 activity.] *period erased then circled* SH
78.31 It alone] *ab. del.* 'that ['t' *ov.* 'T' SH] which' SH
78.31 "rational"] *quots. added* SH
78.31 alone] *aft. del.* 'which' SH
78.31 names] *alt. fr.* 'name' SH
78.32 and of] and [*bef. del.* 'of pure' SH]
78.32 that was "pure" because] *intrl. w. caret* SH
78.33 the] *ab. del.* '"practical"' SH
78.33 constraints] *final* 's' *ab. del. period* SH
78.33 of practice.] *intrl.* SH
78.36 being] *ab. del.* 'were' SH
78n.1 [1]See ... Ch. 1.] *not present*

79.2 city-state.] ∼∧∼. [*period ov. semicolon* SH]

592 79.2 Although] 'A' *ov.* 'a' SH

79.4 was] *intrl. w. caret* SH

79.5 reason] *ab. del.* '"reason"' SH

79.5 objects,] ∼∧

79.5 thereby] *ab. del.* 'and so' SH

79.5 attaining] *alt. fr.* 'attained' SH

79.13 connected] related

79.13 with] to

79.15 seems to be a] might seem to be an

79.15 excursus] ∼,

79.16 information] *bef. del. comma* SH

79.19 other;] other hand — [*dash added aft. del. semicolon* SH]

79.20 origin] *bef. del. comma* SH

79.22 social-cultural.] ∼-∼;

79.22 Such] 'S' *ov.* 's' SH

79.24 their] *alt. fr.* 'the' SH

79.24 after] when

79.25 its] its mere

79.27 science,] *comma ov. semicolon* SH

79.28 mathematics.] *bef. del.* 'and' SH

79.29 strictly] *intrl. w. caret* SH

79.29 formulation.] *period del. then restored aft. del.* 's' SH

79.33 of use] of [*ab. del.* 'in' SH] use

79.34 in] *ab. del.* 'to' SH

79.34 - 35 were: ... contaminate] contaminated

79.38 conditions] *bef. del. comma* SH

79.39 matters to] *intrl. w. caret* SH

79.39 receive] *alt. fr.* 'receiving' SH

79.39 pure] *w. caret ab. del.* 'the' SH

80.5 etc.] *bef. del. comma* SH

80.7 nature,] ∼∧

80.10 - 11 On one hand] One one hand [*intrl. w. caret* SH]

80.11 they] They ['T' *ov.* 't' SH]

80.12 operations,] *comma added* SH

80.12 existence,] ∼∧ [*bef. del.* 'on one hand' SH]

80.13 freed, on the other hand,] ∼∧∼∧

80.17 became primary] were the first

80.18 response] ∼,

80.18 - 19 to be not] not to be

80.20 nonetheless,] none the less, [*ab. del.* 'nevertheless,' SH]

80.21 achievement. The] *period ov. semicolon*; 'T' *ov* 't' SH

80.29 and of] and * of [*intrl. w. caret* SH]

80.31 degree of] *not present*

81.5 them] *ab. del.* ‘needs’ SH 593
81.5 also] *intrl. w. caret* SH
81.13 affected] effected
81.26 the most] *intrl. w. caret* SH
81.26 matters] *ab. del.* ‘respects’ SH
81.28 disintegrative.] distintegrative.
81.29-30 “natural,”] “～∧”
81.31 logic and] logic [*bef. del. comma* SH] and
82.5 are due] are ultimately due, simply
82.8 subjcct-matter] sybject-matter
82.11 much] *bef. del.* ‘of the’ SH
82.14-15 common sense,] *comma ov. semicolon* SH
82.15 namely,] *intrl.* SH
82.17 Conceptions] Conception
82.20 experimental] *not present*
82.26-27 demand . . . differentiated] are so distinctive
82.27 science] it
82.30 problems] ～,
82.32 science] it
82.34 concerned,] *comma intrl. w. caret ab. del. dash* SH
82.36 institutions,] *comma added bef. del.* ‘rule,’ SH
83.3 social conditions.] *added* AD
83.5 Pre-scientific] The prescientific
83.12 Earlier] The earlier
83.14 practice] practise
83.16 a] the
83.23 them.] *ab. del.* ‘ends’ SH
84.8 content,] *alt. fr.* ‘contents’ SH; *comma not present*
84.8 its] *ab. del.* ‘or’ SH
84.8 methods] *aft. del.* ‘in its’ SH
84.9 that part] that one
84.13 religious] religions
84.15 this] *ab. del.* ‘the’ SH
84.16-17 of . . . civilization] *intrl. w. caret* SH
84.19 stand] *ab. del.* ‘is’ SH
84.20 is confused] are [*ab. del.* ‘is’ SH] confused
84.20 here] *not present*
84.22 now] *intrl. w. caret* SH
84.23 a] *intrl. w. caret* SH
84.26 being] *bef.* ‘seen to be’ *intrl. w. caret* SH
84.26 one] due to differences
84.31 in and] *not present*
84.35 science] ～,
84.35 also] *intrl.* SH 594

84.37 new] newer
84.38 mathematics,] ∼∧
84.39 methods] *aft. del.* 'the' SH
84.39 linguistic] *aft. del.* 'its mode of' SH
84.40 of its results.] *intrl. w. caret* SH
85.2 logic] *alt. fr.* 'logical' SH
85.4 that] *bef. del.* 'as logic' SH
85.6 showing] ∼; [*semicolon ov. comma* SH]
85.9 *knowledge,*] *comma added* SH
85.10 necessity] need [*ab. del.* 'necessity' SH]
85.11 methods.] ∼∧ [*bef. del. comma* SH]
85.12 These] *The latter [*aft. del.* 'which' [*w. caret ab. del.* 'that' AD] SH]
85.12 science] *added* AD
85.14 a different] *del.* SH
85.14 treatment] *bef. del. comma* SH
85.14 to be] *insrtd.* SH
85.15 all] *the whole of [*ab. del.* 'all' SH]
†86.1 V] ∼.
86.2 many] *bef. del.* 'persons' JD
86.6-7 still enormous. It] enormous even today; it
86.9 logic"] ∼,"
86.9 which are] *not present*
86.9 introduced, apparently,] ∼∧∼∧
86.9 need] the need
86.11 modern] *not present*
86.12 in] in reference
86.13 its] to its
86.18 theory] ∼,
86.21 that] that had
86.24 Aristotelian] Aristotleian
86.28-29 traditional] *aft. del.* 'the' JD
86.31-32 Aristotelian] Aristotleian
86.32 (1)] *not present*
87.1 background and] *not present*
87.1-2 , and] *insrtd.* JD
87.2 (2)] *not present*
87.2 to] viewed in
87.7 science] science viewed
87.7 for] for need of
87.12 does] *alt. fr.* 'do' JD
87.20 especially when it is] where
595 87.22 problems and] *intrl. w. caret* JD
87.23 the] that

87.26 A] The
87.27 ground for the present] reason for the
87.27 Aristotelian] Aristotleian
87.31 was] was, it is unnecessary to say,
87.32 noted also] also noted
87.34 - 35 language,] ~∧
87.35 means] means * then [*intrl. w. caret* JD]
87n.1 H.W.] *not present*
88.7 nature,] ~∧
88.8 apart.] *period added bef. del.* 'and merely "mental";' JD
88.8 Moral] 'M' *ov.* 'm' JD
88.12 *Nature*] 'N' *ov.* 'n' JD
88.12 as a whole] *not present*
88.16 "*Phusis*,"] ∧~,∧ [*ab. del.* 'Physics,' JD]
88.16 as] by
88.17 "nature"] *bef. del. semicolon* JD
88.18 grow." Now] grow";
88.18 it] *not present*
88.19 altering] *aft. del.* 'and' JD
88.19 the] *not present*
88.21 Nature] 'N' *ov.* 'n' JD
88.23 sense] *aft. del.* 'accepted' JD
88.23 But,] ~∧
88.25 *unchanging*] *rom.*
88.27 permanent,] *comma added bef. del.* 'and' JD
88.27 the] *intrl.* JD
88.27 fixed,] *comma added* JD
88.27 changing,] *comma added* JD
88.28 - 29 philosophy of Aristotle] philosophy [*bef. del.* ', including the logic of Aristotle' JD]
#88.31 there concerned] concerned
88.32 - 33 Aristotelian] Aristotleian
88.33 this . . . formal] it was not a formal logic
88.36 known —] ~; — [*dash added* JD]
88.36 *known*] Known ['K' *ov.* 'k' JD]
89.2 taken in] qua
89.2 their] a [*w. caret ab. del.* 'their' JD]
89.8 "objects"] ∧~∧
89.10 - 11 things . . . to] *w. caret ab. del.* 'degrees of' JD
89.13 thus] *insrtd.* JD
89.14 lack] lack
89.17 of] *bef. del.* 'perfect' JD 596
89.19 broken,] broken and hence
89.20 implications] implication

89.24 wholes] *alt. fr.* 'whole' JD
89.24 "pieces"] *aft. del.* 'their' JD
89.24 of them] *intrl. w. caret* JD
89.24 physical. The] *period ov. semicolon*, 'T' *ov.* 't' JD
89.26 *finished.*] ~∧
89.31 are] *w. caret ab. del.* 'being' JD
89.35 that is,] *ab. del.* 'namely,' JD
89.35 far as] *intrl. w. caret* JD
89.35 change] it
89.36 limit] limit of change
89.39 the] *intrl. w. caret* JD
89.39 measured] 'd' *ov. comma* JD
89.39 whole,] *intrl. w. caret* JD
89.40 its, is] *bef. del.* 'the whole and' JD
90.2 other,] *comma added* JD
90.6 is] is
90.6 This syllogistic form] It
90.7 in its contents] *not present*
90.8 expresses] constitutes
90.9 is necessary,] can be necessary∧
90.9 its] the included
90.11 is] is thus
90.11 in both forms] *not present*
90.14 reason of] *intrl. w. caret* JD
90.15 form] forms
90.22 *ratio*] ratio,
90.22 or] *not present*
90.22 logos] logos [*intrl. w. caret and undrl.* JD]
90.22 reason] reason [*undrl.* JD]
90.28 nature,] ~∧
90.32 of a] a
90.33 *a* particular] a particular
90.34 come] *alt. fr.* 'comes' JD
90.34 pass] *alt. fr.* 'passes' JD
90.34 They are] *w. caret ab. del.* 'It is' JD
90.35 (partial)] *intrl. w. caret* JD
90.36 and] and does not originate nor pass away [*comma del.* JD]
90n.2 so] *intrl. w. caret* JD
90n.2 that the topic] * that this topic [*w. caret ab. del.* 'and' JD]
597 91.1 species it . . . with] species, with
91.2 The] *ab. del.* 'As a' JD
91.3 species] *bef. del.* ' ,it' JD
91.7 convenient] *intrl. w. caret* JD
91.8 "thought,"] *comma added* JD

91.9	(marks out)] *intrl. w. caret* JD
91.16	change,] *comma added* JD
91.16	a] *ov.* 'the' JD
91.20 - 21	change. The] *period ov. comma*; 'T' *ov.* 't' JD
91.21	objects] *ab. del.* 'singulars' JD
91.21	embodied,] *comma added* JD
91.23	typical Aristotelian] Aristotleian typical
91.28	Nature,] ～∧
91.29	knowledge,] ～∧
91.29	the] *ov.* 'its' JD
91.30	variation ... subject.] variation *to which ['they' *del.* JD] it is subject. [*intrl. w. caret* JD];
91.30	The latter trait] *This trait [*ab. del.* 'which latter mak' JD]
91.31	extent] degree
91.32	present. The ... are] present [*ab. del.* 'controlled' JD], so that it is
91.33	or completion] *not present*
91.35	recurrence.] *period ov. comma* JD
91.35	This fact] *w. caret ab. del.* 'which' JD
91.37	energy of] *intrl. w. caret* JD
91.37	self-movement] *bef. del.* 'energizing' JD
91.39 - 92.1	(which ... them)] *parentheses ov. commas* JD
92.1	than ... of] with
92.1	weather] *bef. del. comma* JD
92.2	and all] and the physical changes of all
92.4	creatures. At] *period ov. comma*; 'A' *ov.* 'a' JD
92.6	in] in animals'
92.6	food.] food, etc.
92.7	also] *w. caret ab. del.* 'again' JD
92.7	species] kinds
92.16	Aristotelian] Aristotleian
92.18	"subjects"] ∧～∧
92.20	, in] (and
92.21	forms,] ～)
92.22	processes] *intrl. w. caret* AD
92.22	psychological] *alt. fr.* 'psychology' AD
92.24	Classification] 'C' *ov.* 'c' *aft. del.* 'While' JD
92.26 - 28	Definition ... of necessary ... Being.] *Definition ... of the necessary ... Being. [*moved w. caret and guideline fr. bef.* 'In' JD] *598*
92.29	¶ In] '¶' *added* JD
92.30 - 31	learning,] ～∧
92.33	textbook] text-book
92.34	comes] *ab. del.* 'came' JD

92.35 amounts] *alt. fr.* 'amounted' JD

92.35 falls] *alt. fr.* 'fell' JD

92.36 (the . . . discovery)], ∧~ . . . ~∧,

93.1 brings] brought

93.5 explain] *aft. del.* 'help' JD

93.7 merely] *intrl. w. caret* JD

93.7 logic] *bef. del.* 'in the modern sense' JD

93.9 latter] *bef. del.* 'logic' JD

93.12 individual] *alt. fr.* 'individuals' JD

93.12 persons] *intrl. w. caret* JD

93.13 essences] essence [*ab. del.* 'definitions' JD]

93.13 and of] and *of [*intrl. w. caret* JD]

93.15 Aristotelian] Aristotleian

93.21-22 in the classic scheme] *intrl. w. caret* JD

93.24 may] might

93.24 so as] *w. caret ab. del.* ', in order' JD

93.26 (*eidos*)] *undrl.* JD

93.28 to] *intrl. w. caret* JD

93.28 engage] *alt. fr.* 'engaged' JD

93.28 inquiries,] ~∧

93.28 the latter are] they were

93.30 possession:] ~;

93.30 theory,] ~∧

93.33 ¶ From] '¶' *added* JD

93.35 If] *moved w. caret and guideline fr. beginning of new paragraph to aft.* 'obscure.'; 'No ¶' *insrtd.* JD

93.35 , however,] *not present*

93.37 mind,] ~∧

93.38 *note,*] ~∧

93.39 in Nature] *in nature [*moved w. caret and guideline fr. aft.* 'marked' JD]

94.3 existential] *aft. del.* 'those' JD

94.6 it] that

94.6 Aristotelian] Aristotleian

94.20 *ground or reason*] *undrl.* JD

94.20 in] of [*bef. del.* 'anything in' JD]

94.23 is] is [*undrl.* JD]

599 94.26 matter] *ab. del.* 'subject' JD

94.27 , moreover,] ∧~∧ [*intrl. w. caret* JD]

94.27 ascent] *w. caret ab. del.* 'rise' JD

94.28-29 Aristotelian] Aristotleian

94.30 making measurements] institution of measurement

94.30 except] *aft. del.* 'for anything' JD

94.30 for] *not present*

94.30 “practical”] ∧~∧
94.32 smaller, or] smaller; of
94.33 Measuring] *alt. fr.* ‘Measurement’ JD
94n.3 object,] ~∧
94n.3 that] *w. caret ab. del.* ‘terms’ JD
94n.4 the] *intrl. w. caret* JD
95.1 measuring] *alt. fr.* ‘measurement’ JD
95.2 measuring] *alt. fr.* ‘measurement’ JD
95.3 knowledge] *underlining del.* JD
95.3 then] *alt. fr.* ‘there’ *and moved w. caret and guideline fr. aft.* ‘credible’ JD
95.7-8 postulated,] ~∧
95.8 where] *bef. del.* ‘a’ JD
95.9 endeavoring] and endeavors
95.12 five,] ~∧
95.15 century.] ~,
95.17 movement,] ~∧ [*bef. del.* ‘was conceived’ JD]
95.17 fro,] ~∧
95.18 movements . . . be] *w. caret ab. del.* ‘, as’ JD
95.20 species;] *bef. del.* ‘they had’ JD
95.21 completions] *bef. del.* ‘that’ JD
95.23 fire] *aft. del.* ‘fire and’ JD
95.23 and] *insrtd.* JD
95.23 light] *alt. fr.* ‘lights’ JD
95.23 move] go [*w. caret ab. del.* ‘things’ JD]
95.25 modes] *w. caret ab. del.* ‘forms’ JD
95.26 *knowable*] *rom.*
95.27 tends] *not present*
95.27 fixed] *intrl. w. caret* JD
95.27 was thought to] *was supposed to [*intrl. w. caret* JD]
95.27 tend] *alt. fr.* ‘tends’ JD
95.30 differentiated] *bef. del.* ‘only’ JD
95.31 which are] *intrl. w. caret* JD
95n.1-2 Measuring . . . or . . . change.] *Measuring . . . the . . . change. [*added* JD]
96.5 institution] *alt. fr.* ‘institutions’ JD 600
96.7 exclusion] *alt. fr.* ‘exclusions’ JD
96.8 *not*] *rom.*
96.8 to be a] *ab. del.* ‘as’ JD
96.9-10 Aristotelian] Aristotleian
96.11 forming] *intrl. w. caret* JD
96.14 “subjects”] ∧~∧
96.14 (substances)] *not present*
96.15 *Now* to be here] To be here now

96.15 *then*] *rom.*

96.16 be] exist

96.16 *the*] *rom.*

96.16 sign] *ab. del.* 'result' JD

96.17 the] *ov.* 'a' JD

96.18 problems] *alt. fr.* 'problem' JD

96.18 of] *ov.* 'to' JD

96.23 form.] *period ov. comma* JD

96.23 To] *intrl. w. caret* JD

96.23 recognition,] ～∧ [*alt. fr.* 'recognizing' JD]

96.23 - 24 for example,] *not present*

96.24 of propositions] of [*ab. del.* 'only' JD] propositions

96.28 antecedent] antecedent substances or

96.28 - 29 ready-made] *intrl. w. caret* JD

96.29 is retained.] *w. caret ab. del.* 'remains' JD

96.31 Aristotelian] Aristotleian

96.32 - 33 the teleological factor] *w. caret ab. del.* 'this' JD

96.35 Aristotelian] Aristotleian

96n.2 Aristotelian] Aristotleian

96n.3 datum] *alt. fr.* 'data' JD

97.2 mentioned —]～:—[*colon ov. comma*; *dash added* JD]

97.2 the reversed] The ['T' *ov.* 't' JD] reversed

97.3 *Completion*] *rom.*

97.6 science,] ～;

97.6 for] *intrl. w. caret* JD

97.6 biological] *intrl.* JD

97.7 a] *intrl. w. caret* JD

97.7 the] *intrl. w. caret* JD

97.7 complete] *aft. del.* 'a' JD

97.9 zoology.] *period ov. semicolon* JD

97.9 - 10 But the latter] *w. caret ab. del.* 'they' JD

97.12 are] were

97.15 fact] fact

601 97.16 disappeared, while in] disappeared. In

97.20 The discovery] Demonstration

97.21 triangle] trianble

97.21 have] are given,

97.22 is not numerically] was not

97.22 - 23 showed . . . completely] and hence was

97.23 "irrational"] "～",

97.23 - 24 illogical. . . . a] alogical, while

97.24 constant,] ～∧

97.25 size and] *not present*

97.26 Zeno, helped to produce] Zeno figured in production of

97.27 led] lead

97.27 true] *intrl. w. caret* JD

97.30 - 31 movement,] *comma added* JD

97.31 at first] *moved w. caret and guideline fr. aft.* 'movement,' JD

97.31 - 32 that effected] with its

97.37 properties —] ~:—[*dash added* JD]

97.37 so] *not present*

97.37 that they are] ~, [*intrl. w. caret* JD]

97.37 logically] in short, ['are' *del.* JD] logically

97.38 their content,] ~. [*insrtd. aft. del.* 'themselves.' JD]

97.38 - 39 save . . . observation] *not present*

98.1 that are] *intrl. w. caret* JD

98.1 respectively] *moved w. caret and guideline fr. bef.* 'involved' JD

98.3 closed,] ~∧

98.15 The . . . of] *intrl. w. caret* JD

98.15 modern] 'm' *ov.* 'M' JD

98.15 consists] consists in its subject-matter

98.25 open and in process] infinite,

98.25 - 26 classical . . . finished,] in Greek classic thought it is finite, since the finite consists of being finished and final;

98.27 - 28 indefinite,] ~∧

98.30 Aristotelian] Aristotleian

98.30 formulation in] *bef. del.* 'its' JD

98.31 - 32 deserves] deserves all

98.32 has] has ever

98.33 - 34 *discourse* . . . effect] the science which was alone possible in an extraordinarily high state of culture

98.36 that] *aft.* 'that' *intrl. w. caret* JD

98.39 class-culture of the] *not present*

99.1 to] to the 602

99.2 Aristotelian] Aristotleian

99.5 formal.] formal. Specific illustrations of the confusion that exists because of retention of elements of the classic logic will be given in subsequent chapters.

99.6 - 31 But . . . universal.] I here give one of these instances purely by way of illustration: namely, the treatment of universal and particular propositions.

99.32 ¶ The] ~

99.32 universal . . . propositions] them

99.34 are] were [*w. caret ab. del.* 'are' JD]

99.34 (substances)] *not present*

99.35 self-contained] *not present*

99.36 being] were [*ab. del.* 'are' JD]

99.37 - 38 Species . . . wholes] Wholes were the species

99.38–39 self-regulated; . . . were] self-regulated, instead of being
99.39 The] *insrtd. aft.* 'Their' *alt. fr.* 'The' *then del.* AD
99.40 nature,] ~:
99.40 and is] *not present*
99.40 nondescript] *aft. del.* 'present' JD
100.1 of present logical theory.] *intrl. w. caret* JD
100.2 of] *bef. del.* 'as' JD
100.3 severalty,] ~∧
100.5 necessary] "~"
100.6 logical content] strict logical sense
100.6 *non*-existential] *rom.*
100.7 *existential*] *rom.*
100.10 when] when there is
100.10 is made] *not present*
100.13 Aristotelian] Aristotleian
100.15 Aristotelian] Aristotleian
100.21 Aristotelian] Aristotleian
100.22 nevertheless] *not present*
100.33–34 Aristotelian] Aristotleian
100.35–36 the ever-continuing] ever-continuing
101.4 citizens —] ~,
101.5 culture —] ~,
101.10 that] *ab. del.* 'of' JD
101.11 *things*] *bef. del.* 'which' JD
101.26 or] of
101.29–30 which . . . science.] *intrl. w. caret* JD
101.32 science,] ~∧
603 101.33 member,] ~∧
101.35 *reflective organization*] *undrl.* JD
101.40 an ordered arrangement] ordered arrangements
102.6 none the less] *separated w. solidi* JD
102.7 *when*] *rom.*
102.13 their] *bef. del.* 'operative' JD
102.18 any] and
102.21 actual] factual
102.22–23 (aside . . . technologies)] , ∧~ . . . ~∧,
102.24 inquiry] *bef. del.* 'about facts' JD
102.30 on;] ~,
102.30 reached] *bef. del. comma* JD
103.1 Part] BOOK
†105.1 VI] ~.
105.2 chapter] chapter of the Introduction
105.3 volume:] ~:—
105.8 subject-matter.] subject-matter. The two following chapters developed

the idea of the force of language in institution of meanings and significances.

105.11 Aristotelian] Aristotleian

105.13 and of] and

106.2 - 3 formalized,] *comma added* JD

106.12 "parties," . . . by] "parties" to them, the activities of

106.14 together with] and

106.17 changes] change

106.18 engage] ～,

106.33 in] into

106.39 These] Taken in connection with the hypothesis, these

107.3 1.] (～∧)

107.7 ¶ 2.] (～∧)

107.9 - 10 of the] of

107.18 ¶ 3.] (～∧)

107.28 ¶ The] ～

107.30 difference] distinction

107.33 practice.[1]] ～.

107.33 not] ～,

107.37 Everybody . . . today] We all know that to-day

107.38 past] ～,

#107n.1 [1]*Cf.* . . . Introduction.] *not present*

108.3 *should*] *rom.*

108.3 so,] *comma added* AD

108.13 or that] that

108.13 or] *alt. fr.* 'of' AD 604

108.14 - 15 of . . . form] they possess an inherent perfection

108.17 - 18 while . . . undertakings] *not present*

108.23 For,] ～∧

108.24 comparison-contrast,] ～-～∧

108.25 warrantably] warantably

108.28 attained.] attained. *asterisk/asterisk* Ante, pp . . . . .

108.31 formulated] instituted

108n.2 pp. 66 - 7.] pp . . . . .

109.1 ¶ The] ～

109.2 open] intrinsically open

109.2 the sense] *not present*

109.7 in which] to which

109.10 *dis*course] *rom.*

109.11 employed as means. In] the means employed; in

109.12 propositions, or] propositions and

109.12 them,] *comma added* AD

109.14 I.] *ov.* '1.' AD

109.23 a unique] unique, a

109.24 that not] which not
109.25 in but that] in, but which
109.37 are not] *not present*
109.37 to] ～, [*comma added* AD]
109.39 Consequently,] ～∧
110.4 far it] far
110n.1 pp.26 - 7.] pp .....
110n.2 *consciousness*] *undrl.* JD
110n.4 assumption] assumptions
110n.4 - 6 — the ... beings] *not present*
111.2 It concerns] But the locus is not the indeterminate situation as such; this is
111.5 affairs] ～,
111.19 II.] *ov.* '2.' AD
111.23 The indeterminate situation] It
111.25 intellectual] inherently intellectual
111.27 - 28 In ... precognitive.] *not present*
111.28 evocation] the evocation
111.33 in] in the
111.33 - 34 a problem] a[*undrl.* JD]problem
111.35 others —] ～:—
111n.2 so truncated that] truncated, and
111n.3 - 4 the matter of a problem] problematic
111n.4 property] value
605 112.7 to go astray] estray
112.15 self-set] self-set and instituted,
112.18 III.] *ov.* '3.' AD
112.24 probable] *alt. fr.* 'probably' AD
112.28 - 29 genuine problem so controlled] problem controlled so
112.32 a problem ... constituents] the constituents of a problem
113.1 them] their locations
113.10 are] is
113.14 certain] certain active
113.14 - 15 and with respect to] *not present*
113.21 more definite, as a] clearer as
113.26 *prediction*,] ～∧
113.31 reached. At] reached at
113.31 matters,] ～∧
113n.4 *being*] *rom.*
113n.5 Failure] The failure
113n.5 functionally,] ～∧
113n.6 problem,] ～∧
113n.6 - 8 The notion ... developed] That ideas are materials of fantasies is secondary, not primary

114.2 have] will have

114.3 suggestion,] ~;

114.11-12 functions —] ~:—

114.12 so as] *not present*

114.12-13 by means of observations] through observation,

114.13-14 is then used] *not present*

114.16 given] present

114.18 disembodied can not] disembodied; can

114.20 meaning] ~,

114.20 a merely] mere

114.21 respect] capacity

114.23 idea"] idea" which is propounded,

114.25 because of] through

114.27 logical] *not present*

114.30 Consequently] ~,

115.8-9 and their contents] *not present*

115.17 short. Hence] short and

115.18 if] when

115.18 happens] happens, for non-logical reasons,

115.21 relation to] terms of

115.22-23 the formulated ... proposition] *not present*

115.23 relation of meanings] meaning

115.24 relations of] *not present*

115.26 meanings, a meaning] meanings one 606

115.26 finally] *not present*

115.27 which] whose meaning

115.31 idea] examined idea

115.31 when ... discourse] *not present*

115.31 the] us to

115.33 ¶ The] ~

115n.2 tendency] inevitable result

115n.2-3 to ... theory] doctrinal confusion

116.5 hypothesis] ~,

116.8 cases so that it is applicable] cases, and it is applied

116.9 indirectly,] *comma added* AD

116.12 then] *not present*

116.13 that] which

116.14 situation,] ~‸

116.31 ¶ What] ~

116.34 statement ... involved] the statement of an involved problem

116.35-36 indicates ... of] suggests a relevant meaning to resolve

116.36 difficulty and] difficulty, and also

117.2 produce] effect

117.3 furtherance of] respect to

117.4 for.] *period ov. comma* AD
117.4 Being functional,] In being functional∧
117.13 evidential] ～,
117.14 idea] ～,
117.28 ¶ Meantime] ～
117.37 - 38 "operational"] *quots. added* AD
117.38 when] whenever
118.6 for referring] in reference
118.11 *re*presentative] representative
118.12 formulating them] their statement
118.12 - 13 is, ... symbols] is symbolically
118.13 so] *not present*
#118.16 recognizes] recognized
118.22 relations;] relations, and
118.23 difference in] nature of
118.23 - 24 involved; and,] involved, and, that
118.24 that] *not present*
118.32 interests,] ～∧
119.3 present] always present
119.6 with] ～,
119.6 upon] ～,
607 119.10 existed] existed for individual persons
119.11 the demand that] so far as they put
119.11 be put] *not present*
119.11 - 12 private] their own
119.12 interests] directed their activities accordingly
119.22 practically identified] identified in practice
119.23 interactions] ingeractions
119.25 semantic coherence,] sematic coherence∧
119.26 - 27 To ... said, connection] Connection
119.32 relegated] related
119.34 an] this
#120.6 inquiries] inquirers
120.9 - 10 In ... qualities] These relations are indifferent to qualities in the structure of distinctively scientific objects
120.12 of scientific] *not present*
120.15 There] *bef. del. comma* AD
120.28 such] ～,
120.30 Their] The
†120n.1 Ch. IV] Ch .....
121.4 transformation of] transition from
121.5 into] to
121.17 that were] *not present*
121.32 Reasoning,] ～∧

121.35 in which ratiocination terminates] that terminates ratiocination
122.5 by which it is produced] of its production
122.18 context of either] context, either of
122.19 and,] and more
122.22 and ordered] *not present*
122.30 warrant] warranted
122.33–34 (that . . . inquiry)] *not present*
†123.1 VII] ~.
123.1 Judgment] JUDGMENTS
123.7 representative] ~,
123.8 judgment,] ~∧
123.8 import] reference
123.10 difference,] ~∧
123.12 use] ~,
123.13–14 has . . . be] is prepared as
123.17–18 "affirmation."] "assertion." [*quots. added* AD]
123.18–19 or "it is *said*"] *not present*
123.20 words,] *comma added* AD
123.20 that are characteristic] *not present*
123.20–21 different] *not present* *608*
123.22 judgment] judgments
123.24 1.] ¶(~∧)
123.24–25 a trial-at-law] trial-at-law
123.28 place, even . . . agreement] place; and often even
123.29–124.1 — which . . . case] *not present*
123n.1 cover] cover both
124.2 existential] the existential
124.2–3 in . . . upon] which control
124.3–4 : the . . . facts] *not present*
124.5 2.] (~∧)
124.5–6 conducted] represented
124.17 the weight] weight
124.23 of breach] breach
124.26 that] which
124.26 in] to
124.30 that give] which give
124.33 3.] (~∧)
124.35 or proposition] *not present*
124.35–36 a decisive directive of] decides
124.36 activities. The] activities whose
124.36 of these activities] *not present*
124.37 determination] modification
124.37 situation] original situation
124.38 which . . . issue] *not present*

124.39 fine,] ～‸

124.39 pay] pay over

125.1 the matter of] *not present*

125.7 terminal as] *not present*

125.12 *something* is settled. It] something is settled; it

125.19 a warranted] warranted a

125.21 judgment.[2] Estimates] judgment. However, opinion in common speech often means a belief entertained without examination, being generated by custom, tradition or desire. Estimates

125.24 court,] ～‸

125.26 conduct of further] further conduct of

125.27–28 Judgments . . . ad-judgments.] *not present*

125.29 This] The foregoing

125.30 (objects)] (～‸

125.30 judgment] ～)

125.32 explained; it] explained. As such it

125.32 whole] ～,

609 125n.1–2 [2]*Opinion* . . . desire.] *present as part of text, see* 125.21

126.3 or] and

126.7 *This* or *that*] *rom.*

126.8 star, man, rock] star, man, rock

126.8 is always] always presents

126.9–10 consequence] ～,

126.11 differentiation] differention

126.11 contrast] a contrast

126.12 differential] its differential

126.13 very] *not present*

126.17 in] to the

126.18 It] The determination

126.19 set] it sets

126.20 that which] what

126.24 arrived at in] that

126.25 situation] situation has reached and

126.32 activity] his activity

126n.1 pp. 66–7.] pp . . . . .

127.1 that] which

127.2 with . . . conditions] *not present*

127.8 *at.* The act of pointing] at; the act

127.9 object. It] object because it

127.9–12 situation, because . . . resolved.] situation. It has no, or only the vaguest, indicative power.

127.18–19 that . . . identify] which locates and identifies

127.23 in control] exercised in the control

127.27–28 that . . . inquiry] which follows

127.31 conjugate] *not present*
127n.2 p.53.] pp .....
128.9 then] *not present*
128.14 - 15 here taken] developed above
128.17 inquiry] of inquiry
128.19 begin] will begin
128.28 - 30 The occurrence ... irrelevant.] *not present*
128.30 (2)] ¶(~)
128.31 receptivities] resceptivities
128.34 Even then, there] There
128.34 - 35 pointing so as to select] pointing, or whatever, in selecting
128.35 - 36 Nor is there anything] Even if there were, there is nothing
128.37 "this"] "this"
128n.1 W.E.Johnson.] Johnson,
129.3 criticized] *not present* 610
129.4 *after*] *rom.*
129.5 when] *not present*
129.5 - 6 has ... knowing] is to know
129.7 the fact ... its] its beginning the
129.14 data. For] data; for
129.15 *of the case*,"] of the case‸"
129.15 or what is] *not present*
129.16 respect to] *not present*
129.16 problem] situation
129.17 a] any
129.23 - 24 the control of] control upon
129.25 as a] even a
129.29 lies] consists
129.30 - 31 *not* then and there] not
129.35 There] In other words, there
129.35 one] *not present*
129.38 by] ~,
129.40 then] *not present*
130.1 a judgment] judgments
130.4 - 6 There is ... characterization.] It is also incompatible with the idea that it is not what it is because of an estimate that this singular somewhat is either the evidential ground required or a provisional characterization which will carry judgment forward to completion.
130.7 institute] constitute
130.11 - 12 Aristotelian] Aristorleian
130.12 logical] *not present*
130.13 so that] *not present*
130.22 accordingly arises] arises accordingly
130.25 object] object so

130.26 *in any sense*] *rom.*

130.26 makes . . . serving] it can serve

130.30 – 31 must . . . by] *not present*

130.31 subject. (1) It] subject must satisfy. It

130.33 (2)] *not present*

130.35 solution)], m, ~)∧

131.1 constitutes] is

131.3 connected] related

131.3 so] sufficiently

131.4 that it] so that it either

131.4 upon] ~,

131.4 with] ~,

611 131.4 whole; and] whole. Or else

131.6 inter-connected] inter-related

131.9 sweet."] ~".

131.12 situation . . . of] situation, in attaining

131.14 "this"] ∧~∧

131.14 something] ~,

131.15 that] the

131.17 something."] ~".

131.22 Henceforth,] Henceforth, as a subject

131.22 a sweet *somewhat*] this sweet somewhat

131.22 – 24 The quality . . . qualities.] *not present*

131.27 say,] *not present*

131.40 substantiality,] ~—

132.4 primary] ~,

132.5 ¶ It] ~

132.6 way] way in inquiry, and

132.6 – 7 of operations] *not present*

132.8 – 9 dependable] established

132.11 existentially as] as existentially

132.11 such. They are] such; they are rather

132.14 treated] regarded

132.16 conditions] consequences

132.17 group of connected qualities] *not present*

132.19 operations,] ~∧

132.21 new] additional

132.24 paper if] paper, when

132.26 certain . . . objects] trees

132.26 They] It

132.26 become] become an

132.27 objects because] object because its

132.29 it is] it was

132.32 a specific] specific

132.39 of the] of their very

132.39 - 40 which . . . use] *not present*

133.1 even] even the

133.5 Chemically,] ~∧

133.6 *Some*] *rom.*

133.7 actually, sensibly, present] actual or existential

133.10 - 12 , and . . . occurring] *not present*

133.14 Aristotelian] Aristotleian

133.24 change."] ~".

133.25 ¶ Such] ~

133.25 immutable] *not present*

133.25 complete substances and] *not present* *612*

133.28 weather] ~,

133.29 as constituents of] in

133.30 which as] with which their own

133.32 dependable] the

133.33 - 35 drawn, . . . transitivity.] made, the conclusions drawn and the correlations established between certain properties and certain ways of acting, they have solidity and endurance in spite of their existential transitivity.

133.35 - 36 It is substantial . . . . *substantive*] They are substances in that they are represented by substantives

133.36 - 37 it is . . . has] they are verbal nouns, have

133.37 - 38 as . . . specimen] *not present*

134.3 respective] their respective

134.5 problem,] problem and

134.11 to which] which

134.11 connection] position

134.13 sweet,"] sweet," logically

134.14 logically] *not present*

134.16 facts] the facts

134.21 predicate —] ~:

134.21 *method*] *rom.*

134.26 common source] most common sources

134.26 therefore] ~,

134.31 which,] ~∧

134.32 form,] ~∧

134.34 - 35 As . . . out] In classic logic

134.35 "rational"] ∧logical∧

134.36 treated . . . logic] treated

134.40 A] The

135.2 also] *not present*

135.5 there is nevertheless] nevertheless, there is

135.9 ¶ The] ~

135.11 and usually are] *not present*
135.13-14 application] applications
135.14 application] applications
135.20 theories, reducing] of theories and reduced
135.22 engaged in corrupting] infecting and corrupting the
135.31 does express] expresses
135.32-33 "subjection"] "subjecting"
135.36 by which] *not present*
135.37 ideas,] ideas and
135.37 used as characterizing] converted into
136.1 ¶ The] ~
613 136.1 such] ~,
136.6 (1)] (a)
136.6 (2)] (b)
136.8 1.] (~$_\wedge$)
136.10 each of] *not present*
136.10 formed] formed each
136.18-19 controlled] <u>controlled</u>
136.20 or] and
136.21 which is] *not present*
136.21 just those] "~"
136.22 that] which
136.22 just those] "~"
136.23 that are] *not present*
136.24 2.] (~$_\wedge$)
136.26 Judgment] It
136.26-27 once. Since it is a] once, since, as the
136.29 (the ... assertion)] , $_\wedge$~ ... ~$_\wedge$,
136.31 from] ~,
136.31 with] ~,
136.32 rather than provisional] *not present*
136.33 *would* constitute] would lead to
136.37 functionally connected with] related to
136.38 as ... common] for the sake of the cooperative functioning of their respective products in the efficient performance of activities designed to bring about a
136n.1 F.H.] *not present*
137.4 taken] used
137.4 arrest to provide] arrest, to form
137.5 is] was
137.5-6 there was inherent] active conflict and
137.6 among them,] were present$_\wedge$
137.6 the idea that] it would certainly be that complete
137.7 would be justified] *not present*

137.12 the final] its final

137.12-13 which ... judgment] *not present*

137.14 said] ~,

137.14-15 linguistic] linquistic

137.17 ¶ When] ~

137.17 in] in a

137.17 distinct] distince

137.19 strictly] *not present*

137.25 but only] *not present*

137.27 demands] would demand

137.28 effect] ~,

137.29 else] *not present* 614

137.29 a] or a

137.30 other things] *not present*

137.31 ¶ Etymologically] ~

137.36 ambiguous] abiguous

137.37 virtue,"] ~$_\wedge$"

137n.1 "It is sweet."] "it is sweet".

138.1 such] *not present*

138.5 actually] *bef. del. comma* AD

138.6 meanings or] meaning and

138.7 is] may be

138.7 For] But that is because

138.10-11 term of formal] formal term of

138.16 complex undertakings] a complex undertaking

138.16-17 is usually] may be

138.19 doing] done and

138.25-26 symbols, and] symbols. The

138.26 representation] representation, and understanding,

138.27 an actual] its actual effective

138.27-28 a functioning] functioning

138.30 exemplify] exemplify the nature of any proposition,

138.30-31 Moreover, a] A

138.32 Similarly,] Similarly the most

138.32 propositions are] proposition is

138.33 they are] it is

138n.1-3 copula," depends ... such] copula$_\wedge$" is verbal, not logical

139.1 a proposition] it

139.3 hand] ~,

139.4 ready] ~,

139.5 improvising] improving

139.5 arises.] arises. Not all propositions deal with relations between meanings.

139.9-10 At the outset substantial] Substantial

139.10 purpose as] purpose, at the outset, as a
139.11 by-products or deposits] by-product deposit
139.11 inquiries. But] inquiries, but
139.11 - 12 they ... by] as the result of that kind of
139.12 - 13 intended ... will] which will enable them to
139.14 - 15 — a ... objects] *not present*
139.23 Aristotelian] Aristotleian
139.23 structure] nature of the structure
139.23 and the] and
139.26 can] could
615 139.29 expressed the] are not predicates as such, but
139.29 place] ~,
139.30 - 31 that ... things] which exist between subject and predicate
139.35 "re-marking"] a$_{\wedge}$ remarking$_{\wedge}$
139.38 differentia, these being logical,] differentia; strictly conceived, both of these are logical notions,
139.39 differed] differs in nature
139.40 was] is
140.5 isosceles] isoscoles
140.6 were] are
140.9 start] always start
140.21 But some] Some
140.21 - 22 accidentally — that] accidentally. That
140.22 nor flow] nor do they flow
140.23 are] are they
140.31 way] *bef. del. comma* AD
140.31 but in] but
140.32 also has a] has exactly the same
140.34 - 35 sense ... to] proper sense of that word in
140.35 Aristotelian] Aristotleian
140n.1 Aristotelian] Aristotleian
140n.2 genera] general
#141.4 "ac/cidents"] "accidents"
141.6 They have a] It has its
141.6 correlated] *not present*
141.7 their ... only] its occurence and a general proposition is
141.8 - 9 correlations ... them] conditions
141.11 and which] having
141.11 is to] to
141.11 - 12 of absence of] even when present it has no
141.12 the given] that
141.13 into] onto
#141.13 - 14 are no prior] is no
141.14 determination] classification possible

141.15 and . . . predication] *not present*
141.16 conceptual. It] conceptual and
141.16 constituted] framed
141.18 with] ~,
141.18–26 Apart . . . superfluous.] Within these limits, any subject-matter may serve on equal terms with any other as a predicate according to the special requirements of the problem under inquiry.
†142.1 VIII] ~.
142.4 inquiry] ~, [*comma added* AD] 616
142.4 and of] and
142.4 judgment,] *comma added* AD
142.9 knowledge,] *comma added* AD
142.12 issue] issues
142.14 as opposed] which are opposed
142.14 are] radically as
142.15 empiristic] ~, [*comma added bef. del.* 'both' AD]
142.17 Rationalist] The rationalist
142.19 knowledge] ~, [*comma added* AD]
142.20 Empiristic] The empiristic
142.28 would] could
142.30 apparent] some apparent
142.30 can] could
143.1 1.] (~$_{\wedge}$)
143.4 used] ~,
143.4 resubjected] *hypben erased and marked to close up* AD
143.6 objects,] *comma added* AD
143.7 experience,] *comma added* AD
143.7 so] so frequently
143.8 inquiries,] *comma added* AD
143.9 in further inquiries] *not present*
143.10 *use*] *rom.*
143.13 2.] (~$_{\wedge}$)
143.15 *estimates* or *appraisals*] ~, ~,
143.21 being] ~,
143.22 construction,] *comma added* AD
143.25 become] becomes
143.31–32 evident: ¶ 1.] ~. ¶(~$_{\wedge}$)
143.35–36 in new inquiries] *not present*
143.36 need] the need
143.36 reconstitution] reconstitution in new inquiries
143.39 organs] the organs
144.5 has gone] has often gone
#144.8 re-inquiry] reinquiry
144.11 2.] (~$_{\wedge}$)

144.16 that were required] *not present*
144.16 applied] they were applied
144.23 known,] *comma added* AD
144.25 are] were
144.25 nature] ～, [*comma added* AD]
144.31 then] *not present*
144.33 now] *not present*
617 144.35 operational] operative
144.36 judgment] judgments
144.40 has] had
144.40 in the past] *not present*
145.1 serviceable,] not serviceable, [*comma added* AD]
145.1 not] *intrl. w. caret* AD
145.1 true or] *not present*
145.7 - 8 hard . . . to] hard to
145.8 facts] facts in any important scientific undertaking
145.10 to its] to
145.10 and its] and
145.12 because of] whenever
145.13 as means] has been recognized
145.14 *true*] ～,
145.16 that . . . invalid] which were false
145.18 - 19 still current today] to-day particularly in vogue among neo-Thomists
145.20 so] and
145.23 way of avoiding] way out of
145.24 said to be] *not present*
145.30 - 31 , material] *not present*
145.35 final] the final
145.39 - 40 understanding, and an] understanding$_{\wedge}$ and its
146.1 *apprehension*] *rom.*
146.5 no] or
146.6 , say,] *not present*
146.7 facts,] *comma added* AD
146.9 "knowledge" shows,] $_{\wedge}$～$_{\wedge}$～$_{\wedge}$
146.10 *is*] *rom.*
146.12 second. Since] second; since
146.14 as,] *comma added* AD
146.15 experience,] *comma added* AD
146.15 as] ～, [*comma added* AD]
146.18 a typewriter] typewriter
146.18 *that*] *undrl.* AD
146.18 is a book] a book
146.18 thing is] thing
146.21 But it] It

146.22 it] thus
146.22 - 23 and . . . them] *not present*
146.27 that] *not present*
146.33 final assertion] assertions
146.34 part] ～∧
146.34 significance] ～, 618
146.35 fix] fix suggested
146.36 that are suggested] of solution
146.36 - 37 to search] *not present*
146.37 an] *not present*
146.38 direction] directions
147.7 a theory] some theory
147.10 - 11 in so far] insofar
147.11 then immediately known] known immediately
147.14 said to be such] *not present*
147.15 particulars,] *comma added* AD
147.16 *sensations*] *undrl.* AD
147.16 *feelings*] *undrl.* AD
147.17 because] ～, [*comma added* AD]
147.20 truths . . . .] ～. . .
147.23 known . . . .[1]] ～ . . . . . *asterisk*" [*quots. added* AD]
147.25 I] "～
147.31 provincial] rather provincial
147.33 , however,] *not present*
148.12 and] while
148.13 himself] *not present*
148.17 *significance*] *rom.*
148.27 known] know
148.33 that] which
148.35 and . . . hand,] while, on the other hand, he points out
148.36 (which . . . states)] ∧～ . . . ～∧,
148.37 nature] ～,
149.6 [experience]] *brackets added* AD
149.8 triangle."] ～.∧ [*quots. del.* AD]
149.8 But] [～ [*bracket added* AD]
149.8 here represents] represents here
149.9 fact.] ～.] [*bracket added* AD]
#149.9 For we] We
149.11 Nor] [～ [*bracket added* AD]
149.13 artificial] artifical
149.16 way.] ～.] [*bracket added* AD]
149.16 "Knowledge] ∧～
149.22 particular] *bef. del. comma* AD
149.22 objects] *bef. del. comma* AD

149.28 any premise that] the premise which
149.35 it] *not present*
149n.1 John Locke] ['William' *del.* AD] J. Locke
149n.1-2 Book . . . Knowledge.] . . . . .
619 150.2 uses"—] ~":—
150.4 water.[4]] ~.
150.8 employed in specific situations] employed
150.9 themselves] themselves in specific situations
150.13 the operative] its operative
150.14 of the object] *not present*
150.15 its] the
150.23 sense-data,] *hyphen added*; *comma added* AD
150.23 the supposedly] supposed
150.24 treated . . . be] *not present*
150.25 immediate] these immediate
150.26 "atomic,"] called∧ atomic, ∧
150.27-28 "molecular."] called∧ molecular. ∧
150.29 theory,] ~∧
150.30 any *descriptive* qualification] all descriptive matter
150.31 hence,] ~∧
150.32 red,"] ~",
150n.1 [4]*Ibid* . . . . Knowledge.] *not present*
151.2 must be] is
151.2-3 logically . . . quality)] *not present*
151.5 It follows that] Consequently,
151.6 *predicating*] *rom.*
151.24 is] must be
151.27 fully] *not present*
151.28 clearly] evidently
151.40 adequately to] to adequately
152.3 order to locate] locating .
152.4 secure] securing
152.4 test a] indicate its
152.6 which] ~,
152.7 which] ~,
152.7 instituted] formed
152.8 a] any
152.18 (1)] (a)
152.20 (2)] and (b)
152.21 cognition;] ~∧
152.21 (3) what is] the
152.21 perceived] ~, [*semicolon del.* ; *comma intrl.* SH]
152.22 whether] therefore, whether
152.22 to be therefore] as

152.23 None] Neither
152.23-24 common-/sense] ∼∧∼
152.27 performed] ∼,
152.28 undergone] ∼, 620
152.31 not of knowledge] *not present*
152.31 In] Even
152.31 an] *not present*
152.37 material towards] direct material towords
152.37-38 *directly*] *not present*
152.39 must] *not present*
152.40 vary] varies
153.1 follows,] ∼∧
153.12-13 an observation and] observation, or
153.14 criticise] criticize
153.23 each] any
153.27 situation,] ∼∧
153.28 atomic] *not present*
153n.2 ultimate] the ultìmate
153n.2 propositions] proposition
153n.4 reasoning.] reasoning. See, ante, p.....
154.1 1.] *not present*
154.1 acquaintance-knowledge] knowledge of acquaintance
154.2 knowledge-about] ∼-∼,
154.2 distinction] ∼,
154.6 only be expressed] be expressed only
154.9-10 as to ... so that] of conduct on the part of the other person to which
154.11 in ... acquaintance] *not present*
154.12 acquainted, say, with] acquainted with, say,
154.13 know *about*] "know"
154.14 yet] *not present*
154.14 ability to speak] such preparation for the indicated ways of conducting myself
#154.17 *können*] koennen
154.27 point),] ∼)∧
154.29 fulfilled] satisfied
154.36 2.] *not present*
155.17 inherently simple] inherent
155.18 play—] ∼:—
155.21-23 It ... identification.] *not present*
155.26 that] which
155.27 point] may point
155.28 event] event is in its constitution,
155.28-29 restricted ... *definite*] restricted and definite
155.30 signifying] and signifying

155.31 to show] *not present*

621 155.32 both] *not present*

155.35 institution] the institution

155.36 objection] procedure

155.39 case of] case of the

156.5 for] *not present*

156.9 A meaning] Meaning

156.9 may come] comes

156.12 discussion] the discussion

156.19 evidently it] it evidently

156.22 should be such that] have made

156.23 are] *not present*

156.28 incapacity] capacity

156.28 - 29 removed] increased

157.3 (such ... proposition),] ,$_\wedge$~ ... ~$_\wedge$,

157.5 "facts"] "truths"

157.8 Bertrand Russell] Mr. Bertrand Russell

157.15 draw the] draw a

157.15 - 16 considered ... paragraph] *not present*

157.19 *a priori*:] ~,

157.31 sense-data] *hyphen added* AD

158.2 although] *not present*

158.11 - 12 I shall ... for] *del.*; * Now the whole of our previous argument has developed the reasons for [*intrl.* SH]

158.12 postulates] postulates the existence of

158.13 - 14 as ... inquiry.] * I shall not give them again here; [*intrl. w. caret* SH]

158.14 Nor] nor ['n' *ov.* 'N' SH]

158.24 it,] it, some warrantable asserted logical system

158.34 and] *intrl. w. caret* SH

158n.2 - 3 autonomy] alleged autonomy

159.1 assertions;] *comma alt. to semicolon bef. dash added then erased* SH

159.8 (it is admitted)] *not present*

159.8 - 9 subject-matters] this subject$_\wedge$matter

159.9 - 10 purely ... propositions] their supporting ground and proved by special propositions as to empirical matters of fact

159.10 admission] statement

159.12 occurrences. In] occurrences. As objects of knowledge in the sense of understanding, in

159.17 the required] required

159.19 themselves also] also, themselves,

159.20 conditions] the consequence

159.26 "experience"] "~$_\wedge$

622 159.27 , that are] *not present*

159.30 true nor false] truth nor falsehood
159.31 - 32 as applicable . . . any] to be applicable in every
160.5 *test] rom.*
160.7 inference, even in its] inference$_{\wedge}$ even in
160.9 work] volume
#160.12 - 13 not as, it is for example,] not, as for example,
160.14 - 15 It . . . assertions.] *not present*
161.3 warranted assertion. This] narrated assertion. The conception of this
161.4 alone,] ∼$_{\wedge}$
161.8 basic] Basic
161.10 - 11 stands also] also stands
161.11 - 12 For, . . . taken is] For it is held
161.14 when it] when the result
161.17 requalification] requalification in inquiry
161.19 sharp] the sharpest possible
161.23 "subjective,"] "∼$_{\wedge}$"
161.24 name. They] name; but
161.24 standing, and hence] standing. Hence they
161.25 that is here] *not present*
161.28 - 29 modify and requalify] modifying and requalifying
161.30 but] but as such
161.30 - 31 arbitrary . . . to] arbitrary, approaching
161.31 delusion.] delusion. In the practice of inquiry, the transformation effected by inquiry is represented by the necessity of experimentation of a grounded existential conclusion or issue.
162.7 or instruments] *not present*
162.8 that] the
162.9 (and final goal)] $_{\wedge}$and the goal$_{\wedge}$
162.10 be it noted] accordingly
162.16 interpretation] logical interpretation
162.17 The] This
162.17 stated] restated
162.20 reshapes] reshapes the
162.20 which sets] setting
162.21 of] for
162.21 That] In order to indicate that
162.23 will be shown] I begin the discussion
162.23 some forms] a special type
162.24 aim] aims on its own face
162.24 done] done or what is to be made
162.38 arrived at] reached *623*
162.38 arbitrarily] ∼,
162.39 evidence appraised as to] evidence, making appraisals of
162.39 - 163.1 relevancy; and by] relevancy,

163.5-6 that . . . done] action
163.7-8 of . . . urgent] is how the material of the uncertainty may be and often is intense
163.8 merely urgent,] such
163.8 emotional] emotional in quality
163.9 intellectual] *not present*
163.13 data] ～,
163.13 which] all of which
163.16 persons] kinds of persons
163.23 all] all, at least not at the outset
163.26 it is] *not present*
163.30 in doing it] *not present*
163.38 in order] *not present*
164.3-4 But . . . require] The decisions take the form of
164.6 are] are in turn
164.6-7 to . . . proposition] *not present*
164.7-8 best . . . issue] better to perform
164.9 Declarative] The declarative
164.9 as . . . facts] *not present*
164.10 the obstacles] obstacles
164.10-11 to . . . administered] *not present*
164.13 set . . . conditions] state the problem so as to indicate the way it
164.14 with the] with other
164.15 which . . . conditions] stating methods of procedure to be adopted under the conditions which form the problem
164.15-16 The . . . procedure] The latter propositions
164.16-17 materials.] materials. But they also have a functional role.
164.18 adopted . . . circumstances] adopted
164.19-20 these hypotheses as to] such hypotheses of
164.25 calculation] calculations
164.29 situation] ～(1)
164.29 (a)] *not present*
164.31 and] ～(2)
164.31 (b)] *not present*
164.33 (c)] (3)
164.35 (d) the latter matter] (4) a matter capabie of
165.1 in . . . *some*] will have in any case some
624 165.3 that will be] as
165.3 in deciding] influencing
165.3 issue—] ～:—
165.4 being] is
165.5 how.] ～;
165.5 who is ill] in the situation
165.6-7 physician. . . . are] physician: that is, that the result of his visit is

165.9 Hence ... executed] The propositions about means involved in his deliberation
165.10 introduces] introduce
165.10 - 12 which ... latter] of interaction which modify in some way and to some extent the final existential issue. It
165.13 - 14 — even ... attained] *not present*
165.15 Whenever] If
165.20 in;] in, also
165.21 whether a competent] what
165.21 available] ~,
165.21 - 22 or ... consult;] as well as
165.23 weeks,] ~∧
165.24 the patient's possibility of] *not present*
165.24 them, etc., etc.] them.
165.25 examined and formulated] presented and examined symbolically, that is,
165.27 - 29 action, ... then to be] action. Ideas of these courses have to be
165.30 it. ... series] them; or in terms
165.31 the man] he
165.33 stands the] on his part stands a
165.34 those factors which] the factors that
165.34 inter-action] ~-/~
166.1 issue and hence] issue, and
166.4 them —] ~;—
166.5 actually] do
166.15 - 16 declarative] the declarative
166.16 made by] of
166.17 illness on the] illness, on
166.18 he ... illness] which is to be taken with reference to the illness,
166.28 commonly] *not present*
166.28 accepted,] ~∧
166.33 intermediary ... force] operational reference
166.34 that are formed] *not present*
166.40 - 167.3 This interpretation ... confirmed.] This manner of interpretation *625*
represents one of two alternative possibilities. If it is a linguistic rendering of a judgment that has been already made, it directly confirms the analysis of the text.
167.3 then] *not present*
167.4 the state of affairs] *not present*
167.4 be] be done
167.5 them] *not present*
167.5 - 6 direction. ... means that] direction existing conditions. Upon the other alternative, no judgment exists, and the alleged syllogism expresses an analysis made by the logician, not by the person himself.

The true account of the situation is that

167.8 fancies he is ill] supposes he is ill,

167.8 *habit*] *rom.*

167.9 no element of] then no

167.10 forming of] forming

167.11 previously formed] formed organic

167.12 - 14 The . . . involved.] *not present*

167.16 situations] nature of situations

167.19 tendency to go whenever] habit when

167.20 on this . . . whether] be in doubt whether on this occasion

167.25 about] of

167.30 else] *not present*

167.31 propositions] ~,

167.38 its discussion] discussion of it

167.39 ¶ 1.] (~∧)

168.15 - 16 that which is *judged*] what is judged

168.17 occurs. Propositions] occurs; propositions

168.17 - 18 just . . . done] the latter

168.18 (conception)] (conceptions)

168.20 illustrate] illustrated

168.23 consequence,] consequence or

168.29 Similarly, the] The

168.31 and . . . on] *not present*

168.32 existential] actual, the existential

168.32 outcome or close] outcome

168.33 a proposition, it] judgment, this close

168.33 - 36 completed. . . . self-defeating.] effected. The result would then be failure to perform the action which is the necessary means of getting to safety.

168.38 on] on a

169.1 Likewise, the ideas] Similarly, the idea

626 169.2 - 3 helpful . . . as] helpful, unless it is a translation of

169.4 *whereby* —] ~:—

169.10 - 11 inquiry] judgment

169.14 either] *not present*

169.14 - 15 or . . . status] *not present*

169.16 2.] (~∧)

169.19 ultimate] ~,

169.26 or as] or

169.26 judgment] judgment only

169.29 purposes. The] purposes; it is the

169.29 inquiry is] judgment

169.31 - 33 in . . . are] *not present*

169.35 but] simply

169.37 this notion] it
169.39 business, in that case,] business then,
170.5 assuredly are] are the
170.12 consistent] not inconsistent
170.13 ends-in-view,] ~-~-~∧
170.13 acting,] ~∧
170.16 though] they are means,
170.16 they . . . for] of
170.21 3.] (~∧)
170.21 Whether] The question as to whether
170.22 a matter] *not present*
170.25 *propositions* . . . judgment] propositions as such
170.26 provisional,] ~∧
170.27 being questioned] question
170.29 completely assured (whether] assured
170.30 use . . . reason),] use,
170.31 ensues] takes place
171.1-2 thought as such . . . it] ~; . . . . . ~
171.5 involves] is interesting in that it virtually involves
171.5-6 discussed, namely, the] discussed in this text: The
171.6-7 appraisal or estimate] appraisals, estimates
171.7 or final] and final
171.7 Bosanquet] is
171.15 surely] *not present*
171.16 inquiry. A] inquiry; a
171.19 with equal certainty] *not present*
171.27 someone's part] the part of some one
171.29 Judgment . . . even] Judgment, however, may even enter
171.31 being] being in every case
171n.1 *Logic*] *rom.*
172.4 face to face with] explicitly to *627*
172.5 concerning] of
172.5 inquiry] inquiries
172.8-9 necessary and sufficient] required in order
172.12 questions —] ~;
172.12 capacity to] the direction of the activities engaged in, so that they
172.15 4.] (~∧)
172.18 and examination] *not present*
172.22 such as are exemplified] as
172.26 treated] treated in science
172.27 function; for] function. Hence
172.30 theme. . . . employ,] theme and consequently to employing
172.32-33 established . . . while] established, and in which they operate further. Nevertheless,

172.34 science] scientific inquiry
172.37 exposes] subjects
172.37 worker] worker, and a given subject,
173.9 or] *not present*
173.10 etc.?] etc. etc.?
173.14 In ... formed] It is clear in the instance given that each such proposition is made
173.18 alternatives. For] alternatives, which for
173.18 these alternatives] *not present*
173.18 are] are of the nature of
173.20 cases,] ~∧
173.23 of] of the
173.24 - 26 inquiry. ... examination] inquiry, perverting and destroying their logical functions
173.35 tentative] *not present*
173.36 *if-then*] these if-then
173.36 - 37 of this sort] *not present*
173.39 should be *exhaustive,*] hould be exhaustive∧
173.39 - 40 disjunctive member] one
173.40 system,] systems treated
174.1 5.] (~∧)
174.6 , however,] *not present*
174.8 outward] *not present*
174.9 is a social communication] constitutes social expression
174.9 - 11 proposition ... situation] judgment
174.12 *worthy*] *rom.*
174.12 - 13 enjoyed; if, that is,] enjoyed, or if
174.14 then] *not present*
628 174.15 On] At
174.16 estimate: *to evaluate* —] ~;~;—
174.18 for and formulated] out
174.23 - 24 has become] becomes
174.25 only] *not present*
174.28 occurrence,] ~∧
174.29 - 30 it ... decision] they are now subjects of investigation to enable us to find out
174.30 *justified*] *rom.*
174.31 enjoyed, or are] uttered or would be
174.34 and variety] *not present*
174.35 cases of] *not present*
174.37 questions] question
174.39 For] For active
174.40 active ... are] *not present*
175.1 and] while, on the other hand,

175.3 fact] mere act
175.4 consequences —] ~∧
175.5 other] *not present*
175.11 connections] relations
175.12 that] the relations
175.12 - 13 Connections . . . abstract] Relations are stated in
175.14 But] But there is also
175.15 (however . . . been)] *not present*
175.16 always enters in] *not present*
175.16 Choice] Choice, moreover,
175.17 Consequently,] ~∧
175.20 An] In other words, an
175.20 , then,] *not present*
175.21 either to facts or to] to either facts or
175.25 themselves] ~,
175.26 being made] *not present*
175.27 material] the material
175.29 an] the
175.36 is it] it is
175.37 interaction). Hence] interaction), and hence that
175.38 - 39 practice —] ~:—
175.40 A . . . important] The still more important point
176.5 observations] observation
176.6 others; he has to appraise] others, with respect to
176.7 observation] further observation
176.12 many] *not present*
176.13 deal] deals
176.13 failure] their failure *629*
176.15 - 16 suggest . . . direct] suggest and indicate
176.17 6.] (~∧)
176.19 liking or] liking, and
176.20 or is] *not present*
176.22 deliberate lies] falsehoods
176.23 of a] for a
176.23 - 24 an . . . status] evaluation,
176.28 - 29 To . . . proposition] This proposition, to be valid,
176.31 other] other hand
176.38 rather] rather in
176.38 or] or in
176.39 The . . . bear] This remark is made because of its bearing
177.4 integration] of integration
177.6 object. The] object, but the
177.7 is representative of] stands for
177.10 Words such] Such words

177.10 - 11 consummatory objects] objects of this sort

177.12 The words] They

177.14 peak] ~,

#177.17 casual] causal

177.18 dis-like] dislike

177.18 de-preciation —] is de-preciation:

177.28 - 29 in appreciation] *not present*

177.30 being fulfilments: satisfactions] fulfilment, of satisfaction

177.31 *suf*-ficient] sufficient

177.32 *de*-ficient] deficient

178.4 ¶ Thc] ~

178.16 complex] such

178.18 some] a

178.18 solution] resolution

178.25 indeed] *not present*

178.25 - 26 in . . . being] as

178.26 giving direction] signs

178.31 valuabie] valuable practical

178.32 converted] then converted

178n.2 Chap.] Ch.

178n.3 pp.84,96.] pp. . . . .

179.7 finally] *not present*

179.8 or] *not present*

179.9 a common character] characteristic

179.9 - 10 in . . . differences] that are very different

179.10 They have, however,] These terms, however, have

630 179.11 save] except

179.11 certain subject-matters] the subject-matters in question

179.12 certain] various

179.14 Good . . . words,] In other words, good, true, beautiful, are

179.17 ends attained] them

179.17 - 18 ends-in-themselves.] ~-~-~‸

179.18 It did so] *not present*

179.21 - 22 of artistic] artistic

179.22 of moral conduct,] moral conduct‸

179.24 Being] In being

179.24 isolated,] ~‸

179.24 necessarily hypostatized] hypostitized

179.24 In] In their

179.25 consequences] the consequences

179.25 reached,] ~‸

179.27 endeavor,] ~‸

#179.28 hypostization] *not present*

179.29 in . . . nature] as consequences

179.34 their genuine] this

#179.38 use, while is also] use and is also [*comma del.* AD]

179.38 in this use] *not present*

180.1 the ... attend] I shall say something about the seeming paradox attending

180.2-3 will ... to] *not present*

180.4 deliberation:] ∼.

180.6 the course of deliberation] its course

180.7 they] which they

180.8 else] *not present*

180.10 moreover,] *not present*

180.19 expected] ∼,

180.20 will] may

180.20 if we note] by noting a certain ambiguity that attaches to the word about

180.20-21 connection ... *about*] connection .

180.23 other] other hand

180.25 about that term] that

180.28 relations —] ∼.

180.28-29 his ... situation] *not present*

180.31 explicit] themselves

180.32 these] *bef. del.* 'constituent' AD

180.32-33 (or ... are] a subject-matter which is

180.33-34 any ... propositions] the proposition

180.34-181.21 Their point ... making.] *not present*

182.7 concerned] concerned quite *631*

182.14-15 negative ... Should] negative or opposing traits. If

182.15 take] takes

182.17-18 inquiry, ... propositions are] inquiry there is, accordingly, a strong antecedent probability (1) that such propositions would be seen to be

182.18 situation, and are] situation and

182.19-20 in ... other] to one another

182.21 however] on the other hand

182.21 the propositions] them

182.22 ready-made] ∼-∼,

182.23 noticed,] ∼$_{\wedge}$

182.26-27 whence ... derives] *not present*

182.27 logic] *not present*

182.29 nature,] ∼$_{\wedge}$

182.31 also are] are also

182.32 that] which

182.33 also] equally

183.1 immediate] immediately

183.2 "notations"] "∼,"

183.3 What . . . also] The above remarks apply
183.3 propositions —] ~:
183.10 was] is
183.12 But . . . theory,] In the Aristotleian theory∧
183.16 mutually] *not present*
183.17 Particulars,] ~∧
183.25 – 26 Aristotelian] Aristotleian
183.26 This destruction] It
183.28 Modern] Traditional
183.33 in . . . modern] in traditional
183.36 designation,] name of
183.36 propositions,] ~∧
183.38 – 39 the functional . . . negating] their functional connection
183.41 elimination] elimination which
184.8 subject-matters] subject-matters that are
184.8 because] on the ground
184.9 of material] *not present*
184.10 Ultimately, the fact] To say
184.11 excluded] denied
184.12 one] *not present*
184.13 operative] or operative
184.13 – 14 constituents; affirmation of] constituents. To say that
632 184.14 ideas] ideas are affirmed
184.15 in] in the office of
184.19 a solid . . . pertinent] *not present*
184.19 meaning] meaning on the basis of what takes place in such inquiry
184.20 inquiry selects] inquiry proceeds in selection of
184.20 means of] *not present*
184.24 science,] ~∧
184.26 for . . . varying] in order to vary
184.26 or so that] and hence
184.27 will so vary] must vary in order
184.28 extensive and more] *not present*
184.28 operate] deal
184.32 that] that to
184.34 ¶ Now] ~
185.1 *all*] *rom.*
185.1 – 2 incompatibilities] imcompatabilities
185.6 – 7 and . . . be] *not present*
185.11 some existences] relevant data
185.11 as data] *not present*
185.13 case;] case, and
185.19 view] view here
185.20 in this passage] *not present*

185.22 involve] involves
185.25 agreement — and] ~∧~
185.25 contrariety] or contrariety
185.27 institution] the institution
185.29 are existentially different,] existentially are different;
185.32 hand; as non-evidential,] ~,~∧
185.37 as] just as
185.37 "Similarity"] From the point of view here taken "similarity"
185.38 *product] rom.*
185n.1 *Logic] rom.*
186.6 to serve as] so there is
186.6 for] for a
186.8 - 10 The ... inquiry] The discussion up to this point has been a statement of the theory of the logic of affirmation and negation which follows from the general position taken in contrast
186.10 Aristotelian] Aristotleian
186.10 with that] the
186.11 - 13 The ... considered] The discussion thus states the background of the following discussion of affirmative and negative propositions; of *633* contrariety, subcontrariety and contradiction
186.19 searching] looking to
186.19 is borrowed] we borrow
186.20 as the means] *not present*
186.20 operations —] operations which are
186.22 given] *not present*
186.25 The ... select] By the same operations by which
186.25 conditions,] conditions are
186.26 also rule out] *not present*
186.27 of ... situation] are ruled out — rejected
186.31 involved] all involved
186.34 point in opposed] they point in different
186.35 To ... had] Here the problem is also solved only by resort
186.36 situations. These] situations which
186.37 - 38 that ... responses] which evoked opposed responses as they first presented themselves
186.39 The ... eliminating] In this process elimination of
186.40 that of] *not present*
187.1 in ... force] *not present*
187.3 - 4 positive ... first] positive, expressed in affirmative propo- sitions, is
187.5 - 7 But ... formulation)] *not present*
187.7 thus differ] It thus differs
187.10 put, ... upon] put upon
187.11 agreement] agreement in the traditional theory
187.16 there then arises] then there is

187.21 than] than is
187.22 is] *not present*
187.22 other] some
187.23 for use] *not present*
187.23 that] *not present*
187.25 ¶ The connection between] There is found in
187.26 is, moreover,] *not present*
187.26 a general] the general
187.27 already laid down] laid down in Chapter II
187.27 provides] mentioned is
187.28 logical] logical one
187.29 occurs . . . direct] comes when language affords symbols by means of which propositions are formed, so that final
187.29 - 30 involved . . . acceptance-rejection] *not present*
187.31 materials has been determined] the materials they stand for has been worked out
187.31 - 33 This . . . action.] *not present*
634 187.33 , for example,] *not present*
187.34 believing] thinking
187.35 a] the
187.37 *pro and con*] *rom.*
188.1 *cause,*] ~∧
188.5 either] both
188.5 or] and
188.5 - 6 demands that are] the demands
188.6 latter] latter case
188.7 status. Affirmation] meaning. ¶ Affirmation
188.7 We] We can
188.9 ¶ There] ~
188.9 - 10 affirmation . . . denial] it is coordinate logically with denial which should be considered
188.12 they] it follows that they
188.17 most,] *comma added* AD
188.17 them,] *comma added* AD
188.18 minds] ~,
188.19 one] a
188.22 ¶ Mere] ~
188.25 are] must be
188.26 because] and are
188.28 position they are] idea of their
188.28 functional. Existences] functional nature. Existence
188.30 just . . . them] as such
188.31 function in requalification] value in re-qualification
188.31 - 32 situation; for this] situation. This

188.32 (with . . . negation)] *not present*
188.33 materials] material
188.36 other] more
188.37 - 38 Some . . . meanings] Obstacles exist in the way of resolution of an unsettled situation, and they
188.38 - 189.1 eliminated . . . situation] eliminated
188n.1 *Logic*] *rom.*
189.3 different,] ~∧
189.7 - 8 ontological] *not present*
189.8 one kind of] its
189.8 But in] In
189.9 science,] ~∧
189.9 are] are, on the contrary,
189.10 It is no longer] On this basis, it is
189.13 as . . . change] formulates changes
189.14 operations] the operations
189.16 so varied] varied so 635
189.17 significance] significance that was
189.19 The . . . intrinsic] The next step in discussion of affirmation-negation concerns their
189.27 The] That is, the
189.39 "*Only*"] ∧~∧
190.1 Whenever a] When
190.1 - 2 quality is] qualities are
190.2 solution] the solution
190.2 - 3 proceeds] does proceed
190.3 - 5 of just . . . found] just indicated
190.8 has] have
190.11 *it*] *rom.*
190.15 assumes,] ~∧
190.18 particular] particular and
190.20 - 21 when certain operations] because certain operations have been undertaken or if they
190.25 warrant a] warrant the
190.28 change.] change. Even more extensive negations are demanded in order to warrant a proposition having this meaning.
190.31 that] *not present*
190.31 - 32 situation] situation and
190.32 negated-affirmed] negated
190.35 - 36 differentiated] different
190.36 have been] are
190.40 gross change] change as complete
190.40 discreteness. It] discreteness. For it is not momentary but enduring. Hence it

191.6 remarks,] ~∧
191.10 office ... inquiry,] relation they sustain to inquiry in reaching final judgment and
191.11 independent] two independent
191.16-17 propositions each] propositions
191.17 of the] of each
191.18 ¶I. Contrariety] Conrrariety
191.19 propositions when both] proposition, both of which
191.19 The] For example, the
191.22 "No] "no
191.23-24 *Contrariety... fall.*] *rom.*
191.25-26 complete,] ~∧
191.29 a stage in] related to the
191.30 required for] involved in
636 191.34 for] of
191.37 The traditional] Traditional
192.2 As contraries, they] They
192.8 have,] ~∧
192.8 (1)] *intrl.* ; *question mark insrtd.* AD
192.11 (2)] *not present*
192.15 results,] results in
192.17 "Society"] ∧~∧
192.20 and so on.] etc.
192.23 generated ... thought] thus generated
192.24 they] then they
192.28 discriminating,] ~∧
192.29 theory,] ~∧
192.30-31 that have no] lacking in
192.31 of their own] *not present*
192.31 A] They are symbolized for example by A [*period del.* AD]
192.31-193.1 *Not-A* ... These] Not-A. Such
192n.4 indicate] prescribe
192n.6 "environment"] ∧~∧
192n.7 at one time] once
192n.8 scientific] *not present*
192n.9 the subject-matter of] *not present*
193.4-5 equinoxes] quinoxes
193.5 Aristotle,] ~∧
193.7 (1)] (a)
193.9 infinitation, and (2)] infinitation (or E) and (b)
193.11 and,] ~∧
193.16 preparatory] *not present*
193.17 II.] (2∧)
193.18 while] and

193.18 valid,] ∼∧

193.24 - 25 However] While

193.25 abstracted, while] abstracted;

193.26 *logical*] even logical

193.30 - 31 of possessing a] possessing

193.36 *by-such-and-such*] ∼∧∼∧∼∧∼

193.38 - 39 such-and-such] ∼∧∼∧∼

193.39 - 194.1 If ... contraries] Subcontrary propositions would be even more slovenly from a logical point of view than contraries if they were final and complete

194.3 set a definite] definitely set a

194.3 The] There

194.5 date when] date,

194.7 the problem] that *637*

194.8 are] were

194.11 to a] with a

194.24 being] being a

194.26 they mark] their institution marks

194.32 III.] (3∧)

194.32 leads up to] has a definite bearing upon

194.34 traits] ∼,

194.37 upon occasion] *not present*

194.37 reminder to some person] personal reminder upon occasion to some one

194.38 forgetful,] ∼∧

194.39 inquiry] inquiry has determined

194.39 has determined only] nothing but

195.2 case,] ∼∧

195.6 alternatives] alternative <u>possibilities</u>

195.8 direction ... Instead] direction; that is, instead

195.9 movement] being

195.9 "all" to "some,"] ∧∼∧∼∧∼,∧

195.10 - 11 an ... indicates that] one stage, it may be from "some" saved to

195.11 have been] *not present*

195.11 - 12 At the stage when] When

195.12 , the transition] it

195.13 "*all*"] "∼∧

195.13 were] ∼"

195.19 "*Perhaps*] that <u>perhaps</u>

195.19 such."] ∼.∧

195.21 - 22 propositions)] ∼,

195.25 IV.] *not present*

195.27 must] will

195.34 of] of (4)

195.35 those that] those which
195.37 of contradiction] *not present*
195n.2 Chap.] Chapter
196.7 the first] *not present*
196.7 Indian was encountered] Indians were discovered
196.8–9 (affirmative or negative)], ∧~∧,
196.11 excessive,] ~∧
196.14 of the form] or a modal
196.21 "Some,"] "~∧"
196.22 singulars,] ~∧
196.30 (or *some*) singulars] individuals
638 196.31 suffices] suffices indeed
196.35 (1) Determination] (a) The determination
196.35–36 exhaustively] exhaustive
196.36 (2)] (b)
197.11–12 with view to determining] to determine
197.16 inquiry] ~,
197.17 former] *not present*
197.19 prior] *not present*
197.20 and revised] *not present*
197.22 relativity] gelativity
197.30 confirmed, but] confirmed; it
197.32 negative] netative
197.32 in] only in
198.9 any theory that] the theory which
198.10 contradictory] *not present*
198.14 the] *not present*
198.14 which] that
198.15 it] .~,
198.17 Aristotelian] Aristotleian
198.23 and ... means] existential force
198.24 a] a unified
198.25 modern] traditional
#198.28–29 In neither] It neither
198.29 already] as
198.30 into ... known] in reaching warranted assertibility
198.30 vermiform] veriform
198.34 appropriate] appropriate to say
198.35 chapter, to say] chapter,
198.37 which,] ~∧
198.39 discriminates] discrimates
199.1–2 constitute ... The] constitue The Many. In short, the
199.3 operations] ~—
199.9 the One and the Many] The One and The Many

199.11　and adverbs] *not present*

200.4　after] *not present*

200.4　theory,] ～$_{\wedge}$

200.7　both] *not present*

200.7 - 8　a proposition is of] it states

200.9　a specified] the

200.9　affirmed to be] *not present*

200.10　extensive] the first

200.12　and . . . quantity] *not present*

200.13 - 14　contained, . . . "quantity."] contained.

200.14　When read in] With respect to　*639*

200.16　Thus, the] The

200.20　according to this doctrine] *not present*

200.24　or form *called*] called that of

200.26 - 27　involved in this theory] here involved

200.27　out —] ～:—

201.1　even] *not present*

201.2　the] these

201.3　One] one

201.5　etc."] etc., etc.

201.6　results] result

201.9　marked by the form] possessing

201.11　science,] ～$_{\wedge}$

201.13　themselves;] ～,

201.15　Aristotelian] Aristotleian

201.17　, equally] *not present*

201.20　essential. Hence it was] essential, Hence it could not possibly have been

201.21 - 22　propositions, because] propositions;

201.23　in Nature] *not present*

201.26　force. . . . it] force and hence

201.27　the category of] *not present*

201.29　are the singulars] the singulars are, which are

201.32　*usually*;] ～,

201.32　the whole] <u>the</u> <u>whole</u>

201.33　too] to

201.35　the] *not present* .

201.40　*to*] *rom.*

201.40　But . . . which] Other things

202.1　not;] not, for

202.2 - 3　*to hekeston*, or] <u>to</u> <u>hekeston</u>

202.4　framework,] ～$_{\wedge}$

202.5 - 6　Aristotelian] Aristotleian

202.8　special] *not present*

202.8 measurement] *bef. del. comma* AD

202.11 assist] assist inferior

202.13 in any case] ever

202.19 Hence in] In

202.20 as such are] represent

202.20 of the material] *not present*

202.21 investigation. They] investigation; they

202.21 for] *not present*

#202.22 not] not complete

640 202.22 possibly go in] go with

202.23 nature. They] nature, but

202.28 back] *not present*

202.29 that are] *not present*

202.29 - 30 into connection] back into relation

202.33 mechanical] ~,

202.34 - 35 comparison-contrast. Given] comparison-contrast; given

202.38 made . . . It] purely one in discourse; it

202.39 ground and] *not present*

202.39 comparison] grounded comparison

202.40 connection] theme of the connection

202.40 - 41 the function . . . comparison] elimination-institutions of positive agreements with comparison,

202.41 again] again at this point

203.5 "*parts*"] ∧~∧

203.8 carrying out some] execution of an

203.14 finished;] finished, and

203.14 seamless] unified seamless

203.22 is] was

203.31 arrived"] ~,"

203.33 either that of] that of either

203.33 or of] or

203.36 units.] units. *asterisk/asterisk* The difference between collective and aggregational wholes is taken up below: pp. . . .

203.39 degree,] ~∧

203.40 etc.,] etc., etc.,

204.4 - 5 remarks, . . . of] remarks will proceed a discussion to consider

204.5 to] in order to

204.8 indicate] point out

204.9 is] will be

204.12 for the reason that] because

204.13 that signify and that] which signify and which

204.16 obstructive] ~,

204.21 an] simply an

204.21 a] that

204.22 – 23 it . . . is] it, as is also the case with

204.23 – 24 consequent] consequent (for serving as the base of warranted inference)

204.26 on the other hand] *not present*

204.26 hand is] hand may be

204.28 for] of

204.36 discover the] discover that 641

204.37 that] which

205.1 Measurement] At first, measurement

205.1 at firsr] *not present*

205.8 *per se*;] ∼∧

205.9 money";] ∼,"

205.15 amount." Such] ∼. "∼

205.15 – 16 quantifications, but] quantifications while

205.22 that,] that it needs,

205.27 "intuition" and] *not present*

205.30 a pigment upon a scale] pigment upon scales

206.7 consequence is qualitative] the effectuation of a consequence

206.27 , which] since it

206.31 instrumental] operational

206.37 etc., . . . the] etc. The

206.38 science . . . required] of science are the main source of numerical comparisons

206.39 *how] rom.*

206.40 theater;] theater, and

207.1 limits;] limits; while

207.7 nature] instrumental nature

207.8 as instrumental in] in the

207.12 – 13 the concept of quantity] it

207.14 view] doctrine

207.15 quantity,] ∼∧

207.20 – 22 quality; . . . irrelevant] quality. They are "indifferent" to them because of their irrelevancy

207.25 off] off the

207.26 from one another] *not present*

207.26 qualitative . . . different] *not present*

207.27 feed. But] live, but

207.31 in general (1)] (1) in general

207.33 – 34 in especial, (2)] (2) in especial,

207.35 emphasized.[1]] ∼.

207n.1 – 3 [1]It . . . qualitative.] *not present*

208.17 predominates,] ∼∧

208.20 – 21 though . . . propositions] *not present*

208.23 in each instance] *not present*

208.24 *aggregates*] *rom.*
208.25 of books of a kind] *not present*
208.26 some] certain
208.35 purposes,] ∼∧
642 208.37 white, and] white;
208.39 Confusion] Only confusion
209.1–2 in . . . set] implying that a limit has been reached
209.10 latter] latter kind
209.13 in] of
209.14 placing the emphasis now] now placing the emphasis
209.18 is manifest] appears clearly
209.29 So . . . shown] The previous discussion is intended to show
209.31 (1)] on one hand,
209.32–33 appears); and (2) from the] appears) and, on the other hand, from
209.35 when] if they are
209.35 (3)] *not present*
209.36 All] all
209.39–40 words . . . form] words
209.40 their] *not present*
209.40 inquiry] inquiry a clew to logical form
210.3 said to have] described as having
210.3–4 *merely* . . . latter,] merely numbered collection. For the latter∧
210.6 limits] a limit
210.7 progressive] the progressive
210.14 have at most simply] at most simply have
210.15 as if it just happened] as, "It just happens that
210.23 approximately] *not present*
210.25 weather-conditions, etc.,] *not present*
210.26–27 determined] foreseen
210.27 just] *not present*
210.32 both] *not present*
210.32 And in a similar] In such a
210.33 is] would be
210.36 Allotting] Alloting
210.39–40 and . . . efficiency] *not present*
211.18 fixed first] first fixed
211.23 units evolved] unites to be constructed
211.24 required] nodal
211.33–34 intervals of the] the intervals of
211.37–38 on its face comes] comes on its face
212.10 mentioned, provided] mentioned if
212.14 is the unit as] has
212.16 materials] differences
212.17 determined,] ∼∧

212.18 identifications,] ～∧
212.22 continuous —] ～:— 643
212.24-25 (or . . . quality)] *not present*
212.25-26 measurements that] measurements, such as
212.28 that] which
212.28 involves] involved
212.29 do] did
212.29 of] *not present*
212.29-30 Continuous] A continuous
212.30 of quality] *not present*
212.31-32 since . . . was] *not present*
212.34 diverse *kinds*] various kinds
212.35 cold,] *not present*
212.36 down,] ～∧
212.37 thus] *not present*
212.41 logic. It] logic; it
213.1 reduction,] ～∧
213.2 the purpose] purposes
213.2 comparisons,] ～∧
213.5 for a time] *not present*
213.7 continuous . . . quality] qualitative change, which is continuous, and
213.17 extension —] ～:—
213.19 a . . . units] not a unit
213.19 indirectly. . . . it] as a quality. It
213.21 containing] *not present*
213.21 mercury] of mercury
213.28 mercury, air or alcohol,] certain materials
213.32 being] is
213.33 move] to move
213n.1 for example] accordingly
213n.3 specified] *not present*
214.1 types] cases
214.1 that], which
214.2 discussed] ～,
214.6 symbols —] ～:—
214.7 example,] ～∧
214.10 so] no more so
214.11 in the . . . sounds,] than are sounds∧
214.12 , in linguistic communication] *not present*
214.12 *thus*] *not present*
214.21 system] ～,
214.25 quantity,] ～∧
214.35 interval] intervals
214n.1 pp. 54, 110.] pp. . . . 644

214n.2 that] which
†214n.4 Chap. XX.] Chapter . . . . .
215.1 foot-/rule] ∼=/∼ [*marked to retain hyphen* AD]
215.7 meter] metre
215.9 *meter*] metre
215.13 meter's] metre's
215.19 the length of the latter] their length
215.22 for] for a
215.24 measuring import] quantitative significance
215.29 one another —] length with one another;
215.33 or] and
215.35 The] That
215.37 final . . . contrary,] final, but is$_{\wedge}$
215.38 for] of
215.40 for comparing values] of comparing value
215.40 exchange] ∼,
216.1 thus . . . controlling] so that
216.2 objects] objects are furthered and controlled
216.5 *inter* changes] *rom.*
216.7 or . . . valuation] *not present*
216.13 fairly] rather
216.22–23 exchange, . . . "intrinsic"] exchange; alleged absolute
216.27 hypostatized] hypotatized
216.30 activities] subsequent activities
216.32 as much] as
216.33 revision . . . other] revision
216.34 application] application in one case as in the other
#216n.1 ontological hypostization] hypostatization
216n.1 method, an instrumentality,] method of an instrumentality$_{\wedge}$
216n.2 used to effect] and of effecting
216n.3 of the] of
216n.4 criticised;] criticisized;
216n.5 pp. 167–8.] pp. . .
217.1 *order*] *rom.*
217.3–4 , although . . . quality] *not present*
217.6 as] as the
217.6–7 conceptions, . . . seen,] conceptions that
217.7 to one another] together
217.8 grounds. They are] gounds; they are both
217.12 inter-relation and free translatability.] inter-/relations with one another. *asterisk/asterisk* Cf. ante. pp. . .
217.14 end; . . . case,] end, namely,
645 217.16–17 , and . . . practice] *not present*
217.19–20 in science] *not present*

217.21 in the interest of] for the

217.32 such] so

217.38-39 change, since] change;

218.1 if they exist] as such

218.2 to. They] to; they

218.3 connect into] relate in

218.3 scheme] ∼,

218.15 matching] obvious matching

218.16 obvious] *not present*

218.20 is to be] is

218.26 calculation] calculating

218.28 , so] *not present*

218.35 nor a collection] *not present*

218.37 conflict,] ∼∧

219.2-3 so . . . other] with the result of elimination and introduction of

219.5-7 this . . . situation.] elimination of some factors and introduction of other factors is effected. The operations are controlled by the need of instituting a new qualitative unified whole.

219.8 the means . . . out] means of effecting its institution

219.14 that perhaps is] *not present*

219.17-21 But . . . measured] Unity and a unit are incommensurable because they are of radically different dimensions

220.3-4 existentially] existentialy

220.5 , judgment] it

220.8 judgment, but] judgment. But there are

220.8-9 or emphases of judgment,] of judgment∧

220.10 that is emphasized.[1]] which are emphasized.

220.10 opening statement] statement just made, for example,

220.11 the point . . . Existential] emphasized. Hence existential

220.11-12 as transformed) *not present*

220.12 phase. . . . is] phase, linguistically

220.14-15 either . . . inquiry] be determined

220.15-16 the . . . existence] connection

220.17-18 phase . . . is] phase, linguistically

220.21 in and] is

220.21 is] *not present*

220.25-26 some temporal process] temporal processes

220.26 "narration"] ∧∼∧

220.27 I.] A.

220n.1-3 [1]The . . . separated.] *not present* *646*

221.5 etc."] etc., etc."

221.6 subject-matter . . . kind] substantial subject-matter is the same

221.7 make] now make

221.9 but that] but

221.11 There] For there
221.12 a] the
221.14 – 15 direction —] ~:—
221.15 rising" —] ~":
221.16 horizon, but] horizon; it
221.19 become] become of
221.19 quality,] ~;
221.20 change — to] *not present*
221.20 sweeten —] ~∧
221.23 be apparent] appear
221.27 instituted] institued
221.28 intervals,] ~∧
221.28 inter-involved] interinvolved
221.30 ending] end
221.32 except] save
221.32 delimitation.] delimitation. *asterisk/asterisk* The meaning of moment in its technical scientific use is discussed below, see pp. . . .
221.33 – 222.8 That . . . instituted.[2]] Since every judgment is relative to the problem set by some indeterminate subject-matter, indefinitely numerous different points of beginning and ending are instituted in respect to generalized subject-matter that is, as such, indifferent to delimitation — as the beginning of a given day marked by the rising of the sun at a given place on the earth is totally indifferent to an account of the rotation of the earth as such or the movement of the sun as such. Finally, such words as hour, minute, year, century, era, in their technical use, express generalized measures of the cyclical or periodic characteristic of every change that is d termined in judgment, serving like all measures to promote and control the comparison-contrasts through which affirmation-negation are rendered determinate.
222.9 Since] Because
222.9 it is] *not present*
222.9 inquiry] judgment
222.10 cycle of events] period
647 222.10 ending] end
222.10 determined by] not absolute but are set by the problem presented by
222.11 – 12 resolution . . . every] resolution, a
222.13 variety] number
222.13 events . . . episodes] episodes, incidents
222.14 To a] To the
222.15 isolated instantaneous occurrence] instantaneous event, no sooner begun than it is over
222.16 – 17 prolonged . . . incident;] number of incidents, and
222.18 longer] longer, covering more incidents

222.18 mountain,] ~∧
222.19 a standing] the
222.19 permanence,] ~∧
222.29-30 as, . . . sprained] as when, say, one sprains his
222n.1-5 [2]The . . . causation.] *not present*
223.2 involves] is
223.2 concept; it is] concept,
223.2-3 description-narration] description or narration, however,
223.3 beginning,] beginning and
223.3-4 and a termination] *not present*
223.7 (1)] (I)
223.7 (2)] (II)
223.9 (3)] (III)
223.10 1.] (I∧)
223.16 historical] historical intellectual
223.18 If the] In the degree in which such an
223.18-19 and hence depends] , depending
223.19 observations] the performance of operations
223.20 outcome, it] result, the affirmation
223.20 error] ~,
223.22 *linguistic*] *rom.*
223.22 content] object
223.22-23 proposition] proposition, if real,
223.24 the actual *logical*] its actual logical
223.27 ¶ The instance] The case
223.27 thus] *not present*
223.27 principle] fact
223.30 isolated] isolated continuing
223.38 always] in every case
223.39 But as] As
224.4 air, . . . if] air. If
224.5 as] as being
224.6-7 may . . . status] is judgment in outer form but not in grounded fact *648*
224.8 ground —] ~:
224.9 an . . . the] the intuitive
224.10 take] merely take
224.10 product of the] *not present*
224.11 as] to be
224.18 ¶ Even those] Those
224.21 , nevertheless,] *not present*
224.22 exact] *not present*
224.23 (1)] *not present*
224.23 (date)] *not present*
224.25 (2)] *not present*

224.28 mediated; it] mediated, or

224.30 is that] in the case

224.30 event] events

224.32 *Dating*, moreover,] The significant point here is that

224.32 depends upon] is wholly a matter of

224.34 in such a way] so

224.38 today,] today and

224.38 - 39 yesterday . . . "Five] yesterday; "five

225.5 parrot, and] parrot. Fven

225.10 memory-affirmation] ~∧~

225.16 as] as is

225.17 may be] *not present*

225.17 purposes,] ~∧

225.17 *logically* suffice] suffice logically

225.19 demand] demand, logically,

225.24 after] ~,

225.24 subject] subject, logically,

225.25 limitations] same objections

225.28 evidence of] evidence,

225.29 direct observations of] *not present*

225.29 is] are

225.30 Whenever] If

225.31 an] only some

225.33 will alone logically suffice] suffices logically

225.37 - 38 Hence . . . are] Yet the actions

225.38 them] them as bases of action

225.39 *facto*] ~,

226.1 weakens,] ~∧

226.9 - 10 accept as conclusive] accept

226.10 it] it, as conclusive

649 226.12 bring] are meant to bring

226.12 qualitatively continuous] *not present*

226.13 history which is constructed] history, having qualitative continuity, which is constructed,

226.15 that have . . . they] occurring in the past as to

226.19 ¶ A] ~

226.19 - 20 or ensuing] *not present*

226.21 enough,] ~∧

226.21 invalid if not] purely

226.22 hand,] hand, it is

226.23 out] out our

226.24 judgments] judgments that

226.25 - 27 Consequences . . . inadequate.] *not present*

226.32 knowledge,"] ~";

226.38 tests. Only] tests; only

226.40 - 227.1 is in any case not] is not in any case

227.1 - 2 Such . . . For] But

227.7 recollection. . . . of] recollection on account of logical

227.10 past, . . . significance.] past. *asterisk/asterisk* The importance of the proposition extends to the logic of the use of the conception of causal sequences in physical science. See below pp. . . . . .

227.11 ¶ The] ~

227.11 foregoing] previous

227.17 or] and

227.31 - 32 an . . . occurring] a present event

227.36 propositions] judgments

227.37 past . . . events.[3]] past.

227n.2 pp.124 - 5.] pp. . . .

228.1 2.] (II$_{\wedge}$)

228.5 A] For example, a

228.10 - 11 Medical . . . inference] A medical examination

228.13 conditions; . . . say,] conditions, say, it happened

228.13 before] ~,

228.15 - 16 inferential conclusions drawn] conclusions as to time of death etc.

228.17 mediated by] by application of

228.17 - 18 experience; these] experience and the

228.18 being] are

228.20 propositions . . . conclusions] conclusions on such points

228.23 signify] prove

228.26 had . . . act] are missing

228.28 the person's] his

228.29 his] as to *650*

228.30 matter] question

228.31 I only need] it is only needful

228.31 out] out all

228.31 data consist (1)] data (1) consisting

228.35 the problem is] how is it logically possible

228.39 degree. (For] ~?$_{\wedge}$~

228.39 how . . . data] what the given data are

228.40 type.) Solution] type. The logical point involved is that solution

229.3 condition that the] *not present*

229.4 satisfies] satisfying

229.6 accusing] accusation of

229.6 *delicti*] delicti produced

229.11 object of logical] logical object of

229.14 - 15 In . . . items.] *not present*

229.18 murderer:] ~;

229.26 thus] *not present*

229.27 dispute, while this] dispute. This
229.31 as] as such
229.31 only] *not present*
229.34 the individual] an individual
229.36 facts] *bef. del. comma* AD
229.37 proves] probes
229.38 together until] together, unless
230.2 isolation,] ～$_{\wedge}$
230.3 is the] is either the
230.4 or is] or
#230.5 date:—] ～, $_{\wedge}$
230.7 just mentioned] considered
230.8 their temporal qualifications] time
230.9 *judgment] rom.*
230.9 place,] *comma added* AD
230.10 its] *not present*
230.12 material] *not present*
230.12 – 13 completely deterimined situation] final and complete determination
230.13 themselves] themselves instead of material logical means
230.14 3.] (III$_{\wedge}$)
230.15 – 16 so . . . clearly] reached in connection with the two previous topics appears
230.17 ordinary] ordinary conventional
230.17 the latter case] the case of the latter
651 230.18 no such] not the
230.19 as . . . been] that there is in the cases just
230.21 Given temporal] given
230.34 *complete* warrant] complete warrant,
230.35 Upon] upon
230.37 other ones] others
230.38 That] That the
230.40 The data] They
230.40 as] ～:
231.4 physiographical] typographical
231.10 Although it] It
231.11 source material, readers] sources material. Readers
231.12 – 13 source-material are] source$_{\wedge}$material are, however,
231.13 – 14 Readers] They
231.16 reader. The] reader; the
231.18 – 19 they . . . directly] *not present*
231.19 much as] *not present*
231.21 Logical] But logical
231.21 concerned] concerned exclusively
231.26 problem;] *semicolon ov. comma* AD

231.26 or] *bef. del. comma* AD
231.26 (2)] *moved w. guideline fr. aft.* 'as' AD
231.28 or] *not present*
231.31 data;] ∼,
231.32 rejection . . . as] rejection,
231.33 the . . . data,] weight and force;
231.34 data which] which themselves
231.35 have to be employed] *not present*
231.37 a problematic situation] problematic situations
231.39 observations] observation
231.39 intensive—] ∼;
232.1 these matters and in] this matter and the
232.2 data] ∼,
232.6 the historiographic] this
232.7 the auxiliary] their
232.8 established under] observed under the
232.11 not] not complete and
232.11 - 12 themselves. Indeed,] themselves;
232.14 - 15 *function* . . . material] function as "materials" to serve as
232.20 that] which
232.23 later] ∼,
232.24 Again, because] Because
232.32 of the] of *652*
232.37 - 38 the . . . presupposition] they are left as implicit presuppositions
232.40 in . . . is] is always
232.40 a] *not present*
233.5 arise. History is then] arise and history is
233.5 - 6 formerly] *not present*
233.6 by,] ∼∧
233.9 - 10 a particular period] that particular time
233.11 a ready-made past] the ready-made past itself
233.12 Justification if it is had] The justification
233.14 present;] ∼:—
233.18 For example, the] The
233.18 paleolithic,] ∼∧
233.19 - 20 subdivisions, rests] subdivisions rests, for example,
233.25 their use as signs of] assignment of them to
233.26 - 27 are . . . exist] are taken to be warranted by existing facts
233.29 - 30 distributions, . . . is] distributions and material
233.31 these extensive correlations] this correlation
233.37 mass] extensive
233.39 episodes,] ∼∧
233.39 emerged] existed
233.40 when] only when

234.1 closings] closes
234.2 Since] It follows from this fact that since
234.6 a] some
234.11 Even when these] These
234.13 relatively complete] as complete as possible
234.14 each] *not present*
234.14 its course] *not present*
234.20 seem] seem to be
234.23 used to control] which controls
234.25 omitted; it also decides] omitted, it decides also
234.27 to be] as
234.27 we] then we
234.29 present,] ~∧
234.34 very] *not present*
234.38 - 39 such factors] that factor
234.39 these factors] that factor
235.1 - 2 what was ... Athenian] what the
235.2 wrote] wrote, prized
235.2 this] the Athenian
235.8 are some of the] were
653 235.9 they] which they
235.9 selective. The] selective, and the
235.12 In] For
235.14 that is] *not present*
235.15 and accomplishments] *not present*
235.26 merely scientific or merely] scientific or
235.26 As] But
235.29 part, and has] part and
235.30 the context ... both] both context and place
235.35 and because] *not present*
235.39 History] It
236.9 (1) of] of (1)
236.16 writing] writings
236.20 *"geschichtlich"*] "geschictliche"
236.28 enacted] *not present*
236.32 of the] the
236.33 has] ~,
236.34 power of] operation of the
236.34 to determine] in determining
236.34 - 35 relations, and has] relations and
236.37 itself] ~,
236.37 is] provides
237.3 ¶ Our] ~
237.21 is in some respect] in some respect is

237.21–22 limit-*to*-which;] ~∧~∧~∧,

237.26 the past] a past

238.17 engaged neither] neither engaged

238.18 yet] yet engaged

238.23 needs,] ~∧

238.30–33 That ... saying.] *not present*

238.34 II.] B.

238.35 propositions] aspect

238.37 word.] word "place."

238.37 *primarily*] *rom*.

238.40–239.1 conditions ... also in] somewhere stands in connections of

239.5 abstraction;] abstraction, and

239.7 1492, the year] 1492;

239.8 calendar] ~,

239.9–10 nor because of] or because it adds

239.10 color] color to writing

239.11 geography, nor] georgraphy, [*comma added* AD] or

239.18 that are] *not present*

239.19 a ... the] order to afford

239.20 the ... described] its identification *654*

239.22 is] *not present*

239.25 proposition] prediction

239.28 outline] outline (which would be the case if the description was its own end)

239.28 purpose] ~,

239.30 description] descrption

239.32 identify] identifies

239.35 Aristotelian] Aristotleian

239.35 saw] have seen

239.36 also] *not present*

239.37 , proper description] it

239.38 while ... are] and the identification which is made is made

239.40 identification] identification that is

240.1 seen,] ~∧

240.2 so] as such

240.4 , then,] thus

240.5 complete —] ~:—

240.6 itself] *not present*

240.10 part] a part

240.10 description,] ~;

240.12 coexisting] co-existing

240.13 wheel,"] ~∧"

240.14 expressions] terms

240.15 formed),] ~)∧

240.26-27 him . . . novels —] him:
240.36 is] *not present*
240.38 propositions—] ∼:—
241.2 Divine,"] ∼∧"
241.5 rests] rests too
241.5 difference,] difference [*bef. del. comma* AD] to be satisfactory,
241.8 But] But the
241.9 requires] is grounded in
241.11 provides at least] *not present*
241.17 indeterminate.[5]] ∼.
241.22-23 what . . . about] to what that the question applied
241.25 In . . . to] That
241.25 *dark*] *rom.*
241.26-27 *moving* . . . shows] moving thing. The question signifies
241.28 describe sufficiently] suffice
241.28 in connection with the] for the purpose of a
655 241.30 show] signify
241.31-32 such . . . with] that would form
241.32 ground] any ground
241n.1 p.124 and p.148.] pp. . . . . and pp. . . . .
241n.2-242n.2 [5]Cf. . . . language.] *not present*
242.2 description.[6]] ∼.
242.6 an] *not present*
242.7 the] *not present*
242.8 rests] *not present*
242.9 kind] ∼,
242.29-30 not . . . force] here has probative force, not discourse
242.31-32 define . . . by] define as closely as possible the
242.32-33 in . . . kinds.] on the ground of which the reference to one kind or another is to be determined. The relationship, within the pattern of inquiry, between descriptive propositions and conceptual propositions, will be taken up in the next chapters.
242.34-243.16 There . . . up.] *not present* .
244.4 content] both content
244.5-6 Organic] The organic
244.11 repetition] repitition
244.13 Thereby,] The∧
244.15 by] by a
244.19 on that account] *not present*
244.21 principle,] principle of
244.26 a] *not present*
244.28 now . . . "mysterious"] removed the ∧mysterious∧
244.31-33 Cultural . . . together.] *not present*
245.2-3 which . . . conditions] *not present*

245.4 cumulative] cumulation

245.10 judgment] judgments

245.11 transition] change

245.15 While] The principle of

245.15 of ... in] extends beyond

245.15 any] a

245.16 warranted] *not present*

245.16–17 judgment ... extends] judgment. It applies equally

245.18–19 In ... involved.] *not present*

245.19 or judgments] *not present*

245.20 inquiries] judgments

245.22 the contents that] contents which

245.26 its] *not present*

245.29 fitted in advance] fit

245.30–31 the ... ensure] *not present* *656*

245.37 That] The function of

245.37 have ... of] in

245.38–39 and ... dependent] along with the dependence of the later one

245.39 in] in the

245.40 are ... in] is a commonpiace in such fields as

246.3 knowledge] ~,

246.7 certain] *not present*

246.8 forms] form

246.8 those] that

246.11 *generality* ... form] the general

246.12–13 language,] ~∧

246.13–14 or so-and-so] *not present*

246.14 relation] relationship

246.18–19 want"; "such soft music"; "such a hero"; "such] ~∧; ∧~∧; ∧~∧; ∧~

246.19 etc. Examples] etc., etc. While examples

246.23 while] *not present*

246.23 indicates] having

246.28 a bang] bang

246.30 are represented as] were represented by

246.37 constitutes a] constitues the

246.40 reference to] means of

247.1 sense,] ~∧

247.2–3 since ... continuity] *not present*

247.10 *object* or event] object or substance

247.16 kinds,] ~∧

247.17 recurrence] ~,

247.18 reappear] re-appear

247.24 "*If*] "if

247.24 mountain, it is] mountain it is also
247.30 we] we now
247.31 an . . . they] origin and
247.32 time,] time, and that they
247.33 - 34 determined by an] due to some
247.35 produce] produced
247.36 many] for many
247.38 ocean] sea
247.38 Propositions . . . of the] Our propositions about the
248.2 light-/bringing] ~-~
248.6 For . . . the] The
248.8 identity] enduring identity
657 248.8 - 9 which is its subject-matter] it is about
248.10 again] *not present*
248.14 a] the
248.15 *inference] rom.*
248.17 in] in the
248.18 experience. It] experience, but it
248.23 theory . . . considerations] theory,
248.25 logical] *not present*
248.25 kinds] kinds — as representative of the general
248.27 yielding] on
248.27 agreements] ~,
248.33 upon] merely upon the
248.35 with respect to] in
248.36 in inquiry] *not present*
249.9 inference] ~,
249.11 singular as] mere singular,
249.12 is —] ~:—
249.15 determining] *not present*
249.16 being described] description
249.16 - 17 what, linguistically,] $\sim_{\wedge}\sim_{\wedge}$
249.17 *is*] in the
249.19 instituted,] ~;
249.19 noted] acknowledged
249.22 further] *not present*
249.23 expressions . . . *activities*] expressions, designating activities,
249.25 which] that
249.30 qualified] ~,
249.30 kind, for] kind. For
249.30 - 31 foot-/race] ~-~
249.34 A] The
249.34 employed to characterize] embodied in
249.38 *this*] ~,

250.2 particular] *not present*
250.2 a] the
250.3 soft] yielding
250.4 consequences] the continuum of inquiry effected by recurrent consequences
250.4 because] *not present*
250.5-6 by . . . continuum] *not present*
250.10 same] same set of
250.13 while] while inferences to
250.18-19 and because (2)] and (2) because
250.19 *formulation*] *rom.* 658
250.19-20 expectation . . . being] expectation, so that it could be
250.21-22 while . . . transfers] transferred
250.23 A generality] The general
250.23-25 expectation . . . way.] expectation, the latter being instituted by recurrent manifestations of the same mode of operation (or set of conjoined operations.
250.25 was] is
250.26 *logical*] *rom.*
250.29 operations] expectations
250.29 confers upon] actualizes
250.30 a] in a
251.3 We . . . modes] The conclusion is that it is the mode
251.4 are the ground of] institutes
251.4 not] and not
251.5 immediate] *not present*
251.8 to] to determination of
251.12 observed] obtained
251.14 as also] and
251.14 experienced] experinced
251.20 Similarly, the] The
251.30 modes of] *not present*
251n.3 produced . . . sense] produced, and logical inference
251n.4 *active*] *rom.*
#251n.5 pp.181 *seq.*] pp.....
252.2 execution] the execution
252.3 qualifications, or as] qualifications or
252.7 etc.] etc., etc.
252.9-10 performed . . . conditions] performed, or certain interactions with new conditions occur
252.10-11 quality thus becomes] quality, has become
252.13 for] of
252.16 actual. But] actual but
252.16-17 not . . . signs] as the evidential sign

252.19 observation,] ~∧
252.31 describing] which describe
252n.1 *in such a case*] in such cases
252n.2 but an expectation] *not present*
252n.3 only by] by the
†252n.5 Chap. XXI] Ch. . . . .
253.8 first. For] first, for
253.9 "ends" or fruits] "ends,"
253.16 "classes"] ∧~∧
659 253.20 classes] classes in the sense of kinds
253.27 in . . . kinds] *not present*
253.29 – 30 provided by] *not present*
253.30 a] the
253.31 to describe a kind,] (which describes kinds)
253.34 theory —] ~,—
253.35 universals, which in] universals in which
253.36 form . . . later] status are different
254.1 longer"] ~,"
254.2 temporal -/spatial] ~-~
254.7 will,] ~∧
254.7 The] In the
254.13 single moving] moving single
254.14 etc.] etc., etc.
254.17 now] *not present*
254.18 recognized] drawn
254.19 theory:] ~:—
254.23 generality] the general
254.28 Aristotelian] Aristotleian
254.30 under] because of
254.33 confusion arises] the confusion arising
254.38 of men] *not present*
255.2 mortal":] mortal," or
255.6 existed, since] existed. For
255.27 not yet] now
255.31 ¶ The] ~
255.31 proposition] proposition "All men are mortal" or
255.36 to —] ~:—
256.1 frequently said to be] inferred that it is
256.2 It] Thereby it
256.6 absence of] *not present*
256.7 singulars] ~,
256.8 *individual*] *bef. del. comma* AD
256.8 who] *bef. del. comma* AD
256.9 (whether] ,∧~

256.9 or not all] *not present*
256.10 who] to
256.10 characteristics),] characteristics or not,
256.14 that] which
256.15 of traits] *not present*
256.21 *existence*] *rom.*
256.22 Independence] The independence
256.23 that . . . a] existence at any
256.24 the] *not present* 660
256.25 - 26 as . . . proposition] or conditions as such
256.39 colors,] ~;
257.3 linen is white,] ~,"
257.4 color,"] ~;∧
257.6 Now] Such
257.6 like Mill's] *not present*
257.7 *having* a color] a color having
257.8 - 9 property] ~,
257.9 taken] *not present*
257.10 as a quality] *not present*
257.11 *being*] *rom.*
257.13 have or] *not present*
257.14 without . . . qualities] *not present*
257.16 logical] *bef. del.* 'and' AD
257.25 noticed,] ~∧
257.31 then] *not present*
257.32 a belief that] the fact that according to him
257.32 *are* names] are the name
257.33 includes, . . . him,] (colority) includes
257n.1 Book . . . 4.] . . . . .
258.5 - 6 extension . . . has] extension, he
258.10 Since] Some
258.11 - 12 another . . . from] another, say, in magnitude — although they are not of the same size as
258.12 his] so that his
258.14 attributes,"] ~∧"
258.14 have] of
258.15 and yet some] *not present*
258.15 to others] one to another
258.17 - 18 abstract] *bef. del. dash* AD
258.20 like] as are
258.22 writers on logic] logical writers
258.24 propositions like] the proposition
258.27 one about] one of
258.27 about a] of a special

258n.3 proposition that] proposition, in verbal form which
258n.4 in verbal form] *not present*
258n.6 obviously] *not present*
259.5-6 universal; for example,] ~:—~∧
259.7 isosceles] isoceles
259.8 kinds] ~,
259.13 Qualities] The qualities
661 259.14 distinguish and identify] distinguishing and identifying
259.14-15 indifferently call *traits*] call traits
259.16 *characters*] *rom.*
259.20 But when] When
259.22-23 a ... illustrate] the following illustrative quotation of
259.28 quotation is saying] author quoted is stating
259.30 or] *not present*
259.32 determination] determining
259.33 to be] which is
259.33-34 of inclusion] *not present*
259.34 that] which
259n.2 to traits and to] traits and
259n.3 "attributes"] *not present*
260.3 or conception of labor] *not present*
260.4-5 set ... determine the] conception and
260.5 the] a
260.6 subsisting] *not present*
260.10 formal ... conceptions] difference in form
260.12-14 To ... kind.] *not present*
260.17 formulated] instituted
260.24 Aristotelian] Aristotleian
260.24 classes,] ~∧
260.28 references] reference
260.29-30 of all general propositions —] all propositions:—
260.31-32 demonstrative ... of] reference to demonstration,
260.33 influence] *not present*
260.38-262.11 The ... conceptualism.] *not present*
263.2-271.38 I. *Introduction. ... Inference.*] The previous chapter showed that general propositions and the conception of the general, arise in and because of continuity of inquiry and judgment. On the negative side, this conclusion means that the distinction of the general and the singular and particular is logical rather than ontological, accruing to existential material in virtue of the way in which the latter functions in inquiry. It marks, therefore, a break with the Platonic-Aristotleian tradition according to which the ground for the difference in logical forms is a reflection of an ontological or mataphysical difference. On the positive side, the conclusion was that the general arises in the

operations of inference and reasoning (rational discourse), being the instrumentality by which conclusions reached in one inquiry are available in determination of further judgments. We also found that the form of generality exists because of the constant and uniform, and 662
hence recurrent, nature of operations as ways of changing and acting; and that, accordingly, there are two forms of the general, namely, the generic and the universal. The formulation of an operation qua its possibility, institutes the universal hypothetical proposition. The application of the operation, through its actual execution, to existences, results in the institution of kinds and relations of kinds. The present chapter is devoted to the development of the latter considerations.

A. We begin with the conception of generic kinds and propositions about kinds. The breakdown of the scientific grounds for the doctrine of natural fixed species has resulted in leaving the conception of kinds in a precarious position. On the one hand, we have the fact that science as well as common sense constantly makes use of the conception in which many of the chief generalizations of physics and chemistry as well as biology are framed — which either implicitly (as in statements about the melting and solidifying points of substances) or explicitly, [*comma added* AD] depend upon the conception. On the other hand, the belief that logical forms must reflect ontological forms, either of the realm of actuality or of "possibility" ontologically conceived, and the fact that there are no existential natural kinds, has lead many to discredit the conception in one legitimate logical status. Traditional empiricism, following the nominalistic tradition which treated generality exclusively as a function of words, has treated generals as mere practical conveniences which ease memory and bunch particulars so that they can be handled more economically and expeditiously. They are not, according to it logically necessary or logically important, since the real "proof" is said to spring from particulars as such.

The standard exposition of this view is that of Mill. He says "we conclude from known to unknown cases by the impulse of the generalizing propensity." *asterisk*

asterisk Logic, Book II, Ch. III, Sec. 8.

Provided the "generalizing propensity" is interpreted to mean an organic way of acting, native or acquired, on account of which there is a tendency to apply to new cases attitudes and habits already existing, the generalizing propensity represents a fact. But, as was indicated in the previous chapter, it is fact of causal rather than of logical import, though it constitutes the biological foundation of logical 663 generalization. It develops into an operation of logical standing only when (1) the propensity ceases to be a mere propensity, [*comma added bef. del.* 'and' AD] (2) is checked and tested by the carefully observed consequences of its operation, [*comma added* AD] and (3) when the propositions which formulate it are reformulated, including differentiation, on the ground of continued operations of observations and their consequences.

Failure to observe these conditions is responsible for Mill's official doctrine that we infer from particular to particular, and more often "conclude directly than through the intermediate agency of a general proposition." *asterisk*

---

asterisk Ibid, Sec. 5.

The well-known illustration of the village matron affords a test case. Recommendation by her of a cure for an illness of a neighbor's child on the ground that the remedy had cured her own Lucy certainly represents a common type of "inference." If it did not, publication of testimonials of the efficacy of patent medicines would not take up so much advertising space. It represents a generalizing propensity, but what is more important is that the operation of this unchecked propensity is responsible for a large part of the popular superstitions which exist and of errors in generalization that are commonly made. Control of the propensity means that it is translated into a proposition (which is general), the proposition being then tested and reduced to less vague terms by observation of the consequences that ensue from acting in accordance with it.

A slight analysis of Mill's own illustrative case discloses (1) that there was no ground for the belief that the remedy in question had, [*alt. fr.* 'has' AD] as a matter of fact, cured the village matron's own daughter; and (2) that unless the matron was so abnormally "conditioned," she recommended its use for her neighbor's child on the ground of some observed or supposed similarity of the two cases. The similarity is in any case the content of a general proposition, signifying that they are of the same kind. In cases where the "propensity" works alone, the assumed similarity is its product. Only careful observation of the two cases and of the specific consequences of the treatment employed provides any ground for postulating their
664 similarity. The logical heart of the whole matter is that similarities and dissimilarities be studied, and the results of the study be embodied in propositional form. The result is a generic proposition, and is a grounded generalization only as far as the conditions specified are satisfied.

The operative presence of these conditions makes the difference between the recommendation of the village matron and the grounded judgment of a competent physician. The latter doubtless has a generalizing propensity also, but he has learned to check and direct it by (1) definite procedures of diagnostic observation and (2) by a conceptual apparatus of general propositions by means of which observed symptoms are taken to be evidential traits which descriptively determine diseases as kinds:— scarlet fever, measles, diptheria, etc. Finally (3), it is the functional correspondence between the conceptual propositions and observed consequences of the operations performed in accord with the operations they prescribe that tests the validity of the generic propositions upon which the physician proceeds to his special remedial treatments.

The discussion has arrived at a point *where [*ab. del.* 'in which' AD] it is useful to note the way in which observation of consequences leads to differentiation of an original more generic proposition, into propositions which are relatively specific. The first generalizations formed are general in the sense of being vague, indefinite and hence sweeping. The case of infants who begin by calling every woman "mamma" and every man "papa" is often cited. The doctrinal conclusion is then often drawn that logical advance consists in movement from the general to specific, perhaps singular, determinations. The conclusion is itself an instance of rash generalization. [*period ov.* 's' AD] The actual procedure is from a general in the sense of the vague, to a general which is so differentiated *as [*intrl. w. caret* AD] to include subkinds. The inclusive generic and the included more specific propositions, are strictly correlative results of the same operations. An infant, and to some extent, an adult in a new field, begin with a gross undifferentiated operation of response to conditions. Such responses are both too wide and too narrow — too wide in that they are not economically adapted to conditions of the actual situation; too narrow in that they usually fail to take account of conditions which most need attention. Observation of the consequences which follow from the *665*
response leads to its reconstruction, and to reformulation of the proposition in which it is expressed. A child will obtain the generic conception of locomotion when it has noted various modes of locomotion, walking, running, trotting, galloping, etc. His generic conception will then be made more comprehensive *when [*w. caret ab. del.* 'as' AD] he interprets trains, trams, automobiles, as being also ways of locomotion. From the strictly correlativity of inclusive and included propositions it follows that there is nothing rigidly fixed about the content of either one of them. Valid conceptions of the including and included generic kinds depend upon the operations performed; these in turn depend upon available instrumentalities and

techniques, changing with improvements in the latter.

The connection of the determination of the traits which describe a kind with the continuum of inquiry may be indicated as follows. What decides what qualities are taken and what are left out in constituting the conjunction of traits descriptive, of a kind? Purely in the abstract, or apart from their function in control of inference, there is no criterion whatever. Everything can be likened to something else in some respect. It would be possible to institute a kind or class consisting of bald-headed, cross-eyed bachelor shoemakers. Such traits exist. It is possible that there may have been or sometimes will be individuals marked by their conjunction. What is it that renders such a "class" simply an intellectual oddity or an exercise in fantasy? The answer is that such a conjunction of traits is wholly useless for purposcs of inference. It does enable inference to be made to unobserved traits. The qualities selected lack evidential value.

On the other hand, the distinguishing characteristics, warm-blooded, viviparous and lung-breathing are selected to describe the class or kind mammals, because these traits facilitate and control extensive inference. When defined as interrelated characters of a conception they afford a working rule for examination of singulars; it having been found that the conjunction of these traits is enough to include everything that is a mammal and narrow enough to exclude everything else. In addition, this conjoined set enables inferences to be made concerning relations among kinds. The kind described is, for
666 example, a * subkind [*hyphen del. and marked to close up* AD] in the more extensive kind vertebrates, and is marked off by differential traits and conjunctions of traits from other included * subkinds. [*hyphen del. and marked to close up* AD] There was a time when animals were classified as walking, creeping, swimming and flying creatures. Creatures having these traits exist. But this arrangement into kinds obstructed systematic inference. It lead, for example, to grouping together insects, bats and birds, and also fish, whales and seals, while making no place for amphibious animals. In the abstract, there is no reason why butterflies and bats should not be placed in a class with eagles and sparrows. But the classification deflected, instead of promoting, systematic and accurate inference.

Probably the theory which is most current about generic propositions, especially among empiristics, is that general conceptions are formed by "abstracting," in the sense of extracting, features which are common from a number of objects. The objection to this conception from the standpoint of logical theory is that it completely obscures the relation of generalization to its function in promotion and control of inference. Pushed to the extreme, it leaves the formation of general conceptions an arbitrary exercise of the wits. A more important objection is that it reasons in a circle, taking for granted the very thing to be accounted for. In this circular movement the cart is put before the horse. Common qualities are already general, so that generalization on this view consists simply in picking out qualities that are already general. The begging of the question that is involved is seen when it is said that we arrive at the general idea of a horse by comparing a number of individual horses. For generalization of some sort has already been accomplished when the individuals are adjudged to be horses.

In spite of its being the view professed by so-called conceptualism, it is fundamentlly like Platonic realism in holding that the generals exist in nature. Moreover, if they could be picked out by putting singulars in a row and then omitting unlike features until the common or general ones are left as a residuum, formation of kinds would be an easy and ultra-mechanical process. It only needs a slight acquaintance with science to be aware that formation of generic propositions, of the kind with which science deals, is a prolonged and arduous operation. For these generalizations and kinds are not formed by selection of qualities
already given to observation but by experimental variation of existing 667
conditions with a view to discovering qualities not originally present, but which when they are found promote inference.

In conclusion, while every trait that can be used in conjunction with other traits to describe a kind is a quality, no quality is a trait in and of itself. Qualities are existential and are generated by existential conditions. To be a disringuishing trait is to possess a special logical form, accruing to an existenrial quality because of its function in inference. A quality is a characteristic and hence general; not existentially, but in use as a sign or diagnostic mark. The theory has become current that qualities as well as relationships of characters are inherently universal. Yet it is impossible to imagine anything more intrinsically unique than a quality in its actual occurrence. The word "red" is of course general. But any actual occurrence is a color that never presented itself before and that will never present itself again; it is a part of a unique existential situation and is what it is in virtue of the individual qualitative nature of the situtation which pervades both it and every other quality of the entire situation. *asterisk*

---

asterisk Cf., ante, p.....

But when it is taken and used as sign its uniqueness is ignored. It becomes general in the function it exercises.

We so habitually employ qualities as signs that only a painter of acute sensitivity pays any attention to the quality as existential in its uniqueness. It is impossible for a traffic light, for example, to be

exactly identical with any other light or exactly the same as it was a moment before or as it will be a moment afterwards. It is a process changing with slight atmospheric conditions, with the variations in the mechanism of its production and with changes in the optical apparatus of an observer, etc. But its function as a "stop" or "go" signal is constant. It need be discriminated only with reference to the office it performs. Too much attention to its particular quality apart from what it signifies would be obstructive to its execution of its sole purpose for being. Stopping and going are constant operations and as a sign the unique quality shares in the general nature of the operation it indicates. In one case, it is a sign of danger, or of liability to arrest
668 unless vehicles stop moving. These potential consequences are of kind; they are generic, and so the actual light is taken not for it existentially, but as describing kind.

B. We now turn to the other form of general propositions, namely, the universal. Operations are at first directly executed; they have practical rather than logical import. But an operation is then formulated through symbolization. Such a proposition represents possibilities of operation. There are, however, various degrees of abstraction of possibility of operation. Deliberation upon practical matters takes the form [', then, ' *del.* AD] of a hypothetical proposition, such as, "If (supposing) I do this, then certain coansequences will follow." The doing, as it is hypothetically entertained, is, a possibility. But it is thought of as special mode of action, and the consequences which will ensue are stated in terms of specific conditions. There is a certain degree of emancipation or abstraction involved in the bare fact that it is a possible activity and certain possible activities, which are proposed for consideration. A higher stage of abstraction is found when lines of policy form the content of the "antecedent" or protasis clause in relation to the generalized nature of the consequences to follow. But not until the development of mathematics in a form free from direct existential reference, and the use of mathematical propositions in physics, were operations considered wholly and exclusively as possibilities qua possibilities.

This development affected the form of the hypothetic proposition rendering it an abstract universal hypothetical. With respect to possible operations that are framed with regard to actual existential consequences as in the case of deliberation about a special deed to be performed, the use of the words "antecedent" and "consequent" to designate the clauses of the hypothesis, has a certain literal sense. The proposed action comes first, and its consequences follow, because of the activity. In a strictly universal hypothetical proposition, there is no such sequential relation. The words "antecedent" and "consequent" have a purely nonexistential logical sense. The word

"follows" is purely metaphorical. In a strict sense, neither clause follows, even logically, from the other one. The relation of the protasis to the apodosis clause is exactly the same as that of the latter to the former. When it is said that "If a plane figure is a triangle, then the sum of the three internal angles is equal to two right angles," the 669
meaning remains completely unchanged* if [*alt. fr.* 'in' JD] the proposition reads, "If the sum of the three internal angles of a plane figure is equal to two right angles, then that figure is a triangle." Neither "follows" from the other because both of them are the analysis of one and the same conception. A fortiori, it is misleading to say that one clause implies the other, not only because implication holds between propositions and not between clauses, but because that mode of statement obscures the primary logical consideration: namely, that the related contents are the interdependent contents of one meaning or conception, as that conception is analyzed into its structural constituents. The relation between the two contents is logically necessary because the two contents are integral members of one and the same idea or meaning.
asterisk

---

asterisk Cf. the analysis in the previous chapter of the idea of labor — the analysis of the latter into its constituents, [*comma added* AD] constituting a definition.

When the abstract hypothetical proposition is compared with propositions about either possible special actions or general lines of action (in connection with their consequences), it is evident that the former has a different logical form. For both "antecedent" and "consequent" in the case of the universal hypothetical are possible operations arrived at by analysis of an idea or conceptual meaning which stands for a total analyzed operation. Take such a physical proposition [*comma del.* JD] (involving mathematical functions but not itself a mathematical proposition), as "If anything is a material body, then it attracts every other material body directly as its mass and indirectly as the square of the distance." Every term in the proposition has operational force. This is evident in the case of the terms "square of distance," "mass" (as scientifically defined) and "attraction." If it is not as evident in the case of "material body," it is only because the conception of matter was formed prior to modern scientific findings, so that older connotations still cling, especially in popular belief, to its idea. If matter (material body) is thought of in terms of scientific procedure, then it also is seen to be the idea of a certain distinctive, operation inseparable from the operational consequences designated, say, by energy. The proposition is an 670 abstract hypothetical simply because the operations in question figure in the proposition as pure possibilities.

In short, this proposition, like the one about triangles already cited, may be read equally well eirher way. The "then" and "if" clauses are logically interchangeable. When "material body" is thought of as in some sense antecedent and the other as consequent, it is only for one of two reasons. Either the prescientific conception of matter has slipped in, or else with reference to application there are advantages in placing the conception of matter first, since, perhaps, the operations which constitute its meaning are simpler than those which determine the concept of "square" and of "distance." Since "mass" defines matter physically, the proposition (apart from prescientific conceptions) should read, "every mass attracts every other mass," etc. In and *of [*alt. fr.* 'on' JD] its own logical contents, it is arbitrary which clause is "antecedent" and which is "consequent." The logical content is certain interrelations between the conceptions of mass, motion and energy; all being defined in terms of differential possibilities of operation.

271.39 said that "category"] stated that the word category

271.40 are formulated] appear

272.2 form] logical form

272.14 attirude. It constitutes] attitude; and of

272.15 *mode of*] *rom.*

272.17 - 18 civil . . . points] law, civil or criminal, is not a kind but a category. It is a point

272.19 - 20 A . . . determines] It is a formula of treatment: determining

272.23 rules may themselves] the rules

272.25 kinds and thus] kinds, and

272.28 of] for

272.31 here stated,] which has been developed

272.32 *conjugate*] a conjugate one

272.33 in inquiry] *not present*

272.34 institution] the institution

272.35 - 36 a . . . forms] some kind determine

272.36 *subject*] *rom.*

272.39 - 40 provide . . . subject-matter.] are predicative subjectmatter. When they are explicitly formulated they assume the form of universal hypotheticals.

273.5 it and what consequences] it, and which

671 273.9 - 10 isolated.] isolated "effects."

273.14 possible] being possible,

273.16 be,] ~$_\wedge$

273.17 and] *not present*

273.17 view,] ~$_\wedge$

273.20 about] of

273.21 discourse,] ~;

273.21 - 22 mathematical discourse] mathematics

273.22 operations] consequential operations

273.25 (already noted)] ∧~∧

273.27 data. In] data. [*period ov. comma* AD] While, ['W' *ov.* 'w' AD] in

273.27 which are] *not present*

273.28 executed] ~,

273.30 An executed operation] Operation

273.32 signifying, and] signifying;

273.35 there . . . approach] approach is effected

273.36 that] which

273.38 satisfactory] its satisfactory

274.3 - 5 propositional . . . employed] operation undertaken

274.6 terms: —No] terms; ∧no

274.7 products] product

274.12 kind.] kind. The traits actually discriminated and arranged in a set will depend upon the kind of operation performed in the act of discriminating observation.

274.15 ordinary] usual

274.16 conjoined with] and by the

274.17 Valuable as] However valuable

274.20 then] *not present*

274.25 within] to

274.29 subkinds]~=~[*line-end hyphen marked* AD]

274.29 described] ~;

274.30 changed. It changed] changed,

274.31 enjoyment] ~,

274.33 , human]∧(~

274.33 consisting of] being reduced to

274.34 interactions.]~).

274.35 - 36 the . . . them] their previous significance

274.39 chlorine, together with] chlorine; and

274.40 bases]~,

274.40 with acids]~,

275.2 - 3 as . . . opacity] *not present*

275.3 qualities] qualities as lustre and opacity were

275.4 were] ~, *672*

275.5 (1)] *not present*

275.6 (2)] *not present*

275.6 subkinds] *marked to close up* AD

275.7 (3)] *not present*

275.7 metals] ~,

275.10 some] schematic

275.13 In these distinctions,] They are distinguished because
275.15 the nature of an interaction] of interaction,
275.16 *execution*] *rom.*
275.16 - 17 As distinctions] On the other hand
275.18 operations] ～,
275.18 means] ～,
275.18 - 19 consequences.] consequences. As is the operation defined [*comma del.* AD] in a hypothetical universal proposition, so are the consequences of its execution, constituting the descriptive determination of a kind.
275.20 ...] ...../,
275.22 operation] *ab. del.* 'and (2) orf' AD
275.22 guiding] *not present*
275.23 discrimination] observation
275.23 selective] selective or discriminative
275.24 - 25 of ... kind] *not present*
275.26 up ... its] has so far put special
275.31 of ... revising] regarding kinds would appear, for they test and revise
275.32 would ... evident] *not present*
275.34 conclusions] results
275.36 which] *bef. del. comma* AD
275.37 ideas] suggestions
276.1 it is] *not present*
276.4 of forms ... then, that] in question marks the difference in logical form
276.5 *inference*] *rom.*
276.6 *discourse*] *rom.*
276.9 intermediary—] ～:—
276.16 a] a suitable
276.17 Only] Only its
276.26 rigorous] strict
276.27 an] *not present*
276.30 A] ¶～
276.33 one] a
276n.3 - 5 "Involvement ... publication.] *not present*
673 277.7 in ... *with*] *rom.*
277.12 involvements] involvement
277.13 the] *not present*
277.17 ¶ Reasoning] ～
277.19 within] in
277.20 non-existential while] non-existential, while the conjection of selected traits which forms the ground for
277.21 Because] ¶～
277.22 discourse] reasoning

277.22 analyses] analysis

277.23 or] of

277.31 selection . . . their] *not present*

277.31 - 32 is existential] is, however, not logical

277.32 that,] ~∧

277.32 existence, they do] fact, they are factually found to

277.33 are existentially so] to be

277.33 - 34 that . . . varies] as far as controlled inquiry can ascertain

277.34 - 35 is seen] has been found

277.36 ground . . . given] *not present*

277.37 - 38 selection of a] *not present*

277.38 determined] such as is yielded

277.39 - 278.1 (and . . . application)]; ∧~∧;

278.4 - 5 and . . . about] *not present*

278.5 - 6 is . . . inquiry] should be as it is

278.10 follows:] ~:—

278.13 - 14 *definitions*] *rom.*

278.14 "crime," "principal" and "accomplice"] ∧crime,∧ ∧principal∧ and ∧accomplice∧

278.16 set] or universals set

278.16 - 17 categories,] ~∧

278.18 of] *not present*

278.21 - 22 and . . . by] through

278.25 an abstract definition] a definition in the abstract

278.35 cooperative] the cooperative

#278.35 - 36 function . . . transform] functions of inquiry in the work of transforming

278.38 school] historic school

278.38 rationalism] rationalism (which restricts the domain of science to propositions which are logicaly certified in the sense of the implicatory relationship)

278.39 and of] and

279.3 - 16 The . . . actual.] *not present*

281.1 Part] BOOK 674

283.2 analyzed to show] analyzed with a view to showing

283.10 - 12 "comparison" . . . course] comparison being the function in the experiential continuum which institutes continuity

283.13 affirmation-negation, in] affirmation-negation;

283.14 numerical, in] numerical;

283.14 and in] and

283.16 a . . . existential] held to be an operation of establishing actual

283.17 - 18 in . . . affair] not a merely "mental" process

283.19 logically distinct] held to be logically different

283.19 judgment,] ~∧ [*comma del.* AD]

283.19 are] *not present*
283.24 activity] activity then
283.24 , accordingly,] *not present*
283.26 Since their] Their
283.27–28 procedural, they] procedural. Propositions therefore
283.28 Existential] existential
283.31 in content in *direct*] as to direct
283.32 which are] *not present*
283.32 existence] existences
283.32 operations] possible operations
284.1 as possibilities. In] As
284.6 the] *not present*
284.14 generically;] ~,
284.15 things directly or] things, directly and
284.17 formulation . . . subject-matter] statement
284.20–21 objective . . . human] familiar facts of ordinary
284.26 blueprints] blue-prints
284.29 adapted] already adapted
284.31 determined solely] so determined only
284.33 overcome] met
284.34–35 the . . . an] it is a matter of
284.35 by means of] through
284.36 ¶ In] ~
284.36 a given] any
284.37 is use] the use
284.38 as known as means] to be known for the purpose
284.39 and] or
285.1 that is] *not present*
285.2 "understood"] "~,"
285.14 given] ~,
675 285.19 Aristotelian] Aristotleian
285.23 doctrine,] ~∧
285.23 criticized,] ~∧
285.29 serious] fundamental
285.31 from] from its
285.32 captions] caption
285.36 independent] wholly independent
285.36–37 other: . . . intrinsically] other; whether they are not distinctions necessarily
285.38–39 other . . . analysis] other and, if so, the nature of the relation
285.39 invite making] generally present
285.40–286.1 vocabulary] material vocabulary
286.1 but] only
286.2 way] ~,

286.3 matter and form, or] form and matter,
286.7 ¶ Ultimately] ∼
286.9 distinction,] ∼∧
286.9 if not a separation,] ∼∧
286.10 special] special and
286.17 see how] think
286.19 (are . . . etc.)] *not present*
286.20 is] in turn is
286.32 continuum] continuity
286.33 The . . . propositions] Another important issue
286.34 intrinsic] intrinsic (rather than linguistic)
286.34 that holds to] of
286.36 the theories] other conceptions
286.37 which isolate] of the relation of
286.37–38 from . . . final] and
286.39 variety . . . position] of these views
286.39 and] while
286.40 but] mere
286.40–287.2 them . . . mental] judgments
287.2–37 Another . . . propositions.] The contrasting view, here offered, is that while propositions do express in symbolic form the results of judgments of appraisal, estimate or evaluations, these "adjudgments" are instrumental to final judgment, which is resolution, through inquiry which utilizes propositions of a problematic situation.
In other words, symbolization is not an external addendum which is logically irrelevant, but is a necessary means of institution of judgment. *676*
The theory now most generally current is however that propositions are such in virtue of their having the property of truth-falsity. On this view, judgment is an external, presumably psychological act, which as such is irrelevant to the truth-falsity which belongs to propositions as such. I shall not repeat the previous argument to the effect that inquiry is not a mental or subjective performance, since it involves the execution of existential operations which modify prior existential conditions. According to the position here taken, propositions represent <u>means</u>, material and procedural, of attaining final judgment to which alone the property of truth-falsity appertains. <u>Means</u>, by their nature, are neither true nor false. They are effective or ineffective, suitable or inept, strong or weak. In logical language, they have validity or invalidity. A proposition posits or negates, takes in or rules out, certain facts and meanings as instrumentalities in a finally asserted existential situation. It promotes or retards the attainment of this closing. Validity is therefore to be distinguished not only from "truth" but from formal correctness.

287.37 syllogism] reasoning,

287.38 cheese;] ~,

287.38 satellite;] ~,

287.39 cheese”] ~,”

288.2 mislead it.[1]] confuse it.

288.3 said] stated in the opening paragraph,

288.4 return] return now

288.7 and which] and

288.17 consists] consits

288.26 when] *not present*

288.26 because of] when there is

288.27 *deliberate*] *rom.*

288.29 institute] institute deliberately

288.29 interact] interacted

288.30 so calculated] calculated so

288.32–33 a . . . of] an actual set of measurable

288.34–35 and is . . . formal,] *not present*

288n.1–2 [1]These . . . later.] *not present*

289.1 that are] *not present*

289.3–4 —it is operability] *not present*

289.4 existentially] *not present*

289.7 upon symbolized] in symbolized form through

289.10 only] *not present*

677 289.14 spigot] ~,

289.16 proceeds] will proceed

289.17 propositions] judgments

289.19 I. Existential Propositions]I. PARTICULAR PROPOSITIONS

289.20 1. *Particular Propositions.* Propositions] 1. Propositions

289.20 kind] class

289.24 organ—] ~:—

289.25 red] real

289.25 “*is*”] ∧~∧

289.26 force] ~,

289.32 most] *not present*

289.32 When] So when

289.36 or is] or

290.15–16 *determination*] the determination

290.21 next] presently

290.38 a conjoined set of] *not present*

291.2 a change] anything

291.2–3 a given time;] the time, although

291.3 being] *not present*

291.8 etc.,”] ~.∧”

291.11–12 may be] is probably

291.12 - 13 “benevolent,” “mammalian,”] ∧~,∧∧~,∧

291.16 is said, “*This*] said, “This

291.19 *difference*] *rom.*

291.20 - 21 is constituted ... involves] depends upon

291.22 - 23 former ... observable] former proposition to other predicted traits

291.31 (1)] (a)

291.33 (2)] (b)

292.2 characteristic trait,] characteristics

292.3 noted] noted as suggested by facts of inquiry

292.12 texts] text

292.14 involved] found

#292.14 specified] a specified

292.16 determination ... as] being

292.17 of the] put upon the

292.19 promotes] enables

292.20 - 22 kind... . widening.] kind to occur. In the other direction, this limitation widens the range of inferences which may be groundedly instituted.

292.22 linguistic] linquistic

292.24 fact, but in] fact. In

292.25 once] *not present* 678

292.27 rights] rights as its property

292.32 - 33 when determined to be] as

292.35 uniqueness.] uniqueness. *asterisk / asterisk* The words “red, hard,” etc. are general. But there is no existence which is merely red in general.

292.36 contextual] *not present*

292.37 necessarily ... determination of] a factor involved in

†292n.2 Chap. XVIII.] Ch. XVIII, pg...

293.3 granted] granted from context

293.5 practically everything] everything else in the universe

293.7 as,] ~∧

293.7 *differential*] a differential

293.15 things.”... the] things.” The statement of postulation as required

293.16 that ... case] *not present*

293.17 set] class

293.18 *Kinds, or*] Kinds of

293.22 - 23 of the above pairs] pair

293.24 genus, while the] genus. The

293.24 one of the pairs] *not present*

293.25 In them the kind,] Rather the kind∧

293.26 traits,] ~∧

293.28 *characteristics*] *rom.*

293.28 observable,] ~∧

293.29 The membership] Membership
293.30-32 not . . . system.] has not the same logical force as being one of a kind. For propositions treating of a relation of kinds extend enormously the domain of possible inference.
293.33 monocotyledonous] monocotyledous
293.36-294.2 And . . . observations.] *not present*
293n.3 the] *not present*
294.3 then more than] not merely
294.7 one . . . question] kind
294.11 Not only are] In this way
294.12 special inference] inference are
294.12 down, but the] down. This
294.13 depends upon] constitutes
294.13-14 *systematic* . . . Such] systematic relation, and
294.15 scientific] scientific determination of
294.15 this] *not present*
294.17-18 and . . . which] while nothing of this systematic extension of inference is found when
679 294.19-20 The . . . in] In
294.21 *implicitly*] *rom.*
294.27 (1)] (a)
294.28 (2)] (b)
294.31 ¶ Otherwise] ~
294.32 either] *not present*
294.32 (and] ∧~
294.32 thereby] thereby make possible
294.33 *another* kind is possible)] another kind;
294.34 the characteristics taken] they
294.35 specified: . . . narrow] specified
†294n.1 Chap. X pp. 183-4, 197-8] Ch. *space for number* pp. . . .
†294n.2 Chap. XVIII.] Ch. XVIII, pp. . . .
295.6 warrantably . . . propositions] securely
295.9 taxonomy; i. e.,] taxonim, i.e.∧
295.11 nature] *alt. fr.* 'Nature' AD
295.14 biology,] ~∧
295.22 institutes] instituted
295.23 In comparison] As compared
295.24 marks] is, however, a
295.24 an] the
295.24 but] *not present*
295.28 ¶ The] ~
295.28 change] belief
295.28 postulate—] ~;
295.29 the classes] classes

295.29 - 30 promote] best promote

295.39 conditions.] conditions. *asterisk* / *asterisk* See the previous chapter, pp. . . . and, ante this chapter, pp. . . .

296.3 "all" as sometimes having] "all." Sometimes it has

296.3 reference,] ~;

296.4 - 5 probability, . . . having] probability. Sometimes it has

296.5 when] and then

296.7 is, however, in place] is here in place, however,

296.8 here] *not present*

296.17 particular] *not present*

296.18 *problem*] *rom.*

296.20 as] ~,

296.22 - 23 effected . . . verb] represented by a verb of action

296.23 form] mature form

296.23 relation of kinds] kind

296.24 become] are

296.24 *interaction*] interaction, not particular

296.26 connection] the relation

296.26 change. There] change — there *680*

296.30 *is*] *rom.*

296.31 place; "is"] place. "Is"

296.32 tense and spatial] a tense and affected with temporal

296n.8 since it is practically] being both

296n.8 theoretically] *not present*

297.4 at least] *not present*

297.11 is not] may seem to be

297.11 It] In fact, it

297.11 shift] radical shift

297.11 a] any

297.20 - 21 generic . . . . former] a generic relation. The special act is thereby brought

297.24 the kind] a kind,

297.24 the special] a given

297.25 still] *not present*

297.32 - 36 singular . . . kinds] all propositions. Such propositions may also be stated in intension rather than extension. They then are, also truistically, attributive. But again it marks serious logical confusion to infer from their attributive nature

297.36 *This*] *rom.*

297.38 mark simply] simply mark

298.4 their] the

298.4 nature] nature of all propositions

298.14 *This*] *rom.*

298.18 , as pointed out,] the

298.23 dropped,] ~∧
298.26 continues,] ~∧
298.35 follow] ~,
298.37 , moreover,] obviously
299.8 The] ¶~
299.10 far] *not present*
299.10 general] ~,
299.14 into] into the
299.18 determination,] ~∧
299.24 etc., for] etc.; that is,
299.28 - 29 without . . . not] it does not satisfy
299.29 - 30 are satisfied which are] *not present*
299.30 metal;—] ~;∧
299n.4 *A*] *rom.*
299n.5 *B*] *rom.*
300.9 the ground of] a
300.25 its] Its
681 300.32 then] *not present*
300.32 on] to it
300.34 - 35 such as] which
300.37 meaning:] ~:—
301.1 terms:] ~:—
301.3 conversion of a] of
301.3 into a] or
301.5 meanings.] meanings. *asterisk / asterisk* See, ante, pp......
301.8 discourse —] ~:—
301.11 system] ~,
301.20 - 21 Different . . . content,] They
301.22 logically] *not present*
301.22 problem.] problem. But materially or in content they are independent of one another.
301.24 materially] *not present*
301.28 independent, . . . content] independent or have no content save "this."
301.29 another save "this."] another.
301n.4 - 5 in . . . hypothetical] *not present*
301n.5 - 6 meaning, involved, the] meaning; of which
301n.6 being] are
301n.6 its] *not present*
301n.7 (truistically or tautologically)] ∧~∧
301n.8 *necessary*] *rom.*
302.4 free,] ~∧
302.5 nor] or
302.17 - 18 contrary propositions] contradictory proposition
302.18 men's] mens'

302.19 effective, ... is it] effective and hence
302.27 test] tests
302.28 contrary ... seen)] contradictory propositions being
302.29 delimiting ... inquiry.[9]] delineating the field.
302n.2 required] necessary as we saw in Ch. ...,
302n.2 that yield] which result in
302n.3 eliminations, ... neglected] eliminations. Unless as much attention is given to exclusion as to inclusion of agreeing cases,
302n.5 , *provided* ... disjunctively,] *not present*
302n.6 involved. But] involved, but
302n.7 two contrary] the two
302n.8 in the disjunction] *not present*
302n.8 valid] categorial
303.1 then ..."] ~.....,"
303.14 seeming] *not present* 682
303.17 *existence* —] ~:—
303.18 There is indeed] Indeed there is
303.23 definition,] ~∧
303.24 may] should
303.26 possesses] possess
303.27 sanctify] idealize
303.29 point of] point, that is,
303.32 directly determined to be] translated into
303.33 idea] idea of translation
303.34 and ... fantasy] *not present*
303.38-304.1 potentialities. ¶ Without] potentialities. This brief excursion into morals is a corollary to logic — as are all sound moral propositions. Before leaving the topic of universal and abstract hypothetical propositions, it is advisable to recur once more to their radical difference in logical form from generic existential propositions even when the latter has a similar linguistic expression. Without
303n.1 185.] ~∧
304.3 a] the
304.7 occurrences), ... mean] occurrences): or
304.14 be] be purely
304.15 Stated] Or, stated
304.24-25 (by ... operations)] ,∧~ ... ~∧,
304.28 which has] , having
304.31 states] stated
304.36-37 of propositions] *not present*
305.1 that] that in every scientific case
305.2 is ... case] is
305.6-8 its ... consequences] it is so formulated as to direct experimental operations

305.8 are] are then

305.9 – 10 conjunctions, . . . vary] conjunctions. Their consequences result from varying

305.11 – 12 Hence, . . . reached] Hence when the consequences

305.15 conceptual] *not present*

305.16 is] is then

305.19 form] *alt. fr.* 'forms' AD

305.24 mercury. . . .] ~. . . . . .

305.24 is related with] may be indicated by considering

305.25 "*included*" and "*including*"] ∧~∧~∧~∧

305.25 which . . . noted] *not present*

683 305.34 Franklin D.] *not present*

305.35 Presidents] presidents

306.1 Presidents] presidents

306.1 – 2 the collection] or compose the class

306.7 kind, and are] kind, and

306.8 all] to enable all

306.9 – 11 another . . . . that] another while (to recur to the point of the previous paragraph) it is absurd to suppose

306.12 Presidents] presidents

306.18 determines] marks

306.23 purpose;] ~:

306.29 *kinds*] ~,

306.38 being] it

306.39 – 307.2 Exhaustiveness . . . system.] *not present*

307.3 – 4 III. Relational Propositions ¶ Logical] ¶ 3. Relational Propositions. Even logical

307.4 Aristotelian] Aristotleian

307.10 that"; "that] that∧ ; ∧That

307.11 stand"; "*the*] stand∧ ; ∧The

307.12 looking,"]~"; [*semicolon and quots. tr.* AD]

307.14 – 15 relation] relation of

307.17 that] *not present*

307.19 is] in

307.22 etc.)] ~.,)

307.24 for] but

307.25 it] *not present*

307.31 all] *not present*

307.32 propositions are] propositions of the kind just cited, are themselves

307.33 grammatically] gramatically

308.10 conditions."] ~.∧

308.12 – 13 James."¶ Propositions] ~,"~

308.19 either] *not present*

308.19 – 20 or . . . inquiries] *not present*

308.23 not] not merely
308.26-27 as . . . often] , as often stated, they are
308.32-33 failure . . . conditions] defect in its logical contents
308.36 proper] *not present*
308.37 if . . . then. . . . "] ~. . . . , ~. . . "
309.11 characters.] characters. Strictly speaking, it then suffices to stop with B.
309.19 (and . . . work)] *not present*
309.20 for] of
309.22 forms listed] propositions *684*
309.22 attainment of] *not present*
309.26 When] Leave out of account
309.26-27 is . . . interpretation,], and
309.28 independent] independent and
309.29 A final] One further
310.1 Ordered in Sets and] IN
310.4-5 for subsequent uses] *not present*
310.6 the latter institutes] it attains
310.9-10 ordered relations] a serial relation
310.10 another;] ~,
310.11 order] series
310.13 ideational] ideational or
310.15 relation] sequential relation
310.17 *discourse*] *rom.*
310.18 The] Before considering the destruction between these two types of seriality, it should be pointed out that the
310.19 order] serial order
310.22 during its course] *not present*
310.22 in] in the course of
310.23 For they] They
310.23 not] not the
310.26 order] serial order
310.26-27 concerned] concerned is logical. It
310.27 can] would
310.27 only] *not present*
310.31 subject to the condition] with the understanding
310.31 fixed] *not present*
310.32 This . . . the theory] The theory
311.1 the major and minor] major or minor
311.2 but two premises] two premises of the kind stated
311.4 structure of] fact that every
311.4 as] is
311.5 a] only a
311.12 isolation,] ~∧

311.14 applies] formally applies
311.15 its] their
311.18 propositions] terms
311.18 *M*] *rom.*
311.19 *A* and *B*] *rom.*
311.20 *N*] *rom.*
311.21 theory, . . . take] theory however, takes
311.22 isolation; hence,] isolation, so that analysis discloses that
311.23 than] than on
685 311.26 of . . . hypothesis] constituting definitions and hypotheticals
311.27 about . . . subject-content] instituting a fact that serves as a subject∧content
311.28 Linguistically,] ~∧
311.29 any] an
311.31–33 express . . . conditions] are two-termed only in words. The propositions are not valid of necessity but
311.34 locality. The] locality; the
311.34 , for example,] *not present*
311.36 object, . . . term] object
311.39 relation.] relation. Moreover, some set of legal rules regulating the relationship is "understood" or postulated. There is, however, no need to multiply instances.
312.2 "Socrates] Similarly "Socrates
312.3 (was)] *not present*
312.4 died] died or will die
312.5–6 However, . . . instances.] *not present*
312.7 , when] if
312.8 human,] ~∧
312.10 character.] character. If the universal proposition is valid, it is valid whether or not at any given time human beings exist.
312.13 and *being*] and being
312.20 characters] terms
312.23 function] mathematical relation
312.24 *Equivalence*] Equvalence
313.3 propositions] ~,
313.5 But . . . a] In other words, a given
313.7 series] serial set
313.7 which] so as to
313.8 proposition] proposition which is
313.10 superfluous] superflous
313.13 ordered discourse] reasoning
313.15 other] more
313.19 not] not necessarily
313.19–20 in logical] in logical

313.24 - 25	meaning —] ～:
313.27	are] are not
313.28 - 29	operational . . . *content*] content, but in operational force,
313.34 - 35	operatively . . . applicable] is operatively applicable to the matter of the problem in hand
313.38	in] in merely
313.39	forms that are synonymous] form 686
314.1	resistance," the term] resistance∧"
314.20 - 21	, moreover,] ∧～∧
314.26	contents which are] a logical force which is
314.33 - 34	formulation] original formulation
314.34	such . . . propositions] in such equivalences that they
314.35	and] and hence
315.10	sense] sense reasoning
315.14	in] of
315.17	propositions] proposition
315.18	is] is also
315.22 - 23	"deduced"] "deducted"
315.23	discourse, since to] discourse. To
315.30 - 31	(alluded . . . paragraph)], ∧～ . . . ～∧,
315.31	sub-systems] subsystems
315.33	lending] ～,
315.36	capacity] ～,
315.39	consequences,] ～∧
316.3	so modified] modified so
316.3 - 4	rigor . . . from] rigor, only by
316.5	are] is a
316.6	conditions] condition
316.7	satisfy; they] satisfy. They
316.7 - 8	series. They] series; they
316.11	formal] *not present*
316.12	in . . . subject-matter] *not present*
316.12 - 13	constitutes] consitutes
316.15	the contrary: the] just the contrary. The
316.24	its] a supporting
316.25	by which] , to which the name
316.26	convergence may be reached] may be given
316.26 - 27	are ordered] belong in the same series
316.29	However, . . . set.] *not present*
316.30	serial] the serial
316.34	sequential order] the order of sequence
316n.2	skipped] the relation of skipped
317.3	define] constiture
317.4	(1)] *not present*

317.5 (2)] also
317.6 and . . . conclusion] *not present*
317.15 evidential] signifying
317.16 indicative] suggestive
317.18 probative] indicative
687 317.18 it is] *not present*
317.19 possible] possible hypothetical
317.27 does] often does
317.27 complete] *not present*
317.37 progressively] greatly
318.2 set] series
318.2 just] *not present*
318.8 - 9 statements] statement to be satisfied
318.18 Qualitative] But qualitative
318.22 - 23 effects . . . that] affects only these discriminations which
318.29 ¶ Even] ~
318.29 that is] that was
318.30 is] ~,
318.36 thus] then
318n.2 pp. 66 - 7.] pp. . . . .
319.2 attained. Hence,] reached. Hence$_{\wedge}$
319.11 immediate existential qualities] the qualities as existential
319.25 - 26 necessary when . . . abstract,] necessary. It is necessary when it is a universal if-then proposition, but
319.27 *as*] *rom.*
319.28 existences actually] existences,
319.28 - 29 definition] ~,
319.29 definition] latter
319.39 involvements among] *not present*
319.40 facts,] ~$_{\wedge}$
320.1 performed, but] performed. But it
320.9 set or] *not present*
320.10 set and] *not present*
320.11 either] *not present*
320.11 - 12 or. . . convergence] *not present*
320.12 Certain] Hence certain
320.14 - 16 a . . . propositions] its terminal member
320.21 "Any] "A
320.22 *may be*] ~-~
320.24 an] all
320.26 other] the other
320.29 it] this
320.31 *being* iron] ~-~
320.33 - 34 the . . . related in] completeness of

320.34 - 35 the proposition cited] it verbally
320.35 term *metal*] second term
320.35 - 36 term iron] first
320.39 sub-kinds] subkinds *688*
320.39 have their] already has its
320.39 - 40 already ... to] determined from
321.1 then] and
321.1 simply,] ~∧
321.3 - 4 That ... metal.[3]] The case is similar if the characters which define being metallic are properly limited.
321.7 in] in what are called
321.8 and by] and
321.8 In] But in
321.9 - 10 ,however,] *not present*
321.14 (or] ∧~
321.18 cases] *bef. del. comma* AD
321.20 Euclidean] Euclidiean
321.21 Here] In reality
321.22 does follow] follows
321n.1 *ante*, pp.308 - 9.] ante. pp.....
322.2 judgment] ~,
322.2 between] of
322.7 general] *not present*
322.11 predicate-content] predicate idea
322.20 negated by] which
322.20 reasoning] reasoning negates
322.22 represents a] presents the
322.30 *Barbara*] *rom.*
322.35 general] universal
322.38 major] major and complete operational determination, i.e., by its if-then contents,
322.39 construed] stated
323.4 logical] complete logical
323.6 Aristotelian] Aristotleian
323.14 criticism] criticsm
323.18 existential;] ~,
323.22 , so] in the sense
323.30 *then*] *rom.*
323.36 on this view] *not present*
323.36 exclusively] *not present*
323n.1 *Logic*,] *not present*
323n.1 Chap.] Ch.
323n.1 VI.] Vi., Logic.
324.7 were] were itself

324.10 are specific data] specific data are
324.10 is,] ~∧
689 324.16 *are*] *rom.*
324.17 are] *not present*
324.22 propositions,] ~—
324.36 Again,] ~∧
324n.1 *Ibid.*,] Ibid∧,
324n.2 *Ibid.*,] ~.∧
325.3 "of] ∧~
325.9-11 , while ... place] *not present*
325.12 Traditional theory] Recurring to the traditional theory, it may be affirmed that it
325.13 , since it] and
325.19 cetacean] ~,
325.20 involves] would involve
325.21 even ... to] if no whales
325.22 proposition,] ~∧
325.22-23 the case of] concrete
325.29 indicates] suggests
325.30 the traits are conjoined] they are:
325.31-32 proposition] universal proposition
325.32 instituted] ~,
325.32 this formulation] such formulation,
325.38 by] by either cases of
325n.1 *Ibid.*,] ~.∧
326.1 taken ... other] *not present*
326.3 discourse] fiscourse
326.6 judgment] a judgment
326.7 way,] ~∧
326.9 the] *not present*
326.9 that are] *not present*
326.10 represents] represents, in other words,
326.11 failure] a failure
326.13-14 It ... inquiry.] *not present*
327.4 term), and every] term). Every
327.7 discourse] ordered discourse
327.8-9 and propositions are] is
327.9-10 their ... discourse.] reference to its force. either in inference or discourse; i.e., according as it is existential or non-existential in logical status.
327.11 category] category, or leading principle,
327.12 propositions] ~,
327.14 I.] I-A
327.15 of terms] *not present*

327.21 statement] latter statement

327.24 by] apply by 690

327.24 are of] to

327.25 of one type] one

327.25 - 26 and . . . form] *not present*

327.28 one] also

328.1 The usual] Their

328.2 from . . . given] when the position stated in the first paragraph is taken

328.5 failure] the failure

328.11 possession] possessions

328.21 granted] ～,

328.27 indicate] show

328.38 - 39 so as] *not present*

328.40 father;] ～,

329.1 "relation"] ∧～∧

329.6 content] force

329.8 - 9 This . . . and] It is this character by which they are constituted abstract

329.18 etc.,] etc., etc.;

329.20 The] And the

329.23 - 24 may be grounded] *not present*

329.25 another, and in order] another may be grounded and

329.28 another] another which is

329.28 than"] ～,"

329.29 linguistically] linquistically

329n.1 [1]The . . . *implication.*] *not present*

330.31 for] of

330.33 instead] for the sake of promoting further inquiry, instead

330.33 being] as

330.34 some terms] terms apart from fulfilment of this function

330.37 *kind*] kinds

330.38 progression] serial progression

330.38 When] when

330.39 be mammals] ～,

331.6 being] is

331.6 terms] *bef. del. comma* AD

331.8 far,] ～∧

331.11 general] single

331.12 *rule* for ordering,] rule of ordering∧

331.14 itself] *not present*

331.15 discourse.] discourse, if it is to be capable of determining, through application, those spatial and temporal relations and relations of kinds which promote fertile systematic inference.

691 331.21 *father*] father to
331.24 sisters; and] sisters, or
331.27 etc.,] etc. etc.,
331.29 – 30 The ... Terms] Intransitivity has just been illustrated. The logical import of terms
331.30 relation] relation is that they
331.35 so ordered] ordered so
331.36 determinate] determinate serial
331.39 an] any
331.40 a singular] anything
331.40 – 332.1 which effects] effecting
332.5 ¶ Hence,] Hence all
332.5 intransitive] ～,
332.7 not] not serially
332.9 When] If
332.10 kinds, as it is] kinds as
332.11 to be] *not present*
332.12 it then] then it
332.14 specified existential consequences] a relation of including and included kinds
332.17 them,] ～∧
332.17 – 18 immediate ... inference] qualities that are directly observable
332.20 transition,] ～∧
332.22 transitivity] transitivity in inference and discourse
332.22 of this condition] *not present*
332.24 *correlated*] generic correlated
332.25 *Asymmetry*] Assymmetry
332.28 *A.*] A. "Testator-heir" are terms that sustain a symmetrical relation to each other; in any such pair, there is, however, the relation of converse symmetry.
332.29 – 30 symmetrically] *not present*
332.30 – 31 other.... relation of] other, in the same sense
332.31 itself] *not present*
332.33 – 34 "Testator-heir" ... other.] *not present*
332.38 action and of] acted and
332.39 linguistically] which is linguistically
332n.1 pp.201,220.] pp....
333.6 substitutability] substitutibility
333.9 ¶ The] ～
333.9 not] not, however,
333.9 quantities] quantities that are
333.14 equations] equations, on the other hand,
333.14 conjunct] *not present*
692 333.15 that of] *not present*

333.17 - 18 by . . . symmetrical-/transitivity] , and satisfy conjunct-symmetrical-transitivity
333.26 - 27 between] of
333.28 its] *not present*
333.33 For it] This particular instance clearly
333.35 conditioned upon] determined by
333.35 *field*] rom.
333.36 - 37 inquiry, a result that] inquiry. This result
333.40 relation]∼,
333.41 ¶ The] ∼
334.5 terms] terms in themselves, or
334.14 have] are
334.18 have] have the
334.33 - 34 distinctive] the distinctive
334.34 of the] of
334.34 that] which
334.36 indicate] uindicate
334.36 (1)] (a)
334.38 (2)] (b)
335.10 II.] I-B
335.11 (1)] (a)
335.14 that (2)] (b) that
335.14 force,] ∼∧
335.17 the] *not present*
335.20 have to do] has to do exclusively
335.21 *function*] functional force
335.21 - 22 propositions —]∼:
335.25 that are] *not present*
†335.27 Chapter X] Chapter. . . ,
335.27 the] the functional
335.28 that] the
335.33 operations] operations, executed
335n.2 other] such
335n.2 are . . . "compound,"] as "compound" are contrasted,
335n.4 compound.] compound. See, below. . . . .
336.7 - 8 conjunctive-disjunctive functions] ∼∧∼-∼
336.9 being] being itself
336.10 However, not] Not
336.10 relational] formally relational
336.15 functions —] ∼:—
336.17 "*this*,"] "∼∧"
336.18 cases] sense
336.18 "the" is a synonym] they are synonyms 693
336.23 conditions)] ∼);

336.23 they are] are they
336.24 - 25 (exclusive) . . . and] (exclusive); and taken together as co-conjunct they are inclusive or
336.34 is] are
336.36 it is] they are
336.40 equivalent)] ～,
337.1 - 2 an additive conjunction] additive conjunctive
337.7 Treasury, of] Treasurey, of of
337.7 all] all possible
337.9 - 10 from this] than in the
337.10 a proposition as that] propositions as those
337.11 (as . . . collection)] ∧～ . . . ～∧
337.11 is] may be
337.18 - 19 sub-/kinds] ～-～
337.20 a] a sufficient
337.21 characteristics sufficient] characteristics
337.22 and that] while
337.23 differentiate] ground
337.24 ;or, more strictly,], ～∧～∧
337.38 taken] *not present*
337.38 alternative] alternate
337.39 included] inluded
338.6 traits,] ～∧
338.6 here] *not present*
338.7 for] for a warranted
338.10 Kinds] In addition, kinds
338.11 go but that are] go, but
338.12 *inclusive*] *rom.*
338.14 alternative] alternate
338.16 the position taken] this position
338.21 another . . . cumulative] another, yet so related that in
338.22 that suffice] which suffices
338.26 other characters involved] the other characters
338.31 traits] qualities
338.35 example,] ～∧
338.36 - 37 viviparous] vivaparous
338.38 (1)] *not present*
338.39 traits; while (2)] traits, and
339.2 viviparous] vivaparous
339.2 Mammals] mammals
339.4 viviparous] vivaparous
694 339.6 is a] is only a
339.6 mammalian.] mammalian; it has no connection with a relation of kinds (or with a conjunction of traits describing a kind.

339.7 *sufficiency*] *rom.*

339.10 In the] In

339.11-12 magnitude . . . while] it is determined that magnitude is no part of the conception, and that

339.12 outside] save within

339.13 the characters of] *not present*

#339.14 scaleness] scaleneship

339.14-15 now so standardized] standardized so

339.18 triangles] they

339.19 reference] meaning

339.24 as well as] , and

339.25 contexts: When] contexts, when

339.27 isosceles] isoceles

339.27 (1)] (a)

339.29 question, and (2)] question — and (b)

339.34 for] to

339.37 and, on the other side,] ~∧ ~∧

339.39 *reason.* For] reason, since

340.3 Mankind] mankind

340.8 such kinds] kinds such

340.8 ruled] logically ruled

340.15 achieved] had

340.18 kind] kinds

340.19 1. Certain corollaries follow.] Certain corrollaries follow. (1)

340.21-22 prior to and] wholly

340.22 function. But] functions. But it follows truistically

340.25 it follows truistically] *not present*

340.30 *at a given time*] *rom.*

340.31 (1)] (a)

340.33 these] they

340.35 (2)] (b)

340.35 their] its

340.35 For] That is,

340.37 delimitation . . . Hence] the constitution of the problem undergoing inquiry, so that

340.38 hand.] hand. *asterisk* / *asterisk* Cf. the discussion of particular propositions in CH XV and of "atomic" propositions, pp. . . . .

340.39 2.] (~∧)

341.1 then] *not present* *695*

341.7 a] *not present*

341.12 applicable] then applied

341.14 3.] (~∧)

341.29 definition,] ~∧

341.31 . It provides]; it is

341.33 the . . . definition] its actual logical import
341.37 interrelated just because] interrelated, since
341.38 conception. The] conception. Because of the functional import of the resulting propositions within a series of propositions (constituting ordered discourse) the
341.38 given analysis of any given] analysis of any
341.39 (this . . . definition)] *not present*
341.40 institute] make possible
342.2 inquiry,] ~∧
342.2 a given] *not present*
342.3 the . . . grounded] terms in any definition are logically grounded,
342.5 III] II
342.7 go] that have been considered go
342.22 proper] proper and necessary
342.23 should] must
342n.1 somewhat] rather
342n.4 species;] species, and
342n.8 *complete*] *rom.*
342n.9 a . . . Being] full being
342n.10 then] *not present*
343.1 of the position] *not present*
343.2-3 conditions . . . series] certain conditions in order to perform their functions in sets or series
343.3-4 logical . . . inquiry-continuum] necessity that stable meanings be instituted in continuity of inquiry
343.5 obvious . . . statement] more obvious meaning
343.6 a *given*] any given
343.7 changes] would change
343.7 of which] in which
343.20 very] *not present*
343.22 is] must be
343.29 apprehension] apprehansion
343n.2-8 "The . . . 394-5).] *not present*
344.4 *observance*] *rom.*
344.6 one . . . invalid] which are contradictory with respect to each other
344.7-8 Contradiction is not then] It is not
696 344.13 Direct] No direct
344.14 does not] can
344.28 *not-both*] not ∧ both.
344.34-35 sort of fallacy] thing
344n.1 pp. 195-8 and pp. 337-41.] pp. / . . . . . and pp. . . . . . .
345.4 subject-matters] subject-matters that are in actuality initially indeterminate
345.4 so] *ab. del.* 'such' AD

345.4 possible] ~,

345.5 of] of any

345.8(2) Aristotelian] Aristotleian

345.13 principles,] principles and

345.26-27 occupied] exclusively preoccupied

345.37 sets] the force

345.37 which] that

345.38 conclusion,] ~‸

345.38 series] the force

346.8 Aristotelian] Aristotleian

346.17 in order] *not present*

346.22 performance of operations] operations that are

346.23 a] the

346.23 such that] and that have

346.23-24 observed are] observed, as

346.26 which] that

346.29 Part] Book

346.30 after the] after a

346.30 found] *not present*

347.3-4 propositions ordered . . . another.] proposition in what I have called serial order: that is, with proposition in which a final proposition followed by inference from predecessor propositions.

347.7-8 depend,] ~;

347.10 introduces no] will not introduce any

347.10 terms] them

347.11 and] and to

347.11-12 conclusions . . . at] principles already laid down

347.13-14 *boundary*] *rom.*

347.14 is] as

347.15 meaning] means

347.15 terminal] *not present*

347.17 terms] they

347.17 connect, and hence] connect. Hence

347.19 ¶ This] ~

347.20 They] For they *697*

347.21 such] *not present*

347.21 are] have been

347.22 is] was

347.22 furthermore] further

347.24 , etc.,] *not present*

347.28 the] a

347.29 meanings. Indeterminate] terms. Such

347.31 restricted and result] restricted, resulting

348.3 limits,] ~‸

348.5 outcome] result
348.8 in] as they settle into
348.7-8 instruments. ... instrumentalities] being instruments. Hence
348.9 texts on logic] logical texts
348.15 that which is] these which are
348.17 resolution] the resolution
348.18 the discussion] it
348.19 that] which
348.21 *names*] ~,
348.23 adhered] adherred
348.27 such as] like
348.33 is] is in any given case
348.33 institution of] the need of constituting
348.34 as] that they may
348.35-37 are ... names] is no adequate ground in any case for restricting the application of the word "name". Names
349.3 In fact] For
349.4 something; otherwise] something or else
349.5 and ... symbol] *not present*
349.5 or a] and
349.7 either of them] it
349.8 ¶ The] ~
349.8 of ... proposed] in terms
349.9 ultimately] *not present*
349.10 judgment;] judgment. That is,
349.11 All other] Other
349.29 context in which] way
349.30 , independently ... endings] *not present*
349.34 scientific] *not present*
#350.1 rectilangularity] rectilangularity; they are abstract terms
350.3 indicating] disclosing
350.4 "solid"] a ∧solid∧
698 350.5 things] one thing
350.5 "liquid,"] a liquid thing,
350.11-16 Even ... an] This failure to grasp the necessity of the function as an abstraction from what is existential in determination of final judgment is met by a counterpart error according to which
350.17 objects] objects as such
350.26 *give.*] give — no distinction being made logically between these existential connections and the relations that hold abstract terms together.
350.28 logical] existential
350.28 has] *not present*
350.28-29 virtue"; ... of] virtue," and hence as of the same form as

350.29 is identical] *not present*

350.30 - 32 conceit," . . . We] conceit." Yet "murdered" in the first proposition is an existential act, occurring at a place and date and at only one place and time. In fact, we

350.32 merely by] by merely

350.39 age] ~,

351.3 in] for the sake of

351.4 out of a complex] *not present*

351.7 serves, like any trait,] ~∧ ~∧

351.8 - 9 so . . . operation.] defined so that it indicates an operation of possible application. In other words, the form of the abstract is of another logical dimension than the form of a quality as such.

351.17 universal, *smoothness,*] ~∧ ~∧

351.27 Each] The abstract or

351.29 *performance*] application

351.32 as such] is not a term as distinct from a singular but

351.36 which,] ~∧

351.36 - 37 As . . . qualities] Qualities of discriminated data

351.37 themselves] ~,

351.38 As] *rom.*

351.40 emphases of a] phases of the

351.40 which has] having

352.7 this or] *not present*

352.9 *some*] *rom.*

352.15 - 16 although . . . them] though it does warrant the existence of the beliefs

352.18 noted,] ~∧

352.20 failure] in failure

352.22 have] have already *699*

352.22 append, however,] may append, however, to the previous discussion,

352.24 - 25 generalizations . . . observed] if-then propositions when (a) the relation between the antecedent and consequent clauses has been tested

352.26 (2)] (b)

352.28 In . . . designates] It is also used to designate

352.29 the] a

352.29 232° C."] *space for number* ° C.∧

352.30 to the] to this

352.30 - 31 word . . . use] word. But it

352.31 - 32 one case is existential] the first case is non-existential

352.32 - 33 while . . . reference.] and that in the second case it is; or that the first sense purports to express a necessary relation, and the second a state of affairs that is contingent.

352.33 in as] as

352.34 - 35 content . . . made] formulation is concerned

352.35 its content] it
352.38 two] *not present*
352.38 once more] again
352.39 which has] having
352.40 conceptual] non-existential
353.9 some definite] *not present*
353.10 Thus,] ~∧
353.11 consists of] is constituted by
353.15 *denotative*] *rom.*
353.16 ground,] ~∧
353.16 the] their
353.16 of traits] *not present*
353.23 characters;] ~:
353.27 form] constitute or are
353.34 primarily . . . denotes] a set of traits primarily and denotes secondarily
353.38-39 "connotative" . . . than] connotative is anything more than a synonym of
353.39 cannot] does not
354.6 *element*, or] element,
354.13 Mill,] ~∧
354.16-17 it is] *not present*
354.17 the quotation] it
354.18 descriptive . . . prescriptive] terms having descriptive force and
700 354.19 terms] terms having prescriptive force
354.25 ¶ According] ~
354.26-27 set . . . "men."] existential qualities on the ground of which the individuals in question are assigned to the kind, men.
354.28 simply possesses] is recognized to possess
354.28-29 *denotation*; . . . to] denotation, that of
354.29 marks] signs
354.29 also to] that of
354.31 actually] *not present*
354.33 question,] ~∧
354.36 applied] to apply
354.37 corporeity] corporiety
354n.1 Book I, Ch. 2, Sec. 5.] Book *space for number*, Ch. *space for number*∧ Sec. *space for number*∧
355.3 theory] interpretation
355.11 that] all
355.11 singular] ~,
355.13-14 attributes] attributives
355.15 mere] merr
355.17 confused . . . different] confusion of two
355.17-32 There . . . refers.] One of them is that there is no reason or ground

for the name applied and hence no meaning in it in the sense in which there is meaning in the way of a ground or reason for the traits designated by an adjective and noun. In other words, there is no reason, no logical ground, for the object to which a proper name is applied being what it is, although there are of course causes for the objects called London, Rocky Mountains, Queen Elizabeth, being what they are. On the other hand, there is a reason for the traits or characteristics which form the meaning of a general name; namely, their office in describing a kind. If, however, it were a question merely of the name as a word, then there is no more reason why the sound "tree" should be used to designate a certain kind of objects than there is a reason why New York should be employed to designate a given city. No word or symbol of any kind has any meaning save through its referent. But since a proper name has a referent, it has the same claim to a meaning as any other symbol.

355.33 Mill's essential error] The essential error of Mill

355.33 by] by contemporary

355.34-35 Mill's ... qualification.] Mill. The form differs in that it concerns the demonstrative this instead of proper names.

355.36-37 the criticisms ... logical] here the fundamental criticism of the 701
doctrine that there is a sharp

355.38-39 two ... to.] there are two reasons given for holding that the demonstrative has no meaning of its own when that is not conjoined with a descriptive word, which will be considered.

355.39-356.2 the confusion ... cloud.] that the meaning of this may be indeterminate in reference to its characteristics and hence as to its kind. For example, a person at sea may point to an object and say, "See that mountain," equivalent to "That is a mountain," and be met with the rejoiner, "No, that is a cloud."

356.3 doubted.] doubted. This or it may be so indeterminate as to its description as to be a subject of inquiry or of controversy.

356.3 their occurrence] this fact

356.4 "*it*"] ∧it∧

356.4 meaning. It only shows] meaning, but only

356.4-5 qualities, so] qualities as

356.5 suffice for] permit

356.6 its kind] what observed qualities are evidential marks of

356.6 does not differ,] is no different∧

356.6 a] the

356.7 warrantably] groundedly

356.8 while a] but the

356.8 exists] remains

356.13 Unless they are,] If they are not, then

356.14-17 Every ... is] In any case, descriptions that are partial or indeterminate in some degree are involved in every existential inquiry that endeavors to assign a phenomenon to its proper kind by careful observation of its qualities. The illustration cited does differ in principle but only in the fact

356.18 has] in the case cited, has

356.19 - 20 demonstrative] descriptive

356.25 - 26 No ... perchance] There is no contradiction involved in the existence of

356.26 - 27 did exist] *not present*

356.31 number] set

356.35 the question of] a question

357.1 execution,] execution or

357.2 completion] completion in execution

357.2 in this stage] then

357.5 , therefore,] *not present*

702 357.14 Aristotelian ... system,] Aristotleian logic for in this system$_{\wedge}$

357.16 is] was

357.17 the definition has] it had

357.20 - 21 the ... viz.,] *not present*

357.21 are] were

357.23 (1)] (a)

357.25 by (2)] (b) by

357.28 denote] denotes

357.30 sections] section

357.31 statement,] $\sim_{\wedge}$

357.33 *designating*] designing

358.1 The] But the

358.4 kind] ~,

358.5 accordingly recognize] recognize accordingly

358.9 they] *not present*

358.9 - 10 singular] *not present*

358.19 *Nazi ... Germans*)] Nazist and Germans

358.20 from] from the

358.20 theory] theory thus introduced

358.21 genuine] *not present*

358.22 recognition that (1)] the recognition that

358.24 ; that (2)] and that (a)

358.26 that (3)] (b) that

358.32 that union of] the union of the

358n.3 the existential ... are] existential things

358n.5 - 6 , while ... subject matter] *not present*

359.1 perhaps] *not present*

359.2 since] in that

359.2 term,] term, like

359.13 “conic sectionality”] conic section,

359.20 concerned. It] concerned; it

359.21 by which] *not present*

359.21 it,] ∼∧

359.28 “meaning”] ∧∼∧

359.29 (1)] *not present*

359.30 (2)] *not present*

359.31 (3)] *not present*

359.33 It . . . to] To

359.34 is] should be

359.34 - 35 in a given context] is arbitrary

359.35 But in] In

359.36 - 360.1 in the same treatise] *not present*

359n.1 - 2 of two logical forms] *not present* *703*

359n.2 pp.306 - 7.] pp. . . .

360.2 - 3 universals] abstract universals

360.4 by] not only by

360.4 and] but

360.6 differential] peculiar

360.7 terms; namely, a] terms, namely, the

360.7 - 8 employed to] which

360.10 characteristic logical forms,] different logical forms, existential and non-existential,

360.11 definition. The two pairs,] definition respectively. The four terms,

360.12 for use] used

360.12 terms —] ∼,

360.13 for use] used

360.18 pile;] ∼,

360.22 affirmed,] ∼∧

360.23 involved] revolved

360.25 particular] enumeration of the particular

360.27 of a] of the

360.28 - 29 of special . . . taken] referred to here

360.36 - 37 (*being* . . . number)] is an abstract non-existential term, which, as defined,

360.37 *determining*] *rom.*

360.38 - 39 finite . . . aggregate] collection, finite or infinite

361.2 or aggregate] *not present*

361.5 a] *not present*

361.7 - 8 , a condition] *not present*

361.12 *practical*] *rom.*

361.14 another] also another

361.16 the phrase] that is,

361.17 stands for something] is

361.17 – 18 a mode of operation] as an abstract universal

361.19 executed. In this case] executed,

361.19 drawn] ～,

361.20 to be maps of] maps of,

361.21 A] *rom.*

361.21 thus] *not present*

361.23 nature and hence] nature, that

361.23 – 24 conception. ¶ There is also] conception. Then there is

361.25 all the men] all

361.33 introduced,] ～;

361.34 a given person] *not present*

704 361.34 – 35 reference . . . implicitly] reference, implicit

361.35 – 36 explicitly] explicit must be introduced

361.37 command] order

362.4 So-called reflexives are] Such so-called reflexives are also

362.11 identifiable] identical

#362.12 terms] *not present*

362.16 – 17 "Hating" . . . abstract.] *not present*

362.21 – 22 a dictionary] it

362.25 but] while

362.26 – 30 The . . . denotes.] The kind of objects which is designated by "dictionary" or by "collection of postage stamps" applies denotatively to all of an indefinite number of objects marked by specified characteristics. It is definitely limited as to characteristics in a way in which a collection of words is not. On the other hand, it is indefinite, instead of definite, in the number of singulars to which it denotatively refers.

362.33 is a] a

362n.1 P.W.] *not present*

362n.1 – 3 The . . . paradox.] *not present*

363.1 singulars] ～,

363.1 *operations*:] ～;

363.6 its] the

363.10 The] The distinctive

363.10 "particular"] "～,"

363.16 rule,] ～‸

363.17 "particulars"] *not present*

363.17 while] , and

363.18 determinate] definitely determined

363.20 discussed, now] discussed —

363.29 ¶ With] ～

363.29 contrary] *not present*

363.37 an indicator] as indicators

363.38 inquiry — the latter being] inquiry, as is

363n.1 W.S.] *space for name*
364.8 in such a way] so
364.8 could] would or could
364.9 in distinction from] any more than of
364.10-11 that would be possible] *not present*
#364.15 or] in
364.25 such a term] it
364.29 with the view] the point made
364.33 also] *not present*
364.36 or] not
364.38 singulars. Thirdly,] singulars; while, thirdly 705
364.40 is] is acceptable of
365.4 It also] Because of the considerations just indicated, it
365.6-7 the theory about] *not present*
365.7 should] is or should
365.7 provide] have
365.8 concrete existential subject-matters] actual subject-matter
365.12 by confusing] with confusion between
365.13 universal.] universal. The confusion reaches its climax in the endeavor to introduce into logical doctrine, discussion of the methods of the natural sciences and to relate them to a formalistic logic of discourse in propositions and terms having no existential reference. The nature of scientific method forms the theme of the next and concluding book, and the first chapter of this book is especially concerned with the incompatibility between purely formalistic logic and the attempt to deal with the logical theory of the methods of natural science.
367.1 Part Four] BOOK FOUR
†369.1 XIX] ~.
369.12 Again,] ~∧
369.16 place ... subject-matter] relation of form to logic
369.21 is;] is, or
369.21-22 what ... there is] or only
369.26 They] These
369.26 themselves; some hold] themselves, since they include both
369.27-28 possibilities; ... are] possibilities, and that they consist of
369.29 opposed] other
369.29 holds] hold
370.1 variety of this type of] *not present*
370.3 subjection of the latter] its subjection
370.4 the] *not present*
370.4 end —] ~:—
370.6 need] intention
370.8-9 repeat, ... namely,] point out

370.9 - 11　(that ... form)], namely,∧ that ... form∧,
370.16　re-/arranged] ~-~
370.21　forms to adapt them] form in adaptation
370.21 - 22　serving ... consequences] bringing proposed consequences into being
370.27　of procedure] *not present*
370.28　factor] end
706 370.29 - 30　became] were
370.30　formalistic —] ~,
370.31　logic, since] logic. For
370.33 - 34　controversies. ... for] controversies, and, thereby, as far as possible, of advanced
370.35　are ... to] will not
370.36　relations,] ~∧
370.37　conducted,] conducted thus
370.37　conflicts,] ~∧
371.8　¶ A] ~
371.10　something] one thing
371.11　towards] to
371.17　agreement to exchange] exchange of
371.17　services] services to take place
371.18　among] *not present*
371.19　engagements ... as] engagements, some being
371.20　penalties,] ~∧
371.21　them] *not present*
371.22　conferred] confirmed
371.24　¶ There is] There was
371.24 - 25　promising which differentiates] compromising which would differentiate
371.26 - 27　enforceable; ... "consideration."] enforceable, say, as a seal.
371.28　But while the] The
371.29　formal, it is (1)] formal. But it is (a)
371.29　(2)] (b)
371.35　¶ Men] Now men
371.36 - 37　any ... promises] *not present*
371.38　in inquiry, as in conduct] showed in the case of inquiry, as in the case
371.38 - 39　made it evident] *not present*
371.39　carried on] performed
371.40 - 372.1　except ... subject] excepting as the materials were subjected
372.2　When] As
372.4　be,] ~∧
372.4　function,] ~∧
372.7　by] by the
372.7　materials] materials, which are their media,
372.11　tonal ... in] the material of tones. In

372.11-12 of record, etc., that] which

372.12 give] give record of its

372.16 some special form] certain forms 707

372.16 its material existed] the material exists

372.17 and prior to] *not present*

372.17-18 the relations] operations and processes

372.18-19 (rhythm ... example)], ∧~ ... ~∧,

372.19-20 undeniable] undenaible

372.21 various] the various

372.22-23 relations ... art] processes together

372.23-24 abstraction. As] abstraction; as

372.26 material] material as forms,

372.27 re-shaped] *hyphen added* AD

372.28-29 issue ... postulates] problem of formalism, or of

#372.29-30 matter ... forms] matter,

372.30 forms-of-matter,] ~-~-~∧

372.30 head] focus

372.31 the relation] logical forms in relation

372.31 For if] The failure of

372.32 is unable] *not present*

372.33 method,] method provides such

372.34 is obtained], that it will be discussed at some length

372.34 at first] *not present*

372n.1 *Experience,* in chapter VII, on] Experience in a chapter on

373.7 ¶ Both] ~

373.9 or not] *not present*

373.11 precisely] *not present*

373.15-16 so used] used to any effect

373.16 The fact] It is usually considered to be sufficient to show

373.18-19 mathematical ... fact] universal, and hence nonexistential, propositions. That such is the case

373.20 but,] ~∧

373.23 but] *not present*

373.23 which the] which

373.25 import] ~,

373.26 on this fundamental] with reference to this

373.26-27 of application] *not present*

373.29 any] *not present*

373.32 as] by

374.1 supervention] *not present*

374.3-4 investigation,] ~∧

374.9 in any case] *not present*

374.15 *special* order] special order

374.17 the] the

374.27 science.] ∼,

708 374.29 that *content*] the content

375.3 "human"] "∼,"

375.5 very] radically

375.7 brought] led

375.15 definite] some definite

375.19 the . . . give] values which would give us

375.23 a certain] a certain

376.2 dying,] ∼∧

376.3 noted,] ∼∧

376.3 proposition] form

376.6 properties] propositions

376.7 means of] *not present*

376.13 *X*] x

376.15 *X*] x

376.16 (1)] (a)

376.17 (2)] (b)

376.17 applicable] applicable if it has any place in inquiry that concerns physical existence

376.18 *X*] x

376.19 the meaning] it

376.21 (1)] (a)

376.22 at . . . place-time] *not present*

376.22 (2) that this] (b) that the

376.24 *X*] x

376.24 - 25 expression of] extension of a

376.25 form.] form. As a function, it must be interpreted to mean "If x, then human," a proposition which is equivalent to stating an interrelation of the characters defining being x and those defining being human.

376.26 operations] operations are

376.28 the existence of] *not present*

376.29 *X*] x

376.34 (1)] (a)

376.36 (2)] (b)

377.14 describes] describe

377.14 - 15 describes the] describe the

377.20 generalization,] ∼∧

377.21 *extension*,] ∼∧

377.22 Such an] The

377.22 - 23 "empirically"] ∧∼∧

377.26 - 27 precarious] contingent

378.10 form —] ∼∧

378.14 (1)] (a)

378.16 (2)] (b) 709
378.22 death"),] ~,"∧
378.26 while] the fact that
378.27-28 and while] or that
378.28 necessary] logical
378n.11 and vice versa] *not present*
378n.13 theory] ~,
378n.14 ethical] *not present*
379.1 they are not] does not prove that they are
379.1 An] Some
379.2 *possible*,] ~∧
379.7 logically] *not present*
379.17 of] of the
379.28 mathematical] even mathematical
379.28 series,] ~∧
379.29 condition,] ~∧
379.37 satisfied] satisfied in all inquiries that constitute scientific method in the material sciences
380.10-381.28 heads." ... contradiction.[4]] heads∧"— a proposition in which the consequent clause has existential import and "synthetic" or informative in that it does not merely repeat in different verbal fashion the contents of the antecedent clause.

There is no doubt that such an if-then proposition renders it unneccessary to observe and count the hairs on the head of each singular inhabitant, in order to arrive at the conclusion that at least two have the same number of hairs. Thus it proves the instrumental value in inference of a universal non-existential proposition. But it is very far from proving that the if-then proposition in question is a sufficient condition of the existential conclusion. While it eliminates the necessity of counting the hairs on the head of each and every inhabitant, it does not eliminate the necessity for all independent operations of observation and counting. At least two independent modes of observation are required to warrant the conclusion drawn. (1) The number of inhabitants in the town must have been determined, and this determination in no way follows directly from the if-then proposition. In a hamlet of thirty or forty persons, the conclusion in question would not hold. If it holds in the case of London or New York, it is because it is a matter of common knowledge that these cities have a very large number of inhabitants. But this knowledge is not derived in any way from the if-then proposition in question. It is the result of enumeration of singulars effected are 710
independent operations of observation. (2) While it may also be taken as matter of common belief that not even the person with the bushiest head of hair has five or six millions of hairs on his head, it is clear that

the final existential conclusion is warranted only when comparative observations have selected a specimen or several specimens of busy-headed persons and estimated the number of hairs on their heads.

381.32 having to go] going

381.33 wives. For] wives; but

381.34 whether] whether or not

381n.1–5 [4]A . . . of.] *not present*

382.4 For again] Again

382.6 of] of the

382.6 that,] ~‸

382.6–7 are taken] *not present*

382.7 have been] are

382.8 operation] operation are taken

382.8 , secondly, that] then,

382.18 Parts] books

382.18–19 the point of issue] the matter

382.25 selection] ~,

382.30 required] the required

382.31 to] to the

382.32–34 it . . . tools] there are sufficient grounds for selection of materials that may be re-shaped into the appliance

382.34–35 effect the intended] effects the

382.36 then] *not present*

382.38 that consequences] for more complex consequences to

383.6 distinctive] *not present*

383.14–15 chair and] ~, ~

383.23 ¶ These] ~

383.23 exemplify] illustrate

383.24 chapter;] ~:—

383.27 purpose —] ~;

383.29 develop] ~,

383.34 of some sort] *not present*

383.35 1.] *not present*

383.35 means-consequence] *alt. fr.* 'means-consequences' AD

383.36 It] (1) It

383.37 illustrated,] ~‸

383.40 reshaping] re-shaping

711 384.1 reshaping] re-shaping

384.3 suited] fitted

384.10 possibility,] ~‸

384.11 2.] (~‸)

384.12 it] it also

384.13 reshaping] re-shaping

384.14–15 an *intermediation*] intermediations

384.15 of] of related

384.17 define even the] institute the conception and

384.23 formed-matters] ~-~,

384.24 3.] (~∧)

384.26 procedure) the latter

384.29 between] of

384.29 - 30 of materials] and relations

384.32 to cook] by Which to cook other

384.40 end, . . . generic] end is generic, say, clothing

385.3 ends:] ~:—

385.5 chiefs,] ~;

385.15 final close] close involved in maintenance of life — perhaps avoiding an enemy or obtaining food

385.24 relationship] relationships

385.25 side,] ~∧

385.28 bring out] elicit

385.30 (1)] (a)

385.32 (2)] (b)

385.33 (3)] (c)

385.34 and] so as to

385.35 are] may be

385.35 (4)] (d)

385.37 - 38 cultural] *not present*

#385.38 these] those

386.1 as] as to

386.3 (1)] (a)

386.3 (2)] (b)

386.12 and] or

386.17 those] *not present*

386.30 some] *not present*

386.36 kinds.] kinds. *asterisk / asterisk* Cf. ante, pp. . . .

387.2 basis of fact] sound basis

387.9 - 10 forms. But the] form. But

387.14 is] is* (by) [*parens. added w. question mark ab.* AD]

387.21 conjunction] a conjunction

387.22 kinds.] kinds. This conclusion may be sound as directed merely 712
against the purely formalistic theory that has been criticized.

387.24 - 25 in and to the *existence*] to existence

387.25 *about*] *rom.*

387.30 Thereby] ~,

387.30 heteronomous;] ~,

387.32 - 34 In . . . absolutely.] *not present*

387.35 ¶ The] ~

387.37 - 38 having a co-/efficient] with a coefficient

387.39 conceptions] a conception
387.39–40 invariant . . . are] invariant, immutable, structure is
388.3 competently] the competent,
388.6 necessary] any necessary
388.8 source] source, and presents, if it can be stated meaningfully at all, very difficult problems concerning its historical origin
388.19 ¶1.] (~$_{\wedge}$)
388.30 2.] (~$_{\wedge}$)
388n.1 pp.252–3.] pp...
388n.7 A.N.] *not present*
#388n.8 p.166.] p.166. So far as I am aware, the first explicit statement of the logical import of this fact is found in the essay of Mead. . . .
389.7 and of] and
389.9 ¶3.] (~$_{\wedge}$)
389.15 first,] *comma added* AD
389.24 practice] method
389.32 a] *not present*
389.33 , which is] *not present*
389.34 and] fixed *space for word*,
389.34 that] which
390.1–2 mathematical and in the natural] natural and in the mathematical
390.13–17 Because . . . discussed.] *not present*
†415.1 XXI] XX.
415.5–6 another and] another, and with
415.6 which constitute] constituting
415.10 which] which the
415.16 another, and the] another. The
415.21 formed] current
415.24 so] as
415.24 induction] the nature of induction
415.25 statement] statements
713 415.26 general] ~,
415.30 forced] forced by some logical theory
415.30 straitjacket] straight-jacket
415.31–32 Escape . . . of] This will usually be the case unless
415.32 deduction] deduction are analyzed
415.32–33 actual methods of] scientific method as exhibited in successful
416.7–8 which are] *not present*
416.8 in] in the
416.10–11 rubrics . . . however,] principles by which scientific practices are interpreted. Further discussion, however, will not
#416.12 doctrines] doctrine
416.14 induction and deduction] they
416.29 provided] was

416.35 species] species; that is, those

417.3 1. *The Deductive*.] *not present*

417.4 Given] In each, there is, given

417.4 cosmological] *not present*

417.5 there is] *not present*

417.6 particular] more particular

417.7-8 more ... is] more generic to the more specific. That is, "particular" has here

417.9 sense:—] ～, ∧

417.10 universal] relatively generic or

417.11 "particular"] "particulars"

417.13-14 are ... severalty] , or singular observed things

417.14 belong] belong, are particular in this sense

417.15-16 and ... subsumed] they are capable of subsumption

417.16 which state] , stating

417.17 "follow"] ∧～∧

417.19 briefly indicate] indicate only briefly

417.22 deductive] such

417n.3 since] because

418.8 equiangular] equilateral

418.9 about] in

418.16 2. *The* ... to] There is a verbal likeness in

418.16 of the] of

418.17 of] presented in

418.17-18 science ... Both] science, since both

418.21 (1)](a)

418.22 (2)](b)

418.27 suffices] will suffice

418.28 conditions] needs 714

418.31 in so far] insofar

418n.3 static] static

418n.3-4 mathematics ... seen)] present science

418n.4 propositions] prpositions

419.2 "particular"] singular object

419.6 experience, In] experience, and in

419.9 and] and then

419.12 notation; in] notation. In

419.18-19 perceived, by reason,] ～∧～∧

419.23 "psychological"] ∧～∧

419.25 rather biological] also a biological one

419.27 process,] ～∧

419.30-31 necessarily ... time] involved all the time, and necessarily,

420.11 ¶1.] (～∧)

420.16 are] were

420.20 experimentation] it
420.21 view,] ~∧
420.25 "practical,"] "~∧"
420.25 hence] hence as
420.28 self-sufficing:] self-sufficing, since it is
420.30 2.] (~∧)
#420n.2 378;] ~∧ [*semicolon del.* AD]
420n.5 person] man
420n.7 of] *not present*
421.3 perception] ~,
421.4 a] *not present*
421.4 Institution] The institution
421.5 new data, which] data that
421.6 conclusion that is] conclusion,
421.7 difficult] most difficult
421.9 science but] science, but they
421.11 that] which
421.12 primary] *not present*
421.14–15 developed] developed originally
421.16 the conditions of] in
421.16 are] are therefore
421.27 ¶ Any] ~
421.27 accordingly,] ~∧
421.29 Consider] ¶~
421.36 reached along with] reached, and
715 421.37 , dependent upon inventions of] ∧ that required
421.38 techniques] techniques to be realized
421.39 to be] as
422.5 3.] (~∧)
422.19 which are] which are the
423.4 cooperative] distinct and cooperative
423.4 ultimate operations] ultimately inclusive set of operations
423.16 special *if-then*] special if-then
423.29 propositions] proposition
423.34 (1)](a)
423.36 (2)](b)
423.38 These conditions place] Apart from these conditions,
423.39 as] is
424.10–13 (3) . . . demonstration.] ¶ Further discussion in this chapter will be devoted for the most part to the inductive phase of inquiry. Before considering it in detail, a further introductory word will be said about the relations of "inference" and "test." For it is implied in the foregoing account that they are functionally correlative.
424.14–15 of inference and test] *not present*

424.17 far as is possible] *not present*
424.18 For] Or,
424.22 procedures the] procedures,
424.22 which] that
424.22 that] which
424.23 probative] testable,
424.26 - 27 more or less] *not present*
424.29 - 30 not] not, of course,
424.30 - 31 as consequences of] by
424n.1 [4]As . . . the] I have used the word "test" rather than "proof." Such test is probate, but it is proof of the order of ostensive existential demonstration. The
424n.2 used exclusively] reserved
424n.2 *discourse*] *rom.*
424n.3 but] only
425.1 material,] material, which is necessary to clear the ground in the present state of logical theory,
425.3 - 4 will . . . that] consists of inquiries which
425.12 not] not then
425.13 including] *not present*
425.15 subkind] sub-kind [*hyphen added* AD]
425.16 *rain*; in] rain: In
425.24 - 25 instituted. . . . demanded] instituted, so 716
425.26 should . . . terms of] were then those which result from certain
425.26 - 27 interaction . . . (1)] interaction, not directly observable. (a)
425.28 specific] certain
425.30 to be connected] in connection
425.31 gaseous] gaseous in consequence of differences in pressure and temperature
425.33 (2)] (b)
425.34 then] now
425.38 connections of] relations in the sense of existentially connected
425.38 (3)] (c)
425.41 hypothetical.] ~,
426.1 is . . . conceptions] was to be explained by them
426.7 is] would be
426.13 , an idea] ∧ and
426.19 in amount] *not present*
426.21 The observations] They
426.23 were] are
426.24 - 25 as far] and, as far
426.36 with the] with
427.6 high] higher
427.7 These limiting] Limiting

427.10 power to effect] status of effecting
427.11 1.] *not present*
427.19 a] the
427.26 (as hypotheses)], ∧~∧
427n.1-2 the formulation is] its formulation is also
427n.3 qualification] fact
427n.3 lesser] some
427n.8 obscuring] concealing
427n.11 symbolic] *not present*
427n.14 And, it may be said] Moreover
428.1 operational] operative
428.4 another, and they] another ∧ and
428.13 2.] *not present*
428.17 on . . . then] on, though even in these cases
428.19 preference] preferance
428.24 identifying] defining
428.27 note, once more,] ~∧~∧
428.28 means] means and what it only means
717 428.28-29 logica] . . . of] the conditions of controlled
428.30 problem] involved problem
428.31 involved] *not present*
429.2 Inquiries] The inquiries
429.2 kind, marked] kind included
429.3 differentia, within] differenria∧ whithin
429.8 word:] ~;
429.11 production] cause
#429.15 *en gross] rom.*
429.17 an] *not present*
#429.22-23 nowhere. . . . is] nowhere; this failure being
429.26 repeat,] ~∧
429.35 that might lead] *not present*
429.36-37 *conclusion*. It was] conclusion, but only
429.37 by which] *not present*
429.40-430.1 required . . . put] capable of putting
430.1 such] its
430.1-2 applicability . . . itself] applicability, but it was incapable, apart from application through operations of observation, of determining
430.15 observations] observation
430.20 at different stages] in different forms
430.32 that] who
430.37 for] of
430.39 or] and
431.3 then,] *not present*
431.19 remedy] cure? [*intrl*. AD]

431.31 may] will

431.31 The] Everything hangs with respect to the

431.32 hangs wholly] *not present*

431.32 singular] *not present*

431.37 must, of course,] has, in any case, to

431.38 specified] the

431.38 already] *not present*

432.1-2 , since . . . is.[6]] ∧ for a kind is a kind.

432.10 inductive inquiry,] inquiry∧

432.11 it,] inquiry∧

432.12 *is* representative, or] *not present*

432.13-14 several or] several and

432.22-23 illustrations; . . . "icons."] illustrations.

432.25-26 a mode of inference] inferences

432.26 case] content

432.27 and] or

432.27 here] *not present* 718

432.30 3.] *not present*

432n.5 sufficiently] *not present*

433.6 also] *not present*

433.7-8 singular . . . agreeing] actual occurrences agrees

433.10 whole] sole

433.13 for] as, for

433.17 a] *not present*

433.24 way] way apparent

433.24 *procedures*] *rom.*

433.26 logically] *not present*

433.32 or not] *not present*

433.32 is] is or is not

433.35-36 criticized] under consideration

433n.1 K. Darrow,] *space for name*

433n.1 Chap. I.] Ch. *space for number*.

434.6 do not merely *grow out*] not merely grow out

434.9 ¶ The] ~

434.13 alone is] is alone

434.23 physics] physical

434.24 for] to

434.33 even] *not present*

435.3 their] <u>their</u>

435.4 ends] ~,

435.6 4.] *not present*

435.11-12 science, and on] science. On

435.13 endeavored to make logical] was produced in the endeavor to make

435.20 Interpretation] In interpretation

435.21 by] *not present*

435.21 ignores] ignore

435.23 generalizations] inferred generalizations

435.24 as to determine] that there is determined

435.25 way] modes

435.25 case.] case. The heart of induction consists then in the operations by which a singular is so determined that it affords the ground of generalization.

435.35 abstracted,] ~$_{\wedge}$

435.35 - 36 by means] by means

436.4 hypotheses,] ~$_{\wedge}$

436.7 (1)] (a)

436.10 (2)] (b)

436.15 a proposition] propositions

719 436.15 - 16 the proposition] *not present*

436.17 these] such

436.18 are] are determined to be

436.19 that are] *not present*

436.24 Very slight] Only the slightest

436.27 given interpretations of] attempted to interpret

436.27 Since] Since at least

436.28 and earlier,] *not present*

436.31 will] *not present*

436.32 acknowledgment of] by showing

436.32 - 33 limits ... to] the concept of causation is definitely limited to discussion of

436.34 interactions.] interactions. In short, from the logical point of view, the concept of causation is identical with that of interaction, and any theory which explains the logical status and force of the latter category also explains that of causation.

†437.1 XXII] XXI

437.5 events] ~,

437.8 general] *not present*

437.8 - 9 interpretation] interpretation of the meaning

437.11 sequence] sequences

437.13 - 14 necessity ... postulated] relation of necessity

437.14 with] with that of

437.14 - 15 that holds] found

437.15 *singulars*] *rom.*

437.19 - 20 , when it is accepted,] *not present*

437.24 uniformity in] *not present*

437.24 events] events and of necessity

437.25 with that of unconditionality] *not present*

437.26 the criticism] any criticism

437.26 one] doctrine which has been
437.27 or] or even
437.29 (or unconditional)] *not present*
438.2 necessary,] ～;
438.3 direct] direct
438.7 nor can it] and it cannot
438.8 an existential sequence] existential sequences
438.9 cases . . . dew] case of malaria
438.10 also] further
438.16 in reference] *not present*
438.17 thus involves a] involves
438.20 ascribed to] given
438.21 - 22 determine, . . . ascribed] determine for its own content, while the sequence is in turn given 720
438.24 by . . . instituted] *not present*
438.25 confusion] confusion is that which
438.26 It . . . generalizations] Generalizations
438.31 - 32 They purport to] If they are valid, they
438.32 characters, and so] characters; like any purely mathematical formulation
438.35 material] the marerial
439.4 - 5 arises from] consists in
439.6 the structural] . . . propositions] its structural content
439.7 law,] ～∧
439.8 a sequence . . . subject-matter] for its content or subject-matter, a sequence of events
439.9 interactions] modes of interaction
439.11 as] for
439.13 logical ideal] the ideal theory,
439.15 - 16 while . . . kind] whose relation
439.16 - 17 extensive . . . possible] inference can be made from the singular in question to other singulars
439.19 determined,] ～∧
439.19 and every] *not present*
439.20 some] some sort of
439.21 so . . . as] related together
439.23 kinds *tin, lead, silver, iron,*] kinds; tin, lead, silver, lead,
439.23 abstract] ～,
439.23 universal] ～,
439.28 ¶ It] As
439.28 - 29 of discussion . . . that] of some topics by recent logical theory,
439.30 a] the
439.30 formal] logical in the sense of non-existential
439.33 the *contents* of] *not present*

439.33 – 34 are . . . to the] is determined in its own interrelated contents with reference to its

439.34 – 35 of the proposition] *not present*

439.38 *L*,] ~∧

440.2 the universal] ,*not present*

440.7 execution] an execution

440.18 consequences] *bef. del. comma* AD

440.18 respectively,] ~∧

440.22 arisen,] ~∧

440.23 arise,] ~∧

721 440.23 theory] theory

440.26 be] be themselves

440.33 constituents] consituents

440.36 institution] situation

440.37 which] that

440.37 continuous] ~,

441.1 set] included pair

441.3 ¶ A] ~

441.10 taken . . . being] here taken as

441.10 explanation] explanation of the change

441.13 With] Scientific method with

441.14 *generalization*, . . . therefore,] generalizations is content

441.15 interaction] interraction

441.20 as a] as

441.22 – 23 contents . . . possible] mathematical functions

441.24 then] *not present*

441.25 of special] of some special

441.26 phenomena. The] phenomenon. But, as has been pointed out, the

441.26 have, indeed, been] are

441.27 when an] in concrete situations when the

441.29 – 30 minute . . . such] singulars so

442.1 determining] determinating

442.4 that] which

442.8 in which it] from other events in which it has at

442.8 itself,] ~;

442.12 in the] on the part of

442.14 1.] (~∧)

442.21 becomes] is then

442.27 Examination] The examination

442.30 2.] (~∧)

442.31 with . . . instituted] *not present*

442.35 an initiation] clearly the beginning

442.39 question:] ~:—

443.14 etc., . . . proves] etc., etc., is that they prove

443.19 - 20 resulting . . . events] relational complex
443.23 from] from generalization of
443.24 beliefs] ideas
443.24 of *the*] of the
443.28 not] not even
444.2 an] the
444.9 *content*] observed content
444.9 then] now
444.11 a set of interactions] interaction 722
444.11 - 12 dying, . . . perceived,] ~$_\wedge$ . . . ~$_\wedge$
444.13 ¶ Analysis] ~
444.13 effected] obtained
444.18 - 19 traits . . . another] logical relations of traits and characters
444.22 investigation, not] investigation. It is not
444.23 ¶ The] ~
444.27 (interactions)] (of interactions)
444.28 become] are
444.29 But, . . . dying] At the same time, it
444.30 if it were] *not present*
444.39 causation] ~,
445.1 does mark] marks
445.3 - 4 *events*; . . . side,] events, and
445.7 ¶ Before] ~
445.7 this point] the matter
445.14 paper so that] paper, and
445.16 of . . . introduced] that was suggested
445.17 this qualitative gap.] the qualitative gap was that of "force."
445.18 - 19 power. . . . die] power; a living body dies
445.20 had] has
445.24 The] In fact, the
445.24 indeed] *not present*
445.27 source of] ground for
445.29 or gap. Something] so that something
445.30 events is then invoked] event is called in
445.30 - 31 events . . . nevertheless] independent events are
445.35 most] *not present*
445.35 Then there] There then
445.37 the idea] that
445.38 appearance, . . . by] appearances, satisfaction in
446.2 *invariably*] *rom.*
446.7 - 450.17 There . . . theory.] In some philosophical circles the idea was additionally recommended by certain survivals of Aristotelian metaphysics. Fundamental in that metaphysics was the difference between activities which flow from the intrinsic nature or essence of

things, and *changes* which occur because things lacking intrinsic Being are "affected" by other things. Even after the progress of science compelled surrender of this cosmological conception, deference to Aristotelian logic led to transfer of the conception of inherent
723 immutability from essences to the order of successive events. The content altered, but the logical form remained the same.

From this historical excursion I return to analysis of the notion that scientific laws are statements of invariable sequences. A convenient starting point is the fact that common sense is possessed of many generalizations which are about a succession of events. Some of these generalizations are now relegated to the category of superstitions, such as belief that changes in the phases of the moon have something to do with germination of seeds, that deaths are more frequent at the time of ebb tides, etc., while some of them had genuine *practical* value, and are still sometimes cited in logical texts as examples of simple causal relations, such as "water quenches thirst"; "soap and water cleanses dirty objects"; "heating iron causes it to be more malleable"; "rain makes plants grow," etc. Such generalizations formulate practical expectations which have been found to be dependable upon the whole. Such generalized expectations are bred by habit and are often of decided practical utility. They are of the order into which Hume resolved the entire conception of causation. But the formulation of an habitual expectation, no matter how frequently confirmed by the outcome, is not the formulation of a *law*. From the standpoint of scientific method such "generalizations" provide the subject-matter of *problems*. This fact alone suffices to establish their difference from any statement of a relation which has the standing of a law or which is a generalization in any scientific sense. For generalizations as laws, whether factual or conceptual, arise in the processes of solving the problems set by habitual expectations, and function as the means of their solution.

It may seem like unnecessary repetition to state once more what are the actual contents of scientific laws. Take, however, a case such as the common sense belief that arsenic is a virulent poison: in other words, that introducing it into the system "causes" death; or, in the formulation under examination, that it is the antecedent of which death is the uniform consequent. In the first place, it is evident that a good many qualifications have to be added to any statement pretending to scientific standing. The amount of arsenic taken has to be specified; the conditions of the system into which it is introduced have to be
724 determined, since some persons, by repeatedly taking small doses and gradually increasing the amount, secure immunity from fatal consequences, while other persons would be killed by the same dose. Finally, the presence or absence of "counteracting causes" — an idea

that deserves careful analysis — must be specified. For the "sequence" is far from being uniform, since an antidote may be taken. Now the point, in the logic of scientific inquiry, of the necessity of introducing such qualifications is that they completely re-qualify and re-determine the material of the original belief. They are not simply additions to, and substractions from, this material as belief concerning the sequential relation of arsenic and death. They are instituted as means of transforming that material. For the scientific problem concerns how arsenic is related to death. Solution of this problem demands that arsenic be described not as the gross qualitative object of ordinary perception (or in terms of its immediately present qualities) but in terms of a complex set of potential interactions. Some few of these potentialities are actualized under the conditions of ordinary perception, but most of them are not, including those im-portant for drawing inferences concerning the relation of arsenic and death.

The determination of interactions which enable warranted inferences to be drawn is an experimental process. It requires, therefore, direction by conceptions. It would require * a sizable [‘e’ *del. aft.* ‘z’ AD] chapter in a treatise upon chemistry to set forth all the conceptions which enter directly and indirectly (through their relations in a system of conceptions) into the scientific description of arsenic, and another * sizable [‘e’ *del. aft.* ‘z’ AD] chapter to describe all the forms of apparatus and special techniques involved in the experiments by which these conceptions are instituted. It is enough, from the logical point of view, to note that an ideal of inquiry is that relations be stated in universal propositions, or laws of the if-then form. Since their contents are non-existential, temporal sequences arc no part of them.

The fact that no scientific law is about an existential sequence may seem in view of the currency of that view, to prove too much. For, it will be said, in spite of the arguments adduced, causal sequences are universally found, as matter of fact, in scientific statements of natural occurrences. For example, in a case in which death by poisoning is
suspected, certain symptoms are looked for which are characteristic of 725
the action of arsenic. If these traits are found, then further inquiries are instituted to discover a definite sequential order, such as purchase of arsenic by some definite person at some specified place-and-date and its administration under similarly specified conditions, together with the later appearance of the characteristic symptoms of arsenic poisoning. The final conclusion is validated, it will be said, in just the degree in which a close sequential order of events is determined.

The view which has been put forth as to the nontemporal content of scientific laws (of both factual and conceptual contents) is not in the least incompatible with these considerations. On the contrary, it is the

only view which provides a consistent logical interpretation of them. For the essential point is that in the case of singular occurrences under investigation, the object is to determine a sequential continuum. But the sequence in question is that which constitutes just that unique singular event; there is nothing invariable or recurrent about it. No two cases of death from bullets or from poison by arsenic are identical. On the other hand, laws do state uniform relations of distinguishing characteristics (descriptively determining kinds) and interrelations of abstract characters. But there is no quality or property of sequence in their contents. In short, only confusion of the existential determination effected by means of the operative application of the laws with the structural content of the laws, can lead to the idea that any law is a formulation of a causal sequence. Events recur that are of the *kind* assassinations, depositions of * dew, [*alt. fr.* 'due' AD] malarial diseases, etc., but each event which is a case of the kind is existentially unique, non-recurrent. The assassination of Lincoln was not that of Julius Caesar; today's * dew [*alt. fr.* 'due' AD] is not yesterday's; John Smith's malaria is not that of Joseph Jones, etc. It is stated that the sequence in question is not that of events but is one of selected traits or characters. Certain *features* of * assassination, [*alt. fr.* 'assassinations' AD] of dews, malaria, etc., are identical with one another and the order of their relation is idenrical or invariable. This latter statement is sound doctrine. Otherwise, traits describing kinds would not exist. But this sound view involves complete surrender of the notion that the relation of traits is a
726 temporal or sequential one. The distinguishing charactcristics that descriptivcly dctermined a kind are logically, not temporally, conjoined. They are so ordered (related) as to indicate the operations which resolve a gross event into a number of interactions sufficiently minute or elementary to be capable of spatiotemporal conjunction with other interactions similarly determined. The sufficiency of the "simplicity" of interactions in the case of any given change is settled by the nature of the problem in hand.

The various logical conditions involved may be illustrated by the case of the observed succession of days and nights. Their succession comes as near to being invariable as can possibly occur in the case of gross events. Yet it is not probable that even the most backward savage tribe ever took one to be the "cause" of the other. As soon as attempts to interpret the succession scientifically began, it was taken as set-ting a *problem*, not as providing the content of a law. The Ptolemaic theory rested on an error. It took the perceived fixity of the earth and the movement of the sun as a ground for inference. It then explained the succession of days and nights in terms of the relations to each other of the general characters of revolution and stationariness. It was

a law of successive events only in the sense that it was a law for them;
— not in the sense that the succession provided its content. The
Copernican theory also took succession as a problem, including,
however, a greater variety of successions along with that of day and
night and the successive positions of the sun during the solar year,
etc., as the problematic subject-matter under investigation. It sought
for a generalization that would cover all the planets and their
satellites. The astronomical laws that resulted applied to an enormous
variety of kinds of successions, including many that were observed
only because of the new order of conceptions. The laws, on the side of
universals, were equations, free from elements in temporal
succession, and, on the factual or generic side were conjunct traits of
extension in time and space, which were themselves conceived as
changes but as means of determining actual changes in ordered
relation. The Newtonian formula of gravitation carried the resolution
of the conjunct traits into still more elementary relations and so
included the Copernican conceptions in a more comprehensive theory.
That physical inquiry proceeds by analytic resolution of gross observed
phenomena into minute interactions is a feature of scientific method 727
too conspicuous not to have received attention. But the tendency to
treat the elements into which the gross occurrence is resolved as if it
only substituted a succession of refined, exact and complete changes
for the incomplete order of succession of coarse and roughly estimated
changes of common sense, has vitiated the theoretical conclusion
drawn. For the resolution brings about not an invariable sequence of
changes but a structure, as nearly invariant as it can be rendered, of
traits which descriptively determine a kind. Only because it is free
from temporal contents is it capable of applying determination of any
event to ascertain whether it has the required properties. In short, the
change effected by scientific analysis is not from a coarse and
incomplete order of succession to a refined one of minute changes
forming an invariable sequence, but from a succession to traits whose
relation to one another is logical and hence non-spatial and non-
temporal.

450.18 from . . . view] *not present*
450.19 science] science from any point of view
450.33-34 the . . . *be*] some event, described if it were
450.37 at . . . place] *not present*
450.38 completely . . . until] complete proposition unless
450.39 are found to] *not present*
451.1 *consequence*] *rom.*
451.1-2 whose . . . predicted] in question
451.6-7 causes; while] causes, although
451.11-12 vary, . . . valid] as far as they are valid, vary

451.13 have] have certainly

451.16 - 17 *without*] in all cases

451.19 ¶ Mill's] ~

451.23 side,] ~∧

451.29 yield the] form

452.4 ¶ Scientific] ~

452.5 that are ascertainable] which are determined

452.7 that] which

452.11 fever,] ~∧

452.13 events] ~,

452.13 form] ~,

452.22 - 23 continuum, and every] continuum. Every

452.24 - 453.14 IV. . . . events.] The presence of controlled operations of selective
728 discrimination is, therefore, the indispensable logical condition of institution of individualized sequences. The scquencc in question is one of relatively elementary interactions. Severally and in their sequential order they present a thoroughgoing transformation of the original crude objects of ordinary perception. Certain important conclusions follow: (1) The nature of the particular existential history to be determined depends upon the particular problem with which inquiry is engaged. The succession of events that are directly perceptible may be determined in as many different histories as it presents problems.

453.15 ¶ These . . . theoretical] (2) There is no evading the

453.16 causation] "~"

453.16 - 20 as . . . when] is a strictly logical category. When

453.20 strictly *existentially*] existentially

453.20 - 21 no event] none

453.22 - 23 to be an] as

453.23 a] *not present*

453.24 - 25 view . . . inquiry] view

453.27 existentially] *not present*

453.33 The . . . that] In other words,

453.34 An event] It

453.35 to be cause or effect] as such

453.36 and differential] *not present*

453.40 "effect" or consequent,] "effect"

454.1 antecedent or] a

454.1 For . . . inquiry,] The former is

454.2 determination] ~,

454.2 - 3 an . . . in] the initial event of

454.3 - 4 The events in question] They

454.4 from out of a] along with intermediate changes from out the

454.7 just] *not present*

454.8 evidence is] evidence is thus

454.9 form] ～,

454.10 about] of

454.10 - 11 The problems] They

454.11 methods] *bef. del. comma* AD

454.11 that] which

454.12 - 13 interactions that constitute,] interactions constituting

454.13 another,] ～$_{\wedge}$

454.21 objective of any existential] and complete aim of

454.23 - 31 judgment . . . sense.] judgment,

454.31 frequently] frequently, and correctly

454.32 causation in a] the category of causation for

454.33 reference] purposes

454.33 - 456.26 Every . . . through.] The controlling aim is to obtain certain 729
consequences and to prevent the happening of certain other consequences. If you wish to quench thirst, you drink water; if to work iron, you make it red-hot; to illumine a room, you press a button or light a lamp; etc., etc. The desired outcome constitutes what is taken as effect; the differential means employed, the cause. The scientific conception of causation, on the other hand, is said to be exclusively retrospective. It is true that the backward look of scientific inquiry is much more extensive, and has for its subject-matter much more exactly determined changes, than that of common sense. But it is equally true that the prospective reference of the scientific use of the category is much more extensive than is that of its common sense use. That there is prospective reference is proved by the necessity of experimental methods: — that is, of operations of doing and making. The purpose of doing and making, as necessary conditions of a definite outcome, are different in the case of scientific inquiry from that of achieving so-called "practical" ends. But doing and making are nevertheless indispensable conditions of knowledge as an end. In geology, for example, it is inferred that certain rocks are the product of certain conditions of heat and pressure. The inference is highly plausable. But it ceases to be an idea, or hypothesis, only as similar rocks are actually made experimentally by instituting the conditions specified in the antecedent clause of the hypothesis. The end-in-view is very different from that of a blacksmith who subjects iron to heat and pressure. But with respect to prospective reference and the presence of operations of doing and making the form is the same.

454n.1 - 2 [3]The . . . sense.] *not present*

456.27 *Conclusion.* The] Undoubtedly, the

456.27 the category of] *not present*

456.27 logical] an ontological

456.31 was] was also

456.31 - 32 and . . . conceived] as kinds were taken

456.34–37 *simplicity* ... principles] "simplicity" of operation was thought to be a direct ontological property of Nature. Nothing happened in science, save relief from an incubus upon inquiry, when simplicity was seen to be a method-ological directive principle,

456.38 of inquiry ... in] justified as far as it is justified, by its consequences in directing inquiry. It may be safely

456.39 predicting a similar] predicted that the same

730 456.39 with the conception] in the case

456.40 difficulties] perplexities

#456.40–457.2 actual ... conception] science itself in connection with the assumption of the ontological character of the causal relation. The typical instance of indeterminacy with reference to conjoint determination of the position and velocity of a particle has led some persons to the conclusion that the conception of causation

457.2 overboard] overboard entirely

457.3 that the] that its

457.4 Recognition] Recongition

457.4–5 the causal ... principle] causal principles as directive leading principles

457.5–6 in ... theory] thereby confirmed. The logical theory

457.7–11 The ... situations.] *not present*

†458.1 XXIII] ~.

458.3 form] as

458.4 subject-matter, ... attains] subject-matter attain

458.6 systems] body

458.6–7 materially consists] consists,

458.8 methods] method

458.14 The ... Epistemological] *not present*

458.15 I. *The ... Experiment.*] I. *space left* A.

458.21 one,] ~A

458.23 ¶1.] ~.

458.23 which] that

458.25 as given] *not present*

458.25–26 circumscribe ... inquiry] circumscribes nor describes the problem which inquiry is to solve

458.27 provide ... adequately] provides material that

458.28 even] *not present*

458.30–459.1 which are] *not present*

459.2 the subject-matter] it

459.3 any] the

459.7 constituting] found in

459.8 the ... them] characters by which they are made

459.9–10 the ... Hence,] those operations that discriminate and order, such as are means for the end first stated. Hence‸

459.10 constituting] found in

459.11 will] will also

459.11 or] *not present*

459.12 ¶ 3.] ~.

459.12 endeavors to eliminate] eliminates

459.13 any and all] *not present* 731

459.14 which is] *not present*

459.15 situation, and that hence] situation and that

459.16 demanded. In] demanded in

459.21 differentially] *not present*

459.23 - 24 II. . . . *Matter*.] B.

459.27 would be] is

459.27 if] provided

459.28 were generally] is is

459.28 germane in] highly germane to the topic of subject-matter in

459.35 - 36 Problems . . . are] The problems that arise are all

459.38 the material] solution

459.38 But on] On

459.39 theory . . . forth] theory,

460.6 *logical* conditions] the logical conditions that are

460.8 illustrations; . . . being] illustrations, one

460.9 - 10 perception and] perception and of

460.11 being concerned] *not present*

460.17 - 18 observed by placing it] observed

460.19 finally] *not present*

460.23 - 24 directly given sense-datum] sense-datum that is directly given,

460.30 existential material] sense-data

460.30 - 31 objects —] ~:—

460.32 as a result] in

460.33 undertaking] conclusion

460.39 drawn. . . . existing,] drawn. The perceived light is just the quality which it is. It

460.40 - 461.1 : . . . *problem*] *not present*

461.3 results] result

461.3 - 5 continuum, . . . datum] continuum

461.6 continuum, a sun,] system, a sun$_\wedge$

461.8 terminal] other and terminal

461.9 and] of

461.11 type.] ~,

461.16 No] Although no

461.17 inferred. But] inferred,

461.17 ordered,] ~$_\wedge$

461.18 conjunction] connection

461.20 the instances given,] these instances

461.29 interpretation] analysis of the nature
461.30 on the basis of] with respect to
461.30 inquiry in its] inquiry, in
732 461.31 the] their
461.32 epistemological] latter
461.33 and because] *not present*
461.33 - 34 conceptions, ... fashion] a given body of conceptions ought in some fashion to be
461.35 idea that they] belief that it
461.35 is] is not a mere accident. It is
#461.37 realized] performed,
461.39 Planck] Blanck
462.5 thermo-/dynamics] thermodynamics
462.9 their contrast with] contrast to
462.22 that has previously been] previously
462.24 - 25 sense ... means] way of
462.26 Smooth*ness*] Smoothness
462.30 statable] stateable
462n.1 by] from
463.5 content] contents
463.6 about] about the
463.6 subject-matters] subject-matters as such
463.8 epistemological-metaphysical] epistemological-methaphysical
463.11 a ... discussed] *not present*
463.12 the ... instants] these conceptions
463.12 manifest] manifest in actual scientific subject-matter
463.13 for] about
463.15 - 16 functionally instrumental] functional
463.16 that are] *not present*
463.17 there] there then
463.18 them] then
463.21 line] point
463.21 - 22 thickness] length and thickness
463.22 - 23 representative] existential representative
463.23 point,] ～∧
463.24 description] representative
463.33 may] may
464.2 - 3 irrelevant — *unless*] irrelevant except when
464.6 back to] back to the
464.7 this logic] the latter
464.8 III] C
464.13 - 14 said ... by] certified with
464.14 *a priori*] apriori
464.21 that then] which

464.24 that] which
464.25 the] respect to 733
464.26 indicated] suggested
464.30 certainly] *not present*
464n.1 *Op. cit.*,] *rom.*
465.8 *method.* The] method; the
465.10 instituted . . . methods] the methods institute and order
465.11 of relation of method] of method in relation
465.11-12 issue. . . . been] issue, because in what I have
465.14 *cumulatively* determined] cumulatively controlled and warranted
465.16 continuity] the continuity
465.19 Probability . . . Frequency] D. Probability. . . Frequency
465.24 exhaustive] an exhaustive
465.28 only] *not present*
465.32 reference] especial reference
465.33 in inquiry] *not present*
465n.1 90;] ~,-
465n.2 218.] ~∧
466.15 probable] probably
466.17 specimen;] ~:—
466.18 but ignorance] but
466.19 the *data*] data
466.22 some logical] a certain
466.31 probable] probably
466.33 a] *not present*
466.33 the] its
466.36 ¶ The] ~
466.37 of inquiry, to warrant] of inquiry, warrants
467.3 appears] is
467.4 resides] is found
467.7 (more . . . not)] *not present*
467.11 a specimen] one
467.12 absence of adequate] the absence of adequate specified
467.16 that may be called] which may be said to be
467.17 operating] which operates
467.17 those] *not present*
467.29 (1)] (a)
467.32 (2)] (b)
467.34 which] *not present*
467.35 will be] *not present*
467.40 , however,] *not present*
468.3 while] and
468.12 applied,] ~∧
468.13 procured —] ~:— 734

468.22 *about*] *rom.*
468.23 that have been] *not present*
468.27 theory,] ~∧
468.34–35 the data . . . case)] all data
468.37 field;] field, and that they are
468.38 problem —] ~;—
469.5 Greater] Hence greater
469.5 in other words] *not present*
469.14–15 spatio-/temporal] ~-~
469.16 a condition] the condition,
469.17 conditions. . . . are] conditions, conditions
469.20 co-/efficient] coefficient
469.37 issue involved] whole issue
469.39 metaphysical] mataphysical
470.3 *at*] in
470.3 *a particular . . . time*] *rom.*
470.6 follow] follow from it
470.11 *other* local] local
470.22 case —] ~:—
470.35 or of] or
470.37 throws,] ~∧
470.39 (1)] (a)
470.40 (2)] (b)
471.1 In] (c) In
471.12 for] of
471.15–16 for . . . theory] to apply mathematical theory through which
471.16 to reach] *not present*
471.17 *necessarily*] *rom.*
471.18 *indefinite*] *rom.*
471.21 *if-then*] *rom.*
471.34 They] as grounded they
471.35 for their content] as their data
471.36 consideration] considiration [2 *d* 'i' *intrl.* AD]
471.38 infinite] infinite
471.39 matter of] matter of ascertainment in
472.5 upset] upset the
472.9 conditions] condition
472.11 prior] advance
472.15 Here,] ~∧
472.21 which] which the
472.25 off] *not present*
735 472.25 being of] having
472.26 kind, not *qua* a] kind∧ not qua
472.27 are:] ~∧

472.30	made,] ~∧
472.31	them,] ~∧
#472.36	selected prepared] selective
472.36	upon . . . are] to draw upon than would be
472.37	by] by the statistical
473.3	5.] *not present*
473.7	theory] ~,
473.9	laws,] ~∧
473.9-10	transition,] ~∧
473.17	meaning,] ~∧
473.17-20	exemplify . . . inquiry] go back finally to the relative frequency of the cases in which a law is applicable as a means of instituting relations in actual cases of inference
473.22	is pertinent] may be pertinent
473.25	account previously given] analysis previously made
473.25	method] methods
473.26	that] ~,
473.28	that were] *not present*
473.33	Cases as Representative] II. Cases as Representative.
473.35	case that] case such that it
474.5	125°] 125 degree
474.9-10	the result of operations] a case
474.10-11	that . . . being] to be
474.11	significant; that is,] significant, that is, to be
474.15	are] are are
474.18	laws;] ~,
474.21	*specimen*] *rom.*
474.29	, however,] *not present*
474.30	the material becomes] it is
474.37-38	by mixing, say] say, by mixing
474.39	in] ~,
475.2	is,] may be,
475.2	is] may be
475.5	a] *not present*
475.6	singulars . . . kind] singulars, as of a kind and of kinds,
475.9-10	The . . . identical] Establishment of specified interaction is all one
475.11-12	variations, . . . in] variations. Hence, it yields a
475.12-13	is . . . qualities] in the form of a physical function
475.13	*reference*] *rom.*
475.14	necessarily] *not present* *736*
475.16	measurements, since the very] measurements. For the
475.20-21	For . . . qualities;] Kinds are heterogeneous because they are marked off by qualities, and
475.23	Hence the] Hence

475.23 calculations] mathematical formulae
475.25 *homo*geneous] *rom.*
475.29 - 30 interactions, the latter being] interactions which is
475.30 from] from qualitative
475.34 The] III. The
475.36 I] A
476.2 i.e.,] i.e., of
476.2 which] that
476.5 - 7 another; ... calculations. ¶ 1.] another. 1.
476.10 to be stated] *not present*
476.15 measured, since] measured because
476.18 which] which that
476.18 established] established, which is
476.19 may be taken as] is
476.20 a system] the whole set
476.21 functions] functional values
476.26 T] ~,
476.26 Nevertheless,] But$_{\wedge}$
476.32 specimens] specimen cases
476.32 - 33 what on its face is] what seems on its face to be
476.36 extensive] extension of
477.1 inquiry;] ~:—
477.3 universal] conversal
477.7 institution] *not present*
477.7 in] with respect to
477.12 *or*] and
477.20 in discourse] *not present*
477.20 limitation;] ~:—
477.20 least,] ~$_{\wedge}$
477.22 transformability] transformation
477.25 development] development in discourse
477.28 - 29 was previously] has been
477.36 another and] a
478.4 The facilitation] Facilitation
478.4 is] provides
478.5 which] which physical
478.6 - 7 as well ... arbitrary] *not present*
478.8 The] B. The
737 478.12 - 13 such ... enable] the way which enables
478.13 relations] relation
478.14 deductively] any
478.14 discourse] discourse which is deductive
478.24 another,] ~;
478.26 qualifies] reacts to qualify

478.27 in] with respect to

478.32 imaginative] ～,

478.33 all] *not present*

478.37 then] *not present*

478.38 take —]～:—

479.2 the same] same

479.10 *demonstrative*] demonstative

479.15 so-/called] ～-～

479.15-16 their own contents] themselves

479.18 respectively] actually

479.20 execution] execution by its very nature

479n.1 "On ... Systems,"] ∧On ... Systems,∧

479n.2 514.]～∧

480.1 reordering] re-ordering

480.12 re-/ordering] ～-～

480.15-16 arise or] *not present*

480.16 formal] formally

480.20 reordering] re-ordering

480.23 continuum of inquiry] subject-matter

480.23 derive] are derived

†481.1 CHAPTER XXIV] * Its the middle part of this I rewrote — not the ideas but the order as it moves back & forth in this version especially about problems [*intrl.* JD] CHAPTER XXIV. ['V' *ov.* 'II' AD]

481.5 and] and even

481.6 as ... for] that it suggests

481.14 of the latter] *not present*

481.16 a difficulty] *not present*

481.16 physical science] the physical sciences

481.16 intensified] intensified in the case of social inquiry

481.20 which ... out] previously established

481.22 *Introduction.*] *not present*

481.24 ¶ 1.] (～∧)

482.2 positive,] positive, of all inquiry by cultural conditions

482.3 to see it] *not present*

482.3 For since conceptions] Conceptions

482.5 even] so that even

482.6 were] had been 738

482.6 (past or present)] *not present*

482.8 would be] were

482.13 a.] *not present*

482.14 race, ... sect] race and nationality and class

482.18 institutional vested interests] at least they

482.19-20 at ... extent] to anything like the same extent at present

482.21 physics has] the other sciences have

482.22 techniques. The result is] techniques, so
482.23 (which it is)] *not present*
482.24 - 26 The . . . isolation.] *not present*
482.26 actually] *not present*
482.28 uppermost] uppermost at a given time
482.29 still] then
482n.1 Stebbing] Stebbins
482n.4 - 6 the relation . . . works] the smaller society of scientific workers within which a given physicist works
482n.6 as a whole] *not present*
482n.8 wider contemporaneous] larger
483.5 - 6 irresponsibility,] ~$_\wedge$
483.8 b.] *not present*
483.19 periods),] ~)$_\wedge$
483.19 - 20 such consequences as these] these consequences upon human activities and connections of individual and groups
483.24 When . . . faced] Faced
483.25 discoveries,] ~$_\wedge$
483.26 him] the logician or philosopher
483.28 2] 1
483n.7 "The] $_\wedge$~
484.9 the conclusions that are] conclusions
484.10 inquirer] *not present*
484.11 the findings] they
484.12 among the] of
484.13 their . . . about] consequences established
484.14 (technically non-scientific) public] public (nor necessarily a conscious agreement with theoretical conceptions)
484.14 different] some what different
484.15 nevertheless] yet
484.17 - 18 social . . . invoke] consequences are
484.19 - 20 these . . . presumptive] they are strong
484.20 partiality,] ~$_\wedge$
484.22 3] 2
739 484.24 with] with the theoretical conclusions reached as to the general pattern of inquiry. Specifically, it is in harmony with
484.25 - 26 (which involves] , involving
484.26 conflict)] ~,
484n.12 p.] Pp.
484n.13 The] In other words, the
484n.14 (Cf. ante, pp. 51 - 4.)] *not present*
485.8 4] 3
485.12 the failure] failure
485.13 of institution of] that

485.14 subject-matter] subject-matter be instituted

485.17 make] note

485.17 On] Moreover, on

485.17 – 18 the necessity . . . relation] it

485.19 serves] may serve

485.22 establishing] establishing the kind of

485.23 that] that both

485.24 ideas,] $\sim_{\wedge}$

485.25 (1)] (a)

485.25 are (2)] (b) are

485.26 – 28 analytic-synthetic . . . status.] analytic selective observation of facts, there is no possibility that social inquiry will satisfy the logical conditions required for possession of scientific status.

4. In the earlier discussion of historical judgments, it was shown that the judgments themselves enter integrally into the redetermination of the space-time material they are about. This phase of the force of historical judgments is but a special instance of that reconstructive transformation of antecedent existential matter which belongs to judgment as such and which is peculiarly prominent in judgments of practice. *asterisk*

---

asterisk See. Chs. . . . and . . .

But this trait is so significant for understanding the logic of social inquiry that it requires development. Need for its express acknowledgment is especially important because of the common belief that the objectivity required in science is such that the material of conclusions in the social sciences must at all cost be kept free from reference to practical social problems and from practical application. In this respect the current logic of the social sciences is, *on [*aft. del.* 'up' AD] the whole, in the state the physical sciences were in 740
before the rise of the experimental method, without the comprehensive cosmological background which gave dignity to classical scientific conceptions. That the danger of preconceptions and biased inquiry, due ro partisan favor of one set of conclusions and consequences, is specially intense and specially perilous in social judgments is true. Consciousness of the danger has played a large part in the creation of the belief that impartiality (objectivity) can be achieved only by complete abstinence from any connection with social problems in their practical aspects and hence from any connection with attempts at their practical solution. When one recalls the extent to which beliefs in all social fields, morals, religion, politics, economics and law, have been historically the sport of class interests, that are a bias in advance in favor of one set of conclusions against some other

set, one can easily understand the scientifically desirable state of caution which has produced systematic abstinence from any and all preoccupation with practical affairs. But the lesson of the experimental method of physical science is the necessity for active participation of ideas as procedural means in reaching warranted conclusions. The idea that inquiry is scientific to the degree that it abstains from all practical concerns is a belated heritage from the logic that for centuries obstructed physical inquiry. The notion that freedom from fixed favoritism in behalf of a special kind of consequences means indifference to consequences as such, has no scientific warrant.

485.32 physical phenomena] phenomena selected in physics

485.34 For the] The

485.35 - 36 socio-cultural] social

485.38 , there . . . events] *not present*

485.39 exclusively] alone

485.40 - 486.1 the product] what it is because

486.3 , with the human factor] *not present*

486.5 prior] some prior

486.7 attacked, *qua* social, directly] attacked directly and of themselves qua social

486.8 both to] to both

486.8 - 9 to . . . ordering] their interrelations

486. 9 extensive prior knowledge] prior knowledge, of an accurate and systematic sort,

486.10 in part] *not present*

741 486.17 - 18 We . . . bearing of] We are now prepared for application of general

486.19 upon distinctive] to distinctively

486.20 - 487.15 II. . . . 1. Most] II — 1. The Nature of Problems in Social Inquiry. The antecedent existential subject-matter of every problematic situation is pre-/logical; it is the sole and total existentially given. *asterisk*

---

asterisk Ante, pp . . . . . .

As prelogical, it is the source of emotional perlexities and of stimuli to immediate overt practical activities undertaken to do something to relieve tension. Intellectual activity takes place only when activity is diverted into indirect channels of observation and interpretation, overt activity being then subordinated to the service of determining the source of the problem and the method of its solution. Physical inquiries to a large extent, and mathematics completely, have reached a stage of development in which problems are set by conclusions already reached. Social inquiry has not arrived at such a point. Its problems still exist for the most part in the raw. They are constituted by conflicts in institutions, customs, and class interests. These conflicts have not been "intellectualized," or converted into meanings free from direct emotional quality and practical driving force. The problem of converting problematic situations into objective problems is therefore more urgent in social inquiry than in other types of inquiry. The backwardness of social inquiry has its primary roots in its lack of techniques, including appropriate modes of symbolization, for effecting this translation. The language of physics, and still more of mathematics, is highly technical and specialized just because it has freed itself from the emotional and practical associated meanings with which the words of common sense are charged.

In consequence, most

486n.1 - 2 [5]This ... psychological.] *not present*

487.18 illustrate] illustrates

487.21 already] sufficiently

487.21 - 22 features. When ... inquiry is] features, so that the problem is not to discover problems,

487.23 solving] dealing with

487.28 clear] definite

487.28 - 29 material in] nature of the problems to

487.29 and to take effect] *not present* 742

487.30 often] *not present*

487.30 intensified. For] intensified;

487.31 created;] ~,

487.34 with, ... fields] with in either the domestic or the international field

487.37 For,] ~∧

487.39 means ... procure] methods that secure

487.39 data, that] data;

487.40 evidential, that] evidential;

487.40 by] of

488.1 that] *not present*

488.4 accordingly] *not present*

488.5 the ... status] other natural sciences

488.7 determined] determined as accurately as possible

488.8 ¶ The] ~

488.8 - 9 as it was conducted] *not present*

488.10 - 11 there is the assumption] it was assumed

488.11 suffices] sufficed

488.12 unusually] very

488.12 - 13 symptoms] conditions

488.13 - 14 sufficed] were enough

488.14 supply the data that were] provide the symptoms

488.16 haphazard] a haphazard procedure

488.18 – 19 possible. ... the] possible, so that it follows that the primary problem is institution of

488.20 record ... testing.] record. The latter, as in the case of various instruments for procuring graphs, are integral parts of the operation of observation itself.

488.23 may] *space for word*

488.26 should] must

488.30 conversion ... investigated] their translation

488.31 problems, that] problems which

488.31 with, demands] with demands an

488.32 of conditions] *not present*

488.33 the] *not present*

488.34 motives,] ～∧

489.1 thunderstorms is] thunder-storms is initially

489.2 method,] ～∧

489.5 objectively] ～;

489.5 selected and ordered conditions] causes

489.6 formulation] formulation in terms of causal conditions

489.6 through] by

743 489.7 can] can also

489.9 righteousness,] ～∧

489.10 – 11 now ... subject-matter.] which now exists in the way of a scientific approach. Moral evaluations can themselves be intelligent only as they are finally formulated in terms of objective conditions and consequences.

489.12 – 492.33 2. ... external.] So far, the logical conditions of social inquiry have been considered from the angle of those who are concerned with their practical solution, those who are politicians, executives, administrators, managers of affairs, etc. When we come to social inquiries carried on in the professed name of scientific theory we find a different and even contrary state of things. In this field, the incontestable fact that science is a matter of theory tends to be converted into a radical misconception of the nature of theory. That aspect of the classical phase of logical theory which made a complete separation of theory and practice is most in evidence with more emphasis upon collection of "facts" and less emphasis upon rational generalization than marked traditional logical theory. The effect, however, is, in any case, the assumption that the facts are there, needing only to be noted, collected and arranged. Investigators in * the [*alt. fr.* 'they' AD] physical field often use language of a similar tenor when they talk or write. But what they do as distinct from what they say shows that operations of doing and making always intervene in determination of "facts" and of their evidential force, while operations of doing and making are directed by ideas, by hypotheses, and by theories which are generalized hypotheses. It shows that operations of doing and making modify those antecedently existing conditions which are "facts" of the problematic situation, so that "the facts of the case" are the deliberately, and so to say, artificially modified conditions.

Judgments of evaluation are involved in determination of facts having scientific standing in inquiry. For the latter have to be estimated with respect to their relevancy and force in institution of a problem. The very process of taking and using certain materials rather than other materials (which are equally observable) as data signifies that they are judged (adjudged) to be suitable means for promoting the inquiry in hand. The evaluation in question is regulated by an objective purpose, that of indicating operations required to transform the problematic into
a resolved situation. Apart from some anticipatory idea of a method of 744
solution there is nothing to guide observation in collection and analysis of factual material.

The idea that observance of the requirements of scientific method demands complete abstinence from all judgments of evaluation thus violates, instead of conforming to, the requirements in question. It is true that the content of the value judgments made in determining scientific evidence is different from that of moral evaluations, and is also different in content from evaluations that are formed on the ground of a more or less fixed preconceived end to be attained. The evaluation is not confined to discovery of means that are suitable to reach an end which is given prior to, and independent of, inquiry. It is an evaluation of means-consequences in their conjugate relationship or correspondence with each other. Ends or consequences have to be adjudged in terms of the means available for achieving them as truly as existential conditions have to be evaluated as means for realization of a projected end. The inquirer in any field must forswear fixed allegiance ['for achieving them as truly as existential conditions have to be evaluated' *del.* AD] to a preconceived end that is to be attained, by which, therefore, the fitness of things to serve as means must be determined. The doctrine that the "end justifies the means" assumes, when it is translated into logical formulation, that (a) some definite end is so given as to be beyond the need of scrupulous investigation as to its own content, and (b) that its assured final rightness reduces the whole problem to a matter of selection and manipulation of means for attaining it. Such a view violates two basic logical conditions. (a) An end which is so fixed that it validates by its own assumed intrinsic nature any and all means which promise to attain it, cannot by any possibility have the character of an hypothesis. Hence, (b) it cannot indicate or direct the operations of discriminative observation that are required to ascertain what existing conditions are in their own causal force. The situation which results is thus precisely analogous to that

of a person who in the physical field should assume that he is already in possession of the final solution of some problem and that therefore (a) the conception he entertains needs no further test and (b) that no further observation of conditions is required. The only work remaining to be done is then to force existing conditions into conformity with the
745 principle whose truth is assumed to be already assured. In all fields except the social, a position of this sort is so thoroughly discredited that persons who should take it would automatically be treated as pretenders or as cranks. In the social field on the contrary, those who hold that they already know the sure recipe for solving social ills often set themselves up as having the only scientific position, since they claim to be in possession of the key "truths" while others are floundering aimlessly around.

The belief that the end-*in*-*view*, the end striven for, will so control the operation of all conditions that are involved so that the actual end, the end in the sense of the terminating state of affairs, will agree with that which was set up and striven for, is sheer practical delusion. Means employed have their existential force or potentialities, and when they are set in operation it is *they*, not hope, intent or purpose (the end-in-view which was supposed to be in control) that decide the issue. Let the end-in-view be praiseworthy to any desired degree, say, the inauguration of a classless society with abolition of all human exploitation; let it then be taken to be not only intrinsically highly desirable but of such supreme importance for the resolution of social problems, that all and any means which promise to bring it about are validated. It may then appear that violence, slander, falsification, suppression, persecution, are direct and evident means (or at least a very important part of such means) in effecting the desired and desirable end. The argument and conclusion would be unimpeachable were it not for a very elementary consideration. The means used, suppression say, of freedom of thought, of expression and intercommunication, elimination of dissidents by slander or direct force, have their own operative force and produce their own consequences quite independently of the wholly laudable "end" for the sake of which they are used. The *actual* end is always the whole set of consequences that are brought into existence by the means used. It is a form of social paranoia to suppose that the *end* in this sense of actual results is bound to be substantially identical with the end-*in*-*view* originally entertained. The whimsy of Charles Lamb about burning down a barn in order to obtain the desirable end of roast pork is innocent and almost beneficial in comparison. For it *might* happen that *that* end
746 would be achieved in spite of the excessive cost; while in important social matters means employed may prevent any attainment whatever of the presumable controlling end.

Nevertheless, some end-in-view, consisting of consequences to be brought about by existential (practical) activities, is necessary if the conditions of scientific method in social inquiry are to be satisfied. The idea that mere fact-finding fulfils the conditions of scientific method is strangely enough the logical counterpart of the fallacy just considered. That the end-in-view should be held as a directive hypothesis follows from the nature of controlled inquiry. With respect to the point now under consideration, namely, observation, assemblage and formulation of factual material, its logical import is that "facts" are facts in the scientific sense only as (a) they serve to institute the conditions of a problem which can be resolved by those activities of doing and making that re-order observed condition, and as (b) they provide material which tests the value of any proposed solution or plan of procedure. The assumption that inquiry is scientific if only the proper techniques of observation and record are observed is a counterpart of the fallacy just noted, because it rests upon the same separation of means and consequences. It isolates existential conditions which logically are material means in effecting some required existential transformation, just as the other view isolates ends. What is observed may be "facts" but in and of themselves they do not serve to describe a problem nor indicate the mode of its solution in the form of a relevant operational hypothesis. In other words, the facts are not data in a logical sense because they lack evidential force with respect to some hypothesis as procedural means.

A genuine problem must be one which grows out of an actual problematic situation. In the case of social inquiry, these situations are constituted by confused and conflicting social situations which can be resolved only by doing something about them.

492.33 - 35 Any ... conditions] Any other kind of a problem for inquiry

492.36 produced and controlled] instituted

492.39 be] may be

493.2 That which] What

493.2 - 3 how carefully ... record] how accurately

493.4 projected] proiected and attained

493.6 (1)] (a) 747

493.7 - 8 "troubles"; ... that] "troubles," and (b) consist of the conditions which

493.9 - 11 situation, ... situation] situation and hence (c) be analytically selected on the ground of some hypothesis as to social plan and policy

493.12 IV. *Determination*] 2 The Logical Status

493.12 - 16 This ... solutions.] Because of the functional connection of facts with statement of a problem in terms that provide means for its solution, this topic has been largely covered in the previous discussion.

493.16 involved considerations will] important considerations should

#493.17 explicitly dealt with it] added

493.18-24 ¶ 1. Since ... another.] (1) Selection of certain facts as "the facts of the case" demands operations which ascertain the causal conditions of the conflicts and disturbances in the existing situation. Only knowledge in terms of causal conditions can indicate the counteractive conditions, already operating or to be enstated, that nullify or remove the obstacles to an harmonious resolution of the situation. *asterisk*

---

asterisk Cf. what was said earlier about the conjunction of obstacles and resources in controlled observation. (pp. ...) The point also involves the conjoint presence of operations of negation and positive affirmation in attaining final judgment, together with the fact that they are existential in character and not "mental." See, ante, pp. .....

493.25 counteracting] counteraction of the

493.26 that] which

493.27 elimination] inhibition

493.28-29 Nor ... conditions] On the other hand, no end can be achieved unless existing conditions include positive factors which, when they

493.30 ordered so as to] ordered,

493.31-32 "idealistic,"] "~$_\wedge$"

493.32-33 the latter word. ¶ Realistic] that word. Realistic

493.33 the] that

493.36 the end proposed] a proposed end

493.39 positive] positive means

494.1 which then] that

494.1 truism] ~,

748 494.3 But if] If

494.5 results] is

494.6 both observation and] observation and final

494.9 — and, moreover,] and

494.10-11 In ... the] In fact, they are changing in some direction anyhow. The

494.13 direction ... consequence] desired direction

494.14 2.] (2$_\wedge$) The second point to be mentioned forms the positive content of the last proposition.

494.16 going to be] *not present*

494.19 intervening] nature of intervening

494.21 it were ... is] left alone, namely

494.22 a] the

494.23 with] ~,

494.25 former] ~,

494.26 But] Modes of interaction form if-then laws of physical science, and traits determined by interaction are those which describe scientific kinds Reference to change is involved in both.

494.26 , although] *not present*

494.26 - 28 are defined ... application.] may be defined and kinds be described without application to any actual temporal course of events.

494.30 changes, and hence a] changes. A

494.35 - 36 in virtue of which it is] that makes it

494.36 - 37 A ... "case."] *not present*

494.39 - 40 of ... and it] etc. It

495.1 - 3 treatment ... fact.] no possible combination of these and other generic meanings in any propositional complex, no matter how extensive, brings inquiry any nearer to the unique temporal episode in question.

495.5 Even in physics "laws"] As has already been shown so-called "causal laws"

495.5 - 6 ultimately] *not present*

495.6 events] the events

495.15 in their] their

495.16 relations,] ~‸

495.19 historically determined] historical

495.20 - 21 social ... constitute] any social phenomenon. The latter is

495.22 Hence, although] Hence it is, [*comma added* AD] that while

495.22 - 23 in isolation] that are isolated

495.23 an] some 749

495.24 - 26 facts ... non-historical. ¶ This] social facts. This

495.29 - 30 are as ... abstract] will be as many interpretations possible

495.31 This] Here the

495.32 - 33 the case of] dealing with

495.38 Even] The problem of inquiry is to determine the respective sets of existential conditions and of operational plans which, working together, will effect the end of a resolved situation. Even

495n.1 pp. 445 - 7.] pp.....

496.4 formulated] conceived

496.6 great] very great

496.7 difference ... inquiry:] difference, and hence

496.8 - 9 in instituting ... situation] *not present*

496.10 - 11 *associated* ... into] associated activities are demanded in the operations performed and form a part of

496.12 proposed] *not present*

496.13 - 14 agreements ... required] agreement necessary for such conjoint

496.17 be able to] *not present*

496.17 - 18 materials and] *not present*

496.18 - 19 employed ... investigator] which he employs

496.20 in physical inquiry] *not present*

496.22 - 27 directly ... required.] direct. But the difference in the mode of social activities involved does not constitute a logical difference in method. In both evaluative judgments are required, judgments of better and worse as to means employed, material and procedural.

496.28 arise, as has been said,] arising

496.29 from . . . evils] is not due to the fact that they are considerations about values. They

496.30 not] imported ready-made from without instead of being

496.30 - 31 inquiry: for it] inquiry. lt

496.35 - 36 objective . . . is] ends to be the consequences which are

496.37 the] *not present*

496.37 , to repeat,] *not present*

496.39 can] must

496.39 so] , and

496.40 then] necessarily

497.1 in their capacity of] as

750 497.2 the] *not present*

497.3 that are found,] which are found∧

497.3 observation,] ~∧

497.5 V] 3

497.7 - 8 foregoing . . . are] section which criticized the methods of "fact-finding"

497.9 end . . . it] end. It

497.13 - 14 part, . . . treat] part to the mistake of method which treats

497.17 so called] ~-~

497.18 school and] ~, ~

497.19 by . . . supports] which evoke and support

497.19 the other] each other

497.21 - 22 it places . . . that] the entire scientific emphasis is placed upon conceptions, that, from the side of theory,

497.23 the latter being] where the latter are

497.24 that decide] deciding

497.25 that prescribe] prescribing

497.25 - 26 endeavor] all endeavor

497.29 existed (] been, ∧

497.30 phases) first,] ~, ~∧

497.30 - 31 , in . . . theory] *not present*

497.31 that are] *not present*

497.32 cosmological); secondly,] cosmological), in classical, moral and political theory;

497.34 thirdly,] *not present*

497.34 *a priori*] apriori

497.35 finally,] *not present*

497.38 ends having] the possibility of

497.38 *a priori*] fixed

497.40 its] its conceptual

498.3 - 4 truths. . . . followed,] truths; whence it folfolwed,

498.4 - 5 the first truths provided] these first truths were

498.5 practical] proper practical

498.6 phenomena; or] phenomena, so

498.11 of course] *not present*

498.11 *rationalistic*] *rom.*

498.12 held] thought

498.13 *a priori*] apriori

498.15 any . . . latter] truths which could and

498.16 deductively] *not present*

498.17 was taken to be] were

498.20 - 21 (since . . . minimized)] ,∧~ . . . ~∧

498.21 impulse to exchange] role of change 751

498.21 - 22 maximum] the

498.23 ¶ We] ~

498.25 import] conclusions which were drawn from them, the import

498.25 - 27 net . . . reinstatement] consequence in essence was re-instatement

498.27 a] *not present*

498.28 For it was concluded] It followed

498.29 , which]∧ that

498.30 deducible,] deduced∧

498.30 proper or right] all proper

498.31 were supposed to "govern"] "governed"

498.33 — were a] — a

498.34 or] or else

498.38 laws] law

498.39 ensuing] the

498.40 an] any

499.1 say,] ~∧

499.4 practical product] consequence, as far as it went,

499.5 - 6 attempts . . . From] any attempt at social control. Viewed from

499.7 method,] method, it is evident that

499.9 hence] *not present*

499.10 them. They were regarded] them, but

499.12 the conceptions] they

499.13 tensions] tensions of conditions

499.13 or] and

499.14 *then* and *there*] *rom.*

499.16 might] may

499.17 on . . . applicability] with reference

499.18 - 19 say, . . . Great Britain,] *not present*

499.20 to a considerable extent] in the main valid

499.20 - 21 relevant to those historical] for those

499.21–22 method . . . forbade] theory of logical method that was involved forbade such

499.22–23 in . . . terms] *not present*

499.24 consequence,] ～∧

499.25–27 ignored; . . . in] ignored: Namely, (a) their status as hypotheses, which (b) have an operational directive force with respect to

499.28 ultimate] *not present*

499.29 (3)] (c)

752 499.31 ¶ A] ～

499.34 "socialism," or] "socialism∧" and

499.34 are] are now

499.36 method,] ～∧

499.38 *pre*judge] *rom.*

499.38 characteristic traits and the] traits and

499.39–40 that . . . work] in such a way as to stand fixedly in the way

499.40–500.1 by . . . reduced] which will reduce those phenomena

500.2–3 operations . . . "generalizations"] operations. Such generalizations

500.4–6 Like . . . determine] Instead of delimiting the field as a means of determining

500.6 but] they

500.7 one theory] one

500.8 *in toto.*] in toto. They are conceptions which prejudge the nature of traits, instead of aiding in their determination by means of actual observation.

500.10 that rests upon] resting on judgments about

500.10 principles] ～,

500.11 latter the] latter such

500.12–13 which . . . *procedure*] as exist about conceptions concern their efficacy as means of procedure

500.13 are] are necessarily

500.14 an alleged] supposed

500.14 or . . . is] and falsity, an attitude

500.15–16 in opinion, . . . promoting] of opinions, not of

500.17 is now the] are now the relatively scientific

500.18 that constitute] in

500.19–20 some . . . also] that period also controversy was

500.21 these sciences] the subjects

500.21 genuine] *not present*

500.23 The result has been that] In consequence,

500.24 of which] in which

500.25–26 welcome. . . . is the] welcome as an

500.27–28 more flexible, . . . discovered] flexible

500.29 In fine, fact-finding] The net result is that "fact-finding"

500.29 (1)] (a)

500.30 for (2)] (b) for
500.31 hypotheses;] ~,
500.31 formulation of] *not present*
500.32 is] are
500.32 - 33 discriminating] discrimination 753
500.33 The] Hence the
500.34 thus] *not present*
500.34 - 35 these . . . ends] the two operations
500.36 with the consequence] so
500.37 - 38 or theoretical] *not present*
500.39 another] the other
500.40 - 501.1 are appended. ¶ 1. Directing] may be appended. (1) Governing
501.2 In consequence] Then
501.3 or unstated,] and unstated∧
501.4 static] perfunctory and static,
501.7 defect that can] outstanding defect to
501.8 Even . . . after] After
501.9 habitual] habitual even in physical matters
501.12 is] is even
501.16 2.] (~∧)
501.17 - 18 *formulated* . . . stimulates] formulated propositions which stimulate
501.20 promotes] which promote
501.21 - 22 hypotheses. . . . kept] hypotheses, is especially harmful. For it tends to keep inquiry
501.22 opinion] ~,
501.23 Forultimately] Fundamentally,
501.23 alternative] alternatives
501.24 above-/board] ~-~
501.24 propositional] *not present*
501.25 (as . . . possible)] , ∧~ . . . ~∧,
501.25 is] is the
501.26 or] or of
501.27 a] every
501.28 "radicals," etc.] "radicals."
501.29 3.] (~∧)
501.31 compartmentalized and] *not present*
501.31 - 32 non-/interacting] ~-~
501.32 - 33 example] ~,
501.34 no part of a general] not an intrinsic part of a
501.37 from . . . view] *not present*
501.38 disciplines] disciplines from the logical point of view
501.40 compartments] ~,
502.3 4.] (~∧)
502.6 *logically*] *rom.*

502.6-7 and *should* be actually,] *not present*

754 502.7 (1)] (a)

502.9 action, and (2)] action‸ and (b)

502.12 limits, so they may] limits‸ so as to

#502.15 therefore,] and that therefore,

502.18 is practicable] it is practicable

502.22 members] a member

502.22-23 system. That is,] system; for

502.24 a policy] it

502.27-28 surveys ... consequences] long time surveys

502.30 *discriminative*] *rom.*

502.31-32 The ... whole] It works or it doesn't work

502.39 general] any

503.5-7 A ... locating] Their sole value in social inquiry is confined to their function in locating purely

503.8 emotional] emotional and

503.9-10 , (so ... meaning] and those having meaning in virtue of their place in ordered discourse

503.12 formal] formalistic

503.12-13 The ... They] Important fallacies are material; they

503.14 other,] ~‸

503.16-17 The ... ground] It usually justifies its silence by defending the doctrine

503.19 valuations] values

503.22 it] for it

503.26 consequences] working

503.27 put into operation] adopted

503.28 very] *not present*

503.29 importance] ~,

503.30 result] conclusion

503.31 in question] whose logical conclusion it is

503.31-32 case, the] case, the testimony of all past history is to the importance of intelligent control of judgment and action in practical social affairs. The

503.32-33 is ... contributes] will very likely, by provoking reaction to its claim, contribute

503.33 *a priori*] apriori

503.34-35 For ... scientific] The denial of any scientifically applicable

503.36-37 non-/scientific] ~-~

503.38-505.10 I ... dogmas.] This consideration, perhaps more than any other, affords indirect, if negative, confirmation of the general position taken in this treatise regarding the scientific method of inquiry.

755 †506.1 XXV]~.

506.1 The] *intrl.* JD

506.1 of Inquiry] *intrl. w. caret* JD
506.5 philosophic] *not present*
506.9 on . . . corresponding] and
506.9 theory] the theory
506.10 on the other side] *not present*
506.11 main] *not present*
506.15 doctrine; and] doctrine, and that,
506.15 - 16 the relations between] *not present*
506.16 their methods,] underlying method, they
506.16 a] the
506.17 - 18 their . . . man] the conclusions they have reached
506.21 In order to] To
506.23 itself] *not present*
506.24 phases] aspects
506.24 *methods* by which the] *not present*
506.25 are] are commonly
506.25 world have been reached.] world. It cannot attain this consonance with generally accepted beliefs about nature unless it reflects with fidelity some phase of the methods by which the beliefs have been instituted.
506.27 in] in its
506.28 world] world, to common affairs,
506.28 - 29 adherents. It follows that] adherents. Quite apart from systematic formulation of some set of logical conceptions,
506.32 - 33 inquiry . . . fallacies.] inquiry. Otherwise it would be such an intellectual aberration that it could not command the allegiance of more than a small cult.
506.34 produce and] *not present*
507.3 an] the
507.5 as the ground of] to which they owe
507.6 these] they
507.7 - 8 rather than others] *not present*
507.12 represents] presents
507.13 extraction] emphasis
507.13 out] *not present*
507.14 inquiry. It will be shown] inquiry;
507.16 arbitrary isolation of] that
507.17 selected] selected are isolated
507.17 They] From the logical standpoint, accordingly, they
507.18 , then,] *not present*
507.19 inquiry as] inquiry, as the
507.19 - 20 on . . . are] that the selection is *756*
507.21 deny] deny the
507.21 that] which

507.22 which also] *not present*

507.23 the selected elements] they

507.23 apply.] apply. The outcome [*comma del*. JD] then [*comma del*. JD] presents a distorted picture of the logic of knowledge.

507.26 The] But our conseiousness of the

507.27 , in and] *not present*

507.27-29 fixes . . . and] calls attention to definite logical conditions which enter into knowledge. It

507.29 that will guide us] *not present*

507.30-31 but are one -/sided] but one-sided

507.31-32 the pattern] inquiry

507.32 the total set] a variety

507.33 out . . . are] such that some of them may be

507. 34 This possibility of selection] Further discussion will show that this possibility

507.34-35 actualized. The] actualized and that the

507.35-36 that mark] which are displayed in

507.41 1.] *not present*

507.41 involves] involves, in the first place,

507.41 cooperating] co-/operating

508.1 between] of

508.1 subject-matters] ~-/~

508.2 these conditions] the elements

508.5 else to] else

508.10-11 rationalism. ¶ 2. Again] rationalism. Again

508.11 both] *not present*

508.14 solution; . . . factors] solution

508.16 ¶ While] ~

508.20 the] *not present*

508.21 are] are as such

508.27 so that] and

508.36 3. There] In the third place, there

509.1 forms] forms ultimately

509.1 ultimate] *not present*

509.6 logical] *not present*

509.8 within] in

509.9 ¶ This] ~

509.11-12 (apart . . . possibilities)] ∧~ . . . ~∧

757 509.13 has historically operated] presents itself

509.14-15 independent . . . example,] independently determining factor. Thus

509.17 and] while

509.18 producing] constituting

509.22 two] the two

509.22 that] which

509.25 knowledge;] knowledge, while

509.28 between] of

509.29 represent] are instituted as

509.30 that the latter may] to

509.34 is] has consisted in

509.35 It] It not only

509.35 - 36 material, but it also] material∧ but

509.38 intrinsic] *not present*

509.39 that] that in inquiry

510.1 - 2 operations . . . serve] that phase of the operations of observation, that distinguishes them

510.3 involved and as means] involved, and

510.4 words,] ~∧

510.4 - 5 distinctions . . . field] discriminations made within inquiry

510.6 conclusions] the results of inquiry

510.8 - 9 context and in consequence] context, and

510.10 its] ts

510.15 — that . . . elements—] ∧~ . . . ~∧,

510.16 was] was thus

510.20 an] a

510.26 qualities] objects

510n.4 I] *space for number*

510n.4 pp. 244 - 248.] pp. . . .

510n.7 *a priori*] apriori

510n.8 pp. 147 - 151.] pp. . . .

511.3 proceed] proceeded

511.5 emerge as cooperative] emerged as co-operative

511.5 those] the

511.7 Kant] he

511.13 but] only

511.14 appearance] appearances

511.20 evoked] has evoked

511.24 supplied] supplies

511.25 provided] provides

511.26 - 27 states. On the other hand,] states, while *758*

511.28 "individualistic" aromism has been a] "individualism" has been the

511.32 and, like its parent,] ~∧~∧

511n.1 many] some

511n.2 some of] *not present*

511n.2 types.] types, like some species of logical positivism.

512.1 the] with

512.9 or . . . time] *not present*

512.12 have] which have

512.13 which] *not present*

512.15 "metaphysical"; e.g.,] "~,"∧~.~.∧
512.18 verifiability . . . it)] question of the verifiability
512.21 nor] ,or,
512.22 - 23 The . . . hypotheses] Their justification
512.25 these things] this
512.27 previously] formerly
512.31 the . . . being] an intrinsic function as
512.33 criticism also] part of the criticism
512.37 - 40 It . . . formed.] *not present*
513.8 their reference,] reference∧
513.10 else] *not present*
513.11 For they may be] They may be also
513.14 distinctions or] distinctive
513.16 and] provided it
513.25 problems —] ~:—
513.27 progress in] *not present*
513.29 is,"] ~∧"
513.29 repeatedly] *not present*
513.31 - 32 knowledge,] ~∧
513.33 that are used *are*] are
513.34 have been] are
513.38 because] in virtue
513n.1 pp.119 - 20.] pp. . . .
514.1 taken to be] interpreted as
514.2 - 4 representative . . . knowledge. ¶ The] knowledge. ¶ It is the
514.5 means to] a condition of
514.5 gives] which gives
514.9 etc.,] etc., etc.,
514.12 emerged and] *not present*
514.13 - 14 of the] the
514.14 In . . . be] It would be in most cases
514.20 *have*] *rom.*
759 514.22 once instituted] made
514.22 objects,] ~∧
514.23 houses,] ~∧
514.30 these materials] they
514.31 known—]~:—
514.32 is the] is
514.32 the given] what is given as
514.32 - 33 operations of inquiry] operations,
514.33 of institution . . . known] to arrive at knowledge
514.35 in themselves are] are in themselves
514.36 (just mentioned)] ∧~∧
514n.1 pp. 124, 228.] pp. . . . .

515.6 suffered,] ~‸

515.7 an] the

515.7-8 already known (known] that are known

515.8 and testing] *not present*

515.9 inquiry) . . . misplaced] inquiry, a false coloring is given to the nature of knowledge

515.10 direct,] ~‸

515.11 "monistic,"] "~‸"

515.23 knowing] inquiry

515.29-30 a . . . be] the mental state as

515.30 an] the

515.33 *inferential*] *rom.*

515.34 inquiry, . . . phase] inquiry which yields warranted assertibility, while isolation

515.35 the kind of] *not present*

515.36 existence . . . mental] properties

515.36 inquiry,] ~‸

515.38 possible inferred] *not present*

515.39 thereby] thus

515.40 pain,] ~‸

516.4 in inquiry] *not present*

516.9 *a*] *rom.*

516.11 the] a

516.12-13 qualities . . . significance] problematic qualities

516.13 such, it] such‸ it also

516.16 that yield] yielding

516.18 *mental*] *rom.*

516.19 *suggests* a toothache] first suggests a tooth-/ache

516.21 But inquiry] Inquiry

516.22 additional] added

516.24 capacity,] ~‸

516.26 *a*] *rom.* *760*

516.27 status] *not present*

516.28 that] which

516.32 fails to] does not

516.32 related] *not present*

516.35 "representations"] inherent "representations"

516.37 presented, however,] but it is presented

517.1 existences,] ~‸

517.5 occurrence] occurence

517.7 said] then said

517.8 subject] ~,

517.9 the representative] a

517.15 conception, while it accounts] conception‸ while accounting

517.17 any particular case] particular cases
517.20 outside of everything that] anything which
517.22-23 these operations] the latter
517.24 mental] *not present*
517.26 to a] a
517.28 it] the theory
517.31 which are what is] that are
517.32 If this were done,] In this case
517.33 modes] kinds
517.36 epistemology, so called,] ~∧~-~∧
517.39 would] would thus
517.39 position] position taken
518.1 logical] the logical one
518.2 has,] ~∧
518.2-3 purposes] purpose
518.3 and in its conduct,] *not present*
518.7 involved in knowledge] *not present*
518.9 existential qualities] states,
518.12 a] *not present*
518.13 this . . . reference] its import
518.15-17 A . . . mind.] *not present*
518.23 The . . . mark] In the case of knowledge the properties of
518.25 or,] ~∧
518.27-28 cognitive] *not present*
518.38 separation,] conflict∧
518.39 discussed, of] discussed∧ between
519.4 classic . . . was] the classic theory, as
519.5 medieval period, a] Medieval period,
519.10 and] but
761 519.15 a ground,] any ground∧
519.15 premises,] ~∧
519.18 objects,] ~∧
519.20-21 Berkeley] Berkely
519.24 description] definition
519.29 consisted] consists
519.29 one] that
519.33 ideas,] ~∧
519.33 us,] ~∧
519.34 between] among
519.37 do not originate] exist
520.4 represents] presents
520.5 inquiry:—] ~,∧
520.9 field] whole
520.10 inquiry —]~:—

520.17 “ideas”] ∧~∧

520.20 *natura*,] ~∧

520.20 that both] *not present*

520.28 that] that

520.30 mentioned —] ~:—

520.35 (1) discriminating] (a) descriminating

520.38 Moreover, (2)] Moreover∧ (b)

520.40 are] *not present*

521.1 and] or

521.4-5 In any case, (3)] (c) In any case,

521.7 *smoke*] *rom.*

521.7 all. Characteristics] all as a sign. The characteristics

521.7-8 describe . . . prove] from a scientific point of view describe fires are sufficient to show

521.9 to] in

521.10 this function] it

521.17-18 That . . . idealism.] *not present*

521.22 things,] ~∧

521.28 reinstate] re-instate

521.29 examination] an examination

521.30 These philosophers] They

521.31-32 , and that conceptions] which

521.33 or as] or

521.34 was] is

521.36-37 knowing in the case of] the process of knowing by

522.1 when the latter] but

522.15-16 In consequence] The consequences

522.17 no] are that no

522.17 (1)] (a) *762*

522.18 (2)] (b)

522.22 constitution,] ~∧

522.26 they are] it is

522.30 *a priori*] apriori

522.33-34 (which . . . inquiry)] *not present*

522.34 an] the

522.38 *a priori*] apriori

522.40 manner. They] manner, because they

523.10 point —] ~:—

523.11 question] question in order to effect this differentiation

523.12-13 premises . . . and] premises,

523.15 its premises are gratuitous] the premises are superfluous

523.17 appears] can appear

523.19 whatever] that which

523.20 opinion] opinion and error

523.22 their] its

523.22 inquiry:—] ~:‸

523.27 movement] the movement

523.40 situation. Hence, a] situation, so that the

524.12 resolv*able*] theoretically resolvable

524.14 it is true that] *not present*

524.15 unintelligible] untillegible

524.15–16 these principles] this principle

524.20 *a priori*] apriori

524.25 one that is] *not present*

524.26 , since it is] as well as

524.27 definite places and times] a definite place and time

524.27 the belief] *not present*

524.28 continual inquiry,] and continued inquiry‸

524.29 , is capable of becoming] may become

524.31 faith] animating faith

524.31 a] *not present*

524.32 is not so much] is, ultimate analysis would show, not so much an

524.32 as it is] but

524.37 distance,] ~‸

524.38 *a priori*] apriori

524.40 occasioned] arising

525.1–2 towards] towards the

525.12 ¶ The] ~

525.18 being] *not present*

525.20 *final*] *rom.*

763 525.20–21 Reflection . . . all-inclusive] The existence of an Absolute Experience is said to be presupposed, an all‸inclusive

525.21–22 — an Absolute Experience —] *not present*

525.25 existence] existence as such

525.27 *we* "know" only] we "know"

525.31 exists directly] directly exists

525n.1 pp. 174–7.] pp. . . .

526.1 not] other than

526.2 used] *bef. del. comma* AD

526.5–6 different: . . . had] different

526.9 a] the

526.9 of this aspect] *not present*

526.10 limits of] limits that mark the

526.10–11 outcomes . . . of] outcome of inquiries that are controlled by reference to

526.12 The discussions and conclusions] It should be obvious that the discussions

526.13 of the pattern] *not present*

526.14 developed. Their] developed and that their
526.15 are] were
526.24 both the] both
526.25 level] levels
526.29 enjoyments rather than] enjoyments, not
526.30-31 of . . . end] *not present*
526.32 in a given] through habitual
526.32 begins] began
526.33 are] were
526.35 development] development also
526.36 are now called] has become known as
527.5 mainly] *not present*
527.6 thus loses] has thus
527.8 The loss] It
527.12 the] *not present*
527.14 obscurantism; it] obscurantism,
527.15 estate; and it] estate, and
527.17 scientific] these
527.18 best . . . a] manner which is the best available at any
527.20-21 these . . . problems,] them more widely
527.21-22 reinforce the] establish the rightful
527.22 theory,] $\sim_{\wedge}$
527.22 inquiry,] $\sim_{\wedge}$
527.23 assume and to hold] *not present*
527.23 importance.] importance./THE END

行末连字符列表

764 1. 范本表

以下是在复印本中行末用连字符连起可能的复合词经编辑后的形式。所有行末“subject-matter(s)”的例示以及以“self”和“non”开头有连字符的词在本表中没有显示。在页码-行数前有星号的表示该读法在文本注释中有讨论。

页码-行数	词
12.18	life-blood
22.31	so-called
32.23	life-activities
34.33	re-established
41.8	prescientific
62.10	cooperation
76.32	everyday
79.7	socio-practical
111.36	so-called
*112.6	mis-take
152.23 - 24	common-sense
171.36 - 37	ready-made
182.22	ready-made
183.7	subalternation
186.21	sensori-motor
194.35	warm-blooded
194.36	warm-blooded
215.1	foot-rule
233.33 - 34	precondition
249.30 - 31	foot-race
259.13	subcategories
269.24	stop-signal
271.13	reformulated
309.16	ready-made
321.19	subimplication
325.1	co-existence
325.15	warm-blooded
337.18 - 19	sub-kinds
339.22 - 23	interrelation
370.16	re-arranged
387.38	coefficient
469.20	coefficient
479.13	superimposition
479.15	so-called
480.12	reordering
501.24	above-board
507.31	one-sided
515.26	so-called
517.39	preconceptions
525.21	presuppose

2. 校勘文本表 *765*

除了“subject-matter(s)”的 36 次出现，以下是当前版本中出现在行末有歧义地被断开的可能的复合词，若从当前版本中转述应该加上连字符：

15.11	“double-barreled”
30.24	self-explanatory
33.2	self-contained
47.5	never-ending
52.14	non-purely
64.33	self-sufficient
81.37	non-qualitative
92.6	self-movement
92.11	self-movement
96.13	self-activity
96.28	ready-made
100.35	ever-continuing
120.17	non-teleological
125.27	ad-judgments
128.11	sense-perception
136.4	self-contradictory
142.20	sense-perception
147.13	self-evidently
151.35	self-sufficient
152.23	common-sense
153.22	self-sufficiency
156.37	sense-material
157.26	self-evident
157.37	extra-empirical
160.13	all-inclusive
171.31	self-evident
171.36	ready-made
176.34	non-judgmental
193.19	cold-blooded
206.8	guess-work
206.38	box-office
224.10	psycho-physiological
231.12	source-material
248.6	non-recurrent
248.38	non-recurrent
249.30	foot-race
267.21	cross-eyed
268.31	ultra-mechanical
274.21	non-metals
275.29	physico-chemical
312.2	two-termed
312.15	space-time
325.13	non-existential
325.15	warm-blooded
327.23	*non*-symmetry
337.18	sub-kinds
351.13	pseudo-abstraction
361.8	non-terminating
382.25	re-arrangement
395.33	extra-systemic
397.36	non-existential
404.18	extra-systemic
408.14	non-integrable
411.9	extra-systemic
418.34	sense-perception
442.39	self-defense
446.5	self-evident
469.14	spatio-temporal
485.35	socio-cultural
497.15	self-validating
501.31	non-interacting
503.36	non-scientific
517.18	sea-serpent
524.25	ever-renewed

引文中的实质性变动

766 杜威在引号中对实质用词的改变被认为非常重要，足以需要这一特殊列表。杜威以各种方法再现了资料来源，从记忆性的复述到逐字逐句的引证都有；有些地方完整地引用资料，有些地方只提到了作者的姓名，还有些地方完全省略了文献资料。引号中所有的资料已经查到，已被明显强调或者重申的资料除外。杜威的引文已经过核对，必要时作了校勘。

除了校勘表中注明的必要更正之外，所有引文均按它们在范本中的原状一一保留。假如有排印方面的错误，恢复原文的实质用词或偶发拼读上的变化被作为著作(W)校勘标注出来。杜威像那个时期的许多学者那样，不关心形式方面的精确性，引文中的许多变化很可能出现在印刷过程中。比如，将杜威的引文与原文进行对比，可以显示有些编辑和排字人员将所印材料和杜威本人的材料作了印刷方面的个性化处理。因此，在本版中，原文的拼写和大写一律从旧。

杜威常常改动或省去所引材料的标点符号，当这种改动或省略有实质性的含义时，我们便恢复原文的标点。在校勘表中，我们已标明了那些变化。杜威常常并不表明他已省略他所引用的材料。被省略的短语出现在本表中。省略一行以上，便用中括号注明。原始材料中的斜体字被作为实质用词对待。杜威省略或补充的斜体字，在这里已经注明。

767 杜威的引文与包含这些引文的上下文的出处之间的差异，如数字或时态的变化，此处没有注明。

这一部分使用的形式旨在帮助读者确定杜威究竟是直接引用了原始资料还是仅凭记忆引用这些资料。本部分的标注方法遵循以下格式：本版页码-行数后面是词条，然后是括号。括号后面是原文形式，然后是作者姓名、取自杜威的参考文献目录的简化原文标题，以及词条在原始文献的页码和行数；其中，最后三项由圆括号括住。

17n.4　that cannot] which cannot (Peirce, *Collected Papers*, 5:233n.17)

34.32　a prior] the original (Rignano, *Psychology of Reasoning*, 31.35)

34.34　an] the (Rignano, *Psychology of Reasoning*, 31.37)

34.34　its] its own (Rignano, *Psychology of Reasoning*, 31.37–38)

34.35　its old] the old (Rignano, *Psychology of Reasoning*, 31.39)

59.14　*dodela*] a *dodela* (Ogden and Richards, *Meaning of Meaning*, 174.5–6)

59.17　boy] lad (Ogden and Richards, *Meaning of Meaning*, 174.20)

59.20　the idea] an idea (Ogden and Richards, *Meaning of Meaning*, 174.24)

59.21　the name] for a name (Ogden and Richards, *Meaning of Meaning*, 174.26)

67.24–25　ordinary] every-day (*Oxford English Dictionary*, 2:695.2.68)

67.39　feeling,] feeling, or (*Oxford English Dictionary*, 2:695.2.97)

67.39　a] of a (*Oxford English Dictionary*, 2:695.2.98)

86.4　and] it (Kant, *Critique of Pure Reason*, 364.30)

86.4　a single] one (Kant, *Critique of Pure Reason*, 364.30)

86.5–6　complete] completed (Kant, *Critique of Pure Reason*, 365.2)

128.14　present to] presented *to* (Johnson, *Logic*, 9.17)

133.18　earth] earth are observed to (Aristotle, *Metaphysica*, 1063a.11)

133.19　never remain the same the] never to remain in the same state, the (Aristotle, *Metaphysica*, 1063a.11–12)

133.20　from] from the (Aristotle, *Metaphysica*, 1063a.13)

133.21　never] suffer no (Aristotle, *Metaphysica*, 1063a.14)

133.22　they] these (Aristotle, *Melaphysica*, 1063a.15)

133.22–23　and now] and again (Aristotle, *Metaphysica*, 1063a.16)

133.23　always manifestly] manifestly always (Aristotle, *Metaphysica*, 1063a.17)　768

133.23　do not] share in no (Aristotle, *Metaphysica*, 1063a.17)

147.18　known in] known to us in (Mill, *Logic*, 19.34)

147.24　our] our own (Mill, *Logic*, 19.41–42)

149.6　trial [experience]] trial (Locke, *Human Understanding*, 453.11)

149.7　upon one] one upon (Locke, *Human Understanding*, 453.11)

149.7　now we do know the] we do now the (Locke, *Human Understanding*, 453.11–12)

149.8　or] or a (Locke, *Human Understanding*, 453.12)

149.9　For] But whilst (Locke, *Human Understanding*, 453.26)

149.11　constitution] affections (Locke, *Human Understanding*, 453.28)

149.18–19　Hence, we shall never] nor shall ever (Locke, *Human Understanding*, 453.48)

149.20　about natural objects] concerning them (Locke, *Human

Understanding, 454.1)

150.1 able] enabled to distinguish the sorts of particular substances, (Locke, *Human Understanding*, 483.32 - 33)

150.1 one thing from another] the states they are in (Locke, *Human Understanding*, 483.33)

150.2 choose] to take (Locke, *Human Understanding*, 483.33 - 34)

157.9 subject-matters] subject-matter (Russell, *External World*, 42.28)

157.11 proposition] proposition or inference (Russell, *External World*, 42.29 -30)

157.27 one at least] at least one (Russell, *External World*, 56.10)

157.28 particular] [*ital.*] (Russell, *External World*, 56.11)

157.31 sense-data] the data of sense (Russell, *External World*, 56.14 - 15)

177.36 thermo-dynamics] electrodynamics (Dirac, *Quantum Mechanics*, 1.15)

177.39 so] so, however, (Dirac, *Quantum Mechanics*, 1.18)

177.40 mechanics has] mechanics [...] has (Dirac, *Quantum Mechanics*, 1.19 - 20)

178.2 classic] classical (Dirac, *Quantum Mechanics*, 1.22)

178.2 - 3 the problems] those problems (Dirac, *Quantum Mechanics*, 1.23)

185.18 these] those (Bosanquet, *Logic*, 21.10)

185.18 - 19 special identity,] special identity, difference, (Bosanquet, *Logic*, 21.11)

769 257.3 - 4 mean ... color] mean it to be understood that snow, or linen, or milk, is a color. We mean that they are things having the color (Mill, *Logic*, 258.19 - 20)

257.5 Whiteness] Whiteness, therefore, (Mill, *Logic*, 34.22)

258.14 for] of (Mill, *Logic*, 33.50)

259.25 thought] thoughts (*Oxford English Dictionary*, 5:159.2.86)

265.22 known] known instances (Mill, *Logic*, 154.33)

265.22 unknown cases] unknown (Mill, *Logic*, 154.33)

299.5 - 7 If ... soul] [*ital.*] (Joseph, *Introduction to Logic*, 185.31 - 32)

299.6 *Phaedo*] [*rom.*] (Joseph, *Introduction to Logic*, 185.31)

303.13 universal] universe (Joseph, *Introduction to Logic*, 185.5)

303.14 exist] happen (Joseph, *Introduction to Logic*, 185.6)

324.33 experiences] experience (Mill, *Logic*, 157.26)

324.34 and which] and (Mill, *Logic*, 157.27)

324.35 in] in a (Mill, *Logic*, 157.28)

325.1 *attributes*] [*rom.*] (Mill, *Logic*, 137n.28)

343n.3 - 4 by this] in this (Peirce, *Collected Papers*, 5:268.28 - 29)

354.19 *man*] *man*, for example, (Mill, *Logic*, 35.10 - 11)

354.20 class (kind)] class (Mill, *Logic*, 35.12)

354.22 *and ... possess*] [*rom.*] (Mill, *Logic*, 35.13)

363.26 asserted] asserted, as it seems to me, (Jevons, *Principles of Science*, 27.12)

388n.3 - 4 level [in science]] level (Whitehead, *Science and the Modern World*,

161.29)

388n.5 in the] during the (Whitehead, *Science and the Modern World*, 161.31)

388n.7 on] onto (Whitehead, *Science and the Modern World*, 162.9)

419n.2 passages] passages (*An. Post. a.* i. 71^{a}21,24:xviii. 81^{b}5), (Joseph, *Introduction to Logic*, 378n.6)

419n.2–3 verb takes] verb [...] takes (Joseph, *Introduction to Logic*, 378n.7–8)

419n.5 should] could (Joseph, *Introduction to Logic*, 378n.10)

451.19 true] true, then, (Mill, *Logic*, 311.36)

451.20 condition] cause (Mill, *Logic*, 311.37)

451n.4 wish] want (Hogben, *Retreat from Reason*, 49.28)

461.40 are] are to-day (Stebbing, *Introduction to Logic*, 405.30–31)

462.2 colour and sound] sound and colour (Stebbing, *Introduction to Logic*, 405.32)

462.37 It is important] We shall thus do much (Peirce, *Collected Papers*, 5:303.32)

462.37 term] stem (Peirce, *Collected Papers*, 5:303.33) 770

463.2 creation] the creation (Peirce, *Collected Papers*, 5:303.35)

463.2 the *ens rationis*] *ens rationis* (Peirce, *Collected Papers*, 5:303.35–36)

463.3 that] — but which (Peirce, *Collected Papers*, 5:304.2)

464.27 fact] [*ital.*] (Peirce, *Collected Papers*, 5:217.15)

464.29 the form] that form (Peirce, *Collected Papers*, 5:217.17)

464.29 whatever] however (Peirce, *Collected Papers*, 5:217.17–18)

465.2 are probably] are (Peirce, *Collected Papers*, 5:218.21)

465.3 approximate] approximate to (Peirce, *Collected Papers*, 5:218.22)

465.3 truth. We] truth. [...] we (Peirce, *Collected Papers*, 5:218.22–26)

465.5 each other] one another (Peirce, *Collected Papers*, 5:218.28)

479.23 The new logic] It (Lewis, "Structure of Logic," 514.7)

479.24 not ... analysis] [*ital.*] (Lewis, "Structure of Logic," 514.7–8)

479.24 but as] *but* (Lewis, "Structure of Logic," 514.8)

479.25 logic] logic, *etc.*, (Lewis, "Structure of Logic," 514.9)

479.32 upon some] upon (Lewis, "Structure of Logic," 514.15)

479.33 recognized. But] recognized. [...] But (Lewis, "Structure of Logic," 514.16–18)

479.35 the results] those results (Lewis, "Structure of Logic," 514.20)

482.11 by which individual] by means of which all our individual (Stebbing, *Introduction to Logic*, 16n.4–5)

482.12 daring and original] original and daring (Stebbing, *Introduction to Logic*, 16n.5)

483n.8 technician] the technician (Hogben, *Retreat from Reason*, 3.11)

杜威的参考书目

771　这里所列是杜威引用的所有出版物。杜威个人图书馆(南伊利诺伊大学莫里斯图书馆的约翰·杜威书信文件集与特集)中的书尽可能列出。杜威给出参考页码的书,编辑时直接注明引文出处;这里所列其余参考文献,是根据出版和发表的地点和时间,他最可能接触到的版本,或明显出自通信和其他材料。

This section gives full publication information for each work cited by Dewey. Books in Dewey's personal library (John Dewey Papers, Special Collections, Morris Library, Southern Illinois University at Carbondale) have been listed whenever possible. When Dewey gave page numbers for a reference, the edition has been identified by locating the citation; for other references, the edition listed here is his most likely source by reason of place or date of publication, general accessibility during the period, or evidence from correspondence and other materials.

Aristotle. *The Works of Aristotle*. 2d ed. Translated by W. D. Ross. Vol. 8, *Metaphysica*. Oxford: At the Clarendon Press, 1928.

Bosanquet, Bernard. *Logic; or, The Morphology of Knowledge*. Vol. 2. Oxford: At the Clarendon Press, 1888.

Bradley, Francis Herbert. *Appearance and Reality: A Metaphysical Essay*. 2d ed. rev. London: Swan Sonnenschein and Co.; New York: Macmillan Co., 1908.

——. *The Principles of Logic*. 2d ed. rev. 2 vols. London: Oxford University Press American Branch, 1922.

Bridgman, Percy Williams. "A Physicist's Second Reaction to Mengenlehre." *Scripta Mathematica* 2 (February 1934): 101 - 17.

Cornford, Francis MacDonald. *From Religion to Philosophy*. London: Edward Arnold, 1912.

Darrow, Karl Kelchner. *The Renaissance of Physics*. New York: Macmillan Co., 1937.

Darwin, Charles. *On the Origin of Species by Means of Natural Selection*. London: John Murray, 1859.

Dewey, John. *Art as Experience*. New York: Minton, Balch and Co., 1934.

——. *Essays in Experimental Logic*. Chicago: University of Chicago Press, 1916.

——. *How We Think*. Boston: D. C. Heath and Co., 1910. [*The Middle Works of John Dewey, 1899 – 1924*, edited by Jo Ann Boydston, 6: 177 – 356. Carbondale and Edwardsville: Southern Illinois University Press, 1978.]

——. *How We Think: A Restatement of the Relation of Reflective Thinking to the* 772
Educative Process. Boston: D. C. Heath and Co., 1933. [*The Later Works of John Dewey, 1925 – 1953*, edited by Jo Ann Boydston, 8: 105 – 352. Carbondale and Edwardsville: Southern Illinois University Press, 1933.]

——. *Studies in Logical Theory*. University of Chicago, The Decennial Publications, second series, vol. 11. Chicago: University of Chicago Press, 1903. [*Middle Works* 2: 292 – 375.]

Dictionary of Philosophy and Psychology. Edited by James Mark Baldwin. Vol. 2. New York: Macmillan Co., 1911.

Dirac, Paul Adrien Maurice. *The Principles of Quantum Mechanics*. Oxford: At the Clarendon Press, 1930.

Green, Thomis Hill. *Works of Thomas Hill Green*. 2d ed. Edited by R. L. Nettleship. Vol. 2, *Philosophical Works*. London: Longmans, Green, and Co., 1890.

Hogben, Lancelot. *Mathematics for the Million*. New York: W. W. Norton and Co., 1937.

——. *The Retreat from Reason*. London: Watts and Co., 1936.

Hughes, Percy. "Involvement and Implication." *Philosophical Review* 47 (May 1938): 267 – 74.

Hume, David. *A Treatise of Human Nature: Being An Attempt to Introduce the Experimental Method of Reasoning into Moral Subjects*. London: John Noon, 1739.

James, William. *The Principles of Psychology*. 2 vols. New York: Henry Holt and Co., 1893.

Jevons, W. Stanley. *The Principles of Science: A Treatise on Logic and Scientific Method*. London: Macmillan and Co., 1887.

Johnson, William Ernest. *Logic*. Parts 1, 2, and 3. Cambridge: At the University Press, 1921, 1922, 1924.

Joseph, Horace William Brindley. *An Introduction to Logic*. 2d ed. rev. Oxford: At the Clarendon Press, 1916.

Kant, Immanuel. *Immanuel Kant's Critique of Pure Reason*. Vol. 1. Translated by F. Max Müller. London: Macmillan and Co., 1881.

Lewis, Clarence Irving. "The Structure of Logic and Its Relation to Other Systems." *Journal of Philosophy* 18 (15 September 1921): 505 – 16.

Locke, John. *An Essay concerning Human Understanding*. Also, *Questions on Locke's Essay*, by A. M. New ed. London: Ward, Lock, and Co., 1881.

Mead, George Herbert. "Scientific Method and Individual Thinker." In *Creative Intelligence: Essays in the Pragmatic Attitude*, by John Dewey et al., pp. 176 – 227. New York: Henry Holt and Co., 1917.

Mill, John Stuart. *A System of Logic, Ratiocinative and Inductive.* 8th ed. New York: Harper and Brothers, 1874.

773 Ogden, Charles Kay, and Richards, Ivor Armstrong. *The Meaning of Meaning.* New York: Harcourt, Brace and Co.; London: Kegan Paul, Trench, Trübner and Co., 1923.

Oxford English Dictionary. Oxford: At the Clarendon Press, 1933.

Peirce, Charles Sanders. *Collected Papers of Charles Sanders Peirce.* Edited by Charles Hartshorne and Paul Weiss. Vols. 3 and 5. Cambridge: Harvard University Press, 1933, 1934.

Planck, Max. *A Survey of Physics.* Translated by R. Jones and D. H. Williams. New York: E. P. Dutton and Co., 1925.

Poincaré, Henri. *The Foundations of Science.* Translated by George Bruce Halsted. New York and Garrison, N.Y.: Science Press, 1913.

Richards, Ivor Armstrong, and Ogden, Charles Kay. *The Meaning of Meaning.* New York: Harcourt, Brace and Co.; London: Kegan Paul, Trench, Trübner and Co., 1923.

Rignano, Eugenio. *The Psychology of Reasoning.* Translated by Winifred A. Holl. London: Kegan Paul, Trench, Trübner and Co.; New York: Harcourt, Brace and Co., 1923.

Russell, Bertrand. *Our Knowledge of the External World as a Field for Scientific Method in Philosophy.* Chicago: Open Court Publishing. Co., 1914.

Sigwart, Christoph. *Logic.* 2d ed., rev. and enl. Translated by Helen Dendy. Vol. 1: *The Judgment, Concept, and Inference.* London: Swan Sonnenschein and Co.; New York: Macmillan Co., 1895.

Stebbing, L. Susan. *A Modern Introduction to Logic.* New York: Thomas Y. Crowell Co., 1930.

Whitehead, Alfred North. *Science and the Modern World.* New York: Macmillan Co., 1925.

索　引[①]

本索引合并了杜威为《逻辑:探究的理论》(纽约:亨利·霍尔特出版公司,1938年)所作的原初索引。

About:关指
double meaning of, 167 - 168,180,468,关指的双重意义; knowledge as, 153 - 154,知识作为关指
Absolute, 44,216 - 217,绝对; idealism, 524 - 526,绝对唯心论
Abstraction, 25 - 26,120,135,137 - 138, 254,257 - 258,302 - 303,304,307,309, 329,338,349 - 351,354,393 - 394,400 - 401,438, 462 - 464, 468, 抽象。参见 Hypothesis, Universal propositions
Accident:偶性
nature of logical, 94 - 95,138 - 141,201, 逻辑偶性的本质
Acknowledgment:认可
as recognition, 154 - 155,作为承认的认可
Acquaintance:亲知
as knowledge, 153 - 155,亲知的知识
Action:行为
biological, 30 - 47,生物学行为; and consequences, 53 - 55,57 - 60,行为与结果; cultural, 48 - 65,文化行为; general, 248 - 250,269 - 270,一般行为; overt, as close of inquiry, 66 - 67,145 - 147,166 - 167,170 - 171,作为探究终点的外部行为; pure, 78, 92, 95 - 96, 483 - 484,纯粹行为。参见 Hypothesis; Universal propositions
Actuality, 94n, 111, 138, 182 - 183, 252, 271,288,337 - 339,385 - 388,396,现实。参见 Potentiality
Added determinants, 321,增加的决定因素
Addition:添加
summative, 336 - 340,概括性添加
Affirmation:肯定
and assertion, 123,肯定和断言; nature of, 263,423 - 424,肯定的本质; negation, 427,459,肯定和否定。参见 Agreement, Ground, Identification, Inclusion
Aggregates:聚合
and collections, 203 - 204,208 - 210,360 - 363,409 - 410,聚合和集合
Agreement, 184, 263, 428, 一致; of consequences, 25 - 26,52 - 53,57 - 60, 477,结果一致
All:所有的
meanings of, 193 - 194,200,208 - 209, 254 - 258,296,325 - 326,“所有”的意

① 本索引的每个条目后所附的页码均为英文原版书页码,即本书边码。——译者

义;as qualitative, 203 - 204,207 - 209,作为性质上的"所有"。参见 Generic propositions; Universal propositions
Alternation:析取
logical, 337 - 339,逻辑析取
Analysis,分析。参见 Elimination; Selection
And, 335 - 338,438 - 439,并且
Application, 373 - 375,应用。参见 Operations, Reference
Appreciation, 176 - 179, 欣赏。参见 Consummation
Apprehension:理解
immediate, 92 - 94,142 - 160,168 - 170,183,418 - 419,直接理解;realistic, 168,493 - 494,实在论的理解
A *priori*, xvii, xix, 18,23,28,31,47,50,106,147,155,156,389,464,497,498,503,522 - 524,先验
Aristotelian logic, 49,85,130,387,亚里士多德逻辑;affirmation and negation in, 198,亚里士多德逻辑中的肯定与否定;definition in, 91,139 - 140,239,357,亚里士多德逻辑中的定义;fixed species in, 182 - 183,260,亚里士多德逻辑中的固定种;immutable objects in, 133,亚里士多德逻辑中的不变对象;induction and deduction in, xxiv, 416 - 420,亚里士多德逻辑中的归纳和演绎; kinds in, 252 - 254,亚里士多德逻辑中的种类;predication in, 139 - 141,285,亚里士多德逻辑中的谓述;quantity in, 201 - 202,亚里士多德逻辑中的量;related to modern logic, 86 - 102,与现代逻辑相关的亚里士多德逻辑;term in, 347,亚里士多德逻辑中的词项;theory of syllogism in, 323,亚里士多德逻辑中的三段论;three canons of, 342 - 345,亚里士多德逻辑中的三个定律
Arnauld, Antoine, xi,安托万·阿尔诺
Arts:艺术
influence of, 77 - 80,艺术的作用; upon methods, 77 - 80,有关方法的艺术
Assertibility:可断定性
warranted, as end of inquiry, xx, 15,16 - 17,18,29,108,122,142,146,156 - 161,173,195 - 196,260 - 261,328,作为探究结果的有担保的可断定性
Assertion:断言
and affirmation, 123,断言和肯定。参见 Judgment
Asymmetry:非对称
of terms, 332 - 333,词项的非对称
Atomic realism, 150 - 153,原子实在论
Attributes, 259n, 296,297 - 298,354,357 - 358,属性
Autonomy:逻辑理论
of logical theory, 28 - 29,158n,逻辑理论的自主性
Axioms:公理
as self-evident truths, 18,144,作为自明真理的公理。参见 Postulate

Bacon, Francis, 44,弗兰西斯·培根
Being:存在
in Greek logic, 89,189,420,517,希腊逻辑中的"存在"。参见 Ontological
Belief:信念
dual meaning of, 15,信念的双重含义
Berkeley, George:乔治·贝克莱
on primary and secondary qualities, 519,乔治·贝克莱论第一性的质和第二性的质
Biological:生物学的
foreshadowing pattern of inquiry, 66,198 - 199,244,263 - 264,385,生物学探究的预兆模式;as matrix of inquiry, 30 - 47,生物探究母体的生物学
Bosanquet, Bernard, xi - xii,伯纳德·鲍桑奎;on comparison, 185,鲍桑奎论比较;on interrogatives propositions, 170 - 171,鲍桑奎论疑问式命题
Brackets:括号

as logical symbols, 306,406,作为逻辑符号的括号
Bradley, Francis Herbert, 136n,弗兰西斯·赫伯特·布拉德雷
Bridgman, Percy Williams, 362n,珀西·威廉姆斯·布里奇曼

Calculation, 164, 214, 218, 277, 413, 468, 475,推演
Case:实例
as representative, 292,427,431－432,435, 443－444,473－475,代表性实例。参见 Induction
Category:范畴
causation as, 453－454,456－457,因果关系作为范畴;defined, 253,259,对范畴作界定; related to class, 259,271－279, 297,341,359,380－381,与"类"有关的范畴
Causal propositions:因果命题
means-consequences of, 454－457,因果命题的手段与结果
Change:变化
as cyclical, 220－223,235－236,周期变化;of environment, 41,环境变化;in Greek logic, 88－94,212,在希腊逻辑中的变化; in modern science, 137－138, 183,现代自然科学中的变化;and negation, 188－193,变化与否定;and particulars, 201－202,212－213,217, 296－297,变化与殊相;qualitative, 453－454,质上的变化;as vectorial, 233－234,237－238,矢量变化。参见 Interactions, Transformation
Characteristics,特色。参见 Traits
Characters, 259, 341, 353, 377, 439, 447－448,特性。参见 Abstraction; Universal propositions
Circles:圆圈
as logical symbols, 306,359n,作为逻辑符号的圆圈
Circular reasoning, 264,循环论证
Class,类。参见 Category, Kind, Species
Classification:分类
in Aristotelian logic, 253－254,亚里士多德逻辑中的分类;nature of, 295,306－307,342,分类的本质。参见 Category
Close:终点
as termination, 38,95－96,160,178,221, 385,终点作为结论。参见 End
Closed system, 18－19,408－409,470－471, 481,封闭系统。参见 Contingent
Collection, 203－204,208－209,360－363,集合
Common qualities:共性
and generality, 248－249,261－262,265, 268,350,共性和一般性
Common sense, 56,100－102,118－120, 162,264,445,455－456,476－477,常识
Communication:交流
and sentences, 174－176,284,交流和语句。参见 Language
Comparison:比较
defined, 184－186,对比较作界定; importance of, 208,212－213,217－219,247－248,267,283,335－336,350－351,比较的重要性;as measurement, 202－203,318,作为测量的比较
Complex, 155,481,504,复合物
Compound propositions, 335,340,复合命题
Comprehension, 146－147,341,417－418,领会;of terms, 359－360,对词项的领会;as understanding, 156－160,作为理解的领会
Conception:概念
and abstraction, 462－464,468,概念和抽象;and definition, 341－342,概念和定义;in history, 232－233,历史中的概念; operational, 22－23,132－133,216,348, 391－392,459,494－500,操作性概念; and perception, 72－73,162,507－511,

概念和知觉。参见 Hypothesis, Operations, Universal propositions
Conceptualism, 261 - 262,概念论
Concrete, 137,169 - 170,292 - 293,340,446 - 447,458,488,具体
Condition, 137,169 - 170,292 - 293,340,446 - 447,458,488,条件
Conflict:争论
and problems, 14 - 15,33 - 34,36 - 38,123 - 124,177 - 178,186 - 187,218 - 219,问题和争论
Conjunction:合取
logical, 333 - 335,352,425,445,447,451 - 452,468,515 - 516,逻辑合取
Connection:联结
as existential relation, 57,60,174 - 175,220,作为存在关系的联结。参见 Interaction, Involvement
Connexity, 334 - 335,连接性
Connotation, 352 - 357,内涵
Consequences:结果
and significance, 492 - 493,504 - 505,526,结果与意义;as test, 115 - 116,134,177 - 178,266,316 - 320,425 - 427,433 - 435,455 - 456,484 - 485,结果作为检验。参见 End, Instrumental, Means-Consequence, Relation
Consistency, 225,506 - 507,一致性
Consummation, 39,41,69,173,178 - 179,526,完成
Contact activities, 35 - 36,接触性活动
Content:内容
mathematical, 395 - 396,403,数学上的内容
Context:语境
importance of, 58,72,138,152 - 153,223 - 225,284,287,292 - 293,338,393 - 394,423 - 424,515 - 516,519 - 520,语境的重要性
Contingency, 140,195 - 196,201,222,225 - 226,249 - 250,253 - 254,263,297 - 300,320,380 - 381,417,437 - 440,451 - 452,偶然性
Continuity:连续性
of development, 30 - 31,38 - 39,发展的连续性;nature of, xiv - xv, 26,244,连续性的本质;temporal, 440 - 441,455 - 456,475,时间的连续性。参见 Series
Continuum of inquiry, 16 - 17,19,143,226,310,315,480,483 - 484,探究的连续体;Peirce on, 3,皮尔士论探究的连续体;and probability, 464 - 473,连续体和概率
Contradiction, 183,195 - 198,343 - 344,矛盾
Contrariety, 183,191 - 193,195,矛盾性
Control:控制
of direction of discourse, 73 - 75,312 - 313,对论说方向的控制;in inquiry, xxi, 18 - 19,109,120,136,210,218 - 219,237 - 238,317,319,459 - 464,探究中的控制
Convention:约定
in language, 51 - 54,语言约定;of measures, 205,测量的约定,of scientific postulates, 477 - 480,科学公设的约定
Copula:系词
ambiguity of, 138n,系词的模糊性;nature of, 128,135 - 136,311,系词的本质。参见 Is, Verbs
Correlation:相关性
of changes in Science, 87,132,141,475 - 480,科学中变化间的相关性;of data, 317,与料的相关性;functional, 133,164,213,233 - 234,277,功能的相关性;as logical form, 333 - 334,作为逻辑形式的相关性。参见 Correspondence
Correspondence:符合
of acts and conceptions, 113,129,133,212 - 213,214,218 - 219,339 - 340,行为与观念的符合;of words and objects, 53,59 - 60,词语与对象的符合
Cosmology:宇宙论

ancient, and modern logic, 87 - 88,98, 139,202,341,394,416 - 418,497 - 498, 526,古代的宇宙论和现代逻辑。参见 Ontological

Creative Intelligence: Essays in the Pragmatic Attitude (Dewey et al.), 413n,《创造性智慧》卷中(杜威等人)关于实用主义态度的文集

Culture:文化

and history, 233,文化与历史; as matrix of inquiry, 48 - 65,245,264,481 - 483,文化上的探究母体。参见 Common Sense

Darrow, Karl Kelchner, 433n,卡尔·柯策乐·达罗

Darwin, Charles, 97,查尔斯·达尔文

Data:与料

defined, 127, 153, 162, 185, 228 - 229, 230 - 231, 236, 248, 288 - 289, 316 - 320,420 - 422,467 - 470,477,对与料作界定;in mathematics, 401 - 403,数学中的与料。参见 Facts, Sense Data

Dating, 224 - 225,时间的确定

Declarative propositions, 162,238 - 243,陈述命题

Deduction, xxiv - xxv, 18 - 19,459,470 - 471, 478 - 480,497 - 498,演绎。参见 Discourse, Hypothesis, Universal propositions

Definition:定义

in Aristotelian logic, 91,139 - 140,239, 357,亚里士多德逻辑中的定义; and conceptions, 341 - 342,定义与概念; as ideal, 303,作为理想的定义;nature of, 259 - 260,270 - 271,319 - 320,338 - 339,357,404 - 405,定义的本质

Deliberation, 62 - 63,163 - 164,172 - 173, 272 - 273,思虑

Demonstration:证明

and description, 352 - 357,证明与描述;as rational proof, 242,416 - 417,理性证明。参见 Proof, Syllogism

Demonstrative,指示词。参见 Singular, This

Denotation, 352 - 357,所指

Descartes, René, xi,勒内·笛卡尔

Description, 129,131,413 - 414,462 - 464, 476 - 477,描述;and demonstration, 352 - 357,叙述与证明;partial, 240 - 242,局部叙述;scientific, 132 - 133,科学叙述。参见 Kinds, Traits

Designations,命名。参见 Names

Development, 30 - 31,38 - 39,发展

Dirac, Paul Adrien Maurice, 178n,保罗·阿德里安·莫里斯·迪拉克

Discourse:论说

controlled by situation, 73 - 75,312 - 313,由情境决定的论说;in Greek logic, 98 - 99,希腊逻辑中的论说; and meaning-symbols, 51 - 65, 66, 115, 118 - 119, 155 - 157,421,论说和意义符号; and reasoning, 60,115 - 116,164,276 - 277, 379,428,论说和推理

Discovery:发现

and Greek logic, 92 - 93,发现与希腊逻辑

Discrimination,辨别。参见 Data, Elimination, Selection

Disjunction, 172,190,193,196,305 - 307, 340,442,451 - 452,析取。参见 Exclusion

Distance activities, 35 - 38,远程活动

Division:划分

logical, 340 - 342,逻辑划分

Doubt:怀疑

and inquiry, 1,105 - 106,160,227,怀疑和探究。参见 Problem

Dualism:二元论

of logic and methodology, 12 - 13,逻辑和方法论的二元论; of physical and mental, 42 - 43,心物二元论;of theory and practice, 63 - 65,78 - 80,432 - 435, 455 - 457,487 - 489,492 - 493,504 - 505,理论实践二元论。参见 Empirical,

as absolute, 525,绝对经验;continuum of, 249 - 250,273,483 - 485,经验的连续体;and environment, 32 - 47,经验与环境;and practical, 78,经验与实践;as self-evident, 159,经验与自我证明;universe of, 73 - 74,经验世界
Experiment, 99 - 100,115 - 116,121 - 122, 134,151,182,190,317,420,425 - 426, 455 - 456,465,502,522,实验
Extension:外延
logical, 200,295 - 296,340 - 341,357 - 360,逻辑上的;of magnitudes, 211 - 212,外延的量级
Extensive abstraction, 411 - 413,462 - 464,广泛的抽象

Facts:事实
of case, 113,117,185,491,实例;dead, 76,492,被动的事实;as given, 489 - 491,给定的事实;and observation, 114 - 118,事实与观察;provisional, 144 - 145,暂时的事实;in social inquiry, 493 - 497,社会调查中的事实
Fallacy, 204,256,263,285,317 - 318,330, 379,439,472,492,503,谬误
Fallibilism, 46 - 47,可错论
Field:领域
perceptual, 72 - 73,152 - 153,知觉领域
Final cause,目的因。参见 Teleology
Following, 269 - 271,298 - 299,313 - 314, 345 - 346,415 - 418,427 - 432,下述的
Force:力
as cause, 445 - 446,作为原因的力
Formalistic logic:形式主义的逻辑
and Aristotelian logic, 88 - 92,形式化逻辑和亚里士多德逻辑;failure of, 372 - 383,形式化逻辑的失败;and social inquiry, 502 - 503,形式化逻辑和社会探究;transformation of, 93, 183, 197 - 198,201 - 202,218,285,364 - 365,形式化逻辑的转变
Forms:形式
abstracted, 193,抽象形式;accrue in inquiry, xx - xxi, 11 - 12,29,106,132, 159 - 160,形式在探究中的准确性;of material, 106,159,235,285,348,429 - 430,实体形式;mathematical, 391 - 414,数学形式
Formulation:表述
necessity of, 21,25 - 26,245,249 - 251, 263 - 265,501,表述的必要性。参见 Propositions, Symbols
Frequency distribution, 226,分布频率;and probability, 465 - 473,分布频率和概率
Functions:功能
biological, 32 - 36,生物学功能;forms as, xx - xxi,形式作为功能;laws as, 428 - 432,法律作为功能;made existential, 120,151 - 152,449 - 450,成为实存性的功能;physical and logical, 333,410 - 411,物理的和逻辑的功能;propositions as, 309,364 - 365,作为功能的命题;theory as, 468,理论作为功能;traits as, 269,特征作为功能。参见 instrumental, Operational

Generalization:概括,一般化
cultural origin of, 49 - 51,一般化的文化根源;Mill on, 265 - 266,穆勒论一般化;two forms of, xxv, 252,260 - 262,352, 422,428 - 429,一般化的两种形式;use of, 196 - 197,201,432 - 433,491 - 492,一般化的使用。参见 Generic and Universal Propositions, Kinds
Generic propositions:类属命题
universal and, xvi - xxi, xxv - xxvi, 253 - 254,351 - 352,376 - 378,438,普遍命题和类属命题
Genetic classification, 295,发生学分类
Genus, 42 - 43,293,种

Geometry, 79,97,144,211,几何学
Given:给定的,所与
ambiguity of, 127,227n, 241,421,513 - 515,所与的模糊性;facts as, 489 - 491,事实作为所与
Grammatical:语法上的
and logical, 284 - 285,308,语法上和逻辑上的
Green, Thomas Hill, 156,510,托马斯·希尔·格林
Ground, 113 - 116,119 - 120,134,140 - 141,144 - 145,150 - 151,174 - 175,181,183 - 184,188 - 189,225,230 - 231,245,250,263 - 264,266 - 267,288,304 - 305,310,332,339 - 340,422,465,484 - 485,基础
Guiding principles, 19 - 21,158,316,336,465,指导原则

Habit, 146,167,224,467,习惯;as basis of organic learning, 38 - 39,作为生物学习的基础的习惯;generality of, 21,习惯的普遍性;Hume on, 244,250,休谟论习惯;influence of, 19 - 20,习惯的影响
Heterogeneity, 95,218,异质性
Heteronomy,异质。参见 Autonomy, Ontological
History:历史
logic and, 230 - 238,433 - 434,440,453 - 454,逻辑与历史
Hogben, Lancelot, 78n,朗斯洛·霍格本;on prediction, 451n,朗斯洛·霍格本论预测;on pure and applied science, 483n,朗斯洛·霍格本论纯粹科学和应用科学
Homogeneity, 95,211,474,同质性
Hook, Sidney, 5,悉尼·胡克
Hughes, Percy, 276n,珀西·休斯
Hume, David, 20,45,153,156,446,大卫·休谟;on habit, 244,250,大卫·休谟论习惯
Hypostatization:实体化过程
of ends, 178 - 179,216n,目的的实体化过程;of instruments, 135,173,工具的实体化过程
Hypothesis:假设
conditions of, 11,条件假设;as contingent and necessary, 298 - 307,偶然和必然假设;and experiment, 115 - 116,132,假设与实验;function of, 144 - 145,164 - 165,173 - 174,189 - 190,263 - 265,314 - 315,485,499,假设的功能;and symbols, 58 - 59,假设与符号。参见 Conception, Formulation, Predicate, Universal propositions
Hypothetical-deductive method, 423 - 424,假设-演绎方法

Idea:观念
defined, 113 - 114,对意见作界定;nature of, 136,167 - 168,186,232,288 - 289,意见的本质;and symbols, 58 - 59,符号与意见。参见 Possibility
Idealism, 16,185,207 - 208,唯心论;absolute, 524 - 526,绝对理念唯心论;perceptual, 519 - 521,知觉唯心论;rationalistic, 521 - 524,唯理论的唯心论
Ideals:理想
as directive, 179,318 - 319,作为引导的理想
Identity, 18 - 19,126,185,229 - 230,239 - 240,267,342 - 343,347,422,427 - 428,451 - 452,459,同一性。参见 Agreement, Inclusion
If-then propositions,如果-那么命题。参见 Hypothesis, Universals propositions
Ignorance:无知
and probability, 466,468,无知与可能性
Immediacy, 68,154,227,248,即时性;and epistemologies, 508,即时性与认识论。参见 Qualities
Immediate inference, 321,直接推理
Impersonal propositions, 190 - 191,客观命题
Implication, 18,60,137 - 138,270 - 271,301,310,315 - 316,329,345 - 346,374,

379,423 - 424,467 - 468,470 - 472,蕴涵。参见 Discourse, Involvement
Inclusion, 90,95,222,249 - 250,306 - 307, 331,335 - 336,包含;ambiguity of, 259 - 260 包含的模糊性;and exclusion, 182 - 199,包含与排除。参见 Agreement
Indeterminate:不确定
and inquiry, 108 - 111,123 - 124,138, 163,183 - 184,209,241,探究和不确定性。参见 Problems, Situation
Individual:个体
as qualitative whole, 74,109 - 111,125 - 127,220,283,351 - 352,441,个体作为定性的整体
Induction, xxiv - xxv, 266,478 - 479,归纳法;in Aristotelian logic, 416 - 417,419n - 420n,亚里士多德逻辑的归纳法;mathematical, 404 - 406,数学归纳法;object of, 427 - 428,432 - 435,归纳的对象;as psychological, 419 - 420,508,心理学上的归纳
Inference, 10,51,60,61 - 62,115, 133,142, 147, 150, 160, 228, 242, 248, 310, 345 - 346,475,515,推论;and kinds, 266 - 267,推理与种;and proof, 424,推理与证明;and system, 294,推理与系统。参见 Data, Implication
Infinitation of negative, 193,否定的无限
Infinity:无限
as non-terminating, 404 - 405,409 - 411,无限作为永不结束
Inquiry:探究
defined, 108,对探究作界定;doubt and, 109 - 111,123 - 124,138,163,226,怀疑和探究;end of, 219,385,探究的终点;and logic, 11 - 14,15 - 16,25 - 26,28 - 29,92 - 93,106,132,158 - 159,476 - 477,探究与逻辑
Instant, 401 - 402,463 - 464,瞬间
Instrumental:工具性的
formed material and, 383,435 - 436,468,形式化材料和工具性;material, procedural and, 22 - 23,107,127,139, 144,164, 165 - 168,172 - 173,229 - 230,239 - 240,348,433 - 434,材料性的和程序性的
Instruments, 135, 173, 工具;in scientific advance, 388 - 389,科学上的先进工具
Intension:内涵
logical, 200,292 - 293,357 - 360,逻辑内涵
Intensive magnitudes, 204 - 206,密集的量
Interaction:相互作用
biological, 31 - 40,110,199,生物学相互作用;and causation, 435,440,446 - 447, 452 - 453,相互作用与因果关系;and determination of kinds, 111,116 - 117, 133,152 - 153,164 - 166,175 - 176, 220,251 - 252,288 - 289,331 - 332,相互作用和种的确定
Interception, 404 - 405,截取
Interrogatives, 170 - 172,疑问词
Interval, 411,463,间隔
Introduction to Logic, *An* (Joseph), 420n,《逻辑学导论》
Intuition, 26,28 - 29,31,93,107,147 - 148, 226 - 227,498 - 499,直觉;as empirical, 205,467,作为经验的直觉
Invariants, 387 - 388,不变量
Involvement, 60n, 276 - 279,310,329,参与。参见 Connections, Inference
Is:是
double meaning of, 137 - 138,289,307,"是"的双重意义
Isomorphism, 396 - 399,407,同构

James, William, 316n, 510n,威廉·詹姆斯
Jevons, W. Stanley: W·斯坦利·杰文斯,
on proper names, 363,364, W·斯坦利·杰文斯论专名
Johnson, William Ernest, 128n,威廉·恩斯

155 - 157,421,论说与意义符号;in mathematics,395 - 396,数学中的意义符号。参见 Conception,Consequences,discourse
Means:手段
-end,490 - 491,手段-结果;material and procedural,139,143,162,168,175,288,384 - 385,402,513,实体性的和程序性的手段;measurement as,200 - 202,210,作为手段的测量
Means-consequence relation:手段-结果关系
and causal propositions,449 - 450,454 - 457,手段-结果关系与因果命题;as fundamental category of inquiry,xi,16 - 18,23 - 24,107 - 108,111,381 - 382,440,作为探究基本范畴的手段-结果关系;predicament of,45 - 46,手段-结果关系的困境
Measurement:测量
absent in ancient science,94 - 96,201 - 202,古代科学中测量的缺乏;as qualitative and numerical,205 - 219,318,345,性质上和数值上的测量。参见 Comparison
Mediation:中介
as necessary,190,217 - 218,248,321,508,522 - 524,必要的中介。参见 Ground
Mental,39 - 40,42 - 43,63n,86,107,110,161,164,185 - 186,286 - 287,516 - 517,519 - 521,精神的
Metaphysics:形而上学
and logic,30,70 - 72,286,507 - 508,516 - 517,形而上学与逻辑。参见 Ontological
Methodology:方法论
of history,230 - 231,历史的方法论;and logic,12 - 13,方法论与逻辑
Middle term:中项
as logos,90,204,作为逻各斯的中项
Mill,John Stuart,ix,xi,20n,44,45,86,150,157,160,374,417n,436,446,451,464,498,约翰·斯图亚特·穆勒;on abstract terms,257 - 258,约翰·斯图亚特·穆勒论抽象词汇;on attributes,259,约翰·斯图亚特·穆勒论属性;on connotation,354 - 355,约翰·斯图亚特·穆勒论涵义;empiristic theory of,147 - 148,389,约翰·斯图亚特·穆勒的经验主义理论;on generalization,265 - 266,约翰·斯图亚特·穆勒论一般性;logic of,12,约翰·斯图亚特·穆勒的逻辑;on proper names,363 - 364,约翰·斯图亚特·穆勒论专名;on sequence,437,约翰·斯图亚特·穆勒论序列;syllogism theory of,323 - 325,约翰·斯图亚特·穆勒的三段论理论
Mind-body problem,30,心物问题
Minor,次要的。参见 Premises;Syllogism
Morals,169 - 170,217,489 - 491,道德
Motion:变动
and science,212,475 - 476,变动和科学。参见 Correlation of Changes
Multiplication:乘法
logical,336 - 342,359,438 - 439,逻辑乘法

Nagel,Ernest,5,293n,恩斯特·内格尔
Names:名称
proper,354 - 355,363 - 364,专名
Naturalism:自然主义
and logical theory,26 - 28,自然主义和逻辑理论
Nature:本质
in Greek logic,87,94 - 98,希腊逻辑中的本质
Necessity:必然性
logical,90,201,277 - 278,312,317 - 318,339,377 - 378,419,437 - 440,471,逻辑必然性。参见 Contingent,Implication,Universal propositions
Need,33 - 34,需要。参见 Conflict

in Aristotle, 88 - 89,93 - 94,183,亚里士多德使用的殊相; change of, 190,201 - 202, 220, 340, 417, 殊相的改变; in Locke, 149,洛克使用的殊相; in Mill, 147 - 148, 穆勒使用的殊相; as propositions, 289 - 290,作为命题的殊相; sense-data as, 157,感觉与料作殊相。参见 Problem
Pattern of inquiry:探究模式
biological basis, 39 - 40,探究模式的生物学基础; common-sense nature of, 71 - 72,84,105,118 - 120,245,探究模式常识性本质; and judgment, 432,462 - 463,464 - 465,483 - 484,探究模式和判断; and mathematics, 391 - 394,探究模式和数学
Peirce, Charles Sanders, x, xii, xv,查尔斯·桑德斯·皮尔士; on abstract, 462 - 463,查尔斯·桑德斯·皮尔士论抽象; on continuum of inquiry, 3,17,查尔斯·桑德斯·皮尔士论探究的连续体; on effect of social factor on science, 484,查尔斯·桑德斯·皮尔士论社会性事实对科学的影响; on fallibilism, 46 - 47,查尔斯·桑德斯·皮尔士论谬误; on form and method, 464 - 465,查尔斯·桑德斯·皮尔士论形式和方法; on guiding principles, 19 - 21,158,查尔斯·桑德斯·皮尔士论指导原则; on truth, 343n,查尔斯·桑德斯·皮尔士论真
Perception:知觉
and conception, 72 - 73,162,507 - 511,知觉和概念; not directly cognitive, 73,458 - 459,476 - 477,非直接认知的知觉; and epistemology, 518 - 520,知觉和认识论; psychological theory of, 152 - 153,知觉的心理学理论
Periodicity, 220 - 221,407 - 408,周期性
Person, 87 - 89,109 - 110,517 - 518,人
Philosophy:哲学
and logic, 10,15 - 16,71 - 72,哲学和逻辑; and science, 41 - 42,82 - 83,哲学和科学
Phusis, 88,自然
Physics:物理学
in Aristotle, 88,亚里士多德的物理学; and mental, 42 - 43,物理学和精神
Planck, Max, 461,马克思·普朗克
Plato:柏拉图
on change and negation, 189,柏拉图论变化和否定
Pluralism, 524,多元论
Plurality of causes, 451 - 452,原因的多重性
Poincare, Henri, 405,亨瑞·庞加莱
Point, 411,463,观点
Pointing:指
at and out, 127,150 - 151,242,指向和移开。参见 This
Polyadic terms, 311 - 312,多元词项
Positive propositions:肯定命题
in Aristotle, 90,亚里士多德的肯定命题。参见 Agreement, Comparison, Conjunction
Positivism, 511 - 512,实证主义
Possibility, 113 - 115,134,264 - 265,269 - 270,279,288 - 289,301 - 302,338 - 339, 341,392,423,436,可能性; as ontological, 396 - 401,本体论的可能性; pure, 10,54 - 55,纯粹可能性
Postulate:假设
and logic, 23 - 26,假定与逻辑; and mathematics, 401 - 404,假定与数学
Potentiality, 94n, 111,132,164,238,288 - 289,332,385 - 388,476,潜在性。参见 Interaction, Kinds
Practice:实践
and theory, 63 - 65,78 - 80,432 - 435,455 - 457,487 - 489,492 - 493,504 - 505,实践与理论。参见 Experiment, Operations
Pragmatic:实用主义
defined, 4,对实用主义作界定
Predicables, 94,139 - 141,可谓述的
Predication, 96,127 - 130,134 - 135,139 -

为本质的情形
Qualities:性质
and change, 136 - 137,295 - 296,性质与改变; and magnitude, 207,质与量; and science, 83 - 84,119 - 120,151 - 152, 215 - 216,性质与科学; as signs, 76 - 77,132,149 - 150,240,248 - 249,252, 268 - 269,475,作为标志的性质;unique, 294 - 295,319,350 - 351,独特性质
Quantity:数量
as accident, 94,201,作为偶性的量
Quest for Certainty, *The*, xxi,《确定性的寻求》

Rational, 26,理性的;and empirical, 17 - 18, 44,78,80,194,251n, 277 - 278,304 - 305, 420,426,理性的和经验的
Rationalism, 114, 134, 142, 162, 436, 497, 508 - 513,唯理论。参见 A priori
Ratner, Joseph, 5,405n,约瑟夫・拉特纳
Realism:实在论
apprehension in, 168,493 - 494,实在论的理解;atomic, 150 - 153,原子实在论; knowledge in, 16,261,实在论的知识; theories of, 513 - 518,实在论的理论
Reason:理性
pure, 18,31,64,78,92,纯粹理性
Reasoning:推理
by disjunction, 193,析取推理;as ordered discourse, 60,115 - 116,164,276 - 277, 379,428,作为有序论说的推理。参见 Discourse, Meaning, Symbols
Recognition, 154 - 155,承认
Recollection:回忆
as mediated, 223 - 227,作为中介的回忆
Recurrence:再现
nature of, 246 - 252,再现的本质
Reductio ad absurdum, 301,503,归谬法
Reference:指称、指涉。
existential, 59 - 60, 80, 137 - 138, 174 - 175,188,254 - 255,283 - 284,313,353 - 354,374 - 375,378,411 - 414,417,423 - 424,475,513 - 514,517 - 518,实存性指涉
Reflective thought,反思性思维。参见 Inquiry
Reflexive propositions, 360 - 363,自反命题
Reid, Thomas, 68,托马斯・里德
Relations:关系
ambiguity of term, 60 - 62, 328 - 329, 397 - 399,词项关系的模糊性;in Greek logic, 96,希腊逻辑中的关系; mathematical, 391 - 414,425 - 426,数学关系;of meanings, 115 - 116,137 - 138, 意义关系;propositions as, 307 - 309,命题作为关系;of scientific objects, 119,科学对象的关系; terms as, 332 - 333, 347 - 348,项作为关系
Relationship, 400 - 401, 463,关系。参见 Isomorpbism
Relevancy, 115,235,相关性。参见 Data
Retreat from Reason, *The* (Hogben), 451n, 《逃离理性》(霍格本)
Richards, Ivor Armstrong, 59n,伊沃・阿姆斯特朗・理查兹
Rignano, Eugenio:尼奥・瑞格纳诺
on biological basis of thinking, 34 - 35,尼奥・瑞格纳诺论思维的生物学基础
Russell, Bertrand:伯兰特・罗素
on logical form, 157,伯兰特・罗素论逻辑形式

Sample, 474 - 475,例子。参见 Case
Santayana, George, 75,乔治・桑塔亚那
Satisfaction:满足
as objective, 33 - 35,满足作为目标。参见 Consequences
Scale, 191,213 - 215,比例
Science:科学
and practical, 163,175 - 176,180 - 181,科学与实践; and qualitative, 71, 248 - 249,科学和性质;units of, 475 - 478,科学单元。参见 Correlation of Changes,

Deduction, Experiment, Induction
Scottish school, 68,苏格兰学派
Selection:选择
necessity for, 126,129 - 133,136,151 - 152,184,203,231 - 232,267,318 - 319, 364 - 365,374,391,420,455,462,470, 491,493 - 494,499 - 502,519 - 521,选择的必要性。参见 Data
Self-evident, 18,25,144,148,157 - 159,404,自明的
Sensations, 91 - 92,147,148 - 149,418 - 419,感觉
Sense data, 149 - 150,153,157,感觉与料
Sense perception, 290,418 - 419,感官印象
Sentence:句子
and proposition, 174,284 - 289,句子与命题。参见 Language
Series:序列
in Greek logic, 212 - 213,希腊逻辑中的序列;organic, 36 - 37,41 - 42,56,385,有机序列;temporal, 224 - 225,245,316 - 317,330,时间性序列
Settled, 15 - 16,123 - 125,186,189,220,固定的
Signs:记号
and consequences, 504 - 505,记号与结果;and epistemology, 515 - 516,519 - 520,记号与认识论;and meanings, 57,317, 324,358n, 468,记号与意义;qualities as, 76 - 77,132,149 - 150,240,248 - 249,252,268 - 269,475,性质作为记号。参见 Evidence
Sigwart, Christoph, xii,克里斯托弗·西格沃特;on negated copula, 188,克里斯托弗·西格沃特论否定系词
Similarity, 185 - 186, 相似性。参见 Comparison
Simple propositions, 150 - 153,335,340,简单命题
Simplicity:简单性
of nature, 456,自然的简单性
Singular:单数
concept of, 72 - 73,126,129,196,201, 209, 220, 242, 247, 单数概念; propositions, 249,255 - 256,267 - 268, 290 - 293,单称命题;and science, 432 - 434,443 - 445,单数与科学。参见 This
Situation:情境
as control of inquiry, xx, xxii, 108 - 109, 163,167 - 168,203,207,220,440,455 - 456,466 - 467,探究的控制情境; defined, 72,对情境作界定。参见 Individual, Qualitative
Skipped intermediaries, 316n,被忽略的中介
Smith, Adam, 498,亚当·斯密
Social:社会的
influence of, on inquiry, 26 - 28,探究的社会作用
Some, 183,193 - 195,200,208,336,一些。参见 Particulars
Space, 217 - 218,238 - 239,311,441,475 - 480,空间
Species, 91 - 92,130,139 - 140,172,182 - 183,254,294 - 295,416 - 417,种。参见 Kinds
Specimen, 432,435 - 436,474 - 475,样本。参见 Case, Sample
Spinoza, Benedict, 488,本尼迪克特·斯宾诺莎
Square of opposition, 183,对当方阵
Standardized material, 22 - 23,115 - 116, 129,170,172 - 173,245,293,382 - 383, 427,475 - 480,标准化的材料
Standards,标准。参见 Norms
Stebbing, L. Susan, 27n, 462n, L. 苏珊·斯特宾; on context of experience, 482n, L. 苏珊·斯特宾论经验环境
Stewart, Dugald, 68,杜格尔德·斯图尔特
Stimulus-Response, 36 - 38,刺激-反应机制
Stipulation:规定

and language, 54,思想与语言;reflective, 28 - 29,反思性思想。参见 Inquiry
Time:时间
continuum, 441 - 445,448 - 452,476 - 480,时间的连续体;and judgment, 137,时间与判断;measurement of, 217 - 219,时间的测量;and organic behavior, 50 - 51,时间与有机体行为。参见 Sequence, Series, Transformation
Tradition, 55 - 56,68,83,264,传统
Traits, 259,269,341,353,377,386 - 387, 425 - 426, 451 - 452,特征。参见 Characters, Kind
Transformation:转化
of man by environment, 34 - 35,48 - 51,环境对人的转化;in mathematics, 391 - 394,401,406 - 407,409,412 - 414,数学中的转化;necessity of, for conclusion, 108,121, 124 - 125, 137 - 138, 226 - 228,238,245,287,320 - 321,420,428, 440,477,484 - 485,492,对于结论的转化的必要性
Transitivity, 327,329 - 332,传递性
Transposition of terms, 320 - 321,移项
Truth:真
Peirce on,皮尔士论真,3。参见 Assertibility

Unconditional,无条件的。参见 Universal propositions
Understanding, 505,理解;as comprehension, 156 - 160,作为领悟的理解
Unification:联合
nature of, 523,联合的本质
Units, 205,217 - 219,363,475 - 480,单位
Universal propositions:普遍命题
abstract, 254 - 257,259,261,394 - 396,抽象的普遍命题;Aristotelian, 90,139 - 140,183,亚里士多德的普遍命题;concrete, 184n,具体的普遍命题;disjunctive, 305 - 307,析取普遍命题;generic and, xvi - xxi, xxv - xxvi, 253 - 254,351 - 352,376 - 378,438,类属和普遍命题;hypothetical, 300 - 305,假设性普遍命题;singular and, xvi, 351 - 352,单称和普遍命题。参见 Operations, Possibility

Validity:有效性
and consequences, 20 - 21,73,80,145, 156,176,193,196 - 197,224,318,319 - 320,341 - 342,399,423 - 424,有效性与结果;defined, 287,对有效性作界定
Value, 83,101,价值
Vera Causa, 106,162,370,真实原因
Verbs:动词
temporal, 137 - 138,224,332 - 333,时间性动词
Verification, 159 - 160,433 - 434,512,证实。参见 Consequences, Hypothesis

Warranted assertibility, xx, 15,16 - 17,18, 29,108,122,142,146,156 - 161,173,195 - 196,260 - 261,328,有担保的可断定性、有保证的可断定性
Whitehead, Alfred North:阿尔弗雷德·诺斯·怀特海
on scientific instruments, 388n,阿尔弗雷德·诺斯·怀特海论科学工具
Whole:-part relation, 203 - 206,整体-部分关系;qualitative, 89,218 - 219,469 - 470,定性的整体-部分关系。参见 Individual, Situation
Words:词
ambiguity of, 291 - 293,303 - 304,词语的模糊性;and symbols, 53 - 54,57 - 60,词与符号;and terms, 284 - 286,词与词项

Zeno of Elea:爱利亚的芝诺
paradoxes of, 97,芝诺悖论
Zero, 408 - 409,零

第一版页码对照

过去的学术研究一直引用1938年亨利·霍尔特出版公司的《逻辑:探究的理 790
论》。下表把它的页码与当前版本的页码联系起来。冒号之前是1938年版本的页码,冒号之后是当前版本相应的页码。

iii:3-4
iv:4-5
v:5
1:9
2:9-10
3:10-11
4:11-12
5:12-13
6:13-14
7:14-15
8:15-16
9:16-17
10:17-18
11:18-19
12:19-20
13:20-21
14:21-22
15:22-23
16:23-24
17:24-25
18:25-26
19:26-27
20:27-28
21:28-29
22:29
23:30
24:30-31
25:31-32
26:32-33
27:33-34
28:34-35
29:35-36
30:36-37
31:37-38
32:38-39
33:39-40
34:40-41
35:41-42
36:42-43
37:43-44
38:44-45
39:45-46
40:46-47
41:47
42:48
43:48-49
44:49-50
45:50-51
46:51-52
47:52-53
48:53-54
49:54-55
50:55-56
51:56-57
52:57-58
53:58-59
54:59-60
55:60-61
56:61-62
57:62-63
58:63-64
59:64-65
60:66
61:66-67
62:67-68
63:68-69
64:69-70
65:70-71
66:71-72
67:72-73
68:73-74
69:74-75
70:75-76
71:76-77
72:77-78
73:78-79
74:79-80
75:80-81
76:81-82
77:82-83
78:83-84
79:84-85
80:85
81:86
82:86-87
83:87-88
84:88-89
85:89-90
86:90-91
87:91-92
88:92-93
89:93-94
90:94-95
91:95-96
92:96-97
93:97-98

94:98 - 99
95:99 - 100
96:100 - 101
97:101 - 2
98:102
99:103
100:104
101:105
102:105 - 6
103:106 - 7
104:107 - 8
105:108 - 9
106:109 - 10
107:110 - 11
108:111 - 12
109:112 - 13
791 110:113 - 14
112:115 - 16
113:116 - 17
114:117 - 18
115:118 - 19
116:119 - 20
117:120 - 21
118:121 - 22
119:122
120:123 - 24
121:124 - 25
122:125 - 26
123:126 - 27
124:127 - 28
125:128
126:128 - 29
127:129 - 31
128:131
129:131 - 32
130:132 - 33
131:133 - 34
132:134 - 35
133:135 - 36
134:136 - 37
135:137 - 38
136:138 - 39
137:139 - 40
138:140 - 41
139:142
140:142 - 43
141:143 - 44
142:144 - 45
143:145 - 46
144:146 - 47
145:147 - 48
146:148 - 49
147:149 - 50
148:150 - 51
149:151 - 52
150:152 - 53
151:153 - 54
152:154 - 55
153:155 - 56
154:156 - 57
155:157 - 58
156:158 - 59
157:159 - 60
158:160
159:161
160:161 - 62
161:162 - 63
162:163 - 64
163:164 - 65
164:165 - 66
165:166 - 67
166:167 - 68
167:168 - 69
168:169 - 70
169:170 - 71
170:171 - 72
171:172 - 73
172:173 - 74
173:174 - 75
174:175 - 76
175:176 - 77
176:177 - 78
177:178 - 79
178:179 - 80
179:180 - 81
180:181
181:182
182:182 - 83
183:183 - 84
184:184 - 85
185:185 - 86
186:186 - 87
187:187 - 88
188:188 - 89
189:189 - 90
190:190 - 91
191:191 - 92
192:192 - 93
193:193 - 94
194:194 - 95
195:195 - 96
196:196 - 97
197:197 - 98
198:198 - 99
199:200
200:200 - 201
201:201 - 2
202:202 - 3
203:203 - 4
204:204 - 5
205:205 - 6
206:206 - 7
207:207 - 8
208:208 - 9
209:209 - 10
210:210 - 11
211:211 - 12
212:212 - 13
213:213 - 14
214:214 - 15
215:215 - 16
216:216 - 17
217:217 - 18
218:218 - 19
219:219
220:220
221:220 - 21
222:221 - 22
223:222 - 23
224:223 - 24
225:224 - 25
226:225 - 26
227:226 - 27
228:227 - 28
229:228 - 29
230:229 - 30
231:230 - 31
232:231 - 32
233:232 - 33
234:233 - 34
235:234 - 35
236:235 - 36
237:236 - 37
238:237 - 38
239:238 - 39
240:239 - 40
241:240 - 41
242:241 - 42
243:242 - 43
244:243
245:244
246:244 - 45
247:245 - 46
248:246 - 47
249:247 - 48
250:248 - 49
251:249 - 50
252:250 - 51
253:251 - 52
254:252 - 53
255:253 - 54
256:254 - 55
257:255 - 56
258:256 - 57
259:257 - 58
260:258 - 59
261:259 - 60
262:260 - 61
263:261 - 62
264:263
265:263 - 64
266:264 - 65
267:265 - 66
268:266 - 67
269:267 - 68
270:268 - 69

271:269 - 70
272:270 - 71
273:271 - 72
274:272 - 73
275:273 - 74
276:274 - 75
277:275 - 76
278:276 - 77
279:277 - 78
280:278 - 79
281:281
282:282
283:283
284:283 - 84
285:284 - 85
286:285 - 86
287:286 - 87
288:287 - 88
289:288 - 89
290:289 - 90
291:290 - 91
292:291 - 92
293:292 - 93
294:293 - 94
295:294 - 95
296:295 - 96
297:296 - 97
298:297 - 98
299:298 - 99
300:299 - 300
301:300 - 301
302:301 - 2
303:302 - 3
304:303 - 4
305:304 - 5
306:305 - 6
307:306 - 7
308:307 - 8
309:308 - 9
310:309
311:310
312:310 - 11
313:311 - 12
314:312 - 13
315:313 - 14
316:314 - 15
317:315 - 16
318:316 - 17
319:317 - 18
320:318 - 19
321:319 - 20
322:320 - 21
323:321 - 22
324:322 - 23
325:323 - 24
326:324 - 25
327:325 - 26
328:327 - 28
329:328
330:328 - 29
331:329 - 30
332:330 - 31
333:331 - 32
334:332 - 33
335:333 - 34
336:334 - 35
337:335 - 36
338:336 - 37
339:337 - 38
340:338 - 39
341:339 - 40
342:340 - 41
343:341 - 42
344:342 - 43
345:343 - 44
346:344 - 45
347:345 - 46
348:346 - 47
349:347
350:347 - 48
351:348 - 49
352:349 - 50
353:350 - 51
354:351 - 52
355:352 - 53
356:353 - 54
357:354 - 55
358:355 - 56
359:356 - 57
360:357 - 58
361:358 - 59
362:359 - 60
363:360 - 61
364:361 - 62
365:362 - 63
366:363 - 64
367:364 - 65
368:366
369:367
370:368
371:369
372:369 - 70
373:370 - 71
374:371 - 72
375:372 - 73
376:373 - 74
377:374 - 75
378:375 - 76
379:376 - 77
380:377 - 78
381:378 - 79
382:379 - 80
383:380 - 81
384:381 - 82
385:382 - 83
386:383 - 84
387:384 - 85
388:385 - 86
389:386 - 87
390:387 - 88
391:388 - 89
392:389 - 90
393:390
394:391
395:391 - 92
396:392 - 93
397:393 - 94
398:394 - 95
399:395 - 96
400:396 - 97
401:397 - 98
402:398 - 99
403:399 - 400
404:400 - 401
405:401 - 2
406:402 - 3
407:403 - 4
408:404 - 5
409:405 - 6
410:406 - 7
411:407 - 8
412:408 - 9
413:409 - 10
414:410 - 11
415:411 - 12
416:412 - 13
417:413 - 14
418:414 *792*
419:415
420:415 - 16
421:416 - 17
422:417 - 18
423:418 - 19
424:419 - 20
425:420 - 21
426:421 - 22
427:422 - 23
428:423 - 24
429:424 - 25
430:425 - 26
431:426 - 27
432:427 - 28
433:428 - 29
434:429 - 30
435:430 - 31
436:431 - 32
437:432 - 33
438:433 - 34
439:434 - 35
440:435 - 36
441:436 - 37
442:437
443:437 - 38
444:438 - 39
445:439 - 40
446:440 - 41

447:441-42
448:442-43
449:443-44
450:444-45
451:445-46
452:446-47
453:447-48
454:448-49
455:449-50
456:450-51
457:451-52
458:452-53
459:453-54
460:454-55
793 461:455-56
462:456-57
463:458
464:458-59
465:459-60
466:460-61
467:461-62
468:462-63
469:463-64
470:464-65
471:465-66
472:466-67
473:467-68
474:468-69
475:469-70
476:470-71
477:471-72
478:472-73
479:473-74
480:474-75
481:475-76
482:476-77
483:477-78
484:478-79
485:479-80
486:480
487:481
488:481-82
489:482-83
490:483-84
491:484-85
492:485-86
493:486-87
494:487-88
495:488-89
496:489-90
497:490-91
498:491-92
499:492-93
500:493-94
501:494-95
502:495-96
503:496-97
504:497-98
505:498-99
506:499-500
507:500-501
508:501-2
509:502-3
510:503-4
511:504-5
512:505
513:506
514:506-7
515:507-8
516:508-9
517:509-10
518:510-11
519:511-12
520:512-13
521:513-14
522:514-15
523:515-16
524:516-17
525:517-18
526:518-19
527:519-20
528:520-21
529:521-22
530:522-23
531:523-24
532:524-25
533:525-26
534:526-27
535:527

译后记

译者在上大学期间，通过阅读刘放桐老师的著作大致了解了杜威的思想。2004年，复旦大学杜威研究中心成立后，在刘放桐和汪堂家老师的指导下，我们开始参加《杜威全集》中与逻辑理论相关部分的翻译工作。随着《杜威早期著作》第三卷（吴新文、邵强进译）和《杜威中期著作》第二卷（张留华译）分别于2010年和2012年先后出版，《杜威晚期著作》第十二卷也行将付梓。

《逻辑：探究的理论》是杜威思想成熟时期的作品。杜威的逻辑思想是其对皮尔士逻辑思想的发展，也是实用主义哲学方法的基础。杜威当时对形式逻辑的考察，旨在为逻辑学的发展提供某种新的动力，即逻辑方法应当随着人类的生活经验而不断更新；逻辑学应当顺应科学理论的发展为人们的生活提供指导，而不是停留于纯形式、无内容的抽象分析。尽管他也强调形式逻辑在发展与检验理论过程中不可或缺的作用，但他对于演绎推理的规则及其证明的关注相对不那么详细。

早期杜威将逻辑定位为一种科学发展过程中的方法论，是一种兼顾形式和内容的科学方法论。中期杜威把逻辑的中心问题归结为：思想与其经验前情以及由之得出的真理的关系、真理与实在的关系。在本卷中，晚期杜威总结了逻辑的多重特征：逻辑是一门渐进的学科，是一门社会学科，是一种自然主义理论；逻辑是自主的；逻辑的主题经由操作决定；逻辑形式是假设性的；逻辑理论是受控探究的系统化表述；逻辑形式产生于也由于该控制产生了有担保的可断定的结论。

因此，杜威倡导一种根本性的逻辑重建，将逻辑视为一种探究的理论。它所包含的，必须远远地超出那种形式条件的分析。杜威讨论了处于形式逻辑范围之外的大量主题，如感觉观察在探究中的地位、假说与前设原理的理论作用，以及后者的实验检测。他还关注大量非-形式的问题，例如探究开始与终结的环境、增加陈述精确性的各种技术(如测量)、实验科学陈述与常识陈述之间的差异、因果性与因果陈述的本性，以及总体上各种类型的命题与逻辑演算在探究中的突出功能等等。

现代逻辑并没有遵循杜威所倡导的逻辑学观念而发展，而是继续在形式逻辑的发展道路上向深层次发掘，逻辑的本质依然是形式的。尽管和皮尔士一样，杜威力图用简单明了的语言表述自己的理论，尽量避免晦涩的抽象思辨。但正如恩斯特·内格尔在导言中所说："杜威的逻辑理论没有被他同时代的人所广泛接受，可能是因为他思想的术语与阐释方式使得其《逻辑》难以阅读，也可能是因为他关于探究的例子(经常取自日常生活中产生的问题)并没有充分细致地解释那种他所理解的逻辑原则与特性应用。"

同时，内格尔充分肯定了杜威逻辑思想的价值："《逻辑》是一部给人以深刻印象的著作。其独创优点是赋予其主题以清新的视角，强调逻辑原理与概念在达到科学探究目标中的作用。……他这样做的尝试还是带有启发性与激励性。无疑他预示了哲学分析后来的趋势，强调在其得到应用与描述的语境中，且其功能在那些语境中获得解释时，科学的和哲学的观念得到最佳的理解。"

本卷主要由邵强进、张留华合作完成。具体分工如下：张留华翻译第6、7、8、9、14章，并校对了第4部分；其他部分由邵强进负责完成，硕士生黄维、阴昭晖、章丽丹、肖德龙、刘明亮、王新璐等参与了部分章节初稿的翻译；刘明亮翻译了文本研究资料部分和索引部分，并补译了各章的部分注释；刘明亮、肖德龙还帮助做了后期的校对工作。邵强进负责全书的整体统稿。黑龙江大学哲学院的高来源老师对全书进行了译校。

与杜威其他一些著作不同，《逻辑：探究的理论》一直没有完整的中译本。本书翻译堪称一项综合智力工程，单凭个人无法完成。索绪尔曾说到语言的任意性，即每种语言都以特有的、"任意的"方式把世界分成不同的概念和范畴，翻译无法保证不同民族语言之间的一一对应。因此，不同的译本总是包含着译者对相关文本的不同理解。

尤其有些语词有各种不用的译法，我们总是力求统一。比如杜威所用的 data 一词，我们译为"与料"而不是"数据"；discourse 一词，我们译为"论说"而不是"交谈"或"论述"；但有些难以统一的词，我们则在不同的场合使用了不同的翻译，如将 matter 翻译为"质料"，单独的 material 翻译为"材料"，material content 翻译为"质料内容"，content 翻译为"内容"，forms-of-matter 翻译为"质料的形式"，forms-of-matterial 翻译为"材料的形式"，formed-matter 翻译为"带有形式的质料"，crude material 翻译为"

原材料”,等等。

感谢华东师范大学出版社为纯粹学术著作的出版所付出的执著努力,感谢编辑们耐心地督促与认真地审读。如果没有他们大量辛苦的后期编辑工作,本卷的翻译工作也许一直处于进行之中。

同时,我们深切地怀念汪堂家教授。译者之一的邵强进于1992年来复旦求学,1995年有幸留校成为汪老师的同事,22年来,汪老师一直对后辈关心备至。汪老师经常提醒本人要多读书,多写文章,同时积极地为晚辈后学推荐文章发表。参加《杜威全集》翻译工作期间,更让我们体会到汪老师对生活的温婉达观、对哲学的执着热忱、对工作的全心投入、对后学的真诚帮助。天妒英才,奈何斯人已逝!师恩永存,我辈砥砺前行!

由于杜威思想深邃博达,而我们水平有限,错漏差池难免,不当之处,恳请学界同仁不吝批评指正。

邵强进、张留华

2015年3月于复旦光华楼

图书在版编目(CIP)数据

杜威全集.晚期著作:1925～1953.第12卷:1938/(美)杜威著;邵强进等译.—上海:华东师范大学出版社,2015.4
ISBN 978-7-5675-3378-3

Ⅰ.①杜… Ⅱ.①杜…②邵… Ⅲ.①杜威,J.(1859～1952)—全集 Ⅳ.①B712.51-53

中国版本图书馆CIP数据核字(2015)第075847号

国家社科基金重大项目资助(项目批准号:12&ZD123)

杜威全集·晚期著作(1925—1953)
第十二卷(1938)

著　　者　[美]约翰·杜威
译　　者　邵强进　张留华　高来源等
策划编辑　朱杰人
项目编辑　王　焰　曹利群
审读编辑　朱华华
责任校对　林文君
装帧设计　高　山

出版发行　华东师范大学出版社
社　　址　上海市中山北路3663号　邮编200062
网　　址　www.ecnupress.com.cn
电　　话　021-60821666　行政传真021-62572105
客服电话　021-62865537　门市(邮购)电话021-62869887
地　　址　上海市中山北路3663号华东师范大学校内先锋路口
网　　店　http://hdsdcbs.tmall.com

印 刷 者　上海中华商务联合印刷有限公司
开　　本　787×1092　16开
印　　张　44.25
字　　数　739千字
版　　次　2015年4月第1版
印　　次　2015年4月第1次
印　　数　1—2100
书　　号　ISBN 978-7-5675-3378-3/B·928
定　　价　138.00元

出 版 人　王　焰

(如发现本版图书有印订质量问题,请寄回本社客服中心调换或电话021-62865537联系)